평생교육경영론

The Theory & Practice of Lifelong Education Management

김용현 성낙돈 윤여각 이상오 정기수 강무섭 송병국
양병찬 김노마 이정희 심의보 하광호 정찬남 공저

YANGSEOWON
양서원

머리말

"부자가 삼대를 가지 못 한다"는 말이 있다. 이는 기업 분야에서 글로벌 경쟁이 심화되고 경영환경이 급변하면서 기업의 수명 주기가 더욱 짧아지고 있는 현실을 대변해 주고 있다. 포춘(Fortune) 500대 기업의 생존율은 30%를 넘지 못하고, 한국 기업의 평균수명은 24년에 불과하다는 발표도 있었다. 이러한 환경에 대응하기 위하여 최근 거의 모든 기업이 관심을 갖고 있는 분야가 지속가능경영인 것이다.

우리의 평생교육기관과 시설들은 태생적으로 가난한 것이 보편적인 예이다. 즉, 입학의 강제성도 없고, 교육시설에 대한 국가나 지방자치단체의 재정지원도 미약한 것이 사실이다. 따라서 평생교육기관은 인적자원과 물적자원 분야에서 고도로 비용을 감축하여 경영해 올 수밖에 없었으며, 이는 평생교육이 마치 '값싼 교육'으로 비치는 한계를 드러내는 요인으로 작용해 왔다고 해도 과언이 아니다.

그러나 과학기술의 발전과 인간수명의 획기적인 연장 등으로 인하여 세계 각국에서 평생학습의 중요성이 날로 증진됨과 아울러 다양한 학습자들의 학습욕구를 충족시키기 위하여 정부와 민간단체에 의한 평생교육 프로그램이 날로 확대 제공되고 있는 실정이다. 이에 평생교육학자들은 일찍이 평생교육산업을 "제4차 산업"으로 명명하고, 평생교육법 제29조의2에서 제38조에 걸쳐 이를 시행할 평생교육시설을 규정해 놓고 있으며, 이 밖에도 도서관 · 박물관 · 직업훈련기관 · 학원 등 사교육기관 · 공무원연수훈련기관 · 청소년수련기관 · 문화예술기관 · 방송통신대학 · 사이버대학 · 특수대학원 · 학점은행기관 등이 주요한 평생교육산업기관으로서 우리국민의 평생교육기회 확대에 참여하고 있다.

흔히 교육자들이 경영문제나 예산 등을 논의하면 지나치게 세속화되었다는 비평을 하곤 했는데, 이제는 오히려 CEO형 교장이나 총장을 선호하게 된 것이 현실이다. 평생교육기관의 장이나 평생교육사들은 경영환경이 기업이나 학교교육기관보다는 늘 열악하기 때문에 더욱 실질적 차원의 경영지식과 전략을 요청받고 있다는 점을 유념해야 할 것이다.

따라서 그동안 전문대학, 대학, 대학원, 학원 등 평생교육기관에서 평생교육경영 분야에 대한 연구와 수업 그리고 실제 경영에 종사해 온 이 책의 공동 저자들은 평생교육기관의 경영자와 평생교육사가 되고자 하는 학습자들에게 가장 현장 적용성과 실천 가능성이 높도록 이 교재를 집필하는 데 주력하였음을 강조하고자 한다.

한편, 우리는 지난 3~4년 동안 우리 세대가 경험해보지 못한 코로나 팬데믹 사태에서 일정 규모 이상의 학습자가 모일 수도 없었고, 집단학습을 할 수도 없는 사실상 교육 공황 사태를 경험하면서 오프라인 수업은 사실상 중지되고, 온라인 수업으로 대체할 수밖에 없었다. 이와 더불어 쓰나미처럼 밀려오는 인공지능 혁명(AI)에 대면하면서 앞으로 미래의 평생학습사회에서 평생교육기관의 지속가능경영을 어떻게 확보할 것이며, 평생교육기관의 경영자와 평생교육사는 어떠한 자질과 능력을 보유해야 하는지에 대한 해답을 제시하는 데도 지면을 할애하였다.

이 책은 모두 3부 13장으로 구성하였으며, 제1부 평생교육의 기초에서는 (1) 평생학습사회와 평생교육경영, (2) 평생교육경영의 개념과 원리, (3) 평생교육법과 평생교육경영의 3개 장으로 구분하여 평생교육과 평생교육경영과 관련된 기초적 이론을 제시하고 있으며, 제2부 평생교육경영의 과정과 경영관리에서는 (4) 평생교육기관의 경영기획 및 경영전략, (5) 평생교육기관의 리더십 및 의사결정, (6) 평생교육기관의 인사 · 조직 · 재무관리, (7) 평생교육기관의 홍보 및 마케팅, (8) 평생교육기관의 네트워킹의 5개 장으로 구성하여 평생교육기관경영과 관련된 구체적인 영역에서 활용할 지식을 제공하고 있으며, 제3부 평생교육기관과 평생교육경영의 실제에서는 (9) 여성직업교육기관과 평생교육경영, (10) 학점은행기관과 평생교육경영, (11) 기업연수원과 평생교육경영, (12) 학원교육기관과 평생교육경영, (13) 평생학습관과 평생교육경영의 5개 장으로 예시하면서 우리사회의 대표적인 평생교육기관의 실제 경영사례를 가급적 제2부에서 제시한 이론 분야와 조합이 되도록 기술함으로써 직무 현장에서의 활용도를 높이고자 하였다.

특히, 이 책을 집필하면서 염두에 둔 것은 평생교육사가 되고자 학습하고 있는 평생교육학도들에게 평생교육경영에 관한 이론과 실제를 습득할 수 있는 열린 마당을 제공하고, 또한 평생교육기관과 시설에서 평생교육 실천가로 활동하고 있는 경영자들에게 현장에서 직접 활용할 수 있는 내용들을 제시하는 데 많은 지면을 제시하였으며, 아울러 평생교육경영에 관심이 있는 그 밖의 모든 분들에게도 안내의 역할을 하여 스스로 경영에 대한 지식과 실제를 터득할 수 있도록 내용을 조직하였다.

그러나 아직도 부족한 내용을 다 채우지 못하고 다듬지 못한 채 이 책을 평생교육인들 앞에 내놓게 되어 마음이 무거울 뿐이다. 모자라고 잘못된 점에 대하여는 평생교육인들이 면밀히 분석하여 아낌없는 충고와 조언을 해줄 것을 진솔한 마음으로 기대하고자 한다.

또한 이 책에서 사용하는 용어에는 그동안 평생교육의 철학이나 이론에 적합지 않음에도 불구하고 우리가 습관적으로 사용하고 있는 비학습적 용어들을 순화하는 데도 노력하였다. 즉, '강사'는 '교수자'로, '강의'는 '수업 또는 학습'으로, '강의실'은 '학습실 또는 수업실'로, '강의계획서'는 '수업계획서', '강사료'는 '교수자급여'로 고쳐 사용하고 있다. 여기서 '강사 · 강의 · 강의실 · 강의계획서'를 대표적으로 지명하고 있는 것은, 우리 평생학습에서는 다양한 교수 · 학습방법을 활용해야 하는데, 마치 '강의만 하는 사람', '강의만 해도 되는 것', '강의만 하는 곳' 그리고 '강의만 하는 계획서'라는 잘못된 인식을 교수자와 학습자들에게 심어주고 있기 때문이다.

마지막으로 본저 발간 작업을 추진하면서, 새로운 내용과 통계를 제시하는 데 많은 도움과 조언 그리고 격려를 보내주신 모든 분에게 감사의 말씀을 드리고자 한다. 이 책의 집필에 함께 참여한 교수님들과 현장에서 CEO로 활동하고 있는 박사님들께 부족한 시간에도 불구하고 최선을 다해주셔서 깊은 감사를 드린다. 또한 개정 작업을 사랑의 기도로서 지켜준 공동저자의 가족들에게 깊은 고마움을 드린다. 무엇보다도 이 책이 나올 수 있도록 아낌없는 지원을 해주신 양서원 출판그룹 박철용 회장과 임직원 여러분께 깊은 감사를 드린다.

2024년 8월

필자를 대표하여

김 용 현

차례

PART 02 평생교육경영의 과정과 경영관리

PART 03 평생교육기관과 평생교육경영의 실제

PART 01

평생교육경영의 기초

CHAPTER 01

평생학습사회와 평생교육경영

학습개요

평생교육기관의 설립 주체가 공립이건 사립이건 간에 이를 효과적으로 운영해야 할 책무가 특히 경영책임자에게 부하되어 있다. 학교교육기관은 의무무상교육, 국가 및 지방자치단체의 경비 지원, 졸업장과 학위 등 사회적 강제성 등으로 인하여 그 운영이 사실상 보장되고 있으나, 평생교육기관은 이러한 국가적 및 사회적 특혜와는 무관하게 스스로 생존 전략을 수립해야 하는 불리한 여건에 처해 있는 것이 사실이다.

그러나 다행인 것은 우리사회가 점차 평생학습사회로 진전되고 있다는 상황이다. 평생교육기관은 평생학습 특성에 맞는 경영원칙과 운영을 해야 이러한 환경을 더욱 큰 발전의 계기로 삼을 수 있을 것이다. 따라서 평생교육경영과 관련된 세부 내용을 학습하기 전에 평생교육이란 무엇이며, 평생교육은 어떠한 특성을 지니고 있으며, 평생교육은 어떠한 역할을 수행하는가에 대한 이해도를 높일 필요가 제기되고 있다. 이러한 평생교육의 기초는 우리가 확고한 철학적 이념과 자세를 지닌 상태에서 평생교육경영이라는 업무를 수행하는 데 명확한 좌표를 제시해 줄 것이다.

학습목표

1. 평생교육의 탄생 배경과 평생교육의 정의를 종합적으로 이해할 수 있다.
2. 평생교육의 이념을 실현시키는 양대 지주인 학교교육과 사회교육의 역사적 발전추이를 규명할 수 있다.
3. 평생교육기관의 효과적 운영을 위하여 평생교육의 특성을 이해하고 활용할 수 있다.
4. 평생교육이 수행하는 주요한 역할을 인지함으로써 평생교육자로서의 자긍심을 고취할 수 있다.

1. 평생학습사회의 발전추이

그동안 우리 교육계는 평생교육의 이념을 구현하기 위하여 학교교육제도와 더불어 다양한 평생교육체제를 도입·운영해 오고 있다. 지난 1982년 우리도 사회교육법을 제정(일본 1949년, 대만 1953년 제정)하여 헌법의 평생교육에 대한 국민의 학습권 보호를 위해 각종 평생교육 단체와 시설, 평생교육 관련 연구기관과 단체, 교육부 등 정부기관이 공동 노력해 온 결과 상당한 수준의 성과를 거양하였다고 본다. 그러던 중 문민정부의 교육개혁위원회에서 21세기 지식기반사회에 적합한 인재양성을 위해 각종 교육개혁 방안을 수립하였으며, 이 중 '사회교육법'을 '평생학습법'으로 대체하는 방안도 제안되었으나, 복잡한 입법과정을 거치는 동안 '평생교육법'으로 명칭이 변경되어 1999년 국회를 통과하였다.

필자는 1998년 평생교육법안 제정 주무국장으로서 동 법안 입법과정에 폭넓게 참여하였으며, 이 과정에서 사회교육법이 평생교육법으로 용어가 변경되는 것은 21세기 지식기반사회에서 우리 사회를 열린 평생교육 사회로 발전시키고자 하는 정책적 의도로 이해하였으나, 사회교육이라는 용어가 일제시대의 잔재이기 때문에 과거 청산 차원에서 평생교육으로 변경하려 했다는 것을 훨씬 후에 듣고 나서 무척 당황하게 되었다.

사회교육이라는 용어가 못마땅하면 이를 대체할 명칭을 새로이 강구해야 했음에도 불구하고, 상위 개념인 평생학습 내지 평생교육을 바로 사용하게 하여 사회교육 분야의 이론 정립과 현장 적용에 심한 혼란을 야기하게 되었다. 따라서 필자는 2001년도 저서에서부터 "사회·평생교육"이라는 중간적 용어를 사용하여 사회교육을 전공하는 많은 학도들에게 평생교육이라는 용어를 사용하는 데 혼란을 주지 않도록 지도해 오고 있으나, 이 또한 현행 법령상 용어와 혼동을 일으키고 있는 것도 사실이다.

이미 교육학계에서는 평생교육법을 포함한 헌법·교육기본법 등 교육관계법 전체에 대한 재구조화가 공론화되고 있다. 따라서 필자는 평생교육의 용어에 대한 재정립이 이루어지기 전까지는 현재의 평생교육법을 존중하여, 광의의 사회교육에 대한 개념과 평생교육의 용어를 동일한 개념으로 사용하고자 한다.

1) 평생교육과 학습사회체제의 새로운 접근

인간은 학습하는 동물이며, 이는 인간이 다른 동물과의 차별성을 강화시켜 주는 대표적인 특성이다. 물론 이 지구상에 생존하고 있는 모든 동물과 식물, 심지어 무기물까지도 그들 세계에서 나름대로의 학습을 통해 생존을 지속하고 있으며, 이에 실패한 종족은 결국 멸망의 길을 걷게 되는 것이 자연의 법칙이다. 학습과 교육의 효과를 극대화할 수 있도록 조직화, 체계화하고 의도적인 교육을 실시하는 동물은 우리 인간뿐이기 때문에 더욱 소중한 문화적 유산으로 교육을 존중해오고 있는 것이다. 우리 인간의 위대한 교육적 능력은 여러 동물에게 학습능력을 향상시켜 인간이 필요로 하는 여러 가지 과업을 수행하게 하고 있다. 즉, 강아지나 개를 훈련시켜 애완용이나 사냥용, 군견 등으로 활용하며, 소나 말을 훈련시켜 농사용이나 교통수단으로도 부리고 있다. 또한 돌고래를 교육시켜 훌륭한 돌고래 쇼를 보여 많은 사람에게 기쁨을 주고 있다.

교육은 국가발전에 필수적인 양질의 노동력을 공급해 주고 또한 자기존중과 자아실현을 통해 최상위 단계의 인간 욕구를 충족시켜 주는 기능을 수행하고 있다. 따라서 세계 각국은 나날이 자기 나라의 교육제도를 고도화하고, 모든 국민에게 균등한 교육기회를 보장해 주기 위하여 교육경쟁을 가속화하면서 매년 엄청난 국가 예산을 투입하고 있다. 따라서 각국은 자기 나라의 교육경쟁력을 강화하고 교육체제의 실효성을 증진시키기 위하여 교육개혁을 국가정책의 최우선 순위로 삼아 추진하고 있다. 영국의 경우, 교육과 고용을 일원화하기 위해 교육부와 고용부를 통합하여 교육고용부(Department of Education and Employment, 1995~2001)로 그리고 2001년부터는 교육기술부(Department for Education and Skills)로 변경하였으며, 일본은 문부성과 과학성을 통합하여 문부과학성(Ministry of Education and Science)으로 존속되어 오고 있다.

지난 2001년 정부는 교육부를 교육인적자원부로 확대 개편하고, 교육부장관을 부총리로 승격시켰다. 필자는 정부의 이러한 조치를 보고 이제 교육인적자원부가 사실상 「평생학습부」로서의 역할을 수행할 것으로 기대하여 적극적으로 환영한다는 뜻을 저서를 통해 밝힌 바 있다. 그러나 교육인적자원부는 학교교육과 평생교육을 통할하는 평생학습 차원에서 국가인적자원 비전을 제시하지 못하고, 관계 부처와 힘겨운 샅바 싸움을 하다가 이명박 정부에서 과학기술부와 통합되면서, 대학에는 자율성 신장과 초·중등교육은 시·도교육청에 과감한 권한 위임을 해야 하는 구조조정을 요구받게 되었다. 다음의 박근혜 정부에서는 교육과학기술부에서 교육부로 환원했다. 2014년 4월 세월호 침몰사건으로 국가적 위기를 해소하기 위해 대대적인 정부 조직개편을 하는 가운데 교육부장관이 사회부서 담당 부총리로 승격 강화되었다. 그러다 박근혜 정부는 대통령의 탄핵심판으로 2017년 문재인 정부가 출범하였다. 특별히 문재인 정부에서는 교육부의 폐지를 전제로 '국가교육위원회'라는 기구를 2019년 설치할 목적으로 2017년 9월 '국가교육회의'을 대통령 직속기구로 발족시켰다. 이어 2022년 5월 출범한 윤석렬 정부에서는 대통령 직속기구로서 '국가교육위원회'를 2022년 9월 공식 출범시키고, 정부조직으로 '교육부'를 병존시킴으로써 교육계의 우려를 낳고 있다. 이러한 과정에서 평생교육에 대한 정책방향이 어디로 갈지가 우려되기 때문에 국가의 평생교육 책임이 더욱 강화될 수 있도록 평생교육인들의 단합된 결집이 크게 요청되고 있는 상황이다.

결국 세계 각국은 자국민 또는 시민들이 요람에서 무덤까지 생존하는 동안 "능력있는 기능인(Functional Manpower)"으로 활동할 수 있도록 교육체제를 개편하고 있으며, 평생교육체제가 그 대안으로 자리매김하고 있는 것이 일반적 추세이다.

여기서 평생교육체제를 구성하고 있는 학교교육과 사회교육은 평생교육과의 관계 설정에서 다음 두 가지 견해가 대립되고 있다. 그중 하나는 기능적 통합론이며, 다른 하나는 화학적 통합론이다.

먼저 "기능적 통합론"을 살펴보면, 평생교육은 인간이 태어나서 죽을 때까지 학습을 해야 한다는 교육이념을 제시하는 것이며, 김도수도 "평생교육은 랭그랑이 기조 논문에서 기술하고 있는 것처럼 하나의 이념이고 아이디어이며 원리적인 것이기 때문에 구체적인 제도로 발전하기 어렵고 영원히 이념일 뿐이라는 것이다"(김도수, 2001: 52)라고 밝히고 있다. 따라서 평생교육 이념은 학교교육(Formal Education), 사회교육(Nonformal Education), 무형식교육(Informal Education) 그리고 우연적/무의도적 교육(Incidental/Unintentional Education) 등에 의해서 구체화되는 것이다. 그러나 무형식교육과 우연적/무의도적 교육은 학습의 조직성 · 체계성과 의도성에서 학교교육과 사회교육에 비하여 매우 낮은 수준에 있기 때문에, 필자를 포함하여 사회교육을 전공한 전문가들은 학교교육과 사회교육을 평생교육의 이념을 구현하는 양대 축으로 설정하여, 사회교육학을 교육학 또는 학교교육학에서 독립된 하나의 학문으로 규명하고자 노력해오고 있다. 1982년 제정 사회교육법, 1999년 개정 평생교육법, 2007년 개정 그리고 그 이후 개정 평생교육법에서 규정하고 있는 사회교육 또는 평생교육에 대한 정의를 보면, 한결같이 "학교교육을 제외한 …" 또는 "학교의 정규과정을 제외한 …"이라고 하여 학교교육에 대칭되는 개념으로 사용하고 있다. 일부 학자들은 이를 '협의의 평생교육' 또는 '광의의 사회교육'이라고도 부르고 있다. 따라서 기능적 통합론은 지난 50년 이상 미국 등 세계 여러 나라의 사회교육 관련 학자와 전문가들이 발전시켜온 사회교육과 사회교육학을 하나의 학문으로 지속적으로 발전시켜, 학교교육과 함께 양 교육체제를 기능적으로 연계시켜 평생교육의 이념을 성취하는 수평적 및 수직적 통합을 제시하는 것이다. 이를 그림으로 제시하면 그림 1-1과 같다.

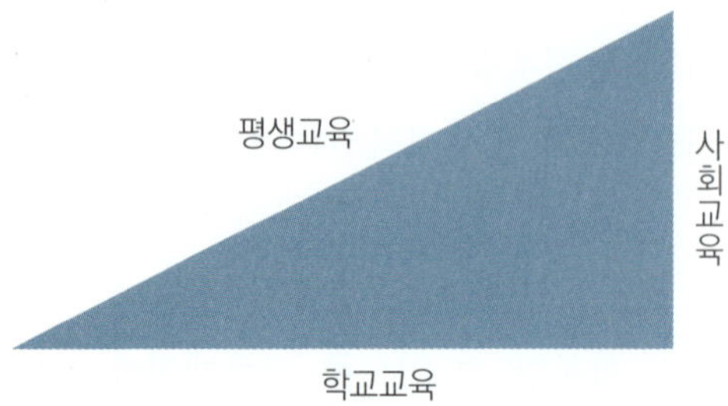

그림 1-1 평생교육과 학교교육 · 사회교육과의 관계

다음으로 "화학적 통합론"을 살펴보면, 우리 인류의 문화와 전통을 유지 · 발전시켜온 '교육의 역사'는 그 시대의 교육에 대한 중요성과 필요성을 반영하여 때로는 사회교육이, 때로는 학교교육이 대표성을 발휘하였으나 인간의 학습은 '통일된 하나의 경험'으로 특징지어지기 때문에 결국 평생교육에 통합된다는 견해이다(한숭희, 2006: 25). 다시 말하면, 인간이 일평생주기 동안 하는 교육이 학교교육을 통한 학습이든, 사회교육을 통한 학습이든 또한 아동기의 학습, 청소년기의 학습, 성인기의 학습, 노년기의 학습 등이 독립된 학습으로 나누어질 수 없는 '일련의 통일된 과정'이라는 주장이다. 이러한 관점을 '광의의 평생교육' 개념이라 하며, 평생교육은 학교교육과 사회교육을 통할하는 큰 개념으로 접근하기 때문에 평생교육을 청소년과 성인을 주 대상으로 하는 '협의의 사회교육'은 물론 학교교육을 제외한 모든 조직적 교육 활동으로 보는 '광의의 사회교육'으로 보는 것에도 반대하고 있다.

따라서 화학적 통합론을 주장하는 학자들은 '요람에서 무덤까지'라는 평생교육 본래의 목적을 성취하기 위하여 학교교육을 재구조화하거나 재편성하여 사회교육체제와 유기적이고 화학적인 통합을 이루려고 한다. 우리나라에서도 이러한 시도가 2007년에 있었다. 화학적 통합론을 주장하는 학자들의 의견을 수용, 국회에 의원입법 형태로 제안(2007. 4. 9)된 사실상 '평생학습법' 제정안이었다. 동 법안의 제안 이유를 보면, "학습자의 학습권과 평생학습의 원리에 맞춘 학습자 중심의 새로운 법적 체계를 마련하기 위해 「교육기본법」의 하부법이 아닌 학습에 대한 별도의 기본법을 마련하고자 한다"라고 밝히고 있다. 이를 위해 동 법안 제2조 용어의 정의에서 (1) "평생학습"이란 국민이 평생에 걸쳐 수행하는 모든 종류의 학습을 말하며, 학교교육에 의한 학습, 평생교육에 의한 학습 및 교수과정에 의하지 않는 자기학습 등을 포함한다고 규정하고 있다. 여기서 ① "학교교육"이란 「유치원교육법」, 「초·중등교육법」 및 「고등교육법」에 근거한 교육 활동을 말한다. ② "평생교육"이란 학교교육의 정규과정을 제외한 모든 형태의 조직적인 교육 활동을 말한다. ③ "자기학습"이란 학교교육과 평생교육에 의하지 않고 학습자가 자기주도적으로 수행하는 무형식학습을 말한다라고 용어의 내용을 설명하고 있다. 또한 동 법안 제1조에서 (2) "이 법에서 지칭하는 평생교육은 사회교육을 의미한다"라고 밝히고 있다. 따라서 제안된 평생학습법은 학교교육과 사회교육은 물론 무형식학습인 자기학습까지를 포함하는 화학적 통합론에서 본 평생교육의 내용을 담고 있다 하겠다.

그러나 위의 평생학습법안은 국회 교육위원회의 심의과정에서 "학교교육과 자기학습을 포함하는 최광의의 평생학습 개념을 도입한 '평생학습법'으로 「평생교육법」을 전면 개정하는 것은 헌법, 교육기본법, 초·중등교육법, 고등교육법 등으로 체계화된 현행 교육법 체계와 충돌될 소지가 있다"는 이유로 결국 무산되고, 개정 이전의 평생교육에 대한 수준으로 대안이 합의되어 앞서 언급한 새로운 평생교육법이 국회를 통과(2007. 12. 14)하였다.

이상의 평생교육에 대한 기능적 통합론과 화학적 통합론에 대한 필자의 견해를 밝히면 다음과 같다.

먼저, 평생교육이라는 개념은 우리 인간이 '요람에서 무덤까지' 교육을 받거나 학습을 해야 한다는 철학적 좌표나 이념을 제시하는 것이지 평생교육 그 자체가 어떤 교육적 제도나 방편을 제공하는 것이 아니다.

둘째, 평생교육의 이념을 구현하는 제도로서, 학교교육·사회교육·무형식교육 그리고 우연적/무의도적 교육 등을 들 수 있으나, 앞서 밝힌 대로 무형식교육과 우연적 교육/무의도적 교육은 학습의 조직성·의도성·체계성에서 매우 낮은 수준이기 때문에 교육학 분야의 연구에 포함시키는 것이 부적절하다.

셋째, 평생교육은 학교교육과 사회교육의 각종 제도와 연구에 의해서 비로소 그 이념을 구현할 수 있다.

넷째, 따라서 학교교육과 사회교육이 각자의 독립성을 유지하면서 기능적으로 통합되어 평생교육의 이념을 성취하는 기능적 통합론을 필자는 주장하면서, 앞으로 본 저서를 전개하는 데 일관성 있는 논리로서 제시하고자 한다.

2) 학교교육과 사회교육의 발전 추이

평생교육의 이념을 구현하는 양대 축인 학교교육과 사회교육이 그동안 시대적으로 어떠한 관계를 갖고 발전해 왔는지 살펴보는 것이 평생교육 체제 구축을 이해하는 데 매우 중요한 요소이기 때문에 아래와 같이 제시해 보고자 한다.

먼저, 필자는 학교교육과 사회교육의 발전 추이를 표 1-1 과 같이 제시하고 이에 대한 설명을 하고자 한다.

표 1-1 학교교육과 사회교육의 발전추이

원시사회	산업혁명과 그 이후	1950~60's	1970~80's	1990's	2000's~
사회교육 Domination	학교교육 Domination	사회교육 Independence	평생교육이념 대두 학교교육과 사회교육의 Cooperation	학교교육과 사회교육의 Collaboration	학교교육과 사회교육의 Integration

(1) 원시사회

원시사회에서는 학교교육이 출현하기 이전 시대이기 때문에 빌리모리아(R. Billimoria)가 제시한 '토속적 교육(Indigenous Patterns of Education)'이 대표적인 교육형태였다. 원시사회에서는 토속적 교육인 사회교육을 통해 사회적·문화적 전통이나 직업적 기능과 기술을 한 세대로부터 다른 세대로 전승하고 발전시켜 온 것이다. 따라서 사회교육이 지배한 시대라 특징지을 수 있다.

(2) 산업혁명과 그 이후

다음은 산업혁명(Industrial Revolution)과 이후 시대의 교육에 대한 발전 추이이다. 18세기 영국에서 시작(1760~1830)되어 세계 여러 지역으로 확산된 산업혁명은 기술적·사회경제적·문화적 그리고 심리적 측면에서 다양한 변화를 가져왔다. 특히 산업생산에서 노동자들은 종전에 손으로 다루는 연장 대신 기계를 조작하는 새롭고, 당시로서는 매우 독특한 기술을 습득해야 했다. 이러한 산업사회에서 새로운 기술을 습득, 대량 생산에 적합한 기능 인력을 양성해야 하는데, 당시 사회교육의 형태인 도제식 훈련제도와 길드제도로서는 대규모 인력 양성이 불가능하여 공적인 초등교육제도를 도입하기 시작하였다. 영국에서는 1870년에 이를 완성하고, 그 이후 제2차 세계대전 시기인 1940년대까지 선진국을 중심으로 중등교육제도와 대학 등 고등교육제도를 대대적으로 발전시키기에 이르렀다(인터넷 다음백과사전). 따라서 이 시기에는 현대적 시설과 자격 · 능력을 겸비한 교수요원 그리고 잘 인쇄된 교재 등이 지원하는 학교교육제도가 사회교육을 대체하여 지배한 사회라 특징지을 수 있겠다.

(3) 1950~1960년대

이는 사회교육에 대한 독자적 이론 개발과 학교교육과의 차별성을 강화한 1950~1960년대의 시기이다. 산업혁명 이후 지난 2세기 동안 선진국을 중심으로 확대 · 발전을 거듭해 오던 학교교육은 제1차 세계대전, 1930년대의 세계 경제공황, 제2차 세계대전 등을 거치면서 학교교육의 실효성에 대한 강한 비판이 제기되었다. 특히, 미국의 경우 1957년 10월 소련이 최초의 우주선인 스푸트니크 1호를 발사하자, 우주경쟁에서 소련(현 러시아)에 뒤처진 이유를 미국의 학교교육제도에서 찾기 시작하였다. 이에 학교교육 자체가 지니고 있는 다양한 문제를 지적하면서 앞으로의 교육은 학교교육뿐만 아니라 이를 보충 · 보완해 주거나 지속적인 교육 프로그램을 제공해 주는 사회교육(Nonformal Education)제도의 활성화가 시급하다는 주장을 하는 학자들이 대거 등장하게 되었다. 즉, 쿰스(P. Coombs)의 '학교교육 위기론', 일리치(I. Illich)를 중심으로 하는 '탈학교론(Deschooling Theory)', 프레이레(P. Freire)의 '은행교육론(Banking Education)' 등이 대표적인 예이다.

그동안 학교교육에 밀려 소홀히 취급되어 오던 사회교육에 대한 재발견 작업과 더불어 사회교육에 대한 각종 이론과 현장 적용을 강화하게 된 것이다. 미시간주립대와 시카고대를 중심으로 사회교육에 대한 현대적 이론이 정립되었고, 코넬대에서는 지역개발(Rural Development)에 중점을 두고, 프로리다주립대에서는 성인교육(Adult Education) 분야를 그리고 매사추세츠주립대에서는 사회교육 전반에 대한 이론 개발과 개발도상국가들에 대한 지원 업무를 담당하는 등 각 대학별로 특성화된 영역을 발전시킴으로써 사회교육의 독자적인 학문적 토양을 마련하게 되었다. 아울러 미시간 주의 플린트(Flint) 시에서 이 시기에 시작한 지역사회학교(Community School)는 학교를 중심으로 하는 사회교육의 새로운 모델로서 등장하였다.

(4) 1970~1980년대

다음은 평생교육 이념이 대두된 1970~1980년대의 시기이다. 유네스코(UNESCO)의 성인교육 국장이던 랭그랑(P. Lengrand)은 1965년 12월에 유네스코의 성인교육 발전을 위한 국제위원회(International Committee for the Advancement of Adult Education)에 '평생교육(Education Permanante, Lifelong Education)'이라는 보고서를 제출하였다. 랭그랑은 그 보고서에서 "인간은 태어나 죽을 때까지 평생을 통해 교육받을 권리가 보장되어야 한다. 그리고 이것을 위해 새로운 교육제도들이 만들어져야 한다. 이제 파편화되고 분절된 교육제도들은 인간의 종합적 발달이라는 축을 중심으로 해체되고 재구성되어야 하며, 이것은 가히 교육의 혁명을 의미하는 것이다"(한숭희, 2006: 51)라고 평생교육체제의 도입을 주장하였다. 그의 평생교육에 대한 건의는 1972년 일본의 동경에서 개최된 제3차 세계성인교육회의에서 평생교육의 개념과 원리가 채택되어 세계 여러 나라에 빠른 속도로 전파되는 계기를 마련하였다.

평생교육의 이념이 점차 확산되면서 그동안 각자의 학문적 영역에만 관심을 두어 오던 학교교육과 사회교육 관련 학자들은 학습자들의 교육기회 확대와 수업의 질 향상을 위하여 상호 협력적 관계를 구축하게 되었다. 일정한 학교교육을 받을 기회를 잃은 사람들을 위하여 학교교육체제 밖에 공민학교, 고등공민학교, 방송통신고등학교, 산업체 부설학교 및 야간특별학급, 방송통신대학교, 개방대학 등 방계학제 교육기관을 설립 · 운영하여 학교교육체제를 보충 · 보완해 주는 관계를 형성하고 있다. 한편 기존의 초 · 중 · 고등학교에는 노인교실, 어머니교실, 전국주부교실중앙회의 주부교실, 스카우트연맹 · 한국청소년연맹 · 한국해양소년단연맹 등 청소년단체 활동 그리고 전문대학과 대학 등 고등교육기관에는 사회(평생)교육원이 설립되어 다양한 프로그램을 제공하는 것이 대표적인 예에 속한다. 또한 학습자 중심의 다양한 교육과정과 교수-학습방법을 개발해 온 사회교육 분야에서 이를 학교교육기관에 제공하는 등 상호 교류를 촉진하였다. 그러나 이 시기의 협력적 관계는 학교교육과 사회교육이 각자의 독립성을 견지하는 가운데 필요한 협조 내지 협력을 한 상황이라고 특징지을 수 있겠다.

(5) 1990년대

이는 1990년대의 학교교육과 사회교육의 협동(Collaboration) 시기이다. 이는 1970~80's의 학교교육과 사회교육의 협력 시기보다는 '이심동체(二心同体)'와 같이 학교교육과 사회교육이 더욱 긴밀한 협조 관계를 발전시키는 것을 말한다. 예를 들면, 미국의 고등학교는 질병으로 인하여 정규수업을 받지 못하였거나, 외국의 학교에서 전학을 와서 학점이 부족한 학생에 대하여는 지역교육청에서 주로 야간에 운영하는 '성인학교'에서 소속 학교의 승인을 얻어

학점을 이수하는 때에는 정규학점으로 인정해 주어 학생들의 수학 편의를 제공하고 있다. 이 경우, 해당 학생들은 주간의 정규수업 이외에 야간에 별도의 수업을 들어야 하는 부담이 있기는 하지만, 소속 학교에서 유급하지 않고 사회교육기관에서 이수한 학점을 인정받아 다른 학생들과 함께 정상적인 졸업을 하도록 도와주는 매우 유익한 제도이다. 그러나 우리나라의 현실은 이러한 협동적인 제도가 도입되지 않아서 여기에 해당되는 학생들은 소속 학교를 떠나 검정고시를 보거나, 학력인정 평생교육시설이나 대안학교로 옮겨야 하는 실정이다.

(6) 21세기 지식 · 정보화시대

마지막으로 21세기 지식 · 정보화시대에 따른 학교교육과 사회교육의 통합(Integration)적 발전 시기이다. 이는 21세기 지식 · 정보화 사회를 선도하기 위해서는 모든 국민에게 다양한 평생학습기회를 제공하는 '평생학습사회'를 건설해야 하기 때문에 학교교육과 사회교육이 마치 '일심동체(一心同体)'와 같이 융합적 교육기회를 제공하는 것을 이른다. 우리의 경우, 학점은행제(Credit Banking System)가 도입되어 전문학사와 학사학위가 정규 전문대학과 대학교 이외에 전문대학과 대학교의 사회교육원 또는 평생교육원, 대학부설 전산원, 학원, 공공직업훈련원, 민간직업전문학교, 중요무형문화재기관, 기능대학, 평생교육시설, 원격교육기관 등에서 소정의 학점을 이수하게 되면 소속 전문대학이나 대학의 총장 또는 교육부장관 명의의 학위를 받을 수 있도록 하고 있다. 또한 원격교육의 경우에도, 한국교육방송공사(EBS)에서 '수능과외방송'을 제공하고 있고, 고등교육기관에서는 원격수업을 통해 학점을 부여하거나, 평생교육법과 고등교육법에 의해 설립되는 원격대학과 사이버대학은 전문학사 또는 학사학위를 수여하는 기관이다. 한편, 전문대학과 대학교에서는 단기 특별과정이나 시간제등록(Part-time Registration) 제도를 실시하여 지역사회의 주민들에게 고등교육 기회를 넓혀 주고 있다. 미국의 경우, 현재 많은 대학에서 토요일과 일요일에 수업을 하는 주말대학(Weekend College)을 개설하여 직장인과 지역사회 주민들에게 교육기회를 확대해 주고 있다. 이상에서 보는 바와 같이, 지금은 학교교육과 사회교육이 양자의 벽을 과감히 허물고 오로지 국민의 평생교육 기회를 확대하는 데 힘을 합치고 있다 하겠다. 앞으로 학교교육과 사회교육이 더욱 통합적 활동을 할 수 있도록 평생교육인들의 노력이 요청되고 있음을 강조하고 싶다.

2. 평생교육의 정의

1) 배경

평생교육의 용어는 프랑스어의 영구교육(Education Permanante)에서 시작되어 영어로는 평생교육(Lifelong Education)으로, 일본에서는 생애교육으로 불린다. 이 평생교육은 유네스코의 성인교육 발전을 위한 국제위원회(International Committee for the Advancement of Adult Education, 1965. 12.)에서 랭그랑(P. Lengrand)의 계속교육에 관한 연구논문을 검토한 결과 "유네스코는 출생에서 죽음에 이르기까지 인간이 일생을 통하여 행하는 교육의 과정 - 전체적으로 통합적이어야 할 필요성이 있는 교육과정 - 을 만들어 활동하게 하는 원리로서 평생교육이라는 구상을 승인해야 한다"(한국사회교육협회, 1983: 23)라는 건의를 유네스코 사무국에 제출한 데서부터 시작되었다.

이 건의는 1970년대의 유네스코 기본교육사업으로 채택되었으며, 1970년 '국제교육의 해'의 주제로 평생교육을 표방한 바 있다. 1972년의 교육 발전에 관한 국제위원회(International Commission on the Development of Education)의 보고서(통칭 Faure Report)에서 포오르(E. Faure)는 모든 선진국과 개발도상국가에서 이 평생교육을 실시하여야 한다(Faure, 1972: 182)고 제언하였다.

또한 1972년 일본의 동경에서 개최된 제3차 세계성인교육회의에서 평생교육의 개념과 원리가 채택되어 세계 여러 나라에 빠른 속도로 전파되었다.

우리나라에서는 1973년에 유네스코 한국위원회에서 '평생교육 발전을 위한 세미나'를 개최하여 이 개념과 원리의 전파에 노력하였고, 1977년에는 한국사회교육협회 주최의 '평생교육과 사회교육법'에 관한 전국 세미나(한국사회교육협회, 1977)가 개최되었고, 1978년에는 문교부 정책연구과제로 평생교육관계 보고서(한국사회교육협회, 1978)가 제출되는 등 활발한 연구가 진행되어 왔다. 특히 제5공화국 헌법에 평생교육진흥에 관한 조항(제5공화국 헌법 제29조 제5항: 국가는 평생교육을 진흥하여야 한다)이 제정됨에 따라 평생교육에 대한 국가적 관심이 크게 부각되었다.

2) 정의

평생교육 또는 평생학습이 무엇이냐? 를 규명하는 대부분의 학자와 전문가들은 평생교육을 학교교육(Formal Education)과 사회교육(Nonformal Education)은 물론 무형식교육(Informal Education)

까지를 포함한 넓은 의미로 해석하고 있다. 그러나 우리나라의 경우는, 2007년 개정된 평생교육법 제2조에서 "평생교육이란 학교의 정규교육과정을 제외한 학력보완교육, 성인 기초·문자해득교육, 직업능력 향상교육, 인문교양교육, 문화예술교육, 시민참여교육 등을 포함하는 모든 형태의 조직적인 교육활동을 말한다"라고 규정하여 평생교육의 개념에서 학교교육을 배제시키고 있다. 이는 1982년 제정된 사회교육법에서 "사회교육이라 함은 다른 법률에 의한 학교교육을 제외하고 국민의 평생교육을 위한 모든 형태의 조직적인 교육활동을 말한다"라고 규정한 내용과 동일함을 알 수 있다. 따라서 우리는 평생교육에 대한 개념적 정의에서는 학교교육을 포함하고 있으나, 법적·제도적 정의에서는 학교교육을 제외한 종전의 사회교육의 정의를 따르고 있음을 주목해야 하겠다.

평생교육에 대한 국·내외 학자들의 다양한 정의를 소개하면 아래와 같다.

(1) 평생교육은 인간의 삶의 질 개선이라는 이념 추구를 위하여 태교에서부터 시작하여 유아교육, 아동교육, 청년교육, 성인 초기교육, 성인 후기교육, 노인교육을 수직적으로 통합한 교육과 가정교육, 사회교육, 학교교육을 수평적으로 통합한 교육을 총칭하여 말하며 그것은 개인 잠재능력의 최대한의 신장과 사회발전에 참여하는 능력의 개발을 목적으로 한다(김종서, 1982: 13).

(2) 평생교육이란 문자 그대로 평생을 통한 교육을 의미하며 일정한 연령층을 대상으로 하는 한정된 기간의 학교교육과 조직화되지 못한 채 비효율적 상태로 방치되어 있는 사회교육의 기능을 다 같이 개편·강화하고 한 사회가 지니고 있는 교육자원을 효율화함으로써 교육 역량을 극대화하려는 노력이다. 그것은 또한 급격히 변천하는 사회에서 개인과 집단에게 계속적인 자기갱신과 사회적 적응을 추구하게 하기 위한 것이며 학교의 사회화와 사회의 교육화를 이룩하려는 일련의 새로운 교육적 노력이다(유네스코한국위원회, 1973: 6).

(3) 평생교육과 전통적 교육과의 관계는 예를 들면, 과일바구니와 과일과의 관계와도 같다. 즉, 과일바구니는 평생교육으로 비유할 수 있고 그 속에 담겨진 사과, 배, 감, 귤 등은 유아교육, 초등교육, 중등교육, 고등교육, 성인교육, 노인교육 등으로 견주어 볼 수 있다(장진호, 1981: 32).

(4) 평생교육이란 교육의 전체 구조와 관계있는 류(Genus) 내지는 류개념(Generic Concept)으로 가정교육, 사회교육, 학교교육의 3종(Species) 내지는 종개념(Species Concept)을 포괄하는 고급개념이다(진원중, 1981: 12).

(5) 평생교육은 취학 전과 초·중등 등 교육의 전 단계를 총망라하는 생애에 걸친 과정으로서 공식·비공식 및 비형식적 유형을 모두 포함한다. 그리고 이는 성격상 보편성을 지니며, 학습내용 및 방법 등에서 융통성과 다양성을 지니고 있다(윤정일, 1983: 271).

(6) "교육방법을 학습한다"거나 "학습능력을 학습한다"는 말에서 잘 알 수 있듯이 우리는 학교에 다닐 때에만 학습하는 것이 아니다. 출생에서 사망까지 한평생 동안 교육이 계속되어야 한다는 것이 평생교육의 이념이다. 평생교육은 이처럼 교육의 개념을 시간적으로 연장할 뿐만 아니라 공간적으로도 연장한다. 교육은 학교에서만 실시되는 것이 아니라 사회의 어느 장소에서나 실시되어야 한다는 것이 평생교육의 이론이 주장하는 바이다. 이러한 경향은 학교의 사회화, 사회의 학교화로 표현되기도 한다. 평생교육에서는 모든 국민이 교육의 대상이 되며, 사람의 한평생이 교육기간이 되고, 사회 전체가 교육의 장소가 된다(차경수, 1982: 46).

(7) 교육이란 인류역사 이래 계속되어 온 삶의 과정으로서, 원시시대부터 제도화된 학교교육시대 이전까지의 비형식적 교육을 교육의 제1의 물결로, 제도화된 학교교육을 통하여 계획적으로 이루어져 온 형식적 교육을 교육의 제2물결로, 그리고 오늘날 전 생애를 통하여 계속적으로 배우고 사회 전체가 학습의 장이 되는 비형식적 교육을 지향하는 새 물결을 제3의 물결로 볼 수 있다. 교육의 제3의 물결이 바로 평생교육의 물결이다(홍웅선, 1983: 144).

(8) 평생교육은 원래 유네스코(UNESCO)에서 보급하기 시작한 새로운 교육이념으로서 인간의 평생을 통한 교육적 과정의 수직적 통합과 개인과 사회생활의 모든 국면과의 수평적 통합을 강조하는 것이다. 다시 말하면, 평생교육은 그동안 연령층별로 구분된 폐쇄적 학교교육과 조직이 되지 않은 채 비효율적인 상태로 방치된 사회교육을 통합·재편성하여 결국에 가서는 교육의 사회화와 사회의 교육화를 이룩하자는 것이다(황종건, 1980: 22).

(9) 평생교육은 모든 개인이 일생주기 동안 어느 때든지 수업, 공부와 학습을 수행하여야 하며, 또한 이를 위한 조직적인 기회가 제공되어야 하는 것이다(Cropley, 1977: 21).

(10) 평생교육이라는 새로운 개념은 변화와 강조의 주요한 방향을 나타내는 세 가지의 단어, 즉 확장, 혁신, 종합으로 요약될 수 있다(Dave, 1984: 96-97).

(11) 평생교육은 개인적이나 사회적인 관점에서 모든 교육적 과정을 총괄하는 개념이다(Faure, 1972: 134).

(12) 모든 국민에게 평생을 통해 각기 자신이 가진 다방면에 걸친 소질을 계속적으로 발전 시키고 사회의 발전에 충분히 참여할 수 있게 하는 교육을 말한다(Langrand, 1970: 52).

이상에서 본 바와 같이 평생교육에 대한 정의에는 삶(Life), 평생(Lifelong), 통합(Integration)과 교육(Education)의 성격을 공통적인 의견으로 제시하고 있다. 즉, 표현방식은 다르지만 평생교육은 요람에서 무덤까지의 교육과 모든 장소 및 기관에서 이루어지는 교육을 통합한 '교육의 총체적 체제'이다.

3) 정의의 구성 원리

(1) 김란수의 견해(김란수, 1982: 41)

- 인간의 생애에 걸친 학습을 계획화하고 촉성하는 것이 될 것이다(교육기간: 요람에서 무덤까지).
- 각 인간은 자기실현을 궁극적인 목적으로, 격변하는 현대사회가 현대인에게 주는 도전을 슬기롭게 극복하고 대처해 나갈 주체적 적응력의 신장을 위해서 새로운 지식과 기능을 획득시키는 동시에 태도와 가치관 확립을 제계석으로 지도, 조성하는 것이 될 것이다(교육목표: 인간의 주체성 신장).
- 따라서 평생교육의 성패는 자기주도적인 학습활동을 전개시켜 나갈 수 있도록 하는 동기 형성과 교육방법의 학습능력을 얼마큼 효과적으로 배양하느냐에 날려 있을 것이다(교육방법: 자기주도의 학습).
- 이를 위해서는 모든 가용 교육기회 - 공식, 비공식, 비형식교육을 포함한 - 를 통합적으로 활용할 수 있도록 하는 교육체제의 정비가 필요하게 될 것이다(교육기관: 통합적 운영).

(2) 김종서의 견해(김종서, 1982: 14-17)

- 평생교육은 개인적 차원 및 사회공동 차원의 인간 삶의 길을 나선형으로 향상시키는 것을 목적으로 하고 있다.
- 평생교육은 태아에서부터 무덤에 이르기까지 한 개인의 생존기간 전체에 걸쳐서 이루어지는 교육을 수직적으로 통합한 것이다.
- 평생교육은 모든 기관(학교, 대중매체, 도서관, 자원단체 등)과 모든 장소(학교, 가정, 사회, 직장 등)에서 이루어지는 교육(학교교육, 학교 외 교육)을 수평적으로 통합한 것이다.

- 평생교육은 계획적인 학습과 우발적인 학습을 모두 포함한다.
- 평생교육에서는 국민 전체의 평생에 걸친 교육기회의 균등화 및 확대에 노력한다.
- 평생교육에서는 발달과업의 학습을 중시한다.
- 평생교육에서는 인간의 삶의 기초가 되는 유아기의 교육을 중시한다.
- 평생교육에서는 학교가 교육을 독점하는 것을 인정하지 않으며, 학교교육은 평생교육의 관점에서 그 뜻을 찾으려고 한다.
- 평생교육에서는 사회를 교육적인 환경으로 만들기 위하여 노력한다.
- 평생교육의 교육형태, 내용, 방법을 다양화하고 융통성을 부여함으로써 개인 및 사회의 필요에 대처하는 동시에 누구나 쉽게 접근할 수 있게 한다.

(3) 다베(R. Dave)의 견해(Dave, 1984: 51-52)

- 평생교육이라는 단어의 의미가 뜻하고 있는 세 가지 기본용어는 삶(Life), 평생(Lifelong)과 교육(Education)이다. 이들 용어에 부가된 의미와 그들 용어에 내려지는 해석은 주로 평생교육의 범위와 의미를 결정한다(의미와 조작 양식).
- 교육은 형식적 학교교육의 수료로서 종료되는 것이 아니고 한평생 동안 계속되는 과정이다. 평생교육은 한 개인의 한평생의 전 기간을 포함한다.
- 평생교육은 성인교육에만 국한된 개념이 아니다. 그것은 초등교육 전 단계(Pre-primary), 초등교육, 중등교육 등 교육의 모든 단계를 포함하여 통합한다. 그래서 평생교육은 교육을 그 전체성에서 관찰하고자 한다.
- 평생교육은 형식적(Formal), 비형식적(Nonformal), 무형식적(Informal) 형태의 모든 교육을 포함한다.
- 평생교육 과정이 시작되는 데 1차적이고, 또 가장 민감하면서도 결정적 역할을 하는 것은 가정이다. 이 과정은 가정학습(Family Learning)을 통하여 한 개인의 전 생애 기간에 걸쳐 지속되는 것이다.
- 지역사회 또한 어린이가 지역사회와 상호작용을 하기 시작하는 그 시점에서부터 평생교육체제에서 매우 중요한 역할을 한다. 지역사회의 교육적 기능은 한 개인의 전문직적 생활과 일반적 제 영역의 생활에서 한평생 계속된다.
- 학교, 대학, 훈련소 등과 같은 교육기관이 중요하다는 것은 더 말할 나위 없다. 그러나 그 뜻은 평생교육기관의 하나라고 하는 점에만 중요하다. 그러한 교육기관이 국민 교육

기관으로서 독점적 지위를 더 이상 누릴 수 없고, 그들의 사회 안에 있는 다른 교육기관과 관계없이 고립되어 존재할 수도 없다.

- 평생교육은 수직적 또는 종단적 차원의 계속성과 연결성을 추구한다(수직적 연계).
- 평생교육은 인생 각 단계의 수평적 · 심층적 제 차원의 통합성을 추구하기도 한다(수평적 통합).
- 평생교육은 귀족주의적 교육형태와는 반대로 서민주의적 성격을 갖는다. 그것은 교육의 민주화를 표방한다.
- 평생교육의 특징은 학습내용, 학습도구와 기술, 학습시간에서의 신축성과 다양성에 있다.
- 평생교육은 새로운 학습자료와 학습매체 등을 즉시 활용할 수 있게 해주는 교육에의 가동적(加動的) 접근방식이다.
- 평생교육은 교육을 받는 형태와 형식에서 무한한 다양성을 가질 수 있다.
- 평생교육은 넓게 일반교양적 요소와 직업적 요소의 두 요소를 가지고 있다. 이 두 요소는 서로 완전히 별개가 아니고 성격상 상호 관련성을 갖고 상호작용을 하는 것이다.
- 개인과 사회가 가지고 있는 적응기능과 혁신기능은 평생교육을 통하여 수행된다.
- 평생교육은 교정적 기능(Corrective Function)을 수행한다. 즉, 현행 교육제도의 결함을 보완하는 역할을 하는 것이다.
- 평생교육의 궁극적 목적은 삶의 질을 유지하고 개선하는 데 있다.
- 평생교육이 실현되기 위한 주요한 세 가지 전제조건은 기회(Opportunity), 동기(Motivation), 교육가능성(Educability)이다.
- 평생교육은 모든 교육활동의 조직 원리이다.
- 실제 운영적 수준에서 볼 때 모든 교육의 총체적 체제를 제공하는 것이다.

3. 평생교육의 특성

교육과 관련된 모든 이론과 연구는 여러 가지 특징적 요소를 내포하고 있다. 이러한 특징적 요소나 요소의 집합들은 계속적인 탐구를 위한 중심적 과제와 요점을 제시한다. 평생교육은 학교교육과 같이 규범적이거나 반강제적이 아니므로, 학습자의 특성을 잘 반영한 프로그램의 개발과 실행이 가장 본질적이며 평생교육기관의 생명력을 대변한다는 것을 아무리 강조하여도 지나치지 않을 것이다. 따라서 여기서는 평생교육이 가지는 개념적인 제 특성(諸特性)을 살펴보면서 평생교육 프로그램이 더욱 발전되기 위한 조건으로 제시하고자 한다. 결국 평생교육기관이나 프로그램이 아래의 특성을 얼마나 잘 반영하고 있는지 여부가 성패의 가늠자가 되기 때문이다.

1) 학습자 중심(Learner Centered)

스완슨(D. Swanson)은 "평생교육의 참여자들은 학습 분위기를 외부로부터 강요받기보다는 스스로 창출한다"(Swanson, 1973: 15)고 한다. 이는 에반스(D. Evans)와 스미스(W. Smith)가 말하는 "능력있는 학습자는 학습내용과 방법을 실질적으로 운영 · 통제한다"(Evans & Smith, 1973: 14)와 같은 의견을 제시하고 있다. 따라서 학습자는 필히 학습목표를 설정하는 데 참여하여야 한다. 학습자가 중심이 된 환경은 학습자의 변화하는 요구와 수요를 충족시키고, 또한 교육기회를 더욱 공평하게 확대하는 데 교육기관의 반응도를 더욱 고무시킬 것이다.

와드(T. Ward), 디토니(J. Dettoni)와 맥킨니(L. McKinney)는 "교육목표는 학습자의 요구와 더욱 접근되고 실질적인 것이 되어야 한다"고 주장하고 있다(Ward, Dettoni, & McKinney, 1973: 112). 특히 개발도상국가에서 아직도 많은 학습이론이 선진국으로부터 수입되고 있는 형편이나, 이러한 수입형 모델(Imported Models)은 그 사회의 경제적 · 문화적 조건이나 고용에 필요한 지식과 기술, 가정 관리, 가족 구성원의 책무, 지역사회의 참여에서 차이가 있기 때문에 적절한 변형을 필요로 하며, 이 경우 학습자의 요구를 충족시켜 주는 노력이 절실히 요청된다.

평생교육이 지니는 학습자중심의 특성은 성과주의 학습모델(Performance Based Learning Model)을 의미한다. 폴스톤(R. Paulston)에 의하면 "평생교육의 특성은 개별화된 학습단위와 성과기준 요구"(Paulston, 1972: xii-xiv)라고 볼 수 있다.

또한 기능의 획득과 전문적 지식의 통달을 위한 창조성은 흔히 학습자에 의해서 규정되는 능력에 따라서 판별된다. 브렘벡(C. Brembeck)은 "평생교육은 학습자 개인의 능력과 동기(Motivation)를 기재한 기록카드를 잘 활용하여야 한다"(Brembeck, 1973: 29)고 주장한다. 만약에 이러한 기록카드가 정확한 자료라면 평생교육은 개별화 학습의 기초 위에 성과주의 교육을 보완할 수 있게 된다.

많은 자료에서 평생교육이 추구하는 학습자 중심의 태도는 환경을 통제할 수 있는 자아의식과 힘에 의해 가능해진다고 하고 있다. 학습자가 자신과 처해 있는 상황을 철저하게 분석하고 직면해 있는 문제를 해결하기 위한 능동적인 활동을 유도하는 것은 그들의 태도와 깊은 관련이 있다.

2) 저렴한 비용(Low Cost)

교육기획과 정책 결정에서 비용의 중요성은 아무리 강조하여도 지나치지 않다. 아무리 부강한 선진국일지라도 교육에 투자할 수 있는 예산은 한정되어 있는 것이다. 특히 그란드스타프(M. Grandstaff)는 "각국에서 평생교육의 발전적인 모색을 하기 위해서는 단위당 비용이 적게 드는 교육 방식을 고안하는 것이다"라고 강조하고 있다(Grandstaff, 1974: 12).

평생교육에서 비용의 저렴성을 확보할 수 있는 근거로서는,

① 많은 평생교육기관은 전용시설(Full-time Facilities)이 필요하지 않을 수 있다. 평생교육은 어떠한 장소에서도 성립될 수 있다는 가정에서 출발하기 때문이다. 즉, 열대지방의 야자수교실, 노천교실, 천막교실 등과 같이 정규학교의 현대적 시설이 아닌 곳에서도 사회교육 프로그램을 운영할 수 있으며, 또한 평생교육은 기존 시설 · 설비를 임대하여 사용할 수도 있는 것이다. 만약에 평생교육기관이 지나치게 현대적 규모의 전용시설에 애착한다면 평생교육의 본질적 특성 중에 하나가 '비학교화(Non-schooling)'임을 망각하고 또 하나의 '학교화(Schooling)'를 추구하는 우(愚)를 범하는 것이 된다.

② 평생교육에서 인건비는 많은 자원봉사자(Volunteers)를 활용하고 시간교수자를 재용하거나 전문직원은 정부나 기업에서 협조를 받는 등으로 절약할 수 있다. 쿰스(P. Coombs)는 "학습의 질을 저하시키지 않으면서 협정 또는 비협정에 의해서 활용가능한 자원을 최대한으로 이용하는 것이 평생교육의 효율성을 제고시키는 방법이다"(Coombs, 1973: 66-69)라고 주장한다.

3) 단기의 학습기간(Short Cycle of Program Duration)

평생교육에서 비용과 효과성에 직접적 관련이 있는 것은 학습 기간이다. 평생교육은 가능한 한 가장 짧은 기간 내에 설정된 학습 목표를 달성할 수 있어야 하며, 또한 설정된 학습기간 중에 중간 종결되는 학습단위의 배려가 중요하다. 이를 위해서 브렘벡(C. Brembeck)은 평생교육에서 "학습자의 생활형태와 관련되어 즉각적 및 직접적으로 활용할 수 있는 기능학습

(Functional Learning)"(Brembeck, 1973: 54)을 강조한다.

학교교육과 평생교육의 본질적인 차이점은 평생교육이 학습 내용을 통하여 습득한 지식과 기술을 즉각적으로 생활현장에 적용할 수 있고 또 그런 기회를 가질 수 있다는 것이다. 따라서 폴스톤(R. Paulston)은 "평생교육활동은 현재 지향성을 지닌 단기간의 완성을 목표로 하는 경향이 많다"(Paulston, 1972: xii)고 하며, 브렘벡(C. Brembeck)은 다시 평생교육이 학교교육보다 우월한 점은 "학습 목표가 즉각적인 행동을 위하여 설정되거나 새로운 행동을 창출하도록 설정되는 데 있다"(Brembeck, 1973: 54)고 본다.

4) 요구에 기초(Basis in Needs)

모든 교육 프로그램은 어떠한 인간 요구에 기초하여야만 성공적으로 그 목표를 달성할 수 있는 것이다. 그러나 실제에서 교육과 요구의 관계는 그들의 명확성과 시기 적절성의 면에서 불분명할 뿐만 아니라 장기적 안목의 성격을 띠고 있다. 따라서 많은 교육 프로그램이 인간요구와의 관계에서 불분명하지 않고 또한 장기적 전망에서만이 가능한 것을 시정해야 한다는 요청이 쇄도하고 있는 것이다. 그란드스타프(M. Grandstaff)는 따라서 평생교육은 "현존하는 인간 요구를 명확하고 즉각적으로 수용할 수 있도록 그 목표설정에 최우선 순위를 두어야 한다"(Grandstaff, 1974: 13)고 강조한다. 이를 위해 평생교육의 교육과정은 연속적이고, 기술적이고, 필수적인 것보다는 취사적이고 선택적이며 융통성이 풍부한 경향이 짙다.

평생교육이 지니는 이러한 교육과정의 특성을 에반스(D. Evans)와 에트링(A. Etling)은 "카페식 교육과정(Cafeteria Curriculum)"(Etling, 1974: 3)이라 하며, 혹자는 "샌드위치식 교육과정(Sandwich Curriculum)"이라고 부른다.

교육과정의 편성은 학습자의 진정한 관심, 동기와 희망 사항을 학습자가 발견할 수 있도록 최대한으로 노력한 결과를 토대로 하여 이루어져야 하는 것이다. 교육 프로그램도 국외자(Outsiders)의 전문적인 선입관(Preconceptions)이나 가정(Assumptions)에 의한 것이 아니라 학습자들의 진정한 관심 영역과 부합되도록 구성되어야 한다(Coombs, 1973: 94-95).

5) 취업과 연결(Linkage to Employment)

경제성장과 산업화로 많은 발전을 이룩하고 있지만, 아직도 세계 각국은 실업 문제로 고민하고 있다. 특히 앞에서 쿰스(P. Coombs)가 지적한 대로 현대의 대량교육은 이 실업 문제를 더욱 가중시키고 있는 것이다.

따라서 학교교육이 날로 양산하고 있는 교육받은 실업자(Educated Unemployed)의 문제를 해소하는 하나의 보완체계로서의 평생교육은 그 존재의 특징이 된다. 평생교육 행정기관이나 평생교육기관이 정책의 기획과 프로그램을 개설할 때 가장 관심있게 배려해야 하는 분야가 바로 취업과의 연계성이다.

평생교육이 취업과 연결될 수 있는 기능은 크게 두 가지로 볼 수 있다. 첫째는 현재 취업 중인 자에 대하여 날로 발전하는 과학 · 기술 문명과 정보에 대한 계속교육을 실시함으로써 그들이 지속적으로 직장에 능력있는 인간(Competent People)으로 육성되어 취업의 계속성을 부여하는 것이다. 대다수의 공무원 교육훈련, 정당의 연수교육, 기업체의 사내교육훈련, 각 대학의 특수(또는 전문)대학원, 대학부설 평생교육원, 영농교육기관, 방송통신대학과 산업대학, 원격대학, 사내대학, 학점은행기관 등은 이러한 목적을 위하여 설립 · 운영되는 기관으로 볼 수 있다.

브렘벡(C. Brembeck)은 "평생교육은 기초문해 또는 기능문해교육(Minimum Literacy or Functional Literacy)과 훈련 프로그램을 개설하여 개인적 및 국가적 경제발전에 기여하는 방향으로 전개되어야 한다"(Brembeck, 1973: 185)고 주장하는 배경을 이의 맥락에서 이해할 수 있겠다.

둘째로는 현대의 학교교육이 그 규모의 거대성과 획일성 그리고 국민의 일류지향적인 교육기관으로 인해 자칫 소홀히 취급될 수 있는 개인의 적성지도와 적성신로(Career Development)에 대한 보완체계로서 그 수정의 기회를 제공하는 것이다.

이를 위해서 콜라웨이(A. Collaway)는 "평생교육은 학위 취득(Diplomas, Degrees)을 목적으로 운영되어서는 아니 된다"(Collaway, 1973: 17)라고 한다. 오히려 평생교육은 자격증(Certificates)의 취득을 목적으로 운영되는 것이 바람직한 것이 될 수 있다. 각국의 공공직업 훈련원, 전문학원, 특수대학원 등이 이러한 역할을 수행한다. 우리나라의 전문대학과 산업대학에 매년 학사편입생이 증가되는 이유도 학사학위와 함께 자격증을 취득할 수 있는 장점이 있기 때문이라고 해석할 수 있다.

이렇듯이 평생교육은 학교교육을 중단하였거나 완료한 사람들이 과잉 배출되어 실업자가 되는 경우, 이들을 재교육시켜 취업과 연결될 수 있도록 생애진로교육(Career Education)을 실시하여 가능한 한 많은 사람이 직업을 통한 자기발전을 도모한다.

6) 수평적 관계(Horizontal Relationships)

만약에 평생교육 활동이 학습자 중심이고, 개별화된 것이고, 또한 자아의식과 교육과정이 학습자에 의해서 설정된다면 학습자와 교사의 관계는 당연히 수평적 관계를 강조하는 것이 된다. 이러한 관점에서 본다면 교사는 구조자(Helper), 능력 제공자(Enabler) 또는 촉매자(Catalyst)로서의 역할을 수행하게 되어 전통적인 교사의 역할과는 전혀 다른 것이 된다. 이러한 역할을 수행하는 사람을 평생교육에서는 조력자(Facilitator)라고 부른다.

평생교육기관에서 이 조력자는 반드시 일정한 자격을 구비한 교사가 아니더라도 전문가를 보조하는 조수나 비전문적 교사도 될 수 있을 뿐만 아니라 심지어 지도력이 있거나 특정한 분야에 높은 기능과 지식을 보유하고 있는 학습자도 될 수 있는 것이다.

학습을 진행할 수 있는 능력이 있는 사람이면 누구나 조력자가 될 수 있는 평생교육의 특성이 잘 활용되어야만 프레이레(P. Freire)가 지적하는 은행식교육(Banking Education)(Freire, 1970: 58)의 문제를 극복하고, 그가 제시하는 대화식교육(Dialogue Education)을 달성하여 교사와 학습자의 관계는 수직적 관계에서 수평적 관계로 전환된다.

쿰스(P. Coombs)도 이 조력자의 역할을 중시하여 "평생교육기관은 학습자가 스스로 학습을 할 수 있도록 자기수업(Self-instruction) 방법에 대한 전략을 수립하고 또한 교사는 훈련교관(Drillmaster)이나 교과서의 대체물로서의 역할이 아니라 학습자를 안내하고 지도하는 방향에 교육방법의 역점을 두어야 한다"(Coombs, 1973: 95)고 주장한다.

그는 또한 지역개발 프로그램에 전문적인 교사 이외에 자원봉사자나 다른 조력자(유급, 무급을 불문하고)를 활용할 경우에 생기는 장점으로,

① 지역사회의 자원봉사자를 활용하면 그 자원봉사자는 모범 농부로서 우대되어 추진하고자 하는 교육 프로그램에 풍부한 인적 · 물적 자원을 동원하여 업적을 증대시키는데 크게 기여하게 된다.

② 교육 프로그램에 대한 참여의식은 지역사회의 다른 구성원에게도 전파되어 보다 많은 사람이 프로그램에 동참하게 된다.

③ 교육 프로그램의 취지에 대한 사회적 · 심리적 수락은 지역사회에 많은 여론지도자(Opinion Leader)를 형성하여 그 프로그램에 대한 대행자를 확보할 수 있다.

④ 지역 실정을 잘 아는 지역 인사의 활용은 프로그램의 인적 구성을 더욱 관심이 집중되는 소규모의 팀으로 변화시키고 또한 더욱 질 높은 전문가와 기술자를 확보할 수 있도

록 인도하는 한편, 지역주민은 보다 단순해지고 교육적 부담이 적은 환경에서 프로그램의 목적을 달성할 수 있게 된다(Coombs & Ahmed, 1974: 217).

이와 같이 비전문적 조력자는 사람들 사이에 수평적 관계의 호응을 얻는 면에서 전문적 교사보다도 더 유리한 여건에 있다. 분명히 수평적 관계는 평생교육이 학습자 중심으로 운영되고, 또한 학습자가 카페식 학습기회를 선택할 수 있는 여건이라면 더욱 중요하다.

7) 분권화된 기획과 변경(Decentralized Planning and Alteration)

웨일러(H. Weiler)는 다음의 이유를 들면서 교육 기획을 신랄하게 비평한다(Weiler, 1978: 251).

① 교육기회의 보수적인 편견은 교육기회의 재분배와 교육과정의 질적 요소 재정립에 대한 실패에도 불구하고 현존 제도의 재생산만을 고집하는 경향이 있다. 정치적 및 경제적 분야에 쏟는 관심 때문에 교육 기획은 현상유지를 하는 데 급급한 실정이다.

② 계층구조적인 속성, 내부행정적 특성과 상의하달식 정책 운용에 기초한 엄격한 중앙통제와 책임은 행정계층의 밖에 있는 사람과 기관의 참여를 저해하고 있다.

③ 교육 기획의 주요 관심이 양적 성장에 편재되어 있어서 다른 지역이나 하급계층의 사람들에 대한 교육기회의 확산을 게을리할 뿐만 아니라 구조적인 면과 실질적인 차원에서의 교육제도 개선과 재구성이 등한시되고 있다.

④ 교육 기획이 다양한 방법과 기법을 동원하여 계획에 대한 설명에 역점을 두는 나머지 현실적으로 구체화되는 것을 좀처럼 찾아보기가 힘들다.

⑤ 교육 기획이 단순히 인력 양성에만 한정되는 경제적 측면과 지나치게 관련되어 있어서 전통문화의 보존, 건강, 환경보호 등과 같은 문제가 소홀히 취급되고 있다.

이상의 교육기획과 관련된 비평 중에서 가장 심각한 문제점은 교육 기획의 중앙집권화로 인하여 야기되는 비유연성(Inflexibility)이라고 지적할 수 있다. 중앙집권적 교육 기획이 때로는 불가피한 것이나 모든 교육적 시도에 상존하여서는 아니 되는 것이다.

특히 평생교육에서 위에서 살펴본 여러 가지 특성을 내재화하기 위해서는 전국에 걸친 획일적인 기획과 정책의 수행은 그 본질적 특성을 위협하는 것이 된다. 따라서 그란드스타프(M. Grandstaff)는 평생교육은 교육의 설계와 기획에서 최대한으로 지방분권화를 보장해 주는 한편, 추진 시에도 최대한의 변경가능성을 인정해 주는 가장 모범적인 접근방법을 제시해 주어야 한다고 주장하고 있다(Grandstaff, 1974: 14). 특히 평생교육 활동은 많은 목적을 달성하도록 설계된 것이다(Collaway, 1973: 21). 따라서 변동하는 주변 여건에 따라서 즉각 대처할 수 있는 권한과 책임을 평생교육에서는 인정해 주어야만 유연성을 최대한으로 보장해 주는 것이 된다.

8) 적극적인 홍보(Positive Distribution)

교육 프로그램은 그 잠재적 대상자에 대한 홍보 면에서 다양하다. 어떤 경우에는 아주 한정된 수요자에 대해서만 공지(公知)를 하는 반면에 다른 경우에는 광범위한 학습자를 대상으로 홍보를 한다. 평생교육은 본질적으로 연령, 성, 직업, 종교, 정치적 · 사회적 및 경제적 신분 등에 구별 없이 모든 사람을 대상으로 한다는 성격은 앞에서 살펴본 교육의 개념 부분에서 알 수 있다. 그러나 설정된 사업은 유아, 학교 외 청소년, 노인, 성인, 여성, 농촌의 빈곤계층, 지역주민, 도시근로자, 소수민족집단, 취업집단 등 특정한 계층 또는 부류에 속하는 사람을 대상으로 실시될 수도 있는 것이다(Reed, 1981: 8).

그러나 평생교육은 아직도 많은 나라에서 학교교육에 대한 편중의식, 평생교육의 독자성 미확립, 정부의 지원 미흡 등 여러 가지 주변 여건으로 미성숙 상태를 벗어나지 못하고 있는 실정이다.

그란드스타프(M. Grandstaff)는 오늘날 우리가 당면하고 있는 평생교육의 미성숙도 문제를 해결하기 위해서는 평생교육 프로그램과 목적 등에 관한 홍보를 접촉이 가능한 모든 사람들에게 활발히 전개하는 것이라고 한다(Grandstaff, 1974: 14). 다시 말하면, 학교교육기관은 의무교육의 연장으로 인하여 교육이 국민의 기본적 권리임과 동시에 의무가 되어 뚜렷한 홍보활동을 실시하지 않아도 학생을 확보하는 데 곤란성이 거의 존재하지 않는다.

또한 고등교육기관도 고등교육의 보편화 내지 일반화 추세에 힘입어 수도권 지역의 경우에는 학생 확보에 큰 문제의식을 갖지 않고 있는 것이 보통이다. 따라서 학교교육기관은 학생 확보에서 보다 우수한 학생을 유치하는 경쟁은 있으나 전체적인 입학정원을 충족시키는 면에서는 오히려 소극적일 수도 있다.

반면에 평생교육기관은 학습자를 확보하는 면에서 적극적이고 능동적이지 못하다면 그 기관의 존립에 관한 문제까지에도 파급된다. 바로 이러한 차이점은 학교교육은 일종의 강제적 참여(Compulsory Participation)임에 비하여 평생교육은 자발적 참여(Voluntary Participation)라는 특성에 기인하는 것이다.

4. 평생교육의 역할

평생교육의 역할을 설명하는 관점은 학자마다 다른 견해를 보이고 있다. 예를 들면, 심킨스(T. Simkins)는 평생교육의 역할을 보완학습(Complementary Schooling), 보충학습(Supplementary Schooling)과 대안학습(Alternatives to Schooling)으로서의 역할로 구분하고 있다(Simkins, 1976: 54). 필자는 평생교육의 역할을 크게 세 가지, 즉 대안학습 과정(An Alternative Learning Process), 체제유지 수단(A Way to Maintain Status Quo) 및 사회변화 생성 수단(A Way to Make Social Change)의 역할로 구분한다(Kim, 1984: 52).

우리가 각종 평생교육기관을 통하여 다양한 프로그램을 제공하는 것은 그동안 학교교육기관에서 소홀히 해온 부분을 보완하거나 국민의 지속적인 학습활동을 지원하기 위한 것이므로, 이러한 학습활동을 통해 평생교육이 어떠한 역할을 수행하는지를 알아보는 것은 매우 중요한 일이다.

1) 내안학습 과정의 역할

이는 평생교육을 학교교육에 대한 대안체제로 보는 것이다. 평생교육을 이러한 역할로 보는 데는 다시 학교교육 과정을 보완하는 것과 학교교육을 수료하였거나 중단한 자에 대한 보충교육으로 구분해서 설명할 수 있다.

(1) 보완교육(Complementary Education)

이런 형태의 평생교육은 대체로 학교교육기관이 제공하는 교육을 보완하거나 완성하는 데 있다. 학습자는 일반적으로 초등학교, 중 · 고등학교 및 대학에 재학하고 있는 학생들이다. 보완교육은 정상적으로 요구되는 학습의 내용과 활동이 학교의 교실에서 이루어지는 것이 부적절한 것들을 대상으로 하고 있다.

다시 말하면 운동클럽, 취미활동반, 각종 학회와 단체활동, 연극반, 합창단 등의 학생 과외활동(Extra Activities)은 학교 중심이고 학교의 지도 · 감독으로 운영되고 있으나 이들은 학교의 정규과정 이외에 교실 밖에서 이루어지는 활동인 것이다. 더욱이 일반적인 형태의 보완교육은 학교의 시설을 사용하거나 하지 않으며, 이들은 많은 경우에서 외부인사(Non-School Personnel)나 단체에 의해서 조직, 운영된다. 예를 들면, 보이스카우트나 걸스카우트와 같은 청소년단체, 4-H클럽과 같은 영농지도자단체, 민간단체의 후원을 받는 자원봉사 활동 등이 있다. 최근의 경향은 학교의 재학생에게 알맞은 과외활동의 실시를 강력하게 요청하며 또한 학교가 이러한 활동을 통하여 지역사회에 직접적으로 참여하는 쪽으로 움직이고 있다(Minzey & LeTarte, 1979: 58).

에반스(D. Evans)는 따라서 보완교육의 경향을 넓은 의미의 탈학교화 운동의 일환으로 보고 있다(Evans, 1981: 20). 반면에 보완교육으로서의 평생교육은 학교에 재학하는 학생과 정규학교교육을 이수하지 못한 성인들에게 한정된 학습기회를 제공하는 데 불과하다는 약점을 지니고 있다.

(2) 보충교육(Supplementary Education)

이런 형태의 평생교육은 어느 정도이건 학교교육을 이수한 사람에 대하여 학교 또는 이와 유사한 기관과 단체에 의해서 계속학습의 기회를 제공하는 것이 일반적인 현상이다.

보충교육의 실례로서는 비문해자에 대한 기초문해교육(Minimum/Basic Literacy Education), 문해자에 대한 기능문해교육(Functional Literacy Education), 도제식 교육(Apprenticeships), 각종 직업훈련과 같은 기능훈련교육(Skill-Training Programs), 영농훈련과정(Farmer-Training Courses), 가족생활교육(Family Life Programs), 가정경제교육(Home Economics Training) 등이 있다. 학습내용은 주로 특정한 실제 상황과 연결되고, 또한 일상생활과 직업 생활에서 즉시 활용할 수 있는 기능을 학습자들이 배양할 수 있는 것이 일반적이다.

2) 체제유지 수단의 역할

평생교육의 역할을 이러한 관점으로 보는 것은 평생교육이 부자나 가난한 자 등 모든 계층의 사람들에게 적용된다는 데 있다. 모든 개인의 궁극적인 욕구는 개인이 가지고 있는 잠재력을 최대한으로 개발하여 완전한 자아정체감(Self-identity)을 성취하는 데 있다. 즉, 그림 1-2 에서 보는 바와 같이 마슬로우(A. Maslow)의 인간욕구 5단계(Five Hierarchies of Human Needs)에서도 가장 강조하는 것은 자아실현이다. 특히 하위욕구가 충족되지 못하면 그 상위욕구로 진입할 수 없다는 마슬로우의 견해는 우리에게 더욱 큰 충격을 주는 것이다.

그림 1-2 마슬로우의 인간욕구 단계

출처: Knowles(1980: 28)

자아실현을 목적으로 하는 평생교육활동은 학교교육을 대체 또는 대신하는 것들이다. 어떠한 이유로 정규학교교육의 기회를 제공받지 못했거나 중단한 청소년과 성인들에게 제2의 교육기회(The Second Chance Education)를 제공하는 방계학제 교육기관이 이러한 범주에 속하는 평생교육기관인 것이다. 즉, 우리나라의 공민학교, 고등공민학교, 방송통신고등학교, 학력인정 평생교육시설, 산업체 부설학교 및 야간 특별학급, 방송통신대학, 산업대학, 사내대학, 원격대학, 사이버대학, 특수대학원, 학점은행기관 등은 이에 해당하는 학교교육 기회를 잃은 사람들에 대한 추가교육 기회를 제공하는 평생교육기관이다.

체제유지 수단으로서의 평생교육이 가지는 다른 측면은 현대산업사회와 민주시민사회에 적응할 수 있도록 계속적인 학습을 통한 성숙도(The Degree of Maturity)의 달성이다. 성숙한 인간(Mature Person)을 측정하는 척도로서 놀스(M. Knowles)는 다음 **표 1-2** 를 제시하고 있다. 성숙도를 목적으로 하는 평생교육 활동을 학교교육의 최종 단계인 고등교육을 완료한 사람까지 그 대상으로 실시하는데, 이는 평생학습 또는 계속학습의 절대적 근거를 제시하고 있다. 즉, 여성단체의 각종 활동, 로타리클럽 · 라이온스클럽 등 각종 성인단체 활동, 사내연수 프로그램, 학원의 취미 · 교양 프로그램, 언론기관의 교양문화센터(Cultural Center) 등이 개인의 성숙도를 제고시키기 위하여 제공되는 평생교육 프로그램이다.

따라서 고도산업사회와 민주 시민사회를 지향하는 모든 나라는 그 나라의 총체적 교육체제(Total Educational System) 속에 정규학교교육 이외에 다양한 평생교육을 포함하여 발전시켜야 하는 것이다.

시몬즈(J. Simons)는 "평생교육의 확충은 그 사회의 정치적 · 사회적 체제유지를 강화한다" (Knowles, 1980: 29)라고 보고 있다.

표 1-2 성숙도의 차원

1. 의존성	→	자치성
2. 수동성	→	능동성
3. 주관성	→	객관성
4. 무지(無知)	→	계발(啓發)
5. 적은 능력	→	많은 능력
6. 적은 책임성	→	많은 책임성
7. 좁은 관심	→	넓은 관심
8. 이기주의(利己主義)	→	이타주의(利他主義)
9. 자기부인(自己否認)	→	자기승인(自己承認)
10. 모호한 자아정체감	→	통합된 자아정체감
11. 특수관계에 치중	→	일반원리에 치중
12. 표면적 관심	→	심층적 관심
13. 모방성	→	독창성
14. 확실성 요구	→	애매함에 대한 인내
15. 충동성	→	합리성

출처: Simons(1980: 9)

3) 사회변화 생성 수단의 역할

평생교육의 역할을 이러한 관점으로 보는 중요한 문제는 평생교육을 정치적 · 경제적 및 사회적 변형을 증진시키는 수단으로써 인식하는 데 있다. 이는 평생교육이 본질적으로 참여식 방법을 통한 의식향상(Consciousness Raising)으로 개혁잠재력(Reform Potentials)을 지니고 있다는 점을 강조하는 것이다.

평생교육이 수행하는 사회변화 생성의 역할에는 ① 점진적 변화(Incremental Change)와 ② 급진적 변화(Radical Change)의 두 가지를 들 수 있다. 먼저, 점진적 변화는 지역주민 스스로가 지역사회 개발계획을 선정하고, 설계하고, 집행하는 지역개발사업에서 많이 볼 수 있는 것과 같이 학습자들의 요구를 수렴하는 등 참여를 강조함으로써 학습에 대한 동기력(Motivation Force)과 권한증대력(Empowering Force)을 부여하여 점진적인 변화를 유도하는 것을 말한다.

다음으로, 급진적 변화는 교육과 학습을 통해 사회혁명을 꾀하는 일련의 활동을 말하며, 해방교육 또는 민중교육을 주장하는 프레이레(P. Freire)가 대표적인 학자이다. 이는 평생교육 활동이나 프로그램이 도시빈민층이나 저소득층, 농 · 어촌의 도서벽지 지역 등 낙후된 지역 그리고 정규교육을 제대로 받지 못한 교육 소외계층을 대상으로 학습을 시켜 그들이 주인이 되고, 교육적 가난을 대물림하지 않는 새로운 사회를 건설하는 등의 급진적 변화를 유도하는 것을 말한다.

위에서 살펴본 평생교육의 사회변화 생성 수단의 역할은 그동안 세계 각국 및 우리나라에서도 시대적 · 정치적 상황에 의하여 때로는 점진적 변화가 또 때로는 급진적 변화를 위한 활동이 전개되어 왔음을 잘 알고 있다. 여기서 중요한 것은 무엇이 다수 국민의 교육복지를 향상시키고 학습사회를 건설하는 데 유용한 변화 수단이 될 것인지를 확인하기 위하여 우리 평생교육자는 늘 깨어 있어야 한다는 것이다.

연구문제

1. 학교교육과 사회교육의 발전추이를 시대별로 구분하여 설명해 보시오.
2. 평생교육자 입장에서 각자의 평생교육에 대한 정의를 규명하여 보시오.
3. 평생교육이 지향하는 특성을 설명하시오.
4. 평생교육이 수행하는 역할을 기술하여 보시오.

CHAPTER 02

평생교육경영의 개념과 원리

학습개요

평생교육경영은 기본적으로 평생교육기관경영을 뜻하는 것으로 이해될 수 있고, 이는 평생교육기관이 고유의 사명과 역할, 특성을 효과적 · 효율적으로 수행하여 지속가능한 발전을 이루어 나갈 수 있도록 운영하는 것을 의미한다. 대부분의 평생교육기관은 제한적인 행 · 재정적 지원 하에서 스스로 생존해 갈 수 있는 길을 개척해 나가야 하는 야생조직이기 때문에 경영 관점에서의 평생교육기관 운영은 필수적이다.

평생교육경영의 요체는 해당 평생교육기관이 개인 및 공동체의 평생학습적 요구를 충족시켜 줄 수 있는가의 여부에 달려 있다고 할 수 있다. 즉 단위 평생교육기관은 지역사회 내 학습자들의 평생학습적 요구를 충족시킬 수 있는 교육과정(教育課程)이나 프로그램을 적극적으로 개발 · 전달하여 개인 및 집단의 삶의 질이 향상될 수 있도록 끊임없이 노력해야 한다. 그러기 위해서는 평생교육적 활동을 발전시켜 나갈 수 있는 조직의 여건과 역량을 효과적으로 활용하여야 한다. 이에 경쟁력 있는 교육 프로그램을 지속적으로 발전시켜 나갈 수 있는 전략과 실천력은 무엇보다 중요하다.

평생교육경영의 원리는 일반적인 경영의 원리를 따르는 것이지만 동시에 평생교육기관의 특성에 대한 고려를 내포하는 것이기도 해야 한다. 본디 교육조직이란 교육이 지닌 공익적 가치를 구현하기 위한 규범조직이고, 이는 이윤을 목적으로 하는 기업조직과 대조된다. 평생교육기관 역시 교육조직이어야 한다는 점에서 보면, 경영 관점에서 평생교육기관을 운영한다고 하더라도, 교육적 가치가 영리적 동기에 의해 무시되거나 왜곡되지 않도록 유의해야 한다.

평생교육경영의 이상과 현실 사이에는 상당한 간극이 존재하는 바, 이러한 문제점을 극복 · 해결할 수 있기 위해서는 평생교육경영자의 교육적 가치관과 안목, 역량이 적지 않게 요구된다. 특히 평생교육활동이 추구해야 할 본질적 가치와 수익성과 같은 경영적 가치가 상충할 때 야기될 수 있는 갈등을 어떠한 관점에서 어떻게 해결할 것인가를 아는 것은 평생교육경영자에게 기대되는 핵심 역량이라 할 수 있다.

학습목표

1. 평생교육경영의 개념을 광의 및 협의로 구분하여 설명할 수 있다.
2. 평생교육기관경영의 기본 원리를 설명할 수 있다.
3. 평생교육기관경영에서 특히 강조되어야 할 일을 제시할 수 있다.
4. 평생교육기관경영에서 제기될 수 있는 주요 쟁점 및 그 해결방안을 제시할 수 있다.

1. 평생교육경영의 개념

평생교육경영은 사회의 모든 구성원이 생애의 어느 단계, 어떤 상황에서나 자신이 추구하고자 하는 학습을 지원 · 촉진할 수 있도록 교육활동을 체계적으로 운영함으로써 궁극적으로 개인 및 공동체의 삶의 질을 향상시키는 데 기여하고자 하는 조직화된 노력이다.

평생교육경영의 개념은 거시적인 관점과 미시적인 관점으로 나누어 생각해 볼 수 있다. 거시적 관점에서 평생교육경영은 '평생교육 발전을 위한 사회적 여건 및 지원체제에 대한 경영'을 뜻하는 것으로 사실상 사회적 수준에서의 평생교육경영을 의미한다. 사회적 수준에서의 평생교육경영은 사회를 구성하는 주요 영역 - 예를 들면 국가, 시장, 시민사회 - 내에 존재하는 다양한 형태의 평생교육조직들에 대하여 어떠한 통제적 혹은 촉진적 관점을 가지고 관리하거나 지원함으로써 사회 구성원 일반의 평생학습적 요구를 충족시키고 선도해 나가는 것을 말한다. 미시적 관점에서 평생교육경영은 '평생교육적 역할과 활동을 담당하는 기관이나 조직을 운영하는 행위'를 뜻한다. 거시적 관점에서의 평생교육경영이 정책적 혹은 행정적 수준에서의 경영 관점이라면, 미시적 관점에서의 평생교육경영은 단위기관 수준에서의 경영 관점이다.

평생교육경영의 개념은 거시적 관점과 미시적 관점 모두에서 중요하다. 거시적 관점에서는 사회 전반적으로 평생교육의 기회와 활동이 확대될 수 있도록 국가나 지방자치단체를 비롯한 여러 공적 영역에서 제도적, 정책적, 행 · 재정적 지원을 강화하는 것이 필요하며 이는 사회적 수준에서의 평생교육경영이 담당해야 할 중요한 요소이다. 미시적 관점에서는 지역사회 내 다양한 유형의 평생교육기관들이 평생교육의 기회와 활동을 효과적 · 효율적으로 제공 · 전달하여 궁극적으로 사회 구성원들의 평생학습적 요구를 충족시킬 수 있도록 해야 하며 이는 단위기관 수준에서의 평생교육경영의 주요 과제이다.

한편 평생교육경영의 개념은 평생교육의 범주를 어떻게 정할 것인가의 관점에 의해서도 그 구체적 내용이 크게 달라진다. 보편적인 평생교육론의 입장에서 보면, 평생교육은 모든 유형의 교육을 생애의 흐름 속에서 유기적으로 통합하려는 관점이며 원리이다. 따라서 이러한 맥락에서의 평생교육경영이란 곧 학교에서의 교육과 학교 밖에서의 교육을 모두 포괄하여 통합적으로 경영하는 것을 의미하게 되는 것이므로, 학교교육경영은 물론 가정교육경영, 사회교육경영을 모두 포함하는 개념이다.

만일 평생교육경영의 개념에 학교교육경영을 포함시킬 경우, 그 범위가 지나치게 넓어져 평생교육경영의 원리에 대한 논의는 대단히 어렵게 된다. 말하자면, 그것은 평생교육의 관점에서 학교교육경영은 어떻게 되어야 하는가, 또 그것은 학교 외 교육기관의 경영과 어떻게 유기적으로 통합되어야 하는가 등의 문제를 다루는 것이어야 하기 때문이다. 이러한 수준에서의 논의는 평생교육적 관점 · 이론의 맥락에서는 당연히 활발하게 이루어져야 될 성격의 것이지만, 현실적으로는 학교교육경영의 영역은 고유의 전문성을 인정받는 독립적 분야로 존재하고 있기 때문에 이를 평생교육경영의 일부로 통합시킨다는 것은 불가능하다. 만일 평생교육경영을 학교교육경영까지를 포함하여 '모든 교육적 영역과 요소를 평생교육적 맥락에서 유기적으로 통합'하고자 한다면, 매우 높은 수준의 정책적 의지와 행정적 지원이 뒤따라야만 할 것이다.

이러한 문제점 때문에 우리나라의 평생교육법에서는 평생교육의 개념을 '학교교육을 제외'한 모든 형태의 조직적인 교육활동으로 제한적으로 규정하여 이에 따른 평생교육 지원제도를 구축하고 있다. 이러한 맥락에서의 평생교육경영이란 사실상 사회교육경영을 의미하게 되는 것이다.

이처럼 '평생교육경영'이란 말은 어떤 분석의 수준과 실천의 범위를 전제로 하는 것이냐에 따라 그 개념이 상당히 달라질 수 있다. 따라서 평생교육경영의 개념과 원리를 논의하기 위해서는 그 대상 범주를 명확하게 설정하여야 할 것이다. 그런데 평생교육의 모든 수준 및 범위를 대상에 포함시켜 평생교육경영의 개념과 원리를 논한다는 것은 매우 어려운 일일 뿐 아니라, 평생교육법이 실재하는 평생교육 현장의 처지에서는 그 실질적인 유용성이 크지 않다. 따라서 이 글에서는 '평생교육경영'의 개념을 '단위 평생교육 전담기관의 경영'이라는 관점으로 제한하여 살펴보고자 한다.

1) 평생교육경영 개념의 배경

우리나라에서 평생교육기관경영의 필요성이 제기된 것은 1999년 평생교육법이 개정되면서 평생교육사 양성과정에 평생교육경영학이라는 과목이 포함되었기 때문이다. 이는 종전의 사회교육법 체계에서 전제되었던 '사회교육행정'의 개념이 '평생교육경영'으로 전환되었다는 것을 의미한다. '사회교육행정'이 법규에 따라 사회교육의 목표를 효율적으로 달성하기 위해 필요한 제반조건을 정리하고 지원 · 관리하는 행위에 주안점을 둔 것이었다면, '평생교육경영'은 단위 평생교육기관이 환경의 변화에 따라 능동적으로 적응하고, 독자성과 자립성, 책무성을 적극적으로 발휘할 수 있도록 간접적으로 지원하는 데 강조점을 둔 것이었다. 이러한 변화는 평생교육 활동·기관이 적극적인 행·재정적 지원이나 관리의 대상이라기보다는 민간 분야에서 주체적이고 자생적으로 발전되어야 함을 말해주는 것이었다(오혁진, 2002).

평생교육기관경영의 관점은 이후 사회 전반적으로 '경영의 관점'에 대한 강조가 확산되면서 더욱 강화되었다. 즉 행정 전반에 걸쳐 경영 요소를 도입하여 효율성과 성과를 제고해야 한다는 목소리가 힘을 얻기 시작하였고 그 결과 중앙정부와 지방자치단체에서 기업에서 중요시되는 경영 개념과 원리 - 예를 들면 고객중심적 사고와 경쟁력 강화 - 가 도입되었다. 아울러 행정은 통치 기능 못지않게 서비스 기능을 적극적으로 제공해야 한다는 인식이 강화되었다. 결과적으로 이에 행정 분야에 기업경영의 개념과 원리를 최대한 적용하여 행정을 효율화하려는 시도가 잇달았다.

행정 분야에 기업경영의 개념과 원리를 응용한다는 것은 다시 말하면 전통적으로 행정에서 다루어 온 역할이나 업무라 하더라도 이를 시장요소나 기능으로 대체할 때 더 나은 효율성이 기대된다면 적극적으로 그렇게 전환하는 것을 의미한다. 국영기업이나 공기업을 민영화한 것도 이러한 흐름에서 이루어진 것이다. 전통적으로 전력산업이나 통신사업 등은 막대한 자본을 필요로 할 뿐 아니라 그 영향력이 전 국가적, 전 국민적으로 미치기 때문에 민간기업, 사기업의 형태로 운영되기 어렵다고 간주되어 왔다. 그러나 이들 산업·사업도 효율성과 경쟁을 위주로 하는 기업경영의 개념과 원리를 활용할 때 사회 전반적으로 편익이 증대된다는 주장이 많은 선진국에서의 실천 사례로 뒷받침됨에 따라, 행정 분야에서의 경영 개념·원리의 도입 주장은 설득력을 얻게 되었다.

이러한 분위기는 교육, 특히 공교육에 대해서도 간접적으로 영향을 미쳤다. 이에 따라 단위 학교의 운영에서 경영적 측면이 강조되었고, 학교경영의 관점에서 요구되는 학교장의 역할이 크게 주목받게 되었다. 말하자면 학교 운영에서도, 국가의 행정적 기능의 연장에서 교육 여건을 지원·관리하는 것을 위주로 하는 소극적 관점으로부터, 단위 학교의 교육적 환경과 목표에 부합하게 교육의 여건과 과정을 스스로 창의적이고 책임성 있게 발전시켜 나가는 적극적 관점으로 전환되어야 할 것으로 기대되었다. 말하자면 학교 운영을 '교육행정 서비스의 전달'이라는 소극적 관점에서가 아니라 '교육효율 극대화를 위한 기관의 경영'이라는 적극적 관점에서 바라보게 된 것이다.

교육행정 분야에서의 경영 마인드에 대한 강조는 1990년대 말에 야기된 대규모 금융위기를 겪으며 심화되었다. 국내 시장의 개방에 이은 세계화 · 정보화의 물결 속에서 한국 사회는 전대미문의 경제위기를 경험하였고, 그 결과 국가의 생존을 위해서는 기업을 비롯한 거의 모든 조직에서의 경쟁력 강화가 최대 과제로 대두되었다. 이러한 맥락에서 학교를 비롯한 비영리조직에서도 시장 요소와 경영 원리를 도입하여 경쟁력을 강화하여야 한다는 주장이 제기되었다.

이 같은 배경으로 평생교육기관의 운영에서는 경영 개념과 원리는 더욱 강조될 수밖에 없었다. 우리나라에서 평생교육기관들은 그 조직적 기반이 취약하며 가용자원이 제한적이며, 교육계에서 그 권위와 평판을 충분히 인정받지 못하는 등으로 그 위상이 주변적이다. 공적 기반을 가지고 있는 평생교육기관의 경우라 하더라도 그에 대한 행 · 재정적 기반과 지원은 취약하다. 이 때문에 대부분의 평생교육기관은 영세한 야생조직으로, 열악한 여건 속에서 스스로 생존할 수 있는 방법을 찾아야만 한다. 이러한 상황은 단위 평생교육기관의 운영에서 경영 마인드를 적극적으로 활용할 수밖에 없게 하였다. 더구나 평생교육법이 평생교육기관에 대한 적극적인 행 · 재정적 지원을 규정하고 있는 것도 아니기 때문에, 단위 평생교육기관으로서는 지속가능한 발전을 위해서 필연적으로 경영의 개념과 원리에 의존할 수밖에 없는 것이었다.

아울러 1990년대를 거치며 일시에 많은 평생교육기관이 설립 · 운영됨에 따라 평생교육기관의 재정적 기반, 인적자원적 기반, 특성화 전략, 의사결정력, 평생교육 영역에서의 전문성과 지도성 등을 우수하게 갖추기 어려웠다. 그 결과 평생교육기관들이 동일한 범주의 학습자를 대상으로 대동소이하거나 상당히 중복되는 교육 프로그램을 운영하면서 경쟁을 심화시켜 나가지 않을 수 없게 되었다. 이러한 상황이 평생교육기관의 운영에서 경영 개념을 필요로 하게 된 직접적인 계기가 되었다고 해야 할 것이다.

요컨대 1990년대 중반 평생교육법 제정 이후로 단위 평생교육기관 수준에서의 평생교육경영에서나 사회적 수준에서의 평생교육경영에서나 대체로 행정의 관점보다는 경영의 관점이 강조되었다. 그 이유는 조직적 수준에서든 혹은 사회적 수준에서든 평생교육 분야에서의 행 · 재정적 지원의 체제와 내용이 취약하였기 때문이다. 그 결과 사회적 수준에서의 평생교육 발전을 위해 국가나 지방자치단체가 주도적으로 이끌어야 할 행 · 재정적 지원체제에 대한 관심이 약화된 가운데 단위 평생교육기관 운영의 맥락에서의 경영 마인드가 강조되었다.

2) 평생교육경영 개념의 함의와 의의

'경영'이란 용어는 기업과 같은 영리조직에 국한하여 사용되는 것이 아니라 국가나 정부와 같은 비영리 행정조직에 대해서도 사용되고 있기 때문에, 상당히 다양한 함의(含意)를 내포하고 있다. 따라서 평생교육기관의 운영에서 경영의 관점이 요구된다고 하는 것은 당연시 되고 있기는 하나, 그러한 관점이 강조하는 구체적인 함의가 무엇인가에 대한 합의가 존재한다는 뜻은 아니라고 해야 할 것이다. 굳이 '평생교육기관을 경영해야 한다'라는 관점을 제시하는 입장이 어떤 맥락에서 의도된 것이냐에 따라 실질적으로 강조되는 취지가 달라질 수 있기 때문이다.

사실상 '평생교육기관을 경영한다'라는 말이 단지 '평생교육기관을 운영한다'는 것 이상의 의미를 가지는 것이라면 적어도 다음과 같은 관점이 내포되어야 할 것으로 보인다.

첫째, 평생교육기관을 운영함에 있어 수지균형을 맞출 수 있도록 한다는 것이다. 이러한 함의는 평생교육기관 대부분이 재정적 · 물질적 기반이 취약하기 때문에 특히 강조되는 것이다. 평생교육기관의 조직적 기반과 여건 면에서의 특수성에도 불구하고, 평생교육기관 운영에서 일차적으로 요구되는 것은 수입과 지출상의 균형을 유지하여 적자재정이 되지 않도록 하는 능력이다.

둘째, 평생교육기관을 운영함에 있어 해당 평생교육기관의 지속가능한 발전이 극대화될 수 있도록 조직적 기반과 역량을 강화해 나간다는 것이다. 이러한 함의는 첫 번째 함의보다 적극적인 것이다. 즉 기관을 경영한다는 것은 단순히 적자재정을 피하거나 수지균형을 맞추고자 하는 데 있다기보다는 궁극적으로 다양한 경영 요소의 최적화를 통하여 기관 고유의 사명과 역할을 극대화할 수 있게 조직적 기반과 역량을 발전시켜 나가는 것을 의미한다.

셋째, 평생교육기관이 공급하는 교육 프로그램이 교육 수요자의 필요와 기대를 최대한 충족시킬 수 있도록 한다는 것이다. 이는 교육 프로그램을 개발 · 운영함에 있어 학습자중심적 사고에 기초하여 교육의 내용과 방법을 고려하여 교육 프로그램을 개발 · 운영함으로써 궁극적으로 학습자의 삶의 질 향상에 기여할 수 있도록 해야 한다는 것을 뜻한다.

넷째, 평생교육기관이 지역사회의 평생교육 발전을 이끌어 나가는 데 적극적으로 참여함으로써 사회적 지도력을 발휘하여야 한다는 것이다. 평생교육기관의 경영은 단지 기관 자체의 생존에만 관심을 두어서는 안 되며, 보다 넓은 시각에서 지역사회의 평생교육을 선도해야 할 역할에 대해서도 관심을 기울여야 한다. 따라서 평생교육기관의 경영자는 지역사회

내 다양한 평생교육 유관 기관이나 조직과의 협력관계를 증진시켜 통합적인 관점에서 지역사회 주민과 공동체의 삶의 질 향상에 기여할 수 있는 평생교육적 여건을 조성하는 데 힘을 기울여야 한다.

3) 평생교육경영 개념의 쟁점

평생교육기관의 운영에서 경영의 관점이 요구되는 것은, 1990년대 말부터 특히 주목받았던 경영 마인드의 맥락과는 별도로, 평생교육기관의 기본적 특성에 비추어 보면 당연한 것이라 할 수 있다.

대부분의 평생교육기관은 국가의 재정적 지원 대상의 범위 밖에서 스스로 생존해야 하는 독립적 시설이나 조직이다. 국가 혹은 지방자치단체로부터의 재정적 지원을 활용하고 있는 평생교육기관의 경우에도 그 활용 정도는 미약할 뿐 아니라 엄격한 책무성을 요구받고 있다. 많은 평생교육기관은 조직의 규모 면에서 영세하고 재정적 기반 면에서 열악하다. 이러한 여건에 있는 평생교육기관을 운영한다는 것은 일차적으로 수지균형을 맞추어 가며 지속적으로 평생교육사업을 확대·발전시켜 나간다는 것을 의미하므로 자연히 경영의 개념과 원리가 필요하다.

더욱이 평생교육기관은 지역사회 주민의 평생학습적 요구를 충족시킬 수 있는 교육 프로그램을 개발·운영함으로써 기관의 역할을 수행하는 것을 본령으로 하고 있기 때문에 기본적으로 기업에서 사용하는 상품개발 및 판매의 방법 - 즉 마케팅의 원리와 기법 - 을 활용하지 않을 수 없다.

평생교육기관경영의 맥락에서 볼 때 '수요자 요구분석에 기초한 마케팅 기법'를 활용해야 한다는 것은 기본적이며, 평생교육기관이 스스로의 힘으로 성장을 가속화하기 위해서는 교육시장 내의 소비자들이 무엇을 배우고 싶어 하는지 정확하게 파악·분석하고 그 결과에 기초하여 만족도를 가장 높일 수 있는 교육 프로그램을 개발·전달하여 평생교육 서비스의 수준과 범위를 지속적으로 확대해 나가야만 할 것이다.

그런데 이와 같은 평생교육기관경영의 개념에는 비판적 쟁점이 없지 않다.

첫째, 평생교육기관경영은 기본적으로 기업경영의 방식을 채용하는 것이기 때문에 기관 운영을 수익성 위주로 하게 되며, 따라서 평생교육 프로그램을 운영하게 됨으로써 평생교육을 편향된 방향으로 이끌 수 있다.

평생교육기관은 일차적으로 수지균형을 맞추어야 하고 그러기 위해서는 수익성을 극대화할 수 있는 교육사업에 치중할 수밖에 없다. 이러한 상황이 누적되면, 단위 평생교육기관 내에서뿐만 아니라 평생교육 생태계 전반에서 상당한 쏠림 현상이 초래될 수 있다. 말하자면 '교육적으로 가치있는 프로그램'보다는 '수익 제고에 유리한 프로그램'이 성행하게 되며, 평생교육기관들은 단지 영리조직으로 기능하게 된다.

평생교육기관은 기본적으로 규범조직으로, 교육적 가치를 실현함으로써 궁극적으로 개인 및 공동체의 삶의 질 향상에 기여하여야 한다. 평생교육기관이 스스로의 존속을 위하여 경영의 개념과 원리를 활용하는 것은 필요하지만, 그렇다고 해서 영리추구의 동기가 평생교육기관이 추구해야 할 공익성을 훼손하는 것은 정당화될 수는 없다.

둘째, 평생교육기관이 활용하는 '학습자 요구조사, 마케팅 기법' 역시 기본적으로 기업경영에서처럼 '현재의 수요'를 충족시키고자 하는 데 초점을 맞추는 방법이기 때문에, 지역사회 주민과 공동체를 위한 평생교육을 개척하고 선도하는 데 필요한 교육 프로그램을 공급하는 역할 면에서는 소극적이다.

평생교육기관은 평생교육의 방향과 내용을 적극적으로 앞에서 이끌어 나가야 하는데 이러한 동기의 평생교육은 단순한 시장기능 - 말하자면 현재의 평생교육 현장에서 자연발생적으로 이루어지는 교육 프로그램의 개발과 전달 - 에만 의지하여서는 활성화되기 어렵다. 평생교육기관은 개인이 필요로 하는 학습 요구를 반영하는 것뿐 아니라, 공동체가 필요로 하는 학습 요구도 균형 있게 반영할 수 있어야 한다. 평생교육기관은 또한 개인 및 공동체가 현재의 시점과 상황에서 필요로 하는 학습 요구를 충족시키는 것뿐 아니라 그들이 미래를 위해 필요시 되는 학습을 예견하고 이를 이끌어 줄 수 있는 교육의 기회를 적극적으로 제공하여야 한다.

셋째, 평생교육경영은 평생교육에게 기대되는 사회통합적 역할을 약화시킬 수 있다. 평생교육이 지향하는 궁극적인 가치는 개인 및 공동체의 삶의 질 향상이라 할 수 있고, 이는 사회 구성원들의 학습활동이 삶의 모든 단계와 과정, 공간에서 원활하게 이루어질 수 있도록 지원하는 것을 의미한다. 그런데 평생교육경영에서 '경영마인드와 시장논리'이라는 함의가 과도하게 적용될 경우, 사회계층별로 평생교육의 수혜 기회가 달라질 수 있다. 이를테면. 민주적 사회의 기본 구조가 시장 경제와 민주주의를 통합적으로 운영하는 것이라 할 때, 일반적으로 이러한 사회에서의 평생교육경영은 중산층, 중간층을 과다 대표하게 될 경향을 피하기 어려운 속성에 있다. 특히 빈곤층, 하층이 과소하게 대표될 가능성은 적지 않다.

또한, 상류층, 상층이라 해서 과소 대표되는 것이 당연하다고도 할 수 없다. 특정의 계층이 과소하게 또는 과도하게 대표되는 것은 사회의 통합을 방해한다. 물론 부분적으로는 해당 기관 고유의 특성과 역할에 따라, 오히려 비 중산층, 중간층을 대표하는 입장이 우선하는 경우도 적지 않을 것이다. 그러나 대체로 평생교육경영의 관심이 중산층, 중간층의 이해와 요구에 치중하는 것이 누적되면 평생교육에 기대되는 사회통합적 역할은 약화될 수밖에 없다. 따라서 다양한 시각에서 평생교육을 사회계층적으로 균형 있게 발전시켜야 할 과제가 있다.

넷째, 경영마인드와 시장논리를 강조하는 평생교육경영은 평생교육에게 기대되는 사회개혁적, 사회비판적 역할을 약화시킬 수 있다. 사회는 더 나은 상태로 나아가려 하는 것을 속성으로 하며, 이는 구성원들이 현상(status quo)에 적응하는 것을 넘어, 성찰과 비판을 통해 더욱 바람직한 상태로 나아가기 위해 개혁과 실천을 마다하지 않을 때 성취될 수 있다. 이 때 구성원들에게 무엇보다 필요한 것이 '반성적 사고(反省的 思考)'의 역량이다. 이들은 반성 즉 성찰을 통해 자신과 자신이 속한 공동체의 문제에 대해 비판, 평가함으로써 발전을 위한 변화, 개혁의 관점과 안목을 얻을 수 있다. 반성적 사고는 자유로운 학습의 여건과 분위기에서 촉진되며, 억압적인 교육 환경에서는 성장하기 어렵다. 평생교육의 장에서 생존하기 위해서는 공익에 기여하는 일뿐만 아니라 수익의 창출에도 고심해야 하는 기관 경영자의 처지에서, 평생교육기관 경영자들이 자유와 자율을 제약하지 않는 평생교육 프로그램을 얼마나 적극적으로 발전시킬 수 있을 것인가는 또 하나의 과제가 아닐 수 없다.

이와 관련하여, 민주적 사회를 '시장과 국가, 시민사회'로 삼분하는 방식을 적용하여 본다면, 시민사회 부문에서는 경영마인드와 시장논리를 강조하는 평생교육경영이 오히려 예외적인 것으로 간주될 수도 있다. 시민사회의 관점과 맥락에서는, 민주적 사회를 지키며 발전시켜 나갈 수 있기 위해서는 구성원들이 어떠한 시민으로서의 의식과 역량을 갖추어야 할 것인가, 그리고 그러한 목표를 달성할 수 있게 하는 교육은 어떠한 것이어야 하는가에 주안점을 두게 된다. 이를테면, 민주 시민으로서 갖추어야 할 의식과 태도, 지식과 실천력을 함양하고자 하는 교육은 경시될 수 없다. 따라서 시민사회 부문에서 이루어지는 평생교육에서는, 경영마인드와 시장논리보다는 해당 교육이 시민사회적 맥락에서 부여받는 고유의 명분과 역할이 우선시된다. 그리고 여기서는, 해당 교육의 의의와 정당성이 수익창출의 필요성을 압도하게 되기도 할 것이다.

이렇듯이, 평생교육기관경영은 그 적합성이 인정된다 하더라도, 그 함의가 '수익성 동기'나 '시장논리'에 일방적으로 경도될 경우, 가볍지 않은 문제들에 직면할 수 있다. 따라서

'평생교육기관경영'이란 용어는, 불가피하게 이러한 용어를 사용한다 하더라도, 그 구체적인 전제와 함의를 염두에 두어야 할 것이다. 말하자면 평생교육기관경영은 해당 기관의 조직적 특성 - 예를 들어 시장, 국가, 시민사회 중 어느 부문에 속하는 조직이며 조직의 사명과 역할이 무엇인가 - 에 적합하게 해석되면서 어떠한 함의가 구체적으로 강조되느냐를 살펴야 한다는 것이다. 말하자면, 해당 평생교육기관이 어떠한 조직의 속성, 즉 유형과 특성을 가지고 있느냐 - 예를 들면 기관이 수익성이나 공익성을 어느 정도로 추구하느냐 - 에 따라 경영의 개념은 구체화될 수 있을 것이다. 요컨대 평생교육기관경영은 일차적으로는 해당 단위기관의 수준에서 지속가능한 발전을 이루어 나가는 데 역할이 있지만, 더 나아가서는 사회적 발전의 맥락에서 긍정적으로 기여해야 할 책임도 있다. 그렇기에 이는 수익창출을 우선 순위에 놓아야 할 상황에서도 여전히 교육적 가치라는 사회적 편익이 존중될 수 있도록 하는 안목과 역량을 필요로 한다.

2. 평생교육경영의 원리

평생교육기관은 평생교육적 사업을 전문적으로 운영하고 있는 공식조직이다. 따라서 평생교육경영의 원리는 곧 평생교육을 전담하고 있는 공식조직으로서의 평생교육기관을 어떻게 경영하느냐에 대한 논리를 말하는 것이다.

그런데 평생교육기관을 경영하는 원리가 무엇인가를 일련의 명제로 단정적으로 제시하기는 어렵다. 평생교육기관은 그 조직적 특성과 여건 면에서 매우 다양하기 때문에 모든 평생교육기관에 적용될 수 있는 보편적인 경영 원리를 도출한다는 것은 쉽지 않기 때문이다.

사실상 보편적인 평생교육기관경영과 관련하여 보편적인 원리가 체계적으로 확립되어 있다고 보기는 어려울 것이다. 최근 평생교육기관경영에 대한 학자들의 연구 관심은 늘어나고 있기는 하나 평생교육기관경영의 원리가 보편적 이론의 체계와 내용으로 합의될 수 있기까지는 많은 연구가 필요할 것이다. 평생교육기관경영의 원리는 발전과정에 있으며, 평생교육경영의 원리를 어떠한 내용으로 구성하는 것이 적절한지에 대해서도 단정적으로 답할 수 있는 것은 아니다.

평생교육기관경영의 원리는 평생교육기관의 운영에서 고려되어야 할 사고체계 및 일련의 준거(準據)를 뜻한다. 그리고 이는 일련의 확정적인 내용으로 구성되어 있는 것이 아니라,

평생교육기관경영에서 고려해야 할 핵심적인 관점, 과정 및 과업이 무엇인지를 이해하려는 맥락에서 확인될 수 있는 것이다. 평생교육기관경영의 원리를 다루고 있는 문헌들은 대부분 이러한 맥락에서 기술되고 있다. 따라서 이 절에서는 개괄적인 맥락에서 평생교육기관경영에서 요구되는 과정과 업무의 맥락에서 고려되어야만 할 주요 요소를 검토하기로 한다.

1) 평생교육경영의 과정

평생교육기관을 경영한다는 것은 해당 기관이 추구하고 있는 평생교육적 역할과 사명을 수행 · 달성할 수 있도록 관련 교육사업을 지속적으로 발전가능하게 이끌어나간다는 것을 의미한다. 그리고 그렇게 하기 위해서는 기관의 목적과 목표를 명확하게 하고, 기관의 관점과 여건에 비추어 평생교육적 이념과 가치를 가장 적절하게 구현할 수 있고 사회 구성원들의 평생학습적 요구를 가장 효과적 · 효율적으로 충족시킬 수 있는 교육 프로그램을 개발 · 운영할 수 있어야 한다. 아울러 이렇게 할 수 있기 위해서는 평생교육기관의 특성에 부합하는 경영의 원리가 적용되어야 한다.

평생교육기관의 특성에 맞는 경영의 원리는 다양한 관점에서 논의될 수 있겠으나 기본적으로는 '경영과정론'의 관점에서 접근하는 것이다. 경영과정론(經營過程論)은 경영을 '사업 운영의 전체적 과정'이라는 관점에서 파악하고 경영행위가 어떠한 활동 및 과정으로 이루어져 있는가를 규명하고자 하는 것이다. 다시 말하면, 어떤 사업의 경영에서 요구되는 주요한 활동의 단계 - 예를 들면 계획, 실행, 평가 - 는 무엇이고, 각 활동단계에서 이루어지는 기능과 업무가 무엇인가를 밝히는 것이다.

경영과정론의 관점은 기업의 경영과정을 연구한 페이욜(H. Fayol)에 의해서 도입되었다. 그는 '경영의 과정을 구성하는 보편적인 요소'를 강조하고, 경영을 '계획, 조직, 명령, 조정, 통제'의 연속적이고 순환적인 과정으로 정의하였다. 요컨대 경영이란 사업의 주체가 소정의 목표를 달성하기 위해 의사결정을 하여 계획을 세우고 그 계획을 실행하는 데 인적 · 물적자원을 확보 배정하여 협동적 노력을 하도록 성원들의 행동을 조정하여 목표달성도를 평가하는 순환적 과정이라는 것이다. 귤릭(L. Gulick)은 이러한 관점을 더욱 발전시켰다. 그는 최고경영자의 직무를 분석하여 경영에서 '계획, 조직, 인사배치, 지시, 조정, 보고, 예산편성'의 과정과 과업이 이루어지고 있음을 제시하였다.

경영과청론의 요체는 경영이 일련의 직무 · 과업이 단계적으로 이루어지는 과정이라는 것이다. 그리고 이는 사업의 특성 및 사업주체의 여건에 따라 각 요소에 대한 강조점의 차이가 있을 수는 있겠으나, 어떤 사업을 경영함에 있어서도 보편적으로 요구되는 본질적 요소라는 것이다.

경영과정론은 가장 오래전부터 경영의 원리를 연구하는 데 활용되어 온 관점이다. 경영과정론은 기업을 대상으로 한 연구에서 비롯되었으나 이후 행정 분야에 대해서도 활용되면서 경영 또는 행정의 과정과 기능을 설명하는 일반적인 틀로 발전하였다. 이에 따라 교육행정, 교육경영 분야에서도 경영과정론의 관점이 활용되었다.

경영과정론의 관점을 교육행정에 적용한 대표적인 학자로는 캠벨 등(R. Campbell et al., 1971)을 들 수 있다. 이들은 교육행정의 과정요소를 조직목표를 달성하기 위해 취하는 구체적인 방법을 중심으로 '의사결정, 프로그래밍, 자극, 조정, 평가'로 파악하였다(김신일 · 김재웅, 2002). 의사결정은 조직의 특정 목적을 성취하기 위한 수단을 결정하기까지의 계속적이며 역동적인 과정을 말하며, 프로그래밍은 중요한 결정이 이루어진 후에 이의 집행에 필요한 제반 조건 - 직원의 선발, 조직, 인사배치, 시설, 예산 - 을 정비하는 것을 말한다. 자극은 계획된 프로그램이 효율적 · 효과적으로 실천될 수 있도록 구성원의 자발적인 참여와 노력을 유도해 내는 공식적 · 비공식적 제반 활동을 말하며, 조정은 조직의 목적과 과업수행 기준에 비추어 인적자원과 물적자원을 적절한 관계로 조절하는 행위를 말한다. 평가는 조직의 목적이 어느 정도 달성되고 있는지, 조직의 목적을 성취하기 위한 절차는 의도한 대로 진행되고 있는지, 그리고 조직체 자체는 잘 유지되고 있는지 계속적으로 파악하는 것을 말한다.

경영과정론의 관점을 교육경영 특히 평생교육경영에 보다 밀착시켜 활용한 학자는 코트니(B. Courtenay, 1990)이다. 그는 경영과정에 관한 연구를 종합적으로 검토한 후 평생교육기관에 적용할 수 있는 기능 · 과업을 도출하여 아홉 가지로 제시하였다(김신일 · 김재웅, 2002).

첫째는 기관의 철학과 임무의 개발과 공유로, 해당 기관의 철학과 임무를 분명히 하는 것을 말한다. 둘째는 기관의 목적과 목표의 설정으로, 기관의 목적을 설정하고 그 목적을 달성하기 위한 목표를 구체화하는 것을 말한다. 셋째는 기획으로, 기 설정된 기관의 목적과 목표를 달성하기 위한 구체적인 방법과 절차를 마련하는 것을 뜻한다. 넷째는 조직화 및 구조화로, 기관의 목적을 달성하기 위한 과업들을 분석하여 체계화하고, 각 과업별로 담당자를 정하는 일을 말한다. 다섯째는 지도로, 각 조직 구성원으로 하여금 자발적으로 자신의 능력을 발휘하여 자신이 책임지고 있는 일에 헌신하도록 할 것인가의 문제를 해결하는 것을 말한다. 여섯째는 인사배치로, 모든 과업을 정확하게 구분하고 각 과업별로 갖추어야 할 자격과 능력기준을 상세화하고 그에 따라 인력을 활용하는 것을 말한다. 일곱째는 예산편성으로, 기관의 과업수행에 필요한 인적 및 물적자원을 조달하는 데 필요한 재정을 의미한다. 여덟째는 마케팅과 홍보로, 기관이 공급하고자 하는 평생교육 프로그램에 대하여 잠재적 수요자에게 알리는 것을 의미한다. 아홉째는 평가로, 기관이 공급한 평생교육 프로그램의 효과가 충분히 달성되었는가를 검토하고 그 결과를 프로그램 개선에 반영하는 것을 의미한다.

코트니(B. Courtenay)가 제시한 평생교육경영 모형은 평생교육기관의 경영에 수반되는 과업들을 단계적으로 제시함으로써 평생교육기관의 운영에서 중점을 두어야 할 기능과 직무가 무엇인지를 알 수 있게 해주고 있다. 평생교육기관은 어떠한 교육적 역할을 담당함으로써 평생교육의 발전에 기여할 수 있을 것인가에 기초하여 조직의 목적과 목표를 분명하게 설정하여야 한다. 그리고 이러한 평생교육적 사명과 역할을 효과적으로 발휘할 수 있는 평생교육적 프로그램을 개발 · 보급할 수 있어야 한다. 평생교육 프로그램의 개발은 평생교육적 대의에 부합하는 것이어야 할 뿐만 아니라 사회 구성원들의 삶의 질 향상에 기여할 수 있고 그들의 평생학습적 욕구와 필요를 충족시킬 수 있는 내용의 것이어야 하며, 동시에 학습자의 자율성을 존중하고 그들의 특성을 고려하여 다양한 평생교육적 방법을 활용하는 것이어야 한다. 이렇게 개발된 평생교육 프로그램에 대한 정보와 접근, 참여가 가장 효과적으로 이루어질 수 있도록 하는 다양한 마케팅의 수단이 활용되어야 한다. 평생교육 프로그램이 종료된 이후에는 프로그램이 기대되는 목표를 얼마나 잘 달성하였는가를 평가하고 그 결과를 이후 프로그램의 운영에 반영하는 것이 필요하다. 그리고 이러한 과제를 수행하기 위해서는 조직, 인사, 예산과 같은 경영 여건이 적절하게 구비되어 있어야 하며, 경영자의 종합적인 지도역량의 역할이 특히 중요하다.

2) 평생교육경영의 주요 과정 및 과제

이하 각 과정에서의 기술 및 논의는 코트니(B. Courtenay)의 평생교육경영의 각 과정을 소개한 전게서(김신일 · 김재웅, 2002)의 내용에 기초하되, 필자가 수년간 대학의 평생교육원 경영에 참여하면서 얻은 실천적 경험과 이해를 중점적으로 반영한 것이다.

(1) 기관의 철학과 임무의 개발과 공유

평생교육기관의 철학은 기관이 추구하는 기본적인 가치, 개념, 신념 등을 가리키고, 기관의 임무는 기관이 추구해야 할 역할과 기능을 말한다. 평생교육기관의 철학과 임무는 해당 기관 스스로가 운영하는 교육 프로그램의 목적과 과업으로 구체화되어 나타난다.

기관의 철학과 임무는 궁극적으로 기관이 조직 · 운영하고자 하는 교육사업, 교육 프로그램을 어떠한 방향과 특성으로 이끌어 나가는 데 있어서 방향타의 역할을 해야 하는 것이기 때문에 지나치게 추상적인 수준에서 설정되지 않도록 해야 한다. 그러나 기관의 철학과 임무는 너무 협소하게 설정되어 추후 교육사업, 교육 프로그램을 발전시켜 나가는 데 원초적인 제약조건으로 작용하게 되어서도 안 된다. 따라서 기관의 철학과 임무는 기관의 교육사업이 지향하는 가치와 방향성의 관점에서 표현되도록 하되, 해당 기관의 구체적 여건과 전망을 고려하여 충분히 구현가능한 수준으로 설정되어야 한다.

평생교육기관의 철학과 임무를 설정함에 있어서는 사회적 조건과 환경 - 특히 평생교육 관련 제도와 정책 - 을 고려하고 그러한 맥락에서 기대되는 해당 기관의 위상과 책무성을 설정하는 것이 필요하다. 평생교육의 대의는 사회 구성원의 학습활동을 촉진시켜 궁극적으로 개인 및 공동체의 삶의 질을 향상하고자 하는 인본주의적 가치에 기반하고 있으며, 평생교육과 관련된 사회적 제도와 정책은 이러한 대의에 기여하기 위하여 의도된 것이다. 만일에 단위 평생교육기관에서 설정한 철학과 임무가 이러한 사회석 의식 및 제도에 부합하지 못할 경우, 이러한 철학과 임무는 평생교육경영에 실질적 도움을 주기는 어려울 것이다.

평생교육법을 비롯한 평생교육 관련 법규는 평생교육 기회를 확산하기 위한 국가 및 지방자치단체의 책무를 규정하고 있다. 국가 및 지방자치단체는 모든 국민에게 평생교육 기회를 부여할 수 있도록 평생교육 진흥정책을 수립 · 추진하여야 하며, 평생교육기관을 설치하여 평생교육 프로그램을 운영하고, 국민의 평생교육 참여를 촉진하기 위한 사업을 추진하도록 하고 있다. 또한 지역사회 내 여러 유형의 평생교육기관의 경우에도 다양한 평생교육 프로그램을 운영하여 지역주민을 위한 평생교육에 기여할 수 있도록 하고 있다. 예를 들어 대학에서는 평생교육원을 두어 평생교육을 실시할 수 있고, 초 · 중등학교에서도 평생교육시설을 설치 · 운영할 수 있도록 하였다. 아울러 대학과 초 · 중등학교는 평생교육의 이념에 따라 수요자의 관점에서 교과과정과 방법을 개발 · 시행하고, 공동체 및 지역문화 개발에 노력하도록 하였다. 따라서 평생교육기관경영의 기반이 되는 경영 철학과 임무는 기본적으로 이러한 책무성의 관점과 시사점의 맥락을 감안하여 조성되는 것이 바람직하다.

(2) 기관의 목적과 목표의 명료화

단위 평생교육기관경영에서 해당 기관의 목적과 목표를 명료화하는 일은 가장 핵심적인 과제이다. 기관의 목적과 목표는 해당 기관이 실행하고자 하는 교육사업의 방향과 내용에 대한 종합적인 지배력을 갖기 때문이다.

평생교육기관의 목적은 보다 광의의 임무를 가리키고, 그 목표는 대체로 구체적인 과업을 가리킨다. 기관의 목적과 목표를 설정할 때 유의할 것은 목적과 목표가 기관이 처해 있는 구체적인 환경 속에서 실현가능한 것인지를 면밀하게 검토하는 일이다. 실현가능성이 없는 목적과 목표는 아무리 근사해 보여도 기관의 경영에 도움이 되지 않기 때문이다.

평생교육적 역할을 담당하고 있는 기관이나 조직은 다양하다. 각 단위 평생교육기관은 전체 평생교육의 범주에서 어떤 부류의 평생교육적 활동을 이끌어 나가고자 하는가에 대한 분명한 철학 - 즉 관점과 가치관 - 을 가지고 있어야 하며, 그에 부합하는 기관의 목적과 목표를 설정할 수 있어야 한다.

기관 목적 · 목표의 명료화 과제는 최근에 공공 영역 및 민간 분야에서 평생교육적 사업을 도입, 확대하고자 하는 평생교육적 기관이 늘어나는 반면 기관별 특성화는 미약한 나머지 평생교육 프로그램들이 중복적으로 운영되는 경우가 적지 않기 때문이다. 프로그램의 중복은 그 프로그램에 대한 수요가 많기 때문에 시장기능에 의해 자연히 발생하는 경우가 아니라면, 불가피하게 사회적 비용을 수반할 뿐 아니라 평생교육의 균형적 발전을 이루는 데도 방해가 된다. 따라서 단위 평생교육기관의 입장에서는 스스로가 어떤 평생교육의 영역에서 어떤 성격의 평생교육적 역할을 수행하는 데 초점을 둘 것인가를 설정하여야 한다. 이는 곧 해당 기관이 어떠한 특성의 평생교육 프로그램을 운영하는 데 역점을 둘 것인가를 알 수 있게 하는 판단 근거를 제시할 수 있어야 한다는 것을 말한다.

단위 평생교육기관의 목적과 목표는 기관의 사명을 진술한 문장 또는 문서(Mission Statement)의 형태로 명시되고, 그 의미와 함의가 조직 구성원들에게 분명하게 전달 · 공유될 수 있어야 한다. 조직 구성원들은 이러한 기관의 목적과 목표가 주어진 조직 여건 및 조직역량 속에서 어떻게 극대화될 수 있을 것인가를 연구하고 그 결과를 프로그램의 기획과 운영, 평가 과정에 충실하게 반영할 수 있어야 한다. 특히 평생교육기관의 경영자는 기관의 사명과 프로그램 성격의 합치성을 제고하기 위한 노력을 종합적으로 이끌어야 한다.

평생교육기관의 경영자는 기관의 자원과 역량을 어떤 평생교육적 목적과 목표에 어떻게 배분할 때 가장 높은 성과를 기대할 수 있는가의 관점에서 전략적 경영방안을 구상해야 한다. 평생교육기관경영이 대부분 제한적인 조건과 지원 속에서 이루어지는 만큼 이러한 전략적 관점은 더욱 중요하다. 평생교육기관의 경영자는 해당 기관의 사명과 조직의 여건 및 역량을 고려 · 파악하여 어떠한 방향과 내용으로 이러한 요소들이 결합될 때 그 총체적 효과가 극대화될 수 있을 것인가를 검토해야 하며, 그러한 판단의 맥락에서 기관의 평생교육적 목적과 목표가 뚜렷하게 설정될 수 있어야 할 것이다.

한편 평생교육기관이 특성화된 경영전략을 수립하기 위해서는 기관의 경영 여건과 역량을 정확하게 분석 · 평가하여야 한다. 이를 위해 평생교육기관경영자는 해당 기관의 경영환경 및 경영자원의 유형과 특성을 살펴보고, 이들의 분석을 통해 적절한 대안을 마련하는 경영환경과 경영자원에 대한 종합적 분석방법을 활용할 수 있어야 한다. 예를 들면 SWOT 분석 기법을 통해 해당 기관의 강점과 약점, 기회요인과 위협요인 등을 파악하여 해당 기관의 기관경영의 거시적, 미시적 환경의 종류와 그 특징을 분석할 수 있다. 그리고 그러한 결과는 기관경영의 전략을 세우는 데 활용될 수 있다.

평생교육기관의 특성화된 경영전략을 수립할 때에는 해당 기관이 평생교육계에서 어떤 위상을 차지하고 있는가? 또 어떤 역할을 담지하고 있는가도 고려하여야 한다. 평생교육의 영역은 다양하며, 평생교육기관의 유형 또한 다양하다. 각 평생교육기관은 해당 기관의 존재 형태와 조건에 비추어 어떤 평생교육의 영역에서 일할 때 기여도가 극대화될 것인가를 염두에 두어야 한다. 예를 들어 평생교육법에는 평생교육시설이 학교부설, 학교형태, 사내대학형태, 원격대학형태, 사업장 부설, 시민사회단체 부설, 언론기관 부설, 지식 · 인력개발 관련 등으로 유형화되어 있다. 따라서 단위 평생교육기관의 경영자는 평생교육 영역과 평생교육기관형태 간의 관계를 분석 · 검토하고 해당 기관이 가장 적절하고 효과적으로 기여할 수 있는 평생교육적 영역과 역할을 설정할 수 있어야 할 것이다.

이러한 맥락에서는, 해당 기관의 평생교육적 역할을 보다 도전적으로 설정할 수도 있어야 한다. 즉 해당 기관이 평생교육을 가장 앞에서 이끌어가는 개척자로서의 역할을 적극적으로 자임하는 것이다. 이렇게 하기 위해서는 해당 기관이 현재의 사회적 상황에서 요구되는 평생교육에만 힘을 기울여서는 안 되며 발전된 미래 사회의 관점에서 필요시 되는 평생교육에도 관심을 기울여야 한다. 마찬가지로 해당 기관이 평생교육의 보수적 기능 - 현재의 사회적 조건 및 상태를 유지하고자 하는 관점 - 에만 경도되어서는 안 되며 평생교육의 개혁적 기능 - 현재의 제 사회적 관계를 보다 바람직하게 개선하고자 하는 관점 - 에도 비중을 두어야 한다. 아울러 해당 기관은 개인의 입장에서 필요로 하는 평생교육에서뿐만 아니라 사회

공동체의 관점에서 필요로 하는 평생교육에 대해서도 역점을 두어야 한다. 이러한 점들을 종합적으로 고려하면서 해당 기관의 유형과 여건, 입장에 가장 적합하게 도출된 특성화의 방향과 내용이 기관경영의 전략 속에 반영될 수 있어야 할 것이다.

(3) 기획

기획은 해당 평생교육기관의 목적과 목표를 달성하는 데 부합하는 평생교육 프로그램을 계획하고 이를 학습자에게 전달할 수 있도록 준비하는 과정을 말한다. 따라서 이는 지역사회를 분석하고, 학습자의 요구를 파악하며, 교육 프로그램의 전달방법을 결정하고, 과업별 담당자를 선발 또는 훈련시키며, 비용과 시간요인을 고려하고, 프로그램 등록절차를 마련하며, 마케팅과 홍보전략을 수립하는 일을 포함한다.

기획 단계에서 요구되는 일은 여러 가지가 있지만 핵심적인 것은 학습자 요구를 파악하여 이를 해당 기관의 목적과 목표의 맥락에서 가장 적정하게 반영할 수 있도록 교수-학습 프로그램을 설계하는 일이다. 평생교육 프로그램 기획의 요체는 교육 수요자의 요구와 필요를 충족시킬 수 있도록 교육내용과 방법을 구성하고자 하는 데 있기 때문에 학습자 요구분석은 기본적으로 중요하다. 아울러 이러한 학습자 요구가 해당 평생교육기관의 목적과 목표에 배치되거나 상치되지 않게 교육 프로그램을 기획해야 한다는 점도 중요하다. 그리고 해당 평생교육기관의 모기관이 있을 경우 평생교육기관의 목적은 모기관의 목적과 일치되어야 한다. 그러나 평생교육기관의 성격에 부합하지 않는 프로그램을 평생교육기관에서 개발하여 운영하는 사례가 없지 않다. 예를 들면 대학부설 평생교육원의 프로그램에서, 평생교육원이나 그 모기관인 대학교의 선언적 목적은 수익창출에 있지 않다. 그러나 적지 않은 대학부설 평생교육원은 명시적 설립 목적이나 대학 본연의 목적에 충실하기보다는 수익 창출에 역점을 두고 있다(성낙돈 · 김창엽, 2010: 28).

학습자 요구분석은 대체로 다음과 같은 순서로 이루어진다(김신일 · 김재웅, 2002: 143-160). 첫째, 요구분석 목적의 명료화이다. 이는 요구분석을 실시해야 할 필요성은 무엇인가, 계획하고 있는 요구분석을 통하여 정확하게 얻고자 하는 것이 무엇인가를 밝히는 것을 말한다. 둘째, 대상집단의 결정이다. 이는 누구의 교육적 요구와 관심을 분석할 것인지를 결정하는 것을 말한다. 현재 평생교육 프로그램에 등록한 사람들을 대상으로 하는 것인지, 앞으로 이 프로그램에 참여할 사람들을 대상으로 하는 것인지, 아니면 지역사회 주민들을 대상으로 하는 것인지, 아니면 그 외의 어떤 사람들을 대상으로 하는 것인지를 먼저 정해야 한다.

셋째, 가용자원의 확인이다. 이는 요구분석을 실시하는 데 필요한 인적·물적자원과 시간이 얼마나 있는지를 확인하는 것을 말한다. 가용자원의 내용에 따라 요구분석의 범위가 결정된다. 넷째, 요구분석방법의 선택이다. 이는 요구분석의 목적, 시간, 예산, 가용한 인적자원 등을 고려하여 여러 방법 - 설문지조사, 면담, 기존자료 분석, 사용분석, 집단과정, 관찰 - 중 적합한 것을 선택하는 것을 말한다. 다섯째, 요구분석 자료의 처리방법 결정이다. 이는 요구분석을 통하여 자료가 수집되기 전에 어떤 방법으로 데이터를 기록하고 처리할 것인지를 결정하는 것을 말한다. 여섯째, 요구분석 실시를 위한 시간계획 수립이다. 이는 요구분석을 위한 과업을 세부적으로 나누고 각 과업의 책임자를 선정하며 그 과업을 언제까지 수행할 것인가를 계획하는 것을 말한다. 일곱째, 요구분석 실시이다. 이는 요구분석을 실제로 실시하는 것으로 선택된 방법을 통하여 수립된 시간계획에 따라 관련 데이터가 수집, 분석되는 것이다. 여덟째, 결과보고이다. 이는 요구분석의 마지막 단계로 결과의 형식과 내용은 다양하게 구성될 수 있으며, 보고서의 독자가 누구냐에 따라 적절하게 제시될 필요가 있다.

학습자 요구분석의 결과는 구체적인 교육 프로그램의 설계에 반영된다. 요구분석을 통해 확인된 대상집단의 교육적 요구와 관심은 교육 프로그램의 목표와 내용을 설정·계획하는 데 활용된다. 그리고 교육 프로그램을 계획할 때에는 학습자의 학습활동이 효과적, 효율적으로 이루어질 수 있도록 교육의 내용과 방법을 구성하는 것이 바람직하다.

이에 따라 교육 프로그램은 교수설계 모형에 기초하여 계획하는 것이 필요하다. 교수설계 모형은 다양하게 개발되고 있으나, 이 모형들을 종합적으로 검토하여 보면 교수설계는 일반적으로 일련의 단계 - 분석, 설계, 개발, 실행, 평가 - 를 거치는 것이 이상적인데, 각 단계의 영어명 첫 글자를 연결하여 ADDIE로 지칭되기도 한다(Rosenberg, 1982). 분석(Analysis) 단계에서는 교수 - 학습 과정의 결과로 어떤 일이 어떤 수준이 되어야 하는지 성취요구를 결정하고, 이 성취요구로부터 대상집단이 학습해야 할 내용을 선정한다. 설계(Design) 단계에서는 앞에서 결정된 교육내용을 교수 - 학습의 원리에 따라 설계 또는 재조직하여 구체적인 학습자료 세부지침, 교수전략 등으로 변환시킨다. 개발(Devclopment) 단계에서는 앞에서 결정된 학습자료 세부지침, 교수전략 등을 실제 교수 - 학습 상황에서 사용할 수 있는 매체와 장비, 학생 학습자료, 교수자 매뉴얼 등으로 번역, 개발한다. 실행(Implementation) 단계에서는 이전 단계에서 이루어진 것들의 결과로, 교수자와 학습자가 학습자료를 매개로 교수 - 학습환경 속에서 만나게 된다. 평가(Evaluation) 단계에서는 의도한 교수목표가 얼마나 달성되었는가 또 교수 내용과 방법이 얼마나 효과적이었는가 등이 검토되고, 그 결과가 모든 전 단계에 환류되어 다음번의 프로그램 기획 · 개발 · 시행에 반영되도록 한다.

요컨대 프로그램의 기획은 위에서 기술한 '학습자 요구분석'과 '교수설계 모형'에 바탕을 두고 이루어진다고 할 수 있다. 그리고 이러한 프로그램 기획의 골격 속에는 '학습자의 요구와 관심, 특성을 존중하고 반영하는 교육의 원리와 방법'을 적극적으로 활용하고자 하는 취지가 내재되어 있다고 할 수 있다. 이러한 함의의 맥락에서 학습자의 학습수준과 단계를 고려한 프로그램의 기획은 기본적인 것이며, 자기주도적 학습이나 성인교수법(Andragogy)을 비롯한 다양한 평생교육의 방법이 활용되는 것이 바람직하다. 동시에 교수-학습 과정에서 학습자중심적 요소 및 학습자 참여를 적극화할 수 있도록 하는 교육 프로그램의 기획 노력이 권장된다.

(4) 조직화 및 구조화

조직화 및 구조화는 평생교육기관의 목적 달성을 위해 수행해야 할 과업들을 구조화하고 각 과업별 담당자를 정하는 것을 말한다. 평생교육기관의 목적은 해당 기관의 목적과 목표에 적합한 평생교육 프로그램을 개발 · 운영하는 데 있다. 그리고 평생교육 프로그램을 개발 · 운영하기 위해서는 프로그램의 목적과 목표, 내용과 방법, 교수-학습계획, 진행일정, 교수자 초빙, 시설 및 매체, 학습자 모집, 마케팅 및 홍보, 평가와 관련된 다양한 업무가 수반된다.

조직화 및 구조화에서 중심적인 것은 평생교육 프로그램의 개발과 운영-즉 프로그램의 기획, 홍보, 상담, 실행, 평가, 환류-에 필요한 인력과 업무를 분업화하여 효율적으로 체계화하는 일이다. 그리고 그 핵심은 프로그램의 개발과 운영 과정의 주요 요소별로 전문화를 하는 것이다. 말하자면, 인력과 업무를 주요 세부 영역별에 따라 프로그램 개발팀, 프로그램 홍보팀, 프로그램 실행팀 등으로 구분하여 조직하고 각 팀의 역량과 효율이 극대화될 수 있도록 충원하고 관리하는 것이다.

프로그램 개발팀은 기관의 목적과 목표, 그리고 학습자의 요구와 관심을 반영하여 최적의 평생교육 프로그램을 기획 · 개발하는 기능을 담당한다. 이러한 일은 평생교육의 이념과 원리, 평생교육의 방법, 학습자 요구분석, 성인교수법, 교수-학습이론, 교수설계의 이론과 모형 등에 대하여 전문적 역량을 필요로 한다. 이 일은 또한 각 평생교육 분야에서의 특정 내용에 관한 전문가들과 협력적으로 일할 수 있어야 하며, 그러기 위해서는 평생교육의 영역 전반에 대해 충분한 안목과 식견을 가지고 있어야 한다.

프로그램 홍보팀은 잠재적 학습자들에게 기관이 개발 · 운영하는 평생교육 프로그램에 대해서 알려주고 설명해 줌으로써 그들이 해당 프로그램에 참여할 수 있도록 관련 정보를 체계적으로 전달하는 기능을 담당한다. 이러한 일은 해당 평생교육 프로그램들의 목표와 내용, 기대되는 효과, 교수방법과 학습방법 등에 대한 정확한 정보 파악력을 필요로 할 뿐 아니라, 이러한 정보를 효과적으로 전달할 수 있는 체계를 적극적으로 고안하고 활용할 수 있는 능력을 필요로 한다. 동시에 홍보과정에서 전달되는 정보가 설득력 있고 신뢰성 있게 수용될 수 있도록 하는 의사소통의 역량을 필요로 한다.

프로그램 실행팀은 개발, 홍보된 평생교육 프로그램이 의도된 조건과 방식으로 순조롭게 집행될 수 있도록 관리하고 지원하는 기능을 담당한다. 이는 해당 평생교육 프로그램의 집행에 수반되는 많은 업무 - 교육장소 및 시설, 교육자료 및 매체, 교수자 연수, 학습자 등록, 출석, 학생 상담 및 지도, 평가, 학적관리 등 - 를 포함한다. 프로그램이 소기의 성과를 얻기 위해서는 이러한 업무가 면밀하게 체계화되고 차질 없이 집행, 관리되어야 한다. 조그마한 실수나 미숙함이 발생해도 큰 손해를 가져올 수 있기 때문에, 프로그램 지원 및 학사 관리와 관련된 업무에 대해서는 프로그램 실행팀이 집중적인 책임을 맡도록 하는 것이 바람직하다.

이울러 유념할 것은 이렇게 분업화, 전문화된 업무팀들 간의 의사소통 및 의사결정의 필요성이다. 각 기능별 분업화는 자칫 각 팀이 지나치게 제한된 관점에서 일을 추진하게 만들 수 있으며 그 결과 어떤 중요한 문제에 대하여 편협한 판단을 할 수 있다. 따라서 모든 팀이 참여하여 보다 넓은 시각에서 논의하고 의사결정을 함으로써 바람직한 대안이 통합적인 관점에서 창출될 수 있도록 노력해야 한다.

조직화 및 구조화에서 추가적으로 고려해야 할 것들도 있다. 그 하나는 타 평생교육기관들을 비롯한 지역사회 내 다양한 유관기관들과의 연계 및 협력을 위한 네트워크를 구축하는 일이다. 평생교육기관들은 지역사회 주민들을 위해 다양한 프로그램 및 사업을 진행하는 과정에서 서로 협력해야 할 필요성을 느끼고 있다. 지역사회 내 평생교육의 발전을 종합적으로 이끌어 나가야 하는 지방자치단체의 입장에서도 마찬가지이다. 지역사회 내 평생교육 프로그램들이 균형 있게 발전하기 위해서는 프로그램들의 내용이 지나치게 중복되거나 편향되는 것은 피해야 하며, 이러한 일을 최소화하기 위해서는 지역사회 내 평생교육기관들과의 소통이 필요하다. 따라서 단위 평생교육기관의 경영자는 외부 유관 기관들과의 네트워크를 적극적으로 개발 · 활용할 수 있어야 한다.

이렇게 하기 위해서는 대외협력팀을 설치하여 활용하는 것이 효과적이다. 만일 이렇게 할 만한 여건이 되지 않을 때에는 대외협력기능을 프로그램 홍보팀에 더불어 부여하거나,

혹은 특정 직원에게 별도로 부여하는 방법이 있을 수 있다. 다른 하나는 학습동아리와 같은 학습자 조직의 활용이다. 평생교육은 학습자의 학습요구를 파악하여 그것을 충족시켜 줄 수 있는 교육을 제공해야 하기 때문에 학습자들과 상시적으로 긴밀한 의사소통 체계를 유지하고 발전시켜 나가야만 한다. 동시에 평생교육의 핵심은 학습자가 자기주도적인 학습을 끊임없이 심화시켜 나가도록 지원 · 촉진하는 데 있다. 학습동아리를 조직, 운영하는 것은 이러한 학습자들의 학습동기 및 학습활동을 파악하고 지원하는 데 효과적이다.

(5) 지도

지도는 평생교육기관의 조직과 업무를 이끌어 나가는 것을 말한다. 그리고 이 일이 효과적으로 되기 위해서는 조직 구성원들이 자발적으로 질서 있게 협동적인 노력을 경주하여 목표를 달성하는 데 기여하도록 영향력을 행사하는 지도성의 발휘가 필요하다(남정걸, 1993: 245).

지도성은 조직을 지도하는 데 활용하는 행동의 방식인데, 그 유형으로는 독재적 리더십, 민주적 리더십, 자유방임적 리더십 등이 있다. 각 리더십 유형의 장점과 단점을 모두 있으나, 레빈(K. Lewin) 등의 고전적 연구가 민주적 지도성이 가장 효과적임을 제시하였고 그 후에도 많은 연구들이 이러한 결론을 지지하였다. 민주적 리더십은 집단토의와 결정을 존중하고 지도자는 격려 · 조언하며, 과제의 분담은 집단에게 위임하는 등을 핵심요소로 하고 있다. 한편 허시와 블랜챠드(P. Hersey & K. Blanchard)에 의하면, 리더십의 효과란 지도자와 추종자 및 군대 · 병원 · 교도소 · 교회 등 조직의 특수한 상황이나 환경 여하에 의하여 결정되는 것이기 때문에, 효과적인 지도자는 리더십 유형을 상황과 추종자의 요구에 적응시킬 수 있어야 한다. 이는 지도성의 효과가 기계적, 단선적으로 이루어지는 것이라기보다는 조직적 유형과 상황에 따라 유동적, 복합적으로 발휘되는 것이라는 점을 지적하고 있다(남정걸, 1993: 247).

이러한 점을 고려한다면 평생교육기관에서의 지도는 민주적 리더십을 기본으로 하면서 평생교육기관의 조직적 특성을 감안한 리더십 요소도 활용하는 것이 바람직하다고 할 수 있다. 또한, 지도성은 평생교육기관 내의 어떠한 조직적 단위에서도 중요한 것이지만, 최고경영자에게는 특히 중요하다. 이 때문에 평생교육기관의 지도성에 대한 논의는 흔히 최고경영자의 역할이라는 맥락에서 논의된다.

평생교육기관은 규범적 조직과 야생적 조직의 특성을 혼합적으로 가지고 있다. 규범적 조직은 영리적 조직과는 대비되는 것으로 조직 구성원에 대한 통제력이 기본적으로 경제적 보상에 있다기보다는 심리적 보상 - 바람직한 가치의 실현에 기여한다는 보람과 긍지, 만족감-에 있다. 규범적 조직의 전형은 학교이다. 평생교육기관에게 학교가 가지고 있는 규범적 조직의 성격과 동일한 수준으로 요구할 수는 없겠으나, 그에 준하는 속성을 기대할 수는 있을 것이다. 규범적 조직에서의 조직행동은 자율성에 기초한다. 따라서 경영자는 구성원들이 자부심을 느끼며 자발적으로 조직의 사명과 역할에 자발적으로 참여하고 헌신할 수 있도록 격려하여야 한다.

한편 평생교육기관은 다른 많은 경쟁기관과 동일한 시장을 놓고 경쟁해야 하는 야생조직일 뿐만 아니라, 여건이 열악하고 가용 자원이 제한적인 영세조직이다. 이러한 조직을 지속가능하게 발전시켜 나가기 위해서는 경영자가 고도의 열정과 창의력, 전략을 발휘하여야 한다. 예를 들어 수지균형을 맞출 수 있어야 하며, 이렇게 하기 위해서는 비용효과 극대화, 수입원과 수입액의 확대, 프로그램의 개선 및 확대, 프로그램 이용자의 확대 등의 과제를 해결해야 한다.

지도성에서 특히 중요한 것은 의사결정의 질을 제고하는 것이다. 평생교육기관은 대부분 작은 규모로 이루어져 있기 때문에, 최고경영자에 대한 의존도가 매우 높아서 최고경영자의 의사가 바로 최종적 결정으로 될 여지가 많다. 이는 의사결정의 질에 대한 계속적 관리의 측면에서는 약점이 된다. 최고경영자는 많은 사람과의 의사소통을 거치면서도 최적의 의사결정을 최단시간 내에 할 수 있는 체계를 정착시킴으로써 의사소통의 질과 속도의 질을 지속적으로 개선해 갈 수 있도록 해야 한다.

아울러 평생교육기관의 경영자에게는 수익성 추구 동기보다는 교육적 지도자로서의 동기가 우선해야 한다. 평생교육기관은 교육적 가치와 목적을 실현·달성하려고 하는 조직이다. 그리고 특별한 지원이 없는 경우에는, 그러한 사업을 지속적으로 해 나가기 위해 최소한 수지의 균형을 필요로 한다. 그렇지만 그렇다고 해서 수익을 극대화하기 위한 목적으로 교육적 가치가 의문시되는 사업에 경도되는 것이 정당화될 수는 없다. 평생교육기관의 경영자는 스스로를 교육적 지도자로 인식하여야 한다.

(6) 인사배치

인사배치는 평생교육기관이 평생교육 프로그램을 전담하는 공식적 조직으로서 지속가능한 발전을 이루어 나가는 데 필요한 인력을 충원하고 활용하는 것을 말한다.

평생교육기관은 특수성을 가지고 있기 때문에, 인사배치는 기관의 성패를 좌우할 정도로 중요하다. 에치오니(A. Etzioni)의 조직유형론을 원용한다면, 평생교육기관은 기업과 같은 영리조직이라기보다는 학교와 유사한 규범조직이라고 보아야 할 것이다. 이것은 평생교육기관의 존재 근거는 사적, 경제적 이익을 얻고자 하는 데 있는 것이 아니라 바람직한 가치의 실현에 참여함으로써 사회적 인정과 보람을 얻고자 하는 데 있다는 것을 시사한다. 따라서 평생교육기관에 근무하는 교원과 직원들은, 담당 직무에 대한 지식과 기술 등의 능력 면에서뿐만 아니라, 기본적으로 인간과 사회에 대한 긍정적인 의식과 소양을 지니고 있어야 한다(Etzioni, 1964).

한편 평생교육기관은 대체로 조직의 규모가 영세하고, 여건이 열악한 야생조직이다. 야생(野生)조직은 외부로부터 특별한 재정적 지원이 없는 가운데 다른 평생교육기관들과의 경쟁을 피할 수 없는 상황에서 스스로 생존해 나가야만 한다. 따라서 평생교육기관은 제한된 자원을 활용하여 높은 경쟁력을 발휘할 수 있어야만 한다. 이러한 상황에서 인적자원을 효율적으로 활용할 수 있도록 하는 것이 매우 중요하다.

평생교육기관이 필요로 하는 인적자원은 크게 교원과 직원, 그리고 자원봉사자로 구분할 수 있다. 평생교육기관의 교원은 기관의 여건상 외래교수로 이루어지는 경우가 많다. 전임교원의 활용이 바람직하지만 그것이 불가능한 경우가 많기 때문에 실제적 문제는 평생교육에 대한 이해가 깊고 유능한 교육자의 참여를 극대화할 수 있도록 유인체계를 갖추느냐 하는 것이다.

직원의 경우에는 특히 평생교육기관의 경영과정에서 특히 강조되는 기능과 업무를 효과적으로 수행할 수 있는 역량을 가지고 있어야 한다. 예를 들면, 프로그램의 개발, 홍보, 실행에 따르는 업무들은 평생교육기관에서 독특하게 요구되는 것인데 높은 수준의 전문성이 없이는 효과적으로 수행되기 어렵다.

한편, 평생교육기관은 자원봉사자를 활용할 수도 있어야 한다. 평생교육의 분야에서는 순수한 봉사 동기에서 자신이 가지는 능력을 발휘하고자 하는 사람들이 많이 있다. 예를 들어 문해교육 분야에서는 교수자 역할을 할 수 있을 뿐 아니라 자원봉사를 희망하는 분들이 있다. 이러한 인적자원을 잘 활용한다면 기관의 재정 운영에 크게 기여할 수 있다. 평생교육적 대의에 자발적 참여 의지를 가진 인적자원의 활용을 어떻게 극대화하느냐는 평생교육기관의 발전에 큰 영향을 미친다.

평생교육기관에서의 인사배치는 기본적으로 공평무사하게 이루어져야 하지만, 조직 효율의 측면에서는 능력주의에 따른 적재적소의 기준을 적용하지 않을 수 없다. 평생교육기관은 탁월한 경쟁력을 유지하지 않고는 생존하기 어려운 야생조직이며, 경쟁력의 원천은 프로그램

개발과 운영 면에서의 비교우위에 있다. 프로그램의 개발과 운영은 우수한 인지적 능력 및 창의력과 풍부한 경험 등으로 이루어진 전문성을 필요로 한다. 따라서 이와 같은 핵심 업무는 해당 분야에 대한 역량이 충분한 사람들이 담당할 수 있도록 하는 것이 바람직하다. 동시에 초과 성과 부분에 대해서는 별도의 보상을 부여하는 방법도 긍정적인 것이 될 수 있다.

(7) 예산편성

아무리 좋은 프로그램 아이디어가 있다 하더라도 예산의 뒷받침 없이는 프로그램의 기획·개발 자체가 이루어지기 어렵다. 또한 평생교육 프로그램의 기획·개발이 아무리 잘 되었다 하더라도 이를 실제로 집행·실행하는 데 필요한 예산이 없으면 소용없는 일이 된다. 따라서 평생교육기관의 운영에서 예산관리는 핵심적인 경영 요소이다.

대부분의 평생교육기관은 국가나 지방자치단체로부터 재정적인 지원을 거의 받지 못하고 있기 때문에 모든 예산을 스스로 조달하여 프로그램을 운영하지 않으면 안 된다. 비영리 평생교육기관의 경우에도 재정적 지원을 받는 것이 용이하지 않으며, 그러한 지원마저도 국가의 경제가 어려운 경우 삭감 또는 중단될 수 있다. 따라서 필요한 예산을 적시에 조달하고 효율적으로 예산을 활용하여 기관의 수지균형을 유지할 수 있도록 하는 능력은 평생교육기관의 경영자에게 일차적으로 요구되는 조건이다.

공식조직에서는 전통적으로 총괄적 예산관리 방식을 활용해 왔다. 이것은 개별 프로그램과 상관없이 기관 전체의 수입과 지출을 총괄적으로 기록·관리하는 방법이다. 그런데 이 방법은 기관의 예산을 총체적으로 파악하는 데는 강점이 있으나, 개별 프로그램을 기획하고 집행하는 데는 약점이 있다. 이러한 문제점 때문에 프로그램별 예산관리 방식이 발전되기도 하였다. 이것은 프로그램별로 기획부터 실시, 평가에 이르기까지 해당 예산을 각각 편성하여 관리하는 방법이다(김신일·김재웅, 2002: 185).

평생교육기관은 여러 가지 프로그램의 운영을 기본으로 하고 있기 때문에 총괄적 예산관리보다는 프로그램 예산관리가 보다 적절한 것으로 여겨지고 있다. 프로그램 예산관리는 프로그램별로 예산 계획과 예산 사용의 결과를 분석할 수 있고, 예산의 효과를 알 수 있게 한다.

평생교육기관의 수입은 대부분 학습자의 학습비에 의존하고 있다. 그러나 수강료 수입에 의존하는 정도가 높을수록 기관의 경쟁력은 감소될 수밖에 없으므로, 다양한 방법으로 별도의 수입원을 개발하여야 한다. 상위기관으로부터의 보조금, 타 기관으로부터의 후원금, 정부재정 지원금 등을 활용하는 방법, 그리고 기관 스스로 발전 기금을 조성하는 방법도 고려하여야 한다. 평생교육의 발전을 위해 지원할 수 있는 비영리민간단체들이나 개인도 없지 않으므로 관심을 가지고 노력할 필요가 있다. 평생교육기관의 지출은 고정비와 변동비, 혹은 직접비와 간접비의 방식으로 구분할 수 있다. 고정비는 수강자 수의 과다에 관계없이 일정하게 지출되어야 하는 비용이고, 직접비는 프로그램의 운영에 직접적으로 소요되는 비용이다. 지출은 비용효과를 극대화하는 방향으로 이루어져야만 한다. 자원봉사자를 활용하는 것도 적은 비용으로 많은 효과를 가져올 수 있는 방안이므로 적극적으로 도입할 필요가 있다.

(8) 마케팅과 홍보

평생교육기관이 아무리 좋은 평생교육 프로그램을 갖고 있다 하더라도 잠재적 수요자에게 그러한 사실을 알리지 않으면 소용이 없다. 따라서 다양한 정보 전달의 매체와 경로를 활용하여 해당 프로그램에 대한 잠재적 학습자들의 인식과 참여동기를 제고하는 것은 평생교육기관경영에서 필수적인 요소가 되고 있다. 민간부문과 평생교육이 활성화되고, 평생교육기관 간에 경쟁의 개념이 도입되어 학습자의 선택이 강조되면서 마케팅과 홍보의 중요성은 더욱 커지고 있다. 프로그램의 마케팅과 홍보의 업무는 전문화된 인력을 활용하여 적극적으로 추진하는 것이 바람직하다.

평생교육 마케팅은 흔히 표적시장 안의 잠재적 학습자에게 프로그램의 존재와 내용을 알려서 수강하도록 유인하는 활동을 뜻한다(성낙돈 · 김창엽, 2010: 258). 그러나 마케팅의 개념을 보다 넓고 적극적으로 적용할 경우도 있다. 즉, 평생교육기관의 마케팅은 잠재적 학습자의 욕구를 파악하고 그에 합치된 교육 프로그램을 기획 · 개발하고 이에 관한 사실을 전달하며 학습자가 최소의 비용으로 최대의 만족과 가치를 느낄 수 있도록 교육 프로그램을 집행, 관리하는 것을 말한다.

이러한 개념의 마케팅은 일련의 핵심적 경영과정 – 프로그램의 기획과 개발, 운영 및 평가, 전달 체계 구축과 홍보 – 를 전부 포괄하는 것이다. 이러한 관점에서는 프로그램의 기획 단계에서부터 이미 마케팅의 관점이 채용되어야 한다는 것을 뜻한다. 사실상 프로그램의 개발과정에서 필수적으로 이루어져야 할 학습자 요구분석의 단계는 이러한 마케팅 기능의 일환이라 해야 할 것이다. 따라서 마케팅 업무는 매우 넓으며 다른 업무 영역과의 연계 정도도 높다. 마케팅 기능은 평생교육 프로그램이 개발 · 운영과 관련된 모든 과정에서 활성화되는 것이 바람직하다.

따라서 적극적인 의미에서의 평생교육기관의 마케팅은 '기관의 사명과 목표는 무엇이고, 환경은 어떠한가, 그리고 시장은 어떻게 세분화할 것인가, 표적시장은 어떻게 선택할 것인가, 마케팅믹스는 어떻게 결정할 것인가' 등에 대한 단계적 검토를 거쳐 종합적인 전략으로 계획되고 실시되어야 한다.

마케팅 전략의 핵심요소는 표적시장의 선택과 마케팅믹스이다. 표적시장이란 기관의 조직 여건에 가장 적절하고 특정한 세부시장을 표적으로 삼는 것을 말한다. 마케팅믹스란 선택된 표적시장에서 목표 고객들로부터 원하는 반응을 얻을 수 있도록 하는 데 쓰이는 수단들 - 일반적으로 제품, 가격, 유통, 촉진 - 의 집합을 말한다. 평생교육기관에서의 마케팅믹스는 프로그램, 수강료, 전달체계, 광고·홍보 등이다.

평생교육기관의 마케팅믹스에서 특히 중요한 것은 촉진이다. 촉진은 어떻게 많은 잠재적 학습자들에게 효과적으로 프로그램에 대하여 알릴 것인가의 문제를 해결하는 것을 말한다. 촉진은 마케팅의 성패를 좌우한다. 촉진에는 광고, 판매촉진, 인적판매, 홍보 등이 활용될 수 있다. 평생교육기관은 기관의 자원과 표적시장의 성격 등을 고려해 효과적인 촉진수단을 선택하여야 한다.

평생교육기관은 광고뿐만 아니라 PR, 판매촉진, 인적판매와 같은 촉진수단도 활용할 수 있어야 한다. PR은 지역사회와의 관계 구축 또는 관련 기관과의 네트워크 형성 등을 중심으로 평생교육기관을 알리고 신뢰도를 높이는 것이다. 판매촉진은 어떤 프로그램의 수강을 촉진하기 위하여 여러 가지 단기적인 인센티브를 제공하는 것이다. 인적판매는 기존 수강생을 통한 입소문 또는 잠재적 학습자의 전화 문의에 대한 평생교육기관 구성원의 상담 등을 말한다.

(9) 평가

일반적으로 평가는 프로그램의 목적을 유지하게 하고, 프로그램 진행과정의 의사결정 정보를 제공하며, 프로그램 설계와 학습활동 과정을 개선하고, 실시과정에 책임감을 높이고, 프로그램의 개선방향을 제시하는 등의 다양한 기능을 가지고 있다.

평생교육 프로그램에 대한 평가는 그 주체와 상황, 목적에 따라 다양하게 이루어질 수 있다. 말하자면 평가는 '누가, 왜, 무엇을, 어떻게, 누구를 위해' 실시할 것인가에 따라 그 대상과 내용, 도구가 달라진다. 예를 들어 평가 대상이 전체 기관이 될 수도 있고, 아니면 개별 프로그램이 될 수도 있다. 개별 프로그램이 평가 대상인 경우에는 프로그램의 목표,

개별 및 집단학습활동, 요구 및 관심분석 과정, 교수-학습 자료, 교수자 선정 및 수업의 질 등이 평가항목에 포함될 수 있다(김신일 · 김재웅, 2002: 204). 평가대상이 전체 기관의 운영상황인 경우에는 기관과 프로그램의 목표, 교육자료의 개발과 활용, 기관경영체제, 교육 서비스, 학습자 서비스와 학적관리, 학습자 모집과 유지, 직원 충원과 유지, 마케팅과 홍보, 직무능력개발 등이 평가항목에 포함될 수 있다.

그러나 어떤 경우든 평가의 근본적인 목적은 기관이 개발 · 운영한 평생교육 프로그램이 애초 기대되었던 대로의 효과를 발휘했는가를 확인, 검토하고 그 결과를 추후 프로그램의 운영에 환류시켜 반영함으로써 교육의 질을 개선하기 위한 것이다. 엄밀하게 말하면 교육의 질은 교육의 목표, 교육과정의 구성과 운영, 교육방법에 의해서 뿐 아니라 행정지원체제, 재정적인 지원, 직무능력개발에 의해 영향을 받는다(김신일 · 김재웅, 2002: 200-202). 그러나 기본적으로는 교육의 질은 가르침의 질과 배움의 질에 의해 영향을 받는 것이다. 가르침의 질은 교수자의 자격과 같은 형식적 조건과 같은 객관적 요소에 의해서는 물론 교수방법이나 헌신성과 같은 개인적 · 주관적 요소들에 의해서도 영향을 받는다. 배움의 질은 프로그램 이수 후의 성취결과에 의해서는 물론 프로그램의 과정에서 학습자들이 가지고 있었던 열의와 보람에 의해서도 영향을 받는다(김신일 · 김재웅, 2002: 200-202). 따라서 평가는 교육의 질에 영향을 미치는 요소들을 종합적으로 고려하여 실시되어야 할 것이다.

평생교육의 질 관리를 위해서는 교육의 과정과 결과를 균형 있게 다루고, 자기 평가와 외부 평가를 통합하는 것이 유리하다. 또한 이에 기초하여 교육의 질을 종합적으로 관리할 수 있는 체계를 활용하는 것이 바람직하다. 말하자면 평생교육기관 내에 질 관리위원회를 설치하고 이곳에서 개별적인 교육 프로그램의 질을 다른 프로그램들과의 유기적 연관 속에서 지속적으로 관찰, 평가, 개선할 수 있도록 하는 것이다.

3) 평생교육경영 원리의 발전 과제

평생교육의 이념과 가치가 구현되기 위해서는 무엇보다도 평생교육기관이 주체가 되어 운영하는 평생교육사업이나 프로그램이 사회 구성원들의 계속학습 동기와 활동을 촉진하여 궁극적으로 개인 및 공동체의 삶의 질 향상에 기여할 수 있도록 지원해야 한다. 평생교육의 발전 여부는 사실상 평생교육기관의 경영에 달려 있으며, 이러한 관점에서 평생교육기관경영의 중요성이 있다.

이 글에서는 평생교육경영의 원리를 단위 평생교육기관을 운영할 때 따라야 할 일련의 경영과정이라는 관점에서 논의되었다. 그리고 평생교육기관에서 이루어지는 경영의 과정 및 기능을 9단계로 구분하여 제시한 코트니(B. Courtenay)의 평생교육경영과정 모형에 따라 각 단계별로 요구되는 주요 기능 및 그에 수반해야 할 과업을 개관하였다. 이러한 맥락에서의 평생교육경영의 원리란 평생교육기관 이 사업이나 프로그램을 개발 · 운영할 때 준수해야 할 업무수행상의 절차와 행위의 기준, 관점을 말하는 것이다. 따라서 이러한 접근은 평생교육경영에서 요구되는 주요 업무의 흐름은 물론 각 업무의 주요 내용을 제시하고 있다.

그런데 이와 같은 의미에서의 평생교육경영 원리는 단위 평생교육기관의 운영에서 고려해야 할 모든 보편적 경영 요소를 확정적으로 제시해 주는 것은 아니다. 이것은 사실상 각 기관의 경영자가 관리해야 할 주요 사항을 경영업무의 흐름 속에서 주목할 수 있도록 하는 사고의 틀을 제시해 주는 것이라고 해야 할 것이다. 따라서 경영자는 기관의 고유한 환경, 여건, 역량 등을 고려하여 각 경영과정에 수반되어야 할 절차와 행위의 기준을 구체적으로 확인하고 발전시켜 나가야 할 것이다. 그리고 이러한 과정 속에는 실제로 기관을 경험하며 얻어진 절차나 기준, 관점들이 반영될 수 있어야 할 것이다.

이에 특히 평생교육경영의 실천사례에 대한 연구가 많이 이루어져 현실 세계에서 평생교육경영에 중요한 영향을 미치는 요소와 원리가 실증적으로 규명, 검증될 수 있어야 할 것이다. 평생교육기관의 존재 조건과 양식이 매우 다양하다는 점에서 보면, 이론적으로 제시된 평생교육경영의 원리라 하더라도 어떤 수준에서 그 타당성이 일반화될 수 있을 것인가는 검토되어야 한다. 이러한 맥락에서는 평생교육경영의 원리를 평생교육기관의 유형별에 따라 연구하는 것도 도움이 될 것이다. 사실상 어떤 평생교육경영의 원리들이라 하더라도 모든 평생교육기관에 대해서 무조건적으로 적용될 수 있을 정도로 보편타당한 것은 아니며 현실 여건과의 관련에서 적절하게 조정되어야 하는 것이기 때문이다.

대부분의 평생교육기관은 조직의 규모나 여건, 역량 면에서 영세하고 열악하다. 이러한 상황에서 많은 평생교육기관에서는 이상적인 평생교육경영의 원리를 적용한다는 것이 쉽지 않은 것이 사실이다. 예를 들면 적지 않은 기관이 외부적으로는 평생교육기관임을 표방하면서도 내부적으로는 영리추구에 경영의 역점을 두고 있다. 이 경우 공익추구형 평생교육기관의 경영방식과 영리추구형 평생교육기관의 경영방식 사이에는 현저한 차이가 있을 수밖에 없다. 따라서 이러한 차이가 평생교육경영 원리의 연구에서 고려되어야 할 것이다. 아울러 영리추구형 평생교육기관을 과연 평생교육기관의 범주 속에 넣을 수 있느냐 하는 것도 검토되어야 할 것이다. 요컨대 평생교육기관의 경영 실태에 대한 연구가 적극적으로 이루어져야 한다.

한편 평생교육경영의 원리는 보다 거시적인 관점에서도 논의될 수 있어야 할 것이다. 예를 들면 평생교육경영은 단위기관의 관점에서가 아니라 범 기관적 관점 또는 공동체, 지역사회의 관점에서도 고찰되어야 할 것이다. 단위기관의 경영 관점에서는 기관의 생존 여부가 최우선적 과제이다. 그리고 평생교육과 관련된 제도적, 정책적 환경은 기본적으로 각 단위기관이 스스로의 여건과 역량에 비추어 비교우위와 경쟁력이 있는 분야의 사업에 집중하게 함으로써 평생교육에 대한 투자의 효율을 증대시키는 방향으로 조성되고 있다. 그런데 평생교육사업을 전적으로 경쟁과 시장기능에 의해 운영되도록 하는 것은 평생교육의 균형적 발전에 방해가 될 수 있으며 평생교육기관이 처해 있는 열악한 여건에 비추어 바람직하지 않다. 따라서 동일 또는 유사한 평생교육기관들이 협의 · 협력하여 지역사회의 관점에서 각 기관의 기여를 극대화할 수 있도록 역할을 분담할 수 있어야 할 것이다. 그리고 이러한 기관 간 협력의 과정에서 지방자치단체도 촉매 기능을 발휘할 수 있어야 할 것이다.

거시적 관점에서 평생교육경영의 원리를 연구할 때 특히 염두에 두어야 할 것은 평생교육을 위한 국가나 지방자치단체의 재정을 어떠한 방법으로 얼마나 조달하고 어떠한 기준으로 어떻게 배분할 것이냐의 문제이다. 공적 재정은 사회적 편익을 제공하기 위한 사회적 비용이다. 따라서 누가 어떤 혜택을 받으며 누가 그 비용을 감당하는 것인가의 문제가 필연적으로 수반된다. 이것은 평생교육을 위한 재정의 분배가 어떻게 이루어져야 정당화될 수 있는 것인지를 검토하지 않을 수 없게 한다. 예를 들면 국가나 지방자치단체가 어떤 조건의 평생교육기관이나 평생교육사업, 또는 학습자에게 재정적 지원을 어느 정도로 해야 하며 그것을 정당화할 수 있는 근거는 무엇인가에 대한 연구가 이루어져야 한다. 단위 평생교육기관의 경영도 이런 연구결과를 활용할 때 보다 현실적인 예산관리 계획을 수립할 수 있을 것이다.

연구문제

1. 평생교육기관경영은 궁극적으로 어떤 가치와 목적을 위한 것인지를 설명해 보시오.
2. 평생교육기관경영은 개인 및 공동체의 평생학습적 요구와 활동과는 어떠한 관계가 있는지 규명해 보시오.
3. 평생교육기관을 성공적으로 경영하기 위해서 일차적으로 요구되는 관점과 원리는 무엇인지 제시해 보시오.
4. 평생교육기관을 성공적으로 경영하기 위해서 일차적으로 갖추어야 할 조직역량은 무엇인지 기술해 보시오.
5. 평생교육기관경영은 이상적으로 제시되는 목적과 방법에도 불구하고, 실제로는 교육적 가치보다는 수익성을 우선시하는 경우가 많은데, 이러한 괴리를 어떻게 극복할 수 있을 것인지를 설명해 보시오.

CHAPTER 03

평생교육법과 평생교육경영

학습개요

평생교육기관의 경영을 규율하는 법 중 일차적인 의미를 갖는 것은 평생교육법이다. 평생교육기관의 공식적인 존립근거가 바로 평생교육법에 명시되어 있기 때문이다. 평생교육법에는 평생교육기관에서 실시하는 다양한 영역의 평생교육이 진흥될 수 있도록 지원하는 데 필요한 사항들이 규정되어 있다. 여기서 평생교육기관의 경영 원리를 도출해 낼 수 있으며, 좀 더 교육에 초점에 맞추어 이 원리에 관한 논의를 확대해 나갈 때 평생교육기관의 경영전략에 대한 시사도 얻을 수 있다.

학습목표

1. 법과 행정 및 경영과 실제의 관계에 대해 설명할 수 있다.
2. 평생교육법의 개요에 대해 체계적으로 설명할 수 있다.
3. 평생교육법에 함축되어 있는 평생교육기관의 경영원리를 도출해 낼 수 있다.
4. 평생교육법의 입법취지에 비추어 평생교육기관의 경영전략에 대해 논의할 수 있다.

1. 법과 행정 및 경영과 실제

우리나라는 법치국가로서 모든 행정 행위는 법에 근거한다. 평생교육 관련 행정 행위는 일차적으로 평생교육법에 근거하여 이루어지며, 평생교육법과 맞물려 있는 다른 법들의 적용도 받는다. 평생교육기관의 경영은 이러한 행정의 영향에서 자유로울 수 없다. 그러나 평생교육의 실제가 경영의 논리에 따라서만 작동하는 것은 아니다. 그러므로 평생교육법과 평생교육기관경영의 관계를 검토하기 위해서는 법과 행정 및 경영과 실제의 관계에 대한 검토도 필요하다.

1) 법과 행정

법은 행정을 통해 집행되어야 하기 때문에 법의 제정에는 행정이 함의되어 있다. 특별법의 경우에는 행정을 전제로 하여 제정되기도 한다. 이처럼 법은 행정과의 관련 속에서 의미를 갖는다. 행정과의 관련이 없는 법은 이미 사문화된 법이라고 보아야 할 것이다. 그러나 하나의 법이 온전히 사문화되는 경우는 거의 없다. 법은 시대의 흐름에 따라 수정되거나 새로운 모습으로 변형될 뿐이다. 물론, 그 차이는 결코 사소한 것이 아니다.

법은 인간의 행동을 규율하는 최고의 위상을 갖고 있다. 법은 인간 행동을 규율하는 강력한 지침이 되며, 법의 지침으로서의 성격을 가장 잘 대변하는 것이 바로 행정이다. 따라서 행정은 일차적으로 법의 구속을 받는다. 법에서 규정한 사항을 위반하는 행정은 원칙적으로 성립할 수 없다. 그러나 법을 집행하는 행정을 하는 주체는 사람이다. 여기서 법에 대한 해석에 따라 행정에 편차가 생기게 된다. 그렇지만 법과 관련된 행정의 편차는 최소화될 것이 요구되고 있다. 이것은 "모든 사람은 법 앞에서 평등하다"라는 문구에 집약적으로 표현되어 있다.

법은 완벽한 것이 아니다. 법을 제정하는 존재가 바로 인간이기 때문에 법의 불완전성은 불가피한 것이다. 법을 집행하는 과정에서 법 제정 당시 예상하지 못한 문제들이 드러나곤 한다. 이 문제가 심각하다면 법은 개정이나 폐지에 대한 압력을 받게 된다. 한편으로 법을 집행하면서, 다른 한편으로 법 집행의 문제점을 인식하고 그 개정이나 폐지를 위한 주도적인 노력을 할 수 있는 부문이 또한 행정[1]이기도 하다. 이처럼 법과 행정은 서로 긴장관계에 있기도 한다.

2) 행정과 경영

중앙정부나 지방정부 차원의 행정의 문제는 법의 적용을 받는 기관 차원에서는 경영의 문제가 된다. 기관의 경영은 일차적으로 기관의 존립근거인 설립취지에 따른다. 그렇다고 기관의 설립에서 어떤 취지도 허용되는 것은 아니다. 여기에는 법의 테두리 안이라는 제한이 있다. 법의 테두리를 벗어나는 취지를 갖고 기관을 설립하는 것은 위법적인 상황이 되며, 실제로 설립 자체가 불가능하다. 따라서 법은 명백히 기관설립의 근거이자 기관존립의 근거이다.

행정은 법과 경영을 매개하는 위치에 있다. 담당 행정가는 기관경영자에게 법을 준수하여 경영을 하고, 법을 위반하는 경영을 하지 말 것을 요구한다. 기관경영자는 행정을 따르면서도 현실적으로 직면하는 문제를 담당 행정가에게 전달하고, 경우에 따라서는 법의 개정이나 폐지의 필요성까지도 피력할 수 있다. 담당 행정가는 기관을 지원하기도 하지만, 감독하기도 하는 위치에 있기 때문에 담당 행정가와 기관경영자는 암묵적이거나 명시적인 위계관계에 놓이기도 한다. 그러나 엄밀히 말하면, 양자는 서로 다른 전문성을 발휘하는 별도의 영역에 있다고 보아야 할 것이다.

법은 사람의 매개 없이도 법의 조문만으로 행정에 영향을 미칠 수 있다. 행정 역시 사람의 매개 없이 공문만으로 경영에 영향을 미칠 수 있다. 그러나 법을 집행하는 최전선에 있는 사람과 경영의 일선에 있는 사람의 만남과 상호작용은 불가피한 것이다. 이러한 만남과 상호작용에서 부적절한 일탈이 일어나기도 하지만, 행정과 경영의 상생이 일어나기도 한다. 후자는 행정이 경영의 발전을 뒷받침하고, 경영이 행정의 발전을 뒷받침하는 소통을 지속하는 경우에 가능한 것이다.

3) 법과 실제

법은 행정을 염두에 두고 제정되기도 하지만, 실제를 염두에 두고 제정되기도 한다. 엄밀하게 말하면, 행정은 법과 실제를 매개하는 위치에 있으며, 법은 실제와의 관련 속에서 직접적인 의의를 갖는다. 법은 실제에서 비롯되는 문제를 해결하는 차원에서 제정되기 때문이다. 법이 제정됨으로써 그 법에 따라 현실은 새롭게 구성된다. 그러나 법이 겨냥하고 있는 실제는 이미 존재하고 있는 것이다. 그 실제에서 아무런 문제를 인식하지 못한다면

1) 행정이 다른 부문으로부터 그러한 노력에 대한 압력을 받기도 한다.

법은 제정될 수 없다. 따라서 법이 제정되었다는 것은 그 법이 겨냥하는 실제에 문제가 있다는 것을 전제한다.

법은 행정과 경영이라는 매개를 거치기 때문에 실제에서 법을 의식하는 경우는 거의 없다. 실제는 일상으로서 시간의 흐름에 따라 흘러가기 때문이다. 일부러 법의 조문을 참조해야 하는 사태가 발생하지 않는다면 실제에서 법은 의식되지 않는다. 그만큼 법과 실제는 거리가 있다. 그러나 여전히 실제는 법의 테두리 안에 있을 것이 요구되기 때문에 법과 실제는 비가시적으로 밀착되어 있다.

법에 의한 실제의 규율은 실제에서 비롯되는 문제를 해결하기 위한 것이다. 여기서 규율은 실제의 작동을 방해하는 요인을 제어하는 것일 수도 있고, 실제의 작동에 도움이 되는 요인을 촉진하는 것일 수도 있다. 그래서 법은 양면성을 띠게 된다. 법은 한편으로는 특정한 행위를 하지 못하게 막으면서, 다른 한편으로 특정한 행동을 하도록 요구하기 때문이다. 이 점에서 법은 모든 사람에게 평등하게 적용할 것을 요구받으면서도 모든 사람의 욕구를 동등하게 충족시켜 줄 수는 없다.

4) 행정과 실제

행정은 행정 행위가 실제에서 어떻게 작동되고 있는가, 이 과정에서 예상하지 못한 어떤 문제가 발생하고 있는가에 대해 예의주시하고, 이 문제는 어떻게 해결될 수 있는가에 대해 검토하여 정책 대안을 마련한다. 한 번 정책을 추진하고, 그 후속 작업을 체계적으로 이행하지 않는 것은 적절한 행정이라고 말할 수 없다. 예컨대, 행정 행위에서 수반된 문제들을 실제에서 온전히 감당하게 하는 것은 책임 행정에서 벗어나는 것이다.

행정은 실제의 문제를 해결하는 차원에서 정책을 집행하는데, 여기서 그 문제와 관련된 모든 변인을 다 고려하는 데는 한계가 있다. 실제의 문제와 관련된 요인들은 복잡하게 얽혀 있어서 어떤 역동을 보일지 정확하게 예측하는 것이 거의 불가능하며, 여기에 접목된 행정이 어우러져 새로운 문제가 발생할 수도 있다. 이러한 문제에 대해서는 두 가지 방향으로 대처할 수 있다. 하나는 그 문제를 경영의 차원에서 해결하도록 유도하는 것이고, 다른 하나는 법을 개정하는 방향으로 노력하는 것이다.

실제의 입장에서 행정은 조력적일 수도 있고, 걸림돌이 될 수도 있다. 행정의 대상이 되는 실제의 경우, 실제가 원만하게 작동되도록 하는 데 행정은 필수적인 것이다. 더욱이 행정에서 실제를 제대로 파악하고 실제가 발전할 수 있도록 정책을 추진하는 경우 행정은 실제의 환경으로서 실제의 협력세력이 된다. 그러나 실제를 제대로 파악하지 않고 행정에서 임의적인 판단에 따라 무리해서 정책을 추진하는 경우 행정은 실제의 발전을 오히려 저해하는 핵심적 요인이 될 수도 있다. 이것은 행정이 실제에 미치는 영향력이 결코 가볍지 않다는 것을 말해준다.

2. 평생교육법의 개요

현재의 평생교육법은 1982년의 사회교육법을 1999년 전문 개정한 이후 다시 2007년 전부 개정을 통해 마련된 것이다. 평생교육법의 위상 또는 적합성과 관련해서는 현재 교육학계나 법학계에서 논란이 일고 있다. 이 문제는 평생교육의 개념규정 문제와 맞물려 있다. 학교교육에 한정되지 않는 교육의 평생성에 주목할 때 학교교육을 제외한 또 하나의 영역으로 평생교육을 규정하는 것은 타당하지 않기 때문이다. 그러나 평생교육법의 제정으로 학교교육에 갇힌 인식의 틀에서 벗어나는 계기가 마련된 것만은 분명하다.

1) 평생교육법의 성격

헌법 제31조 제5항에서는 평생교육을 진흥해야 하는 국가의 책무를 명시하고 있다. 이어 제6항에서는 학교교육 및 평생교육을 포함한 교육 관련 기본사항은 법률로 정한다고 명시하였다. 법에서 평생교육은 학교교육과 구분되는 교육으로서 학교교육과 마찬가지로 영역화될 수 있는 것이다. 이에 따라 모든 교육을 총괄하는 교육기본법이 마련되었고, 그 아래 초 · 중등교육법, 고등교육법, 평생교육법이 마련되었다. 학교교육에 한정되지 않는 교육의 평생성을 강조하기 위해 '평생교육'의 개념을 전면에 부각시키려고 했던 입장에서 보면 평생교육법은 기형적인 것이다. 그러나 여기에는 상황적 요인이 개입되어 있다.

초 · 중등교육법과 고등교육법의 '학교'라는 장에서는 다양한 유형의 학교를 명시하고 있다. 이들 학교는 법 안에서는 유형이 다를 뿐이지만, 현실적으로는 별도로 구분되고 있다. 가장 일반적인 것은 학력이 인정되는 학교와 학력이 인정되지 않는 학교의 구분이다. 법에 명시된 학교는 임의적인 학교가 아니라 그 필요성이 인정된 학교라고 보아야 할 것이다.

그렇지만 행정에서는 초·중등교육법과 고등교육법의 일부 학교를 진흥하고 다른 학교는 도외시하는 정책을 추진하였다. 그 결과 초·중등교육법과 고등교육법에 의해 학력이 인정되지 않는 학교는 학력이 인정되는 학교만큼 지원도 받지 못한 채 쇠퇴의 길을 걷게 되었다. 초·중등교육법과 고등교육법에 의해 학력이 인정되는 학교라고 하더라도 행정에서는 집중적으로 지원할 학교와 그 지원을 유보할 학교를 구분하고, 전자에 정책적으로 주목하였다. 전자의 예는 초등학교, 중학교, 고등학교, 전문대학, 대학 등이다. 그 결과 초·중등교육법과 고등교육법은 초등학교·중학교·고등학교 교육에 관한 법과 전문대학·대학 교육에 관한 법처럼 운용되었다.

학교교육이 정형화되고, 학교 중에서도 특정한 학교의 교육이 지배적인 위상을 차지하면서 이외의 교육에 대해 종합적으로 사고하지 못하는 비탄력적인 인식 경향이 나타나게 되었다. 이에 대한 문제의식 속에서 사회교육법이 등장하게 되었고, 당시 교육법에 의해 학력 인정을 받지 못하는 학교들은 사회교육법을 통해 새로운 활로를 모색하게 되었다. 더 나아가 사회교육법을 평생교육법으로 전문 개정하면서 초·중등교육법과 고등교육법에서 규정하기 어렵다고 판단되는 교육기관들을 평생교육법을 통해 규정하였다. 평생교육의 개념적 포괄성에도 불구하고, 초·중등교육법과 고등교육법이 이미 존재하는 상황에서 여기서 규정하고 있는 교육을 포괄하는 것이 법리상으로 맞지 않아 평생교육법은 초·중등교육법과 고등교육법에서 규정하고 있는 교육을 제외한 교육을 규정하는 법이 되었다. 요컨대, 이념으로서의 평생교육이 하나의 교육영역이 된 것이다.

평생교육법에는 초·중등교육법과 고등교육법에서 담아내지 못하였지만, 시대적인 요청에 따라 새롭게 규정할 필요가 있는 교육영역에 초점을 맞추어 이 영역의 교육이 활성화될 수 있도록 진흥하기 위한 사항들이 담겨 있다. 그 영역은 제2조에 명시되어 있으며, 학력보완교육, 성인문해교육, 직업능력향상교육, 성인진로개발역량향상교육, 인문교양교육, 문화예술교육, 시민참여교육 등이 바로 그것이다.

학력보완교육은 학령기가 지난 청소년이나 성인들이 학력을 취득할 수 있는 제2의 기회를 제공하는 교육을 말한다. 여기서 '보완'은 이미 취득했어야 할 학력을 취득하지 못한 상태에서 제2의 기회를 통해 그 학력을 채운다는 의미이다. 학력보완교육은 그 동안 정규학제와 구분되는 방계학제[2]를 통해 진행되는 것으로 이해되어 왔다. 방계학제의 존재는 한편

2) 초등학교, 중학교, 고등학교, 대학으로 이어지는 학제를 정규학제라고 하며, 이와 다른 경로를 따르는 학제를 방계학제라고 한다.

으로는 학제의 다양성을 의미하지만, 다른 한편으로는 방계학제를 수렴해 내지 못하는 정규 학제의 비탄력성을 함축하기도 한다.

성인문해교육은 초등교육 수준에서 학력보완교육과 맞물려 있다. 다만, 삶을 살아가는 데 가장 기초가 되는 것에 좀 더 주목한다는 점에서 별도로 범주화된 것이다. 문자해득에서 출발한 문해의 개념은 문자로 대변되는 다양한 기호를 해득하고 이를 적절하게 구사하는 것으로 그 의미가 확대되었고, 현재는 어떤 사태에서든 그 사태에서 요구되는 규칙을 알아 이를 적절하게 구사하는 능력으로까지 그 의미가 확대되었다. 이것은 삶에서 요구되는 기초 능력이 확대된 것으로 이해될 수도 있다. 그러나 현재 평생교육법에서는 읽기, 쓰기, 셈하기에서 초등학교 6학년 수준의 '기초문해'를 위한 교육으로 성인문해교육을 규정하고 있는 것으로 이해된다.

직업능력향상교육은 말 그대로 직업에 필요한 능력의 향상을 위한 교육이다. 급변하는 직업환경에서 취업하기 전에 획득한 능력으로 직업생활을 지속하는 데는 한계가 있으므로 직업에서 요구되는 새로운 능력을 함양하여 그 능력을 포함한 전체 능력을 총체적으로 향상시키는 재교육은 절대적으로 필요하다. 직업능력향상교육은 이미 고용노동부에서 관심을 가져온 교육 영역이다. 그럼에도 불구하고, 평생교육법에 직업능력향상교육을 하나의 영역으로 포함시킨 것은 교육부에서 관할하는 교육기관에서 직업능력향상교육으로 범주화할 수 있는 교육도 진행하고 있기 때문이다. 그러나 이 영역은 그 자체의 외연 확대와 발전을 위해서도 고용노동부와의 연계가 불가피하다.

성인진로개발역량향상교육은 성인으로서 자기 진로를 개발하는 역량을 향상하는 교육이다. 평생직장시대에서 평생직업시대로 전환됨으로써 한 직장에서 퇴직하고 다른 직장에 취직하기를 반복해야 하는데 현재의 자기 소질과 적성 및 기질과 성격, 그리고 여건에 적합한 진로를 탐색하고, 그 이후에 필요한 준비를 하고 최종적으로 결정하는 여정이 불가피하다. 그리고 은퇴하기까지 취업한 상태를 관리해야 한다. 이 모든 과정에는 전문가의 조력을 받으면서도 스스로 진로를 개발하는 역량이 뒷받침되어야 하는데 이 역량을 형성하고 향상하는 데는 반드시 교육이 개입되어야 한다.

인문교양교육은 인간이 몸담고 있는 세계에 대한 성찰에 주목하는 교육이며, 이 교육이 목표로 하는 것은 세상을 보는 안목의 수준 향상이다. 이러한 교육은 다양한 장에서 진행되고 있으며, 학교라는 울타리를 벗어나 인문교양적 담론을 좀 더 대중화하는 흐름도 면면히 이어져 오고 있다. 평생교육법에서 주목하는 것은 바로 좀 더 대중화된 인문교양교육이다.

면면히 이어지는 인문교양교육은 삶에 매몰되지 않고 거리두기를 하면서 그 의미를 찾고자 하는 욕구가 대중들에게 있다는 것을 함의한다.

문화예술교육은 예술에 주목하되 예술작품에 담겨 있고 예술 활동을 통해 담아내고자 하는 문화에도 주목하는 교육을 말한다. 예술을 매개로 문화에 대한 인식의 수준을 높이거나 자신의 정서를 표현하고자 하는 욕구를 기반으로 문화예술교육 영역은 지속적으로 이어져 왔다. 대학에 예술 관련 학과가 생기면서 별도의 구획이 생기기는 하였지만 대중들은 꾸준히 문화예술교육에 대해 요구하였고, 이 요구를 비형식교육의 장에서도 수렴해 왔다. 평생교육법에 이 영역이 포함된 것은 문화예술교육에 대한 요구의 비중이 결코 적지 않다는 것을 말해준다. 문화예술교육은 문화체육관광부에서 그 중요성을 인식하고 관심을 기울이는 영역이며, 따라서 문화체육관광부와의 연계가 불가피한 영역이다.

시민참여교육은 통상적으로 시민의식의 향상을 목표로 하는 교육을 의미한다. 그런데 여기에 '참여'를 붙인 것은 시민의식의 향상이 실천을 전제로 한 참여를 함의한다는 점을 부각시키기 위한 것이기도 하고, 애초에 실천을 전제로 한 참여에 좀 더 주목하는 시민교육이 존재하기 때문이기도 하다. 시민참여교육은 행정적 차원의 필요에 의해 진행되기도 하고, 시민운동적 차원의 필요에 의해 진행되기도 한다. 어느 경우이든 비형식교육의 장에서 적지 않은 비중으로 진행되는 시민참여교육을 평생교육법에서 하나의 영역으로 범주화한 것이다.

이렇게 볼 때, 현재의 평생교육법은 국민들의 교육적 필요를 충족시키고 있으면서도 적극적인 교육정책적 관심의 대상이 되지 못했던 교육 영역을 드러내어 법제화했다는 의미가 있다. 그러나 교육 전체로 보면, 이것은 완결된 것이 아니라 과도기적인 것이다. 무엇보다도 학교와 학교가 아닌 곳을 엄격하게 구분하는 것이 지나치게 근대적이며, 학점은행제와 같이 이미 양자를 넘나드는 제도를 가지고 있는 상태에서 이러한 구분은 극복해야 할 문제이기 때문이다.[3)]

2) 평생교육추진체제 및 평생교육추진기구

평생교육법이 일차적으로 학력이 인정되는 학교 밖에서 진행되는 교육을 진흥하기 위한 법이라는 점은 분명하다. 그러나 평생교육법에서는 여기에 머물지 않고 학력이 인정되는 학교라고 하더라도 정규 학생들 이외의 대상들에게 그 학교를 교육의 장으로 개방할 것을

3) 이미 교육학계에서는 평생교육법을 포함한 교육 관련법의 재구조화에 대한 요구가 나타나고 있다.

명시하고 있다. 평생교육법에서는 이 모든 교육의 진흥을 위한 추진체제를 명시하였다. 교육부장관 소속으로 평생교육진흥위원회를 두어 국가적 차원의 평생교육진흥정책을 심의하도록 하였다. 또한, 시 · 도지사 소속으로 시 · 도 평생교육협의회를 두어 광역 단위의 평생교육진흥시행계획을 수립하고 시행하는 데 필요한 사항을 심의하도록 하였다. 마지막으로 시 · 군 및 자치구에도 평생교육협의회를 설치하도록 하였다.

평생교육법에서는 정규 학생을 대상으로 하는 정규 프로그램 이외의 모든 교육 프로그램을 겨냥하고 있기 때문에 '평생교육'의 범주는 대단히 복합적인 범주이다. 무엇보다도 이 범주에는 다양한 부처의 관심이 맞물려 있을 수 있다. 실제로 평생교육법에서는 이 점을 인정하여 교육계, 교육학계, 또는 교육행정계 인사만이 아니라 다양한 부문의 인사가 위원회나 협의회에 참여할 수 있도록 하였다. 요컨대, 다양한 부문의 관심을 유도하고 수렴하는 토대 위에서 평생교육이 진흥될 수 있다는 인식이 여기에 전제되어 있는 것이다.

비록 교육부장관 소속으로 평생교육진흥위원회가 있다고 하더라도 그것은 성격상 범부처적인 것이기 때문에 평생교육추진체제는 전반적으로 행정에서 교육에 대해 적극적인 관심을 기울이거나 더 나아가 교육을 중심으로 행정 관행을 재구조화할 것을 요청하는 것으로 이해할 수 있다. 이하에서 언급하게 될 평생학습도시는 그 하나의 가시적인 예가 될 수 있을 것이다.

평생교육법에서는 평생교육 진흥 관련 업무를 전담하여 추진하는 기구로 중앙에는 국가평생교육진흥원을 두고, 시 · 도지사는 시 · 도 평생교육진흥원을, 시 · 도교육감과 시장 · 군수 · 자치구의 구청장은 시 · 군 · 자치구 평생학습관을 설치 또는 지정 · 운영하도록 하였다. 또한 시장 · 군수 · 자치구의 구청장은 읍 · 면 · 동별로 주민들을 대상으로 하여 평생교육프로그램을 운영하고 상담을 제공하는 평생학습센터를 설치 또는 지정 · 운영하도록 하였다. 이것은 교육부와 시 · 도와 시 · 군 · 자치구에서 평생교육 진흥을 위한 업무를 수행하지만, 해당 업무를 좀 더 특화하여 추진하는 별도의 기구를 두는 것이다. 이것은 또한 평생교육 진흥 업무는 교육부나 시 · 도나 시 · 군 · 자치구의 한 부서에서 감당할 수 없을 정도로 복합적이고 범위가 큰 업무라는 것을 함의한다.

3) 평생교육 관련 제도

평생교육법의 제정은 평생교육을 제도화하는 것이다. 그러므로 평생교육법에 담겨 있는 어떤 사항도 다 제도적인 것이다. 그렇지만 평생교육법에는 좀 더 부각시켜 주목할 필요가 있는 제도도 있다. 제8조의 학습휴가, 제15조의 평생학습도시, 제16조의 경비 지원, 제23조의 학습계좌, 제24조의 평생교육사가 그것이다.

학습휴가는 국가・지방자치단체와 공공기관의 장 또는 각종 사업의 경영자가 소속 직원의 평생학습 기회를 확대하기 위해 유급 또는 무급으로 실시하는 휴가를 말한다. 이 휴가에는 도서비, 교육비, 연구비 등 학습활동을 위한 경비도 학습비라는 명목으로 지원할 수 있다. 암묵적으로는 이 휴가를 직업능력향상을 위한 학습에 쓸 것이 요청될 것이다. 그러나 직업능력에 관련되어 있는 능력은 복합적이기 때문에 직업과 관련되어 있으면서도 업무수행에 필요한 좀 더 일반적인 능력의 향상을 위한 학습기회를 갖기 위해 휴가를 사용할 수도 있을 것이다.

평생학습도시는 지역의 평생교육 활성화를 위해 정해진 평가기준을 충족시킨 시・군・자치구에 대하여 국가가 지정하는 지역을 말한다. 평생학습도시에서 '도시'는 통상적인 의미의 도시라기보다는 행정적 단위로서의 시 이하 지역을 의미한다. 평생학습도시는 국가적인 차원에서 제도화되기 이전에 광명시와 창원시에서 선도적으로 평생학습도시를 선언한 이후 평생교육 진흥에 미치는 그 실질적인 효과를 고려하여 국가적인 차원에서 정책화하였고, 궁극적으로 평생교육법에 이를 담아낸 것이다. 평생학습도시는 지역주민들에게 평생학습 기회를 제공하는 것에 정책의 우선순위를 두는 지역이다. 이를 위해서는 행정의 재구조화가 필연적으로 요청되고 있다. 그렇지 않으면 누가 시・군・자치구의 장이 되는가에 따라 정책의 우선순위에 변동이 생길 수 있으며, 해당 지역이 명목뿐인 평생학습도시가 될 수도 있다.

경비 지원은 국가 및 지방자치단체가 평생교육 진흥 사업을 지원하는 것이다. 평생교육이용권의 발급이 그 한 예다. 평생교육에 참여할 기회를 실질적으로 부여하기 위해 수급자를 선정하여 발급하는 것이 평생교육이용권이다. 평생교육에 참여하는 당사자, 그 중에서도 교육 참여 취약계층에게 평생교육이용권의 형태로 경비를 지원함으로써 그동안 엄두를 내지 못했던 교육 참여를 할 수 있다. 평생교육이용권 발급 사업은 수급자로부터 호응을 받고 있으며, 교육 당국은 물론 경제 당국에서도 효과가 있는 것으로 평가되고 있다.

학습계좌는 국민의 평생교육을 촉진하고 인적 자원의 개발・관리를 위하여 국가적인 차원에서 운영하는 계좌를 말한다. 이 계좌를 통해 국민의 개인적 학습경험이 종합적으로 집중 관리될 수 있다. 여기에는 원하는 개인의 모든 학습이력을 기록하여 누적시킬 수 있으며, 관련 제도 및 시스템과 연동된다. 이렇게 누적된 기록은 평생학습이력증명서 발급을 통해 진학과 고용을 포함하여 다양한 방식으로 활용될 수 있다. 따라서 학습계좌제는 학점을 누적하여 학위를 취득할 수 있는 학점은행제를 포괄하는 제도이다.

평생교육사는 평생교육의 기획 · 진행 · 분석 · 평가 및 교수업무를 수행하는 전문가로서 일정한 자격기준을 갖추어야 하는 국가자격이다. 평생교육사는 학교의 초 · 중등학교의 교사나 대학의 교수와 달리 평생교육법상의 평생교육기관을 포함하여 평생교육 관련 시설 및 단체에서 활동하는 전문가이다. 평생교육사의 존재와 배치기준의 법제화는 하나의 영역으로서 평생교육이 공식화되었다는 것을 의미하는 결정적인 징표 중 하나이다. 전부 개정되기 이전의 평생교육법에서는 평생교육 관련 기관에 평생교육사를 배치할 것을 권장사항으로 규정하였으나 2007년 전부 개정된 평생교육법에서는 평생교육기관에 평생교육사를 배치할 것을 의무화하였다.

4) 평생교육 관련자의 책무

평생교육법에서는 국가 및 지방자치단체는 모든 국민에게 평생교육 기회가 부여될 수 있도록 평생교육 진흥정책을 수립 · 추진하도록 하였고, 그 소속 기관에 속하는 단체 · 시설 · 사업장 등의 설치자에 대하여 평생교육의 실시를 적극 권장하도록 하였다. 또한, 공공시설의 관리자는 그 본래의 용도에 지장이 없는 범위 안에서 특별한 사유가 없는 한 평생교육을 위한 외부자의 이용을 허용하도록 하였다.

이 외에도 국가 및 지방자치단체는 평생교육기관의 설치 · 운영, 평생교육사의 양성 및 배치, 평생교육 프로그램의 개발, 그 밖에 국민의 평생교육 참여를 촉진하기 위한 사업을 직접 수행하거나 그러한 사업에 대해 지원할 수 있다. 평생교육기관의 요청이 있을 때에는 그 기관의 평생교육 활동을 지도하거나 지원할 수도 있고, 그 기관에서 평생교육 활동에 종사하는 자의 능력향상에 필요한 연수를 실시할 수도 있다. 이러한 사항이 비록 권장사항으로 되어 있다고 하더라도 법에 명시되어 있는 이상 이것은 국가 및 지방자치단체가 자임하게 되면 중요한 책무가 될 수 있다.

평생교육법에서는 평생교육기관 설치자의 경우에도 다양한 평생교육 프로그램을 운영하여 지역주민을 위한 평생교육에 기여하도록 하였다. 고등교육법상의 대학에서는 이미 평생교육원(또는 사회교육원)을 두어 평생교육을 실시하고 있지만 제29조를 통해 이를 명문화하였으며, 초 · 중등교육법상의 학교에서도 평생교육시설을 설치 · 운영할 수 있도록 하였다. 그리고 초 · 중등교육법과 고등교육법상의 학교는 무엇보다도 평생교육의 이념에 따라 수요자의 관점에서 교과과정과 방법을 개발 · 시행하고, 공동체 및 지역문화 개발에 노력하도록 하였다.

5) 2023년까지의 개정 평생교육법의 조항별 내용

(1) 총칙(제1장)

① 평생교육의 정의를 학교의 정규과정을 제외한 학력보완교육, 성인문해교육, 직업능력 향상교육, 성인 진로개발역량 향상교육, 인문교양교육, 문화예술교육, 시민참여교육 등을 포함하는 모든 형태의 조직적인 교육활동이라고 함(제2조 제1호).

② 평생교육기관이란 다음 각 목의 어느 하나에 해당하는 시설 · 법인 또는 단체를 말한다고 규정함(제2조 제2호).

- 이 법에 따라 인가 · 등록 · 신고된 시설 · 법인 또는 단체
- 「학원의 설립 · 운영 및 과외교습에 관한 법률」에 따른 학원 중 학교교과교습학원을 제외한 평생직업교육을 실시하는 학원
- 그 밖에 다른 법령에 따라 평생교육을 주된 목적으로 하는 시설 · 법인 또는 단체

③ "문해교육"이란 일상생활을 영위하는 데 필요한 문자해득(文字解得)능력을 포함한 사회적 · 문화적으로 요청되는 기초생활능력 등을 갖출 수 있도록 하는 조직화된 교육프로그램을 말한다고 규정함(제2조 제3호).

④ 평생교육사업이란 국가 및 지방자치단체가 국민과 주민의 평생교육을 위하여 예산 또는 기금으로 조직적인 교육활동을 직 · 간접적으로 지원하는 사업을 말한다고 규정함(제2조 제4호).

⑤ 평생교육이용권이란 평생교육프로그램을 이용할 수 있도록 금액이 기재(전자적 또는 자기적 방법에 따른 기록을 포함)된 증표를 말한다고 규정함(제2조 제5호).

⑥ 성인 진로개발역량 향상교육(이하 "성인 진로교육")이란 성인이 자신에게 적합한 직업을 찾고 진로를 인식 · 탐색 · 준비 · 결정 및 관리할 수 있도록 진로수업 · 진로심리검사 · 진로상담 · 진로정보 · 진로체험 및 취업지원 등을 제공하는 활동을 말한다고 규정함(제2조 제6호).

⑦ 다른 법률과의 관계에서 평생교육에 관하여 다른 법률에 특별한 규정이 있는 경우를 제외하고는 이 법을 적용하고(제3조 제1항), 평생교육에 관한 법률을 제정하거나 개정할

때에는 이 법의 목적 및 이념에 부합되도록 하여야 한다(제3조 제2항)고 규정함.

⑧ 평생교육의 이념으로 다음 각 항을 제시함.
모든 국민은 평생교육의 기회를 균등하게 보장받는다(제4조 제1항). 평생교육은 학습자의 자유로운 참여와 자발적인 학습을 기초로 이루어져야 한다(제4조 제2항). 평생교육은 정치적 · 개인적 편견의 선전을 위한 방편으로 이용되어서는 아니 된다(제4조 제3항). 일정한 평생교육과정을 위수한 자에게는 그에 상응하는 자격 및 학력인정 등 사회적 대우를 부여하여야 한다(제4조 제4항).

⑨ 국가 및 지방자치단체는 모든 국민에게 평생교육 기회가 부여될 수 있도록 평생교육 진흥정책을 수립 · 추진하여야 한다(제5조 제1항). 국가와 지방자치단체는 장애인이 평생교육의 기회를 부여받을 수 있도록 장애인 평생교육에 대한 정책을 수립 · 시행하여야 한다(제5조 제2항). 국가 및 지방자치단체는 장애인 평생교육을 체계적으로 지속적으로 실시하기 위하여 유기적인 협조체제를 구축하여야 한다(제5조 제4항). 국가 및 지방자치단체는 그 소관에 속하는 단체 · 시설 · 사업장 등의 설치자에 대하여 평생교육의 실시를 적극 권장하여야 한다(제5조 제4항). 국가 및 지방자치단체는 모든 국민이 여건과 수요에 적합한 평생교육을 선택하고 참여할 수 있도록 관련 정보를 제공하고 상담 등 지원활동을 하여야 한다(제5조 제5항). 이는 국가와 지방자치단체가 때로는 평생교육의 주관자로서, 때로는 지원자로서 역할과 기능을 수행할 것을 의무화한 것이다.

⑩ 평생교육의 과정 · 방법 · 시간 등에 관하여 이 법과 다른 법령에 특별한 규정이 있는 경우를 제외하고는 평생교육을 실시하는 자가 정하되, 학습자의 필요와 실용성을 존중하여야 한다(제6조). 이는 평생교육과정 운영이 정규 학교교육에서와 같이 정부 주도가 아니라 실시자와 학습자 주도라는 특성이 있음을 명시하는 규정이다.

⑪ 평생교육을 실시하는 자는 평생교육을 위하여 공공시설을 그 본래의 용도에 지장이 없는 범위 안에서 관련법령이 정하는 바에 따라 이용할 수 있다(제7조 제1호)라고 규정하고 있으며, 이 경우 공공시설의 관리자에 대하여 당해 시설을 관리하는 직원의 지원 및 장비의 이용까지 협조를 요청할 수 있도록 하고 있다(시행령 제2조). 공공시설의 관리자에게는 특별한 사유가 없는 한 시설사용 허용의무를 부과하고 있다(제7조 제2항).

⑫ 국가 · 지방자치단체 · 기타 공공기관의 장 또는 각종 사업의 경영자는 소속 직원의 평생학습 기회를 확대하기 위하여 유급 또는 무급의 학습휴가를 실시하거나 도서비 · 교육비 · 연구비 등 학습비를 지원할 수 있다(제8조). 이는 국민의 평생학습 기회를 실질

적으로 보장 · 지원하는 근거조항이라 하겠다. 특히 사회 저변의 근로자들을 위해 이 조문이 활성화되려면 각종 노동조합이나 단체에서 이의 중요성을 인식하고, 단체협약 등 근로조건 개선사업으로 제시 · 확보해야 할 것이다. 이미 미국 · 유럽 등 선진 각국에서도 이러한 노력을 통해 근로자 교육복지를 확대하고 있음을 참고해야 할 것이다.

표 3-1 외국의 사례

국가	학습휴가 및 학습비 지원 내용
프랑스	1971년 평생교육을 위한 계속직업훈련조직법 제정을 통해 유급 교육휴가제 도입
독일	노동촉진법과 성인교육법에서 유급휴가제 지정 주에 따라 다르나 1년에 5일 내지 2년에 10일 유급교육휴가 보장
스웨덴	저학력자가 전일제 또는 파트타임으로 학위를 취득할 수 있도록 유급휴가 실시
이탈리아	150시간 교육계획(150 Hour Scheme)을 통하여 실시
벨기에	근로자 고용계약서 작성 시 명문화(직업적 계속교육 연간 180시간, 일반교양 · 문화교육 140시간 허용)

출처: 교육과학기술부(2008). 법령해설자료. p.44

(2) 평생교육진흥기본계획 등(제2장)

① 교육부장관은 5년마다 평생교육진흥기본계획(이하 "기본계획")을 수립하여야 한다(제9조 제1항). 기본계획에는 다음 각 호의 사항이 포함되어야 한다(제9조 제2항).

- 평생교육진흥의 중 · 장기 정책목표 및 기본방향에 관한 사항
- 평생교육의 기반 구축 및 활성화에 관한 사항
- 평생교육진흥을 위한 투자 확대 및 소요재원에 관한 사항
- 평생교육진흥정책에 대한 분석 및 평가에 관한 사항
- 장애인의 평생교육진흥에 관한 사항
- 장애인평생교육진흥정책의 평가 및 제도 개선에 관한 사항
- 그 밖에 평생교육진흥을 위하여 필요한 사항

또한 교육부장관은 기본계획을 관계 중앙행정기관의 장, 특별시장 · 광역시장 · 도지사 · 특별자치도지사(이하 "시 · 도지사"), 시 · 도 교육감 및 시장 · 군수 · 자치구의 구청장에게 통보하여야 한다(제9조 제3항).

② 교육부장관은 매년 국가 및 지방자치단체에서 추진하는 평생교육사업에 대한 조사 · 분석(이하 "분석등")을 하여야 한다(제9조의2 제1항). 교육부장관은 평생교육사업의 분석등을

하기 위하여 관계 중앙행정기관, 지방자치단체, 관련 교육·훈련기관 및 평생교육사업에 참여하는 법인이나 단체에 필요한 자료의 제출을 요구할 수 있다. 이 경우 자료 제출을 요구받은 기관·법인 또는 단체는 특별한 사유가 없으면 이에 따라야 한다(제9조의2 제2항). 교육부장관은 분석등의 결과를 관계 중앙행정기관의 장과 지방자치단체의 장에게 통보하고, 평생교육진흥위원회에 제출하여야 한다(제9조의2 제3항).

③ 평생교육 진흥정책에 관한 주요사항을 심의하기 위하여 교육부장관 소속으로 평생교육진흥위원회(이하 "진흥위원회")를 둔다(제10조 제1항).
진흥위원회는 다음 각 호의 사항을 심의한다(제10조 제2항).
- 기본계획에 관한 사항
- 평생교육 진흥정책의 평가 및 제도개선에 관한 사항
- 평생교육지원 업무의 협력과 조정에 관한 사항
- 그 밖에 평생교육 진흥정책을 위하여 대통령령으로 정하는 사항

또한 진흥위원회는 위원장을 포함하여 20인 이내의 위원으로 구성하며(제10조 제3항), 진흥위원회의 위원장은 교육부장관으로 하고, 위원은 평생교육과 관련된 관계 부처 차관, 평생교육, 장애인평생교육과 관련된 전문가 등 평생교육에 관한 전문지식 및 경험이 풍부한 자 중에서 위원장이 위촉한다(제10조 제4항). 진흥위원회의 구성·운영에 필요한 사항은 대통령령으로 정한다(제10조 제5항).

④ 관계 중앙행정기관의 장 및 시·도지사는 기본계획에 따라 연도별 평생교육 진흥 시행계획(이하 "시행계획")을 수립·시행하여야 한다. 이 경우 시·도지사는 시·도 교육감과 협의하여야 한다(제11조 제1항). 관계 중앙행정기관의 장 및 시·도지사는 시행계획 및 그 추진실적을 대통령령으로 정하는 바에 따라 매년 교육부장관에게 제출하고, 교육부장관은 진흥위원회의 심의를 거쳐 매년 제출된 추진실적을 평가하여야 한다(제11조 제2항). 교육부장관은 평가 결과를 관계 중앙행정기관의 장 및 시·도지사에게 통보하여야 한다(제11조 제3항). 시행계획의 수립·시행 및 그 추진실적의 평가 등에 필요한 사항은 대통령령으로 정한다(제11조 제4항).

⑤ 시행계획의 수립·시행에 필요한 사항을 심의하기 위하여 시·도지사 소속으로 시·도 평생교육협의회(이하 "시·도 협의회")를 둔다(제12조 제1항).
시·도 협의회는 의장·부의장을 포함하여 20인 이내의 위원으로 구성하며(제12조 제2항), 시·도 협의회의 의장은 시·도지사로 하고, 부의장은 시·도의 부교육감으로 한다(제

12조 제3항). 시 · 도 협의회 위원은 관계 공무원, 평생교육과 관련된 전문가, 장애인 평생교육 전문가, 평생교육 관계기관의 운영자 등 평생교육에 관한 전문지식 및 경험이 풍부한 자 중에서 해당 시 · 도의 교육감과 협의하여 의장이 위촉한다(제12조 제4항). 시 · 도협의회의 구성 · 운영에 필요한 사항은 해당 지방자치단체의 조례로 정한다(제12조 제5항).

⑥ 교육부장관은 기본계획을 수립하기 위하여 필요하다고 인정하는 때에는 관계 행정기관이나 그 밖의 기관 또는 단체의 장에게 관련 자료를 요청할 수 있다(제13조 제1항). 시 · 도지사는 시행계획을 수립하기 위하여 필요하다고 인정하는 때에는 관계 행정기관이나 그 밖의 기관 또는 단체의 장에게 관련 자료를 요청할 수 있다(제13조 제2항). 자료를 요청받은 기관 또는 단체의 장은 특별한 사정이 없는 한 협조하여야 한다(제13조 제3항).

⑦ 시 · 군 및 자치구에는 지역주민을 위한 평생교육의 실시와 관련되는 사업 간 조정 및 유관기관 간 협력 증진을 위하여 시 · 군 · 자치구 평생교육협의회(이하 "시 · 군 · 구 협의회")를 두고(제14조 제1항), 시 · 군 · 구 협의회는 의장 1인과 부의장 1인을 포함하여 12인 이내의 위원으로 구성하며(제14조 제2항), 시 · 군 · 구 협의회의 의장은 시장 · 군수 또는 자치구의 구청장으로 하고, 위원은 시 · 군 · 자치구 및 지역교육청의 관계 공무원, 평생교육 전문가, 장애인 평생교육 관계자, 관할 지역 내 평생교육 관계기관의 운영자 중에서 의장이 위촉한다(제14조 제3항). 시 · 군 · 구협의회의 구성 · 운영 등에 필요한 사항은 지방자치단체의 조례로 정한다(제14조 제4항).

⑧ 국가는 지역사회의 평생교육 활성화를 위하여 특별자치시, 시 · 군 및 자치구를 대상으로 평생학습도시를 지정 및 지원할 수 있으며, 이 경우 이미 지정된 평생학습도시에 대하여 평가를 거쳐 재지정 여부를 결정할 수 있다(제15조 제1항). 평생학습도시 간의 연계 · 협력 및 정보교류의 증진을 위하여 전국평생학습도시협의회를 둘 수 있다(제15조 제2항). 전국평생학습도시협의회의 구성 · 운영에 필요한 사항은 대통령령으로 정한다(제15조 제3항). 평생학습도시의 지정, 지원 및 평가에 필요한 사항은 교육부장관이 정한다(제15조 제4항).

⑨ 국가는 장애인의 평생교육 활성화를 위하여 특별자치시, 시 · 군 및 자치구를 대상으로 장애인 평생학습도시를 지정 및 지원할 수 있다(제15조의2 제1항). 장애인 평생학습도시 간의 연계 · 협력 및 정보교류의 증진을 위하여 전국장애인평생학습도시협의회를 둘 수 있다(제15조의2 제2항). 전국장애인평생학습도시협의회의 구성 · 운영에 필요한 사항은

대통령령으로 정한다(제15조의2 제3항). 장애인 평생학습도시의 지정 및 지원에 필요한 사항은 교육부장관이 정한다(제15조의2 제4항). 국가는 장애인 평생학습도시의 활성화를 위하여 관계 중앙행정기관 및 유관기관 등이 참여하는 협의체를 구성·운영할 수 있으며, 협의체의 구성 및 운영에 필요한 사항은 대통령령으로 정한다(제15조의2 제5항).

⑩ 국가 및 지방자치단체는 이 법과 다른 법령으로 정하는 바에 따라 다음 각 호의 어느 하나에 해당하는 평생교육 진흥사업을 실시 또는 지원할 수 있다(제16조 제1항).

- 평생교육기관의 설치·운영
- 평생교육사의 양성 및 배치
- 평생교육 프로그램의 개발(온라인 기반의 평생교육 프로그램의 개발을 포함)
- 각급학교의 장의 평생교육과정의 운영
- 평생교육이용권의 발급 등 평생교육의 참여에 따른 비용의 지원
- 그 밖에 국민의 평생교육 참여를 촉진하기 위하여 수행하는 사업 등

지방자치단체의 장은 해당 지방자치단체의 조례가 정하는 바에 따라 주민을 위한 평생교육 진흥사업을 실시하거나 지원할 수 있다. 이 경우 교육감 또는 지역 교육장과 협의하여야 한다(제16조 제2항).

⑪ 국가 및 지방자치단체는 모든 국민에게 평생교육의 기회를 제공할 수 있도록 신청을 받아 평생교육이용권을 발급할 수 있다(제16조의2 제1항). 교육부장관은 평생교육소외계층에게 우선적으로 평생교육이용권을 발급할 수 있도록 대통령령으로 신청자의 요건을 정할 수 있다(제16조의2 제2항). 국가 및 지방자치단체는 평생교육이용권의 수급자 선정 및 수급자격 유지에 관한 사항을 확인하기 위하여 기족관계 증명·국세 및 지방세 등에 관한 자료 등 대통령령으로 정하는 자료의 제공을 당사자의 동의를 받아 관계 중앙행정기관의 장 또는 지방자치단체의 장에게 요청할 수 있다. 이 경우 요청을 받은 자는 특별한 사유가 없으면 이에 따라야 한다(제16조의2 제3항). 국가 및 지방자치단체는 자료의 확인을 위하여 사회보장정보시스템을 연계하여 사용할 수 있다(제16조의2 제4항). 지방자치단체는 평생교육이용권의 발급, 정보시스템의 구축·운영 등 평생교육이용권 업무의 효율적 수행을 위하여 대통령령으로 정하는 바에 따라 전담기관을 지정할 수 있다(제16조의2 제5항). 그 밖에 평생교육이용권 발급에 필요한 사항은 대통령령으로 정한다(제16조의2 제6항).

⑫ 평생교육이용권을 발급받은 사람(이하 "이용자")은 평생교육프로그램을 제공하는 자에게

평생교육이용권을 제시하고 평생교육을 제공받을 수 있다(제16조의3 제1항). 평생교육이용권을 제시받은 자는 정당한 사유 없이 평생교육프로그램의 제공을 거부할 수 없다(제16조의3 제2항). 누구든지 평생교육이용권을 판매·대여하거나 부정한 방법으로 사용하여서는 아니 된다(제16조의3 제3항). 국가 및 지방자치단체는 이용자가 평생교육이용권을 판매·대여하거나 부정한 방법으로 사용한 경우에는 그 평생교육이용권을 회부하거나 평생교육이용권 기재금액에 상당하는 금액의 전부 또는 일부를 환수할 수 있다(제16조의3 제4항). 그 밖에 평생교육이용권의 사용, 회수 및 환수 등에 필요한 사항은 대통령령으로 정한다(제16조의3 제5항).

⑬ 국가 및 지방자치단체는 평생교육기관의 요청이 있는 때에는 그 기관의 평생교육활동을 지도 또는 지원할 수 있고(제17조 제1항), 국가 및 지방자치단체는 평생교육기관의 요청이 있는 때에는 그 기관에서 평생교육활동에 종사하는 자의 능력향상에 필요한 연수를 실시할 수 있다(제17조 제2항).

⑭ 교육부장관 및 시·도지사는 평생교육의 실시 및 지원에 관한 현황 등 기초자료를 조사하고 이와 관련된 통계를 공개하여야 하며(제18조 제1항), 평생교육과 관련된 업무 담당자 및 평생교육기관 운영자 등은 조사에 협조하여야 한다(제18조 제2항). 교육부장관은 평생교육 통계조사의 정확성 제고 및 조사업무의 경감을 위하여 관련 자료를 보유한 중앙행정기관장, 지방자치단체의 장 및 공공기관의 장 등 관계 기관의 장(이하 "관계행정기관등의 장")에게 자료 간 연계를 요청할 수 있다. 이 경우 자료 간 연계를 요청받은 관계행정기관등의 장은 특별한 사유가 없으면 이에 따라야 한다(제18조 제3항). 교육부장관은 평생교육 통계조사에 의하여 수집된 자료를 이용하고자 하는 자에게 이를 제공할 수 있다. 이 경우 특정의 개인이나 법인 또는 단체를 식별할 수 없는 형태로 자료를 제공하여야 한다(제18조 제4항). 교육부장관은 평생교육 통계조사 등의 업무를 위하여 대통령령으로 정하는 바에 따라 국가평생교육통계센터를 지정하여 그 임무를 위탁할 수 있다. 이 경우 교육부장관은 위탁받은 업무 수행에 필요한 경비를 지원할 수 있다(제18조 제5항).

⑮ 교육부장관은 평생교육 관련 정보를 체계적·효율적으로 관리하고 국민의 평생교육 참여 확대를 위하여 평생교육 종합정보시스템을 구축·운영할 수 있다(제18조의2 제1항). 교육부장관은 평생교육 종합정보시스템의 구축·운영을 위하여 필요한 경우에는 관계 행정기관등의 장에게 필요한 자료의 제공을 요청할 수 있다. 이 경우 자료의 제공을

요청받은 관계 행정기관등의 장은 특별한 사유가 없으면 이에 따라야 한다(제18조의2 제2항). 정보의 범위와 내용, 평생교육 종합정보시스템의 구축 · 운영에 필요한 사항은 대통령령으로 정한다(제18조의2 제3항).

(3) 국가평생교육진흥원 등(제3장)

① 국가는 평생교육진흥과 관련된 업무를 지원하기 위하여 국가평생교육진흥원(이하 "진흥원")을 설립한다(제19조 제1항). 진흥원은 법인으로 한다(제19조 제2항). 진흥원은 그 주된 사무소의 소재지에서 설립등기를 함으로써 성립한다(제19조 제3항). 진흥원은 다음 각 호의 업무를 수행한다(제19조 제4항).

- 평생교육진흥을 위한 지원 및 조사 업무
- 진흥위원회가 심의하는 기본계획 수립의 지원
- 평생교육진흥정책의 개발 · 발전을 위하여 필요한 연구
- 평생교육 프로그램 개발(온라인 기반의 평생교육프로그램의 개발을 포함)의 지원
- 평생교육사를 포함한 평생교육 종사자의 양성 · 연수
- 국내외 평생교육기관단체 간 연계 및 협력체제의 구축
- 시 · 도평생교육진흥원에 대한 지원 및 시 · 도평생교육진흥원과의 협력
- 학점인정 등에 관한 법률 및 독학에 의한 학위취득에 관한 법률에 따른 학점 또는 학력인정에 관한 사항
- 학습계좌의 통합 관리 · 운영
- 문해교육의 관리 운영에 관한 사항
- 정보화 및 온라인 기반 관련 평생교육의 관리 · 운영에 관한 사항
- 이 법 또는 다른 법령에 따라 위탁받은 업무
- 그 밖에 진흥원의 목적수행을 위하여 필요한 사업

진흥원의 정관에는 다음 각 호의 사항을 기재하여야 한다(제19조 제5항).

- 목적
- 명칭
- 주된 사무소의 소재지
- 사업에 관한 사항

- 임원 및 직원에 관한 주요 사항
- 이사회에 관한 사항
- 재산 및 회계에 관한 사항
- 정관의 변경에 관한 사항

정관의 내용을 변경하고자 하는 때에는 교육부장관의 인가를 받아야 한다(제19조 제6항). 국가는 예산의 범위 내에서 진흥원의 설립·운영에 필요한 경비를 출연할 수 있다(제19조 제7항). 그리고 진흥원에 관하여 이 법에서 정하는 것을 제외하고는 민법 중 재단법인에 관한 규정을 준용한다(제19조 제8항).

② 국가는 장애인의 평생교육진흥과 관련된 업무를 지원하기 위하여 국가장애인평생교육진흥센터(이하 "장애인평생교육진흥센터")를 둔다(제19조의2 제1항).

장애인평생교육진흥센터는 다음 각 호의 업무를 수행한다(제19조의2 제2항).

- 장애인 평생교육진흥을 위한 지원 및 조사 업무
- 진흥위원회가 심의하는 기본계획에 관한 사항 중 장애인 평생교육진흥에 관한 사항
- 장애 유형별 평생교육 프로그램 개발의 지원
- 장애인 평생교육 종사자의 양성·연수와 공무원의 장애인 의사소통교육
- 장애인 평생교육기관 간의 연계체제 구축
- 발달장애인의 평생교육과정의 개발
- 발달장애인의 의사소통 도구의 개발과 보급
- 장애인 평생교육 프로그램을 운영하는 각급 학교와 평생교육기관 양성을 위한 지원
- 장애 유형별 평생교육 교재·교수의 개발과 보급
- 그 밖에 장애인평생교육진흥센터의 목적 수행을 위하여 필요한 사업

장애인평생교육진흥센터의 설립·운영에 필요한 사항은 대통령령으로 정한다(제19조의2 제3항).

③ 장애인 평생교육 종사자는 장애인 인권에 관한 교육을 받아야 하며(제19조의3 제1항), 장애인 인권에 관한 교육은 교육부령으로 정하는 인권교육을 실시하는 기관, 시설, 법인 및 단체가 실시한다(제19조의3 제2항). 그 밖에 교육의 내용, 방법 등에 필요한 사항은 대통령령으로 정한다(제19조의3 제3항).

④ 시·도지사는 대통령령으로 정하는 바에 따라 시·도 평생교육진흥원을 설치 또는 지정·운영할 수 있다(제20조 제1항).

시 · 도 평생교육진흥원은 다음 각 호의 업무를 수행한다(제20조 제2항).

- 해당 지역의 평생교육 기회 및 정보의 제공
- 평생교육 상담 및 컨설팅 지원
- 평생교육 프로그램 운영 및 지원
- 장애인 대상 평생교육프로그램 운영 및 지원
- 해당 지역의 평생교육기관 간 연계체제 구축
- 국가 및 시 · 군 · 구 간 협력 · 연계
- 해당 지역의 평생교육 진흥을 위한 조사 · 연구
- 시행계획 수립의 지원
- 평생교육 관계자의 역량강화 지원
- 그 밖에 평생교육진흥을 위하여 시 · 도지사가 필요하다고 인정하는 사항

시 · 도평생교육진흥원 간의 연계 · 정보교류 및 사업의 공동 추진을 위하여 전국시 · 도평생교육진흥원협의회를 둘 수 있으며(제20조 제3항), 전국시 · 도평생교육진흥원협의회의 구성 · 운영에 필요한 사항은 대통령령으로 정한다(제20조 제4항).

⑤ 국가 · 지방자치단체 및 시 · 도 교육감은 관할 구역 안의 장애인을 대상으로 평생교육프로그램 운영과 평생교육 기회를 제공하기 위하여 장애인평생교육시설을 설치 또는 지정 · 운영할 수 있다. 이 경우 대통령령으로 정하는 바에 따라 청각장애 등 장애유형별 맞춤형 평생교육프로그램을 운영하여야 한다(제20조의2 제1항). 국가 · 지방자치단체 및 시 · 도 교육감 외의 자가 제1항에 따른 장애인평생교육시설을 설치하고자 하는 때에는 대통령령으로 정하는 시설과 설비를 갖추어 교육감에게 등록하여야 한다(제20조의2 제2항). 장애인평생교육시설을 등록한 자가 그 시설을 폐쇄하고자 하는 때에는 대통령령으로 정하는 사항을 갖추어 교육감에게 신고하여야 한다(제20조의2 제3항). 국가 및 지방자치단체는 장애인평생교육시설의 운영에 필요한 경비를 예산의 범위에서 지원할 수 있다(제20조의2 제4항).

⑥ 국가 · 지방자치단체 및 시 · 도교육감은 관할 구역 안의 노인을 대상으로 평생교육프로그램 운영과 평생교육 기회를 제공하기 위하여 노인평생교육시설을 설치 또는 지정 · 운영할 수 있다(제20조의3 제1항). 평생교육기관은 노인의 평생교육 기회의 확대를 위하여 별도의 노인 평생교육과정을 설치 · 운영할 수 있다(제20조의3 제2항). 지방자치단체는 노인평생교육시설의 운영에 필요한 경비를 예산의 범위에서 지원할 수 있다(제20조의3

제3항).

⑦ 시 · 도교육감 및 시장 · 군수 · 자치구의 구청장은 관할 구역 안의 주민을 대상으로 평생교육 프로그램 운영과 평생교육 기회를 제공하기 위하여 평생학습관을 설치 또는 지정 · 운영하여야 한다(제21조 제1항). 시 · 도교육감 및 시장 · 군수 · 자치구의 구청장은 평생학습관에 대한 재정적 지원 등 해당 지방자치단체의 평생교육을 진흥하기 위하여 필요한 사업을 실시할 수 있다(제21조 제2항).

평생학습관은 다음 각 호의 사업을 수행한다(제21조 제3항).

- 평생교육 프로그램의 개발 · 운영
- 장애인 대상 평생교육 프로그램의 개발 · 운영
- 평생교육 상담
- 평생교육 종사자에 대한 교육 · 훈련
- 평생교육 관련 정보의 수집 · 제공
- 읍 · 면 · 동 평생학습센터에 대한 운영 지원 및 관리
- 그 밖에 평생교육 진흥을 위하여 필요하다고 인정되는 사업

평생학습관의 설치 · 운영 등에 필요한 사항은 해당 지방자치단체의 조례로 정한다(제21조 제4항).

⑧ 유아교육법에 따른 유치원 및 초 · 중등교육법에 따른 학교의 장은 해당 학교의 교육환경을 고려하여 장애인복지법에 따른 장애인의 계속교육을 위한 장애인 평생교육과정을 설치 · 운영할 수 있다(제21조의2 제1항). 평생교육기관은 장애인의 평생교육 기회의 확대를 위하여 별도의 장애인 평생교육과정을 설치 · 운영할 수 있다(제21조의2 제2항). 진흥원은 장애인의 평생교육 기회 확대 방안 및 장애인 평생교육 프로그램을 개발하여야 한다(제21조의2 제3항). 시 · 도 평생교육진흥원은 평생교육기관이 장애인 평생교육과정을 설치 · 운영할 수 있도록 지원하여야 한다(제21조의2 제4항).

⑨ 시장 · 군수 · 자치구의 구청장은 읍 · 면 · 동별로 주민을 대상으로 하여 평생교육 프로그램을 운영하고 상담을 제공하는 평생학습센터를 설치하거나 지정하여 운영할 수 있다(제21조의3 제1항). 읍 · 면 · 동 평생학습센터의 설치 또는 지정 및 운영에 관한 사항은 해당 지방자치단체의 조례로 정한다(제21조의3 제2항).

⑩ 지방자치단체는 지역사회 주민이 평생학습을 주된 목적으로 자발적으로 참여하는 모임(이하 "자발적 학습모임")의 활동을 지원할 수 있다(제21조의4 제1항). 지방자치단체는 자발적

학습모임이 창출한 성과를 활용하여 사회적 가치를 창출할 수 있도록 노력하여야 하고, 자발적 학습모임이 지역사회의 문제 해결에 참여할 수 있도록 지원하여야 한다(제21조의4 제2항).

⑪ 국가 및 지방자치단체는 각급 학교·민간단체·기업 등과 연계하여 교육의 정보화와 이와 관련된 평생교육과정의 개발을 위하여 노력하여야 한다(제22조 제1항). 국가 및 지방자치단체는 각급 학교·평생교육기관 등이 필요한 인적자원을 활용할 수 있도록 하기 위하여 대통령령으로 정하는 바에 따라 강사에 관한 정보를 수집·제공하는 제도를 운영할 수 있다(제22조 제2항).

⑫ 국가는 국민의 평생교육을 촉진하고 인적자원의 개발·관리를 위하여 학습계좌(국민의 개인적 학습경험을 종합적으로 집중 관리하는 제도를 말한다)를 도입·운영할 수 있도록 노력하여야 한다(제23조 제1항). 교육부장관은 학습계좌에서 관리할 학습과정을 대통령령으로 정하는 바에 따라 평가인정할 수 있다(제23조 제2항). 교육부장관은 평가인정을 받은 학습과정의 이수결과를 학점이나 학력 또는 자격으로 인정할 수 있다. 이 경우 그 인정 절차 및 방식 등에 필요한 사항은 대통령령으로 정한다(제23조 제3항).

교육부장관은 평가인정을 받은 학습과정을 설치·운영하는 평생교육기관이나 다음 각 호의 어느 하나에 해당하면 그 평가인정을 취소할 수 있다. 다만, 제1호에 해당하는 경우에는 평가인정을 취소하여야 한다(제23조 제4항).

- 거짓이나 그 밖의 부정한 방법으로 평가인정을 받은 경우
- 평가인정 받은 내용을 위반하여 학습과정을 운영한 경우
- 평가인정의 기준에 이르지 못하게 된 경우

교육부장관은 평가인정을 취소하고자 할 경우에는 대통령령으로 정하는 기관과 절차에 따라 평생교육기관의 장에게 시정을 명하여야 한다(제23조 제5항). 교육부장관은 시정명령을 하는 경우에는 평생교육기관의 장에게 시정명령을 받은 사실을 공표할 것을 명할 수 있다(제23조 제6항). 교육부장관 및 지방자치단체의 장은 평생교육이용권으로 수강한 교육이력을 학습계좌를 통해 관리할 수 있다(제23조 제7항). 교육부장관은 학습계좌의 운영을 위하여 필요한 경우에는 관계 행정기관등의 장에게 필요한 자료의 제공을 요청할 수 있다. 이 경우 자료의 제공을 요청받은 관계 행정기관등의 장은 특별한 사유가 없으면 이에 따라야 한다(제23조 제8항).

(4) 평생교육사(제4장)

① 교육부장관은 평생교육 전문인력을 양성하기 위하여 다음 각 호의 어느 하나에 해당하는 자에게 평생교육사의 자격을 부여하며, 자격을 부여받은 사람에게는 자격증을 발급하여야 한다(제24조 제1항).

- 고등교육법에 따른 학교(이하 "대학") 또는 이와 동등 이상의 학력이 있다고 인정되는 기관에서 교육부령으로 정하는 평생교육 관련 교과목을 일정 학점 이상 이수하고 학위를 취득한 사람
- 학점인정 등에 관한 법률에 따라 평가인정을 받은 학습과정을 운영하는 교육훈련기관(이하 "학점은행기관")에서 교육부령으로 정하는 평생교육 관련 교과목을 일정 학점 이상 이수하고 학위를 취득한 사람
- 대학을 졸업한 사람 또는 이와 동등 이상의 학력이 있다고 인정되는 사람으로서 대학 또는 이와 동등 이상의 학력이 있다고 인정되는 기관, 평생교육사 양성기관, 학점은행제기관에서 교육부령으로 정하는 평생교육 관련 교과목을 일정 학점 이상 이수한 사람
- 그 밖에 대통령령으로 정하는 자격요건을 갖춘 사람

평생교육사는 평생교육의 기획 · 진행 · 분석 · 평가 및 교수업무를 수행한다(제24조 제2항). 다음 각 호의 어느 하나에 해당하는 자는 평생교육사가 될 수 없다(제24조 제3항).

- 제24조의2에 따라 자격이 취소된 후 그 자격이 취소된 날부터 3년이 지나지 아니한 사람(제28조 제2항 제1호에 해당하여 자격이 취소된 경우는 제외한다).
- 제28조 제2항 제1호부터 제5호까지의 어느 하나에 해당하는 사람

그리고 평생교육사의 등급, 직무범위, 이수과정, 연수 및 자격증의 교부절차 등에 필요한 사항은 대통령령으로 정한다(제24조 제4항). 발급받은 자격증은 다른 사람에게 빌려주거나 빌려서는 아니 되며, 이를 알선하여서도 아니 된다(제24조 제5항). 교육부장관은 평생교육사의 자격증을 교부 또는 재교부 받으려는 사람에게 교육부령으로 정하는 바에 따라 수수료를 받을 수 있다(제24조 제6항).

교육부장관은 평생교육사가 다음 각 호의 어느 하나에 해당하는 경우에는 그 자격을 취소하여야 한다(제24조의2).

- 거짓이나 그 밖의 부정한 방법으로 평생교육사의 자격을 취득한 경우
- 다른 사람에게 평생교육사의 명의를 사용하게 한 경우

- 제24조 제3항 제2호의 결격사유에 해당하게 된 경우
- 제24조 제5항을 위반하여 자격증을 빌려준 경우

② 교육부장관은 평생교육사의 양성과 연수에 필요한 시설 · 교육과정 · 교원 등을 고려하여 대통령령으로 정하는 바에 따라 평생교육기관을 평생교육사 양성기관으로 지정할 수 있다(제25조 제1항).

③ 평생교육기관에는 평생교육사를 배치하여야 한다(제26조 제1항). 유아교육법, 초 · 중등교육법 및 고등교육법에 따른 유치원 및 학교의 장은 평생교육 프로그램을 운영에 필요한 때에는 평생교육사를 채용할 수 있다(제26조 제2항). 시 · 도 평생교육진흥원, 장애인평생교육시설 및 시 · 군 · 구 평생학습관에 평생교육사를 배치하여야 한다(제26조 제3항). 평생교육사의 배치대상기관 및 배치기준은 대통령령으로 정한다(제26조 제4항).

④ 교육부장관은 평생교육사의 배치 현황, 보수 수준 및 지급 실태 등에 관하여 3년마다 조사하여야 하며(제26조의2 제1항), 조사의 방법과 내용 등에 필요한 사항은 대통령령으로 정한다(제26조의2 제2항).

⑤ 국가 및 지방자치단체는 평생교육 프로그램 운영 및 평생교육사 채용에 사용되는 경비 등을 보조할 수 있다(제27조).

(5) 평생교육기관(제5장)

① 평생교육기관의 설치자는 다양한 평생교육 프로그램을 실시하여 지역사회 주민을 위한 평생교육에 기여하여야 한다(제28조 제1항).

다음 각 호의 어느 하나에 해당하는 자는 평생교육기관의 설치자가 될 수 없다(제28조 제2항).

- 피성년후견인 또는 피한정후견인
- 금고 이상의 실형의 선고받고 그 집행이 종료(집행이 종료된 것으로 보는 경우를 포함한다)되거나 집행이 면제된 날부터 3년이 지나지 아니한 자
- 금고 이상의 형의 집행유예를 선고받고 그 유예기간 중에 있는 자
- 법원의 판결 또는 다른 법률에 따라 자격이 정지 또는 상실된 자
- 인가 또는 등록이 취소되거나 평생교육과정이 폐쇄된 후 3년이 경과되지 아니한 자
- 임원 중 제1호부터 제5호까지의 어느 하나에 해당하는 자가 있는 법인

평생교육기관의 설치자는 특별시 · 광역시 · 도 · 특별자치도(이하 "시 · 도"라 한다)의

조례로 정하는 바에 따라 평생교육시설의 운영과 관련하여 그 시설의 이용자에게 발생한 생명 · 신체상의 손해를 배상할 것을 내용으로 하는 보험가입 또는 공제사업에의 가입 등 필요한 안전조치를 하여야 한다(제28조 제3항).

평생교육기관의 설치 · 운영자는 학습자의 보호를 위하여 다음 각 호의 어느 하나에 해당하는 경우에는 대통령령으로 정하는 바에 따라 학습비의 반환 등의 조치를 하여야 한다(제28조 제4항).

- 평생교육시설의 설치인가 또는 등록이 취소되거나 평생교육과정이 폐쇄 또는 운영정지된 경우
- 평생교육기관의 설치 · 운영자가 교습을 할 수 없게 된 경우
- 학습자가 본인의 의사로 학습을 포기한 경우
- 그 밖에 학습자 보호를 위하여 대통령령으로 정하는 경우

그리고 학력인정 평생교육시설의 설립 주체는 사립학교법에 따른 학교법인 또는 공익법인의 설립 · 운영에 관한 법률에 따른 재단법인으로 한다(제28조 제5항).

여기서 종전의 사회교육법에서는 학원 · 도서관 및 박물관을 중요한 사회교육시설로서 인정하고 이에 관한 규정을 별도로 두고 있었으나(사회교육법 제22조, 제23조), 1999년 평생교육법 제정과정에서 이들이 별도의 법체계를 유지하고 있음을 이유로 평생교육법에 의한 평생교육시설로서 명문화하는 것이 배제되었다.

또한 사회교육법 시행규칙 제13조에 의한 일반사회교육시설의 운영에서 학원과 차별화가 되지 않아 많은 갈등이 초래된 점을 감안, 이를 학원의 업무 영역으로 일원화하는 등 기능 조정을 하였다.

평생교육법에 의한 새로운 평생교육시설로서는 사내대학형태 평생교육시설, 원격대학형태 평생교육시설, 사업장부설 평생교육시설, 시민사회단체부설 평생교육시설 그리고 지식 · 인력개발 사업관련 평생교육시설을 들 수 있으며, 평생교육시설의 학력인정 여부와 설치 절차에 따라 **표 3-2** 와 같이 요약, 구분할 수 있다.

표 3-2 평생교육시설의 유형

시설 유형		학력 인정 여부	설치요건	담당과
① 학교형태 평생교육시설 (평생교육법 제31조)	학력 인정	학력 인정	교육감에 등록	평생학습정책과
	학력 미인정	학력 미인정	교육감에 등록	평생학습정책과
② 사내대학형태 평생교육시설 (평생교육법 제32조)	사내대학	학력 인정	교과부장관 인가	진로직업교육과
③ 원격대학형태 평생교육시설 (평생교육법 제33조)	원격교육형태 평생교육시설	학력 미인정	교육감에 신고	평생학습정책과
	원격대학형태 평생교육시설	학력 인정	교과부장관 인가	이러닝지원과
④ 사업장부설 평생교육시설(평생교육법 제35조)		학력 미인정	교육감에 신고	평생학습정책과
⑤ 시민사회단체부설 평생교육시설(평생교육법 제36조)		학력 미인정	교육감에 신고	평생학습정책과
⑥ 학교부설 평생교육시설 (평생교육법 제30조)	초·중등학교	학력 미인정	교육감에 보고	평생학습정책과
	대학(교)	학력 미인정	교과부장관에 보고	평생학습정책과
⑦ 언론기관부설 평생교육시설(평생교육법 제37조)		학력 미인정	교육감에 신고	평생학습정책과
⑦ 언론기관부설 평생교육시설 (평생교육법 제37조)		학력 미인정	교육감에 신고	평생학습정책과
⑧ 지식·인력개발사업관련 평생교육시설 (평생교육법 제38조)		학력 미인정	교육감에 신고	평생학습정책과

출처: 교육과학기술부(2008). 평생교육법령해설자료. p.133

② 교육부장관은 평생교육기관의 신청에 따라 기관 및 교육과정의 운영을 평가하거나 인증할 수 있다(제28조의2 제1항). 교육부장관은 평가 또는 인증의 운영·관리에 관한 업무를 전문기관에 위탁할 수 있다(제28조의2 제2항). 교육부장관은 평가 또는 인증의 운영·관리를 위하여 위탁하였을 때에는 그에 드는 비용을 예산의 범위에서 지원할 수 있다(제28조의2 제3항). 국가 또는 지방자치단체가 평생교육기관에 행정적 또는 재정적 지원을 하려는 경우에는 평가 또는 인증 결과를 활용할 수 있다(제28조의2 제4항). 평가 또는 인증의 시행, 전문기관에의 위탁, 평가 또는 인증 결과의 활용 등에 필요한 사항은 대통령령으로 정한다(제28조의2 제5항).

③ 초·중등교육법 및 고등교육법에 따른 각급 학교의 장은 평생교육을 실시하는 경우 평생교육의 이념에 따라 교육과정과 방법을 수요자 관점으로 개발·시행하도록 하며, 학교를 중심으로 공동체 및 지역문화 개발에 노력하여야 한다(제29조 제1항). 각급 학교의

장은 해당 학교의 교육여건을 고려하여 학생 · 학부모와 지역 주민의 요구에 부합하는 평생교육을 직접 실시하거나 지방자치단체 또는 민간에 위탁하여 실시할 수 있다. 다만, 영리를 목적으로 하는 법인 및 단체는 제외한다(제29조 제2항). 학교의 평생교육을 실시하기 위하여 각급 학교의 교실 · 도서관 · 체육관, 그 밖의 시설을 활용하여야 한다(제29조 제3항). 그리고 학교의 장이 학교를 개방할 경우 개방시간 동안의 해당 시설의 관리 · 운영에 필요한 사항은 해당 지방자치단체의 조례로 정한다(제29조 제4항).

④ 학점은행기관의 장은 교육부장관의 평가인정을 받은 학습과정 운영을 통하여 평생교육을 실시한다(제29조의2 제1항). 학점은행기관의 장은 학습과정을 운영함에 있어 그 질을 유지하거나 개선하기 위하여 노력하여야 한다(제29조의2 제2항).

⑤ 각급 학교의 장은 학생 · 학부모와 지역주민을 대상으로 교양의 증진 또는 직업교육을 위한 평생교육시설을 설치 · 운영할 수 있다. 평생교육시설을 설치하는 경우 각급 학교의 장은 관할청에 보고하여야 한다(제30조 제1항). 대학의 장은 대학생 또는 대학생 외의 사람을 대상으로 자격취득을 위한 직업교육과정 등 다양한 평생교육과정을 운영할 수 있다(제30조 제2항). 그리고 각급 학교의 시설은 다양한 평생교육을 실시하기에 편리한 형태의 구조와 설비를 갖추어야 한다(제30조 제3항).

제30조의 학교부설 평생교육시설과 관련하여 특별히 도입된 것이 제5항의 지역사회학교(Community School) 개념의 신설이다. 즉, 제30조 제1항이 기존 학교에 평생교육시설을 부설하는 것이라면 제3항은 학교 건물을 신축할 때부터 지역사회 주민이 학생들과 공동 활용할 수 있는 건물구조와 설비를 갖추도록 하고 있는 것이다.

교육부에서는 어학원 · 체육관 등 학교부설 평생교육시설을 학교시설에 포함시키는 학교시설사업촉진법시행령을 개정 · 공포하였다(2000. 10. 22). 따라서 이러한 시설의 건립이 활발해졌으며, 학교부설뿐만 아니라 학교건물 신축 때부터 학교 자체가 평생교육시설로서 이용될 수 있도록 해야 할 것이다.

⑥ 학교형태의 평생교육시설을 설치 · 운영하고자 하는 자는 대통령령으로 정하는 시설 · 설비를 갖추어 교육감에게 등록하여야 한다(제31조 제1항). 교육감은 학교형태의 평생교육시설 중 일정 기준 이상의 요건을 갖춘 평생교육시설에 대하여는 이를 고등학교 졸업 이하의 학력이 인정되는 시설로 지정할 수 있다. 다만, 지방자치단체로부터 지원받은 보조금을 목적 외 사용, 부당집행하였을 경우에는 그 지정을 취소할 수 있다(제31조 제2항). 학력인정시설에는 초 · 중등교육법의 교원을 둘 수 있다. 이 경우 교원의 복무 ·

국내연수와 재교육에 관하여는 국·공립학교의 교원에 관한 규정을 준용한다(제31조 제3항).

초·중등교육법에 따라 전공과를 설치·운영하는 고등기술학교는 교육부장관의 인가를 받아 전문대학 졸업자와 동등한 학력·학위가 인정되는 평생교육시설로 전환·운영할 수 있다. 이 경우 전공대학의 명칭을 사용할 수 있다(제31조 제4항).

학력인정 평생교육시설의 지정 및 지정취소 기준·절차, 입학자격, 교원자격 등과 평생교육시설의 인가 기준·절차, 학사관리 등의 운영 방법 등에 필요한 사항은 대통령령으로 정한다(제31조 제5항).

지방자치단체는 해당 지방자치단체의 조례가 정하는 바에 따라 예산의 범위 내에서 초·중등교육법의 학교에 준하여 학력인정 평생교육시설에 필요한 보조금을 교부하거나 그 밖의 지원을 할 수 있다(제31조 제6항).

학력인정 평생교육시설로 지정 또는 인가를 받은 자가 그 시설을 폐쇄하고자 하는 때에는 재학생 보호방안 등 대통령령으로 정하는 사항을 갖추어 교육부장관 또는 시·도교육감의 인가를 받아야 한다(제31조 제7항).

학력인정 평생교육시설의 재산관리, 회계 및 교원 등의 신규채용에 관한 사항은 각각 사립학교법을 준용하고, 장학지도 및 학생의 학교생활기록 관리는 각각 초·중등교육법을 준용하며, 보건·위생·학습환경 등에 관한 사항은 학교보건법을 준용한다. 다만, 교비회계에 속하는 예산·결산 및 회계 업무는 교육부령으로 정하는 방식으로 처리하여야 한다(제31조 제8항).

⑦ 다음 각 호의 어느 하나에 해당하는 자는 교육부장관의 인가를 받아 전문대학 또는 대학졸업자와 동등한 학력·학위가 인정되는 평생교육시설을 설치·운영하거나 고등교육법에 따른 학교에 위탁하여 운영할 수 있다(제32조 제1항).

- 대통령령으로 정하는 규모 이상의 사업장(공동으로 참여하는 사업장도 포함한다)의 경영자
- 산업입지 및 개발에 관한 법률에 따라 설립된 산업단지 입주기업의 연합체(이하 "산업단지 기업연합회"). 이 경우 산업단지 기업연합회는 대통령령으로 정하는 규모 이상이어야 한다.
- 산업발전법에 따라 구성된 산업부문별 인적자원개발협의체(이하 "산업별 협의체"). 이 경우 산업별 협의체는 대통령령으로 정하는 규모 이상이어야 한다.

⑧ 사내대학형태의 평생교육시설은 다음 각 호의 어느 하나에 해당하는 사람을 대상으로

한다.

- 해당 사업장 또는 산업단지 기업연합체에 속하는 사업장에 고용된 종업원
- 해당 사업장 또는 산업단지 기업연합회에 속한 사업장에서 일하는 다른 업체의 종업원
- 해당 사업장 또는 산업단지 기업연합체에 속한 사업장과 하도급 관계에 있는 업체 또는 부품·재료 공급 등을 통하여 해당 사업장 또는 산업단지 기업연합체에 속한 사업장과 협력관계에 있는 업체의 종업원
- 해당 사업장 또는 산업단지 기업연합회에 속한 사업장과 동종 업종 또는 관련 분야에 속하는 업체의 종업원
- 산업별 협의체의 해당 업종 또는 관련 분야에 속하는 업체의 종업원

⑨ 사내대학형태의 평생교육시설에서의 교육에 필요한 비용은 제2항 각 호에 해당하는 사람을 고용한 고용주가 부담하는 것을 원칙으로 한다(제32조 제3항). 사내대학형태의 평생교육시설의 설치기준·학점제등 운영에 필요한 사항은 대통령령으로 정한다(제32조 제4항). 사내대학형태의 평생교육시설을 폐쇄하고자 하는 경우에는 재학생 보호방안 등 대통령령으로 정하는 사항을 갖추어 교육부장관에게 신고하여야 한다(제32조 제5항).

⑩ 누구든지 정보통신매체를 이용하여 특정 또는 불특정 다수인에게 원격교육을 실시하거나 다양한 정보를 제공하는 등의 평생교육을 실시할 수 있다(제33조 제1항).

제1항에 따라 불특정 다수인을 대상으로 학습비를 받고 이를 실시하고자 하는 경우(학원의 설립·운영 및 과외교습에 관한 법률의 학교교과교습학원에 해당하는 경우에는 제외한다)에는 대통령령으로 정하는 바에 따라 교육감에게 신고하여야 한다. 이를 폐쇄하고자 하는 경우에는 그 사실을 교육감에게 통보하여야 한다(제33조 제2항).

전문대학 또는 대학졸업자와 동등한 학력·학위가 인정되는 원격대학형태의 평생교육시설을 설치하고자 하는 경우에는 대통령령으로 정하는 바에 따라 교육부장관의 인가를 받아야 한다. 이를 폐쇄하고자 하는 경우에는 교육부장관에게 신고하여야 한다(제33조 제3항).

교육부장관은 인가한 원격대학형태의 평생교육시설에 대하여는 평가를 실시하고 그 결과를 공개하여야 한다(제33조 제4항). 원격대학형태의 평생교육시설의 설치기준, 학사관리 등 운영방법과 평가에 필요한 사항은 대통령령으로 정한다(제33조 제5항). 제28조 제2항 각 호의 어느 하나에 해당하는 자는 원격대학형태의 평생교육시설의 설치자가

될 수 없다(제33조 제6항).

여기서 평생교육법에서 제시하고 있는 원격교육형태 평생교육시설의 유형을 비교하면 표 3-3 과 같다.

표 3-3 원격형태의 평생교육시설의 유형 비교

학력인정여부	시설유형(명칭)	설치요건	구별기준
학력 미인정	원격교육형태 평생교육시설 (평생교육법 제33조 제2항)	신고대상	• 불특정 다수인을 대상 • 학습비를 받고 원격교육 실시 • 10인 이상, 교육과정 30시간 이상
		비 신고대상	• 특정 다수인을 대상 • 학습비가 아닌 사용료, 수수료 및 통신료만 받는 경우
학력 인정	원격대학형태 평생교육시설 (평생교육법 제33조 제3항)	인가대상	• 원격교육으로 전문대 · 대학졸업과 동등한 학력 · 학위 인정 • 일정한 시설 · 설비를 갖추어 교과부장관의 인가 필요 • 전문학사학위 및 학사학위과정만 가능 • 국내의 개인 · 단체 등이 외국대학의 학위를 수여하는 경우 제외

출처: 교육과학기술부(2008). 평생교육법령해설자료. p.205

⑪ 원격대학형태의 평생교육시설을 설치 · 운영하는 자와 그 시설에 대하여는 사립학교법 제28조 · 제29조 · 제31조 · 제70조를 준용한다(제34조).

⑫ 고등학교졸업 이하의 학력이 인정되는 시설로 지정된 평생교육시설의 장은 그 시설이 보유 · 관리하고 있는 다음 각 호의 정보를 매년 1회 이상 공시하여야 한다. 이 경우 그 평생교육시설의 장은 공시된 정보(이하 "공시정보")를 시 · 도교육감에게 제출하여야 한다(제34조의2 제1항).

- 학교운영에 관한 규정
- 교육과정 편성 및 운영 등에 관한 사항
- 학년 · 학급당 학생수 및 전 · 출입, 학업중단 등 학생변동 상황
- 교지(校地), 학교 건물 등 시설 현황에 관한 사항
- 직위 · 자격별 교원현황에 관한 사항
- 예 · 결산 내역 등 평생교육시설의 회계에 관한 사항
- 급식에 관한 사항
- 보건관리 · 환경위생 및 안전관리에 관한 사항
- 학생의 입학상황 및 졸업생의 진로에 관한 사항

- 행정처분, 지도 · 감독, 벌칙, 과태료 등에 관한 사항

⑬ 전문대학 또는 대학졸업자와 동등한 학력 · 학위가 인정되는 시설로 교육부장관의 인가를 받은 평생교육시설의 장은 그 시설이 보유 · 관리하고 있는 다음 각 호의 정보를 매년 1회 이상 공시하여야 한다. 이 경우 그 평생교육시설의 장은 공시정보를 교육부장관에게 제출하여야 한다(제34조의2 제2항).

- 학교운영에 관한 규정
- 교육과정 편성 및 운영 등에 관한 사항
- 학생의 선발방법 및 일정에 관한 사항
- 충원율, 재학생 수 등 학생현황에 관한 사항
- 졸업 후 진학 및 취업현황 등 학생의 진로에 관한 사항
- 전임교원 현황에 관한 사항
- 전임교원의 연구성과에 관한 사항
- 예 · 결산 내역 등 평생교육시설의 회계에 관한 사항
- 등록금 및 학생 1인당 교육비의 산정근거에 관한 사항
- 행정처분, 지도 · 감독, 벌칙, 과태료 등에 관한 사항
- 평생교육시설의 발전계획 및 특성화 계획
- 교원의 연구, 학생에 대한 교육 및 산학협력 현황
- 도서관 및 연구에 대한 지원 현황
- 그 밖에 교육 여건 및 운영상태 등에 관한 사항

⑭ 제1항 및 제2항에 따른 평생교육시설 외의 평생교육시설의 장은 그 시설이 보유 · 관리하고 있는 다음 각 호의 정보를 매년 1회 이상 공시하여야 한다. 이 경우 그 평생교육시설의 장은 공시정보를 교육부장관 또는 시 · 도교육감에게 제출하여야 한다.

- 평생교육시설의 명칭
- 평생교육시설의 주소 및 대표 전화번호
- 교육과정
- 교육과정별 정원
- 교육과정별 교육기간 및 총 교육시간
- 학습비
- 평생교육시설 설립 · 운영자 명단, 강사 명단

⑮ 교육부장관 또는 시 · 도교육감은 공시정보의 확인을 위하여 해당 평생교육시설의 장에게 관련 자료의 제출을 요청할 수 있다. 이 경우 자료의 제출을 요청받은 평생교육시설의 장은 특별한 사유가 없으면 이에 따라야 한다(제34조의2 제4항). 교육부장관 또는 시 · 도교육감은 이 법에서 공시하도록 정한 정보를 공시하지 아니하거나 거짓으로 공시하는 평생교육시설의 장에게 기간을 정하여 시정이나 변경을 명할 수 있다(제34조의2 제5항). 교육부장관은 공시에 필요한 양식을 마련 · 보급하고, 공시정보를 수집 및 관리하여야 한다(제34조의2 제6항). 교육부장관은 공시정보를 수집 · 관리하기 위한 총괄관리기관과 항목별 관리기관을 지정할 수 있다(제34조의2 제7항). 그 밖에 공시정보의 구체적인 범위, 공시 횟수, 그 시기 및 관련 자료의 제출 등에 필요한 사항은 대통령령으로 정한다(제34조의2 제8항).

⑯ 대통령령으로 정하는 규모 이상 사업장의 경영자는 해당 사업장의 고객 등을 대상으로 하는 평생교육시설을 설치 · 운영할 수 있다(제35조 제1항). 사업장 부설 평생교육시설을 설치하고자 하는 자는 대통령령으로 정하는 바에 따라 교육감에게 신고하여야 한다. 이를 폐쇄하고자 하는 경우에는 그 사실을 교육감에게 통보하여야 한다(제35조 제2항).

⑰ 시민사회단체는 상호 유기적인 협조체제를 구축하고 공공시설 및 민간시설 등 유휴시설을 활용하여 해당 시민사회단체의 목적에 부합하는 평생교육과정을 운영하도록 노력하여야 한다(제36조 제1항). 대통령령으로 정하는 시민사회단체는 일반 시민을 대상으로 하는 평생교육시설을 설치 · 운영할 수 있다(제36조 제2항). 시민사회단체 부설 평생교육시설을 설치하고자 하는 자는 대통령령으로 정하는 바에 따라 교육감에게 신고하여야 한다. 이를 폐쇄하고자 하는 경우에는 그 사실을 교육감에게 통보하여야 한다(제36조 제3항).

⑱ 신문 · 방송 등 언론기관을 경영하는 자는 해당 언론매체를 통하여 다양한 평생교육 프로그램을 방영하는 등 국민의 평생교육진흥에 기여하여야 한다(제37조 제1항). 대통령령으로 정하는 언론기관을 경영하는 자는 일반 국민을 대상으로 교양의 증진과 능력향상을 위한 평생교육시설을 설치 · 운영할 수 있다(제37조 제2항). 언론기관 부설 평생교육시설을 설치하고자 하는 자는 대통령령으로 정하는 바에 따라 교육감에게 신고하여야 한다. 이를 폐쇄하고자 하는 경우에는 그 사실을 교육감에게 통보하여야 한다(제37조 제3항).

⑲ 국가 및 지방자치단체는 지식정보의 제공과 교육훈련을 통한 인력개발을 주된 내용으로 하는 지식 · 인력개발사업을 진흥 · 육성하여야 한다(제38조 제1항). 지식 · 인력개발사업을 경영하는 자 중 대통령령으로 정하는 자는 평생교육시설을 설치 · 운영할 수 있다

(제38조 제2항). 지식·인력개발사업과 관련하여 평생교육시설을 설치하고자 하는 자는 대통령령으로 정하는 바에 따라 교육감에게 신고하여야 한다. 이를 폐쇄하고자 하는 경우에는 그 사실을 교육감에게 통보하여야 한다(제38조 제3항).

⑳ 평생교육시설 인가를 받거나 등록·신고를 한 자가 인가 또는 등록·신고한 사항을 변경하고자 하는 때에는 대통령령으로 정하는 바에 따라 변경인가를 받거나 변경등록·변경신고를 하여야 하며(제38조의2 제1항), 변경인가 및 변경등록·변경신고의 방법·절차 등에 필요한 사항은 교육부령으로 정한다(제38조의2 제2항).

㉑ 평생교육시설 인가를 받거나 등록·신고를 한 자가 인가 또는 등록·신고한 사항을 변경하고자 하는 때에는 대통령령으로 정하는 바에 따라 변경인가를 받거나 변경등록·변경신고를 하여야 하며(제38조의2 제1항), 변경인가 및 변경등록·변경신고의 방법·절차 등에 필요한 사항은 교육부령으로 정한다(제38조의2 제2항).

㉒ 교육부장관은 신고를 받은 날로부터 20일 이내에 신고수리 여부를 신고인에게 통지하여야 한다(제38조의3 제1항). 교육감은 신고를 받은 날로부터 10일 이내에 신고수리 여부를 신고인에게 통지하여야 한다. 신고 사항에 관한 변경신고를 받은 경우에도 또한 같다(제38조의3 제2항). 교육부장관 또는 교육감이 정한 기간 내에 신고수리 여부 또는 민원 처리 관련 법령에 따른 처리기간의 연장 여부를 신고인에게 통지하지 아니하면 그 기간(민원 처리 관련 법령에 따라 처리기간이 연장 또는 재연장된 경우에는 해당 처리기간을 말함)이 끝난 날의 다음 날에 신고를 수리한 것으로 본다(제38조의3 제3항).

(6) 문해교육(제6장)

① 국가 및 지방자치단체는 성인의 사회생활에 필요한 문해능력 등 기초능력을 높이기 위하여 노력하여야 한다(제39조 제1항). 교육감은 대통령령으로 정하는 바에 따라 관할 구역 안에 있는 초·중학교에 성인을 위한 문해교육 프로그램을 설치·운영하거나 지방자치단체·법인 등이 운영하는 문해교육 프로그램을 지정할 수 있다(제39조 제2항). 국가 및 지방자치단체는 문해교육 프로그램을 위하여 대통령령으로 정하는 바에 따라 우선하여 재정적 지원을 할 수 있다(제39조 제3항). 국가는 문해교육의 활성화를 위하여 진흥원에 국가문해교육센터를 둔다(제39조의2 제1항). 시·도 교육감 및 시·도지사는 시·도 문해교육센터를 설치하거나 지정·운영할 수 있다(제39조의2 제2항). 국가문해교육센터 및 시·도문해교육센터의 구성, 기능 및 운영, 그 밖에 필요한 사항은 대통령령으

로 정한다(제39조의2 제3항).

② 설치 또는 지정된 문해교육 프로그램을 이수한 자에 대하여는 그에 상응하는 학력을 인정하되, 교육과정 편성 및 학력인정 절차 등에 필요한 사항은 대통령령으로 정한다(제40조).

교육부장관은 문해교육의 효율적 지원을 위하여 문해교육종합정보시스템을 구축 · 운영할 수 있다(제40조의2 제1항). 교육부장관은 문해교육종합정보시스템 운영업무를 국가문해교육센터에 위탁할 수 있다(제40조의2 제2항). 문해교육정보시스템의 구축 · 운영과 문해교육정보시스템 운영업무의 위탁 등에 필요한 사항을 대통령령으로 정한다(제40조의2 제3항).

(7) 성인 진로교육(제7장)

평생교육기관, 대학, 진로교육법 제15조에 따른 국가진로교육센터 및 같은 법 제16조에 따른 지역진로교육센터는 성인 진로교육을 실시할 수 있다(제40조의3).

(8) 평생학습 결과의 관리 · 인정(제8장)

① 이 법에 따라 학력이 인정되는 평생교육과정 외에 이 법 또는 다른 법령의 규정에 따른 평생교육과정을 이수한 사람은 학점인정 등에 관한 법률이 정하는 바에 따라 학점 또는 학력을 인정받을 수 있다(제41조 제1항).

다음 각 호의 어느 하나에 해당하는 사람은 학점인정 등에 관한 법률로 정하는 바에 따라 그에 상응하는 학점 또는 학력을 인정받을 수 있다(제41조 제2항).

- 각급 학교 또는 평생교육시설에서 각종 교양과정 또는 자격취득에 필요한 과정을 이수한 사람
- 산업체 등에서 일정한 교육을 받은 후 사내인정자격을 취득한 사람
- 국가 · 지방자치단체 · 각급 학교 · 산업체 또는 민간단체 등이 실시하는 능력측정검사를 통하여 자격을 인정받은 사람
- 무형유산의 보전 및 진흥에 관한 법률에 따라 인정된 중요 국가무형유산의 보유자와 그 전수교육을 받은 사람
- 대통령령으로 정하는 시험에 합격한 사람

각급 학교 및 평생교육시설의 장은 학습자가 국내외의 각급 학교 · 평생교육시설 및 평생교육기관으로부터 취득한 학점 · 학력 및 학위를 상호 인정할 수 있다(제41조 제3항).

(9) 보칙(제9장)

교육부장관 또는 교육감은 평생교육시설의 설치자가 다음 각 호의 어느 하나에 해당하는 경우에는 그 시설의 설치인가 또는 등록을 취소하거나 평생교육과정을 폐쇄할 수 있고, 1년 이내의 기간을 정하여 평생교육과정의 전부 또는 일부에 대한 운영의 정지를 명할 수 있다. 다만, 제1호 및 제4호의 경우에는 그 인가 또는 등록을 취소하여야 한다(제42조 제1항).

- 거짓이나 그 밖의 부정한 방법으로 인가를 받거나 등록 또는 신고한 경우
- 인가 또는 등록 시의 기준에 미달하게 된 경우
- 평생교육시설을 부정한 방법으로 관리 · 운영한 경우
- 제28조 제2항 각 호의 어느 하나의 결격사유에 해당하는 경우
- 제34조의2 제5항에 따른 시정 또는 변경 명령을 받고도 정당한 사유 없이 지정된 기간 내에 이행하지 아니한 경우
- 제38조의2를 위반하여 변경인가를 받지 아니하거나 변경등록 · 변경신고를 하지 아니하고 평생교육시설을 변경하여 운영한 경우

교육부장관 또는 교육감은 평생교육과정의 전부 또는 일부에 대한 운영의 정지를 명하기 전에 1개월 이상의 기간을 정하여 위반사항의 시정 및 개선을 명할 수 있다(제42조 제2항). 교육부장관이 전문대학 또는 대학졸업자와 동등한 학력 · 학위가 인정되는 평생교육시설의 인가를 취소하는 경우에 해당 시설의 장은 재학생 보호방안 등 대통령령으로 정하는 사항을 갖추어 교육부장관에게 제출하여야 한다(제42조 제3항).

교육부장관 또는 교육감은 이 법에 따라 설치 인가 · 지정을 하거나 등록 또는 신고를 받은 평생교육시설의 회계 관리 및 운영 실태 등을 지도 · 감독할 수 있다(제42조의2 제1항). 교육부장관 또는 교육감은 지도 · 감독을 위하여 필요하면 대통령령으로 정하는 바에 따라 해당 평생교육시설의 장에게 자료의 제출을 요구하거나 그 밖에 필요한 지시를 할 수 있다(제42조의2 제2항).

교육부장관 및 지방자치단체의 장은 다음 각 호의 어느 하나에 해당하는 경우에는 소속 공무원으로 하여금 평생교육프로그램의 제공자 또는 관계인에게 장부 등 서류를 조사하게 할 수 있다(제42조의2 제3항).

- 평생교육이용권의 발급 및 사용의 적정성 여부 확인을 위하여 필요한 경우
- 그 밖에 평생교육이용권 사업 수행을 위하여 필요한 경우로서 대통령령으로 정하는 경우

제3항에 따라 조사하는 자는 그 권한을 표시하는 증표 및 조사기간, 조사범위, 조사당사자, 관계 법령 등 교육부령으로 정하는 사항이 기재된 서류를 지니고 이를 관계인에게 내보여야 한다(제42조의2 제4항).

교육부장관 또는 교육감은 다음 각 호의 어느 하나에 해당하는 처분을 하려는 경우에는 청문을 실시하여야 한다(제43조).

- 제24조의2에 따른 평생교육사 자격의 취소
- 제42조 제1항에 따른 인가 또는 등록의 취소

교육부장관의 권한은 그 일부를 대통령령으로 정하는 바에 따라 교육감에게 위임할 수 있다(제44조 제1항). 교육부장관은 다음 각 호에 따른 업무의 전부 또는 일부를 대통령령으로 정하는 바에 따라 진흥원에 위탁할 수 있다(제44조 제2항).

- 제24조에 따른 평생교육사의 양성 및 평생교육사 자격증의 교부 · 재교부
- 제25조에 따른 평생교육사 양성기관의 지정
- 제16조의2 및 제16조의3에 따른 평생교육이용권의 발급 및 사용 관리
- 제18조의2에 따른 평생교육 종합정보시스템의 구축 · 운영
- 제30조 제1항에 따라 고등교육법에 따른 학교의 장이 설치한 평생교육시설의 현황 관리

교육감은 이 법에 따른 권한의 일부를 대통령령으로 정하는 바에 따라 소관 교육장에 위임할 수 있다(제44조 제3항).

이 법에 따른 진흥위원회 · 진흥원 · 평생교육협의회 · 평생학습관 · 평생학습센터 · 국가문해교육센터 및 시 · 도 문해교육센터가 아니면 이와 비슷한 명칭을 사용하지 못한다(제45조).

학력인정 평생교육시설을 설치 · 운영하는 자가 다음 각 호의 어느 하나에 해당하는 경우에는 2년 이하의 징역 또는 2천만원 이하의 벌금에 처한다(제45조의2).

- 제31조 제8항에 따라 준용되는 사립학교법 제28조를 위반한 경우
- 제31조 제8항에 따라 준용되는 사립학교법 제29조 제6항을 위반한 경우

다음 각 호의 어느 하나에 해당하는 자는 1년 이하의 징역 또는 1천만원 이하의 벌금에 처한다(제45조의3).

- 거짓 또는 그 밖의 부정한 방법으로 평생교육이용권을 발급하거나 다른 사람으로 하여

금 평생교육이용권을 발급받게 한 자

- 제16조의3 제3항을 위반하여 평생교육이용권을 판매 · 대여하거나 부정한 방법으로 사용한 자
- 제24조 제5항을 위반하여 자격증을 빌려주거나 빌린 사람 또는 이를 알선한 사람

다음 각 호의 어느 하나에 해당하는 자에게는 500만원 이하의 과태료에 부과한다(제46조 제1항).

- 제16조의3 제2항을 위반하여 정단한 사유 없이 평생교육프로그램의 제공을 거부한 자
- 제18조 제2항을 위반하여 자료를 제출하지 아니하거나 거짓의 자료를 제출한 자
- 제28조 제4항을 위반하여 학습비 반환 등의 조치를 하지 아니한 자
- 제32조 제5항, 제33조 제2항 · 제3항, 제35조 제2항, 제36조 제3항, 제37조 제3항 및 제38조 제3항에 따른 신고를 게을리 한 자
- 제42조 제2항에 따른 명령을 위반한 평생교육시설 또는 설치자
- 제45조를 위반하여 유사 명칭을 사용한 자

제1항에 따른 과태료는 대통령령으로 정하는 바에 따라 관할청이 부과 · 징수한다(제46조 제2항).

3. 평생교육법에 함의된 평생교육기관의 경영원리

앞서 언급한 평생교육 관련자의 책무는 거의 그대로 평생교육기관의 운영을 위한 원리로 해석될 수 있다. 이것은 평생교육법에 함축되어 있는 제도적 의미라고 말할 수도 있다. 따라서 이 원리가 평생교육법에 조항으로 명시되어 있는 것은 아니다. 그러나 다음과 같은 네 가지 원리, 즉 학습자 중시, 공익성 강화, 내부자의 교육기회 확대, 교육의 질적 수준 제고와 같은 원리를 도출하는 데는 무리가 없을 것이다.

1) 학습자 중시

국가 및 지방자치단체는 모든 국민에게 평생교육 기회가 부여되도록 노력해야 한다. 평생

교육기관 설치자의 경우에도 지역주민에게 평생교육 기회가 부여되도록 노력해야 한다. 이것은 평생교육법에 명시되어 있는 모든 사항이 구체적으로는 모든 지역주민의 평생교육 기회 제공에 수렴되고 있다는 것을 의미한다. 지역주민은 평생교육의 관점에서 보면 일차적으로 학습자이다. 학습자는 교육적 필요를 가지고 있는 존재로서 개인적 지위와는 무관한 개념이다. 오히려 어떤 지위에 있든 관계없이 그는 학습자로서 자신의 교육적 필요를 가지고 있다고 말할 수 있다. 평생교육법에는 그 교육적 필요를 충족시킬 수 있는 기회의 제공이 국가 및 지방자치단체, 그리고 평생교육기관 설치자의 책무로 되어 있는 것이다.

근대 이후 평생교육에 관한 논의가 학교교육의 경직성 또는 비탄력성에 대한 문제제기로부터 시작되었다는 점에 비추어보면 이러한 변화는 결코 사소한 것이 아니다. 학교교육의 경직성은 교과과정 운영의 경직성으로 대변되며, 다시 그 경직성은 교수자 또는 교육 프로그램 제공자 중심의 인식틀에서 비롯된 것이다. 그 결과 교육은 교수와 동일한 의미를 갖게 되었고, 교육에 관한 논의에서 학습자는 상대적으로 소외될 수밖에 없었다. 평생교육론이 평생학습론으로 전환되어간 시대적 흐름에는 한편으로는 학습자의 소외에 대한 인본주의적 비판의식이 스며 있다.[4]

제29조에서 언급하고 있는 '수요자의 관점'을 통해서 평생교육법에서 평생교육을 학습경제의 시각에서 접근하고 있는 단초를 읽을 수 있다. 수요자에 대비되는 개념은 공급자이고, 평생교육법에서는 공급자가 수요자의 수요를 읽어 그 수요를 충족시킬 수 있는 교육 프로그램을 개발하여 운영할 것을 명시하고 있는 것이다. 여기서 수요자는 정확히 일치하지는 않지만 학습자로 대치하는 것이 가능하다. 요컨대, 학습자의 교육적 필요를 중시하고 이를 충족시키는 것이 평생교육기관 경영의 일차적 원리가 되는 것이다.

2) 공익성 강화

앞서 언급했듯이, 평생교육법에서는 공공시설의 관리자는 그 본래의 용도에 지장이 없는 경우 특별한 사유가 없는 한 평생교육을 위한 이용을 허용하도록 하였다. '본래의 용도에 지장이 없다'는 판단에 임의성이 개입할 수 있지만 '특별한 사유가 없는 한 이용을 허용'하도록 함으로써 그 판단에 임의성이 개입할 여지를 가능한 한 배제하고 있다.

평생교육을 위한 별도의 공간이 존재하기는 하지만, 지역주민들이 동아리를 구성하여

4) 다른 한편에는 학습에 대한 학습자 당사자의 책임을 중시하는 인식도 스며 있다.

주거지에서 가까운 곳에서 학습을 위한 모임을 갖고자 할 때 이를 위한 장소를 확보하는 데 어려움을 겪기도 한다. 이와 같은 필요가 존재하지 않는다면 모르지만, 그 필요가 존재한다면 그 필요는 공공시설을 통해 우선적으로 충족될 수 있을 것이다. 실제로 공공시설은 개인의 재산이 아니라 지역주민 또는 지역의 자산이라고 말할 수 있기 때문이다. 평생교육을 위한 공공시설의 개방은 공공시설의 활용도를 높이는 차원에서도 의미가 있다.

이것을 평생교육기관에 적용하면, 평생교육기관에서 교육 프로그램을 운영하고 있다고 하더라도 학습자들이 자신들의 학습을 확대하고 심화하는 차원에서 이를 위한 장소를 요청할 경우 '특별한 사유가 없는 한' 이를 허용해야 할 것이다. 이 점은 평생교육기관을 개인이 설립했다고 해서 예외가 될 수는 없다. 이것은 기관의 공익성을 좀 더 강화하는 방향으로 기관을 경영하는 것이다.

3) 내부자의 교육기회 확대

역시 앞에서 언급했듯이, 국가 및 지방자치단체의 장 또는 각종 사업의 경영자는 소속 직원의 평생학습 기회를 확대하기 위해 유급 또는 무급으로 휴가를 실시할 수 있다. 이러한 학습휴가의 개념은 평생교육 기회의 부여에서 어느 누구도 예외가 될 수 없다는 것을 함의한다. 현새는 학습휴가가 권장사항으로 되어 있지만 학습휴가가 능력개발이나 생산성 향상으로 이어질 수 있다는 점에 대한 인식이 확산된다면 학습휴가는 점차적으로 하나의 관행으로 정착될 수 있을 것이다.

흔히 교육 프로그램을 제공하는 기관의 종사자는 학습의 주체로 인식되지 않는 경향이 있다. 이것은 학교의 교사를 학습자로 인식하지 않고 교수자로만 인식하는 것에서도 동일하게 나타나는 경향이다. 이러한 경향은 교육 관련 행정 업무든 다른 부문의 행정 업무든 행정 업무에 종사하는 공무원의 경우에도 예외는 아니다. 그러나 교육 프로그램 제공자든 교수자이든 공무원이든 본인이 하고 있는 일을 좀 더 잘하기 위해서 충족시켜야 할 교육적 필요가 있으며, 이 필요는 지속적으로 생겨나는 것이다. 그러므로 교육의 질적 수준 또는 행정의 질적 수준의 향상을 위해 학습휴가는 절대적으로 필요한 것이다.

평생교육기관 중 영세한 기관의 경우에는 영세하다는 이유로, 사업의 규모가 큰 경우에는 업무량을 이유로 소속 직원의 능력 향상을 위한 평생교육의 기회를 제공하지 않고 있다. 그러나 평생교육법에 학습휴가를 명시함으로써 평생교육기관에서는 경영 차원에서 내부자의 교육기회 확대를 중요한 원리로 받아들여야 할 것이다. 학습휴가의 유무는 앞으로 기관 평가에서도 하나의 항목으로 포함될 가능성이 높다.

4) 교육의 질적 수준 제고

평생교육법에서는 수요자의 관점에서 교과과정과 방법을 개발할 것을 명시하고, 학습휴가를 실시하게 하고, 평생교육기관의 요청이 있을 경우 국가 및 지방자치단체는 기관 종사자의 능력 향상을 위한 연수를 실시할 수 있다고 언급하고 있다. 이러한 조항들에는 결과적으로 교육 프로그램 그리고 더 나아가 교육활동 전반의 질적 수준 제고로 이어질 것에 대한 기대가 담겨 있다.

평생교육기관이 '교육'기관인 이상 그 경쟁력을 교육력으로 가늠하는 것이 타당할 것이다. 아직은 교육력을 평가할 수 있는 지표가 세련된 수준으로 타당하게 마련되어 있지 않지만, 그러한 수준의 평가에 대한 요구는 시대적인 요구라고 볼 수 있다. 여기서 교육력은 일차적으로 교수자의 교수력과 학습자의 학습력, 그리고 경영자의 교육지원력의 총합에 의해서 드러나게 된다.

제도의 도입 초기에 가능한 한 많은 기관이 해당 제도에 참여하기를 희망하기도 한다. 이러한 흐름 속에서 양적인 팽창이 이루어진다. 그러나 어느 정도 양적인 팽창이 이루어지면 질적인 수준을 문제 삼게 된다. 그러므로 질적 수준의 문제는 피할 수 없다. 평생교육 또는 평생학습이 시대의 화두가 되고, 국가적인 차원에서 전면적으로 확대되는 추세에서는 더더욱 질적 수준의 문제는 기관경영에서 반드시 유념해야 한다.

4. 평생교육기관의 발전을 위한 경영전략

평생교육기관은 발전을 위한 과제를 가지고 있으며, 그 가닥을 잡아나가는 것이 바로 경영이다. 그 경영전략이 평생교육법에서 직접 도출되지는 않지만, 평생교육법에서 도출된 경영 원리를 평생교육기관의 발전에 초점을 맞추고, 이와 관련된 논의를 확대할 경우에 충분히 시사 받을 수 있을 것이다.

1) 교육 프로그램의 특성화

평생교육법에서는 평생교육의 영역을 구분하고, 평생교육이 진행되는 다양한 기관도 구분하였다. 후자는 평생교육이 진행되는 장의 다양성을 보여주고 있으며, 전자는 평생교육이 가능한 영역의 다양성을 보여주고 있다. 평생교육기관으로는 학교[5]를 포함하여 학교부설 평생교육시설, 학교형태의 평생교육시설, 사내대학형태의 평생교육시설, 원격대학형태의 평생교육시설, 사업장 부설 평생교육시설, 시민사회단체 부설 평생교육시설, 언론기관 부설 평생교육시설, 지식·인력개발 관련 평생교육시설 등이 있다. 이들 평생교육기관에서는 가능한 범위 안에서 다양한 영역의 평생교육을 진행하고 있다.

평생교육기관의 구분이 평생교육을 진행하는 영역에 따른 구분은 아니기 때문에 평생교육기관의 구분을 통해서 실시되는 평생교육의 영역을 추정하는 데는 한계가 있다. 또한, 평생교육의 영역 구분 자체가 엄밀한 구분이라기보다는 느슨한 범주화에 의한 구분이기 때문에 평생교육기관에서는 해석의 여지에 따라 여러 영역에 걸쳐 평생교육을 진행할 수도 있다.

평생교육기관은 특정한 계획에 따라 지역적으로 균등하게 평생교육이 진행되도록 설립된 것이 아니라 설립자의 의지와 판단에 따라 설립되기 때문에 평생교육기관의 지역적 편포 문제는 피할 수 없다. 기관의 설립 취지가 있기 때문에 그 취지에 충실하면서도 지역주민의 교육적 필요를 읽어 이를 교육 프로그램으로 수렴하여 개발하고 시행할 때 그 기관은 지역의 평생교육에 실질적으로 기여할 수 있을 것이다.

이러한 노력 속에서 평생교육기관의 특성화가 이루어질 것이다.[6] 평생교육기관을 특성화하려면 해당 기관의 교육적 역량을 최대화하는 노력이 수반될 수밖에 없다. 그리고 이러한 노력은 해당 기관의 발전에 밑거름이 된다. 평생교육기관이 전략적으로 교육 프로그램의 특성화를 시도하지 않을 때 교육 프로그램의 지나친 중복 문제가 발생하게 되고, 이것은 오히려 지역주민들의 다양한 교육적 필요를 충족시키지 못하는 문제로 이어질 수 있다.

2) 타 기관과의 교육 프로그램 연계

한 기관에서 지역주민들의 교육적 필요를 충족시키는 모든 교육 프로그램을 개발하여

---

5) 「평생교육법」 제29조에서는 학교도 평생교육을 실시해야 한다고 규정하고 있다.

6) 이 특성화에는 다루는 내용의 수준에 따른 특성화도 포함된다.

운영하는 것은 불가능하다. 이것은 앞서 언급한 평생교육기관의 특성화와도 거리가 먼 것이다. 기관의 교육적 역량을 지나치게 다양한 영역으로 분산시킬 때 어느 한 영역에서도 교육적 역량을 제대로 발휘하지 못하는 사태가 발생할 수도 있다. 그러므로 평생교육기관에서는 자체의 교육적 역량을 최대화할 수 있는 영역을 중심으로 특성화를 시도하고, 이 토대 위에서 타 기관과의 연계를 시도해야 할 것이다.

타 기관과의 교육 프로그램 연계는 최소한 두 가지 점에서 의의가 있다. 하나는 교육기관 자체의 위상에 대해 점검할 수 있다는 것이다. 교육적 맥락에서 개발하여 운영하는 교육 프로그램은 다른 교육 프로그램과의 관련 없이 독립적으로 존재할 수 없다. 그러므로 유관 교육 프로그램의 총체 속에서 해당 교육 프로그램이 어떤 위치에 있는가를 가늠해 볼 수 있다. 다른 하나는 교육 프로그램에 참여한 지역주민이 그 참여를 통해 새롭게 생긴 교육적 필요를 충족시킬 수 있는 대안을 제시할 수 있다는 것이다. 교육 프로그램을 운영하는 선에서 머무르지 않고 지역주민들이 다음 단계의 교육 프로그램에 참여할 수 있도록 안내하는 것은 교육기관이 수행해야 할 중요한 기능 중 하나이다.

평생교육기관은 자체 교육 프로그램을 개발하여 운영하면서도 해당 교육 프로그램이 가지고 있는 단계의 전후를 연계하여 생각함으로써 교육 프로그램에 대한 전체적인 그림을 그릴 수 있다. 그 과정에서 빠진 고리들을 인식하고 타 기관과 협의하여 그 빠진 고리들을 분담하여 채워나가는 노력을 할 수 있다. 그러므로 타 기관과의 연계는 전체적인 발전과 더불어 자신의 발전을 도모할 수 있는 중요한 전략이 될 수 있다.

3) 학습자의 학습수준과 단계를 고려한 프로그램 개발 및 운영

학습자의 수준을 고려하지 않고 교육 프로그램을 개발하는 것은 지나치게 막연한 것이고 타당한 것도 아니다. 더욱이 그렇게 개발된 교육 프로그램을 운영하는 것은 교육적으로 바람직한 것도 아니다. 교육 프로그램은 언제나 학습자의 수준을 고려하여 개발 · 운영되어야 한다. 그리고 이 교육 프로그램은 단계에 따라 상향적으로 배치되어야 한다. 다음 단계의 교육 프로그램이 존재하지 않을 때 학습자 편에서 학습의 중단이 초래될 수도 있다.

아무리 평가가 좋은 기존의 교육 프로그램이라고 하더라도 누구에게나 적합한 것은 아니다. 지역주민들의 교육적 필요는 영역과 수준 면에서 매우 다양할 뿐만 아니라 개개인이 교육에 참여해 온 역사와 맥락에서 차이가 있다. 이 모든 것을 도외시하고 특정한 교육 프로그램을 제공하는 것은 극단적으로 반교육적이라고 말할 수도 있다. 그러므로 교육기관에서는 말 그대로 교육 프로그램을 '개발'하려는 적극적인 자세와 노력이 필요하다.

기존의 운영 사례에 대한 참조는 질적 수준이 높은 교육 프로그램을 개발하는 데 필수적인 것이다. 그러나 그것은 어디까지나 참조하는 수준의 가치가 있는 것이다. 지역주민들의 교육적 필요를 가능한 한 정확하게 읽어 이를 교육 프로그램 개발에 접목시키는 것이 중요하다. 교육 프로그램의 질적 수준은 다루는 내용에서 보장되는 것이 아니다. 그 내용을 누구에게 얼마나 적절한 방식으로 제공하는가에 따라 교육 프로그램의 질적 수준은 좌우된다. 그리고 이것은 해당 교육기관의 교육력으로 드러나게 된다.

4) 고객으로서의 교수자 지원의 내실화

평생교육기관에서 학습자를 중시하는 것은 당연하지만 학습자만 중시하는 것은 타당하지 않다. 교육은 언제나 직접적이든 간접적이든 학습자와 교수자의 만남을 통해서 진행되기 때문이다. 교수자는 교육 프로그램의 개발과 운영에 직접 참여하게 된다. 다른 교수자가 개발한 교육 프로그램이라고 하더라도 교수자는 학습자와의 관계 속에서 해당 교육 프로그램에 수정을 가하게 된다. 그러므로 학습자와의 교육적 소통에서 전면에 나서는 교수자를 고려하지 않고 교육 프로그램의 원만한 운영을 기대하기는 어렵다.

이렇게 보면, 평생교육기관에서 학습자만 고객이 아니라 교수자도 고객이라고 보아야 할 것이다. 평생교육기관에 임용되어 있는 교수자라면 그는 내부고객이라고 할 수 있으며, 평생교육기관에 외부에서 출강하는 교수자라면 그는 외부고객이라고 할 수 있다. 어느 경우이든 평생교육기관에서는 교수자를 고객의 차원에서 관리하고 지원하는 자세가 필요하다.

여기서 지원은 교육 프로그램이 잘 진행될 수 있도록 하는 것뿐만 아니라 교수자가 교수의 수준을 높이는 기회를 가질 수 있도록 격려하고 촉진하는 것도 포함하는 것이다. 이미 원하는 모든 것을 갖춘 교수자만을 활용하는 것은 경제논리에 부합하는 것이다. 이 점을 피할 수 없다고 하더라도 그가 좀 더 성장할 수 있도록 유도하고 그 계기를 마련하는 것은 경제논리를 넘어서 교육논리에 따르는 것이다. 평생교육기관이 '교육'기관으로서 우선적으로 교육논리를 따르는 것은 특성화에도 부합하는 것이며, 기관경영에서 우선적으로 고려해야 할 전략이다. 그리고 이 맥락 속에서 수반되는 경영전략으로서 교수자에 대한 지원의 내실화가 의미를 갖는다.

연구문제

1. 교육행정에서 평생교육기관을 대상으로 「평생교육법」을 집행할 때 고려해야 할 점에 대해 논의하시오.
2. 「평생교육법」을 교육 관련법과의 관계 속에서 평생교육의 이념에 부합되도록 재구조화하는 방안에 대해 논의하시오.
3. 평생교육기관이 '교육'기관으로서 따라야 할 경영원리에 대해 차별화하여 논의하시오.
4. 「평생교육법」의 입법정신에 부합되도록 평생교육기관을 경영할 때 어떤 전략들이 타당한가에 대해 논의하시오.

PART 02

평생교육경영의 과정과 경영관리

CHAPTER 04

평생교육기관의 경영기획 및 경영전략

학습개요

오늘날 평생교육기관에서 경영기획의 필요성과 의미에 대한 비중이 높아지고 있다. 경영기획은 모든 경영의 과정 및 절차 그리고 경영전략을 한눈에 읽어볼 수 있는 청사진이다.

아울러 경영전략은 경영기획과 상호 교호적이며 상호 순환적인 관계 위에서 궁극적으로는 경영의 목표달성, 미션 그리고 비전의 구현에 직접적으로 작용한다. 심지어 경영전략의 의미와 경영전략의 수립절차 및 방법은 경영성과의 창출에 결정적이다.

이러한 일반경영전략의 기본원리 위에서 평생교육기관의 경영전략도 이루어진다. 심지어 미래의 새로운 경영전략으로 부상하는 경쟁전략 및 전략경영은 평생교육기관의 경영전략의 우월성을 지속적으로 결정해 줄 것이다.

학습목표

1. 평생교육기관의 경영기획 및 경영전략의 관계를 이해할 수 있다.
2. 평생교육기관의 경영기획 및 경영전략의 절차와 방법을 학습할 수 있다.
3. 평생교육기관의 경영기획 및 경영전략의 미래를 전망할 수 있다.

1. 평생교육기관과 경영기획

1) 경영기획: 의미와 절차

(1) 경영기획의 필요성과 목적

오늘날 경영에서 기획(企劃, Planning, Project)의 중요성은 날로 증대되고 있다.[1] 기획을 잘하면 경영의 절반을 이룬 것이라는 말이 있을 정도이다. 조직의 기능과 역할이 점점 더 복잡해지고 의사소통의 절차와 방법이 세분화 · 전문화 · 민주화되면서 조직 활동에서의 혼란과 혼선의 가능성은 그 어느 때보다도 가중되고 있다. 따라서 경영의 목표와 절차 그리고 방법과 수단이 명확하지 않다면, 조직 활동의 효율성과 생산성은 그만큼 보장되지 않는다. 아울러 오늘날 같은 네트워킹(Networking)의 시대에 기획이 엉성하면 조직 간의 상호 교류, 의사소통, 공동작업 등에서도 차질을 빚을 수밖에 없다. 이렇게 기획은 경영 조직활동의 혼란과 혼선을 최소화함으로써 경영의 효율성과 생산성을 극대화하기 위해 작용한다. 특히 경영기획은 경영전략을 수립하고 실행하는 데에도 결정적이다.

그림 4-1 기획과 전략의 관계

강인준(2010)은 기획의 단계부터 '전략(戰略)'이 요구된다고 주장한다. 즉 기획을 성공적으로 추진하기 위해서도 전략이 요청되지만, 기획 단계의 수립부터 특별한 전략을 통해 이루어질 수 있어야 한다는 것이다. 한마디로 기획도 '전략적'으로 수립되어야 한다. 이렇게 본다면 기획과 전략은 상호 교호적이면서 상호 순환적이다. 또한 전략은 기획의 핵심 과제

1) 대표적인 경우가 애플(Apple)의 산 역사이자 아이폰(iPhone)의 신화인 스티브 잡스(Steve Jobs)이다. 그는 프레젠테이션(Presentation)의 대가로도 정평이 나 있다. 기획의 능력은 청사진을 보여줄 수 있는 능력이다.

이기도 하다(최기운, 2006).

길버트와 스펙트(N. Gilbert & H. Specht)에 의하면, 기획이란 당면 문제를 해결하기 위한 목표에 따라 예측이 가능한 사건들의 경로와 과정을 통제하려는 의식적 시도로서, 미래전망, 체계적 고찰, 과학적 조사, 가치의 선택 등을 통해서 현실적이고 구체적인 대안을 수립해 나가는 의사결정의 과정이다(Gilbert & Specht, 1977). 드로(Y. Dror)는 기획을 '미래 행동에 대한 의사결정의 준비 과정'으로 정의했다(Dror, 1971). 이렇게 본다면, 기획에는 미래전망, 문제해결, '의사결정'[2] 등의 목표가 들어간다. 그러나 의사결정이 대부분 문제를 의식하고 문제해결을 위한 대안을 모색하고 수립하는 과정에서 이루어진다고 본다면,[3] 기획을 위한 문제해결과 의사결정 그리고 미래전망은 모두 동본원적이라고 할 수 있다. 이러한 맥락에서 더글라스(S. Douglass)는 기획의 의미를 다음과 같이 정리했다(Douglass, 1996).

첫째, 기획은 활동과정뿐만 아니라 결과에 대한 예측을 가능하게 하여 경영활동의 성공 가능성을 높여준다.

둘째, 기획은 조직의 인적자원 및 물적 자원을 효과적으로 예측 통제하게 함으로써 미래 상황에 대한 실질적 대처능력을 제고시켜 준다.

셋째, 기획은 개인과 조직 활동의 통제 및 관리 기준을 일목요연하게 제시한다.

넷째, 기획은 모든 조직 활동에 투입되는 소요경비의 계산에 구체적으로 기여한다.

다섯째, 기획은 조직경영의 운영 전반에 대한 분석적 사고와 평가능력을 제고하게 함으로써 관리자에게 의사결정의 수준을 높여준다.

바우메 등(C. Baume et al.)이 제시하는 경영기획의 여섯 가지 속성은 다음과 같다(Baume et al., 2002).

첫째, 기획은 미래지향적이다.

둘째, 기획은 지속적인 과정이다. 즉 기획은 다양한 대안을 지속적으로 탐색하는 과정이다.

셋째, 기획은 결정수립과 불가분의 관계를 가지고 있다.

넷째, 기획은 목적 및 목표 지향적이다. 특히 현실성이 수반된 기획을 위해서는 목표를 명확히 하는 것이 관건이다.

---

2) 오늘날 우리는 관리자의 자격 조건 역시 리더십보다는 기획력에 달려 있다고 말할 정도이다(한국인재경영연구회, 2007: 312). 왜냐하면 의사결정은 리더십의 중요한 과제이자 덕목이기 때문이기 때문이다. 한마디로 기획은 의사결정의 과정에서 수립되지만 동시에 새로운 의사결정의 준거가 된다. 이렇게 본다면, 기획은 의사결정을 위해 삭제될 수 없는 필수조건이 된다.

3) 기획은 문제의식의 정도와 수준에 따라 결정된다(한국인재경영연구회, 2007: 62).

다섯째, 기획은 현장성, 현실성, 실현성을 중심으로 이루어진다.

여섯째, 기획은 목표와 수단을 연결시켜 주는 개방성을 가진다. 이를테면 수시로 발생하는 돌발 상황에 대처하기 위한 역동성과 가변성을 갖추기 위해서 기획은 확정적이거나 정형적이지 않다. 결국 기획의 개방성을 통하여 다양한 아이디어가 창출되고 우리가 이를 수용될 수 있는 유연성을 얻게 된다.

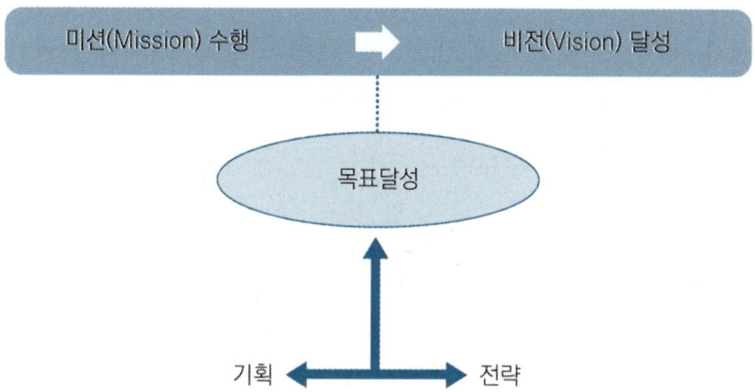

그림 4-2 기획과 전략

한편, 기획은 목표달성과도 직접적인 관련을 갖는다. 스키모어(R. Skidmore)에 의하면, 기획이란 목표(또는 목적) 달성을 기대하는 과정으로서, 목표기대치를 달성하기 위한 계획을 준비하는 과정이다. 즉 기획이란 목표를 달성하기 위한 계획을 수립하는 과정으로서 지속적으로 계획을 세워가는 활동과 계속적인 과정을 말한다(Skidmore, 1994).

이렇게 본다면 목표(Objectives)는 전략형성의 일부가 되며(Weihrich & Koontz, 2006: 126), 기획의 중심축은 목표 수립 및 목표달성 방법에 지향된다. 즉 경영기획은 구체적인 경영 목표를 정하고 그 목표에 도달하기 위해 행하는 경영업무의 구상, 방안, 실천, 평가 등 제반 경영관리의 절차와 과정을 말한다. 아울러 경영기획은 효율적인 경영관리의 수단으로 미래를 준비하고, 효과적인 업무추진과 성과측정의 가능성을 제고하며, 가용자원의 효율적인 활용을 도모함으로써 전체적인 경영 운영에 대한 명확한 상황판단을 가능하게 해 준다. 이렇게 본다면 경영기획은 목표달성을 위한 경영전략과 직접적인 상관관계를 가지며 미션(Mission) 수행을 통하여 미래를 예측하고 전망하게 함으로써 비전(Vision) 달성에도 직접적이다.

한자어로 기획(企劃)은 '바라는 바'(企)를 '잘라내는 것(劃)'이다(김영민, 2006: 19). 이럴 경우 포기도 중요한 기획이다(한국인재경영연구회, 2007: 263). 우리가 일을 계획하고 아이디어를 낼 수는 있지만, 그 계획과 아이디어가 모두 다 성공적으로 이루어지는 것은 아니다.[4] 다시 말하면 모든 계획과 아이디어가 언제나 구체화되고 현실화되는 것은 아니다. 물론 기획은 아이디어와 계획을 중재하는 것부터 시작된다(김영민, 2006: 21). 그러나 기획은 아이디어에 방향성을 갖게 하는 것이다(한국인재경영연구회, 2007: 21). 한마디로 기획은 아이디어와 계획을 목표달성에 맞도록 디자인해 내는 것으로서, 성공적인 목표달성을 위한 일(Project)의 청사진이다. 즉 목표달성을 위해 '전략적으로' 일 또는 사업이 진행되는 과정과 절차를 한눈에 볼 수 있도록 재단해 놓은 설계가 바로 기획서이다. 이를테면 기획은 일의 전체적 윤곽을 한 눈으로 조망할 수 있게 해주는 핵심 청사진(Executive Summary)이다.

결국 경영목표달성을 위한 성공전략의 수립은 성공적인 기획으로부터 시작된다. 다시 말하면, 기획은 목표달성을 위해 반드시 요청되는 전략적 요인을 중심으로 지속적으로 성취해 내야 할 것을 선택해 내는 작업이다. 포터(M. Porter)에 의하면, 전략은 무엇을 할 것인가에 대한 중요한 선택인 만큼, 무엇을 하지 않을 것인가에 대한 선택도 명시한다(Porter, 2002: 93). 이렇게 본다면, 성공적인 경영기획은 성공적인 경영전략의 수립을 위한 전제조건이다.

(2) 경영기획의 수립: 절차와 방법

경영에서 '계획(Plan)-실행(Do)-평가(See)'의 과정은 '경영기획(經營企劃)'에 의해 전체적으로 조망된다. 효율적이고 생산적인 경영관리를 위해서 조직은 ① 경영계획을 수립하고, ② 이를 실행하고 실천하며, ③ 마지막으로 이를 평가하고 통제·조정하는 일련의 경영과정을 설계한다. 주로 계획 단계에서는 예산관리, 투자사업의 타당성 분석, 재무예측 등에 관한 관리가 이루어지며, 실행 단계에서는 관리회계, 사업부제, 구분 손익관리, 원가계산, 원가관리, 표준원가 등에 대한 관리가 이루어지며, 마지막으로 평가 및 통제 단계에서는 경영성과

4) 기획과 계획은 같은 개념인가, 다른 개념인가? 사전적으로 기획(企劃)이란 '일을 꾀하여 계획(計劃)하는 것'으로 나와 있다. 이렇게 본다면, 기획(企劃)과 계획(計劃, Plan)은 같거나 비슷한 개념으로 이해된다. 그러나 영어로 번역되는 기획(Plan, Planning, Project, Design)은 계획(Plan)을 포괄한다. 프로젝트(Project)와 디자인(Design) 그리고 계획을 진행하는 것(Planning)이 모두 기획에 해당된다. 이렇게 본다면, 계획과 기획은 상호 교호적이며 상호 순환적이다. 계획을 통하여 기획이 이루어지기도 하고, 계획을 통하여 기획이 이루어지기도 한다. 그러나 기획과 계획은 엄밀한 의미에서는 동일하지 않다. 일반적으로 기획은 계획보다 포괄적 개념이다. 왜냐하면 기획에는 기획자의 신념, 철학, 인생관의 표현이 들어가기 때문이다(한국인재경영연구회, 2007: 272). 이에 반하여 계획은 확정된 기획을 차질없이 수행하려는 방안이다. 즉 기획이 큰 그림을 그리는 것이라면, 계획은 구체적인 작업의 전개 내용을 담고 있는 세부설계도다(김영민, 2006: 19-20). 이렇게 본다면, 계획은 기획을 통해 산출된 결과가 된다. 반대로 기획보다 계획을 보다 큰 개념으로 볼 수도 있다. 먼저 계획을 하고 나서 기획을 할 수 있기 때문이다. 그러나 기획은 지속적으로 계획으로 전환되어야 하고 계획 역시 지속적으로 기획으로 전환되어야 한다. 이는 지속적인 브레인스토밍의 과정을 통해 이루어질 수 있다. 이로써 기획의 프로토타이핑(Prototyping)을 찾아가는 것이 중요하다.

분석 및 업적평가가 이루어진다(강인준, 2010). 기획은 이러한 경영의 절차와 과정을 일목요연하게 제시한다.

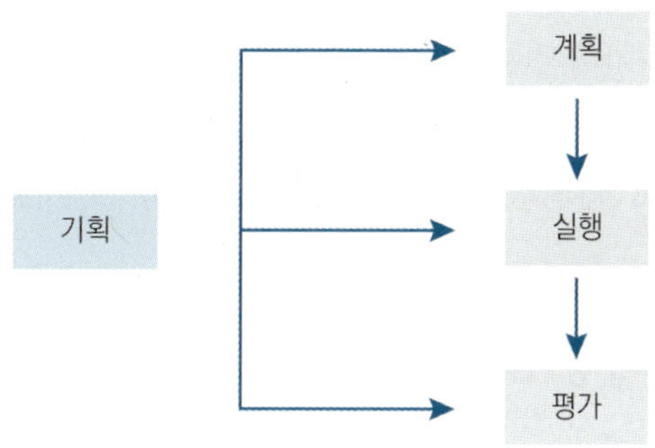

그림 4-3 기획의 절차와 과정

호시노 다다시는 일반적인 기획수립 단계를 다음과 같이 제시한 바 있다(星野前川正, 1990: 46-73).

- 1단계: 기획수립의 과정을 이해한다.
- 2단계: 과제를 발견 · 파악한다.
- 3단계: 연관되는 제 조건을 정리한다.
- 4단계: 작업계획을 세워서 준비한다.
- 5단계: 정보를 모아 읽어본다.
- 6단계: 아이디어를 내고 구상을 정리한다.
- 7단계: 세부사항을 채워 나간다.
- 8단계: 기획서를 만든다.
- 9단계: 제안하여 결정하게 한다.
- 10단계: 실행을 예측한다.
- 11단계: 피드백한다.
- 12단계: 새로운 전망을 얻는다.

한편, 최기운(2006)은 '분석을 기반으로 하는'(Analysis-based) 경영기획수립의 7단계를 제시하고 있다.

- 1단계: '과제분석'의 단계로서 '무엇을 왜 기획해야 하나?'에 대한 연구의 단계이다.

- 2단계: '시장분석'의 단계로서 관련 자료의 수집 및 분석 단계이다.
- 3단계: '기본전략수립'의 단계로서 아이디어 및 전략 도출의 단계이다.
- 4단계: 관련부문별 세부전략도출의 단계로서 구체적인 전략 세우기의 단계이다.
- 5단계: 일목요연한 '기획서'[5] 작성의 단계로서 문서로 정리하는 단계이다.
- 6단계: 프레젠테이션 단계로서 관련된 사람들에게 보고하는 단계이다.
- 7단계: 실행 및 보완 작업의 단계로서 기획의 사후 관리(피드백)하는 단계이다.

2) 평생교육기관의 경영기획

(1) 평생교육기관 경영기획의 의미

평생교육기관에서의 경영기획은 원칙적으로 일반기업 경영기획의 범주를 벗어나지 않는다. 다만 '평생교육기관 경영'과 '일반경영' 간의 상관관계에 근거한 기획이 이루어질 수밖에 없다. 특히 경영의 '목표(目標)'는 경영기획에서 중요한 변수가 된다. 왜냐하면 기획은 목표(또는 목적)달성을 위해 연구와 선택을 통한 의도적인 준비 활동이기 때문이다(김영민, 2006: 19; Douglass, 1996).

이렇게 본다면, 기획은 목표를 달성하기 위한 계획을 수립하는 과정이다. 따라서 교육경영의 목표와 일반경영의 목표가 상치될 경우에 경영기획의 목표, 내용, 방법 등이 조정될 필요가 있다. 일반경영기획이 경영 목표의 달성에 충실하게 이루어진다면, 평생교육기관의 경영기획은 기관의 경영목표달성에 충실할 뿐만 아니라 평생교육의 목표에도 충실해야 한다. 아울러 목표설정에 따라서 내용과 방법 등도 결정한다.

원칙적으로 경영의 궁극적인 목표는 기업의 '이윤추구'이다. 이를 위해 일을 효율적이고 효과적으로 해냄으로써 기업의 생산성을 제고하여 목표달성을 추구하는 것이 경영목표이다. 이를 위해 경영기획이 기여한다. 그러나 평생교육기관 경영에서는 일반적인 경영의 목표와 평생교육의 목표라는 두 마리의 토끼를 잡아야 한다. 성공적인 경영을 통하여 교육의 목표를 달성하는 것도 평생교육기관경영의 목표가 되지만, 평생교육의 목표달성을 통하여 성공적인 경영을 하는 것도 평생교육기관경영의 목표가 된다. 이를 위해서 평생교육기관 경영에서는 '교육의 기획' 즉, '교육 프로그램의 기획은 결정적인 역할을 한다. 왜냐하면

5) "기획서는 조각 그림 맞추기다"(현대경영연구소, 2011).

일반경영에서는 생산품(Product) 내지 생산성(Productivity)이 경영성과를 결정한다면, 평생교육기관 경영에서는 교육 · 학습 프로그램(Program)이 경영성과를 결정하기 때문이다. 물론 경영성과를 내기 위해서는 기획, 생산, 기술, 판매, 마케팅, 홍보 등 제반 경영활동이 모두 중요하지만, 특히 평생교육기관 경영에서는 모든 경영활동이 특정 평생교육기관에 제시하는 교육 · 학습 프로그램의 양적 · 질적 수준을 근거로 이루어질 수밖에 없다는 특수성과 고유성이 존재한다.

(2) 프로그램 기획

① 프로그램 기획의 필요성

스키모어(Skidmore)는 프로그램 기획의 필요성을 다음과 같이 제시하였다(Skidmore, 1994).

첫째, 불확실성을 감소시켜 준다.

둘째, 합리성을 증진시켜 준다.

셋째, 효율성을 증진시켜 준다.

넷째, 효과성을 증진시켜 준다.

다섯째, 책임성을 이행시켜 준다.

여섯째, 프로그램 관련자들의 이해와 욕구를 충족시켜 준다.

프로그램의 기획은 프로그램의 전체 설계도이며 실행도이다. 프로그램을 기획하는 과정이 생략된다면, 우리는 무엇이 어떻게 진행되고 또한 무엇이 어떻게 진행되어야 하는지를 알아낼 수가 없다. 프로그램은 혼자 기획할 수도 있으며 여럿이 기획할 수도 있다. 또한 기관이나 기관장의 지시나 주문에 따라서 특별히 기획하는 경우도 있지만, 기관 경영상의 목표과제로서 프로그램은 정기적으로 기획되는 것이 원칙이다. 어떠한 과제와 미션을 중심으로 프로그램을 기획할 것인가? 아니면 어떠한 방식으로 기획할 것인가에 따라서 프로그램 기획의 유형은 달라진다.

② 프로그램 기획의 유형

가. 학습요구중심의 기획

학습요구중심의 프로그램 기획은 교육수요자 즉 학습자의 요구조사(Needs Research) 및 요구분석(Needs Analysis)을 통하여 이루어진다. 특히 프로그램에 참여할 학습자들을 대상으로 그들의 학습요구에 대한 조사분석한 결과를 프로그램의 기획에 반영하는 방식이다. 이는 학습자들이 바라고 요구하는 내용을 중심으로 프로그램을 기획하겠다는 의도를 가지고 있다. 원칙적으로 요구분석은 크게 정량적 차원과 정성적 차원에서 이루어진다. 특히 정성적 차원의 요구는 보다 중요하고 복잡하다. 왜냐하면 겉으로 드러난 표면적 요구와 아직 겉으로 드러나지 않은 잠재적 요구 그리고 조사자와 분석자가 찾아내지 못했지만 보다 전문적 수준에서 찾아낼 수 있는 잠식된 요구가 존재한다는 사실을 인식하여야 하기 때문이다.

오늘날 대부분의 평생교육기관에서 이루어지는 프로그램은 학습요구중심의 기획으로 이루어진다. 왜냐하면 학교교육 이외의 영역에서 이루어지는 평생교육은 원칙적으로 수익자부담으로서 학습수요자의 기호대로 선택되는 뷔페식(Buffet-type), 카페테리아식(Cafeteria-type)으로 접근되기 때문이다. 아울러 학습자중심의 교육 패러다임 하에서 이러한 기획방식은 보다 유효하다. 오늘날 세계 각국의 학교현장에서 실시되고 있는 방과 후 프로그램(After School Program)이나 선택중심 커리큘럼 역시 교육수요자 즉 학생 및 학부모의 요구조사 및 요구분석을 토대로 이루어지는 경우로서 학습요구중심 기획의 대표적 사례이다.

나. 문제해결중심의 기획

문제해결중심의 프로그램 기획은 우리 사회가 현실적으로 당면한 시급한 문제를 인식하고 이를 해결하기 위한 목표를 염두에 두는 경우에 유효하다. 즉 문제가 발생된 곳으로부터 학습이 시작되고 문제가 해결되는 시점에서 학습이 종료되는 것이다. 그러나 이러한 프로그램 기획의 구조적 한계는 사람마다 문제를 인식하는 수준이 다르고 문제해결의 의지, 노력, 능력 등에서도 개인차가 존재하기 때문에 실제로 문제를 해결하고 극복하는 데 공감대를 형성하기가 쉽지 않다는 사실이다. 그럼에도 불구하고 급변하는 오늘날의 사회환경 속에서 문제의식과 문제해결중심의 기획은 점점 더 큰 의미를 얻고 있다. 문제중심학습(PBL; Problem Based Leaning)을 위한 프로그램의 기획이 대표적이다.[6] 예를 들면, 기계공업고등학교에서 실린더의 기초원리부터 학습하는 것이 아니라, 자동차가 달리다가 고장이 난 고속도로의 현장 즉 문제가 발생한 곳을 학습기점으로 하여 역으로 실린더의 기본원리까지 학습한다.

6) PBL(문제중심학습법)은 1960년대에 미국의 맥매스터(McMaster) 대학교의 임상의학교실에서 처음으로 고안되었으며, 그 효과성 때문에 전 미국의 다른 의학교실 프로그램에 도입되었다(Barrows, 1996). 그리고 곧바로 이 프로그램은 학부과정에도 되입되었다(Boud & Feletti, 1997; Duch et al., 2001; Amador et al., 2006). PBL은 다른 학습자중심 교육학과 마찬가지로 전통적인 교육방식의 잘못과 병폐성을 시인하고(Wingspread, 1994; Boyer, 1998), 사람들이 어떻게 배우는가에 대한 보다 깊은 이해의 출현에서 비롯되었다(National Research Council, 2000). 교수자가 일방적으로 가르치는 전통적인 가르침과 달리 PBL은 학생들이 지식을 구성해 나가는 데 있어서 스스로 적극 참여하고 몰입한다.

또한 역사적으로 큰 성과를 낸 프레이레(P. Freire)의 '의식화 교육 프로그램'이나 매찌로우(J. Mazirow)의 '전환학습 프로그램'(Transformative Learning Program)의 기획은 문제해결중심 기획의 대표적 사례들이다. 이는 '위기를 기회'로 만드는 프로그램 기획으로서도 적절하다고 할 수 있다.

다. 자원활용중심의 기획

자원활용중심의 프로그램 기획은 현재 보유하고 있고 가용자원(Enabling Material)의 활용가능성을 중심으로 기획하는 것이다. 즉 지역이나 집단 아니면 기관이나 조직에서 현재 보유하고 있거나 아니면 네트워크 활용 등으로 현장에 가동·가용할 수 있는 인적자원과 물적자원을 중심으로 프로그램을 기획한다. 여기서는 가용자원의 획득 여부, 실현성, 구체성, 충실성, 충분성 등에 의해 기획의 수준과 실행력도 결정된다. 따라서 자원의 한계에 봉착하는 순간 기획력은 떨어진다. 그러나 자원을 외부에서 취득하여 전용하는 아웃소싱(Outsourcing)의 장점이나 자원 네트워킹을 잘 활용한다면, 자원 가용의 한계극복 내지 극대화도 가능하여 최적의 기획력을 발휘할 수도 있다. 이는 공간마케팅의 일종으로서 한 기관에서 휴식하고 있는 인적·물적 자원을 필요한 기관에서 차용하여 적극 활용하는 방식이다. 자원활용 중심 기획의 대표적인 사례는 독일의 시민대학연합체(Volkshochschul-Verwand)의 대표적인 업무 영역으로서, 이 연합체에서는 독일 전역에 산포하고 있는 각각의 시민대학(Volkshochschule)이 요청하는 인적-물적 자원을 공유하도록 하고 이를 적재적소에 배분할 수 있도록 하는 네트워킹의 업무를 책임지고 있다.

라. 참여중심의 기획

참여중심의 프로그램 기획은 프로그램에 관련된 사람 즉 프로그램을 주도적으로 계획-실행-평가할 운영주체와 프로그램에 참여할 학습자가 기획 작업부터 모두 함께 참여하는 방식이다. 이는 민주적 의사소통의 절차와 방법으로 의사결정을 해나가는 방식으로 이루어진다. 따라서 이는 합리적·민주적 방식의 기획이라고 할 수 있다. 이러한 민주적 의사소통의 절차와 방법을 통하여서는 관련 집단의 요구와 문제 및 가용자원 활용 등도 모두 고려될 수 있다. 이러한 참여중심 기획은 교수-학습 프로그램의 기획에서도 ISD 모형(Instructional System Design)보다는 RCP 모형(Rapid Cooperative Prototyping)을 따른다. 즉 교수-학습 모형을 설계할 때 한두 사람의 전문가나 교육공급자의 연구나 아이디어에 의해서가 아니라, 모든 스태프들이 지속적으로 협력하고 협동하여 마침내 교수-학습의 최종적 원형(Prototype)을 만들어 내는 것이다. 여기서 참여라는 개념은 관여(Involvement), 기여(Contribution) 그리고 책임(Responsibility)의 의미를 내포한다(남정걸, 2003: 187).

유럽 등 선진국에서 약 1세기 전부터 시작된 자유학교(Free School 또는 대안학교)에서는 학교커리큘럼을 기획할 때 학생들이 함께 참여하는 전통을 남겼다. 이러한 사례는 대표적인 참여기획이었으며, 오늘날 대안학교 프로그램(Alternative School Program)에서도 교육수요자인 학생 및 학부모들이 프로그램의 기획에 참여하는 경우가 늘고 있다. 정치현장과 기업경영에서 민주적인 의사결정을 위해 도입·활용되고 있는 간디(Gandhi)의 의사결정법도 참여중심의 기획에서 중요한 역할을 하고 있으며, 브레인스토밍(Brainstorming)의 기법을 활용한 아이디어 산출 및 이에 근거한 의사결정 역시 참여중심의 기획을 실천하는 중요한 방법이다.

2. 평생교육기관과 경영전략

1) 경영전략: 의미와 절차

(1) 경영전략의 필요성과 목표

전략(Strategy)이란 말은 장군(將軍)을 뜻하는 희랍어의 'Strategos'라는 단어에서 유래된 것으로 여러 가지 뜻으로 사용되어 왔다(Weihrich & Koontz, 2006: 125). 즉 전략이란 본래 군사학의 용어로서 전쟁을 전반적으로 이끌어 가는 방법이나 책략을 말한다. 이는 전술보다 상위의 개념이다. 물론 전략은 전쟁에서의 승리를 전제한다. 오늘날 군사전략(軍事戰略)은 국가 정책상의 목표를 이루기 위하여 군사력을 이용하는 기술과 과학의 영역으로 확장되고 있다. 이러한 전략의 개념은 오늘날 경영 용어로도 전용된 지 오래이다. 경영전략(經營戰略)은 환경 변화에 대한 기업활동을 전체적·계획적으로 적응시키는 전략으로, 변동하는 기업 환경에 능동적으로 대처하여 기업의 존속과 성장을 꾀하는 것이다. 특히 오늘날의 기업경영 현장에서는 급격한 주변 산업환경의 변화 속에서 기업경영방침의 유지, 발전, 혁신, 향상 등을 위한 제반 경영활동을 전체적·계획적으로 변화, 발전, (재)적응시키기 위한 특단의 조처를 취해야 할 필요성이 높아지고 있다. 심지어 오늘날 우리는 전략이 살아야 기관과 조직이 산다고 할 정도이다(한국경제신문 기획부, 2001: 38). 왜냐하면 기업에 사회환경 변화에 적응하지 못하면 그대로 몰락의 길로 접어들기 때문이다.

경영전략은 회사가 미래에 나아갈 방향을 그리는 것이다(니와 데츠오, 2001: 18). 챈들러(A. Chandler)에 의하면, 경영전략이란 "기업의 장기 목표와 목적을 결정하고 이 목표들을 수행하기 위해 필요한 행동경로를 채택하고 자원을 할당하는 것이며, 조직 전체의 결속을 위한 조직의 주요 목표, 정책, 그리고 행동양식을 결합하는 계획 또는 실천 양식"이다(Chandler, 1962).

니와 데츠오(2001)는 경영전략의 구성요소를 크게 경영기본전략, 전체계획 그리고 사업부문별계획으로 구분하였다. 그는 경영기본전략에 경영이념과 비전, 사업 영역과 경영목표, 조직개혁과 그룹기업 총괄방침을 포함시켰으며, 전체계획에는 손익계획, 대차대조표와 현금흐름, 자금의 조달과 운용, 직접금융과 간접금융의 균형, 설비투자계획, 인원 및 인건비계획, 연구개발계획, 마케팅계획, 생산・물류계획, 매입・외주계획, 정보시스템계획, 신규사업계획을 포함시켰다. 또한 그는 사업부문별 계획에는 사업비전과 사업구조개혁 시나리오, 사업목표와 시장 포지셔닝(Positioning), 사업수지계획, 조직체계와 부문 내 신규사업, 마케팅계획과 업적평가, 연구개발계획과 업적평가, 생산・물류계획과 업적평가, 매입・외주계획과 업적평가, 인사・조직계획과 업적평가, 재무계획과 업적평가, 정보・네트워크계획과 업적평가를 포함시켰다.

그렇다면 경영에서 전략은 왜 필요하고 때로는 변화되어야 하는가? 왜냐하면 전쟁터가 바뀌면 전략도 바뀌어야 하기 때문이다(에구치 요코・요시다 카츠미, 2011). 만약 우리가 큰 틀에서 결코 전략을 바꾸기가 쉽지 않다면, 환경 및 상황 변화에 따른 판단에 따라서 지엽적인 전술(Tactic)을 변화시켜 가면서 궁극적으로 큰 틀에서 수립된 경영전략을 구현해 낼 수도 있다. 경영다각화전략이나 브랜드마케팅전략, 이미지마케팅전략 등은 전술적 변화를 통하여 본래의 경영전략을 구체화시키는 대표적인 방식이다.

(2) 경영전략의 수립 : 절차와 방법

① 경영전략의 수립 절차

경영의 전략은 비전(Vision)으로부터 도출해 내야 한다(권두승・최운실, 2009: 278). 우리가 어디로 가야 하는지, 이를 위해 우리가 구체적으로 무엇을 해야 하는지를 모른다면, 어떤 전략도 수립할 수 없으며 성공할 수 없다(David, 2001: 56). 비전이 먼저이고 전략이 다음이다(권두승・최운실, 2009: 278).

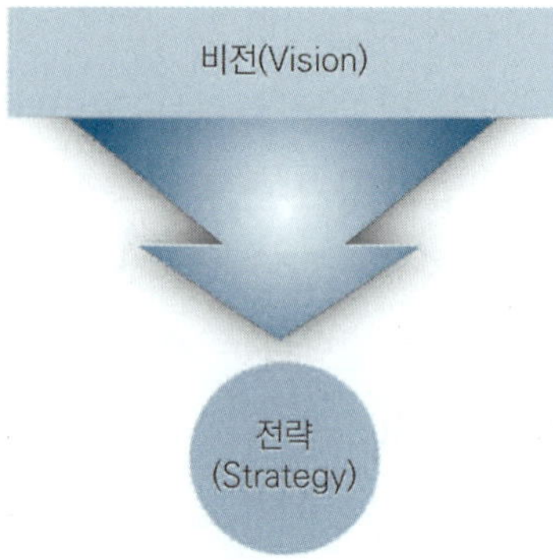

그림 4-4 비전과 전략

니와 데츠오(경영전략, 2001)에 의하면, 경영전략의 수립은 한마디로 비전 달성의 시나리오 수립이다. 그는 비전 달성의 시나리오 작성을 위한 5단계의 절차를 소개하고 있다. 우선 비전 수립을 위해서 비전 집약이 요청된다. 이는 비전의 기본전략과 성공요인 분석과 비전의 일체화로 구성된다. 이러한 비전 집약이 이루어진 후 개별전략에의 미션(Mission, 使命, 課題)이 부여되는데, 이를 위해서는 사업의 가치평가와 등급평가, 사업별 미션 명시, 기능별 미션 명시가 이루어져야 한다. 왜냐하면 전략은 사명달성방법론이기 때문이다(권두승 · 최운실, 2009: 277).

니와 데츠오(2001)는 경영전략의 수립 절차를 다음 10단계로 제시하였다.

- 1단계: 임원과의 검토회의 개최
- 2단계: 비전의 수립
- 3단계: 외부환경의 분석
- 4단계: 내부환경의 분석
- 5단계: 비전달성의 시나리오 작성
- 6단계: 사업전략과 기능별 전략의 통합
- 7단계: 신규 사업계획의 수립
- 8단계: 기존 사업의 선별 집중
- 9단계: 경영조직의 개혁전략
- 10단계: 경영전략보고서의 작성

정리하자면, 경영전략의 수립과정 및 절차는 다음과 같다.

첫째, 비전을 수립 · 제시한다.

둘째, 조직의 외부환경 및 내부환경을 분석한다. 이러한 분석은 정량적 분석과 정성적 분석으로 구성된다.

셋째, 전략적 대안을 제시한다.

넷째, 비전의 실현가능성을 중심으로 전략수행을 위한 구체적인 활동계획을 명시한다.

여기서 중요한 점은 비전으로부터 전략이 구상되지만, 전략은 비전달성을 위한 조건으로서 외부환경 및 내부환경이 적절하고 적합한지에 대한 정합성(Contingency)의 검토이다. 즉 조직의 내부환경과 외부환경에 대한 분석은 비전 달성에의 가능성과 한계를 가늠할 수 있게 해 준다. 즉 외부환경 및 내부환경의 분석은 비전달성 및 목표달성에의 전망을 위한 준거(Criteria)가 된다. 따라서 내 · 외부 환경의 분석은 객관적이고 과학적으로 이루어질 필요가 있다. 결국 이러한 객관적-과학적 환경분석을 통하여 우리는 이미 수립된 (임시) 전략을 검토하면서 구체적인 (최종) 전략을 확정적으로 수립할 수 있다.[7]

한편, 전략수립의 과정에서는 반드시 3E의 법칙이 적용되어야 한다. 즉 부하들이 "참여하게 하고"(Engagement), 전략을 정확하게 "설명하여 주고"(Explanation), 이로 인한 "기대치를 명확하게"(Clarity of Expectation) 밝혀 주어야 한다(이상오, 2008: 368).

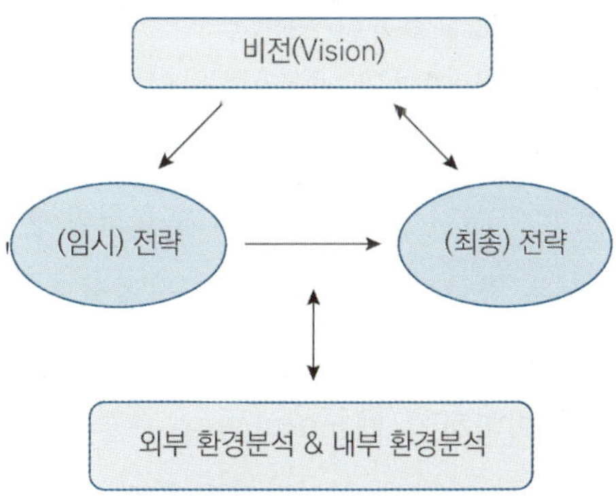

그림 4-5 전략의 수립절차

② 경영전략 수립의 방법

가. 경영전략과 경영목표

챈들러(A. Chandler)는 경영목표와 경영전략을 구분하지 않았다. 즉 그는 경영의 목표를 결

7) 경쟁력이론의 대가인 마이클 포터(Michael Porter) 하버드대 교수는 전략을 수립하기 위해서는 외부환경의 분석을 통한 산업의 매력도(Attractiveness)에 대한 평가가 필요하다고 주장한다(H. Weihrich & H. Koontz, 2006: 127).

정하고 실행하는 것 자체를 경영전략으로 보았다(Chandler, 1962). 반면, 안소프(H. Ansoff)는 경영목표와 경영전략을 별개의 영역으로 다루었다. 그에 의하면, 경영목표가 경영의 내부적 문제라면, 경영전략은 주로 경영의 외부적 문제로서 특히 시장상품화 및 시장구조결정에 관한 사안이다(Ansoff, 2007). 그러나 경영목표와 경영전략은 별개의 두 영역으로 간주될 수 없다. 경영목표가 없다면 경영전략도 무의미하며 경영전략이 없다면 목표달성에의 예측은 보다 불명확하기 때문이다. 어쩌면 경영전략의 수립은 경영목표에서 출발한다(김영민, 2006: 146).

경영전략과 마찬가지로 경영목표 역시 기업의 비전(Vision)으로부터 도출된다. 누가 기업의 비전을 제시하는가? 원칙적으로는 비전을 수립하고 제시하는 역할은 기업주나 CEO(Chief Executive Officer)의 몫이다. 비전은 경영목표(또는 사명)의 달성에 의해 성취된다. 경영목표(Goal)는 상위목표와 하위목표로 구분된다. 여기서 전자는 목적(目的), 후자는 목표 또는 세부목표(Objectives)로 표시되기도 한다.

일반적으로 비전은 추상적, 개념적이며 거시적이다. 이에 비하여 목적이나 목표는 보다 구체적이며 미시적이다. 특히 목표(또는 세부목표)는 구체적(Specific)이며, 측정이 가능하고(Measurable), 현실화의 가능성이 높고(Attainable), 합리적이며(Reasonable), 기한이 명시되어야(Time-bounded) 한다. 즉 경영의 목표는 일명 SMART 이론에 맞추어져 수립되어야 한다. 왜냐하면 목표(또는 세부목표, 하위목표)는 나중에 경영평가의 척도로 작용하여야 하기 때문이다. 즉 궁극적으로 목표를 달성했는가 하는 것이 평가의 기준이다. 결국 비전으로부터 목표가 도출되지만, 세부목표들이 경영평가의 척도로서 정확한 기능과 역할을 해내기 위해서는 경영환경분석이 이루어진 후 분석의 결과가 비전에서 도출되는 목표수립에 적극 반영될 필요가 있다. 비전수립 및 목표수립의 과정은 경영전략의 수립에도 직접적으로 작용한다. 왜냐하면 경영전략은 특정 기관이 추구하고자 하는 미래 비전을 달성하기 위해 진행해 나갈 방향성을 제시하는 일종의 시나리오를 의미하기 때문이다(권두승 · 최운실, 2009: 280).

오늘날 목표는 미션(Mission, 課題, 任務)과 동일시되기도 한다. 즉 미션 수행의 여부가 비전달성 또는 목표달성을 위한 구체적인 조건으로 간주된다. 즉 미션과 목표(또는 세부목표)가 동일시될 수 있다. 아울러 단계적인 목표달성을 통해서 미션이 완수되며, 이때 미션완수는 곧 비전달성을 의미하기도 한다.

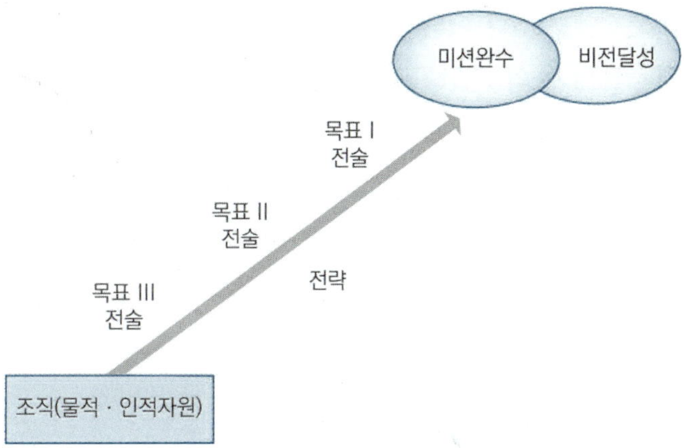

그림 4-6 경영전략과 경영목표

나. 경영환경분석

Ⓐ 환경분석의 의미와 분석 대상

경영환경의 분석은 경영전략의 수립에 결정적이다. 왜냐하면 분석하고 파악된 문제가 다르면 전략도 달라지기 때문이다(김영민, 2006: 125). 고전적 관점에서 경영환경분석은 직접요인분석과 간접요인분석으로 구성된다. 주로 직접요인분석에는 경영능력분석과 경영성과분석이 해당되고, 간접요인분석에는 시장동향분석, 업계동향분석, 경쟁기업분석, 신기술개발 상황분석, 산업구조 변화분석 등이 포함된다. 그러나 오늘날 경영환경을 구성하는 직접요인과 간접요인 간의 구분이 불분명할 정도로 상호 교호적이고 상호 순환적이 되었다. 특히 실현가능한 경영전략을 수립하기 위해서는 경영환경을 내적 환경과 외적 환경으로 구분하여 경영환경을 직접 분석해 내는 방식을 선호하고 있다. 이러한 경영환경분석의 방법은 내부환경분석과 외부환경분석으로 구분된다.

니와 데츠오(2001)는 외부경영환경의 분석의 대상 영역으로서 환경 변화의 이해를 기반으로 거시환경분석, 시장동향분석, 업계동향분석, 경쟁기업분석, 벤치마킹 수행 그리고 신규사업 참여의 영역지도 작성 등을 들고 있다. 아울러 그는 내부경영환경의 분석으로서는 크게 업적분석, 조직력 분석, 경영시스템 분석 등을 들고 있다. 업적분석에는 과거의 전략 정리, 자사의 업적분석, 사업단위의 업적분석, 모델기업의 벤치마킹 등을 토대로 하는 기업 이미지 창출, 상품 · 서비스 분석, 영업력 · 고객 분석, 기술력 분석, 각종 경영자원의 분석 등이 해당된다. 조직력 분석에는 환경적응도 분석과 임직원의 의식조사 등이 속한다. 마지막으로 경영시스템 분석에는 전략적 의사결정 분석, 관리 · 업무 · 교육 시스템 분석, 그리고 혁신과 창출에 대한 분석 등이 해당된다.

Ⓑ 경영환경분석의 방법: SWOT기법

오늘날 경영전략을 수립하기 위해 가장 선호되는 경영환경분석의 방법은 SWOT분석(Strengths, Weaknesses, Opportunities, and Threats Analysis) 기법이다. SWOT는 강점(Strengths), 약점(Weaknesses), 기회(Opportunities), 위협(Threats)의 머리글자이다.[8] 이는 우선 경영환경의 내적인 차원에서 조직의 강점요인과 약점요인을 찾아내는 동시에, 경영의 외적 환경을 분석하여 기회요인과 위협요인을 찾아내는 분석방법을 말한다. 이 기법은 스탠퍼드 대학교에서 1960년대와 1970년대에 포춘 선정 500대 기업들을 연구하면서 얻게 된 결과를 바탕으로 알버트 험프리가 고안해 낸 경영환경의 분석방법이다.

SWOT분석은 조직의 외부환경이 제공하는 기회와 위협요인과 관련하여 조직 내부의 강점과 약점을 인식할 수 있도록 하는 전략적 계획수립을 위한 도구이다. 이는 외부환경에 대한 깊은 통찰력을 바탕으로 자신의 강점을 최대한 활용하면서 자신의 약점을 최소화할 수 있는 전략적 사고의 중요성을 의미한다. 외부환경의 변화는 기관의 관점에 따라 위협요인이 될 수도 있고 기회요인이 될 수도 있다(권두승 · 최운실, 2009: 282).

또한 SWOT분석은 외부환경의 기회요인(O)과 위협요인(T)을 먼저 파악해 내고 동시에 기관 내부의 강점(S)과 약점(W)을 분석한 후 전략적 대안을 도출하는 분석방법이기도 하다(권두승 · 최운실, 2009: 283).

(내적) 강점(Strengths)	(내적) 약점(Weaknesses)
(외적) 기회(Opportunities)	(외적) 위협(Threats)

그림 4-7 SWOT의 범주화

8) 전략적 분석기법인 SWOT기법의 핵심 아이디어는 1957년 젤츠니크(Philip Seznick)로부터 나왔으며, 일반적으로 1960~70년대 스탠퍼드 대학에서 경영전략포럼을 이끌었던 험프리(Albert Humphrey) 박사에게 큰 공을 돌리고 있다. SWOT기법이라는 명칭은 하버드경영대학원의 런드(Learned), 앤드류(Andrew) 박사 등에 의해서 만들어졌다.

이상의 내용을 정리하면, 첫째, 자기 조직(기업)의 강점과 약점을 파악해 내고, 둘째, 이를 토대로 자기 기업의 기회요인과 위협요인을 파악해 내고, 셋째, 분석결과를 토대로 전략(중점전략, 또는 전략적 대안)을 수립하고 실행한다.

이러한 SWOT분석을 기반으로 하는 전략수립은 구체적인 실천능력 또는 전술능력을 제고하기 위하여, SO전략(강점기회전략), WO전략(약점기회전략), ST전략(강점위협회피전략), WT전략(약점위협회피전략)의 지표가 되는 '전략매트릭스'로 수립될 수도 있다.

이를테면, SWOT분석을 통해 기관의 강점을 최대한 활용하면서 새로운 기회를 포착하고 기관의 약점을 최소화하면서 위협요인에 대처하는 전략을 다각적으로 모색할 수 있다(권두승·최운실, 2009: 283). 또한 강점을 최대한 활용하여 위협요소를 회피하는 전략을 세울 수 있고, 약점을 최대한 파악하여 위협요소를 최대한 회피하기 위한 전략을 구체화할 수 있다.

표 4-1 SWOT분석에 따른 전략매트릭스

구분	강점요인(S)	약점요인(W)
기회요인(O)	• 강점을 활용하여 기회를 최대한 살린다. • 기회를 살리기 위한 강점을 확인한다.	• 약점을 보완하여 기회를 활용한다. • 약점을 강점으로 전환하기 위한 전략을 강구한다. • 기회와 관련된 약점을 확인한다.
위협요인(T)	• 강점을 활용하여 위협을 회피한다. • 위협을 회피하기 위한 강점을 확인·발굴한다.	• 위협을 회피하기 위한 전략을 강구한다. • 위협과 약점의 접점에서 선택(사업의 포기 혹은 적극적 투자)한다. • 위협요인과 약점요인을 확인한다.

출처: 권두승·최운실(2009: 285)

그러나 SWOT기법을 통한 경영환경분석을 위한 전제 조건은 분석의 내용과 대상으로서 경영환경의 요인들(Factors)에는 구체적으로 요구들(Needs)이 파악·분석·반영되어야 한다는 사실이다. 왜냐하면 어떠한 경영환경이라도 오늘날과 같은 공급자가 아닌 수요자 및 소비자가 왕인 시대에 이들의 니즈를 충족시켜 주지 못하면 성공하기 어렵기 때문이다. 필수적인 분석의 대상과 내용들은, 첫째, 사회환경적 니즈로서 기업주(CEO), 기관, 기업(산업)환경 및 시장의 요구, 둘째, 고객의 니즈로서 수요자의 요구, 셋째, 직무적 요구로서 역할과 지위가 요구하는 과제가 그것이다. 즉 우선 기업주(CEO) 또는 기관에서 요구하는 것이 무엇인가, 산업환경 변화의 추세와 시장동향이 무엇인가? 수요자(고객)의 요구가 무엇인가? 조직 구성원 개개인이 맡은 자신의 업무 영역에서 요구하는 것이 무엇인가에 대한 이해가 분석 내용으로 반영되어야 한다. 특히 평생교육의 경영(기획 및 전략) 역시 교육수요자중심의 새로운 교육 패러다임으로서 '학습자의 요구조사분석(Needs Analysis)'에서 시작된다.

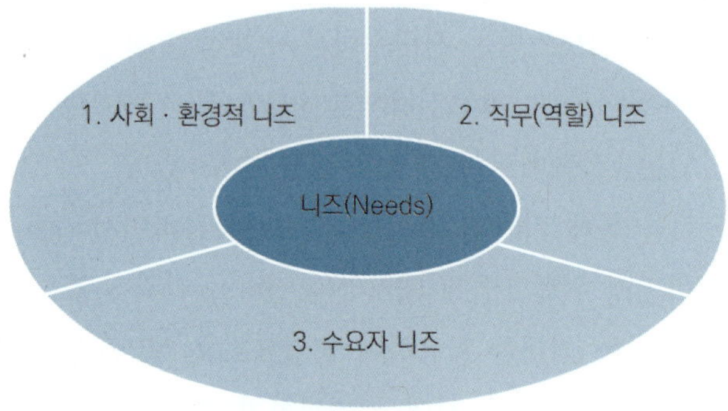

그림 4-8 니즈의 구분

2) 평생교육기관의 경영전략

(1) 평생교육기관경영전략의 고유성

평생교육기관의 경영전략 수립은 일반 경영전략과 맥락을 같이한다. 그러나 평생교육기관경영의 고유성 때문에 경영전략 수립을 위해서 다음과 같은 평생교육의 기본원리가 경영전략의 요소로서 반영될 필요가 있다.

첫째, 탈정형성, 둘째, 자발성, 셋째, 상호학습성, 넷째, 현실성과 실제지향성, 다섯째, 다양성과 이질성, 여섯째, 과정중심성, 일곱째, 참여와 공존성, 여덟째, 경험중심성, 아홉째, 즐거운 학습 등이다(정지웅 · 김지자, 1986).

교육의 목표는 국가별, 지역별, 시대별, 교육기관별로 천차만별이다. 한국의 교육목표는 '홍익인간'(弘益人間)이다. 미국의 교육목표는 시민(Citizen)이고, 영국의 교육목표는 신사(Gentleman)이다. 일본의 교육목표는 무사 즉 사무라이의 정신을 양성하는 것이며, 중세 서구의 교육목표는 하나님의 자손을 양육하는 것이었다. 또한 듀이(J. Dewey)나 몰렌하우어(K. Mollenhauer)에게는 개인의 교육적 '성장'이 교육의 목표이며, 대부분의 학자들에게 교육의 목표는 '전인격적 성장 또는 전인격적 도야'이다. 그러나 일반적으로 이러한 모든 교육과 학습의 목표는 학습자 개인의 '자아실현'(自我實現)으로 귀결된다. 왜냐하면 교육은 인간을 대상으로 하고 인간됨을 목표하기 때문이다. 아리스토텔레스에 의하면, 가능태로 태어난 인간은 현실태로 성장한다. 그에게서는 잠재성 또는 가능성을 현실로 끌어내는 것이 교육이다. 결국 자아실현이다. 따라서 교육은 교육과 학습을 통하여 학습자의 잠재능력을 끌어내어 마침내 자아실현을 하는 데에 도움을 주어야 한다. 이렇게 본다면, 위에서 제시한 평생교육의 기본원리 역시 학습자의 '자아실현'을 조력하기 위한 조건이 된다.

그러나 학습자의 자아실현은 개인적 차원과 사회적 차원에서 함께 추구된다. 따라서 평생교육은 학습자의 개인적 자아실현과 동시에 사회적 자아실현에의 목표를 가지고 있다. 이렇게 본다면 평생교육기관경영에서도 평생교육의 원리 준수는 학습자의 개인적·사회적 자아실현을 조력하는 중요한 미션에 해당된다.

결국 평생교육기관경영은 학습자가 자기학습을 통하여 자아실현을 할 수 있도록 도와주면서 이를 통해 '기관의 이윤추구'라는 경영의 목표를 달성하기 위한 전략을 구사해야 한다.

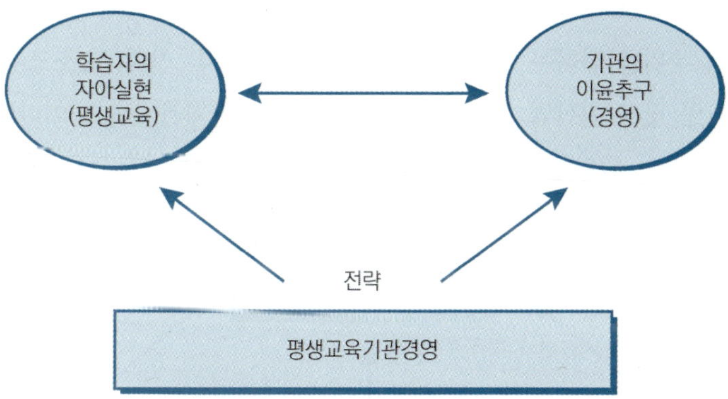

그림 4-9 평생교육기관경영의 목표전략

이러한 평생교육기관경영의 특수성을 고려하여 두 마리의 토끼를 함께 잡을 수 있는 경영전략의 사례가 등장하고 있다. 원칙적으로 평생교육에 자발적으로 참여하는 교육수요자 즉 학습자들의 "학습권"(Learning Right, 學習權)의 보장을 최적화해 줌으로써 학습자의 자아실현을 돕는 동시에 이를 통한 경영의 최종 목표인 기관의 이윤추구를 도모한다. 구체적으로 평생교육기관은 학습자의 "경험"(Experience)을 촉진시켜 주면서 이들의 경험을 관리해 주는 질적경험 경영전략(EQM; Experience Quality Management)(Prahalad & Ramaswamy, 2004: 179)을 들 수 있다. 일반적으로 평생교육에 참여하는 학습자들은 자신들의 독특하고 다양한 경험세계를 기반으로 학습충동, 학습요구, 학습목표를 가지고 있으며 이러한 자신의 경험 영역을 보다 전문적이고 심도 있게 학습하고자 하는 열망으로 자기주도적으로 평생학습에 참여한다. 따라서 평생교육기관은 이들 학습자들에게 경험학습 프로그램에의 참여를 통한 자아실현을 도와줌으로써 교육기관으로서의 기능과 역할을 해내는 동시에 기관의 경영이윤 창출을 도모할 수 있다.

(2) 평생교육기관경영전략의 전망

① 경쟁전략

오늘날과 같이 치열한 경쟁의 시대에 보편적인 경영전략은 앞으로 '경쟁전략'으로 급격하게 진화될 전망이다. 경쟁전략이론의 선두주자격인 포터(M. Porter)에 의하면, 경쟁전략이란 남과 다르게 되는 것에 관한 것이며, 경쟁우위를 지속시키는 유일한 방법은 경쟁우위를 계속 개선하는(점점 더 첨단형태로 옮겨가는) 것이다(Porter, 2002: 202). 그는 국가건, 기업이건 지역이건 조직이건 경쟁의 우위를 점하는 4가지 기본속성을 찾아냈다. 첫째, 요소조건, 둘째, 수요조건, 셋째, 연관산업 및 지원산업, 넷째, 기업전략 및 경쟁관계가 그것들이다. 그리고 이들이 상호 역학관계에 들어 있다는 사실을 다음과 같은 다이아몬드 모형으로 그려낸 바 있다.

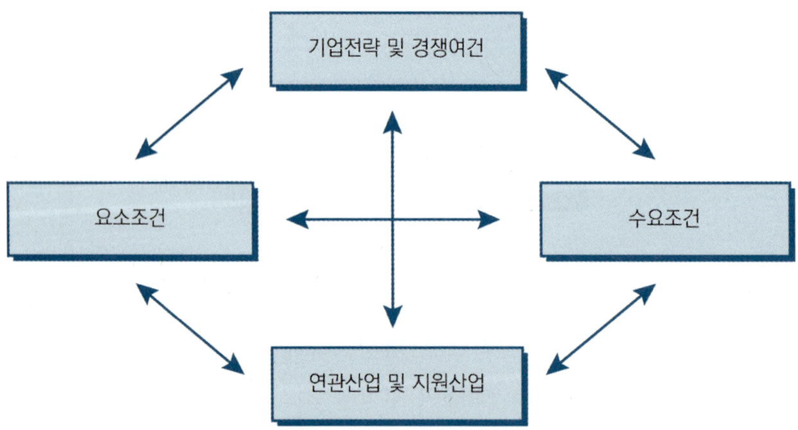

그림 4-10 경쟁전략의 모형

출처: Porter(2002: 256)

우선 기업은 자신들만의 경쟁전략을 구현하려면 요소조건의 현재 포지셔닝(Positioning)을 명확하게 파악해 낼 수 있어야 한다. 왜냐하면 요소조건의 포지셔닝은 시시각각으로 변하기 때문이다. 즉 현재의 포지션을 분석하고 전략적인 포지션을 결정해야 한다(이상오, 2008:

179-180). 요소조건은 요소의 양과 원가로 구성되는데, 기업과 기관이 현재 취득할 수 있는 천연자원, 인적자원, 금융자원, 물적 하부구조, 관리 하부구조, 정보 하부구조, 과학 및 기술 하부구조를 말한다. 이는 요소의 질과 요소의 전문화를 결정한다. 두 번째, 수요조건의 포지셔닝이다. 이를테면, 가장 까다롭고 요구가 많은 고객의 니즈는 무엇인지? 현재 시장을 선도하고 있는 고객의 니즈는 무엇인지? 글로벌 시장을 주도하면서도 특화되어 있는 세부시장에 대한 독특한 수요는 무엇인지?에 대한 조사분석이 중요하다. 세 번째, 연관산업 및 지원산업 또는 경쟁산업에 대한 포지셔닝이다. 과연 역량 있고 기반이 있는 공급자의 존재와 실체는 무엇인지? 주변에 경쟁력이 높거나 경쟁력을 갖춘 연관산업은 무엇이고, 전략적 제휴 등의 가능성이 있는 기업이 존재하는지? 협력이나 네트워킹 등을 통하여 상생할 수 있는 기업여건은 가능한 것인지? 넷째, 기업전략 및 구조 그리고 경쟁여건에 대한 포지셔닝이다. 즉 현재 실천되는 경영전략은 적정 수준의 투자, 합리적인 투자, 지속적인 개선의 촉진 등의 조건을 반영하고 있는가? 현재의 경영전략으로 경쟁우위의 확보는 어느 정도 성취되었는가? 아니면 도태되었는가? 이러한 질문들에 대한 객관적이고 과학적인 분석이다. 마지막으로 성공적인 경쟁선략을 위해서는 이러한 4가지 기본요소의 역학관계에 대한 분석이 요청된다.

한편, 안소프(H. Ansoff)는 경영전략을 성장전략과 경쟁전략으로 구분하면서, 성장전략으로부터 점차 경쟁전략으로 나아갈 수 있는 전략저 매트릭스를 제시했다(Ansoff, 2007).

	기존의 제품(성장전략)	신제품(경쟁전략)
기존의 시장	1. 시장 침투	2. 제품 개발
새로운 시장	3. 시장 개척	4. 시장의 다각화

그림 4-11 안소프 매트릭스(Ansoff's Matrix)

출처: Ansoff(2007: 48)
도표 설명: 1. 시장 침투 - 기존의 시장에 기존의 제품을 가지고 진출하는 전략
2. 제품 개발 - 개발된 신제품을 가지고 기존의 시장에 진출하는 전략
3. 시장 개척 - 기존의 제품을 가지고 새로운 시장으로 진출하는 전략
4. 시장의 다각화 - 신제품을 가지고 새로운 시장에 진출하는 전략

즉 기업은 기존의 제품을 가지고 시장 침투와 시장 개척을 통하여 기업이 성장할 수 있는 경영전략을 추구하면서 점차 기존의 시장에서 우위를 점할 수 있는 제품 개발의 전략을

실현하고 더 나아가 궁극적으로는 신제품으로 새로운 시장을 선점할 수 있는 블루오션 전략을 추구해야 경쟁전략은 성공적으로 완수될 수 있다.

따라서 평생교육기관에서의 경쟁전략 역시 현재 실현되고 있는 경영전략의 포지셔닝에 대한 종합적 분석과 해석에서 시작될 필요가 있다. 아울러 성장전략으로부터 경쟁전략으로 나아가는 경영전략의 로드맵이 수립, 구현될 수 있어야 한다. 특히 성공적인 평생교육기관의 경쟁전략은 '학습권 보장의 최적화'와 이를 통한 '경영이윤창출의 극대화'에 초점이 주어져야 한다.

② 전략경영

경영전략의 개념이 보편화되면서 '전략경영(戰略經營)'이라는 새로운 용어가 등장했다. 이는 1950년대부터 기업경영의 영역에 도입되기 시작하였는데, 1960년 전후에 챈들러(A. Chandler), 젤즈니크(P. Selznick), 안소프(H. Ansoff), 드러커(P. Drucker) 등에 의해서 경영학의 영역에서 크게 부각되기 시작했다. 오늘날 기업의 환경변화가 급격하게 이루어지면서 전략경영이라는 개념은 보다 부각되고 있다. 경영을 최적화하고 최대화하기 위한 특별방안으로서 '전략'이 수립·실천될 필요가 있다는 것이 경영전략의 의미라면, 경영의 모든 과정이 처음부터 전략적으로 수립, 실천되어야 한다는 논리가 '전략경영'이다. 일반적인 경영전략에 비해서 전략경영은 소유주, CEO 그리고 전문가의 입장에 비중을 두고 있다(Nag et al., 2007). 따라서 이는 긴급, 돌발, 위기상황 등 특별하고 특수한 상황에서 보다 실질적이고 추진력 있는 경영전략을 수립하여 추진하겠다는 경영진의 강한 의지의 표출이기도 하다.

니와 데츠오(2001)는 전략경영을 구현하기 위한 최우선의 전제 조건으로서 '경영조직의 개혁'을 꼽았다. 그는 이를 위한 구체적 전략으로서 첫째, 조직진단으로 개혁필요도 측정, 둘째, 조직의 활성도 점검, 셋째, 조직개혁의 목적 수립, 넷째, 조직개혁의 일정계획 수립, 다섯째, 조직 혁신방안 수립, 여섯째, 혁신조직 승인, 일곱째, 혁신조직으로의 이행 등이 이루어질 필요가 있다고 주장한다. 드러커(P. Drucker)는 어떤 조직도 늘 혁신하지 않으면 쇠퇴한다고 한다(이재규, 2004: 128). 조직의 혁신은 전략경영을 위한 전제조건이면서 동시에 기업경영의 생존조건이다. 특히 전략경영을 수립하기 위한 전제조건은 전략형태인데, 이는 자기평가(Self-evaluation), 경쟁상대분석(Competitor Analysis) 그리고 상황분석(Situation Analysis)이다.

1980년대부터 보스턴컨설팅그룹에서는 SWOT분석 기법을 'TOWS 전략경영분석매트릭스'로 전용하여 일반화시켜 왔다.

"오랫동안 SWOT분석이 기업의 강점과 약점, 기회와 위협을 분석하기 위해 사용되었다. 그러나 이러한 종류의 분석은 정적이고, 명확한 전략적 대안의 발전을 이끌어내지 못한다. 따라서 TOWS 매트릭스가 기업, 심지어 국가의 경쟁상황을 분석하기 위해 도입되었으며..."

(Weihrich & Koontz, 2006: 132)

독일 통일 이후 독일의 국가 및 기업의 전략경영분석매트릭스로 도입·사용되면서 다시 주목을 받는 TOWS 전략경영분석매트릭스의 기본원리는 다음과 같다.

	내부적 강점(S)	내부적 약점(W)
외부적 기회(O)	SO 전략(Maxi-Maxi)	WO 전략(Mini-Maxi)
외부적 위협(T)	ST 전략(Maxi-Mini)	WT 전략(Mini-Mini)

그림 4-12 전략 형성을 위한 TOWS 경영분석매트릭스

출처: Weihrich & Koontz(2006: 133)

TOWS 모델의 특징은 위협(Treats)으로부터 시작한다는 점이다. 즉 오늘날 시장이나 경쟁은 '외부의 위협'으로부터 시작된다. 따라서 경영전략은 외부의 위협으로, 독자적 경생에서 보다 배가(倍加) 될 수 있다. 1940년부터 등장하기 시작하여 수차례에 걸쳐 노벨경제학상을 수상하게 했던 "게임이론"(Game Theory)은 상생전략의 원리가 매우 합리적이라는 사실을 입증해 준 바 있다.

"1944년 발표된 존 폰 노이만의 저서 『게임이론과 경제행동(Theory of Games and Economic Behavior)』은 조직활동을 게임의 원리로 설명하고 있다. 이러한 게임이론이 나온 이후 조지 서로우(J. Throw)의 『제로섬 사회』(1970)가 출간되면서 우리사회는 제로섬게임(Zero-Sum Game)으로 유지되며 '제로섬경제'라는 신조어도 탄생했다. 자본주의 경제논리에는 소위 먹고 먹히는 경제논리 이외에 더 이상은 없다는 논리이다. 그러나 1994년 리차드 젤텐(R. Selten)이 '게임이론'으로 노벨경제학상을 수상하면서 삶과 경제에 대한 게임논리의 패러다임이 일대 전환되었다. 이에 의하면, 게임의 논리는 다음과 같다. 게임은 게임의 상대를 전제한다. 따라서 게임은 반드시 두 사람 이상이 하게 되어 있다. 이는 사회적 존재로서의 인간 삶의 원리와 같다. 바둑 게임을 예로 들어 보자. 일단 먼저 한 사람이 바둑판에 바둑알을 놓는다. 그리고는 기다린다. 상대방의 응수를 기다리는 것이다. 과연 어디로 응수할 것인가? 물론 자신이 처음에 바둑알을 놓을 때 상대방이 응수할 경우의 수를 대비할 수

있다. 그러나 그러한 예상답안은 맞을 수도 있지만 빗나갈 수도 있다. 하여간 어떻게 응수할 것인가에 대한 신경전은 만만치 않다. 결국 상대방의 응수에 대해서 다시 응수하면서 게임은 지속된다. 기업조직에서 조직원의 움직임도 같은 원리이다. 사회에서 상대방이 어떻게 응수하는가에 따라서 삶의 방향과 내용도 달라진다. 삶의 상황이 달라지는 것이며, 경우의 수가 달라지는 것이다. 기업조직에서도 조직원들끼리 상대방의 움직임에 과연 어떻게 응수하느냐에 따라서 행동반경이 달라지고 조직 전체의 운동방향과 내용이 달라진다. 수많은 상황변화와 경우의 수가 생기는 것이다. 일종의 나비효과라고나 할까? 이렇게 응수했더라면 상황이 달라졌을지도 모른다는 생각을 할 수 있을 만큼 아주 작은 변화에 의해서도 조직 전체가 완전히 달라질 수 있다. 수많은 미세한 상황변화의 현장! 바로 그곳이 삶의 현장이며 기업조직의 현장이다.

이제 게임의 두 번째 단계로 응수하는 방향과 내용에 따라 상황이 매우 다양하고 복잡하게 변화하게 되면서, 게임은 '경쟁의 게임'으로 변하게 된다. 즉 게임의 당사자들은 상대방의 응수에 대해서 응수를 하면서 게임에서 이기려고 애를 쓰게 된다. 물론 처음부터 게임에서 이기려는 목표 하에서 응수하게 될 것이다. 하여간 응수와 게임의 승리는 동전의 앞뒷면이 된다. 우리 인간의 삶도 마찬가지이다. 상대방에게 경쟁에서 이기겠다는 신념으로 우리는 계획적이고 의도적인 응수를 한다. 반대로 응수하다 보니까 게임에서 이겨야겠다는 경쟁심이 생겨나기도 한다. 이렇게 해서 게임은 쉽게 끝날 수도 있다. 누군가가 누군가에게 승리하는 것이다. 그러나 게임은 쉽게 끝나지 않을 수도 있다. 설령 지금은 끝났지만 오늘 패배한 자가 내일 다시 도전할 수도 있다. 하여간 게임은 어떤 형태로든지 지속될 수 있다. 응수와 응수로 이어지는 게임, 또는 일단 승리와 패배로 1회전이 끝난 게임은 다른 게임을 위한 타산지석으로 작용하게 된다.

그런데 여기서 중요한 점은 이기려고 갖은 애를 쓰면서 진행하는 게임 속에서 결국 그들은 남들의 '장점'을 보게 된다는 것이다. 처음에는 자신의 장기(長技)를 사용하고 남의 장기에는 관심이 없다가, 결국 게임이 지루해지면서 남의 장기를 모방하기도 하고 남의 장기를 배워서 써먹기도 한다는 것이다. 결국 인생을 영원한 게임으로 본다면, 언젠가는 게임에 임하는 자들의 모든 장점들이 모든 사람에게 공유되는 것이다. 이렇게 하여 조직에서 게임은 마침내 서로 상생하는 게임으로 거듭나게 되며, 바로 이렇게 상생게임으로 거듭날 때 조직효과는 극대화된다. 우리 인간의 삶의 게임은 결국 제로섬게임으로 멈추는 것이 아니라 궁극적으로는 '상생의 게임'으로 승화되는 것이다.

실제로 남의 장점을 잘 파악해서 자신의 전략으로 재활용하고 응용하는 것은 경쟁에서 자신에게도 커다란 이익이다. 반대로 남의 단점만을 이용해서 이를 비방하고 깎아내림으로써 오로지 경쟁에서 어떻게든 이기려고만 하는 자는 결국은 언젠가 지고 말 것이다. 왜냐하면 장점을 통한 성장은 단 한순간도 없었기 때문이다. 한 게임에서 경쟁자들이 서로 간의 장점을 잘 파악하고 이를 적용, 응용, 보완하면서 이루어진다면, 게이머들 간에는 장점과 장점의 결합에 의한 시너지효과가 발생하게 됨으로써 사실상 게이머 모두 성장하고 발전하게 되는 셈이 된다. 결국 게임이론은 게임이란 속성상 본래부터 - 자연의 원리에 입각한 - '상생하는 게임'이라는 사실을 설명해 준다. 또한 상생하는 게임은 기회비용의 창출 면에서도 탁월하다. 즉 이윤창출 역시 원칙적으로는 상생하는 조직서 극대화된다."(이상오, 2008: 268-269).

오늘날 글로벌 위기 앞에서 기업과 기관 조직이 공동으로 대처하는 공동 투자, 공동 개발, 공동 마케팅, 공동 유통, 공동 서비스, 장기조달계약 등의 방법으로 구체화되는 "전략적 제휴", 하나의 패키지로 묶어서 처분하는 번들링전략(Bundling Strategy), 공생전략, 경쟁적 협력(Co-petition)전략(이상오, 2008: 261) 등은 대표적인 상생전략의 범주에 속한다.

결국 평생교육의 현장에서도 전략경영이 성공적으로 이루어지기 위해서는 성장전략으로부터 시작해서 새로운 프로그램을 개발하고 이를 다각화하여 새로운 시장에 내놓는 전략경영으로 전환하는 로드맵을 구축해야 할 것이며, 아울러 상생전략에 기반을 둔 전략경영의 기회를 활용할 수 있어야 할 것이다. 특히 평생교육기관의 경영전략으로서의 전략경영에서는 '학습권 보장의 최적화'와 이를 통한 '경영이윤 창출의 극대화'에 초점이 맞추어져야 한다.

연구문제

1. 경영기획과 경영전략의 관계를 설명해 보시오.
2. 경영전략과 목표달성의 관계를 설명해 보시오.
3. 경영기획의 절차와 방법을 규명해 보시오.
4. 평생교육기관 프로그램 기획의 유형을 설명하시오.
5. 비전과 전략의 순환적 관계를 해석해 보시오.
6. 경영목표와 경영전략의 관계를 도식화해 보시오.
7. 경영환경분석의 SWOT기법을 규명해 보시오.
8. SWOT를 발전시킨 전략매트릭스에 대하여 설명해 보시오.
9. 평생교육기관 경영전략의 특수성과 전망에 대하여 설명해 보시오.

CHAPTER 05

평생교육기관의 리더십 및 의사결정

학습개요

평생교육기관에서의 리더십 및 의사결정은 기관의 성패를 좌우할 수 있는 중요한 요인으로 인식되고 있다. 리더십은 수많은 학자들에 의해 매우 다양하게 정의될 만큼 복잡하면서도 역동적인 개념이다. 그럼에도 조직에서의 리더십 여하에 따라 조직의 운명이 달라진다는 사실에는 이견이 없으며, 리더십의 실체를 구체적으로 밝히기 위해 다양한 방법으로 조명되고 있다.

리더십과 더불어 조직에서의 의사결정은 조직경영의 성과를 가늠하는 중요한 과업이다. 평생교육경영자가 어떠한 결정을 내리느냐는 평생교육기관의 방향과 성과를 좌우하는 결정적 요인이 된다. 의사결정은 계획, 조직, 인사배치, 조정, 통제 등 조직을 경영해 가는 모든 기능에도 관계되며 결국 평생교육기관경영의 시작과 끝이 의사결정의 과정에 있다고 할 수 있다.

학습목표

1. 리더십의 개념과 리더십의 원천을 이해할 수 있다.
2. 성공적 리더가 갖추어야 할 일반적 특성을 이해할 수 있다.
3. 평생교육 리더 유형들을 설명할 수 있다.
4. 의사결정의 개념과 만족화모형의 기본가정을 이해할 수 있다.
5. 의사결정 과정을 설명할 수 있다.
6. 집단의사결정의 단점을 극복할 수 있는 의사결정 방법들을 이해할 수 있다.

1. 평생교육기관과 리더십

1) 리더십의 개념

(1) 리더십의 정의

리더십에 대한 정의는 이에 관심을 가진 사람만큼이나 다양하게 제시되고 있으며, 그 의미 또한 다양하게 해석되고 있다. 한 가지 분명한 것은 집단 구성원이 지도자를 리더로 인정할 때 리더십은 형성된다는 것이다. 즉, 구성원들이 리더의 행동을 인식하고 그의 영향력을 인정할 때 그 리더에 따라 행동하게 된다는 것이다. 따라서 이러한 의미에 따를 때 리더십이란 리더가 조직의 목표를 효율적으로 달성하기 위하여 집단 구성원들에게 발휘하는 영향력이다(이병진, 2003).

그러나 조직에서의 리더십은 이 같이 간단히 설명하기에는 어려움이 있다. 조직에서 리더가 발휘하는 영향력은 추진하고자 하는 과업의 전문성 정도나 구성원의 역량 정도에 따라서 그 모습이 달라질 수 있기 때문이다. 노종희(2007)는 다음과 같이 다양하게 리더십의 정의를 정리하고 있다.

① 리더십은 집단과정(Group Process)의 핵심이다: 가장 최초의 정의로서 리더를 집단의 변화, 집단활동, 집단과성의 핵심적인 사람으로 보는 입장이다.

② 리더십은 인성과 그 영향이다: 리더가 다른 사람들보다 바람직한 인성 특성과 성품을 많이 가지고 있다는 입장이다.

③ 리더십은 복종을 유도하기 위한 기술이다: 불화를 줄이고 협동을 극대화하면서 목표를 최대로 성취하기 위해서 구성원을 다룰 수 있는 능력으로 리더십을 보는 입장이다.

④ 리더십은 영향력의 행사이다: 구성원들의 행위를 변화시키고, 조직목표를 달성하기 위하여 협동하도록 영향을 주는 활동으로 리더십을 보는 입장이다.

⑤ 리더십은 행동이다: 구성원들의 활동을 방향짓고 또 조정하는 데 개입되는 특정한 행동으로 리더십을 보는 입장이다.

⑥ 리더십은 설득의 한 형태이다: 직접적인 강압이나 위협보다는 어떠한 행위를 하도록 설득하고 모범을 보임으로써 구성원들에게 영향을 미치는 기술로서 리더십을 보는 입장이다.

⑦ 리더십은 권력관계이다: 집단 구성원들 간의 차등적 권력관계, 영향력관계의 한 형태

로서 리더십을 보는 입장이다.

⑧ 리더십은 목적달성의 수단이다: 조직의 목적을 달성하기 위해서 구성원들을 자극하고 동기화시키며, 조정하는 역동적인 힘으로 리더십을 보는 입장이다.

⑨ 리더십은 상호작용의 결과이다: 리더십을 통제로서가 아니라 집단행동의 결과로서 파악하는 입장이다.

⑩ 리더십은 분화된 역할이다: 리더십을 조직 내에서의 역할분담의 측면에서 파악하는 입장이다.

⑪ 리더십은 구조의 창출(Initiation of Structure)이다: 이는 적극적으로 역할을 창출·유지하고 집단행동을 구조화하는 과정을 리더십으로 보는 입장이다.

이상과 같은 리더십에 대한 개념정의를 살펴보면, 리더십이란 조직 내에서 리더와 구성원이 처한 상황에서 조직의 목표를 효율적으로 달성하기 위해 리더가 구성원들로 하여 그들의 노력과 에너지를 활용하도록 영향을 미치는 과정이다. 따라서 리더십(Leadership: L)의 개념에는 리더(Leader: L), 부하(Follower: F), 상황변인(Situation: S)이 복합적으로 작용하며 이를 다음과 같은 함수로 표현할 수 있다.

$$L = f(l \times f \times s)$$

(2) 리더십(영향력)의 원천

리더가 구성원들을 이끌면서 영향력을 발휘할 수 있는 힘의 원천에는 여러 가지가 있다. 구성원들이 지도자를 따르게 하는 지도자의 권위는 이러한 힘의 원천에 따라 다르게 나타나게 되며, 그 힘의 원천에 따르는 권위의 모습은 리더십의 의미에 많은 영향을 미치게 된다.

권한 또는 권력은 조직이나 사회가 이미 만든 규칙 혹은 법규에 의한 합법적 지위를 바탕으로, 위에서 아래로 흐르는 공식적 특성을 가지고 있다. 즉, 권력이나 권한은 리더십을 반드시 전제하지는 않는다. 반면 영향력은 어떤 개인이나 조직이 바람직한 방향으로 나아가도록 권력이나 권위를 활용한다는 차원에서 보다 상위개념이다. 따라서 영향력은 리더십을 통해 행사되는 것이기 때문에, 리더십 개념과 거의 유사하게 사용된다. 이러한 리더십의 원천이 되는 권력의 유형을 살펴보면 다음과 같다(이병진, 2003).

① 합법적 권력

합법적 권력(Legitimate Power)은 공식적인 법률이나 규정 · 규칙 등에 의해 조직의 위계상 지위 또는 역할에 부여되는 권력을 말한다. 합법적 권력은 리더가 부하에게 영향력을 미치는 권력을 말한다. 합법적 권력은 리더가 부하에게 영향력을 미치는 권리를 가지고 있다는 것을 리더와 부하 상호 간에 공유하여 인식하고 있음에 바탕을 두고 있다.

합법적 권력은 초기에는 의존이 가능하나, 여기에 계속 의존하는 것은 불만, 저항, 좌절감을 안겨줄 수 있다. 그리고 만일 합법적 권력이 전문적 권력과 부합되지 않는다면, 생산성에 부정적인 영향을 미칠 수 있다. 또한 합법적 권력에 의존하는 것은 저항을 일으키며 최소한의 복종만을 이끌어낼 수 있다.

② 보상적 권력

리더들은 부하들을 보상해 주기 위해 조직에서 보상적 권력(Reward Power)을 항상 가지고 있다. 권력의 강도는 리더가 보상하는 양에 따라 다르고, 보상에 대한 부하들의 욕구도 강도에 따라 다르다.

보상적 권력은 단기적으로 보면 부하들의 성취 행동에 직접적으로 영향을 미칠 수 있다. 그러나 보상적 권력의 장기적인 사용은 부하들이 조종당하고 있다고 생각하여 불만을 느끼게 되는 종속관계를 초래할 수도 있다.

③ 강압적 권력

강압적 권력(Coercive Power)은 보상적 권력과는 상대적이다. 지도자의 지시에 불응하는 부하들에게 벌을 주고 통제하는 리더의 능력을 말한다. 이러한 강압적인 권력이 부하들의 일시적인 복종을 유도해 낼 수 있다고 하더라도, 강압적인 권력은 좌절, 두려움, 복수감, 소외와 같은 바람직하지 못한 부정적 결과를 일으킬 수 있다. 그러고 이것은 부실한 성취, 불만, 반전을 가져올 수 있다.

④ 전문적 권력

전문적 권력(Expert Power)은 집단이 리더에게 필요로 하는 특수한 능력과 지식에 바탕을 두고 있다. 리더는 집단에게 주어진 과업을 분석, 실행, 통제할 수 있는 충분한 전문적 지식과 능력을 가지고 있다. 전문적 권력은 교육, 훈련, 경험에 달려 있으며, 따라서 현대 교육조직의 복잡한 것들을 처리하는 데 중요한 권력 유형으로 존재한다.

전문적 권력은 신뢰로운 분위기와 관련된다. 리더의 영향력을 부하들이 자기의 것으로 받아들여 내면화한다. 즉, 리더가 전문적 권력을 사용할 때 부하들의 태도상 변화와 내면화된 동기가 일어난다. 따라서 전문적 권력은 보상적 권력이나 강압적 권력보다 하급자에 대한 감독을 덜 필요로 한다.

⑤ 준거적 권력

준거적 권력(Reference Power)은 하급자들이 자신의 성격을 개발시키도록 하는 리더의 독특한 능력이다. 어떤 의미에서 이것은 리더를 존경하고 리더에게 매혹되도록 하는 카리스마의 한 형태이다. 준거적 권력은 한 사람의 지위나 조직의 위계에 있는 다른 막강한 개인과의 연대로부터 발생될 수도 있다.

준거적 권력은 부하들로부터 열정적이고 확고한 신뢰, 복종, 충성, 헌신을 이끌어낼 수 있다. 전문적 권력처럼 부하들에 대한 감독은 거의 필요치 않다.

2) 평생교육기관의 리더십

(1) 평생교육 리더의 자질 및 특성

전통적으로 평생교육에서의 리더십은 생산지향적(Production-oriented) 모델이었다. 기계적 생산모델(Machine-production Model)로도 불리는 이 모델은 프로그램을 만들어 내고 이를 학생 소비자에게 마케팅하는 기능을 강조했다. 따라서 평생교육시장에서 교육 소비자들을 프로그램의 우수함을 인식시켜 유인하고 그 프로그램에서 만족을 느끼게 하도록 하는 것이 훌륭한 리더로 인식하고 있다. 이와 같은 입장은 슈뢰더(W. Schroeder)의 의견에서도 알 수 있는데 그는 평생교육 리더십 체제에 대하여 일반적인 목표를 설정하고 자원을 배분하며 리더를 훈련하고 지식을 생성함에 의하여 평생교육 관여자들에게 풍부한 안내와 지도를 할 수 있게 하는 것이라고 보고 있다(Schroeder, 1980: 42).

일반적으로 리더가 갖추어야 할 특성은 리더에 대한 일반적 정의에서 유추해 볼 수 있다. 즉 "리더란 조직의 목표에 매진하도록 구성원들의 자발적 복종을 이끌어내는 역할을 하는 자"라는 정의에서 알 수 있듯이, 결국 리더는 부하들의 자발적 복종 여하에 의해 성공 여부가 결정된다고 볼 수 있다. 그러나 이 성공을 결정짓는 요인을 학자에 따라 아주 다양한 시각에서 다루어 왔다. 일부의 학자들은 리더의 개인적 특질에서 그 요인을 찾고자 하며,

또 일부의 학자들은 리더가 보이는 행동에 초점을 맞추기도 했으며, 최근에 와서는 그 요인은 상황에 의해 달라질 수 있다는 점을 부각시켜 주기도 하였다. 그렇다고 해서 리더가 갖추어야 할 일반적 특성을 무시할 수는 없다. 리더의 성공 여부가 리더 이외의 다른 상황들에 의해 달라질 수 있다고 믿는다고 해도 결국 그 성공의 한 축을 결정짓는 것은 리더가 지닌 특성이기 때문이다. 위와 같이 초점을 달리하고 있는 일련의 연구들에서는 리더에게 공통으로 필요한 특성을 보여주고 있다. 즉, '업무에 대한 전문적 능력'과 '구성원들과의 인간관계 능력'이 성공적인 리더의 기본적인 자질로 보고 있다. 여기에서 '업무에 대한 전문적 능력'은 구성원들과 밀접한 일선 지도자일수록 영향력을 높이는 데 필수적인 요인으로 판단되고 있다. 전문가 집단에 있어서도 최소한 전문용어의 이해나 기술적인 초점, 업무의 방향성에 대한 이해는 필수적인 것이며, 업무에 대한 지식 · 기술이 구성원보다 앞서 있으면 있을수록 그 영향력은 강력해질 수 있다. 다음으로 구성원들과의 인간관계 능력은 구성원들과의 일체감을 갖게 하는 매력과 신뢰감이다. 이 인간관계 능력은 다시 네 가지 특성으로 나누어 살펴볼 수 있다. 첫째, 리더가 보여주는 전력투구하는 사명감, 둘째, 구성원들이 믿고 의지할 수 있는 존경심, 셋째, 부하들의 감정을 움직일 수 있는 감수성 그리고 마지막으로 상황대처 능력과 유연성이다.

(2) 평생교육 리더의 유형

평생교육 리더는 프로그램의 종류 및 수강생 수, 평생교육기관의 성격 및 소속 기관의 특성 등에 따라 그의 임무는 다르다. 즉 대학평생교육원의 리더와 기업체 연수원의 리더는 프로그램 개발, 운영 방식, 수강생의 특성 등이 서로 다르기 때문에 그에게 주어지는 역할과 임무도 다르게 나타난다. 기업체 연수원의 경우는 프로그램 개발 및 평가에 그 주안점이 주어지지만 대학평생교육원은 수강생 확보 및 이에 따른 프로그램 홍보에 그 비중이 더 크다. 따라서 평생교육 리더십을 분류하고 그 유형의 특성을 살펴보는 것은 평생교육 리더십 접근을 위한 필수적인 과제라고 하겠다. 여기에서는 평생교육 리더십 유형을 에델손(P. Edelson)의 분류에 근거하여 프로그램 리더십, 정책 리더십, 정치적 리더십, 대중 리더십, 전문직 조직 리더십을 살펴본다(Edelson, 1992).

① 프로그램 리더십

평생교육기관에서 프로그램은 그 기관의 계획된 사업 수행 여부 및 기관의 존립 여부를 결정짓는다. 평생교육 프로그램의 공급은 전체 사업(Enterprise) 존립에 중심적인 위치에 있다(Knowles, 1980; Sork & Caffarella, 1989; Offerman, 1987). 프로그램은 공급체제(Deliverly System), 또는 포장(Packaging) 형태를 취하고 있어 더욱 구조적인 형태로 나타난다. 대부분의 일반인, 특히 평생교육 수강생들에게는 프로그램이 평생교육의 실체 또는 본질로 인식한다. 그러므로 성공적인 프로그램 관리는 생존의 핵심적인 요소이다. 프로그램 없이는 평생교육이 있을 수 없다고 말할 수 있다.

조직의 교육목적을 검토하는 것에 우선하여, 프로그램은 기관이 형성되는 데 기본적인 수단이다. 그것은 수강생의 단위 시간, 수강료 수입, 지역사회와의 친선관계 및 훈련된 노동력 산출 등의 형태로 나타난다. 지역 경제 향상, 더 나은 직업을 얻는 데의 조력, 여가시간의 창조적인 활용 등과 같은 이타적인 목적에서도 평생교육 프로그램을 분석해 볼 수 있다. 프로그램 리더십은 이러한 교환관계를 이해하고 프로그램 개발에 미치는 요인을 분석하는 것이 필요하다(Edelson, 1992).

기본적으로 프로그램을 검토하거나 분석해 보는 것은 마케팅 감사(Marketing Audit)의 한 형태이다(Kotler, 1982). 이것은 평생교육 책임자가 그 기관의 단위 프로그램(Unit's Programs)과 관련된 모든 요소를 상세히 알 수 있도록 한다. 필수적인 프로그램 질의 중요성을 이해할 수 있을 뿐만 아니라 경쟁적 전략(Baden, 1987), 측면 확산 전략(Flanking and Extension Strategy)(Pappas, 1987), 포트폴리오 개관(Matkin, 1988)과 같은 개념에서도 프로그램 분석은 결정적인 역할을 한다.

프로그램 개발에서 생산지향 모델에 의존하여 평생교육에서 이른바 '프로그램 숍'(Program Shop)이 탄생하게 되었다. 이는 기업체로부터 갖고 온 과학적 관리론 개념 특히, 조립라인의 대량 생산 기법이 평생교육 프로그램 숍을 만들어 내게 되었다(Edelson, 1992: 9). 이와 같은 비싼 수강료, 많은 수강생 확보 모델은 공공 및 사립기관 모두에서 발견할 수 있게 되었다. 이는 성공적으로 보일지 모르지만 평생교육에서의 위험 부담을 내포하고 있는 것이다. 평생교육에서 그레샴(Gresham) 법칙의 한 형태인 많은 수강생 확보를 위한 코스나 프로그램이 확산된 경향은 기관 확장 프로그램을 왜곡시킬 수 있다. 만일 프로그램 설계자가 원칙에 의하기보다는 시장변화에 따라간다면 평생교육은 수강료를 지불할 수 있는 능력을 가진 사람들의 소유물이 될 것이다.

따라서 평생교육 리더십은 수강생 확보, 수입, 전임 확보와 같은 문제에만 매달려서는 안되며 평생교육 전문성을 더욱 깊게 인식하고 다른 분야와는 다른 리더십을 개발해야 한다. 예를 들어 프리드만(L. Freedman)은 실무자가 프로그램 개발의 시작으로서 프로그램의 질과 임무를 명확히 해야 한다고 주장하고 있다(Freedman, 1987). 우로도우스키(R. Wlodowski)는 평생교육 학습실에서 교수-학습의 실제를 검토했으며 어떻게 교육자가 효율성을 증진시키기 위하여 동기부여 기법(Motivational Technique)을 사용하는가를 설명하고 있다(Wlodowski, 1985). 또한 콜린스(M. Collins)는 평생교육 리더십을 기술적 과정(Technocratic Process)에서의 숙달성 정도(Proficiency)에 의해서가 아니라 성인교육의 이해와 비전에 입각한 리더십을 규명했다(Collins, 1991). 실제로 프로그램 개발 리더십은 마케팅과 행정 조직체의 현장 지식을 이미 갖추고 있는 상태에서 평생교육의 폭넓은 지식을 계속 습득해야만 가능한 것이다.

② 정책 리더십

평생교육 프로그램은 프로그램이 독자적으로 존재하는 것이 아니다. 프로그램들은 불가피하게 정책을 포함하여 그 프로그램이 개설되어 있는 조직과 환경과 연계되어 있다. 즉 정책은 매일 매일의 조직 실제와 절차에서의 공식적인 임무뿐만 아니라 소속 기관의 일반적인 목표와 가치에서 추출되어진다(Edelson, 1992).

정책은 서면으로 된 것일 수도 있으나 일시적인 묵시적 강조이거나 일종의 합의와 의견 또는 원칙과 같은 형태일 수도 있다. 지로우(H. Giroux)는 경쟁적 관점에서가 아니라 중립적이고 갈등이 없는(Conflict-free) 합의를 보다 중요하게 생각했다. 그는 중립적으로서의 합의를 받아들임으로써 미래의 변화에 대인적 시나리오에 기초하여 저절한 선택을 할 수 있음을 강조하고 있다(Giroux, 1983).

평생교육 지도자는 행동 계획과 정책 개발을 위하여 출발점으로서의 현재 정책을 받아들여야 한다. 평생교육정책을 이끄는 기존의 가정과 기술이 유효하려면 그 의미를 재검토하고 재구성할 필요가 있다. 평생교육 목표로서의 많은 기관들의 진술문은 오래전에 기술된 것들이고 정형화된 형태로 기술되어 있다.

목표를 진술하는 것은 현대 조직에서 반드시 필요한 의식이다. 센게(P. Senge)는 리더가 강요의 형태를 취하고 있는 하향식의 임무를 부여하지 말고 조직 구성원 각자가 비전과 임무를 규정할 것을 제안했다(Senge, 1990). 조직 구성원 각자가 이를 개발하게 하는 것은 그들의 바람을 진술하는 것이고 그들로 하여금 각자 리더로 되게 하는 것이다. 동료라는 인식과 협력하여 이러한 임무를 기술하는 것은 각 부분의 산술적인 합계보다 더 많은 효과를 거둘 수 있으며 조직의 성취를 제고하는 데 중요하게 작용하게 된다.

③ 정치적 리더십

평생교육기관의 모체에 소속된 하위체제의 책임자로서 평생교육지도자는 그 자신이 책임지고 있는 조직의 임무와 활동에서 목표와 이익을 위해 정치적으로 행동한다. 또한 모체의 다른 조직체와 갈등하고 경쟁하게 된다. 예를 들어 기업체 연수원은 그 연수원이 모기업체인 그룹의 하위체제이다. 따라서 그룹에서 주어진 임무와 역할을 수행하고 있고 연수원에 교육생을 보내는 다른 하위체제인 일반회사와의 경쟁관계가 성립한다. 대체로 개별 회사는 독자적인 교육 프로그램을 운영하는 경우가 대부분이며 현직교육도 강조하고 있어서 그룹 연수원과의 일정한 갈등 관계가 존재한다. 이러한 측면은 대학에 부설되어 있는 사회(평생)교육원의 경우도 마찬가지 양상을 보인다. 또한 이러한 조직체의 책임자는 모 조직체와의 정치적 능력을 발휘해야만 생존이 가능하다.

평생교육기관에서의 시간표 작성, 정책 결정, 교육과정 구성 등이 정치적인 활동으로 인식된다(Edelson, 1992). 또한 평생교육 책임자는 대외적으로 외교적 역량을 발휘하여 기관 생존 및 발전에 책임을 지게 된다. 따라서 리더십 행동은 정치적 목표에 초점을 맞추게 된다.

평생교육 책임자가 행하는 정치적 리더십은 리더의 권력과 권위가 부하에 의하여 나온다는 것을 명심하고 리더는 부하를 이끌어야 한다. 리더는 부하와 그의 상사와의 이중적 충성심에 직면하게 되고 따라서 리더는 경쟁적(Competing)이고 반박적인(Contradictory) 요구에 직면하게 된다(Katz & Katz, 1966). 이것은 평생교육기관을 관리하는 데에 만나게 되는 전형적인 정치적 상황이다. 이것은 또한 조직 내에서 평생교육의 가치와 위치에 대한 서로 다르게 인식하는 문제로 진전된다. 효과적인 정치적 리더십은 항상 완전한 해결이 아닌 임시방편으로 타협을 선호하게 되고 문제를 도구적으로 접근하고 수용하려고 하거나 해결책에 대한 요구에 응하게 되는 경향이 있다(Birnbaum, 1988: 58). 이러한 결과로 이상적인 목표를 추구하는 대부분의 사람들은 그들의 역할이 정치적인 차원에 관한 것으로 생각하려고 하지 않기 때문에 이러한 능력을 배양하려고 하지 않는 경향이 있다. 정치적 리더십은 평생교육 지도자가 그 조직체를 위험에서 보호하고자 한다면 반드시 인식해야 할 점이다.

④ 대중 리더십

조직이 복잡하고 비선형적이고 다른 조직과 연계되어 있는 열린 체제로 인식(Birnbaum, 1988; Cohen & March, 1986)하는 것은 위인 또는 초영웅(Superhero)의 역사적 역할을 간과한 것이다. 리더는 추종자(Follower)에 의존하고 있다는 것을 인식하게 되었으며 최근에는 추종자를 동료(Colleague)로 명명하면서 평등적인 방법에 의해 리더를 재규정하고 있다(Bennis & Nanus, 1985: 119-129). 이것은 조직이 목표 성취를 위해서는 인간자본이 중요하다는 인식을 반영한 것이다. 조직은 업무 성취를 위해 가치있는 목표를 설정하고 있으며 이는 가치 생성에 의해 가능한 것이다. 따라서 각 기관은 가치와 같은 지적인 차원을 중시하는 경향이 나타나고 있다.

구체적인 경영 프로젝트를 위한 실무팀을 구성하여 운영하는 경향이 증가하고 있고, 이와 아울러 리더십을 분권화하는 경향은 조직 내의 많은 사람들에게 그들의 리더십 기법을 개발하고 증진시켜 줄 수 있는 기회를 제공하고자 하는 의도이다(Edelson, 1992: 12). 미래를 진단하고 계획을 수립하는 것은 팀 프로젝트이지만 여기서 리더의 역할은 무엇을 시작해야 할 것인가를 결정하게 하고 그 집단이 집단 자체를 위하여 움직이도록 조장하는 것이다(Heider, 1986: 33).

이러한 분위기에서 리더십은 조직 내의 동료들이 평소와 다른 방법으로 그들 업무를 수행하는 데 있으며 각자가 자율성을 갖고 그의 책무를 수행할 수 있도록 도와주는 것이다. 일단 목표에 도달했다는 조직원의 합의가 이루어지면 이들 자신이 조직 구조에서 더욱 자유롭게 되며 자신의 방식대로 리더십을 개발해야만 한다. 이러한 분권화 경영 시스템이 효과적이 되기 위해서는 회의, 보고서 및 비공식적인 대화를 통하여 주기적인 피드백을 주어야 한다.

직원으로서 스태프의 시각은 한계가 있으므로 동료로서의 상호 간의 관점은 평생교육 분야에서 '서로 도와주는 동료'로 인식(Collins, 1991: vii)하게 되어 작업 현장에서 자기 압력과 구속력을 증가시키게 되고 더욱 효과적인 결과를 가져오게 된다. 자신의 직무 개발을 하기 위한 평생교육 탐구자들은 자연적으로 강한 유대를 갖게 되고 더욱 분석적이고 고무된 방법으로 종사하게 될 것이다(Edelson, 1992: 12).

⑤ 전문직 조직 리더십

평생교육 분야는 각 교육기관이 독자적으로 존재하는 것이 아니고 다양한 영역에서 협력체제로 묶여져 있다. 브록케트(R. Brockett)는 평생교육의 전문 조직체를 평생교육에서 서로 다른 성질로 분류할 수 있다고 주장하고 있다(R. Brockett, 1989).

쉘톤(E. Shelton)과 스파익스(W. Spikes)는 리더십 기법 개발을 포함한 전문 조직의 효과에 대하여 논의하고 있다(Shelton & Spikes, 1991). 한편 콜린스(M. Collins)는 전문 조직체를 수위

(Gatekeeper)로 보고 있다. 그는 역사적으로 전문직 조직체(Professional Associations)가 지식과 기법을 독점하고 있다고 보고 있다. 즉 전문 조직체는 같은 분야에 종사하는 전문인의 기법과 기술을 획일화시키고 그 분야에 새로 들어오는 것을 규제하고 있다(Collins, 1991).

전문직 조직체는 조직원들에게 문제, 도전 및 이슈에 대한 관심을 유도하고 진보를 할 수 있는 기회를 제공하지만 콜린스(M. Collins)의 독점적인 지위 행사 관점도 상당한 설득력을 갖고 있다. 이러한 입장에서 소속 기관을 발전시키려는 리더는 개인의 전문성을 함양하는 것과 아울러 전문조직체에 참여할 책무성을 수용해야만 한다. 따라서 평생교육기관의 책임자는 자기 자신은 물론 소속원의 리더십 개발을 위해 적극적으로 평생교육협의체에 참여하여 전문적 소양 증진과 아울러 전문 분야의 변화를 적극적으로 수용하는 능동적인 자세를 가져야 하겠다.

2. 평생교육기관과 의사결정

1) 의사결정의 개념

(1) 의사결정의 의의

우리들은 일상생활 속에서 매일 의사결정 행위를 반복한다. 오늘 무엇을 할 것인가? 어떤 일을 먼저 할 것인가? 누구와 만날 것인가? 어느 식당에서 어떤 식사를 할 것인가? 등 우리의 삶은 계속되는 의사결정의 연속선상에 있다. 우리가 어떤 결정을 내리고 행동하느냐에 따라 우리는 그 결과에 만족할 수도 있고 후회할 수도 있다. 그러나 분명한 것은 이러한 결정이 우리 삶에 큰 영향을 미칠 수도 있다는 것이다. 조직의 경우는 더욱더 그러해서 합리적 의사결정의 여부가 조직의 발전과 쇠퇴를 가늠하는 중요한 계기가 될 수 있다.

의사결정(Decision Making)은 주어진 문제를 해결하기 위해 여러 가지 대안 중에서 합리적인 방법으로 최선의 대안을 선택해 가는 과정이다. 따라서 기관을 경영하는 모든 경영자들에게 가장 중요한 과업 중 하나이다. 평생교육기관경영자도 마찬가지로 얼마나 합리적인 의사결정을 할 수 있는가에 따라 기관경영의 성과가 결정될 수 있다고 볼 수 있다.

의사결정은 또한 리더의 자질과 밀접하게 연관되어 있다. 남정걸(2007)에 의하면 모든 조직은 기본적으로 의사결정을 위한 구조이며, 지위가 높을수록 의사결정의 업무가 많고 실제로 집행하는 일은 적어지게 되며, 따라서 경영자의 자질로서 필수적 조건이 의사결정이고, 의사결정이 경영자의 중요한 책임이 된다고 하였다.

의사결정은 단순히 수행할 어떤 것을 선택하는 것만으로 끝나지 않으며 그것을 수행하는 것까지를 포함하는 과정이다. 아직 수행하지 않은 결정은 단지 좋은 의도에 불과하다. 이러한 의사결정의 전체 과정을 잘 이해하여, 대안을 점검하고 선택하며 선택된 대안의 수행에 이르기까지 합리적으로 처리해 가는 것은 경영자의 매우 중요한 자질이다.

앞서 언급한 바와 같이 의사결정이 여러 다양한 대안 중에서 문제를 해결하기 위한 가장 적절한 대안을 선택하는 과정이지만, 이렇게 완벽하게 합리적인 모형은 여러 가지 제약요인으로 인해 가능하지 않다. 사이몬(H. Simon)은 의사를 결정하는 사람들의 인지적 능력이나 합리성이 완벽할 수 없으며 대안들을 비교분석하는 과정에서 필요한 모든 정보를 획득하는 것도 불가능하기 때문에 완벽한 합리모형은 비현실적이라고 하고 있다(Simon, 1974). 이러한 현실 인식에서 사이몬은 만족화 모형(Satisficing Model)이라는 새로운 개념의 의사결정 모형을 제시하였다. 호이(W. Hoy)와 미스켈(C. Miskel)은 이러한 모형을 행정적 모형(Administrative Model)으로 지칭하였다(Hoy & Miskel, 1987).

(2) 의사결정의 기본가정

사이몬의 만족화 모형은 다음과 같은 가정에 기초하고 있다(노종희, 2002).

첫째, 의사결정 과정은 문제의 확인과 진단, 문제해결을 위한 계획의 수립, 계획의 추진, 그리고 성과의 평가를 포함하는 일련의 순환성을 갖는다. 의사결정권자는 의사결정을 하는 과정에서 다음의 다섯 가지 연속적인 단계를 거쳐야만 한다.

① 문제를 인지하고 규명한다. 문제의 인지와 규명은 의사결정이 시작되는 첫 단계이다.
② 현재의 상황 속에서 당면하고 있는 문제를 분석한다.
③ 문제를 해결하기 위한 준거를 설정한다.
④ 가능한 대안의 구체화, 각 대안에 대한 결과 예측, 심의, 그리고 행동대안의 선택을 포함하는 행동계획이나 전략을 수립한다.
⑤ 행동계획을 시행한다.

둘째, 의사결정에서 완벽하게 합리성을 확보하는 것은 사실상 불가능한 일이다. 조직경영에 있어서 의사결정은 매우 복잡하며, 여러 가지 이유 때문에 합리성은 제한을 받지 않을 수 없다. 있을 만한 대안을 모두 생각해 낼 수도 없고, 그 대안들의 결과도 정확하게 예측하기가 어렵다. 복잡한 문제에 대해서 완벽하게 합리적인 의사결정을 할 수 있는 능력을 가지고 있지 못하기 때문에, 대부분의 의사결정은 최적의 대안보다는 만족할 만한 대안을 선택하는 데 초점을 맞춘다. 이는 제한된 합리성(Bounded Rationality)이라는 용어로 개념화 된다.

2) 의사결정의 과정

의사결정의 과정은 다음과 같은 5개의 연속적인 단계를 거치면서 이루어진다.

(1) 문제의 인지 및 규명

문제를 인지하고 규명하는 것은 의사결정과정에서 매우 중요한 일이다. 문제가 어떻게 정의되느냐는 후속해서 이루어질 문제분석과 해결에 심대한 영향을 미치게 되기 때문이다. 그럼에도 불구하고 이 단계가 소홀히 취급되는 경우가 비일비재하다. 경영자는 문제를 파악할 수 있는 예리한 감각과 통찰력을 가져야 하며, 조직에 대한 풍부한 개념적 배경과 철저한 이해를 가져야 어떠한 관점을 가지고 문제를 규정할 수 있게 된다. 많은 경우에 경영자들은 문제를 너무 조급하게 다루고 또 협소하게 규정함으로써 선택범위를 축소시킴은 물론이고 문제의 증상만을 건드리는 실수를 범하기도 한다. 특히 문제를 규명하는 단계에서 교사들의 다양한 요구가 수용될 수 있도록 평생교육기관의 경영자는 자신감과 포용력을 가져야 한다. 이들의 요구는 보다 창의적인 대안을 창안해 내는 데 큰 보탬이 될 수 있을 것이기 때문이다. 이를 경영자의 권위를 손상시키는 것으로 여길 필요는 없는 일이다.

또한 이 단계에서는 문제를 현실적인 관점에서 파악하는 일이 중요하다. 문제가 복합적이면 이의 규명도 복잡해질 수밖에 없다. 따라서 문제를 보다 하위문제로 세분화하는 작업이 필요하게 되며, 이 문제들은 다양한 해결책을 요구하게 된다. 다만 현실적인 감각을 가지고 문제를 규명해야 한다고 해서 현존하는 문제에만 집착해서는 곤란하다. 문제가 될지도 모르는 이슈에 대해서도 주의를 게을리해서는 효과적인 평생교육경영자가 될 수 없다.

(2) 당면문제의 분석

문제를 분석하기 위해서는 그 문제의 성격부터 파악하여야 한다. 그 문제가 일반적 결정을 요하는 문제인지 아니면 특수한 결정을 요하는 문제인지가 밝혀져야 한다. 여기에서 일반적 또는 특수한 결정(Generic 또는 Unique Decision)이라 함은 드러커(P. Drucker)에 의해서 제시된 것으로, 결정의 두 가지 형태를 뜻한다(Drucker, 1966). 일반적 결정은 이미 정해져 있는 원칙, 정책, 또는 규정에 기초해서 일상적으로 이루어지는 결정이기 때문에 문제 자체가 결코 새로운 것이 아니어서 과거에 해온 전례나 관행이 의사결정의 중요한 길잡이가 된다.

한편, 특수한 결정은 기존의 절차를 벗어나는 창의적인 결정을 뜻한다. 이 경우 해결되어야 할 문제는 일반적 원칙이나 규칙으로는 적절한 해답을 얻을 수 없는 독특한 성질을 가진다. 따라서 참신한 해결책을 모색하기 위해서는 문제에 관련된 많은 아이디어를 창안해 내야 한다.

일단 문제가 일반적 결정을 필요로 하는 것인지 아니면 특수한 결정을 필요로 하는 것인지가 구분이 되면, 분석을 위한 여러 가지 질문에 대한 해답을 찾아야 한다. 이 문제는 얼마나 중요한가? 이 문제를 보다 구체화할 수는 없는가? 이 문제를 구체화하기 위해서는 어떠한 정보가 필요한가? 당초에 포괄적이고 일반적으로 정의되었던 문제는 이제 보다 구체적이고 명확하게 규명되어야 한다.

이 단계에서 정보 또는 자료수집을 필요로 한다. 수집되어야 할 정보의 양은 문제의 중요성, 시간적 제약, 자료수집의 절차나 구조 등 여러 가지 요인에 의해서 좌우된다. 중대한 문제일수록 더 많은 정보가 수집되어야 함은 재론을 요하지 않는다. 또 시간이 항상 자료수집의 제약요인으로 작용한다. 더욱이 현존하는 자료수집의 절차는 관련된 정보를 찾는 데 있어 장애요인 또는 촉진요인이 될 수 있다. 관련된 정보는 공식적이며 보다 정교한 방법으로 수집될 수도 있고 개인 접촉을 통한 비공식적인 방법이 이용될 수도 있다.

(3) 문제해결을 위한 준거 설정

문제가 분석되고 구체화된 이후에는 받아들일 만한 해결책이 어떠한 기준을 충족시켜야 하는가를 결정해야 한다. 성취되어야 할 최소한의 목표가 무엇인가를 설정해야 한다. 문제의 완벽한 해결은 사실상 불가능한 일이기 때문에 의사결정자는 '이 정도면 괜찮다'는 생각을 가지고 자신의 기대수준을 결정해야 한다. 다시 말하면, 완벽하지는 않지만 만족할 만한 결정의 준거가 무엇인가를 설정해야 한다.

준거는 적절해야 하고 또 구체적이어야 한다. 어떤 결정이 옳은 것인지 그리고 수용될 수 없는 것인지를 판단할 수 있게 하기 위해서는 준거가 있어야 한다. 일반적으로 결정의 적합성을 판단하는 데 이용되는 준거는 조직의 목표나 사명과의 일치성이다.

(4) 행동계획의 수립

이 단계는 의사결정과정에서 핵심을 이룬다. 문제규명, 자료수집, 문제구체화 및 준거설정을 끝마친 이후에는 체계적이면서도 신중하게 행동계획을 수립해야 한다. 이 단계에는 대안의 구체화, 결과의 예측, 행동노선의 심의 및 선택이 포함된다. 이들 각각을 부연 설명하면 다음과 같다.

① 대안의 구체화

행동노선을 선택하는 데 있어서 준비 단계의 성격을 가지는 것으로서, 가능한 모든 대안을 열거하는 일이다. 그러나 앞에서도 지적한 바 있듯이, 모든 대안을 안출해 낼 만한 충분한 능력을 가지고 있지 못하기 때문에 몇 가지 대안만이 제한적으로 제시될 수밖에 없다. 그렇지만 보다 많은 대안을 창안해 내면 낼수록 보다 만족스러운 대안을 발견할 가능성이 높아진다고 볼 수 있다.

창의적인 경영자는 비록 많은 시간을 소비한다고 하더라도 매우 적절한 대안을 찾아낼 수 있다. 그러나 불행하게도 대부분의 경영자들은 가능한 대안을 광범위하게 탐색하는 데 많은 시간을 투입하지 않는다. 이들은 해결책을 '이것 아니면 저것'이라는 이분법적 논리로 단순화하는 경향마저 있다. 의사결정을 빨리 한다는 것이 반드시 좋은 것만은 아니다. 왜냐하면 이는 생각을 깊게 안 한다는 말이 되기도 하기 때문이다. 의사결정에서 보다 중요한 것은 그 결정이 미치게 될 영향이지 결정기술은 아닌 것이다. 교육조직에서는 타당하고 올바른 결정을 더 많이 필요로 한다.

따라서 어느 정도의 시간투입은 가능한 많은 대안을 마련하는 데 필수적인 조건이다. 아무것도 하지 않는 것도 하나의 대안이 될 수 있어서 때때로 아무것도 하지 않고서도 문제가 해결되는 경우도 있다. 다시 말해서 문제가 스스로 해결되는 경우이다. 그러나 대부분의 경우에 문제가 스스로 해결되지는 않는다. 무엇을 결정하지 않을 것인가를 결정하는 것이야말로 신중하게 고려되어야 할 일이다.

잠정적 대안(Temporary Alternative)을 제시하는 것이 의사결정과정에서 이용할 수 있는 또 다른 선택이다. 이는 실제로 문제를 해결해 주지는 못하지만 보다 깊이 있는 심의를 할 수 있는 많은 시간을 제공해 준다. 이 잠정적 대안이 충분한 논의과정을 거쳐 다듬어진다면, 보다 세련된 대안을 마련하는 데 그 기초가 될 수 있다. 또한 잠정적 대안이 적절하게만 만들어진다면 적대감을 야기하지 않으면서 시간을 버는 일이 된다. 그러나 이것이 일을 지연시키는 것으로 비쳐질 위험성이 없는 것도 아니기 때문에 빈번하게 사용할 일은 아니다.

일반적 결정과는 달리 특수한 결정은 보다 사려깊고 창의적인 의사결정을 요구한다. 창의적인 사고는 대안을 탐색하는 데 매우 중요하기 때문에 사고를 폭넓고 다양하게 하도록 하기 위해서는 상대주의적이고 탈 독단적이어야 하며, 엉뚱한 이야기일망정 자유롭게 표현하고 고려될 수 있도록 하며, 집단사고가 허용되어야 한다.

② 결과의 예측

각각의 대안에 대해서 가능한 결과가 예견되어야 한다. 대안의 구체화와 결과의 예측이 분석목적상 분리될 뿐이지, 이들은 항상 동시에 행해진다. 대체로 어떠한 특정 대안에 대한 결과를 예측하는 데는 어려움이 따른다. 비용 산출과 같은 결과는 비교적 용이하지만 개인이나 집단의 반응을 예견하기는 무척 어려운 일이다. 또한 결과의 예측에는 경영정보체제를 필요로 한다. 정보를 수집, 분류, 저장, 재생할 수 있는 체제를 가지고 있으면, 그만큼 의사결정과정에서 큰 이점을 확보하고 있는 셈이 된다. 뿐만 아니라 능력이나 경험을 가진 많은 사람들과 의논을 하는 것도 예언력을 높여 주는 데 기여한다. 각 대안에 대한 결과는 다만 확실하다기보다는 가능한 수준에서 예측될 수 있을 것이다.

③ 행동노선의 심의 및 선택

행동계획을 수립하는 마지막 단계는 대안과 결과를 신중히게 분석하는 일이다 적절한 대안을 선택하기에 앞서서, 만족할 만한 수준에서 해결책의 준거에 비추어 각 대안의 가능한 결과를 세심하게 검토해야 한다.

때때로 경영자들은 채택할 만한 대안을 찾지 못하는 경우가 있게 된다. 이러 경우에는 기대수준을 낮출 필요가 있다. 다시 말하면, 만족할 만한 수준에서 문제해결의 준거가 재검토되어야 한다. 이 과정에서 새로운 목표, 새로운 대안, 새로운 자료, 새로운 전략이 구안되어야 한다.

보다 나은 대안을 선택하는 과정에는 여러 가지의 요인들이 영향을 미친다. 즉 경영자의 가치관, 결정이 이루어지고 또 수행되는 문화적 맥락, 참여자들의 인식, 상황의 중대성, 경영자에게 가해지는 제반 압력, 그리고 목적의 중요성과 같은 요인들이 대안의 선택을 제한한다. 그럼에도 불구하고 신중하고 합리적이며, 사려깊은 결정은 일련의 체계적인 단계를 밟아나감으로써 얻어질 수 있다.

(5) 행동계획의 시행

일단 결정이 되고 행동계획이 마련되면, 의사결정 순환의 마지막 단계인 시행이 이루어진다. 행동계획의 시행에는 적어도 구체화, 인식, 점검, 평가의 네 단계를 필요로 한다.

① 구체화

결정사항을 그대로 행동으로 옮길 수는 없다. 따라서 결정사항은 구체적인 프로그램으로 전환되어야 한다. 다시 말하면, 행동계획을 실천에 옮기기 위한 보다 구체적인 계획이 마련되어야 한다. 현실적이고 실행가능한 수준까지 구체화되어야 한다는 것을 의미한다.

② 의사소통

일단 계획이 구체화되면, 참여자들은 자신의 역할을 알아야 할 필요가 있다. 이 계획이 성공적으로 수행되려면, 각 개인은 자신의 역할이 무엇인지를 알아야 할 뿐만 아니라 그 계획과 관련을 갖는 다른 사람의 역할도 알아야 한다. 그렇지 않으면 노력이 중복되고, 역효과 또는 비효과적일 수도 있기 때문이다. 계획수행에 참여하는 사람들 간에 종적 · 횡적으로 의사소통할 수 있는 통로와 기회가 주어지도록 세심한 주의를 기울여야 한다. 의사소통체제는 행동계획을 시행하고 활동을 조정하는 데에 핵심적인 기제가 된다.

③ 점검

활동이 계획대로 진행되고 있는가를 확인하기 위해서 행동계획의 시행을 점검하는 과정이다. 점검과정은 체계적인 피드백을 이용한 통제과정이기도 한다. 일단 행동기준이 마련되었으면, 강력하게 추진할 필요가 있다. 물론 이것이 강압적인 통제로 이해되어서는 안 된다. 통제기법에는 보상과 유인체제, 처벌, 설득 등과 같은 다양한 것들이 포함될 수 있다. 다만 어떠한 통제기법을 사용하는 것이 효과적일 것인가는 상황이나 개인에 따라 달라질 수 있다. 계속적으로 피드백 보고를 받는 것도 계획 수행의 진척도를 알아보는 데 필요한 절차가 될 것이다.

④ 평가

앞의 세 단계가 끝나고 나면, 그 결정이 얼마나 성공적이었는가를 알아보기 위하여 성과에 대한 평가가 이루어져야 한다. 일반적으로 결정은 개연성에 기초해서 만들어지는 것이기 때문에 아무리 잘 만든 계획이라고 하더라도 실패할 수도 있고 또 쓸모없게 될 수도 있다.

결정은 사실의 변화, 의식의 변화, 그리고 상황의 변화 속에서 이루어진다. 따라서 결정은 그 자신의 재평가를 불가피하게 하는 변화를 야기한다. 결론적으로 말하면, 평가는 의사결정과정의 끝인 동시에 새로운 결정의 시작을 의미한다. 최상의 해결책은 존재하지 않으며, 다만 만족스러운 수준의 결정과 해결책이 있을 뿐이다.

3) 평생교육기관에서의 의사결정 방법

평생교육기관은 교육 프로그램 운영을 통해 부가가치를 창출하며 교육 프로그램 운영의 질에 따라 기관의 성과가 달라진다는 점에서 일반 기업과는 다른 특성을 지닌다. 이런 점에서 평생교육기관에서의 의사결정은 교육 프로그램 운영의 개선에 초점이 맞추어져야 하며 이를 달성하기 위해서는 보다 창의적인 다양한 의사결정 방법을 도입해야 한다.

많은 평생교육기관의 특성상 의사결정 권한이 기관장에게 집중되어 있어 기관장의 개인적 요인이 의사결정에 강력한 영향을 미치는 경우가 많으며(최은수 외, 2008), 이는 창의적 의사결정을 위협하는 요소로 작용할 수도 있다. 이러한 위험을 피하기 위해서는 개인 혼자서 독단적 결정을 하기보다는 구성원들이 참여하여 여러 가지 대안을 만들어내고 이 대안들에 대해 논의하면서 결정하는 것이 바람직하다. 그러나 구성원들이 참여하는 의사결정 방법에도 타인으로부터의 평가 우려, 동조, 집단사고 등의 부정적인 결과들이 나타날 수 있으므로 이러한 문제들을 최소화하기 위하여 건설적 논쟁, 브레인스토밍, 델파이기법, 반론지명법 등을 활용할 수 있다(김경수 외, 2005: 239-243).

(1) 건설적 논쟁(Constructive Controversy)

이 방법은 어떠한 문제에 대해 서로 다른 의견을 가지고 있는 구성원들이 논의과정에서 서로 간에 발생하기 쉬운 갈등을 감축하기 위해 활용할 수 있다. 이 방법은 논쟁과정에서 다른 구성원의 자존심이나 감정을 해치는 발언을 피하고 사실에 초점을 맞추도록 하기 때문에 건설적이다. 이와 같은 규칙 하에서 대화를 통해 다른 사람의 의견을 학습하고, 문제나 가능한 해결방법에 관한 기본적 가정을 재평가하도록 한다.

다음과 같은 몇 가지 규칙에 따라 이 방법을 활용할 수 있다.

첫째, 의사결정 집단은 이질적인 사람들로 구성되어야 한다. 왜냐하면 이질적 집단일 경우 다른 시각으로 문제를 쳐다보기 때문에 문제를 심도 있게 정의할 수 있고 해결대안

역시 다양하게 제시할 수 있기 때문이다.

둘째, 이들 이질적 집단 구성원들을 자주 만나도록 한다. 지속적으로 만나서 대화할 때 서로의 시각을 잘 이해할 수 있고, 의미 있는 논의를 할 수 있으며, 보다 창의적인 아이디어를 창출하는 등 의사결정의 질을 개선할 수 있기 때문이다.

셋째, 집단 구성원들이 서로 다른 역할을 맡아서 수행해야 한다. 예를 들어, 어떤 참여자는 강성이라고 하면, 어떤 참여자는 보수적이기도 하고, 또 어떤 참여자는 갈등의 역기능을 줄이는 역할을 하기도 해야 한다. 이런 경우 집단사고를 막고, 대안의 잠재적 한계를 극복하고 보다 안은 대안을 구성할 수 있기 때문이다.

(2) 브레인스토밍(Brainstorming)

브레인스토밍 기법은 집단에서의 활발한 의사소통을 통하여 보다 창의적인 아이디어를 만들어내기 위해 광고회사에서 시작된 것으로, 구성원들의 평가 우려를 최소화하고 확산적 사고를 권장하기 위해 개발된 기법이다.

다음과 같은 4가지 규칙에 따를 때 이 방법은 보다 효율적으로 활용될 수 있다.

① 비난을 삼가라(No Criticism).

가장 중요한 규칙으로 제시된 아이디어에 대해 누구도 비난하지 않도록 해야 한다. 비난당하지 않는다고 믿을 때 구성원들은 문제를 해결하는 데 도움이 될 수 있는 조금은 말도 안 될 것만 같은 대안마저 기꺼이 내놓을 수 있어 결과적으로 더 많은 아이디어가 제시되고 더 좋은 대안이 나올 수 있다.

② 자유롭게 사고하도록 권장하라(Encourage Freewheeling).

세련되지 않고 다소 엉뚱한 생각이라도 적극적으로 받아들여라. 그러한 생각들을 기반으로 확산적 사고를 함으로써 보다 창의적인 아이디어와 대안이 창출될 수 있기 때문이다.

③ 아이디어에 꼬리를 물어라(Piggyback Ideas).

일단 제시된 아이디어를 기초로 하여 이에 추가하거나 변화를 주거나 여러 아이디어를 합치는 등 재구성하여 새로운 아이디어가 만들어질 수 있도록 한다.

④ 많은 아이디어를 내도록 격려하라(Encourage Many Ideas).

브레인스토밍 기법은 제시된 아이디어가 많을수록 질도 개선된다는 생각에 기초하고 있다. 이러한 생각에는 전통적인 아이디어가 고갈된 후에 확산적 사고가 나타난다는 의미를 담고 있기도 하다. 그러므로 집단은 기존의 방법을 넘어서는 것들이 제시될 때까지 가능한 많은 아이디어를 제시해야 한다.

브레인스토밍 기법은 창의적인 아이디어를 산출하는 데 많은 장점을 가지고 있지만 다음과 같은 한계점이 있다. 첫째, 구성원들에 의한 평가 우려를 완벽하게 제거할 수 없다. 이는 자신이 아이디어를 낼 때 동료 구성원들이 자신이 내놓은 아이디어를 평가하고 있다는 것을 알기 때문이다. 둘째, 시간적 제약 등으로 인해 제시될 수 있는 모든 아이디어가 제시되지 못한다는 점이다. 실제로 브레인스토밍 기법을 사용할 때보다 혼자 작업을 하는 사람이 문제에 대한 잠재적 해결대안을 더 많이 내놓기도 한다. 그러나 브레인스토밍 기법은 구성원들로 하여금 필요한 과업에 초점을 맞추도록 하여 구성원들 간의 갈등을 줄이는 데 도움이 되며, 구성원들 간의 상호작용이 늘어남으로써 집단 결집력이 상승하고 의사결정 과정에 대한 수용성이 높아질 수 있다.

전통적 브레인스토밍 기법 이외에 전자정보통신의 발달에 힘입어 최근에는 전자 브레인스토밍(Electronic Brainstorming) 기법도 사용되고 있다. 전자 브레인스토밍 회의는 일반적으로 몇 십대의 단말기가 있는 한 방안에서 실시하기도 하고, 다른 장소에 있는 사람들과도 컴퓨터를 통해 실시하기도 한다. 브레인스토밍 회의에 참석한 개개인은 자신의 아이디어를 언제든지 컴퓨터 단말기를 통해 익명으로 제시하며, 제시된 아이디어는 참가자 모두가 무작위로 볼 수 있다. 그리고 회의의 의장 혹은 사회자는 참여자들이 핵심 주제에서 벗어나지 않도록 모든 아이디어를 감시하는 역할을 한다.

이러한 전자 브레인스토밍 기법의 장점은 첫째, 참여자들은 아이디어가 떠오르면 순서를 기다리지 않고 아무 때고 제시할 수 있기 때문에 생산 방해 문제를 줄일 수 있는 이점이 있다. 둘째, 전자 브레인스토밍 기법은 아이디어가 익명으로 제시되기 때문에 평가 우려 문제도 크게 줄일 수 있다. 셋째, 전자 브레인스토밍 기법은 사회화를 필요로 하지 않기 때문에 전통적인 집단의사결정보다 회의시간이 단축되는 장점도 가지고 있다(Bulkeley, 1992). 넷째, 전자 브레인스토밍 기법은 전통적 브레인스토밍 기법에 비해 더 많은 아이디어를 산출해 내며, 참여자들 역시 보다 더 만족하고 동기부여되며 의사결정결과에 더 자신감을 갖는 것으로 나타났다(Gallupe et al., 1992).

그렇지만 전자 브레인스토밍 기법은 몇 가지 단점도 있다. 첫째, 기술적 제약이 따른다는 한계가 있다. 둘째, 참여자들이 그리 열정적이지 않다는 한계도 있다. 셋째, 대면 접촉에 의한 대화가 가져다주는 보이지 않는 이점인 감정의 전달이나 사회적 연대와 같은 이점을 얻을 수 없다. 넷째, 논의를 통제할 수 없기 때문에 때로 참가자들이 위협을 느끼기도 한다.

(3) 델파이 기법(Delphi Technique)

델파이 기법은 특정한 문제에 대해 수십 명으로 구성된 전문가들에게 서면으로 반응을 보이도록 하여 이 전문가들의 의견을 집약하는 방식으로 진행하는 방법이다. 여기에 참여하는 전문가들은 서로 토의할 수 있는 기회를 가지지는 않으며, 질문에 대한 각각의 반응을 종합하여 그 결과를 참가자들에게 피드백시켜 집단합의나 경영자가 만족할 만한 결론을 얻을 때까지 반복된다. 이에 참여하는 전문가 집단의 구성원들은 지역적(국내외)으로 상당히 떨어져 있는 사람들로 구성되기도 한다. 델파이 기법의 절차는 대체로 다음과 같은 과정을 거친다.

① 선정된 전문가들에게 알고자 하는 주제나 문제를 명확하게 알려준다.
② 전문가들은 주어진 주제에 대해 자신의 의견을 적어 조사자에게 반송한다.
③ 조사자는 의견들을 수합하여 전문가 전부에게 다시 전달한다.
④ 전문가들은 다른 이들의 의견을 검토하고 그에 첨가를 하거나 수정할 사항이 있으면 수정하여 조사자에게 다시 전달한다.
⑤ 조사자는 다시 수정된 의견들을 정리하여 전문가 전원에게 전한다.

이와 같은 과정은 의견이 통일될 때까지 반복된다. 이러한 델파이 기법은 불확실한 미래를 예측하는 데 효과적인 것으로 알려져 있지만, 시간이 많이 걸리고 복잡한 사안일 경우 의견의 통일이 어렵다는 한계를 갖는다.

(4) 명목집단기법(Norminal Group Technique)

명목집단기법은 집단 구성원들이 각각 문제해결에 관한 아이디어를 개별적으로 써내고, 이것들을 종합하여 칠판이나 용지에 기록하도록 한다. 각각의 아이디어를 분명히 하기 위한 토의를 한 후, 투표에 의해서 결론을 도출하는 방법이다. 개인의 효율성과 집단의 역동성을 조합하고자 브레인스토밍 기법과 델파이 기법을 조합하여 변형시킨 것이다. 이 방법은 집단 참가자들 간의 지위와 계급의 차이 때문에 생기는 부정적 효과를 줄여 주며, 집단으로 하여금 다양한 대안을 고려할 수 있도록 해준다.

이 방법에 참여하는 참여자들이 의사결정기간 동안 단지 명목상으로만 집단이기 때문에 이들을 '명목집단'이라고 한다. 보통 집단 내에서 토의하는 과정에서는 앞서 발표한 사람의 의견이나 상사 또는 동료의 영향을 받을 수 있는데 명목집단 방법은 애초에 서로 간의 대화를 차단함으로써 이러한 영향에서 자유로울 수 있다. 명목집단기법은 다음과 같은 과정을 통해 진행된다.

① 첫 단계로 참가자들에게 이번에 풀어야 할 문제가 주어지며, 이 과정에서 참가자들 간의 대화는 차단한다.
② 각 참가자들은 자신의 생각과 대안을 가능한 한 많이 주어진 용지에 기록한다.
③ 각 참가자들은 순번을 정해, 자신이 기록한 내용들을 기초로 대안을 설명하며 진행자는 칠판에 그 내용을 정리한다.
④ 참가자들은 자신의 발표에 대해 구성원들의 요구에 따라 발표한 내용에 대해 보충설명이나 지지설명 등을 보완한다. 하지만 구성원들은 각 참가자의 발표에 대해 비판이나 비난은 할 수 없다.
⑤ 발표와 보완발표 과정이 모두 끝나면 발표하여 정리된 의견들에 대하여 비밀투표를 실시하여 우선순위를 정하고 최종 대안을 마련한다.

명목집단기법은 토론과정에서 야기될 수 있는 불필요한 구성원들 간의 갈등을 피하기 위하여 비밀투표를 통해 우선순위를 정하도록 한다. 이는 전통적인 집단의사결정기법보다 양적으로나 질적으로 더 나은 아이디어를 생산해 내는 장점이 있다(Hegedus & Rasmussen, 1986). 이 기법은 또한 그 과정 속에서 반드시 아이디어를 산출해야 하므로 회의 분위기가 과업지향적으로 흐르는 특징을 보인다. 하지만 이 기법은 구성원 간의 사회적 상호작용을 최소화하기 때문에 집단응집력이 낮으며, 평가 우려가 어느 정도 발생한다는 단점을 내포하고 있기도 하다.

(5) 반론지명자법

반론지명자법은 참가자들 중 일부에게 반론제기 집단으로 정하여 정해진 의사결정 대안에 대하여 반론하도록 하는 방법으로서, 결정 대안을 다시 한 번 검토하도록 하며 집단사고의 부작용을 최소화하기 위한 방법이다. 결정 대안에 대한 반대 의견을 내도록 미리 지정된 참가들은 다른 참가자들의 눈치를 보지 않고 자유롭게 비판적인 의견을 제시할 수 있다.

그 결과 대안이 가지고 있는 한계나 문제점들이 보다 명확해져 본래의 안을 수정 · 보완할 수 있다. 이 방법은 다음과 같은 절차를 통해 진행될 수 있다.

① 참가자들 중 일부를 반론을 제기할 사람으로 지명한다.
② 집단의 결정대안을 발의했거나 이를 지지하는 사람들이 의견을 제시한다.
③ 반론집단은 제시된 대안이 내포한 논리적이나 현실적 문제점들을 파악하여 비판 및 반론을 제기하며, 또는 제시된 대안에 반대되는 대안을 제시하기도 한다.
④ 반복적인 반론과정을 거치면서 원래 안의 장점을 살리고 단점을 보완하는 수정안을 제시한다.

연구문제

1. 리더십에 대해 'L = f (l × f × s)'로 규정하는 개념을 설명하시오.
2. 리더십(영향력)의 원천 5가지를 제시하시오.
3. 성공적 리더가 갖추어야 할 일반적 특성에 대해 설명하시오.
4. 평생교육 리더 유형 5가지를 기술하시오.
5. 의사결정의 개념과 만족화 모형의 기본가정에 대해 설명하시오.
6. 의사결정의 과정을 기술해 보시오.
7. 집단의사결정의 단점을 극복하기 위한 방법들을 제시해 보시오.

CHAPTER 06

평생교육기관의 인사 · 조직 · 재무관리

학습개요

오늘날 평생교육의 중요성이 강조되고 평생학습에 대한 수요가 증대되면서 이러한 평생교육 수요에 부응하기 위한 다양한 평생교육 프로그램과 기관들이 확대 · 발전하고 있다.

그리고 평생교육의 양적 증가는 질관리에 대한 관심을 불러오고 질관리는 평생교육기관 운영의 효율성 측면을 강조하게 되었다. 그래서 최근에는 평생교육기관도 '운영'이 아닌 '경영'을 해야 한다는 생각으로 발전하였고, 평생교육경영에 학문적 관심이 고조되고 있다.

모든 기관이 마찬가지지만 경영을 한다는 것은 어떤 조직을 어떻게 만들어서 그 조직을 누가 관리를 하고 그 기관을 운영하는 데 소요되는 재원은 어떻게 확보하여 운영할 것인가가 최대 관심사이다. 평생교육기관경영도 이러한 범주를 벗어날 수 없다.

따라서 이 장에서는 평생교육기관경영의 핵심부분인 인사 · 조직 · 재무관리에 대한 기본적인 이론과 실제적인 부분을 다루고자 한다.

학습목표

1. 조직에서의 인적자원관리의 중요성을 이해하고 평생교육기관의 인적자원을 관리할 수 있는 능력을 향상시킬 수 있다.
2. 일반 조직관리의 이론과 평생교육기관의 조직관리에 대한 이해를 바탕으로 실제 평생교육기관의 조직을 관리할 수 있는 능력을 설명할 수 있다.
3. 평생교육기관에서의 재무관리에 필요한 실제적인 이론과 지식을 이해하고 응용할 수 있다.

1. 평생교육기관의 인사관리

1) 인적자원관리의 의의

전통적으로는 인사관리(Personnel Management) 그리고 오늘날에는 인적자원관리라고 쓰고 있는 것이 보편화되었는데, 인적자원관리(HRM; Human Resources Management)란 광의의 의미는 조직에서 사람에 관련된 모든 활동을 의미하고, 협의의 의미로는 사람관리를 의미한다.[1] 엄밀히 말하면 인적자원관리란 조직에 필요한 인적자원을 파악하여 이들을 채용, 선발, 유지, 평가, 보상, 훈련하는 것을 의미한다.

현대사회를 "조직화된 사회"(Organized Society)라고 일컫는데, 이는 대부분의 사람들이 직업과 관련된 조직에 참여하지 않더라도 각종 조직에 소속되거나 작게는 집단에 소속되어 있음을 의미한다. 즉 현대인들은 조직을 떠나서 존재할 수 없으며, 조직은 사람의 문제를 소홀히 하고는 생존할 수 없다. 그래서 대부분의 조직들은 조직의 경영전략에서 사람을 가장 중요시하고 있으며, 인적자원관리를 경영전략의 핵심전략으로 고려하기 시작하였다. 신유근(2011)은 특히 기업경영에서 사람관리가 중요한 이유를 나음과 같이 들고 있다.

첫째, 조직에서 발생하는 많은 문제가 근본적으로 인간문제이며, 이러한 인간문제를 어떻게 해결하느냐 하는 것이 조직의 유지 · 발전에 중요한 요소가 된다.

둘째, 사람관리는 타 기업이 모방할 수 없고, 고유의 핵심역량을 배양하여 기업경쟁력을 제고하는 활동이다.

셋째, 오늘날 지식정보사회에서 경영의 요체는 역시 사람관리이다. 즉 지식정보사회의 대명사라 할 수 있는 지식경영은 조직 구성원들에게 조직 내외의 지식자산을 개발 · 획득토록 하고, 이를 효과적으로 공유 · 활용하도록 촉진한다.

넷째, 사람관리는 기업이 노동문제 · 인권문제와 관련된 사회적 압력에 대해 효과적으로 대처하도록 하여 사회와의 균형관계 속에서 경영성과를 달성하도록 하는 활동이다.

다섯째, 사람관리는 기업경영의 글로벌화를 달성하는 데 핵심적 관건이 되고 있다.

또한 이진규(2001)는 미래지향적인 인적자원관리를 강조하면서 조직의 전략과 인적자원관

1) 인사관리와 인적자원관리 간에는 차이점이 있다. 인사관리란 조직에서 종업원에 대한 기본적인 관리기능인 선발 · 훈련 · 보상 등을 하는 것을 말하는 반면에, 인적자원관리는 전통적으로 인사관리에 행해 오던 기능에다가 조직 구성원들의 역동적인 상호작용 기능과 전략적이고 계획적인 조직의 목표를 제시하는 확장된 개념이다. 따라서 인적자원관리는 종업원들의 개발에 관심이 많은 반면에, 전통적인 인사관리는 통제형의 노무관리 수준에 머물고 있다는 차이가 있다(신유근, 2011: 512).

리를 통합적으로 접근하는 것이 전략적 인적자원관리(Strategic Human Resources Management)라고 말하고 있다. 그림 6-1 에서 보는 바와 같이 전략적 인적자원관리는 조직의 전략수립과 실행 시 조직의 인적자원에 대한 제반요건과 각 인적자원관리 기능을 고려하여 조직전략을 수립하는 것이다.

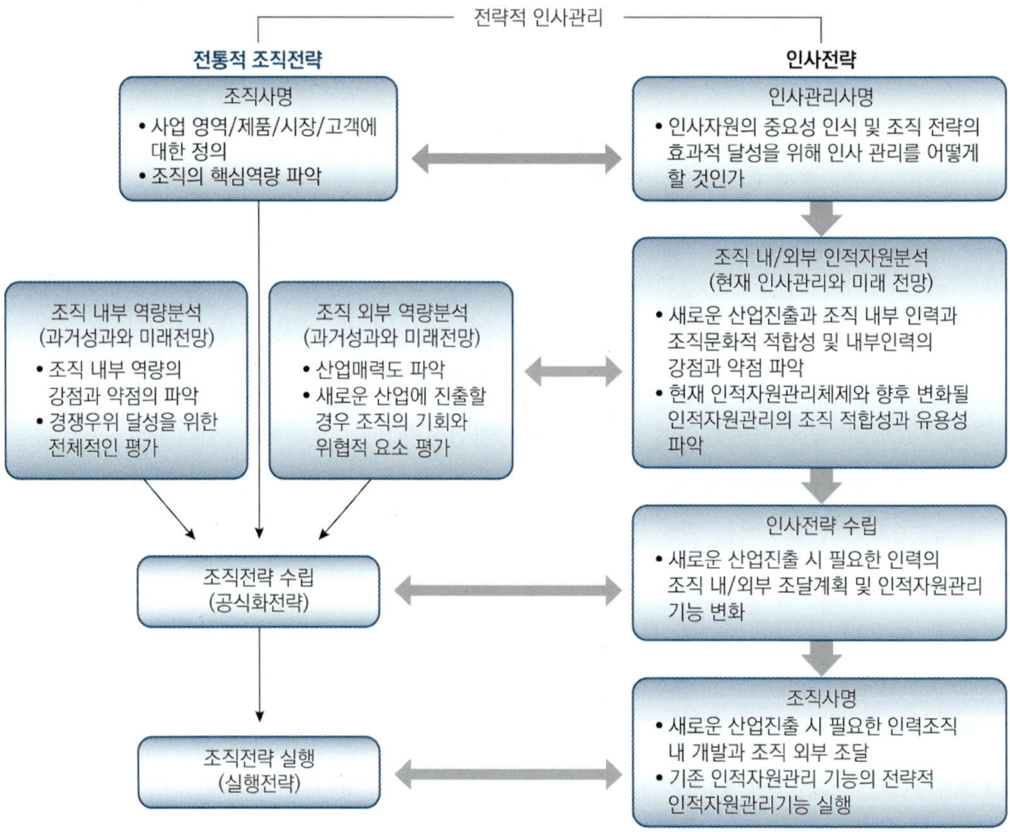

그림 6-1 조직전략과 인사관리의 통합적 방향성

출처: 이진규(2001: 29)

조직전략과 인적자원관리를 통합적으로 접근하는 것은 먼저 인적자원관리 사명은 조직의 사명과 더불어 인적자원의 중요성을 인식하는 것이다. 조직 내·외부 환경분석과 인적자원 환경분석을 통하여 조직의 강점과 약점 그리고 동시에 인적자원의 강점과 약점을 파악한다. 그리고 인적자원전략을 조직전략과 동시에 또는 우선적으로 수립한다. 마지막으로 조직전략과 동시에 인적자원관리전략으로 필요한 인력을 파악하고 인력의 모집과 선발을 통해 직무배치, 인력에 대한 성과평가와 보상 그리고 개발과 훈련 등 전반적인 인적자원 관련 활동이 이루어진다. 이상에서 보면 사회 · 조직 · 개인 구성원 그리고 인적자원환경의 새로운 변화로 인적자원관리의 패러다임이 변화하고 있음을 실감할 수 있다. 과거 인사관리가 관료주의 이념에 기초를 두고 조직전략의 보조적 기능만을 강조하였다면, 지금은 인적자원관리와 전략이 조직의 핵심전략으로 인식되고 있다. 이러한 현상은 평생교육기관을 포함한 교육조직에는 물론 모든 조직에서도 마찬가지이다.

2) 인적자원관리의 목표와 원리

(1) 인적자원관리의 목표

현대인은 조직을 떠나서 생존할 수 없으며, 조직은 이제 조직으로만 존재하는 것이 아니라 현대인의 생활환경으로서의 의미도 가지고 있다. 따라서 인적자원관리는 조직을 위해서만 필요한 것이 아니라 조직 구성원 자신을 위해서도 필요한 활동이다. 인적자원관리의 궁극적인 목적은 외적으로는 조직의 성과달성을 효과적이고 효율적으로 이끌어가기 위하여 필요한 인적자원을 발굴하고 교육시켜 필요한 부서에 적시에 배치하는 것이며, 내적으로는 조직 구성원들이 조직에서 보람과 만족을 느끼고, 구성원 상호 간의 유대감을 형성하면서 성장하도록 돕는 것이다.

신유근(2011)은 모든 경영활동은 결국 사람이 하는 것이고, 사람은 기계적 동물이 아니고 이성과 감정이 공존하는 동물이기 때문에 지시나 명령에 의해서만 움직이지 않는다는 것을 전제하면서 인적자원(사람)관리 목표는 개인목표와 조직목표의 합치, 인적자원의 개발 및 육성, 그리고 조직에서 바라는 바람직한 인재상을 정립하는 데 있다고 말하고 있다. 카스테터(W. Castetter)와 영(I. Young)은 인적자원관리의 기능 내지 목표를 조직의 목표달성, 개인의 직위와 단위의 성취수준 조력, 인력의 경력개발 극대화, 개인과 조직의 목표 조화 등 4가지로 들고 있다(Castetter & Young, 2000).

이상에서 살펴보면 인적자원관리의 기본 목표는 그 자체에 목적이 있기보다는 인적자원을 효율적으로 확보 · 개발 · 활용하여 조직의 목표달성을 극대화하고 개인의 직무만족을 높이는 데 있다. 따라서 평생교육기관의 인적자원관리의 목표도 다음 두 가지로 정리할 수 있다.

첫째 목표는 평생교육기관의 업무에 적합한 사람을 확보하고, 그들의 전문성을 개발하여 적재적소에 배치하여 활용함으로써 평생교육기관이 지향하는 목표달성을 극대화 하는 것이다.

둘째 목표는 평생교육기관에서 일하는 구성원들이 평생교육에 대한 철학과 사명을 가지고 전문성을 발휘하여 소신껏 일함으로써 직무만족도 충족시키고 동시에 자기성장과 자아실현을 추구하도록 지원하는 것이다.

(2) 인적자원관리의 원리

일반적으로 조직에서 인적자원관리의 원리는 우수한 인력을 확보한 후에 확보된 인력을 적재적소에 배치하여 주어진 임무에 전념할 수 있도록 제반여건을 마련해 줄 뿐만 아니라 전문성 심화 발전을 유도하는 동시에 근무의욕을 고취할 수 있도록 필요한 제반지원을 해 주는 것이다. 인적자원관리 기능이나 영역이 광범위하기 때문에 다양한 원칙이나 원리가 적용될 수 있겠지만 기본적으로 모든 조직의 인적자원관리에서 적용될 수 있는 기본원리는 다음과 같다(서정화 외, 2010: 31-32).

첫째, 적재적소 배치의 원리이다. 유능한 인재를 확보하여도 적소에 배치하여 활용하지 못하면 인재가 사장되어 버린다. 따라서 유능한 인재를 확보하는 것도 중요하지만 이들에게 적합한 직무에 배치하여 능력을 최대한 발휘할 수 있도록 해주는 것이 인적자원관리의 시작이다.

둘째, 전문성 확보의 원리이다. 유능한 인재를 확보하는 것 자체가 조직의 직무 분야에 전문성이 있는 사람을 확보한다는 것을 의미하지만, 현대 조직에서는 이보다 구성원의 전문적인 능력과 자질을 지속적으로 계발시켜 주는 것이 전문성의 더 중요한 원리이다. 평생교육기관의 경우도 최근 평생교육사 자격을 가진 전문인력을 대부분 채용하고 있어 전문성 확보의 원칙이 지켜지고 있지만, 이보다 더 중요한 것은 이들에게 전문성을 신장시킬 수 있는 기회를 지속적으로 제공해 주는 것이다. 평생교육기관의 학습조직화가 강조되는 것도 이 때문이다.

셋째, 공정성 유지의 원리이다. '인사가 만사'라는 말이 의미하는 것이 바로 인사관리에서 공정성 유지의 원칙이다. 인적자원관리에서 공정성 유지의 원리는 모든 영역에 해당되는 것으로 채용에서부터 배치 그리고 평가나 보상 등에서 차별의 금지나 실적주의와 연공서열의 조화 등을 포함하는 원리이다. 공정성 유지의 원리는 구성원의 조직에 대한 불만이나 갈등을 최소화하고, 조직에 대한 충성도와 직무에 대한 동기 등을 유발함으로써 조직의 목표달성을 극대화하는 데 기여하게 된다.

마지막 원리는 구성원의 직무의욕 고취이다. 구성원들의 직무의욕을 고취시키기 위해서는 우선 조직의 목표와 개인의 목표를 조화시킴으로써 구성원들이 직무에 만족하도록 해야 한다. 이 외에도 구성원에 대한 적정한 경제적 처우와 쾌적한 근무환경과 여건 제공도 구성원의 근무의욕 고취를 위하여 매우 중요하다. 특히 구성원들의 조직목표 달성을 위하여 성과가 있을 경우에는 이에 필요한 적절한 보상을 통하여 근무의욕을 고취할 필요가 있다.

3) 인적자원관리의 기능과 영역

인적자원관리의 기능과 영역은 크게 보면 인적자원 확보, 인적자원 활용, 그리고 인적자원개발로 나누어 볼 수 있다. 이를 더 세분화 하면 구성원의 신분과 자격, 수요와 공급, 교육과 훈련, 신규채용, 근무평가, 승진, 전보, 보수, 근무부담, 복지와 후생, 징계, 퇴직 등 인적자원관리의 다양한 기능과 영역이 있다.

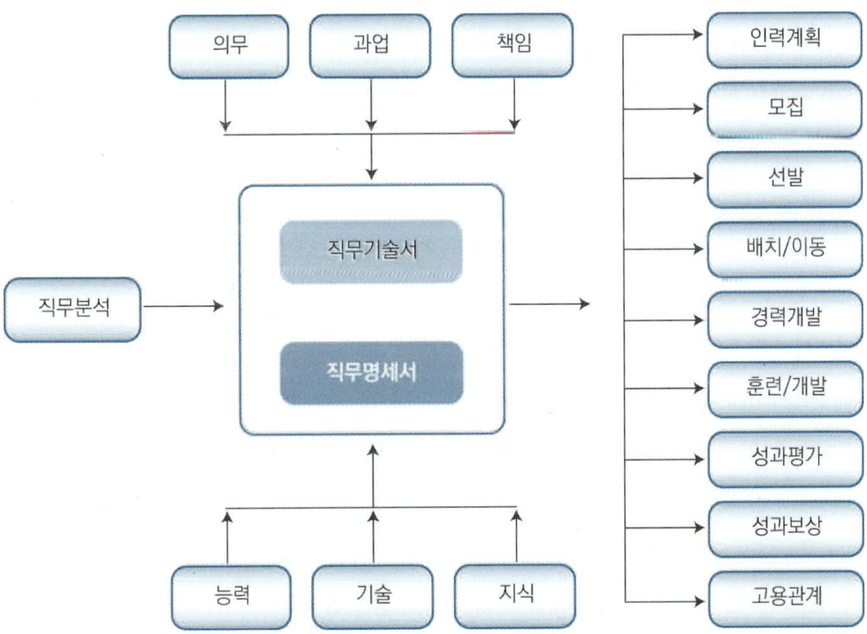

그림 6-2 직무분석과 인사활동

출처: 이진규(2005: 136)

이진규(2005)는 조직에서 이루어지고 있는 직무를 분석하는 것이 인사관리의 시작이라고 하면서 그림 6-2 와 같이 직무분석과 인사활동의 관계를 제시하고 있다. 구체적으로 직무분석을 통하여 구성원들이 하는 직무의 명세서와 기술서가 작성되면 이를 바탕으로 인력계획을 세우고, 직원의 모집과 선발, 배치와 이동, 경력개발, 훈련 및 개발, 성과평가, 성과보상, 고용관계 등의 인사관리가 이루어진다는 것이다.

전용욱 등(2010)은 기업조직에서의 인적자원관리를 중심으로 ① 인적자원계획, ② 인적자원개발, ③ 보상과 후생, ④ 산업안전, ⑤ 노사관계, ⑥ 인적자원연구 등 6개 기능으로 분류하고 있다. 최은수와 배석영(2011)은 ① 조직구조설계와 인적자원계획, ② 직무분석과 직무설계, ③ 인적자원의 확보, ④ 인적자원의 활용과 보조, ⑤ 인적자원의 개발과 조직개발 등 5개 기능으로 분류하고 있다. 또한 신유근(2011)은 인적자원관리와 노사관리를 분리하여 최근의 인적자원관리는 인적자원의 개발과 육성에 있다는 점을 강조하면서 ① 확보관리, ② 평가관리, ③ 개발관리, ④ 보상관리, ⑤ 유지관리를 인적자원관리의 기본과제로 제시하고 있다. 여기서는 평생교육기관의 경우 노사관리 부분이 대부분 없다는 점과 기업의 인적자원관리와 차이점이 있다는 점 그리고 인적자원의 개발과 육성에 초점을 두어야 한다는 관점 등을 고려하여 신유근이 분류한 관리기능 중심으로 논의하면 다음과 같다.

첫째, 인적자원의 확보관리이다. 인적자원의 확보는 인적자원관리 기능에서 제일 먼저 수행되는 활동으로 조직의 목표달성을 위하여 필요하고 적합한 자질과 능력을 갖춘 사람을 획득하는 과정이다. 인적자원의 확보관리는 주로 직무분석을 통한 인력계획수립, 유능한 인재를 확보하기 위한 모집 · 선발 · 배치라는 일련의 의사결정과정인 채용관리활동을 포함한다.

둘째, 인적자원의 평가관리이다. 평가관리에는 확보된 인적자원의 자질 · 능력 · 업적 등을 평가하는 인사고과활동과 직무의 중요도 · 난이도 · 위험도 등 여러 평가요소에 의해 직무의 상대적 가치를 평가하는 직무평가를 포함한다.

셋째, 인적자원의 개발관리이다. 인적자원의 개발관리란 인적자원의 능력을 최대한 발휘할 수 있도록 일의 기회와 교육훈련의 기회를 부여하는 활동이다. 특히 개발관리는 구성의 교육훈련 필요성 분석, 교육 프로그램의 내용 · 대상 · 방법의 선정, 교육훈련의 실시와 평가 및 피드백 활용 등과 같은 활동이다.

넷째, 인적자원의 보상관리이다. 보상관리는 확보되고 개발된 인적자원이 조직에 공헌한 만큼 금전적 · 비금전적 대가를 제공하는 활동이다. 전체 조직 구성원들의 기본적인 임금체제의 설정이나 이외의 보상수준을 결정하는 활동 그리고 개인이나 집단의 성과에 대한 인센티브의 제공 기준을 정하는 것 등이 포함된다. 보상관리는 평가관리와 연계해서 이루어지는 인적자원관리 활동의 하나이다.

다섯째, 인적자원 유지관리이다. 유지관리는 인적자원이 자신의 능력을 발휘하면서 조직 내에 남아 있도록 각종 배려를 행사하거나, 조직에서 사람들이 직무를 수행하는 과정에서 나타나는 여러 가지 어려운 문제들을 해결하는 과정이다. 유지관리에는 주로 조직에서 구성원들의 인간관계와 갈등, 이직, 퇴직, 재훈련 등의 활동을 행하는 관리기능과 근로자의 삶의 질 향상 및 조직의 경쟁력 강화를 위한 협력적인 노사관계 구축과 관리 등의 활동을 포함한다.

4) 평생교육기관의 인적자원관리 실제

최근 평생교육기관의 규모가 커지고 기능이 복잡해짐에 따라 평생교육기관도 경영을 하게 되고, 경영에서 가장 중요한 요소의 하나인 인적자원관리에 대한 관심이 커지고 있다. 평생교육기관의 인적자원관리의 목적도 일반적인 조직에서의 인적자원관리의 목적과 같이 평생교육기관이 지향하는 목표를 효과적으로 달성하기 위하여 인적자원을 확보·동원하고, 그들의 전문성을 개발하여 적절히 활용하는 것이다.

오혁진(2005)은 평생교육기관의 인사관리의 목적은 "평생교육기관을 생산성 높은 학습공동체로 만들어 가는 것이다. 즉 외적으로는 평생교육기관으로서의 조직 목적을 효과적·효율적으로 달성할 수 있도록 인력을 적절히 활용하는 것이며, 내적으로는 조직 구성원들이 보람과 만족을 느끼고, 유대감을 형성하면서 성장하도록 돕는 것이다"라고 규정하고 있다. 또한 최은수와 배석영(2011)은 평생교육기관의 인적자원관리의 목표를 평생교육기관이 목표로 하고 있는 지역주민들에게 양질의 교육 프로그램을 제공하고, 소외된 계층은 물론 모든 사람들에게 다양한 교육적 혜택을 누릴 수 있도록 하는 목표를 달성하기 위해 구성원들의 역량을 적절히 활용할 수 있도록 관리해 나가는 것으로 보고 있다.

이러한 목적에서 이루어지고 있는 평생교육기관의 인적자원관리는 학교조직에서와 같이 크게 두 부문으로 나누어진다.[2] 하나는 실제 교육을 담당하는 교수인력이고, 다른 하나는 평생교육기관의 운영을 담당하는 실무(행정)인력이다. 이 두 부문 인적자원관리가 이루어지는 과정은 다음 그림 6-3과 같다.

2) 오혁진(2005)은 평생교육기관의 인적자원관리를 일반 실무자 인사관리와 외부 인적자원으로 나누고, 최은수·배석영(2011)은 내부 인적자원과 외부 인적자원을 구분하고 있다.

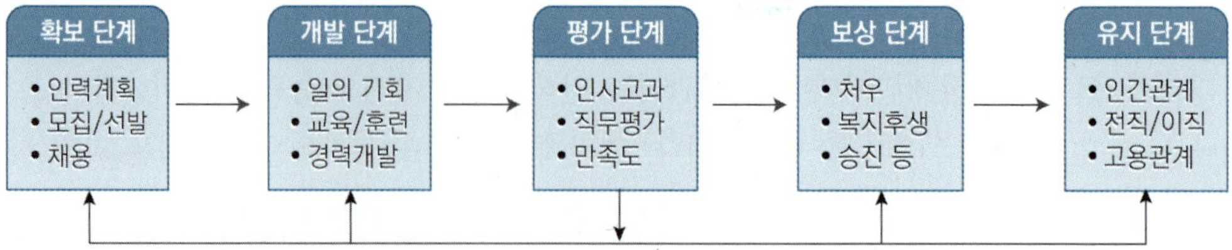

그림 6-3 평생교육기관 인적자원관리 과정

(1) 행정실무 인적자원관리

① 인적자원 확보

평생교육기관의 행정실무 인적자원 확보는 「평생교육법」에서 규정하고 있는 평생교육사의 구체적인 직무분석에서부터 출발해야 한다. 평생교육사란 「평생교육법」에 따라 자격을 부여받은 평생교육 전문인력을 말한다. 물론 평생교육기관에 평생교육사 자격증을 가진 사람만이 근무하는 것은 아니지만 최근 정부에서도 평생교육기관에서 평생교육사를 채용하도록 권장하고 있을 뿐만 아니라 이들의 업무를 평생교육의 기획 · 진행 · 분석 · 평가 및 교수 등으로 규정하고 있어 평생교육기관에서 이루어지고 제반업무를 포괄하고 있기 때문이다. 표 6-1 에서 구체적으로 제시하고 있는 평생교육사의 직무 흐름이 평생교육기관의 행정실무자들의 직무라고 볼 수 있다.

표 6-1 평생교육사 직무 흐름도

책무	구체적인 과정	
1. 기획	1-1 사회와 조직의 교육요구 분석 1-2 교육조직 및 기관의 비전 수립 1-3 교육사업전략 수립 1-4 중 · 장기계획 수립	1-5 연간 교육계획 수립 1-6 마케팅 1-7 사업성과 분석 등
2. 프로그램 개발	2-1 프로그램 타당성 검토 2-2 프로그램 개발 공동 작업 2-3 교육요구 파악 및 분석 2-4 프로그램 목표설정	2-5 프로그램 내용 선정 2-6 프로그램 설계 2-7 프로그램 실행 매뉴얼 작성
3. 프로그램 운영	3-1 시설 및 매체 확보하기 3-2 교수자 섭외 3-3 프로그램 홍보 및 마케팅	3-4 프로그램 실행 3-5 교육매체 조직 3-6 교육성과 분석

책무	구체적인 과정	
4. 기관관리	4-1 행정업무 4-2 재무관리 4-3 조직관리 및 개발 4-4 법규정책 해석 및 활용	4-5 교육시설 및 환경관리 4-6 학습자관리 4-7 교수자관리 4-8 기관 홍보
5. 네트워킹 및 지원	5-1 지역사회 학습자원 조사 5-2 인적·물적자원 교류 5-3 정보 공유	5-4 사업 제휴 5-5 공통 연수 5-6 네트워킹 조직 구축
6. 교수-학습	6-1 교수 대상자 분석 6-2 교수계획 수립 6-3 교수자료 수집	6-4 교수자료 개발 6-5 수업 실행 6-6 학습 평가
7. 학습상담	7-1 학습자 진단 7-2 교육정보 제공	7-3 교수 및 학습방법 조언
8. 교육컨설팅	8-1 교육문제 진단 8-2 해결안 제안	8-3 실시와 피드백

출처: 한국직업능력개발원(1999)

이러한 직무분석이 이루어지면 행정실무 인적자원 확보는 다음과 같은 단계와 활동을 거쳐서 이루어지게 된다.

- 인적자원계획 수립 단계: 평생교육기관의 현재 또는 장래 운영될 교육 프로그램을 고려하여 각 직무를 수행해야 할 연도별로 필요한 적정 인적자원의 수요를 파악한다. 이러한 파악된 인적자원 수요와 현재 확보된 인적자원을 비교하면 향후 연도별 확보해야 할 인적자원을 계획한다.
- 인적자원 충원 단계: 연도별 필요한 인적자원을 충원하기 위하여 기존의 확보된 행정실무 인적자원의 직무수행능력, 관심 분야, 본인의 요구, 향후 발전가능성과 잠재력 등을 파악하여 인적자원을 재배치하거나 직무를 배정한다.
- 인적자원의 채용 단계: 기존 인력의 직무배정 등이 끝나고 부족인력을 파악하여 새로운 신규인력 확보(채용)계획을 수립한다. 이 과정에서 채용인원, 채용시기, 방법과 절차 등의 구체적인 방침을 입안한다. 그리고 채용계획이 확정되면 모집공고를 하여 모집을 하고 선발을 하게 된다.
- 신규 인적자원의 배치 단계: 신규 인적자원의 선발이 종료되면 그 다음에는 인력수급계획 단계에서 부족했던 직무 분야에 선발된 인적자원을 배치하면 인력 확보 활동은 종료된다.

② 인적자원의 개발

인적자원은 조직의 핵심적인 요소이며, 그 개발은 조직개발과 유기적인 연계를 가지고 있다. 즉 조직개발에서 직무분석이 이루어지면, 그 직무수행 능력을 개발하는 것이 인적자원개발이다(Swanson & Holton III, 2009: 20-25). 따라서 조직에서 인적자원의 개발은 구성원에게 직무를 수행할 수 있는 기회를 부여하는 것에서부터 시작된다. 즉 일할 기회를 부여한다는 것은 바로 일을 통하여 직무를 학습한다는 직무훈련(OJT; On the Job Training)을 의미한다. 그리고 신규직원을 채용한 경우나 직무이동이 있는 경우 또는 조직의 새로운 사업으로 새로운 직무가 생성되는 경우에는 직무와 관련된 기술이나 지식 · 정보를 획득하도록 체계적인 학습기회를 제공하는 것이 교육 · 훈련(연수)이다. 또한 구성원들에게 현재 또는 미래의 직무와 관련해서 또는 직무와 관련 없이 조직에서의 구성원 개인의 성장 발전을 촉진하기 위하여 제공한 전체적인 학습경험이 경력개발이다. 이러한 것을 통칭하여 우리는 인적자원의 개발 활동이라 한다.

평생교육기관에서의 인적자원개발도 이러한 범주에서 이루어진다고 볼 수 있다. 평생교육기관의 규모나 성격에 따라 다소 차이가 있지만 일반적으로 실무행정직개발은 직무훈련(OJT)를 통하여 이루어지고 있다. 그리고 체계적인 교육 · 훈련을 실시하는 경우는 교육 · 훈련요구를 파악하고 체계적인 계획을 수립하여 교육 · 훈련을 실시하는데, 이 경우는 평생교육기관 자체 교육 · 훈련계획에 의해 하는 것도 있지만 교육부나 평생교육진흥원 또는 평생교육 관련 단체 등에서 체계적인 교육 · 훈련 프로그램을 개발하여 실시하는 경우도 많다. 최근 평생교육 관련 업무가 복잡해지고 전문화되면서 외부의 교육 · 훈련 프로그램이 확대되고 있다.

③ 성과평가

성과평가는 구성원들이 주어진 직무와 조직의 성과목표를 어느 정도 달성하였는가에 대한 평가이다. 성과평가는 구성원의 보상과 승진, 해고 등 의사결정에 기초자료를 제공하며 동시에 구성원의 교육 · 훈련의 필요성을 추출하는 기초자료를 제공한다. 성과평가의 내용은 크게 정량적인 요소와 정성적인 요소로 양분된다. 정량적인 요소는 업무의 성과나 실적으로 비교적 객관적으로 양화하여 평가할 수 있지만, 정성적인 요소는 직무를 통한 조직목표달성의 기여도나 공헌도 등과 같이 질적인 부분으로 주관적으로 평가할 수밖에 없다.

평생교육기관의 실무행정직의 성과평가의 정량적인 요소를 예시해 보면 교육 프로그램의 개발건수, 교육 프로그램 운영실적, 수강학생 수, 수강료 수입 등과 같은 것이 있다. 그리고 정성적인 요소는 교육 프로그램 운영실적 등이 평생교육기관의 경영목표 달성에 기여한 정도, 기관 발전에 기여한 정도, 조직 구성원들의 직무만족도 등과 같은 것이다. 성과평가는 업무나 직무 개선 또는 구성원들의 동기부여 등을 위하여 수시로 할 수 있지만 1년을 단위로 상반기(1학기)와 후반기로 나누어 할 수도 있고 연말이나 학년말에 1회만 할 수도 있다.

④ 성과보상

성과보상이란 성과평가 결과를 바탕으로 그에 상응하는 금전적 · 비금전적 대가를 제공하는 활동이다. 일반적으로 금전적 보상은 기본급, 수당, 상여금 등 임금에 해당되는 것이 있고 비금전적 보상은 승진 등이 있다. 승진은 구성원들의 직무서열이나 자격서열이 상승 이동하는 것으로 금전적인 보수가 상승하는 것도 있지만 책임과 권한이 확대되는 등 여러 가지 인사상의 혜택이 주어지는 것이다. 또한 보상 중에서 금전적 · 비금전적인 것을 동시에 충족시켜 주는 것이 복지후생이다. 복지후생은 구성원들에게 본인뿐만 아니라 가족의 생활 수준을 향상시켜 주는 여러 가지 혜택을 포함하고 있는 것이 일반적이다. 예를 들면 퇴직금, 각종 보험 및 연금 비용의 부담, 휴가 시 임금 지급이나 보조금 지급 등은 물론 주거시설, 편의시설, 의료시설, 레크리에이션 등과 같은 부분에서도 다양한 혜택을 주는 것이다.

⑤ 유지관리

인적자원의 유지관리란 조직 내 구성원들이 자신의 능력을 발휘하면서 조직 내 남아 있도록 각종 배려를 하거나 조직에서 구성원들이 직무를 수행하는 과정에서 나타나는 여러 가지 어려운 문제를 극복하고 해결하도록 도와주는 활동을 의미한다. 인적자원의 유지관리에는 구체적으로 구성원들의 전직이나 이직 등을 관리하는 활동도 포함된다.

(2) 교수자 인적자원관리

교수자 인적자원은 평생교육기관에서 직접 교육을 담당하는 교수나 외래교수를 의미한다. 교수자는 평생교육 프로그램의 개발에서부터 교수과정을 설계하고 다양한 교수기법을 활용하여 수업을 진행하는 역할을 한다. 평생교육기관에 따라서는 전임교수를 두는 경우도 있지만 대부분이 외래교수에 의존하고 있고, 전임을 두는 경우에도 계약제로 하여 한시적으로 활용하는 경우가 많다.

① 교수자 인적자원 확보

평생교육기관에서 전임교수를 확보하는 경우는 정식 채용과정을 거쳐서 확보하게 된다. 즉 우선 필요한 전임교수 수요를 파악하여 채용계획을 수립한다. 채용계획에 따라 모집공고를 하여 모집하고, 모집된 교수인력 중에서 서류전형이나 면담과정 또는 모의수업 실연 등을 통하여 선발하게 된다.

일반적으로 교수자가 갖추어야 할 요건[3]은 다음과 같은 과정을 거쳐 확보한다(오혁진, 2005: 205). ① 교육 프로그램을 확인한다. ② 기관이 보유하고 있는 교수자뱅크를 활용해 수업에 적합한 교수자 후보자 목록을 작성한다. ③ 기관 외의 정보망을 활용하여 수업에 적합한 교수자 후보자를 추천 받는다. ④ 교수자 후보자를 놓고 적임자 선정을 위한 내부 회의(예: 운영위원회)를 한다. ⑤ 교수자 후보자의 우선순위를 매긴다. ⑥ 1순위 교수자로부터 수업을 의뢰한다. ⑦ 수업 수락을 하면 수업의뢰서와 기관 및 프로그램에 관한 정보를 발송한다. ⑧ 프로그램 실시 하루 전쯤 수업시간과 장소에 대해 확인시켜 준다. 이러한 신규교수자 확보과정 이외의 프로그램이 연속적으로 개설되는 경우는 기존에 확보된 교수자의 학습평가 결과 등을 확인하여 특별한 문제가 없는 경우 계속 활용하는 것이 일반적이다.

② 교수자 인적자원개발

평생교육기관 및 프로그램의 질 관리에 관심이 높아지면서 교수 인적자원의 확보와 개발에 관심이 집중되는 경향이 있다. 평생교육기관의 규모가 커서 전임교수를 많이 확보하고 있는 경우는 전임교수 개발을 위한 별도 프로그램이 필요할 것이다. 그러나 대부분의 평생교육기관의 경우 전임교수가 많지 않기 때문에 별도의 교수개발 프로그램이 없는 것이 일반적이다. 전임교수 개발이 필요한 경우는 대체로 기관 내 프로그램과 기관 외 프로그램이 활용하는 데 기관 내 프로그램으로 워크숍이나 세미나 형태로 진행된 것이 일반적이다. 그리고 기관 외 프로그램은 교수들이 자율적으로 취사선택하여 참여할 수 있는 프로그램들이다. 가장 일반적인 것이 학회 참여나 각종 세미나 등의 학술행사 등에 참여하는 것이다.

외래교수 개발의 경우는 일반적으로 오리엔테이션이나 연수 형태로 이루어지고 있다. 신규교수자를 위한 교육은 주로 오리엔테이션이란 이름으로 이루어지고, 기존의 연속성을 가지고 수업을 담당하고 있는 교수자의 경우는 연수형태로 교육이 이루어지고 있다. 특히

3) 오혁진(2005)은 교수자가 갖추어야 할 요건을 크게 지식적인 면과 태도적인 면으로 나누어 지식적인 면은 ① 교과에 대한 지식, ② 학습자에 대한 지식, ③ 교수-학습과정에 대한 지식을, 그리고 태도적인 면은 ① 사명감, ② 신뢰성, ③ 학습자 존중, ④ 긴밀성 등을 들고 있다.

교수자 오리엔테이션에서는 ① 본 평생교육기관의 사명과 교육목적, ② 해당 교육 프로그램의 목적, ③ 교육대상자 집단의 규모, 특성 및 교육요구, ④ 프로그램의 전반적인 구성과 다른 교수자의 프로필, ⑤ 활용할 수 있는 교육시설 및 기자재 등과 같은 내용이 다루어지고 있다(오혁진, 2005: 206).

③ 교수자의 평가와 결과 활용

평생교육기관에서의 교수자 평가는 두 가지 형태로 이루어진다. 하나는 학습자들에 의한 수업평가이고 다른 하나는 기관에 의한 교수자의 평가이다. 자질이나 태도 및 품성 등에 대한 평가이다. 수업평가는 교수자가 작성한 수업계획서의 충실성에서부터 수업내용에 대한 지식 정도, 수업기법, 수업자료와 매체 활용 등에 대하여 학습자들이 직접 평가하는 것이다. 기관평가는 평생교육기관경영자나 중간관리자 또는 행정실무자들이 교수자의 자질이나 태도 및 품성 등에 대한 평가이다. 학습자에 의한 수업평가 결과는 두 가지 목적으로 활용이 된다. 하나는 교수자에게 피드백하여 수업의 질 개선이나 교수자의 자기개발을 위해 활용하는 것이고 다른 하나는 교수자 재임용에 활용하는 것이다. 그리고 기관평가 결과는 주로 교수자 재임용에 활용하는 것이 일반적이다. 그리고 학습자에 의한 수업평가나 기관평가의 결과 모두 향후 교수자 오리엔테이션이나 연수 프로그램 등에 반영하게 된다.

④ 교수자 인적자원 유지관리

평생교육기관이 확대되고 평생교육 프로그램에 대한 질 관리가 강조되는 것은 물론 평생교육기관의 교수자는 수시로 변동될 수 있기 때문에 교수자를 유지·관리하는 것이 평생교육기관의 중요한 업무가 되고 있다. 따라서 평생교육기관들이 교수자 인적자원을 효율적으로 유지·관리하기 위하여 활용하고 있는 것이 교수자 인적자원 풀이다. 즉 평생교육기관이 운영하고 있는 프로그램별로 가용한 교수자 인적자원을 데이터베이스화 하여 활용하는 것이다.

2. 평생교육기관의 조직관리

1) 일반 경영조직의 관리

(1) 경영조직의 개념

신유근(2011)은 경영에 대한 다양한 정의들을 정리하면서[4] "경영이란 조직목표의 달성을 위해 사람들로 하여금 효과적으로 맡은 일을 수행하도록 하는 체계적인 활동이다"라고 요약하고 있다. 경영에 대한 다양한 정의들을 종합해 보면 경영이란 조직의 목적이나 목표달성에 필요한 인적·물적자원을 확보·할당·활용하여 조직의 성과를 효율적·효과적으로 성취하는 일련의 과정 또는 활동이다.

그리고 조직(Organization)에 대한 개념도 많은 학자들에 의해 다양하게 정의되고 있다. 샤인(E. Shein)은 조직을 업무와 기능의 분담, 그리고 권위와 책임의 위계를 통해 명시적인 공동의 목적이나 목표를 성취하기 위해 여러 사람의 활동을 계획적으로 조정한 것이라고 정의하고 있다(Shein, 1965: 15). 또한 윤정일 외(2008: 121)는 조직이란 "둘 이상의 사람이 일정한 목표를 추구하기 위해 의도적으로 구성한 사회체제로서, 목표달성을 위한 특정한 과업, 역할, 권한, 의사소통, 지원구조 등을 갖춘 체제"로 정의하고 있다. 적어도 둘 이상의 사람이 공동 목표를 이루기 위해서 공동의 노력을 기울여야 할 때는 서로의 역할과 책임에 구분이 있고 이러한 노력들을 다시 통합하는 활동이 있어야 한다. 이와 같이 공동의 목표를 이루기 위해 규칙과 규범에 의해 의도적으로 만들어지는 분화되고 통합되는 협업의 체계가 조직이다(전영욱 외, 2010: 220).

우리는 일반적으로 이러한 경영과 조직에 대한 개념을 기업에 적용할 때 경영조직이라고 말한다. 따라서 경영조직이란 기업의 목표를 달성하기 위해 사람들이 협동적으로 일을 수행하는 조직체의 구조와 운영방식을 의미한다. 이러한 의미는 이윤을 추구하지 않는 일반적인

4) 여러 학자들의 경영에 대한 개념 정의를 보면 다음과 같다(신유근, 2011: 6).
- Rue & Byars: 경영이란 조직의 목적이나 목표를 달성할 수 있도록 사람들에게 방향을 제시해 주는 활동의 형태나 과정이다.
- Koontz: 경영은 의미있는 조직목표들을 성취하기 위해 가능한 가장 효율적인 방법으로 조직의 일을 계획하고, 조직하고, 충원하고, 지휘하고, 통제하는 활동이다.
- Thierauf: 경영이란 산출물(제품과 서비스)을 생산하려는 목적으로 투입물(인적자원과 경제적 자원)을 할당하는 과정이다.
- Stoner: 경영이란 사람을 통하여 과업을 수행하게 하는 예술(The art of gettisu things done through people)이다.
- Drucker: 경영은 과업이며, 규율이다. 하지만 경영은 또한 사람이다. 경영의 모든 성과는 경영자의 성과이다. 모든 실패는 경영자의 실패이다. 사람은 '힘'을 경영하기보다 '사실'을 경영한다.
- Robbins: 경영이란 사람들에게 일을 효율적이고 효과적으로 수행하도록 하는 활동이다.

조직에도 그대로 적용될 수 있다. 오늘날 흔히 쓰이고 있는 경영조직은 그 조직 구성원들이 긴밀한 관계를 맺으면서 국민생활에 필요한 재화나 서비스를 생산하고 이를 통해 소비자들의 구매 욕구를 충족시킨다. 또한 경영조직은 조직 내적으로도 조직의 새로운 과업수행방식이나 관리방식을 개발하거나, 미래를 이끌어갈 인재를 양성하거나, 새로운 생활문화를 형성하는 등 사회 구성원들에게 다양한 효익을 산출한다.

(2) 경영조직의 설계

조직설계(Organizational Design)란 조직의 목적을 달성하기 위하여 조직이 처한 상황을 고려하여 여러 가지 조직구조나 조직형태 중에서 가장 적합한 형태를 선택하는 과정을 의미한다. 조직단위에서는 고객의 욕구파악을 비롯해 내·외부 환경분석 등의 과업이 있지만, 가장 큰 역할은 구성원들의 직무와 부서별 과업이 조직목표 달성을 위해 원활하게 이루어질 수 있도록 하는 것으로 조직구조 설계가 대표적이다. 조직에서는 조직구조라는 기본 골격을 설정하여 개인, 집단, 그리고 조직의 각 과업들을 유기적으로 결합한다. 조직은 조직목표를 가장 효과적으로 달성할 수 있는 조직구조를 설계해야 한다. 특히 이러한 조직구조의 설계는 외부환경, 조직목표, 조직규모와 조직기술 등을 함께 고려해야 한다(Galbraith, 1977).

전용욱 등(2011)은 "조직은 ① 공통의 목표가 존재하고 이 목표에 따라 ② 구성원 각자가 해야 할 업무와 역할을 구분하여 분업화하며, ③ 부문별로 이루어지는 노력을 효과적으로 조정·통합하고, ④ 이런 통합을 위한 지시와 복종, 책임을 명확히 하는 권한체계가 조직 안에 존재한다."라고 보고 이러한 요소들을 조직구조에 포함하고 있다. 또한 신유근(2011)은 다음 그림 6-4 와 같이 조직 목표달성을 위해 필요한 업무들을 할당하는 방법(과업의 분화), 업무를 어느 정도나 담당자의 재량에 맡길 것인가를 정하는 방법(권한의 배분), 업무수행을 위해 필요한 규정과 절차를 명시하는 방법(공식화), 업무수행과정에서 발생하는 갈등을 조정하는 방법(코디네이션) 등으로 경영조직이 구성된다고 보고 있다.

이러한 구성요소들을 고려하여 구체적으로 어떻게 조직을 설계할 것인가는 경영자의 의사결정이다. 그러나 경영자가 조직을 설계할 때는 장기적인 안목에서 조직의 효율성과 유연성 등을 고려하여 조직성과를 극대화할 수 있도록 해야 한다. 또한 경영조직을 둘러싼 외부적·내부적 환경이 계속하여 변화하고 있기 때문에 조직설계는 이러한 환경변화에 적합하도록 구상되어야 한다. 그리고 조직설계는 한 번에 끝나는 활동이 아니라 조직의 생존을 위하여 지속적으로 이루어져야 할 활동이다.

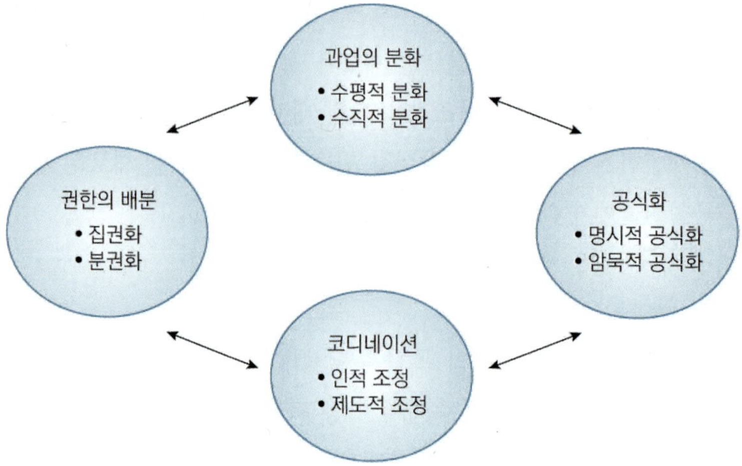

그림 6-4 조직구조의 구성요소

출처: 신유근(2011: 328)

경영조직을 설계하는 과정은 조직구조의 형태에 따라 다소 차이가 있지만 일반적으로 기존의 조직에 있어서나 새로운 조직을 만드는 경우에도 가장 먼저 이루어져야 할 일은 조직의 상황이나 조직의 목표 또는 사명을 명확히 분석하는 것이다.

그 다음으로 이러한 목표를 달성하기 위하여 실제 조직 속에서 이루어져야 할 과업을 명세화하고 이것을 수평적 · 수직적으로 구분하는 것이다. 그리고 세 번째 단계에서는 명세화된 과업을 공식적으로 수행할 부서, 즉 조직구조를 결정한다. 네 번째 단계에서는 공식화된 부서에 책임과 권한을 부여하게 된다. 그리고 마지막 단계에서는 업무부서별로 업무수행과정에서 발생하는 갈등을 조정하고 업무를 조율하게 된다. 엄격히 말하면 마지막 단계는 조직설계단계라기보다는 조직관리에 해당되는 단계이다. 이러한 경영조직설계의 전체적인 과정을 도식화하면 다음 그림 6-5 와 같다.

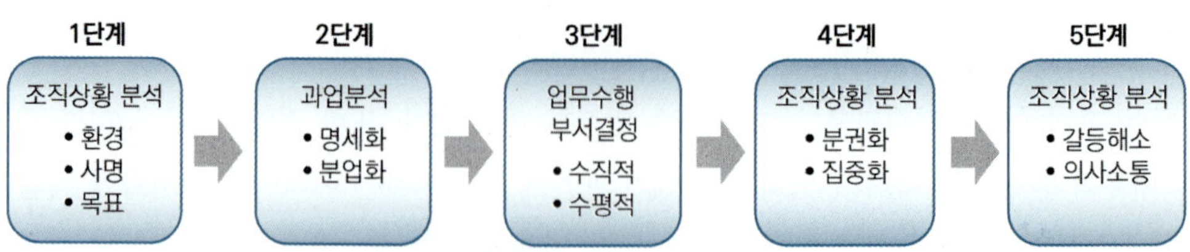

그림 6-5 경영조직의 설계과정

(3) 경영조직의 유형

조직설계 과정을 통하여 구상될 수 있는 조직구조의 형태는 다양하다. 일반적으로 전통적인 관료적 조직구조 형태는 경영환경에 대해 그다지 민감하지 않으며, 위계적 체계와 업무기능의 효율성을 중시한다. 그러나 현대적 조직구조 형태는 경영환경에 민감하고, 특히 고객 차원을 중시하는 경향을 보이고 있다.

이진규(2001)는 조직구조를 전통적인 관료적 조직구조와 근래 들어 부각되고 있는 수평조직과 네트워크 조직형태로 경영조직을 유형화하고 있다. 관료적 조직은 과업의 효율성을 강조하기 때문에 일과 기능중심으로 조직을 구조화하고 있으며 의사결정이 더디고 복잡한 업무절차 등을 중시하기 때문에 비능률이 초래되고 있다고 지적하고 있다. 수평조직은 기존의 관료조직에 존재하는 계층을 없애고, 업무팀으로 구조화하여 의사결정과 권한의 위임이 이루어지고 있는 조직형태이다. 또한 네트워크조직은 미래형 조직형태로서 수평적 조직의 특성을 살리면서 조직과 공급자 및 소비자 혹은 경쟁자가 상호 이익을 위하여 자원을 연결하는 조직형태이다.

또한 신유근(2011)은 조직의 유형은 크게 전통적인 조직, 현대적인 조직 그리고 최근의 도전적인 조직형태로 나누어 논의하고 있다. 이러한 유형들을 간략히 살펴보면, 전통적인 조직은 다시 라인조직, 라인스태프조직 그리고 사업부제조직으로 분류하고 있다. 여기서 라인조직은 과업의 분화라든가 부문화가 많이 진전되지 않은 매우 초보적인 조직형태로서 군대조직이나 산업화 초기에 흔히 볼 수 있었던 조직이다. 그리고 라인스태프조직은 조직의 규모가 커지면 조직의 목표 달성을 위하여 라인조직 외에 의사결정이나 업무 조정 및 통제를 전문적으로 지원할 수 있는 조직(비서실, 기획실, 경영지원실 등)을 두는 조직형태이다.

현대적 조직은 다시 팀조직, 매트릭스 조직, 벽 없는 조직으로 분류하고 있다. 팀조직은 자율적 작업조직, 프로젝트 조직, 팀제조직을 포함하는 조직형태로서 여기서 팀이란 상호보완적인 능력이나 기술을 가진 구성원들이 공동 책임하에 공동의 목표를 달성하기 위한 모임의 소집단이다. 자율적 작업조직이나 프로젝트 조직은 과업이나 과제에 따라 수시로 생성 또는 소멸하는 반면에 팀조직은 조직구조 자체를 팀조직으로 구조화하여 수평적으로 팀 간의 상호 유기적인 관계를 유지하면서 탄력적으로 운영되는 조직이다. 매트릭스 조직은 이진규가 분류한 조직 유형과 같은 의미이고, 벽 없는 조직은 위에서 설명한 네트워크 조직 이외에 가상조직을 포함하고 있다. 가상조직은 정보네트워크 기술을 활용한 새로운 기업 간 협력을 통해 경영성과를 높이려는 경쟁전략의 일환으로 설계된 조직형태이다. 그리고 새로운 형태의 도전적 조직구조는 표 6-2 와 같이 제시하고 있다(자세한 설명은 신유근, 2011: 371-383 참조).

표 6-2 새로운 형태의 도전적 조직구조(예시)

조직구조	조직 유형의 예시
• 글로벌 조직화 • 분권적 조직화 • 고객지향적 조직화 • 정보처리형 조직화	- 글로벌 네트워크 조직, 글로벌 매트릭스 조직 - 심포니오케스트라형 조직, 사내벤처분사 조직 - 역피라미드형 조직, 아메바형 조직 - 지식조직

출처: 신유근(2011: 372)

2) 평생교육기관 경영조직의 특성

일반 경영조직이론이나 학교조직이론을 평생교육기관의 경영조직에 적용하는 데 한계가 있다. 평생교육기관은 여타 조직이나 학교조직과는 구별되는 그 나름으로의 독자적인 성격[5]이 있기 때문이다. 또한 평생교육기관은 그 유형[6]이 다양하기 때문에 이러한 다양성이 그대로 경영조직의 다양성이나 특성에 반영될 수가 있다. 우선 평생교육기관의 성격이나 유형에 따라 평생교육기관이 지향하는 가치나 목표가 다르고, 운영하는 프로그램과 학습집단이 다르다. 그리고 평생교육기관은 교육조직이지만 운영방식과 통제기구나 방식도 학교조직과 크게 다른 점이 있다. 따라서 이러한 평생교육기관경영의 독자성이 평생교육기관 경영조직의 설계나 실제 조직의 형태 및 관리에도 영향을 미치게 된다. 평생교육기관 경영조직의 구체적인 특성을 보면 다음과 같다.

5) 최은수와 배석영(2011)은 평생교육기관의 성격을 ① 교육이 모든 연령층에 개방되어 있다, ② 교육과정이나 교육기간이 학교교육기관에 비해 탄력적이다, ③ 교육내용이 국민 개개인의 실생활과 밀접하다, ④ 교육기간은 학교교육기간에 비해 단기적이다, ⑤ 기관경영이 탄력적이고 융통성이 많다, ⑥ 교육내용이 광범위하고 다양하다, 그리고 ⑦ 많은 평생교육기관들이 재정적으로 열악하다의 7가지로 기술하고 있다.

6) 오혁진은 평생교육기관경영의 유형을 설립주체 및 교육의 핵심성과 경영의 독자성에 따라 분류하고 있다. 우선 설립주체와 교육의 핵심성에 따라 분류하면 〈표 6-3〉에서 보는 바와 같이 영리형 민간기관, 비영리형 민간기관 그리고 공공기관으로 분류되고 이를 다시 교육핵심성에 따라 일차적 기관(교육이 핵심기능인 기관)과 이차적 기관(모기관이 있고 교육이 부차적인 기관)으로 분류하고 있다. 또한 평생교육기관을 경영의 독자성에 따라서 독립경영 평생교육기관, 위탁경영 평생교육기관, 그리고 하위조직운영 평생교육기관으로 분류하고 있다. 독립경영이란 외부의 통제 없이 기관의 독자적인 계획과 의사결정에 의한 경영을 의미하고, 위탁경영이란 정부, 사회단체 및 기업 등으로부터 시설 또는 재정을 위탁받은 평생교육기관경영을 의미하며, 하위조직운영이란 모기관의 하위부서로서 평생교육을 실시하는 조직운영을 의미한다(오혁진, 2004: 24-25).

표 6-3 **평생교육기관의 설립주체 및 교육의 핵심성에 따른 분류**

핵심성 \ 설립주체	영리형 민간기관	비영리형 민간기관	공공기관
일차적	• 학원 • 민간 연수기관	• 가나안농군학교 • 한국지역사회교육협의회 • 대학부설 평생교육기관	• 여성인력개발센터 • 공공직업훈련원
이차적	• 백화점/언론기관 문화센터 • 기업 부설 연수원	• 시민단체 부설 • 종교기관 부설 • 병원 부설	• 공공도서관 • 공공박물관 • 주민자치센터 • 종합사회복지관

출처: 오혁진(2004: 24)

(1) 지향하는 가치와 목표 설정에서의 특성

평생교육기관은 교육기회 균등의 실현이나 교육복지의 구현이라는 측면에서 보면 영리를 추구하기보다는 교육기관으로서의 고유한 교육적 가치를 지향해야 한다. 한편 최근에 정부나 지방자치단체 수준에서 평생교육에 대한 재정지원이 확대되는 추세이지만 여전히 평생교육은 사설 민간평생교육기관에 크게 의존하고 있기 때문에 기관의 생존을 위하여 영리를 추구할 수밖에 없는 것이 현실이다. 또한 학교도 마찬가지지만 평생교육기관은 지역사회 속에서 생존해야 하기 때문에 지역사회 발전에 기여해야 한다는 사명이 있다. 이러한 관점에서 보면 생산성 극대화나 이윤 극대화를 추구하는 기업경영 목표나 학생들의 학업성취도 향상을 최우선시하는 학교 경영목표에 비교하면 평생교육기관의 경영목표는 매우 복합적이고 다양할 수밖에 없다. 그래서 평생교육기관 경영조직은 교육기관이 추구하는 고유한 교육적 가치를 지향하면서 조직의 성과(수익 창출 등)를 겨냥하고, 이것이 지역사회발전 나아가 국가발전에 기여하도록 해야 한다.

(2) 인적구성(집단)의 특성

평생교육기관은 경영 차원에서 고려해야 할 집단, 즉 인적구성이 다양하고 복잡하다. 학교라는 조직은 확연히 구분되는 가르치는 교사집단과 배우는 학생집단이 중핵을 이루고 있다. 즉 세대차가 분명한 두 집단으로 구성되는 종적인 조직이다. 반면에 평생교육기관은 다양한 유관 집단이 공존하고 있다는 것이 큰 특징이고, 이것이 기관경영 전반에 영향을 미칠 수 있다. 평생교육기관의 경우도 가장 일차적인 집단이 배우는 학습자 집단과 가르치는 교수자 집단 그리고 이들 두 집단에게 행정적 지원적 서비스를 제공하는 직원 집단이다.

우선 학습자 집단의 연령이나 학력수준 그리고 사회경제적 배경 등이 다양하고 이질적이다. 따라서 학습자 집단을 관리하고 서비스를 제공하는 데 여러 가지 어려운 점들이 발생한다는 점이다. 교수자 집단도 평생교육기관의 성격이나 규모에 따라 다소 차이가 있지만 대부분 외래교수라는 측면에서 외래교수 확보나 질 관리 등에 애로가 많은 것도 평생교육기관경영의 한 특성이다.

(3) 교육 프로그램이나 그 운영의 특성

평생교육기관이 다양한 것만큼 하나의 평생교육기관에서 운영되고 있는 프로그램도 다양하다. 물론 특성화된 평생교육기관에서 특정한 평생교육 프로그램만 운영하는 경우도 있다. 평생교육기관의 프로그램이 다양한 것도 경영조직에 영향을 미치지만 평생교육 프로그램은 학습자의 수요, 직업세계의 변화나 사회변화 등에 따라 프로그램이 수시로 변화한다는 것이다. 따라서 이러한 교육 프로그램을 운영하는 경영조직도 탄력적일 수밖에 없는 것이 특징이다. 또한 평생교육기관이나 프로그램이 다양화되고 평생교육의 질 관리에 대한 관심이 고조되면서 학교교육 못지않게 그 운영에서도 전문성이 요구되고 있다. 따라서 평생교육기관 경영조직에 인적자원의 중요성이 강조되고 있다. 이러한 측면에서 이미 평생교육 전문인력으로 평생교육사를 양성하고 있다고 볼 수 있다.

3) 평생교육기관 경영조직의 실제와 관리

평생교육기관의 규모나 사업규모, 그리고 프로그램의 종류나 운영형태 등이 평생교육기관 경영조직 실제에 영향을 미치게 된다. 그러나 평생교육기관의 조직설계도 일반적인 조직설계의 범주에 있다고 볼 수 있다. 어떤 조직이든지 조직목표달성을 위한 과업이 명시되고, 그리고 과업을 수행하는 직무(구성원의 직무)가 배정되고, 직무수행에 필요한 책임과 권한이 배분되며, 이러한 권한과 책임을 행사하는 공식적인 절차와 과정 등이 만들어지게 된다. 바로 이러한 것들이 조직의 유형을 결정하는 요소들이다. 평생교육기관도 이러한 요소들에 의해 경영조직이 만들어진다고 볼 수 있는데 이러한 경영조직 구성요소들에 의해 실제 유형화할 수 있는 평생교육기관 경영조직의 유형을 보면 다음과 같다.

(1) 기능별 조직 유형

기능별 조직 유형은 가장 전통적이면서도 일반적인 조직의 형태이다. 이것은 일반적으로 조직에서 이루어지는 기능을 분류하고, 이러한 기능중심으로 구성원들을 구성하여 과업과 직무를 배정하는 것이다. 예를 들어 평생교육기관 같으면 가장 핵심적인 기능이 교육과정(프로그램)을 기획 · 개발하고, 그것을 운영하는 기능이다. 그 다음이 이러한 교육과정(프로그램)의 개발과 운영을 지원하는 인적 · 물적 조건을 관리하는 기능 등이 있다. 그림 6-6에서 보는 바와 같이 기능별 경영조직은 최고경영자인 평생교육기관장이 각 기능 부서를 직접 통솔하는 직접적인 명령체계를 가지며, 각 부서는 다른 부서와 업무적으로는 유기적인 연계를 갖고 있지만 비교적 고유한 기능을 독립적으로 수행하게 된다.

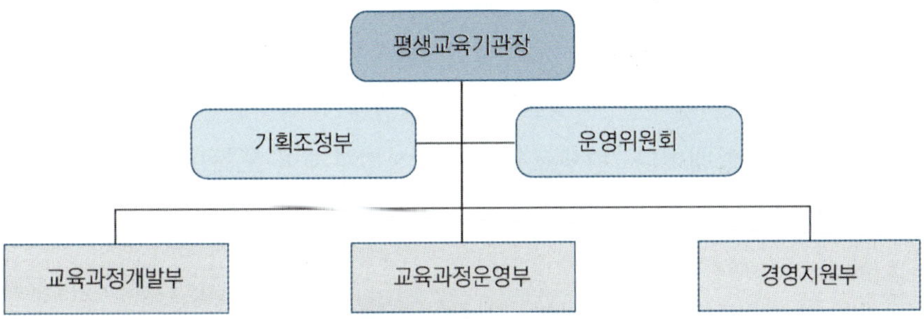

그림 6-6 기능별 경영조직 예시도

기능별 경영조직에서는 조직의 규모가 크고 각 기능별 조직의 업무를 전문적으로 자문하거나 조정할 필요가 있을 경우에는 이러한 기능을 담당하는 조직을 별도로 둘 수 있다. 이때 최고경영자에서 기능별 부서로 바로 직접적인 명령계통이 이루어지는 것을 일반적으로 라인조직이라 하고, 기능별 조직에 대해 자문이나 지도조언 및 조정기능을 담당하는 부서를 스태프조직(기획조정부)이라 하기도 한다. 그리고 일반적으로 평생교육기관 경영자의 경영 전반을 자문하기 위한 조직으로 운영위원회 같은 것을 설치 · 운영할 수 있다.

기능별 조직은 과업이 복잡하지 않고 대외적인 환경의 변화에 영향을 받지 않고 안정적으로 운영될 때 적합한 조직형태이다. 또는 부서 간에 업무 조정이나 협력이 많이 요구되지 않을 경우는 효율적이다. 그러나 오늘날과 같이 대외적인 환경변화가 급격하고 어떤 조직이나 부서 간의 협업이나 팀워크가 강조되고 있는 조직환경에 부적합하다. 특히 고객지향적인 조직에서 고객의 요구를 즉각적으로 반영하지 못하고 시장에 대한 대응력이 떨어지는 단점이 있다.

(2) 사업부제별 조직 유형

조직이 점차 확대되거나 사업이 다양화되어 하나의 기능별 조직만으로 조직의 업무를 감당할 수 없게 될 때 사업별로 또는 지역별로 기능별 조직을 둘 수 있는데, 이때 조직의 형태를 사업부제별 조직이라 한다. 사업부제별 조직은 전통적인 기능별 조직과 달리 사업부 단위별 또는 지역별로 독자적인 기능별 조직을 두어 책임과 권한을 부여하는 조직형태이다. 학자들에 따라서는 사업부제별 조직을 부문별 조직이라 하기도 한다.

평생교육기관도 단위기관에 독립성이 강한 다양한 사업이 확대되는 경우나 하나의 평생교육기관이 다른 지역에 분원 등을 확대하는 경우에 있을 수 있는 조직형태이다. 우선 하나의 평생교육기관에서 사업이 다양화되는 경우이다. 예를 들면 평생교육기관이 교육대상별로 사업을 확대하여 노인교육사업부, 여성교육사업부, 청소년교육사업부 등을 두는 경우나 교육방식면에서 온라인교육사업부와 오프라인교육사업부를 두는 경우도 있을 수 있다. 지역별로 교육조직을 두는 경우는 평생교육 프로그램을 운영하는 각종 단체가 전국조직과 지역조직을 운영하는 형태이다. 평생교육기관의 사업부제별 조직형태는 다음 그림 6-7 에서 보는 바와 같이 도식화할 수 있다.

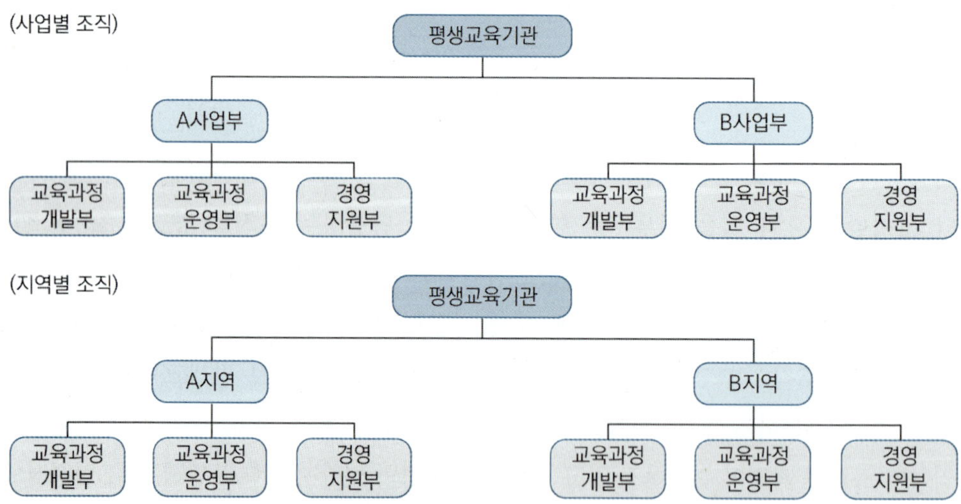

그림 6-7 사업부제별 조직 예시도

사업부제별 조직은 경영활동이 사업단위별 또는 지역단위별 책임자에 의해서 이루어지면서 경영활동에서의 상당한 독립성이 보장된다. 이러한 독립성이 재무관리 부분에까지 미치게 되면 이 경우는 일반적으로 독립채산제라고까지 한다. 사업부제별 경영조직은 의사결정이 빨리 이루어질 수 있어 환경변화에 비교적 빠르게 대처할 수 있을 뿐만 아니라 책임소재를 분명히 할 수 있다는 장점이 있다. 그러나 사업부제별 조직은 사업부나 지역별로 중복된 부서가 있어 낭비를 초래하거나 각 사업부나 지역별로 지나친 경쟁을 유발하여 조직목표 달성에 역효과가 나타날 수 있다는 단점이 있다.

(3) 팀제조직 유형

팀조직은 기능별 조직이나 사업부제별 조직과 같은 전통적이고 관료적인 조직에서 볼 수 있는 계층을 없애고 조직에서 최고경영자 계층과 직접적으로 연결되는 팀 계층만이 존재하는 조직형태이다. 조직의 모든 업무가 팀중심으로 수행된다. 이진규(2005)는 "팀조직을 수평적 조직구조라 하여 기존의 관료적 조직이 집권화된 의사결정구조라면 이러한 수평적 조직은 분권화된 의사결정구조라는 것이 특징이다"라고 지적하고 있다. 또한 기능별 조직과 같은 관료적 조직이 상명하달식 명령체제의 위계질서를 강조하는 것에 비해 수평적 조직인 팀조직은 구성원 간의 관계를 내등하고 수평적인 관계로 간주한다는 것이다.

팀제 경영조직형태는 우리나라의 경우 1997년 IMF 관리체제 이후 기업 등에서 주목받기 시작한 조직형태로 현재는 대학 등의 교육조직에서도 일반화되어 있다. 이러한 팀제조직은 경쟁의 심화, 환경변화의 가속화에 대응하여 수평적 조직화와 슬림화[7]의 원리에 충실함으로써 전통적인 기능중심의 조직과 계층형 조직구조를 탈피하려는 조직이다. 또한 조직팀제 경영조직은 기능중심의 계층구조 내에서 일과 사람이 획일적으로 정해지는 종래의 조직형태로부터 벗어나서, 능력과 적성에 따라 탄력적으로 인재를 팀에 소속시키면서 팀장을 중심으로 각자가 동률의 책임하에 구별된 일을 하면서 상호 유기적인 관계를 유지하도록 하는 조직형태이다. 팀제조직은 팀 구성원들 간의 원활한 의사소통을 촉진하고 이를 통하여 의사결정의 질을 향상시키며, 환경변화 등에 탄력적으로 대응할 수 있다는 장점이 있다. 그러나 이러한 장점을 살리기 위해서는 팀장에게 최대한의 책임과 권한을 부여하여 팀장의 역할을 강화하는 동시에 팀원 모두에게도 자율권과 그에 따른 책임을 분명히 인식시켜야 한다.

최근 평생교육기관들도 규모나 기관의 성격에 따라 다소 차이가 있지만 팀제조직으로

7) 수평적 조직화와 슬림화는 개념적으로 유사하면서도 약간의 차이가 있다. 슬림(slim)화는 조직 내 중복되는 불필요한 부서 · 일 · 자리 등을 재배치하거나 줄이는 '군살빼기'(다이어트)를 의미하며, 수평적 조직화는 조직구조상 계층(단계)의 수를 줄이는 것을 지칭한다.

운영하는 평생교육기관이 많이 늘어나고 있다. 팀제 경영조직의 일반적인 형태는 다음 그림 6-8 과 같다. 앞에서 예시한 기능별 조직이나 사업부제별 조직을 팀조직으로 이름을 바꿀 수도 있고, 새로운 형태의 팀제조직으로 가져갈 수도 있을 것이다. 또한 기존의 기능별 조직이나 사업부제별 조직을 그대로 두고 특정 프로젝트만을 팀조직(그림의 점선과 같이)으로 운영할 수도 있을 것이다. 예를 들면 외부의 수탁사업이나 특정 프로젝트를 하나의 사업으로 수행하는 경우에 이러한 조직으로 운영할 수 있다.

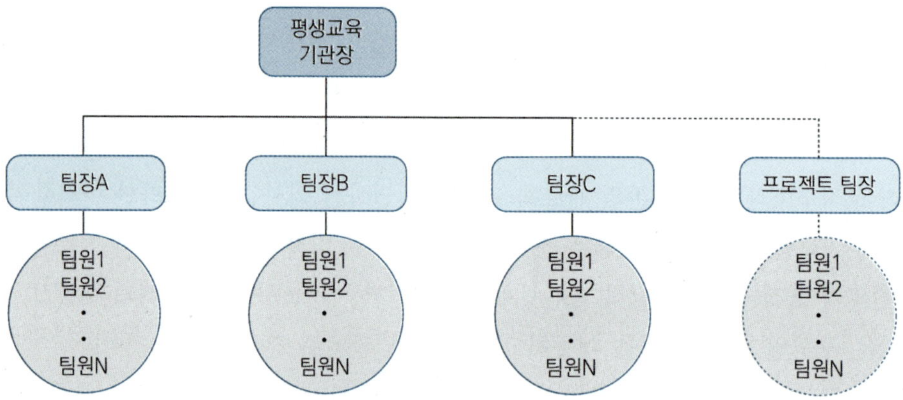

그림 6-8 팀제 경영조직의 예시도

(4) 매트릭스 조직 유형

매트릭스 조직(Matrix Organization)은 기능별 조직과 사업부제별 조직을 합친 형태이다. 매트릭스 조직형태는 구성원들이 상사 두 명의 명령을 받기 때문에 구성원의 높은 역량을 요구한다. 따라서 매트릭스 조직은 조직 구성원의 역량에 따라 기능별 조직과 사업부제별 조직의 장점을 잘 살릴 수도 있고 그렇지 못할 경우도 있다. 조동성(2005)은 매트릭스 조직을 제대로 활용하기 위해서는 다음과 같은 요건을 충족시켜야 한다는 것을 지적하고 있다. 첫째, 매트릭스 조직을 능숙하게 운영할 경영자를 선발 · 교육하여야 한다. 둘째, 구성원들의 성과를 제대로 평가할 제도적 장치를 마련하여야 한다. 셋째, 이중역할에 따른 역할모호성을 감소시킬 대책을 준비하여야 한다. 넷째, 기능부문 경영자의 권한을 위양하려는 자세를 확립하여야 한다. 다섯째, 기능부문과 프로그램부문 사이의 세력균형이 이루어져야 한다. 여섯째, 개방적이며 협동적인 조직분위기를 조성하여야 한다.

그러나 매트릭스 조직은 오늘날과 같이 고객의 요구가 다양하고, 변화가 급격한 시장에 신속하고 능동적으로 대응하고, 조직 구성원들의 능력과 재능을 최대한 활용할 수 있기 때문에 조직의 기능적 효율성과 조직 구성원들의 만족과 성과를 동시에 높일 수 있다(Arnold & Fledman, 1986: 259). 매트릭스 조직은 일반적으로 기업체와 같이 큰 조직에서 볼 수 있는 조직형태로서 평생교육기관의 경우는 기업화된 대형학원 등에서 적용할 수 있는 조직형태이지 일반적인 규모의 평생교육기관에서는 찾아보기 힘든 조직형태이다. 그럼에도 불구하고 평생교육의 경우도 고객의 요구가 다양하고, 교육시장이 급변하는 특징을 가지고 있기 때문에 어느 정도 규모가 있는 평생교육기관이라면 매트릭스 조직형태로 접근하여 그 장점을 살릴 수 있을 것 같다. 이 경우 다음 그림 6-9 에서 보는 바와 같이 교육과정개발부, 교육과정운영부, 경영지원부 등의 기능별 조직이 있고, 여기에 다시 프로젝트 A, B, C별로 조직을 형성하는 형태이다. 따라서 각 구성원들은 기능 위주의 조직에서 업무를 수행하는 동시에 프로젝트 베이스의 업무를 동시에 수행해야 한다.

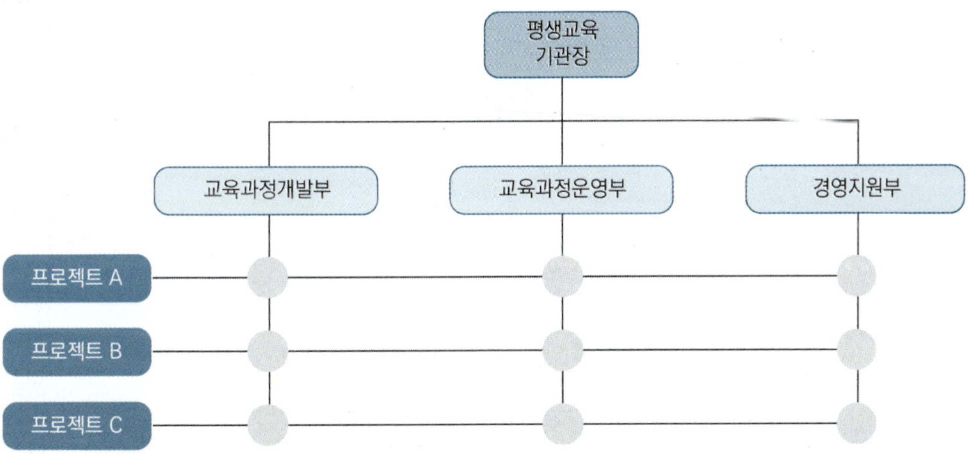

그림 6-9 매트릭스 조직형태 예시도

(5) 네트워크 조직 유형

네트워크 조직(Network Organization)은 최근 부각되고 있는 가장 특징적인 조직형태이며 미래형 조직형태이다. 기업에서의 네트워크 조직은 특징적으로 공급자, 소비자, 그리고 경쟁자와 상호 이익을 위해 서로의 자원을 연결시켜 주거나, 불확실한 경영환경에서 상호 협동을 촉진시켜 줄 수 있다고 한다(이진규, 2005). 기능별 조직 등과 같이 전통적인 조직형태에서 수직적인 통제와 관리의 효율에 초점을 둔다면 네트워크 조직은 지식, 자원의 공유, 유기적 연대 등에 따른 시너지 효과 확대에 초점을 둔다고 볼 수 있다. 또한 전통적인 조직형태는 모든 기능을 내부화하여 수직적으로 관리하지만 네트워크 조직은 핵심기능을 제외한 다른 기능은 분리가 가능하다. 최근 많은 조직에서 조직의 여러 기능, 심지어 인사기능의 일부까지 아웃소싱을 하는 것도 이러한 네트워크 조직의 장점을 살리고자 하는 부분이다. 예를 들면 그림 6-10 에서 보는 바와 같이 기업의 중심적인 핵심 영역인 연구개발, 성과평가, 조정기능만 두고 나머지 생산, 재무, 판매 등의 기능은 분리하여 내부나 외부에 두는 형태이다. 반면에 네트워크 조직은 경영자가 경영과정에 대해 직접적으로 통제력을 행사할 수 없기 때문에 경영과정을 왜곡할 수 있는 단점도 있다(S. Robbins, 1990: 345).

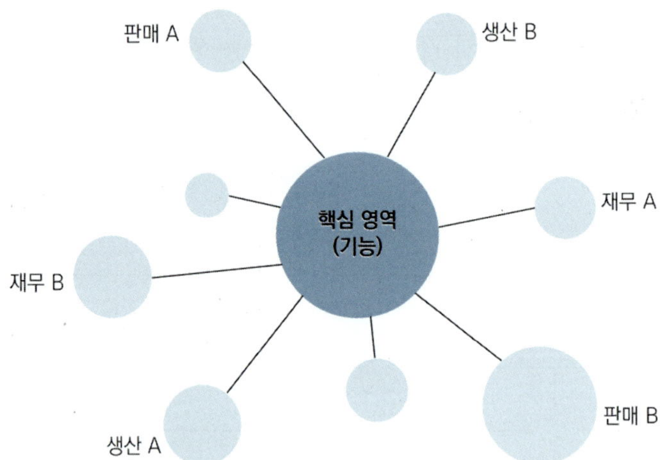

그림 6-10 네트워크 조직형태의 예시도

출처: 신유근(2011: 371)

평생교육기관도 하나의 조직 속에서 단위가 큰 몇 개의 사업이나 프로젝트를 수행할 경우 또는 평생교육기관이 본원과 수 개의 분원을 가지고 있을 경우 이와 같은 네트워크 조직형태로 조직을 관리할 수 있을 것이다. 예를 들면 경영의 핵심 영역인 기획이나 프로그램 연구개발 그리고 조정기능을 제외하고는 프로그램 운영, 홍보와 마케팅 등 주요한 기능은 정보와 자원을 공유하는 네트워크체제로 운영·관리하는 것이다.

3. 평생교육기관의 재무관리

1) 재무관리의 의의

(1) 재무관리의 개념과 적용

우리가 가계를 꾸려나가는 기본적인 활동의 하나가 수입과 지출활동인 것과 같이 조직을 이끌어 가는 데 필수적인 활동이 자금을 조달(수입)하고 집행(투자, 운영비 등)하는 지출활동이다. 평생교육기관도 다르지 않다. 즉 조직은 조직의 목표달성을 위하여 자금을 조달하고 조달된 자금을 집행해야 한다.

재무관리(Financial Management)는 협의의 개념으로 기업재무라고도 하며, 기업의 자금 흐름과 관련된 활동이다(신유근, 2011). 구체적으로는 기업이 필요로 하는 자본의 조달과 이의 운용, 즉 투자에 관련된 기업활동을 계획하고 지휘하며 그 결과를 통제하는 것이다. 재무관리는 그림 6-11 과 같이 기본적으로 조직의 경영을 위하여 자금을 합리적으로 조달하는 조달의사결정(자본구조 결정), 조달된 자금을 조직 목적달성을 위해 효과적으로 투자하는 활동(투자의사결정인 자본예산) 그리고 일상적인 조직운용과 관련된 유동자산과 단기부채 등을 관리하는 운전자본관리(유동성관리)의 3개 의사결정 영역으로 분류한다.

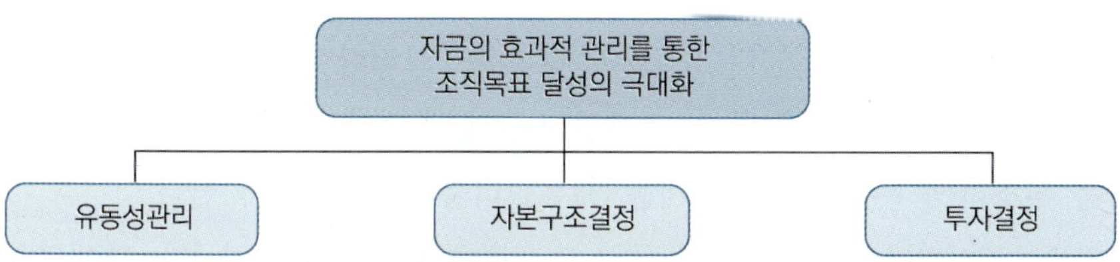

그림 6-11 재무관리 체계도

평생교육기관의 재무관리는 일반적으로 정규 학교조직이나 기업조직의 재무관리와는 다소 차이가 있지만 자금을 조달해서 운용한다는 재무관리의 포괄적인 의미에서는 큰 차이가 없다. 평생교육기관은 재무관리의 측면에서 보면 세 가지로 분류할 수 있고, 각 평생교육기관별 재무관리가 갖는 의미는 다음과 같다.

첫째는 공익성을 우선으로 하는 공공평생교육기관이나 비영리평생교육기관이다. 이 경우는 재무관리 기능보다는 회계관리 기능에 가깝다.

둘째는 수익성을 우선으로 하는 학원, 백화점이나 언론기관의 문화센터 등과 같은 평생교육기관이다. 이러한 평생교육기관들은 공익성보다는 수익창출이 우선이기 때문에 기업의 재무관리가 그대로 적용된다.

셋째는 수익성과 공익성을 동시에 추구하는 평생교육기관이다. 이러한 평생교육기관의 대표적인 것이 대학에 부설된 평생교육기관인데, 이 경우는 회계관리의 기능도 있으면서 기업의 재무관리 기능도 동시에 가지고 있다.

(2) 재무관리의 중요성

평생교육기관의 성격이 공익성을 강조하든 아니면 수익성을 우선시하든 재무관리는 필요하다. 평생교육의 중요성은 누구나 강조하면서 평생교육에 투자되는 공적자금은 아직도 미미하다. 또한 수익성을 우선시하는 평생교육기관은 학습자중심의 기관 운영을 표방하면서도 자금조달을 수강료에만 의존하기 때문에 수강료가 너무 과다하여 많은 학습수요자의 접근을 어렵게 하고 있다는 지적도 있다. 또한 후원금이나 기부금 또는 지원금에 의존하는 공익성이 강한 평생교육기관은 자금이 부족하거나 자금을 투명하게 집행하지 못하여 학습자의 교육적 수요를 충족시키지 못하거나 부실한 교육 프로그램을 운영하는 사례도 많다. 이러한 측면에서 평생교육기관의 재무관리가 매우 중요하다.

첫째, 자금조달과 운영 측면에서 투명성을 확보하기 위해서다. 평생교육기관도 하나의 교육기관이기 때문에 공익성이 더 강조되어야 한다. 그러한 측면에서 지원금이나 후원금 등은 물론이고 학습자의 수강료 등의 조달한 자금을 투명하게 운용하는 것이 매우 중요하고, 자금을 투명하게 운용하기 위해서는 재무관리를 철저히 해야 한다.

둘째, 평생교육기관경영의 효율화를 통한 경쟁력을 확보하기 위해서다. 평생교육의 중요성이 강조됨으로써 평생교육에 대한 공적 투자가 확대되고 있고, 다른 한편으로는 학습자들이 부담하는 수강료 부담도 점차 커지고 있다. 이와 같이 평생교육기관의 책무성을 강조한다는 것은 평생교육에 투자한 만큼의 학습효과가 있어야 한다는 것이다. 결국 평생교육기관의 자금이 학습자의 교육에 많이 투자되어야 하고 투자된 것만큼의 학습 성과를 내야 한다는 의미에서 재무관리의 중요성이 강조되지 않을 수 없다.

셋째, 평생교육시장의 불확실성 측면에서이다. 경기가 침체되고 가정 경제가 어려워지면 정부나 민간부문 그리고 가정 모두 먼저 긴축하는 부분이 교육부문, 특히 평생교육이나 훈련 등과 같은 부문이다. 따라서 이러한 평생교육시장의 불확실성을 극복하기 위해선 평생교육기관들이 평소에 재무관리를 철저히 해야 한다.

넷째, 평생교육기관의 경영기획 기능의 활성화 측면이다. 평생교육기관을 경영한다는 것은 결국 평생교육기관의 문제를 진단하고 환경변화 등을 분석하여 향후의 평생교육기관 발전을 모색하고 또는 경영의 새로운 방향을 설정하는 기획기능을 강조하는 것이다. 따라서 평생교육기관을 경영한다는 것은 기획기능을 강조하는 것이고 기획에는 반드시 재무분석이 포함되어야 한다.

2) 평생교육기관 재무관리의 실제

재무관리의 기본적인 구성요소는 자금조달(수입)과 자금운용(지출)이고, 이러한 수입과 지출을 전체 조직단위 또는 사업단위별로 일정기간의 활동계획에 따라 금전적인 계획을 세우는 것이 예산이다.

(1) 예산관리

예산관리란 기관의 활동계획에 따라 금전적인 목표를 수립하고, 수입과 지출계획을 수립하며, 프로그램별로 구체적인 수입과 지출계획을 문서화하고, 예산집행 후 기록을 유지하고 평가하는 일련의 과정이다(최은수 외, 2011: 260). 예산관리에서 가장 중요한 부분이 기관의 구체적인 수입과 지출계획을 문서화하는 작업인 예산편성이다. 대부분의 평생교육기관들이 1년 단위로 예산을 편성하고 있는데 예산편성 방식은 세 가지가 있다.[8] 하나는 기관 전체의 예산을 품목별로 편성하는 방식이고, 다른 하나는 프로그램별로 예산을 편성하는 방식이다. 그리고 세 번째는 기관에서 운영하는 프로그램별 예산과 품목별 예산을 합쳐서 편성하는 통합적 예산편성 방식이다.

---

8) 최은수 외(2011)는 평생교육기관의 예산관리 유형을 다음 네 가지로 제시하고 있다.
- 라인 항목 예산관리(Line Item Budgeting): 개별 프로그램에 상관없이 기관 전체의 수입과 지출을 총괄적으로 기록하는 방법이다.
- 점증주의 예산관리(Incremental Budgeting): 이전 연도 예산에서 별 문제가 없는 경우 그것을 기초로 조금씩 수정을 가해가는 방법이다.
- 영기준 예산관리(Zero-based Budgeting): 모든 항목의 전년도 예산액을 영(zero)으로 돌리고 신년도 새로운 기준에 의해 책정하는 방식이다.
- 프로그램 예산관리(Program Budgeting): 프로그램 기획, 시행, 평가에 이르기까지 전 예산을 각각 편성하여 관리하는 방식이다.

① 품목별 예산편성

현재 예산편성에서 일반적으로 사용하고 있는 방법으로 예산을 필요로 하는 영역과 그 내용을 품목(간 항목)으로 나누어 증가적인 예산을 편성하는 방법이다(정태범, 2003). 평생교육기관의 경우도 교육 프로그램을 안정적으로 운영할 때 일반적으로 품목별 예산편성 방식을 많이 활용하고 있다. 즉 평생교육기관의 일정한 수입 항목과 지출 항목을 정하여 예산을 편성하는 방식인데 이때 수입과 지출의 예산액을 정하는 것은 전년도 예산액에 물가상승률을 적용한다든지 하여 일정 부분 증액하여 편성하는 것이다.

② 프로그램(또는 사업)별 예산편성

프로그램별 예산편성은 프로그램별로 기획 · 시행 · 평가에 이르기까지 전 예산을 각각 편성하여 관리하는 방법이다(최은수 · 배석영, 2010). 단위 프로그램이나 사업을 구성하고 기획할 때는 그 프로그램 운영을 위한 자금조달(수입) 계획을 세우고, 그 프로그램 운용자금(지출) 계획을 세우게 된다. 즉 프로그램별 예산편성을 하게 된다는 것이다. 평생교육기관의 경우 기관 자체에서 개발 운영하는 프로그램도 많지만 경우에 따라서 수탁 또는 위탁사업이나 프로그램이 많기 때문에 프로그램별로 예산을 편성하여 관리하는 것이 효율적일 수 있다.

③ 통합적 예산편성

외부의 수탁이나 위탁사업을 제외하고는 평생교육기관에서 자체 개발한 프로그램은 여러 가지 프로그램이 동시에 운영되고 있기 때문에 각 프로그램의 수입과 지출을 항목별로 작성, 합산하여 예산을 편성한다. 대부분의 평생교육기관이 이러한 방식을 채택하고 있는데 이는 프로그램별 예산편성에서는 평생교육기관의 경직성경비(인건비 등)나 간접경비(전기료, 통신료 등)를 편성하는 데 한계가 있는 점 그리고 품목별 예산편성에서는 광고비나 홍보비 등 프로그램별로 고려해야 할 경비 등이 소홀히 다루어질 수 있는 문제 등을 해결할 수 있기 때문이다.

(2) 자금조달(수입)관리

기업에서의 자금조달의 원천은 자기자본과 타인자본으로 구분되는데 평생교육기관의 자금조달, 즉 수입은 자기자본보다는 타인자본에 해당되는 외부의 지원금이나 학습자의 수강료로 구성되는 것이 일반적이다. 이 외에도 평생교육기관에 따라서는 출판물이나 서비스 판매 수입, 임대료 등으로부터 자금조달을 하는 경우도 있다. 외부의 지원금도 다양하다. 정부나 지방자치단체로부터의 지원금, 기업이나 각종 단체나 종교기관 등에서 받는 기부나 후원금 그리고 모(母)기관에 부설되어 있는 평생교육기관 같은 경우 모기관의 보조금 등이 있을 수 있다. 평생교육기관의 수입관리에서 가장 핵심적인 부분은 역시 학습자가 부담하는 수강료의 책정과 관리이다.

① 프로그램 수강료 및 최소 학습참가자 수의 책정

평생교육기관에서 프로그램별 수강료를 책정하는 기준은 직접경비(프로그램을 개발 · 운영하는 데 소요되는 비용), 평생교육기관의 경직성경비(인건비 등) 및 간접비(시설사용료, 전기료 등)이다. 물론 이러한 비용은 프로그램의 성격(소요기간, 프로그램의 질 등), 학습자 시장의 성질이나 경쟁상태(타 기관의 수강료 등) 등을 고려해야 한다. 그리고 수익을 창출해야 하는 평생교육기관의 경우는 일정 비율의 수익금을 반영해야 한다. 이러한 비용과 수익금을 기준으로 하여 프로그램별 학습자 1인당 수강료와 프로그램 개설 가능성(손익분기점) 여부를 결정하기 위한 최소 학습참가자 수가 정해진다. 이 양자는 상호 연관되어 있다. 즉 학습참가자 수가 줄어들면 학습자 1인당 수강료가 높아지고, 학습참가자 수가 늘어나면 학습자 1인당 수강료가 낮아질 수 있다.

② 수강료의 관리 및 운영방법

위와 같이 평생교육기관의 수강료와 최소참가학습자 수를 결정하는 기본적인 방식 이외에 평생교육기관의 성격이나 상황에 따라 다양한 접근방식이나 기법이 있을 수 있다. 코트러와 폭스(Kotler & Fox, 1995)는 다음과 같은 세 가지 접근방식을 제시하고 있다(오혁진, 2003: 248-249에서 재인용).

- 단일수강료 접근방식(One Pricing Approach): 모든 학습자들을 위해 수강료 수준을 중간 정도로 맞추는 전략이다. 대부분의 평생교육기관에서 일반적으로 사용하는 접근방식이라고 볼 수 있다
- 수강료 지원전략(A Low-tuition Strategy): 복지의 성격이 강한 공립교육기관이나 일부 비영리평생교육기관에서 채택하는 방식으로 낮은 수강료를 책정한 후 공적인 지원을 통해 이를 보전하는 방식이다.
- 수강료 차등전략(High-tuition, High-need Strategy): 일부 복지국가에서 실시하는 방식으로 고소득층의 학습자에게는 수강료를 높게 책정하고 저소득층의 학습자에게는 수강료를 낮게 책정하는 방법이다. 즉 학습자들은 자신의 능력과 요구에 따라 상대적으로 지불한다. 이를 위해서는 모든 학습자들이 자신의 경제적인 능력에 따라 차등 지불할 수 있다는 사회적 합의가 이루어져야 한다.

이상과 같은 수강료 책정방식이 수강료 수준을 결정하는 큰 흐름의 접근이라면 최근 평생교육시장의 경쟁상태나 평생교육기관의 재정상태 등을 고려하여 다양하게 다른 방식으로 접근할 수 있다. 오혁진(2003)은 평생교육기관의 마케팅 차원에서 접근할 수 있는 수강료 책정방식으로 다음과 같은 것들을 예시하고 있다.

- 세부강좌별 수강료 책정방식: 평생교육기관의 프로그램이 여러 개의 세부강좌로 구성되어 있는 경우 이러한 세부강좌별로 수강료를 책정하는 방식이다. 이 방식은 시간과 수강료에 제약을 받는 학습자에게 융통성을 부여하는 장점도 있지만 많은 세부 강좌를 동시에 수강하는 학습자에게는 특별히 이점이 없다는 단점이 있다.
- 다수 강좌 참여자 수강료 할인방식: 세부강좌별 수강료 책정방식의 변형으로서 여러 개 세부강좌 중에서 첫 번째 강좌는 수강료를 높게 책정하고 두 번째 강좌부터는 수강료를 할인하여 낮게 책정하는 방식이다. 이 방식은 세부강좌별 수강료 책정방식의 장점을 살리고 단점도 보완할 수 있다.
- 시간대별 수강료 차등화방식: 학습자들이 많이 참여하는 시간대와 그렇지 않는 시간대의 차이를 균등화함으로써 시설과 시간활용 면에서 효율성을 높이기 위한 방식이다. 예를 들면, 새벽이나 비수기와 같이 학습자가 많이 모이지 않는 프로그램 시간대에 수강료를 할인해 주는 방식이다.
- 선착순 등록할인제: 프로그램의 등록 시간을 구분하여 먼저 등록한 학습자 등에게 상대적인 수강료 할인 혜택을 주는 방식이다. 이 방식을 통해 안정적인 규모의 학습자 집단을 조기에 확보할 수 있다는 장점도 있지만 이 방식을 많이 활용할 경우 재정에 압박을 받을 수 있다는 우려도 있다.

(3) 자금운용(지출)관리

기업에서의 자금운용(지출)은 조직의 목적을 달성하기 위하여 투자를 결정하는 활동과 조직운영을 위한 유동성관리 활동 등을 포함하는 것이다. 평생교육기관의 경우도 지출관리에는 평생교육기관의 목적 달성을 위한 새로운 사업이나 프로그램 개발은 물론 시설의 확장 등에 투자할 수도 있다. 그러나 여기서는 평생교육기관이 기관이나 프로그램 운영을 위한 자금운용(지출)을 중심으로 논의하고자 한다.

최은수와 배석영(2010)은 평생교육기관경영을 위한 지출비용을 학습자 수에 따라 영향을 받는지 여부와 프로그램 운영에 직접 소요되는지 여부로 구분하고 있다. 전자, 즉 학습자

수에 따라 영향을 받는 지출비용을 고정비(Fixed Costs)와 변동비(Variable Costs)로 구분하고, 후자, 즉 프로그램 운영에 직접 소용되는지의 여부에 따라 지출경비를 직접비(Direct Costs)와 간접비(Indirect Costs)로 나누고 있다.[9]

또한 오현석(2003)도 단위 프로그램의 지출경비를 개별 프로그램에 대해 직접 원가를 산출해서 지급할 수 있는 경비인 직접경비와 개별 프로그램에 대해 직접적으로 원가를 파악할 수 없지만 여러 프로그램에 공통적으로 사용되는 비용인 간접경비 그리고 학습자의 수와 관계없이 안정적으로 지출되는 경비인 고정비용과 프로그램에 참가한 학습자 수에 따라 변화하는 경비인 가변비용으로 구분하고 있다.[10]

평생교육기관의 지출경비를 어떻게 구분하든 모든 프로그램에 공통으로 해당되는 공통경비(Common Costs)가 있고, 개별 프로그램에만 해당되는 프로그램운영경비(Program Operating Costs)가 있을 수 있다. 평생교육기관의 공통경비는 간접비와 비슷한 개념이고 프로그램운영경비는 직접비와 비슷한 개념이다. 또한 지출경비의 관리라는 측면에서 보면 평생교육기관의 지출경비는 경영자가 통제하거나 조정할 수 없는 경직성 경비(Uncontrollable Costs)와 경영자가 경비의 규모나 사용목적을 통제하기가 용이한 비경직성 경비(Controllable Expenditure) 또는 재량적 경비(Discretionary Expenditure)로 나누어 볼 수 있다. 여기서 경직성 경비는 고정비용에 가깝고, 비경직성 또는 재량적 경비는 가변비용에 가까운 개념이다.

실세 평생교육기관의 재무관리에서 지출되는 경비를 위해서 언급한 것과 같이 엄격히 구분하는 데 한계가 있다. 이것은 평생교육기관의 규모나 설립 목적 그리고 성격 등에 따라서 재무관리에 다소 차이가 있을 수 있기 때문이다. 그러나 어떤 평생교육기관이나 재무관리의 기능이 있고, 재무관리를 한다는 그 자체는 기관의 목적이나 목표를 효율적으로 달성해야 한다는 목적에서 경제성의 원리가 작동하는 것이다. 즉, 최소의 비용으로 최대의 효과를 겨냥한다는 것이다. 이러한 측면에서 평생교육기관 재무관리에서도 앞에서 논의한 유동성관리와 같은 기법을 철저하게 적용하는 것도 중요하고, 기업의 경영활동이나 재무관리에

9) 고정비는 교수자 인건비, 직원 인건비, 보조 혜택(Fringe Benefits), 홍보비, 사무실 운영비, 시설임대료 그리고 변동비는 교재와 참고자료 비용, 학습자를 위한 소모성 물품 구입비용 등을 포함하고 있다. 또한 직접비(Direct Costs)는 교수자 인건비, 직원 인건비, 전화비, 홍보비, 학습자 교재대, 참고자료비, 숙박비, 회의비, 사무실 운영비 그리고 간접비는 직접비의 일정 비율을 상위기관에 또는 재정지원기관에 납부하는 비용으로 보고 전기요금, 수동요금, 전화요금, 통신비 등이 해당된다(최은수 · 배석영, 2010: 263-264).

10) 직접경비는 교수자급여, 출장비, 교재 및 교구 구입 · 제작비, 광고비, 기관 외부 소유의 시설 사용비 그리고 간접경비는 일반실무자 인건비, 기관 소유의 교육시설 및 설비 사용비, 유지비, 전기요금, 수도요금, 전화요금, 컴퓨터 통신요금 등이 이에 해당된다. 또한 고정비용은 광고비, 직원 인건비, 교수자급여, 시설 유지비 그리고 가변비용은 학습자 식대, 학습자 교재비, 학습자용 기념품 제작비 등이 이에 해당된다(오현석, 2003: 243-244).

서 많이 적용하고 있는 '원가계산'을 도입하는 것도 필요하다.

3) 재무관리의 기법

(1) 유동성관리

유동성관리란 단기간의 영업활동에 필요한 현금의 유입과 유출을 관리하는 것으로 기업경영에서 매우 중요한 재무관리의 한 영역이다. 기관의 재무상태를 파악해서 관리하는 유동성관리의 대표적인 기법으로는 당기에 만든 재무제표와 당기 이전에 만들어진 재무제표를 비교하는 방법과 당기의 재무제표상에 나타난 항목들 간의 비율(ratio)을 분석하는 기법이 있다(신유근, 2011). 기관의 경영성과분석을 통하여 재무상태를 파악하는 손익계산서 작성도 유동성관리의 한 기법이다. 평생교육기관은 규모나 성격에 따라 다소 차이가 있지만 최근 대형 학원이나 기업화된 평생교육기관 같은 경우는 기업과 같이 유동성관리를 해 오고 있다. 유동성관리를 하지 않는 평생교육기관의 경우도 대부분 회계연도가 끝나면 결산 시에 대차대조표[11]나 손익계산서[12]를 작성하여 기관의 재무상태를 분석·평가하고 있다.

- 재무제표를 이용한 기법: 연도별 대차대조표 항목들을 서로 비교하여 자산·부채 그리고 자본의 증감에 대한 동향을 지속적으로 추적함으로써 조직의 전반적인 성과에 대한 통찰을 얻을 수 있고, 재무관리자는 어떤 항목들에 대한 관리에 중점을 두어야 하는지를 파악하여 관리할 수 있게 된다.
- 비율분석을 이용한 기법: 재무제표상에 나타난 여러 계정을 분기별로 비교하거나 계정 그 자체로 평가할 수도 있지만 계정 간의 비율분석(ratio analysis)을 통해 조직의 경영성과와 재무성과를 파악해 그 결과를 바탕으로 재무관리나 통제를 실시할 수 있다.
- 손익계산서의 비교기법: 기업경영의 활동 중에서 어떤 부분이 취약하고 강점이 있는가를 분석함으로써 경영활동의 효율성을 증진시키는 방안을 강구하는 것이다. 일반적으로 재무관리와 조직관리 및 경영활동을 연계시키는 방법이다.

11) 대차대조표(B/S; Balance Sheet)는 어느 특정 시점에서 기업의 재무상태를 나타낸 것으로, 자산 · 부채 그리고 자본항목으로 구성된다(신유근, 2011: 476).

12) 손익계산서(I/S; Income Statement)는 일정기간 동안의 경영성과를 수익(Revenue)과 비용(Expenses) 그리고 당기순이익(Net Income)의 측면을 나타낸 것이다(신유근, 2011: 476).

(2) 원가계산 방식

경영활동에 필요한 여러 가지 목적을 위하여 원가에 관한 정보를 집계·분류·요약하고 해석하는 수량적 방법, 즉 새로운 경제가치 또는 기존의 가치를 증대하기 위해 소비되는 경제가치(원가)를 계산하는 것이다. 일반적으로 원가의 소비량 및 소비가액을 일정의 급부단위, 즉 제품이나 부분품·반제품 등에 대하여 산정하므로 대상계산이라고도 한다. 원가계산은 제조공업 분야에서 가장 널리 이루어지며, 기본적인 목적은 경영의 실태를 계수적으로 파악하여 타당한 가격결정의 기준 및 경영능률 증진을 위한 기초자료를 획득하는 데 있다. 일반회계가 기간계산(期間計算)인 데 비해 원가계산은 보통 1개월을 기간으로 하며 또 실제 원가계산을 하는 것을 상례로 한다. 원가계산은 여러 가지 기준에 따라 다음과 같이 분류된다.

첫째, 비교측정 목적에 의한 분류로 실제원가계산과 표준원가계산으로 나뉜다. 실제원가계산이란 제품의 실제원가를 계산하고 이것을 재무회계에 편입하여 유기적으로 결합하는 계산체계이다. 표준원가계산이란 제품의 표준원가를 산정하고 이것을 제무회계에 편입하여 유기적으로 결합함으로써 실제원가와 표준원가와의 차이를 분석하고, 그 차이의 원인을 밝혀 보다 효율적으로 경영관리에 기여하고자 하는 계산체계이다.

둘째, 제조형태에 의한 분류로 특정 제품을 직접대상으로 하여 원가계산을 하는가, 또는 일정기간 동안 동종제품의 전부를 대상으로 하여 원가계산을 하는가에 따른 분류로 개별원가계산과 종합원가계산으로 나뉜다. 개별원가계산은 특정제품에 대하여 개별적으로 그 원가를 계산하는 방법으로 건설업·항공기업·가구제조업·기계공업 등에 적용된다. 종합원가계산은 일정기간에 발생된 총원가를 그 기간 동안에 생산된 총수량으로 나누어 제품의 평균원가를 계산하는 방법으로 제품을 반복해 연속적으로 생산하는 생산형태, 즉 화학공업 등에 적용된다.

셋째, 범위에 의한 분류로 원가를 계산하는 데 모든 원가요소를 계산 대상으로 하느냐 또는 그 일부만을 계산 대상으로 하느냐에 따른 분류로 전부원가계산과 부분원가계산으로 구분된다. 전부원가계산은 제품을 완성하기 위해 소요된 모든 원가요소를 계산 대상으로 하는 원가계산이다. 부분원가계산은 일부의 원가요소만을 계산 대상으로 하는 원가계산으로서 그중 대표적인 것이 직접원가계산이다(브리태니커 사전 참조).

연구문제

1. 조직에서의 인적자원관리 목표와 원리를 기술하시오.
2. 평생교육기관의 인적자원관리 실제를 행정실무자와 교수자로 나누어 설명하시오.
3. 일반적인 조직설계의 과정과 조직의 유형을 제시하시오.
4. 평생교육기관 경영조직 설계에 고려해야 할 경영의 특수성을 설명하시오.
5. 평생교육기관의 실제 가능한 경영조직 유형의 5가지를 기술하시오.
6. 일반적인 재무관리의 의의를 이해하고 평생교육기관 재무관리의 중요성을 설명하시오.
7. 평생교육기관 재무관리의 3가지 영역을 설명하시오.

CHAPTER 07

평생교육기관의 홍보 및 마케팅

학습개요

평생학습시대를 맞이하여 평생교육기관이 늘어나고 프로그램도 급증하고 있다. 이에 따라 모든 평생교육기관은 어떻게 하면 잠재적 학습자들에게 자신의 기관 및 프로그램을 잘 알려서 그들을 실질적인 학습자로 전환시킬 수 있을까를 고민하게 되었다. 이 과정에서 평생교육기관은 자연스럽게 그동안 기업에서 널리 활용하고 있는 마케팅과 홍보전략에 관심을 갖게 되었다.

따라서 이 장에서는 마케팅의 개념에 대한 이해를 토대로 평생교육기관에서의 마케팅의 의미와 마케팅 전략, 그리고 마케팅의 중요한 과정인 평생교육시장 세분화와 표적시장 선정에 대해 알아보고자 한다. 아울러 마케팅의 한 수단인 평생교육기관의 홍보전략에 대해서도 살펴보고자 한다.

학습목표

1. 마케팅의 개념과 평생교육기관에서의 마케팅의 의미와 필요성을 설명할 수 있다.
2. 평생교육기관의 마케팅 대상인 평생교육시장을 분석, 제시할 수 있다.
3. 평생교육기관에서의 마케팅 과정을 단계별로 이해하고 설명할 수 있다.
4. 평생교육기관의 홍보전략에 대해 이해하고 설명할 수 있다.

1. 마케팅과 평생교육

1) 마케팅의 개념

마케팅이란 생산자가 상품 또는 서비스를 소비자에게 유통시키는 데 관련된 모든 체계적 경영활동(네이버 백과사전)으로 주로 경영학에서 사용되는 개념이다. 최근 신자유주의 영향으로 국경을 초월한 기업 간 경쟁이 치열해지면서 마케팅은 기업의 핵심 업무로 부상하고 있다. 그러나 마케팅 개념은 처음에는 좁은 의미로 생산된 제품의 판매를 촉진하는 활동만을 의미하였다. 그리하여 종종 '장사를 잘하기 위한 것' 쯤으로 오해를 받기도 하였다. 생산된 제품을 수단과 방법을 가리지 않고 소비자들에게 '팔아먹는 수단'으로 이해된 것이다. 심지어 질이 좋지 않은 제품을 구매의도가 없는 소비자에게 과장하거나 속임을 통하여 약삭빠르게 판매하는 장사꾼 활동과 같은 부정적 이미지로 인식되기도 하였다.

그러나 최근에는 마케팅의 개념은 매우 넓은 의미로 사용되고 있다. 신제품의 개발이나 기존 제품의 개량과 같은 제품기능 향상을 비롯하여 시장조사, 수요예측, 판매경로 설정 및 가격 결정 등과 같은 시장거래, 판매원의 인사관리와 판매활동 등과 같은 판매관리, 광고 및 선전과 같은 판매촉진 등을 모두 포괄하는 개념으로 사용되고 있다.

광범위한 개념을 지닌 마케팅에 대한 접근은 크게 미시적 접근과 거시적 접근으로 나누어지는데, 미시적 접근은 기업수준에서의 활동으로 기업이 소비자들과의 교환을 창출하기 위해 노력하는 모든 활동을 의미한다. 반면에 거시적 접근은 기업의 마케팅 활동들이 사회에 어떤 영향을 미치며, 또 반대로 사회가 어떻게 기업이나 조직의 마케팅 활동에 영향을 미치는가에 관심을 두는 접근이다. 거시적 접근에서의 마케팅은 국내시장 개방이나 정부의 규제 등이 소비자 행동에 어떤 영향을 미치는가 등에 관심을 갖는다.

한편, 마케팅의 개념적 의미는 무엇을 강조하는가에 따라 시대와 함께 변화되어 왔다. 마케팅 개념이 처음 도입되었을 때는 생산지향적 관점을 가지다가 점점 판매지향적 관점으로 변화하였고, 이는 다시 고객지향적 관점, 시장지향적 관점으로 변화하고 있다(오세조 · 박충환, 2002: 7). 초기의 마케팅 철학은 제품 및 서비스의 생산과 유통에 초점을 두는 생산지향적 관점이었다. 질 좋은 제품을 생산만 하면 수요가 창출될 것을 가정한 마케팅 개념이다. 그러나 아무리 좋은 제품이 생산되더라도 경우에 따라서 잘 판매되지 않음을 경험하자, 제품생산도 중요하지만 판매가 더 중요하다는 생각에서 판매기술의 개선에 초점을 두는 판매지향적 개념이 강조되었다. 이때 유행한 말 가운데 하나가 "우리는 어떤 것이든지 팔 수 있다"였다. 그러나 1990년대 들어 판매도 중요하지만 고객의 욕구에 초점을 맞추지 않으면 기업이 살아남을 수 없다는 생각에서 생산, 재무, 판매 등 기업의 모든 활동을 소비자인 고객의 욕구에 맞추자 마케팅 역시 고객지향적 관점으로 전환하게 되었다. 그러나 고객의 현재 욕구에 지나치게 초점을 두는 것은 새로운 수요를 창출하는 데 한계가 있다는 비판을 받게 되었으며, 이로 인해 최근에는 시장지향적 관점이 강조되고 있다. 시장지향적 마케팅이란 최종고객인 소비자들에게 최대한의 가치를 제공하기 위해 제품의 가치생산이나 가치생산 촉진과 관련된 기업 내외의 관련 고객들의 상호작용을 지속적으로 관리하는 것을 의미한다(오세조 · 박충환, 2002: 11). 최근에 '고객을 위한 가치 창출'을 기업의 비전이나 생산, 유통, 판매 등의 모든 과정에서 강조함은 시장지향적 마케팅과 같은 맥락이다.

이처럼 마케팅의 개념이 조직의 이익을 위한 제품 판매에서 벗어나 조직의 본질적인 비전과 목적을 실현하는 수단으로 의미가 변화되면서 기업 외의 비영리조직이나 단체에서도 마케팅을 중요한 영역으로 다루고 있다. 이런 관점에서 마케팅을 다음과 같이 정의하기도 한다(김신일 · 김재웅, 2002: 220).

> 마케팅은 기업, 비영리조직 및 정부기관이 각 고객의 욕망을 파악하고, 그에 합치된 상품이나 서비스, 아이디어 또는 그 전체를 기획 · 개발하고 이에 관한 사실을 전달하며, 각 주체자가 최소비용으로써 최대의 고객만족, 최대의 가치를 창출할 수 있도록 해당 상품 및 서비스를 제공하는 행위 및 처리과정을 포함하는 것이다.

결국 마케팅이란 '기업을 포함하여 모든 조직이나 기관에서 비전이나 목표를 달성하기 위해 시장 및 고객과 소통하면서 고객의 가치를 최대한 창출할 수 있는 상품 및 서비스를 제공하는 일체의 활동'이라 정의할 수 있다. 그렇다면 공급자중심, 교육자중심에서 수요자중심, 학습자중심으로 교육의 중심을 이동시켜야 함을 강조하고 있는 평생교육이나 평생교육기관에서도 마케팅은 중요한 영역으로 다루어져야 할 것이다.

2) 평생교육기관에서의 마케팅의 필요성

마케팅에 대한 사회적 관심이 높아지고 폭넓은 이해가 이루어지면서 과거의 부정적 이미지에서 벗어나 긍정적 이미지가 형성되고 있다. 사회의 다양한 영역에서 '마케팅'이 강조되고 있는 것도 이런 맥락이다. 비영리기관의 마케팅, 문화예술기관의 마케팅, 심지어 학교마케팅, 대학마케팅 등과 개념을 듣게 되면 그야말로 마케팅의 개념이 기업을 뛰어넘어 교육기관에 이르기까지 모든 기관과 조직에서 중요하게 다루어짐을 알 수 있다.

그러나 교육기관에서 마케팅 개념을 도입한 것은 얼마 되지 않는다. 이는 두 가지 측면이 있다. 하나는 지금까지 학교를 위시한 대부분의 교육기관은 치열한 경쟁으로부터 어느 정도 보호될 수 있었다. 그러나 최근의 상황은 대학은 물론이려니와 심지어 고등학교, 중학교에 이르기까지 치열한 경쟁이 도입됨에 따라 교육기관에서도 마케팅 개념이 확산되고 있다. 다른 하나는 교육기관은 돈벌이를 추구하는 기업조직과는 다르다는 생각에서 마케팅 개념 자체를 부정적으로 인식한 것이다. 즉, 사람을 길러내는 일을 수행하는 교육기관에 어떻게 생산한 제품이나 서비스를 무차별적으로 팔기에만 급급한 마케팅 전략을 도입하느냐이다.

이런 논리는 평생교육기관에도 그대로 적용되었다. 그런데 학교와 평생교육기관은 다른 점이 있다. 학교와는 달리 평생교육기관은 누구나 쉽게 설립할 수 있으며, 평생교육기관의 범위 또한 기업교육훈련기관에서부터 학원에 이르기까지 매우 다양하여 학교와는 전혀 다른 조직적 특성을 지니고 있다. 다시 말해 평생교육기관 가운데는 기업처럼 이윤추구를 목적으로 하는 기관이 존재하고 있는 것이다. 최근 평생교육시장이 지식정보시대를 맞이하여 확장하고 있지만 이에 버금갈 만큼 평생교육 프로그램을 제공하는 기관이나 조직, 단체 역시 팽창일로에 있다. 그러다보니 자연스럽게 평생교육기관 간의 경쟁이 치열해지고 있고, 이 과정에서 자연스럽게 마케팅의 개념이 도입된 것이다. 그런가 하면, 경영학에서 주로 사용되고 있는 마케팅의 개념 자체가 이제는 변화하고 있다. 과거에는 주로 이윤추구를 위한 제품생산과 판매촉진에 한정되어 사용된 개념이라면, 이제는 고객과 시장(사회)에 어떤 영향을 미칠 것인가에 대한 관심을 가지는 개념으로 발전하고 있다. 이와 같은 두 가지 상황 변화 내지는 근거에 의해 평생교육기관에서도 마케팅 개념이 자연스럽게 도입되고 있다.

평생교육기관에서 마케팅 개념을 적극 도입할 때 얻을 수 있는 이점 몇 가지를 들면 다음과 같다(남정걸, 2007: 382-385).

첫째는 평생교육기관에 대한 진정한 이미지 형성이다. 신문이나 전단, 인터넷, SNS 등 수많은 정보망을 통해 교육기관이 제공하고 있는 서비스의 종류와 질에 대한 국민의 인식과 이미지가 형성되어 있다. 평생교육기관의 경우 평판이나 이미지에 있어서 시민들에게 정규 교육기관에 비하여 상대적으로 좋지 않은 경우가 많다. 마케팅 기법을 이용하면 이와 같은 인식을 불식시키는 이미지 수정이 가능하다. 기업의 경우 좋은 이미지는 판매량을 늘리고 이익을 크게 하듯이 평생교육기관에 대한 좋은 이미지 형성은 국가나 지방자치단체로부터의 더 많은 신임과 지원을 얻어내는 결과는 물론, 일반 시민들의 적극적인 프로그램 참여를 유도하는 성과를 내게 될 것이다.

둘째는 대상별 특화된 프로그램의 개발과 보급이다. 평생교육기관에서의 효과적인 마케팅은 관련 인사나 공공기관, 일반 시민들의 적극적인 참여를 유도할 뿐 아니라 대상별 특화된 프로그램을 제공하여 결국 평생교육의 학습 성과를 증진하게 될 것이다. 평생교육기관의 시장은 일반적으로 지역사회이다. 하나의 지역사회 안에는 다양한 집단 및 공동체가 존재한다. 마케팅을 통해 각 집단이나 공동체의 욕구를 구별하고 그에 맞는 평생교육 프로그램을 개발하여 제공한다면 훨씬 많은 지역사회 주민들이 참여하게 될 것이다. 이를 우리는 평생교육 참여 잠재집단의 세분화와 표적집단의 선정, 그리고 표적집단을 대상으로 한 특성화된 프로그램의 개발과 보급이라 한다. 평생교육기관의 마케팅 활동은 분명히 표적시장을 확인하고 접근해야 한다. 또한 자원이 한정되어 있기 때문에 이들 마케팅의 표적도 우선순위를 정한 다음 각기의 요구에 따라 기존의 프로그램을 이용할지, 새로운 프로그램을 개발할지를 결정해야 한다. 기업이 마케팅 활동을 전개하는 데 필요한 수단의 조합을 마케팅믹스(Marketing Mix)라고 하는데 제품(Product), 가격(Price), 유통(Place), 촉진(Promotion)을 말한다. 영문의 머리글자를 따서 4P라고 하는데 마케팅의 성패를 좌우하는 중요한 요소이다. 이를 평생교육에 그대로 적용하면 프로그램이나 과정, 거기에 소요되는 비용, 보급, 촉진이 마케팅믹스이다. 갈수록 치열해지는 경쟁 속에서 운영해야 하는 평생교육기관의 입장에서는 대상별 특화된 마케팅을 통해 프로그램의 차별화는 물론 잠재적 고객에게 전략적으로 접근하는 방법을 강구해야 한다.

셋째는 자유시장에서의 경쟁력 강화이다. 기업이 살아남고 이윤을 추구하려면 고객을 찾아 나서고 그들의 수요에 맞는 제품을 생산하여 공급해야 한다. 소비자인 고객의 수요가 생산자의 의사결정에 결정적인 영향을 준다. 그러나 그동안 교육기관에서는 이러한 논리가 전혀 통하지 않았다. 학교는 수요자인 학생들을 위한 별다른 노력을 하지 않아도 늘 학생들로 넘쳐났다. 그것이 결국 학교가 학생이나 사회의 요구를 제대로 반영하지 못하고 있다는 비판을 받게 된 원인이며, 이로 인해 학교무용론이나 학교폐지론까지 대두되기도 하였다. 그러나 평생교육기관은 전혀 다른 양상이다. 설립 자체가 자유롭고, 누구나 다양한 프로그램을 개발하여 제공 가능하다. 오늘날 평생학습시대를 맞이하여 평생교육에 대한 수요도 양적으로 크게 증가했지만, 평생교육이 하나의 교육산업으로 인식되어 평생교육 프로그램을 제공하는 기관의 수도 양적으로 크게 증대하여 치열한 경쟁구도에 놓여 있다. 결국 정규 교육기관과는 달리 평생교육기관은 경쟁에 의해 좌우되는 자유시장의 상황이다. 이러한 상황에서는 어느 기관이든 철저한 마케팅을 통해 소비자인 학습자가 원하는 교육 프로그램을 설계하고 제공해야 학습자로부터 호응을 얻을 수 있다. 동시에 각 평생교육기관마다 나름대로 마케팅 전략을 세워 프로그램을 개발하고 홍보하며, 시행하게 될 때 나름의 경쟁력을 갖게 되는 것이다. 다시 말해 평생교육기관에서의 마케팅은 한편으로는 생존의 문제이기도 하며, 다른 한편으로는 경쟁력 강화의 길이기도 한 것이다.

3) 평생교육기관 마케팅의 특징

평생교육기관의 마케팅 특징은 평생교육기관을 어떻게 규정하는가에 따라 다르다. 일반적으로 평생교육기관은 비영리기관이어서 이익추구를 주목적으로 하는 일반 기업조직과는 다른 성격을 띠지만, 최근 들어 교육산업의 발달로 평생교육기관 가운데는 영리를 목적으로 운영되는 기관도 많이 있다. 영리기관으로서 평생교육기관의 마케팅은 일반 기업과 다를 것이 없으므로, 여기에서는 비영리기관으로서 평생교육기관의 마케팅 특징을 살펴보고자 한다.

가장 큰 특징은 평생교육기관은 물적 상품보다는 서비스 성격의 상품을 제공한다는 점이다. 그러므로 평생교육기관에서의 마케팅 대상은 무형의 교육 서비스이다. 평생교육기관의 고객인 학습자들로부터 양질의 교육 서비스를 제공받고 있다는 평을 받기 위해서는 광고나 홍보를 통해 무형의 교육 서비스를 유형화하는 과정이 필요하다(김신일 · 김재웅, 2002).

둘째는 평생교육기관은 여러 가지 목표를 동시에 추구하고 있다. 비영리를 목적으로 하는 평생교육기관이지만 운영의 합리화 차원에서 한편으로는 어느 정도의 이윤도 필요하며, 동시에 학습자의 성장과 만족, 지역공동체 형성, 민주시민의식 함양 등 다양한 목표를 추구한다. 그런가 하면 하나의 기관 아래 다양한 프로그램이 전개될 경우 프로그램마다 추구하는 목표가 다를 수 있다. 그리고 그 목표는 측정하기 어렵고 그에 대한 평가도 쉽지 않다.

셋째는 비영리조직으로서 평생교육기관은 마케팅 대상도 다양하다. 일반 기업의 경우 고객시장만 관리하면 된다. 평생교육기관의 경우는 학습자인 고객에 대한 홍보와 관리도 중요하지만, 이와 함께 재정 후원자에 대한 마케팅도 중요하다. 재정 후원자가 때로는 국가일 때도 있고, 지방자치단체일 경우도 있으며, 시민사회단체나 민간기업일 경우도 있다.

이처럼 다양한 이해관계 집단을 대상으로 각기 다른 차원의 마케팅 전략을 구사해야 한다.

이상과 같이 평생교육기관의 마케팅은 고유의 특성에 맞추어 전개되어야 하겠지만, 다른 한편으로는 일반 기업에서 적용하고 있는 마케팅 전략에서 가져올 측면도 있다. 평생교육기관에서 마케팅을 보다 효과적으로 수행하기 위해서는 다음의 사실에 관심을 기울여 나가야 한다(R. Simerly, 1989: 10-16; 김진화, 2001: 349-350에서 재인용).

첫째, 마케팅, 광고, 홍보 사이의 차이점에 대한 명확한 정의는 보다 효과적인 마케팅 계획의 개발에 도움이 된다. 마케팅이란 평생교육 프로그램을 가지고 학습고객들에게 가장 잘 봉사하기 위한 연구, 분석, 결정의 종합적인 과정을 지칭할 때 사용되며, 평생교육기관의 요구뿐 아니라 학습고객의 필요, 행동, 가치 등을 강조한다. 그러나 광고와 홍보는 마케팅 목적을 성취하기 위해 사용하는 촉진기술에 불과하다. 광고는 유료 홍보를 지칭할 때 사용되는 용어로 신문광고나 홍보물 광고 등을 말한다.

둘째, 마케팅이 효과적이기 위해서는 기관의 전체적인 임무, 목적, 목표의 성취와 직접적인 관련이 있어야 한다. 만약 마케팅이 기관의 임무 성취와 직접적인 관련이 없다면 효과적일 수 없다.

셋째, 환경에 대한 검토와 분석은 모든 마케팅 노력이 효과적이 되도록 한다. 환경에 대한 검토와 분석은 프로그램 개발자가 기관과 프로그램 및 서비스의 성공을 위한 결정적인 현안에 대한 정보를 획득할 수 있도록 한다. 어떤 기관이든지 끊임없이 환경을 관찰하는 것을 가능케 하는 형식, 비형식의 시스템을 가지고 있어야 한다. 이것은 모든 평생교육기관에서 변화를 성취하고 주변의 환경에 적용하는 가장 중요한 방법이다.

넷째, 학습고객에 대한 서비스 중심 체제를 개발하고 유지하는 것은 마케팅의 주요한 부분이다. 평생교육기관은 기관과 관련된 학습고객을 항상 고려하고 있어야만 한다. 학습고객이 평생교육기관의 가장 중요한 자산으로 인정될 때, 이것을 성취하기 위한 다양한 정책들이 개발될 수 있다.

다섯째, 심리학적 · 인구통계학적 자료는 마케팅 기초자료 중 중요한 요소들이다. 인구통계학적 자료는 마케팅의 기본적인 요소로서 행정통계를 통해 상대적으로 손쉽게 구할 수 있는 개인이나 단체에 대한 자료를 의미한다. 구체적인 예로는 사회 내에서 연령대별 인구분포, 가구당 가족구성원의 수, 가구당 평균 아이의 수, 교육수준, 동호회, 조합 및 협회 등이다. 심리학적 자료는 보다 추상적이고 측정하기가 쉽지 않지만 인구통계학적 자료만큼이나 중요시된다. 학습고객들은 라이프스타일에 따라 어떤 상품이나 서비스에 돈과 시간을 사용하는가? 주로 언제 학습고객들은 돈을 쓰는가? 그들의 소비행동에 영향을 미치는 요인은 무엇인가? 어떤 매체가 그들에게 가장 정확하고 책임있는 메시지를 제공한다고 생각하는가? 등이 심리학적 기초자료이다.

여섯째, 시장분할 전략에 대한 인식이 필요하다. 시장분할은 평생교육자를 위한 중요한 마케팅 개념으로 평생교육 프로그램과 서비스가 제공되는 시장을 분할하기 위해 믿을 만하고 효과적인 방법을 찾는 것은 마케팅 성공에 필수적이다.

일곱째, 마케팅 효과에 대한 평가는 전체적인 마케팅 계획에서 필수적인 단계이므로 마케팅의 효과를 평가하기 위하여 마케팅의 결과를 추적하는 것은 반드시 이루어져야 한다. 다양하게 입수한 잠재적 학습고객에 대한 자료나 정보를 토대로 평생교육 프로그램을 홍보한 후 그 가운데 얼마의 사람들이 등록하는 경향이 있는가를 추적하는 것은 매우 필요한 일이다.

여덟째, 마케팅 계획의 수립은 일회적으로 끝나는 것이 아니라 계속적인 과정이다. 평생교육프로그램 운영 계획에서 최후의 마케팅 계획이라는 것은 존재하지 않는다. 어떠한 성공적인 마케팅 계획일지라도 끊임없이 조절을 겪어야 한다. 환경으로부터 새로운 자료를 받게 되면 계획은 반드시 바뀌고 다양한 마케팅 요소들이 재구성되어야 할 것이다. 그러므로 평생교육 프로그램 마케팅 기법들도 끊임없이 바뀌는 마케팅 목표에 따라 지속적으로 방향을 바꾸어야 한다.

2. 평생교육시장의 이해

1) 평생교육시장의 의미와 성격

마케팅에서 시장은 매우 중요한 요소이다. 마케팅은 언제나 시장을 대상으로 예민하게 반응하는 과정이기 때문이다. 본래 시장이란 경제학적인 의미에서 볼 때 특정 제품과 서비스의 수요와 공급을 통해 가치의 교환이 이루어지는 추상적인 공간을 말한다. 일반적으로 시장이 형성되기 위해서는 수요자와 공급자를 의미하는 둘 이상의 당사자가 존재해야 하며, 서로는 상호 가치 있는 것을 소유하고 있어야 하며, 쌍방은 의사소통과 함께 전달(Delivery) 수단을 가지고 있어야 하며, 서로는 상대방이 요청한 것을 수용하거나 거부할 자유가 있어야 한다.

평생교육에도 위의 4가지 조건을 충족하는 시장이 존재한다. 즉, 평생교육도 프로그램을 필요로 하는 학습자와 이를 공급하는 평생교육기관이 존재하며, 학습자는 프로그램 참여(시간 투자)라는 가치를 가지고 있으며, 평생교육기관은 프로그램 제공이라는 가치를 가지고 있다. 아울러 평생교육기관은 마케팅을 통해 학습자의 의견도 조사하고, 학습자에게 프로그램을 홍보하기도 한다. 그리고 학습자의 평생교육 프로그램 참여는 완전히 그들의 자유에 맡겨져 있다. 다만 평생교육에서의 시장은 일반 기업의 경우와 달리 학습자가 서비스를 구입하는 대가로 항상 금전적 비용을 제공하는 것은 아니라는 사실이다. 평생교육시장에서는 무료 프로그램을 제공하는 경우도 많다. 그런데 학습자들이 무료로 프로그램에 참여하는 경우에도 학습자들은 시간과 노력이라는 비용을 지출해야 하며, 평생교육기관에 대한 관심과 호응이라는 가치를 제공할 수 있다(오혁진, 2003: 141). 그러므로 무료 프로그램을 제공하더라도 평생교육시장이 존재하는 것이다.

그런데 평생교육시장은 일반시장과는 다른 특성을 지니고 있다. 일반시장에서는 구매력에 금전적 요소가 매우 중요한 영향을 미치지만, 평생교육시장에서는 금전적 요소보다 학습자의 시간, 교통편, 학습자의 주변 여건 등이 더 중요한 요소로 작동하기도 한다. 그러므로 평생교육시장에서의 수요는 일반시장에서의 수요와는 달리 학습자의 관심과 참여가능성이 중요한 변수이다.

평생교육 프로그램의 수요 = 학습자의 관심 + 참여가능성

출처: 오혁진(2003: 141)

모든 시장의 수요가 그러하듯이 평생교육시장의 수요 또한 최대수요량과 최소수요량이 이론적으로 존재한다. 현재의 수요는 늘 최대수요량과 최소수요량 사이의 어딘가에 있게 마련이다. 여기서 최소수요량이란 평생교육기관에서 특별한 노력을 하지 않아도 프로그램에 참여하게 되는 기본적인 학습자의 수를 말하며, 최대수요량은 반대로 평생교육기관이 아무리 프로그램에 대한 수요를 늘리기 위해 마케팅 비용을 많이 투입하더라도 더 이상 수요가 증가하지 않는 학습자의 수를 말한다. 평생교육시장은 최대수요량과 최소수요량 사이의 변화 정도에 따라 확장성 시장과 비확장성 시장으로 유형화 된다(오혁진, 2003: 142-143). 확장성 시장이란 시장의 규모가 마케팅 비용에 의해 크게 영향을 받는 시장을 말한다. 말하자면 최대수요량과 최소수요량의 차이가 매우 큰 경우에 해당된다. 일반적인 교양 및 여가 활동 프로그램의 경우 마케팅 활동에 의해 수요량의 변화가 비교적 큰 편이다. 반면, 비확장성이란 수요자들의 시장 진입 장애가 높아 시장 규모가 마케팅 비용에 의해 크게 영향을 받지 않는 경우를 말한다. 최소수요량과 최대수요량의 차이가 매우 작은 경우이다. 예를 들면, 대학원 과정과 같이 기관의 과정 개설이나 학습자의 진학이 비교적 제한을 많이 받는 경우가 비확장성 시장이다. 교육수요자의 입장에서는 프로그램의 공급이 제한되어 있거나 학습지 장벽이 너무 높아서 다른 시장에 진입하거나 유사 프로그램을 이용해야 한다.

한편, 특정 프로그램에 대한 학습자의 수요가 실제로 교육 참여로 이어지는 정도에 따라 평생교육시장은 다차원적인 성격을 지닌다(Kotler & Fox, 1995; 오혁진, 2003: 143-144에서 재인용).

첫째, 잠재시장이다. 잠재시장이란 특정한 프로그램에 관심을 가지고 있는 모든 집단을 말한다. 예를 들면, 웹마스터 전문교육 프로그램에 관심을 가지고 있는 모든 학습자는 잠재시장에 해당된다.

둘째, 이용가능 시장이다. 이는 프로그램에 대한 관심은 물론, 실제로 그 프로그램에 참여하여 경비를 지불할 수 있는 소득과 물리적 · 시간적으로 프로그램에 참여할 수 있는 접근가능성을 가지고 있는 집단의 규모를 말한다. 예를 들면 앞의 잠재시장 중에서 수강료를 지불할 수 없는 사람, 프로그램에 시간이 맞지 않아서 참여할 수 없는 사람, 교통이나 거리, 신체적인 불편, 주위의 반대, 사회적 제약 등으로 인해 참여할 수 없는 사람을 제외한 시장이 곧 이용가능 시장이다.

셋째, 유자격 이용가능 시장이다. 이는 특정 프로그램에 대한 관심, 소득, 접근성과 더불어 제공기관에서 제시하는 자격 요건을 갖추고 있는 시장을 말한다. 예를 들면 앞의 이용가능 시장 중에서 교육기관에서 컴퓨터 관련 업무 경력 1년 이상을 참여조건으로 제시했을 경우, 경력 1년 미만을 제외한 시장이 이 경우에 해당된다.

넷째, 노력대상 시장이다. 이는 유자격 이용가능 시장 중에서 기관의 관심과 현실적인 범위 안에서 실제로 참여를 유도하기 위한 노력이 시도된 집단을 의미한다. 예를 들면, 앞의 유자격 이용가능 시장 중에서 기관이 주로 서울 시민을 대상으로 프로그램을 홍보하고자 노력한 경우 서울 시민이 곧 노력대상 시장이다.

다섯째, 최종 시장이다. 이는 실제로 프로그램에 참여한 학습자 집단을 의미한다. 예를 들면 웹마스터 교육과정에 실제로 참여한 학습자 집단이 곧 최종 시장이다.

이와 같이 평생교육시장은 학습자의 실제적인 참여여건과 평생교육기관이 제시하는 조건에 따라 다층적인 구조를 갖는다. 그러나 평생교육시장의 규모를 결정하는 가장 중요한 요인은 학습자들의 참여동기(사회적 관계, 지적 흥미, 직업적 향상 등)와 참여장애요인(자신감 부족, 시간적 제약, 경제적 제약, 주변 사람의 반대 등)이다. 그러므로 평생교육기관에서는 학습자의 참여동기와 참여장애요인을 고려한 적절한 마케팅 전략을 강구해야 한다.

2) 평생교육시장의 세분화

평생교육기관에서 효율적으로 마케팅을 수행하려면 학습자 집단을 특성에 따라 나누는 일이 필요한데, 이를 평생교육시장의 세분화라 한다. 일반적으로 시장 세분화란 기업에서 대중집단을 특정 제품 또는 서비스의 마케팅 활동에 대한 반응이 유사할 것으로 예상되는 집단으로 나누는 작업을 말한다. 이는 제품이나 서비스를 개발할 때 표적집단을 보다 명확하게 함으로써 소비자 특성에 맞는 차별화된 맞춤형 상품이나 서비스를 개발하기 위해 사용되는 전략이다.

평생교육기관에서 제공하는 프로그램의 경우 대상이 지나치게 광범위할 경우 학습자의 요구에 부합하는 맞춤형 프로그램을 제공하기가 쉽지 않다. 따라서 학습자 집단을 나이나 소득, 개성, 취미, 욕구 등 유사한 특질을 기준으로 구분하여 그에 맞는 프로그램을 개발하여 운영할 경우 학습자들의 욕구 충족에 훨씬 더 가까이 갈 수 있을 것이다. 이 밖에도 평생교육기관에서 시장의 세분화가 좋은 점은 기관의 강점, 특성을 살리는 적합한 시장을 선택할 수 있으며, 그로 인해 기관의 자원을 효율적으로 배분할 수 있다. 뿐만 아니라 시장 세분화는 평생교육시장의 급속하고 다양한 변화에 효율적으로 대처할 수 있다는 점이다.

그러나 평생교육시장이 세분화되려면 시장이 다음과 같은 기준을 충족시켜야 한다(오혁진, 2003: 150-151). 첫째는 세분화된 시장은 측정가능해야 한다. 이는 곧 세분화된 잠재적 학습자 집단의 프로그램 참여 특성을 파악할 수 있어야 한다는 것이다. 예를 들어 성별로 시장 세분화를 했을 경우 남성과 여성의 프로그램 참여 특성을 파악할 수 없다면 성별 시장 세분화는 의미가 없다. 둘째, 세분화된 시장에 대한 접근이 가능해야 한다. 즉, 세분화된 목표시장에 프로그램을 전달할 수 있어야 한다. 예를 들어 낙도 및 오지에 살고 있는 사람들이 많이 있고, 그들이 독특한 교육수요를 가진 세부 집단으로 분류될 수 있다 하더라도 실제로 프로그램을 낙도에 제공할 수 없을 때 이러한 시장 세분화는 큰 의미가 없다. 셋째, 세분화된 시장의 실질성이다. 세분화된 잠재적 학습자 시장의 단위는 독자적인 마케팅 프로그램을 실행할 수 있을 정도로 가치가 보장되어야 한다. 즉 경제적인 관점에서 특별한 마케팅 활동을 수행해도 될 정도로 수익성이 보장되는 시장이거나, 최소한 교육적인 면에서 특별히 세분화하여 접근할 필요가 있는 의미 있는 시장이어야 한다. 넷째, 세분화된 시장의 신뢰성이다. 각 세분화된 시장은 일정 기간에 걸쳐 일관성 있는 특성을 지녀야 한다. 세분화된 시장의 특성이 일관성 없이 급변한다면 적절한 마케팅 노력을 기울일 수 없으므로 이러한 시장은 세분화의 의미가 없다.

그렇다면 평생교육시장을 어떻게 세분화할 수 있을까? 다시 말해 평생교육시장을 세분화하기 위해 사용할 수 있는 기준들은 무엇일까? 이다. 평생교육시장을 세분화할 수 있는 일반적인 기준을 제시하면 다음과 같다(Tarr, 1989; 김진화, 2001에서 재인용). 평생교육기관에서는 프로그램의 특성에 따라 아래의 세분화 기준을 적용함으로써 학습자 집단을 효율적으로 관리하고, 기관경영의 효율성을 높일 수 있을 것이다.

(1) 지리적 자료(Geographic Data)

지리적 자료는 평생교육시장을 세분화하기 위한 가장 기본적인 자료이다. 그 예를 들면 다음과 같다.

- 학습자 거주지역의 특성에 따라 구분하는 것으로 행정구역에 따른 세분이 가장 일반적이며, 이 밖에도 주요 산업이나 기후에 따라 세분화도 가능
- 학습자 거주지역과 평생교육기관까지의 통학 소요시간 및 거리
- 학습자 거주지역 내 접근가능한 평생교육기관의 수

(2) 인구통계학적 자료(Demographic Data)

시장 세분화에서 지리적 자료와 함께 가장 많이 적용되는 기준이 인구통계학적 자료이다. 인구통계학적 변인들은 소비욕구, 선호도 등을 예측하는 매우 중요한 변수이며, 자료를 수집하거나 측정하기도 매우 용이하다. 세분 기준으로는 다음과 같다.

- 연령, 성별, 장애인/비장애인, 인종, 민족 등 자연적 특성
- 가족 수, 가족관계, 가정생활주기(신혼가정, 중년가정, 노년가정 등) 등의 가정적 특성
- 수입, 직업, 교육수준과 같은 사회경제적 지위
- 종교, 국적 등

(3) 심리적 자료(Psychographic Data)

평생교육시장의 세분화 기준으로서 심리적 자료란 학습자의 성격, 태도, 신념, 동기, 욕구, 기대 등에 관한 자료이다. 심리학적 자료는 인구통계학적 자료보다 추상적이고 측정하기 어렵지만 시장을 의미 있게 배분할 수 있다는 점에서 중요하게 다루어지고 있다. 특히 평생학습시대에서는 연령이나 직업 등 전통적인 기준보다 가치관이나 태도, 신념 등이 학습자 집단을 구성하는 데 더 의미가 있기 때문이다.

- 학습자의 성격, 학습자의 참여동기
- 학습자 스스로 학습능력에 대한 태도와 이전의 학습경험에 대한 인식 등

(4) 행동적 자료(Behavioristic Data)

평생학습에 참여하려는 학습자의 행태와 관련된 기준으로 다음과 같은 것들이 해당된다.

- 학습자가 참여하는 프로그램 수
- 해당 프로그램에 대한 학습자의 학습경험 정도
- 해당 평생교육기관에 대한 학습자의 지속적인 참여 정도
- 해당 평생교육기관에 대한 학습자의 충성도 등

표 7-1 학습자 특성 차원에서의 시장 세분화 기준

지리적 기준	경제적 기준	인구통계적 기준	사회심리적 기준
• 인구 분포(국가, 지역, 도시, 소도시, 지방) • 기후 • 토양 • 지형	• 개인소득 • 가계소득 • 직업 • 수입원	• 성별, 나이 • 인종, 민족 • 신앙, 교육수준 • 결혼 여부, 건강 • 신체적 특성	• 라이프스타일 • 성격, 가치관, 흥미 • 자신감, 학업태도 • 영향집단

출처: 오세조 · 박충환(2002: 166)

3) 표적시장의 선정

평생교육기관에서 프로그램에 참여할 잠재적 학습자를 세분화한 후에는 얼마나 많은 세분시장을 관리하고, 어떤 세분시장에 보다 초점을 맞출 것인가를 결정해야 하는데 이를 표적시장의 선정이라고 한다. 본래 평생교육기관에서 제공하는 프로그램의 잠재적 학습대상자는 평생교육의 대상이 의미하듯 모든 연령층이다. 그렇다고 평생교육기관이 모든 연령

층을 대상으로 프로그램을 계획하고 마케팅하는 것은 기관경영의 관점에서 효과적이지 않다. 특히나 요즘처럼 평생교육기관의 수와 거기에서 제공되고 있는 프로그램의 수가 양적으로 팽창하여 치열한 경쟁의 상황에서 모두를 위한 특성 없는 프로그램은 성공하기 어려울 수밖에 없다.

단위 평생교육기관에서 표적시장을 선정하기 위해서는 세분시장에 대한 정확한 이해가 선행되어야 한다. 평생교육기관에서는 기관이 가지고 있는 자원의 특성과 함께 세분시장별 요구하는 프로그램의 특성을 감안하여 집중적으로 마케팅할 표적대상을 선정하여 홍보하고 관리하는 것이 중요하다.

3. 평생교육기관의 마케팅 과정

일반적으로 경영학에서는 마케팅 과정을 크게 5단계로 설명하고 있다. 말하자면, 효과적인 마케팅이 이루어지려면 먼저 조사가 이루어져야 하고, 조사가 이루어지면 서로 다른 학습욕구를 가진 다양한 잠재적 학습집단이 드러나게 마련이다. 각 평생교육기관은 다양한 잠재적 학습 세분시장 가운데 다른 평생교육기관보다 학습자의 욕구를 더 충족시킬 수 있다고 판단되는 세분시장을 표적집단으로 설정하게 된다. 평생교육기관에서는 표적집단이 설정되면, 그 다음에는 어떤 프로그램을 표적집단에 집중적으로 포지셔닝(Positioning)하여 접근할 것인가를 고민하게 된다. 무엇보다도 자기 기관의 프로그램이 타기관의 유사 프로그램과 비교했을 때 어떻게 다른지를 명확하게 알려야 한다. 그런 다음 평생교육기관에서는 프로그램의 학습비 결정에서부터 홍보전략 등을 망라하는 마케팅믹스(MM) 전략을 개발해야 한다. 일반적으로 마케팅믹스는 '마케팅 목표의 효과적인 달성을 위하여 마케팅 활동에서 사용되는 여러 가지 방법을 전체적으로 균형이 잡히도록 조정 · 구성하는 일'을 말한다.

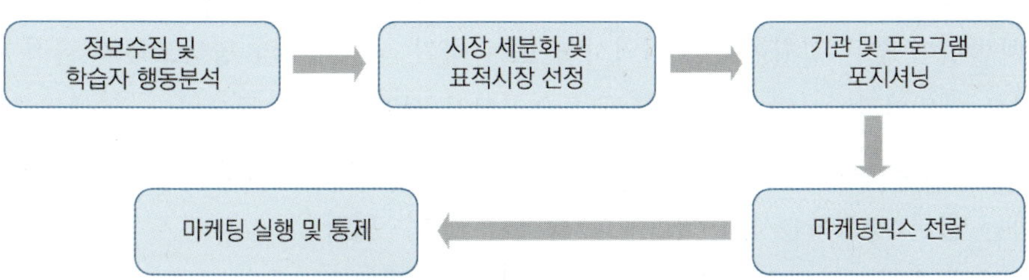

그림 7-1 평생교육기관의 마케팅 과정

1) 학습자 행동 분석

마케팅은 기본적으로 고객의 요구를 파악하여 이를 충족시키는 데 사명이 있다. 그러므로 평생교육기관에서의 마케팅이란 고객인 학습자의 요구를 정확히 파악하여 그에 적합한 프로그램을 개발하여 제공하는 것이다. 이를 위해서는 고객인 학습자들이 다양한 평생교육 프로그램에 어떻게 반응하고 어떤 과정을 거쳐서 프로그램 참여 의사결정을 하는지 알아야 한다.

모든 마케팅이 그러하듯이 평생교육기관에서의 마케팅 역시 프로그램, 수강료, 평생교육기관의 위치, 그리고 홍보 등 마케팅 4요소와 그동안의 프로그램 운영성과가 학습자들의 의사결정에 영향을 미친다. 따라서 평생교육기관에서는 잠재적 학습자들을 대상으로 그들이 평생교육기관이나 프로그램을 선택할 때 어떤 기준에 의해, 어떤 내용의 프로그램을 선택하는 경향이 있는지를 분석해야 한다. 동시에 기존의 프로그램에 대해서도 세분화된 학습자 유형별로 어떻게 반응하고, 평가하고 있는지에 대한 정밀한 조사가 필요하다.

2) 시장 세분화와 표적시장 선정

앞서 평생교육시장의 이해에서 언급하였듯이 마케팅 활동에서 가장 중요한 개념이 시장 세분화(Market Segmentation)와 표적시장(Targeting Market) 선정이다. 이는 시장이 세분화되어야 기관마다 잠재적 학습고객들의 특성을 파악하여 학습자 특성에 맞는 프로그램 개발 및 마케팅이 가능하여 효율적인 경영이 가능하기 때문이다. 동시에 시장 세분화를 통해 표적시장을 선정할 경우 시장의 특성에 적합한 맞춤형 프로그램 개발이 가능하여 프로그램의 질을 높일 수 있을 뿐 아니라 학습자 집단에 대한 접근도 효율적일 수 있어 평생교육기관의 입장에서는 경쟁우위를 체계적으로 확보할 수 있다. 이는 자원이 한정된 민간 평생교육기관에게는 더없이 필요한 전략이다.

요즘처럼 평생교육기관이 우후죽순처럼 늘어나고 있고 각 기관마다 프로그램이 대동소이하여 차별성이 없는 상황에서는 지역사회 또는 국가 차원에서의 평생교육의 질적 발전을 위해서도 단위기관에서의 시장 세분화와 표적시장 선정은 매우 중요하다. 평생교육기관들 간 중복된 프로그램 개설과 이로 인한 치열한 경쟁이 발생할 경우 단위 평생교육기관의 부실화는 물론 평생학습사회 실현에도 방해가 될 수 있다.

세분화된 평생교육시장을 평가한 후 진입할 가치가 있는 시장 및 그 범위를 결정하는 것이 표적시장 선정인데, 여기에는 세 가지 전략이 가능하다(권두승 · 최운실, 2009: 322). 첫째는 차별적 마케팅으로 시장을 세분화한 후 모든 세분시장을 표적시장으로 선정하여 각각의 세분시장에 상이한 프로그램과 마케팅믹스를 가지고 접근하는 전략이다. 이는 합리적으로 수행될 경우 학습자 모집이 활성화되어 기관의 활성화에 기여할 것이지만 프로그램 개발비를 비롯하여 운영비, 관리비, 촉진비 등 비용의 증대를 초래하는 단점이 있다. 둘째는 비차별적 마케팅으로 세분시장의 차이를 인정하지 않고 전체시장을 하나의 통합시장으로 간주하여 단일 마케팅믹스를 사용하는 전략이다. 이 전략은 여러 측면에서 마케팅 비용의 경제성을 추구하는 데 있으며, 표준화를 통한 최소의 비용과 최저의 가격으로 대량의 잠재시장을 개발하는 데 있다. 셋째는 집중화 전략으로 시장을 세분화한 뒤 모든 세분시장에 진출하지 않고 일부의 세분시장에 하나 또는 그 이상의 프로그램을 운영하는 전략으로 이는 시장의 틈새시장을 공략하기 위한 전략이다.

3) 기관 및 프로그램 포지셔닝(Positioning)

표적시장이 선정되면 평생교육기관이나 프로그램의 포지셔닝이 필요하다. 평생교육기관의 포지셔닝이란 학습자에게 경쟁기관 및 다른 해당 평생교육기관의 프로그램과 서비스의 차별적 특성을 인식시키는 활동을 말한다(권두승 · 최운실, 2009: 322). 성공적인 포지셔닝으로 생기는 기관이나 프로그램의 포지션은 경쟁기관과 비교하여 학습자가 느끼는 기관 또는 프로그램의 상대적 위치이다. 다시 말해 포지셔닝은 평생교육기관이나 프로그램의 특성화, 차별화 과정이다. 이런 맥락에서 평생교육기관이 성공적인 포지셔닝을 하기 위해서는 현재 주변의 경쟁기관과 비교하여 일반인들에게 어떻게 인식되고 있는지를 이해하는 일이 필요하다. 이것이 바로 기관의 이미지이며, 기업에서는 이미지 제고를 중요한 마케팅 전략으로 간주하여 여기에 많은 시간과 비용을 투자하고 있다.

4) 마케팅믹스(Marketing Mix) 전략

마케팅믹스란 고객에게 제공될 교육 프로그램이나 서비스의 창조를 위해 프로그램(또는 상품), 가격, 촉진, 유통 등 마케팅 요소들을 조화롭게 결합하여 시너지 효과를 극대화하는 것을 말한다. 말하자면, 마케팅믹스 전략은 표적시장을 선정한 후 마케팅 목표의 달성을 위해 마케팅을 구성하는 구성요소의 종류와 그 중요도를 적절히 고려한 구체적인 전략을 수립하는 것을 의미한다(권두승 · 최운실, 2009: 323).

마케팅믹스를 제대로 이해하려면 우리가 잘 알고 있는 커피믹스를 연관지어 생각하면 된다(계도원, 2004). 커피믹스를 구성하고 있는 것은 커피, 설탕, 프림이다. 커피믹스의 구성요소별 비율에 따라 우리는 블랙커피, 설탕커피, 일반커피 등으로 부른다. 평생교육기관에서의 마케팅 역시 구성요소인 프로그램, 비용, 마케팅 경로, 촉진전략 등을 표적시장의 특성에 맞도록 적절히 믹스하여 전략을 구상하고 시행할 수 있다.

평생교육기관에서 마케팅믹스 요소의 역할은 첫째, 교육 프로그램의 개념 전달 활동을 한다. 즉, 특정 프로그램을 개발하여 학습자를 모집하고자 할 때, 이것이 학습자의 어떤 요구에 부응하는지 명확하고도 일관성 있게 의사소통할 수 있도록 해준다. 둘째, 프로그램의 등록과 관련한 장애요인을 제거해 주는 활동을 한다. 여기서 프로그램 등록 장애요인이란 ① 시간에 관한 장애요인, ② 장소에 관한 장애요인, ③ 성능에 관한 장애요인, ④ 소유에 관한 장애요인 - 교육비, 지불방법 등, ⑤ 기억유출에 관한 장애요인, ⑥ 심리적 · 감각적 장애요인(친절이나 상담) 등의 역할을 한다(권두승 · 최운실, 2009: 324).

마케팅믹스 활동은 평생교육기관에서 학습자의 참여를 결정하는 중요한 활동이다. 마케팅에 영향을 주는 4가지 요소들 간의 적절한 믹스도 매우 중요하지만 그 전에 요소 각각에 대한 전략적 구상도 중요하다고 본다. 따라서 프로그램을 어떻게 구성할 것인가, 가격은 어느 선에서 정할 것인가, 마케팅 경로는 어떤 경로를 선택할 것인가, 그리고 표적시장의 학습자들에게 어떤 방법으로 프로그램 관련 정보를 전달할 것인가 등에 대한 전략적 사고가 필요하다.

5) 마케팅 실행

마케팅 실행이란 마케팅 계획이 효과적으로 수행되도록 다양한 활동을 전개하는 것으로 보다 엄밀히 말하면, 마케팅 목표를 달성하기 위해 마케팅 전략과 계획을 실천하는 행위이다. 성공적인 마케팅 실행을 위해서는 인적 · 물적자원은 물론 조직의 문화가 혼연일체가 되어 마케팅의 소중함을 인식하고 마케팅 실행에 역량을 집중해야 한다.

평생교육기관에서의 마케팅 실행도 조직 내 다양한 부서와의 긴밀한 연계와 협조에 의해 이루어져야 하므로 이를 총괄적으로 담당하는 전담부서가 지정되어야 한다. 동시에 예기치 못한 문제나 사건이 발생할 경우 원인을 명확히 진단하고 적절하게 대응하고 조정하는 통제 기능이 전담부서에 주어져야 한다. 마케팅 전담부서에서는 통제기능을 통하여 목표와 성과의 차이를 줄이기 위한 여러 가지 조치를 단행할 수 있을 것이다.

4. 평생교육기관의 홍보

1) 평생교육기관 홍보의 의미

정보화시대를 살아가는 우리가 매일 매일 접하는 것이 홍보이다. 집에서나 직장에서나 지하철에서나 심지어 스마트폰을 통해서도 우리는 언제나 홍보를 접하고 있다. 제품이나 서비스의 생산과 판매 경쟁이 모든 분야에서 심화되면서 각 기업체나 조직은 자신들이 만든 상품을 널리 인식시키고 판매하기 위해 필사적으로 홍보하고 있다. 어찌 보면 현대사회에서 홍보는 필수적 수단인 것 같다. 심지어 개인에게도 자신의 가치와 특성을 널리 알리는 PR(Public Relation)이 중요한 시대이다.

다시 말해 시장 메커니즘에 의해 움직이는 자본주의 사회에서의 홍보는 아무리 강조해도 지나치지 않을 정도이다. 좋은 제품을 만들고도 홍보를 제대로 못해 시장에서 사라지는가 하면, 사회 전반적인 불황 속에서도 홍보에 의해 그것을 돌파하는 경우도 있다. 우리가 홍보 카피의 위력을 들 수 있는 한 예가 "침대는 과학이다"라는 문구이다. 얼마나 홍보의 위력이 컸는지 초등학교 학생들이 시험에서 침대는 가구가 아니라 '과학이다'라고 응답했다는 우스갯소리가 있다.

홍보에 대한 사전적 의미는 '일반에게 널리 알림'이다. 즉, 여러 사람에게 무엇인가를 널리 알리는 행위가 홍보이다. 앞에서 언급하였듯이 홍보는 일반적으로 PR(Public Relation)이라고도 한다. 미국 PR협회는 "사회의 동향을 분석하고, 그 동향이 무엇을 초래할 것인가 예측하여 조직 지도자의 상담역이 되며, 조직과 사회에 이익이 되는 사업을 추진하는 기술이고, 사회과학이다"라고 정의하고 있다(현대경영연구소, 2004).

이러한 맥락에서 볼 때 평생교육기관에서의 홍보는 평생교육기관이 개발한 질 높은 프로그램을 신뢰성 있는 매체를 통해 잠재적 학습자들에게 정확히 알려서 그들에게 실질적인 학습자가 되도록 학습동기를 고취시키는 데 그 의미가 있다.

2) 평생교육기관 홍보의 목적과 원칙

평생교육기관 홍보의 목적은 무엇보다는 기관의 설립목적을 비롯해 비전과 사명을 널리 알리고, 동시에 기관이 개발한 다양한 프로그램을 학습자들에게 알림으로써 일차적으로는 학습자들에게 학습동기를 고취시키는 데 있다. 이 밖에도 평생교육기관의 홍보 목적을 정리하면 다음과 같다(남정걸, 2007: 363-365).

첫째, 잠재 학습자의 유인 및 확보에 있다. 평생교육기관은 사회사업기관이나 병원, 법률사무소와 같이 외래의 고객에게 서비스를 제공하는 조직이기 때문에 그 고객을 어떻게 유치하느냐가 가장 큰 문제이다. 대부분의 평생교육기관은 학습자의 수강료에 의해 재정이 충당되기 때문에 홍보에 의한 학습참여자의 확보는 평생교육 프로그램의 질은 물론 그 기관의 사활과도 관계가 된다. 물론 일부 공공기관의 성격을 지닌 평생교육기관에서는 재정 충당보다는 많은 학습참여자의 확보를 위해 홍보가 필요하지만 그 숫자는 민간 평생교육기관에 비해 절대적으로 적다.

둘째, 평생교육기관의 정신적 및 재정적 후원자를 확보하는 것이 평생교육 홍보의 목적이 될 수 있다. 평생교육기관 가운데는 후원자의 후원금에 의해 유지되는 경우도 있다. 이들의 경우 기관의 목적, 기능, 활동, 업적, 인적자원 등에 관한 정보를 지역사회나 일반인들에게 제공함으로써 이해를 도모하고 후원자를 확보할 수 있게 된다. 바른 이념과 목적을 지닌 평생교육기관으로 지역사회에 널리 알려질수록 저명한 인사나 뜻있는 일반인들로부터 재정적 후원과 전문적인 자문을 얻어낼 수 있다.

셋째, 자원봉사자의 유치와 그들 상호 간의 이해를 증진하는 것도 평생교육에서의 홍보의 목적이 될 수 있다. 아직도 우리나라의 평생교육기관 가운데 청소년기관, 여성단체, 문화원, 여성회관 등은 자원봉사자에 크게 의존하고 있다. 그러므로 이들 기관은 자원봉사자를 확보하기 위해서라도 기관의 목적과 이념, 운영하고 있는 프로그램의 종류 등에 대해 정확하게 알려야 한다.

넷째, 대내적으로는 평생교육기관 종사자들의 지지와 이해, 공감대와 단합심을 제고하고 참여자들의 기관에 대한 일체감을 형성하는 것이다. 홍보는 외부의 대중만을 대상으로 하는 것이 아니라 기관 내부 구성원들이 기관의 설립 목적과 이념, 비전 등을 함께 공유하는 계기이기도 하다.

다섯째, 평생교육기관의 홍보는 기관에 대한 일반의 오해를 불식시킨다. 평생교육교육기관이 증대하고 프로그램이 늘어남에 따라 일반인들 가운데 평생교육기관은 일반 사기업과 다름없는 이윤만 추구하는 집단으로 오해하는 경우가 많다. 기관의 정확한 비전과 철학, 그리고 소유하고 있는 인적 · 물적자원 및 프로그램을 정확히 일반인에게 알리는 것은 기관에 대한 오해를 줄일 수 있는 기회가 되기도 한다.

이상과 같이 평생교육기관에서의 홍보는 여러 측면에서 기관의 발전과 운영에 도움이 된다. 그렇기 때문에 기관마다 홍보에 정성을 쏟는 것이기도 하다. 그런데 홍보라고 해서 모두가 위에서 언급한 목적을 달성하는 것은 아니다. 만약에 잘못된 정보나 신뢰롭지 못한 방식으로 홍보를 할 경우 오히려 역효과를 볼 수도 있다. 따라서 대중에게 홍보할 경우 기관이나 프로그램의 진실된 모습을 전달하여야 한다. 평생교육기관에서 홍보물을 제작할 경우 몇 가지 원칙을 지켜야 그 목적을 달성할 수 있다(최은수 · 배석영, 2008: 289).

첫째, 진실성의 원칙이다. 홍보는 있는 그대로 정확한 내용을 전달해야 한다. 간혹 과장되거나 허위 사실을 전달하여 세상에 물의를 일으키는 경우가 있는데 이는 범법행위이다. 최근 사회적으로 자격증이 강조되면서 일부 평생교육기관에서는 자격증 과정에 대해 과장 또는 허위 홍보를 하여 학습자를 유인하는 경우가 종종 있다. 홍보의 내용은 정확하고 진실된 사실들만을 전달하여야 그 목적을 달성할 수 있다.

둘째, 상호작용의 원칙이다. 홍보는 제공자의 일방적인 정보 제공에만 그치는 것이 아니라 대중과 공급주체인 평생교육기관의 사이에서 일어나는 상호작용에 근거하여야 한다. 즉, 평생교육기관이 추구하는 교육적 이념에 공감하고, 자신들의 교육요구에 부합하는 프로그램에 접했을 때 학습동기를 일으키게 되는 것이다. 이러한 상호작용이 있을 때 비로소 잠재 학습자는 수강을 결심하게 된다.

셋째, 공공이익 합치의 원칙이다. 홍보는 계몽적 성격을 바탕으로 대중을 의식하고, 그들의 이익과 공공의 이익을 실현할 수 있는 모습을 담아야 한다. 즉, 단순히 기관과 교육프로그램을 알리는 데만 주력할 것이 아니라 이러한 홍보를 통해 평생교육에 대한 새로운 시각과 생각을 가질 수 있도록 하는 것들이 포함되어야 한다.

넷째, 인간적 접촉의 원칙이다. 홍보는 사람을 상대로 하기 때문에 인간적인 관계가 중요하다. 자칫하면 복잡한 매체들이 활용됨에 따라 비인간화를 초래할 수도 있으므로 조심해야 한다. 특히 인터넷 문화가 매우 확산된 상황에서 지나치게 디지털 홍보에만 의지할 경우 인간적인 면을 잃게 되어 홍보의 역효과를 초래할 수도 있다. 인간적인 배려와 따뜻함이 홍보물에 묻어 있을 때 훨씬 효과적일 수 있을 것이다.

3) 평생교육기관 홍보의 과정

홍보란 프로그램을 진흥시키기 위해 별도의 노력을 통해 잠재적 학습자에게 전달하는 것을 목적으로 실행하게 된다. 평생교육기관의 홍보과정은 그림 7-2 와 같이 크게 5단계로 구분하여 준비되고 이루어진다(김진화, 2008: 355 참조).

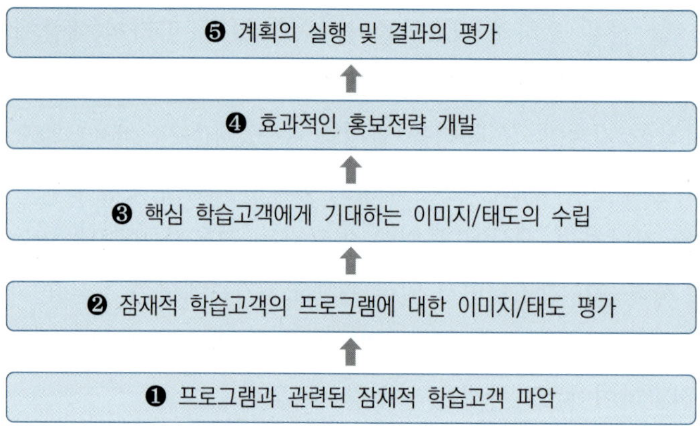

그림 7-2 평생교육기관 홍보의 과정

1단계는 해당 프로그램에 참가할 수 있는 잠재적 학습자가 누구인지를 파악하는 것이다. 이들을 대상으로 그들의 학습참여 특성과 라이프 스타일 등에 관한 정보를 수집하고 분석한다.

2단계는 잠재적 학습집단이 평생교육기관 및 해당 프로그램에 대해 어떤 이미지와 태도를 형성하고 있는지 평가한다. 학습집단의 기관 및 프로그램에 대한 이미지와 태도는 향후 그들의 수강결정에 결정적인 영향을 미치게 된다. 잠재적 학습집단이 기관 및 프로그램에 대해 우호적인 이미지나 태도를 가지고 있다면 홍보는 성공할 가능성이 높지만, 그렇지 않을 경우 이미지나 태도 개선을 위한 노력부터 단행해야 할 것이다.

3단계는 표적시장 또는 집단을 대상으로 기관이나 프로그램에 대해 그들에게 기대하는 이미지나 태도가 무엇인지를 수립해야 한다. 그래야만 홍보전략을 어떻게 개발할 것인지가 구상될 수 있다. 홍보는 다양한 방식, 다양한 내용, 다양한 수단을 통해 가능하므로 표적집단이 형성하기를 원하는 이미지나 태도는 중요한 토대가 된다.

4단계는 효과적인 홍보전략을 개발한다. 1단계부터 3단계 과정에서 수집된 정보나 자료를 근거로 효과적인 홍보전략이 무엇인지를 고민하고 결정한다.

5단계는 홍보계획의 실행 및 결과에 대한 평가이다. 개발된 홍보전략에 따라 홍보를 실시한다. 그러고 나서 홍보가 계획한 만큼 효과를 거두었는지를 평가해야 한다. 홍보에 대한 평가를 보다 냉정하고 객관적으로 실시해야 유용한 정보를 얻을 수 있다. 홍보 평가에 기관의 내부 구성원들만이 아닌 외부 전문가나 관심 있는 집단의 도움을 받아 수행하면 보다 객관적이고 실질적인 평가를 할 수 있을 것이다. 홍보의 성과에 대한 평가는 다음의 홍보에 중요한 정보나 자료를 제공하게 된다.

4) 평생교육기관 홍보매체의 종류

(1) 인쇄물

인쇄물은 가장 일반적인 홍보물이다. 평생교육기관에서 프로그램에 대한 안내문을 인쇄 제작하여 게시판에 붙이거나 신문의 간지로 삽입하여 독자에게 전달될 수 있도록 하는 데 활용한다. 비교적 적은 비용으로 많은 사람에게 홍보할 수 있는 방법이지만 너무나 많은 기관이 이 방법을 사용하다 보니 생각보다 홍보 효과는 높다고 보기 어렵다. 그렇지만 여전히 가장 많이 사용되는 방법이다.

(2) 인터넷

정보화 사회와 함께 정보통신기술이 발달하면서 가장 발달한 매체가 인터넷이다. 특히 우리나라는 광통신망이 전국적으로 구축되어 있어서 어디서든지 인터넷을 활용할 수 있다. 이러다보니 인터넷 매체를 통한 광고나 홍보활동이 활발하게 이루어지고 있다. 인터넷을 통한 홍보는 배너광고나 팝업광고 등의 기법을 활용하여 인터넷 사용자의 눈에 잘 띄게 하는 것이다. 인쇄물에 비해 비용은 많이 들지만 효과적인 측면도 있다.

(3) 블로그

인터넷 발달과 함께 새로운 미디어로 등장한 블로그가 최근에는 또 하나의 홍보매체로 각광을 받고 있다. 블로그(Blog 또는 Web Log)란 웹(Web)과 로그(Log, 기록)를 합친 낱말로, 스스로가 가진 느낌이나 품어오던 생각, 알리고 싶은 견해나 주장 같은 것을 웹에다 일기처럼 차곡차곡 적어 올려서, 다른 사람도 보고 읽을 수 있게끔 열어 놓은 글들의 모음이다(네이버 지식백과 참조). 여러 사람이 쓸 수 있는 게시판(BBS)과는 달리 한 사람 혹은 몇몇 소수의 사람만이 글을 올릴 수 있다. 이렇게 블로그를 소유해 관리하는 사람을 블로거라고 한다. 블로그는 개인적인 성격을 가지고 있지만 때에 따라서는 인터넷을 통해 기존의 어떤 대형 미디어에 못지않은 힘을 발휘할 수 있기 때문에 '1인 미디어'라고도 부른다. 최근에는 파워블로거들이 등장하여 각종 제품이나 프로그램, 상품을 광고 또는 홍보하는 중요한 매체로 영향력을 발휘하기도 한다.

(4) 방송매체

방송은 가장 영향력이 강한 대중매체로 홍보나 광고 수단으로 가장 많이 활용되고 있다. 특히 빠른 시간에 가장 넓은 층에게 내용을 전달할 수 있는 장점을 가지고 있지만, 비용이 워낙 비싸서 평생교육기관이 이용하기에는 어려움이 많다. 방송매체는 라디오매체나 TV매체로 나눌 수 있는데 라디오에 비해 TV가 훨씬 더 많은 비용을 지출해야 하나 파급효과는 훨씬 크다. 최근에는 홈쇼핑 방송을 통한 홍보도 등장하고 있다.

(5) 전자우편(이메일)

평생교육기관에서 가장 많이 활용할 수 있는 홍보방법 가운데 하나가 이메일이다. 기존의 학습자들을 대상으로 확보된 이메일을 이용해서 새로운 프로그램을 소개함으로써 학습자의 참여를 유도하는 방법이다. 비용적인 면에서도 가장 저렴하고 효과적인 측면에서도 상당한 성과를 거둘 수 있는 방법이다. 다만, 일반 성인학습자 가운데 아직도 이메일을 매일 열어보면서 커뮤니케이션 수단으로 활용하지 않는 사람들이 꽤 있다는 점이 문제이다. 특히나 노인들을 대상으로 프로그램을 개발하여 마케팅할 때는 더욱 효과를 보기 어려울 수 있다. 그러나 최근 전 국민이 이메일 사용을 일상화하는 분위기라서 이메일을 이용한 홍보는 갈수록 유용한 수단이 될 것이다.

(6) 대중잡지 및 신문

잡지는 크게 주간지와 월간지, 또는 계간지 등으로 구분되는데, 특수 집단을 대상으로 발행되기 때문에 홍보 수단으로 사용할 때는 여러 측면에서 신중을 기해야 한다. 물론 잡지의 주 독자층을 대상으로 프로그램이 개발되었다면, 그리고 충분한 시간적 여유가 있다면 의미 있는 홍보방법이 되겠으나 일반 대중을 대상으로 잡지를 이용하면 큰 효과를 보기 어렵다. 신문의 경우 잡지와 성격이 비슷하기도 하지만, 일반독자를 많이 확보한 신문일 경우 매우 효과적일 수 있다. 다만 신문을 통해 홍보할 경우 기사로 홍보하느냐 아니면 광고로 홍보하느냐에 따라 그 성과가 달라질 수 있을 것이다.

(7) 팸플릿

평생교육기관에서 사용하고 있는 가장 대중적이고 일반적인 홍보수단이 팸플릿 제작 · 배포이다. 프로그램을 안내하는 고급 팸플릿을 인쇄하여 유관기관이나 일반 사람들이 많이 모이는 기관(은행이나 우체국 등)에 배포하여 잠재적 학습자들이 가져갈 수 있게 하는 방법이다. 팸플릿을 이용한 홍보는 기관에 대한 홍보나 특별한 행사일 경우에는 유용하나 수시로 바뀌는 일반적인 프로그램을 홍보하기에는 부적합하다.

(8) 소셜미디어(SNS)

인터넷의 발달과 1인 미디어 기기라 할 수 있는 스마트폰의 보급으로 최근에는 기업이나 기관의 홍보수단으로 페이스북, 인스타그램, 트위터 등 각종 소셜미디어(SNS)가 많이 활용되고 있다. SNS는 사용자와 고객 간의 원활한 소통을 이어주어 고객의 니즈 파악과 피드백을 중시하는 기관이나 기업의 홍보수단으로 매우 널리 활용되고 있다. 특히, 다른 매체보다 전 세계인을 대상으로 무한 접근이 가능하고, 비용이 매우 저렴한 플랫폼이어서 기업이나 기관의 가치와 브랜드 이미지 제고에 가장 적절한 홍보 수단이다. 최근 대학을 비롯한 교육기관이나 평생교육기관에서도 광범위한 대중들과 가치 공유를 통한 브랜드 이미지 제고를 위해 SNS플랫폼을 구축하여 다양한 콘텐츠를 제공하고 있다. 넓은 잠재적 학습자들과의 접촉 및 상호작용이 용이하고, 경우에 따라서는 맞춤형 타켓팅 홍보나 광고도 가능하며, 실시간으로 주요 정보나 경험을 다채롭게 업데이트하여 공유할 수 있고, 홍보의 성과를 '좋아요'나 댓글, 공유 등으로 확인 가능한 SNS는 향후 모든 평생교육기관의 핵심 홍보수단으로 자리매김하게 될 것이다.

(9) 인공지능(AI)

최근에는 생성형 인공지능(Generative Artificial Intelligence)의 발달로 홍보와 마케팅에 획기적인 변화가 일어나고 있다. 기본적으로 홍보나 마케팅의 가장 큰 관심사라 할 수 있는 개인화된 맞춤형 홍보나 마케팅이 가능하게 되었다. 고객이나 소비자의 행동, 관심사 및 선호도를 분석하여 적합한 콘텐츠를 제공함으로써 홍보의 효율성을 높일 수 있게 된 것이다. 뿐만 아니라 홍보 콘텐츠 제작과 관련해서도 인공지능을 활용하여 고객에게 적합한 다양한 형태의 콘텐츠 유형을 개발하여 제공할 수 있게 되었다. 무엇보다도 잠재적인 소비자나 고객의 행동을 분석하고 예측함으로써 새로운 제품이나 서비스를 개발함은 물론 그에 맞는 최적의 홍보나 마케팅 전략을 수립할 수 있다는 점이다. 일반기업보다 재정적인 면에서 상대적으로 열악한 평생교육기관에서 인공지능을 잘 활용한다면 잠재적 학습자들의 학습요구를 파악하는데도, 그리고 그들에게 맞춤형 프로그램을 홍보하는 데에도 큰 도움될 것이다.

연구문제

1. 평생교육기관에서의 마케팅이 필요한 이유를 제시하시오.
2. 평생교육시장 세분화의 의미에 대해 설명하시오.
3. 평생교육기관에서의 마케팅 전개과정을 기술하시오.
4. 평생교육기관의 마케팅믹스(Marketing Mix)의 의미를 설명하시오.
5. 평생교육기관에서 사용할 수 있는 홍보수단을 들고, 그들의 장 · 단점을 비교하시오.

CHAPTER 08

평생교육기관의 네트워킹

학습개요

지역에는 여러 평생교육기관들이 있고 자신들이 보유하고 있는 교육자원들만을 가지고 사업에 임한다. 더욱이 주변의 기관 · 단체들을 경쟁자로 생각하면서 활동하기 마련이다. 그러나 개별 기관 · 단체들의 전문성을 살리면서 지역 차원의 평생교육 자원의 효율성을 높이기 위해서는 평생교육기관 간의 연계 · 협력(Networking)이 요구된다. 이렇게 기관들의 연계와 협력을 통해서 지역은 하나의 유기체로서의 학습공동체를 형성한다.

지역사회평생학습공동체라는 비전을 달성하기 위해서는 지역을 다양한 주제들을 하나의 평생학습체계로 엮어내는 것이 필요하다. 이를 위해서 평생교육법에는 지역별로 평생교육전담기관들(시 · 도 평생교육진흥원 및 시 · 군 · 구 평생학습관, 읍 · 면 · 동 평생학습센터)이 설치되었고, 이 전담기관들의 고유 역할로 네트워크를 규정하였다. 이 장에서는 지역의 다양한 평생교육 주체들의 연계와 협력을 가능하게 하는 조건으로서 네트워크의 개념을 설정하고 그 영역, 구조, 연계 내용, 네트워크의 절차, 장애요인, 전략 등에 대하여 논하고자 한다.

학습목표

1. 지역평생학습공동체 관점에서 교육 네트워크의 개념과 필요성을 이해할 수 있다.
2. 실제 평생교육 네트워크의 구조에 대해 설명할 수 있다.
3. 평생교육 네트워크의 실천에서의 장애요인과 전략을 제시할 수 있다.

1. 평생교육 네트워크의 의의

지역은 실제로 평생학습의 활동과 관계가 형성되는 공간이다. 따라서 하나의 평생교육기관은 지역적 조건을 고려해서 경영활동을 추진하게 되어 있다. 다른 주체들로부터 고립되어 경쟁적 비교 우위만을 유지한다고 해서 좋은 평생교육기관이라고 할 수 없는 것은 이러한 이유에서이다. 하나의 지역을 여러 주체들의 관계망으로 연결된 네트워크로 이해하면서 기관의 협력적 경영전략을 구상해 보기로 하자.

1) 네트워크의 개념과 특징

(1) 네트워크의 의미와 핵심요소

네트워크는 공학적 개념에서 시작하였지만 최근에는 많은 학문 영역에서 관심을 보이고 있으며, 사회적 네트워크라는 용어가 일상적인 용어처럼 사용되고 있다(Barnes, 1979: 406을 김희연, 2002: 31에서 재인용). 하나의 체제 인에서 이루어지는 구성 요소들 간의 연계·협력·제휴 등의 개념들이 이미 오래전부터 사용되어 왔지만, 이러한 개념들은 제한적 관계에서 그리고 일회적 성격이 강했다. 그러나 네트워크의 개념은 보다 체계적(Systematic)이어서 규모가 크며 한 지역의 종합적 체제(Total System)를 전제로 하는 지속성을 가지는 데서 이전과는 차별적이라고 할 수 있다.

네트워크라는 용어는 실행력을 높이기 위하여 체제를 확립하고(Systematic Establishment) 다수의 노드(Node, 사람이나 팀, 조직 등) 사이를 내·외적으로 연계(Link)하는 것을 말한다(OECD, 2003: 34). 이러한 정의는 체계적 운영(Systematic Management), 노드(Node), 연계(Link), 실행력 개선(Performance Improvement)의 네 가지 핵심요소를 포함하고 있다. 이러한 핵심요소의 의미를 간략히 살펴보면 다음과 같다(OECD, 2003: 34).

① 체계적 운영

체계적 운영은 네트워크에 참여하고 있는 노드들 간의 연계를 통해 공동사업을 추진하고 네트워크를 유지시키는 방식으로 해석할 수 있다. 즉, 노드 간에 공유된 목적을 위해 상호 합의된 추진체제를 중심으로 각자의 전문 영역별 업무를 분담하고 결과를 평가하여 환류함으로써, 사업을 추진하고 네트워크를 존속시키는 운영형태를 의미한다.

② 노드: 전문가, 팀, 기관(단체)

공학적 개념으로서 노드(Node)는 데이터통신망에서, 데이터를 전송하는 통로에 접속되는 하나 이상의 기능 단위로서 주로 통신망의 분기점이나 단말기의 접속점을 말한다. 사회학적 관점에서의 노드는 지역사회 내에서 개별 기능을 수행하던 단위들이 지역공동체 구축을 위해 네트워크에 참여하는 주체로서 네트워크의 중심 역할을 하는 행위자를 말한다.

③ 연계: 다수 노드 간의 의사소통, 상호작용, 협력

연계는 네트워크에 참여하는 각 노드 간의 관계 내용이다. 네트워크 활동의 주요 내용은 둘 이상의 노드 간의 정보 공유를 위한 의사소통(Communication), 교환을 목적으로 한 상호작용(Interaction), 공동 목적 달성을 위한 협력(Co-ordination) 등이다.

④ 실행력 개선

네트워크 참여기관들은 공동 이익과 목적 추구를 위하여 의도적으로 연계를 시도하며, 연계를 통해 공동 사업을 실행하면서 개별 요소들을 결합시킨다. 네트워크는 공동 목적이라는 그물망으로 연결된, 의도된 구성물(Constructions)로서 이것을 구성하는 각 요소들은 공유된 목적 달성을 위해 동등하게 참여하고 책임을 진다(OECD, 2003: 42). 네트워크는 공동의 목적을 달성하기 위하여 작동되며, 구성요소들의 연계 내용과 실행력에 의해 성과가 좌우된다. 목적 달성도는 또 다른 공동 목적 발생 시 참여요소 간 연계의 내용(책임과 참여의 비중)을 조절하여 실행력을 개선하는 기준이 된다.

(2) 네트워크의 일반적 특징

네트워크의 일반적 특징을 살펴보면 다음과 같다(OECD, 2003: 37-38).

첫째, 네트워크의 연계는 공급자들 사이에서만 형성되는 것이 아니라, 고객(참여자)들 사이에서도 형성된다. 네트워크는 고객들의 요구를 파악하고, 그 요구에 부응하기 위하여 활용된다.

둘째, 네트워크의 연계는 상호작용이다. 잠재적 고객들은 프로젝트나 서비스의 초기 단계에 자신들의 요구를 명시하고 중간 결과를 평가한다. 전문성의 활용은 전통적인 전달 및 지불방식을 통해서 이루어지지 않는다. 전문가들은 네트워크에 참여함으로써 무엇인가를 얻기를 기대한다. 상호 기대하는 성과를 협약서에 명시하기도 한다.

셋째, 네트워크 내에서는 각 요소들이 자율적으로 관리(Self-management)한다. 이것은 지도자가 없다거나 그 과정이 관리되지 않음을 의미하지 않는다. 네트워크에서 요구되는 지도력과 과정은 위계적이고 틀에 박힌 조직에서 요구되는 것과는 다르다. 네트워크는 각기 다른 국면에서 각기 다른 지도력에 의해 움직이며, 지도력 자체가 계속 변화한다. 네트워크 내에서 작동하는 일의 과정은 전통적인 팀에서의 과정과 다르다.

넷째, 네트워크 참여자, 즉 노드는 공동 목적을 공유한다. 이것은 하나의 비전, 미션, 또는 보다 구체화된 목적일 수도 있다. 참여자들은 공동 목적이 자신들에게 이익을 제공하는 한 네트워크에서 활동하며, 그것은 결국 고객에게 이익이 된다. 네트워크의 조직들이 자발적으로 참여할 때 그러한 이익이 창출된다.

다섯째, 네트워크는 변화한다. 네트워크는 역동적인 구조로서 참여자의 역할, 규모, 유형 등은 변화하며 목적을 달성한다.

여섯째, 전자매체는 네트워크를 강화하고 지지하는 데 기여하지만 네트워크는 인간적인 것이다. 전자매체를 통한 대화가 성공을 거두기 위해서는 존중에 관한 합의된 코드(Code)가 있어야 하며, 신뢰가 있어야 한다. 가상적 팀(Virtual Teams)은 전자매체에 의한 의사소통이 과업 중심적이기보다는 사회적인 면대면 접촉이 주기적으로 이루어질 때만 성공할 수 있다.

일곱째, 대규모의 네트워크는 소속감, 응집력을 창출하고 유지하며, 공유되는 가치를 강화할 때 효과적인 경향이 있다. 하나의 네트워크가 더욱 생산적으로 되기 위해서 대규모 집단을 작은 네트워크로 나누어지는 경향을 나타내며, 가상적 팀은 대규모 집단을 가지고 있더라도 종종 5~7명 정도의 작지만 활동적인 핵심 인원을 보유한다.

위의 내용을 요약해 보면, 네트워크는 고객의 이익을 목적으로 하며, 상호작용을 통해 목적을 공유하는 역동적인 구조로서 인간적인 유대를 강조하면서도, 상황에 따라 연계의 형태와 내용을 조정하는 융통성을 발휘하는 특성을 가지고 있음을 알 수 있다

2) 평생교육 네트워크의 개념

지역사회에는 많은 교육시설과 자원이 존재하고 있다. 평생학습관을 비롯한 도서관, 박물관, 지역의 문화원, 여성회관, 청소년회관, 사회복지관, 시민회관, 농업기술센터 등의 공공 평생교육기관과 학교, 대학 등의 전통적인 교육시설, 그리고 문화센터, 기업체 연수원, 학원

등과 같은 민간 평생교육기관 등이 있다. 뿐만 아니라 원래 교육기관은 아니지만 기능적으로는 교육기관의 성격을 갖는 시설도 있다. 지방자치단체와 같은 행정 당국이 운영하고 있는 보건소나 소방서, 경찰서 등의 공적 시설을 비롯하여 영화관이나 극장, 음악시설 등의 문화시설, 방송국과 신문사 등의 정보 관련 시설 등이 이에 속한다.

지역을 하나의 평생학습공동체로 만들어가기 위해서는 이같이 여러 종류의 교육시설들이 유기적 관계를 유지하면서 시민들의 학습요구에 적절하게 대응하는 것이 필요하다. 지역이 하나의 유기체로서 학습공동체를 구축하기 위해서는 큰 틀에서 가동되는 추진체제가 필요하다. 이는 지역의 다양한 교육기회와 학습자원을 중심으로 하나의 '지역평생학습체제'를 만드는 것을 의미한다. 이 같은 지역평생학습체제라는 개념과 관련하여 오늘날 한국 평생교육은 지역생활 영역에서 평생학습 기반구조(Infrastructure)를 만들어가고 있다. 평생학습체제가 운용되기 위해서는 지역의 기반 정비가 선행되어야 하는 것이다. 지역평생학습체제에서 이들 체제를 엮는 연계·협력, 즉 네트워크체제가 중요한 역할을 하게 된다. 학교와 지역사회기관과의 협력 및 교육청과 지방자치단체와의 협력, 참여 등 지역과 교육의 분절적 체제를 평생학습으로 연결하는 협력체제가 구성되어 서로 간 의사소통을 위한 장을 만들어가야 하는 것이다.

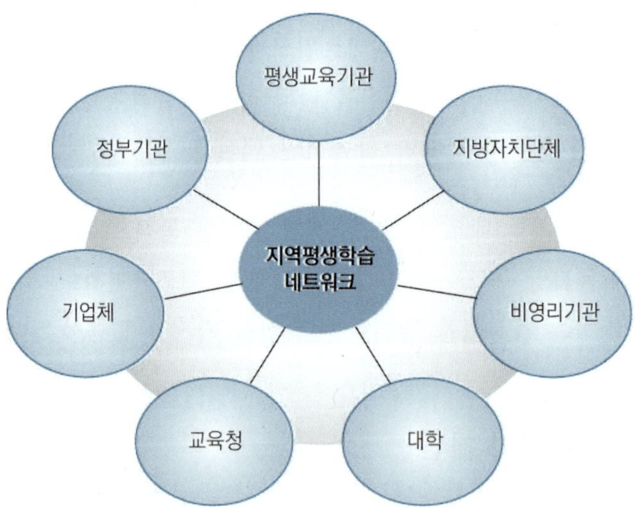

그림 8-1 지역평생학습체제의 네트워크

지역평생학습공동체 형성은 인적자원과 물적자원의 원활한 네트워크로 연결하는 것이 필요하다. 우리가 전통적으로 교육기관으로 인정하고 있는 학교도 주민들이 선택할 수 있는 가용 교수-학습기관 중의 하나일 뿐이다. 학교는 지역사회의 여타 교육기관들과 파트너십을 형성하지 않고서는 교육 영역에서의 생존을 보장받지 못하게 될 것이다. 사람을 고용하고 있는 기업체, 정부기관, 비영리기관 등 모든 조직들은 학습조직, 곧 교수-학습의 기관이 될 것이다. 이와 같이 지역학습공동체의 관점에서 출발하면, 지역 학습자원의 효율적 운영이 요청되며 이를 위해서 교육자원들 간의 제휴와 협력, 즉 네트워킹이 필요하게 된다. 네트워크는 공학적 개념에서 시작하였지만 최근 사회시스템 개념 속에서 많이 사용되고 있다. 하나의 시스템 안에서 구성요소들 간의 연계·협력·제휴 등으로 이해될 수 있다. 그러나 네트워크의 개념은 보다 시스템적이어서 규모가 크며 한 지역의 토탈 시스템을 전제로 한 지속성을 가지는 개념이다.

이상과 같은 학습 네트워크의 필요성을 다음과 같이 정리할 수 있다(S. Skoge, 1996).

(1) 지역주민의 교육요구에 대한 총체적 접근

정부 부처, 사회단체, 각종 평생교육기관 등은 주민들의 교육 욕구를 해결하기 위해 서로 협력하는 체제를 구축하고 있지 못하다. 네트워크로 연계를 맺지 않은 이러한 기관들은 지역주민들의 요구가 어느 정도이며 어떠한 범위의 것인지, 그리고 다른 기관에서 제공되는 서비스와 지원이 어느 정도이며 어떠한 범위의 것인지, 또한 서비스에 공백이 있는지를 알지 못한다. 따라서 많은 지역사회 구성원들은 상호적이며 상호 관련성이 있는 교육 서비스를 손쉽게 이용하지 못하고 있으며, 이를 해결할 필요가 있다.

(2) 교육서비스의 중복 회피

파트너십은 교육 서비스의 중복을 피하는 데 도움을 준다. 교육 서비스의 중복은 제한된 자원을 낭비하며, 지역주민들에게 혼란을 줄 수 있다. 자원이 감소하고 재정 확보 경쟁이 증가하는 시대에 살고 있는 우리들은 평생교육에서도 가능하다면 효율성을 높이기 위해 노력해야 한다.

(3) 정부 지원의 필요조건

여러 기관 간의 지원, 협동, 협력은 서비스를 개선하고 제한된 자원을 효과적으로 사용하는 방법이기 때문에 바람직한 것으로 받아들여지고 있다. 따라서 선진국의 경우는 다른 기관들과의 강력하고 효과적인 파트너십의 실현 정도를 중앙정부 및 지방자치단체의 평생교육기관에 대한 재정지원 요건으로 포함하고 있는 것이 일반적이다.

(4) 단위 평생교육기관의 역량 부족

단위 평생교육기관은 인적, 재정적인 역량이 불충분하기 때문에 지역주민의 교육요구에 대응하기 위해서 자기 기관 외에 다른 기관을 찾게 된다. 직원들이 지역주민의 추가적인 교육요구를 발견하였을 때 이미 그들이 감당할 수 있는 능력의 한계를 벗어나기 쉽다. 이때에 스스로 추가적인 서비스를 제공하려 하기보다는 다른 기관들을 참여시켜서 그 기관이 보유하고 있는 자원과 전문지식을 이용하는 것이 기관과 주민 모두에게 효율적이다.

학습 네트워크는 결국 평생교육기관의 합리화와 효율화를 목적으로 한다. 우선 기존 시설을 효율적으로 이용하며, 지역의 교육·학습자원을 유효하게 활용한다고 하는 측면이며, 둘째는 재정적으로 합리적인 운영이라는 측면을 들 수 있다.

3) 평생교육 네트워크의 영역

지역평생교육시설, 시민단체, 대학, 기업체 연수원, 민간 문화센터 등의 시설 간 학습 네트워크는 다양한 영역에서 가능하게 된다. 물론 교수자의 교류와 같은 부문에서부터 사업 네트워크, 정보 교류, 공간의 교류 등과 같이 다양한 영역과 국면에서 논의될 수 있다. 구체적으로 교류 영역별로 학습 네트워크의 내용을 살펴보면 다음과 같다.

(1) 인적자원 네트워크

대부분의 평생교육시설 및 단체들은 각 분야의 전문 외래교수를 초빙하는 데 많은 어려움을 겪고 있다. 그런데 평생교육기관 종사자 간 상호 정보 교류를 위한 기회나 장치가 부족하며, 이들의 전문성을 향상시키기 위한 평생교육 분야의 전문가로부터 협력·조언체제도 미흡하다. 시설 간의 교수자 교류를 비롯하여 자원봉사자와 같은 인적자원을 상호 교류함으로써 협력이 가능하다. 지역평생교육의 활성화를 위해 평생교육기관과 단체가 평생교육과 관련된 사업을 교류할 경우에 인적자원의 요소 즉, 평생교육을 담당하는 교수자, 종사자, 자원봉사자 등에 대한 인적자원의 교류 또는 네트워크가 선행되어야 한다.

(2) 사업 네트워크

지역 단위의 사업을 네트워크화 함으로써 보다 효율적으로 사업을 추진·운영할 수 있다. 지역의 평생학습사업을 통하여 종합적인 학습 프로그램의 제공과 그 이용체제를 정비함으로써 시설의 합리적이고 효율적 활용을 촉진한다. 민간 교육시설을 포함하여 지역에 있는 모든 평생교육시설 간에 사업을 공유하고 상호 이해를 도모하기 위하여 체제화를 촉진한다. 또한, 지방의 문화축제라든가 평생학습축제, 열린 음악회 등과 같은 문화·교육 관련 이벤트 사업이 계획·운영될 때 상호 간의 협력지원체제가 가동될 수 있다.

(3) 정보의 교류

정보의 교류는 네트워크 구축의 기반이다. 무엇이 어디에 있는가를 알지 못하는 한, 인적자원도 물적자원도 활용할 수 없다. 그래서 네트워크는 정보 네트워크라고 해도 과언이 아니다. 각 시설을 컴퓨터 통신망으로 연결하여 핵심이 되는 시설(시·도 평생교육진흥원과 평생학습관)에 포스트 컴퓨터를 설치하고 각 시설에는 단말기로 활용될 수 있는 소형 컴퓨터를 도입하여 데이터 동신이 가능하도록 한다. 정보를 수집하고 데이터베이스화하는 과정까지 많은 노력이 들지만 한 번 데이터베이스화된 정보는 보통 자연스럽게 확대되어 간다.

(4) 공간의 교류

공간의 교류는 학교를 비롯하여, 평생교육시설이 보유하고 있는 물적자원을 교류하는 것이다. 물적자원에는 시설, 설비, 교재, 교구 등이 포함된다. 물적자원의 교류는 자원의 효율적인 활용이라는 문제와 관련되는 것이다. 자기 손아귀에 없는 것은 이용하기 어렵다고 하는 소극적인 사고방식이나 구태의연한 발상이 근본적으로 바뀌어야 한다.

한 평생학습도시 실태 조사를 다니다가 한 시민단체 간사와 인터뷰를 하였는데, “시설에 대한 어려움은 없어요. 왜냐하면 우리시 시설이 다 우리 것이나 다름없으니까요”라고 당당하게 이야기하던 것이 기억난다. 그 실무자의 적극적인 사고도 인상적이었고 실제 공공기관의 시설을 공유할 수 있는 여지가 지역에서는 충분히 있다는 것을 파악할 수 있었다.

중요한 것은 “무엇이 어디에 있는가?”하는 것이다. 공립학교와 같은 공공시설의 경우에는 그 시설이 독점되어서는 안 된다. 모든 공공의 교육시설도 물적자원의 관리를 위임받은 것이라는 해석이 가능하기 때문이다. 반면에 사립대학이나 민간시설에 대하여 그 시설이 보유하고 있는 물적자원의 개방을 요구하는 것은 용이한 일이 아니다. 유상으로 개방한다거나 행정적으로 개방에 대한 합당한 보상을 함으로써 점차 교류가 이루어지도록 시도해야 할 것이다.

지역사회의 시민을 위한 평생교육기관 · 단체 · 시설의 유기적인 연계체제를 구축하여 인적 · 물적자원과 정보자원을 공유함으로써 평생교육 관련 사업과 활동의 상승 효과가 기대된다. 그림 8-2 에서와 같이 학습 제공자 측에서는 상호 교류와 사업의 효율화, 편의시설화를 통하여 학습기회 · 자원 · 환경이 향상되며 결국에 시설 네트워크화를 이루게 된다. 한편, 학습자 측은 다양한 국면에서의 연계 · 협력이 학습활동의 촉발, 지역 활성화, 편의생활화되어 개인의 학습활동을 자극하고 이를 통하여 지역 시민의 네트워크가 가능해진다.

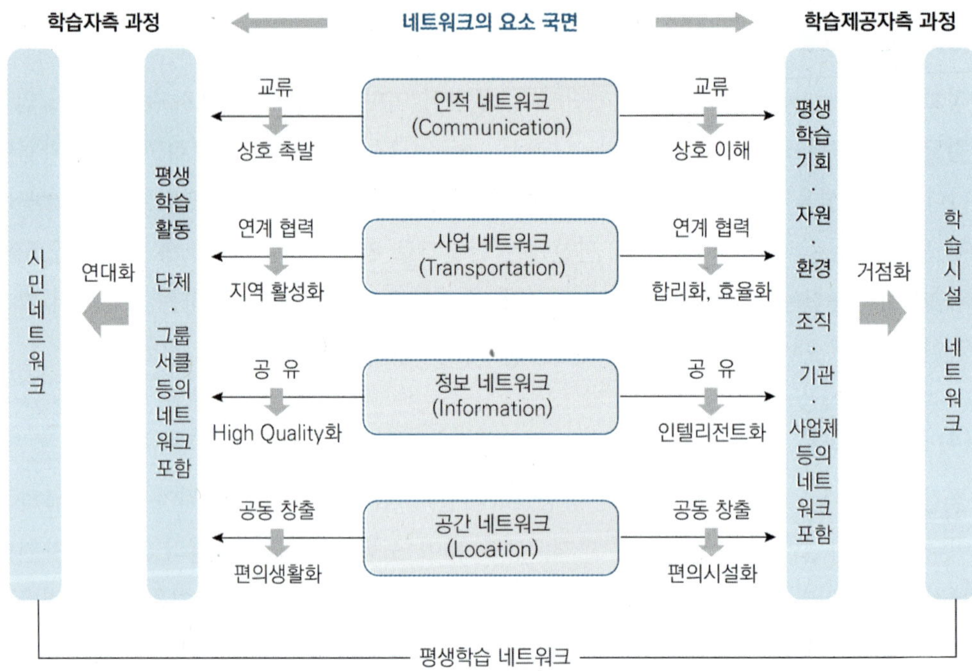

그림 8-2 평생교육 네트워크 영역

출처: 井上講四 · 手打明敏(1989: 71)

2. 평생교육 네트워크의 구조

1) 평생교육 네트워크의 주체

지역에서 쉽게 찾을 수 있는 평생교육 관련 시설을 표 8-1 과 같이 유형화하였다.

표 8-1	평생교육기관의 분류	
분류 기준		기관
공공	교육 전용시설	평생학습관(평생교육진흥원, 평생학습센터), 여성회관(여성발전센터), 새로일하기여성센터, 문화의 집, 공공연수원, 직업훈련원, 기능대학
	일반 시설	사회복지관, 시 · 군 · 구민회관, 도서관, 박물관, 문화원, 노인종합복지관, 주민자치센터
민간	교육 전용시설	대학평생교육원, 문화센터, 기업체 연수원, 학원, 노인학교
	일반 시설	사회시민단체 평생교육시설

우선 설립 주체와 운영 재원의 조달 경로로 인하여 공공시설이냐 아니면 민간시설이냐 하는 유형이 결정된다. 또한 시설마다 설립 취지와 여건에 따라 교육사업에 두는 비중이 큰 차이가 있을 수 있어 교육 전용시설과 일반시설로 나눌 수도 있을 것이다.

학습 네트워크의 주체는 크게 공공과 민간으로 분류할 수 있으며, 공공은 지방자치단체와 지역 공공평생교육시설(예: 평생학습관을 비롯하여, 여성회관, 도서관, 문화원, 청소년 수련시설 등), 교육훈련시설, 학교시설이 해당되며, 민간으로는 시민단체와 기업체, 문화센터, 학원과 같은 기관들이 있다. 따라서 공공과 민간, 대학은 주된 연계 · 협력의 파트너가 될 수 있다. 그동안 많은 지방자치단체가 대학평생교육원의 공개강좌에 '시민대학', '여성대학' 등의 명칭으로 프로그램을 위탁하기 시작하였다. 지방자치단체에서 주민 교육을 담당하는 다양한 부서들이 주민 교육과 관련된 사업을 전개하고 있다. 한편, 기업체에서도 기존에 자사 연수원이나 인사교육 담당에서 운영하던 집합교육(Off JT)을 대학의 관련 전공 학과나 연구소, 평생교육원 등에 위탁하는 경우가 늘고 있다.

이상과 같은 평생교육기관들을 중심으로 지역 학습 네트워크의 주체를 정해 보면 그림 8-3과 같이 공공과 민간, 대학으로 나뉘게 된다. 이 세 주체 간의 관계에서 각 기관들이 서로 인적 · 물적자원과 학습정보의 교류 · 공유, 공동사업 제휴, 직원들의 공동 연수 등을 지속적으로 추진한다면, 개별 기관의 활성화를 위한 지역평생학습 네트워크의 가능성은 무한하다.

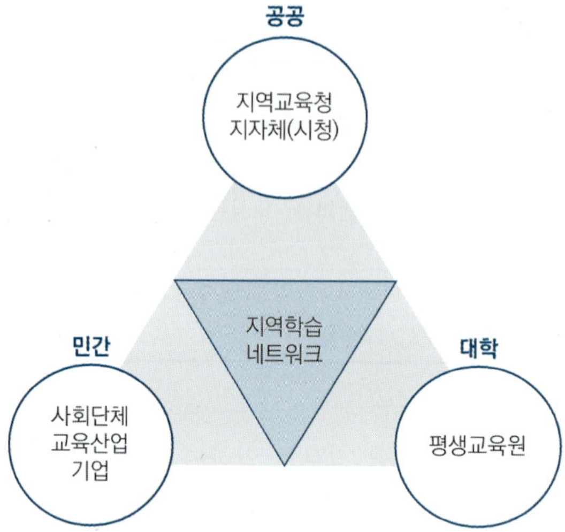

그림 8-3 학습 네트워크의 주체

2) 지역평생학습체제에서의 네트워크 동태(Dynamics)

최근 정비되고 있는 한국의 평생교육체제(국가평생교육진흥원 – 시 · 도 평생교육진흥원 – 시 · 군 · 구 평생학습관–읍 · 면 · 동 평생학습센터)는 많은 선진국에서 20세기 중반부터 운영되고 있는 공적 평생교육전담기관들(영국의 Community Learning Centre, 일본의 공민관(公民館), 미국의 Community College, 호주의 Community Adult Education Centre, 덴마크의 Folkehøjskole, 독일의 Volkshochschule 등은 공적 평생교육기관으로서 해당 국가평생교육의 체계화에 결정적인 역할을 담당하였다)의 성과에 주목해야 한다. 한국의 평생교육은 아직 완전 공비(公費)로 주민의 평생학습 요구를 충족시켜주지 못하고 있는 실정이다. 학습요구가 강한 일부 시민들만이 자비를 들여야 교육을 받을 수 있는 제한적인 교육 기회가 제공되고 있는 것이다. 이 같은 한계를 극복하기 위하여 현재 제공되고 있는 교육 서비스의 적극적인 활용과 많은 이들에게 그 교육적 혜택이 돌아갈 수 있도록 수혜율을 극대화해야 한다.

평생교육 전담기관들은 각각 기능과 역할에서 비중의 차이를 보이고 있는 시 · 군 · 구의 평생학습관은 지역사회 주민을 위한 실질적인 평생교육센터로서 다양한 교육 프로그램 운영 기능이 강조되고 있다. 그러므로 국가평생교육진흥원이나 시 · 도 평생교육진흥원, 그리고 시 · 군 · 구 평생학습관 간에는 연계체제 구축을 통한 긴밀한 교류 · 협력이 강조되고 있다. 이상과 같이 전담기구를 중심으로 추진되고 있는 한국 평생교육 네트워크를 개념도로 그려 설명하면 그림 8-4와 같다.

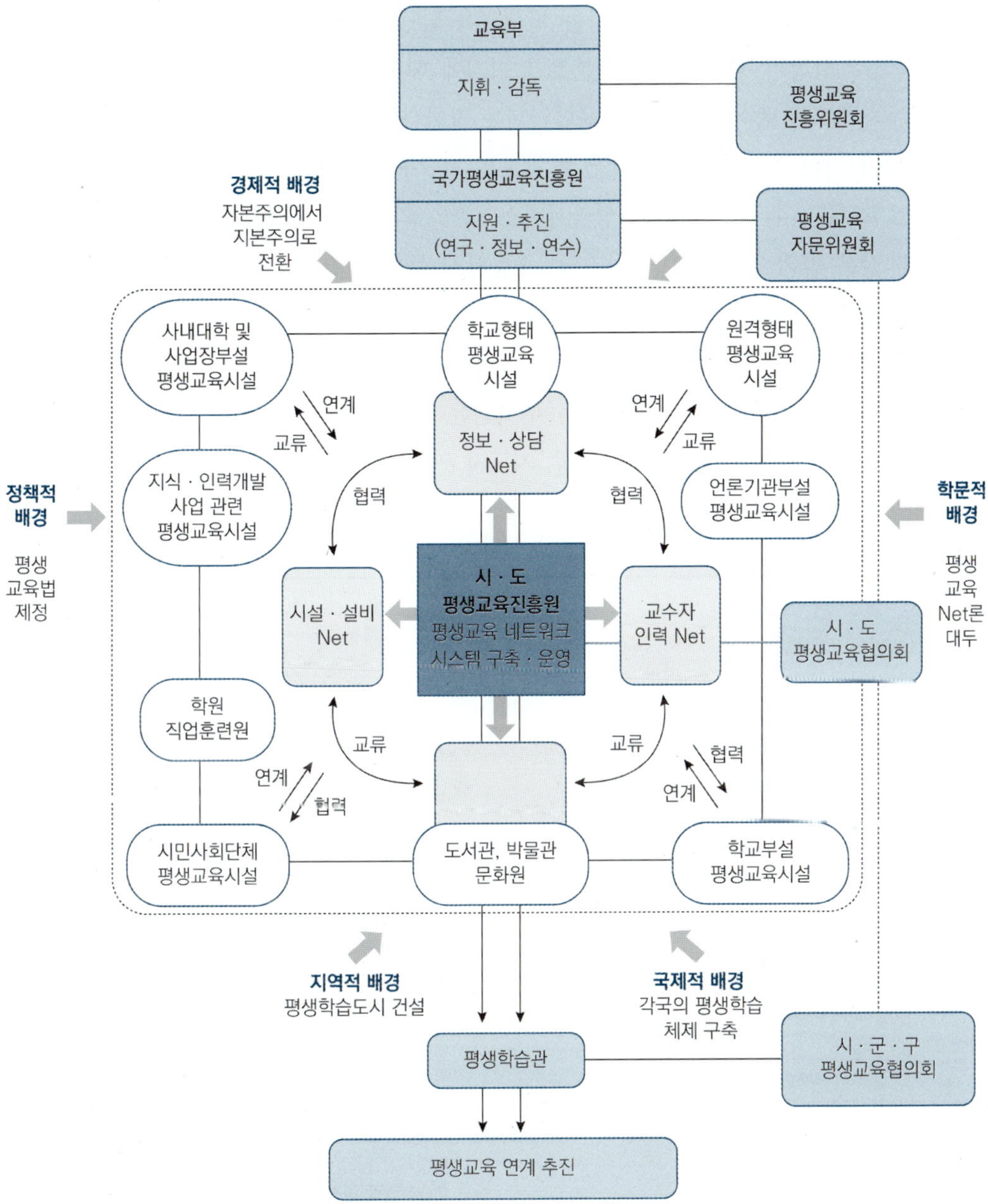

그림 8-4 지역평생학습사회 네트워크 개념도

출처: 이희수 외(2000: 73).

지역의 평생교육 활성화를 위한 인프라구조를 중심으로 지역평생학습체제가 어떠한 형태로 학습자를 지원하는가를 다음 **그림 8-5** 와 같이 설명할 수 있다. P_1 은 지역의 평생교육계획을 수립하는 기관이다. 구체적으로는 평생교육 담당 부서를 의미하는 것이며, 교육청의 평생교육과나 시청의 평생교육 추진본부가 여기에 해당된다. P_2는 「평생교육법」에서 규정하고 있는 심의기구로서 지역평생교육협의회를 말한다. c는 평생교육센터 기구로서 지역평생교육진흥원이나 평생학습관과 같은 평생교육 전담구조를 의미한다. n은 학습장소 · 기회 등의 네트워크를, e는 학습성과의 평가서비스기관을 의미하는 것으로 구체적으로는 학점은행본부와 같은 공적 기관과 대학 · 기업, 직능단체 등의 민간 기관들도 포함된다. 자격증, 수료증서 등을 부여하는 기관을 의미한다.

여기서 시스템의 움직임은 t로 표시되고 있는데, 네트워크와 관련해서는 t_1이 평생교육행정부서로부터 평생교육계획, 예산 등을 투여받는 것을 의미하며, t_2는 평생교육센터와의 연락 · 조정, 학습 프로그램 · 방법의 개발, 지도자 연수, 조사 · 연구 등의 연계 · 협력이 가능하게 됨으로써 결국 학습자와 t_5인 학습기회 등의 제공과 이용이 가능하게 된다.

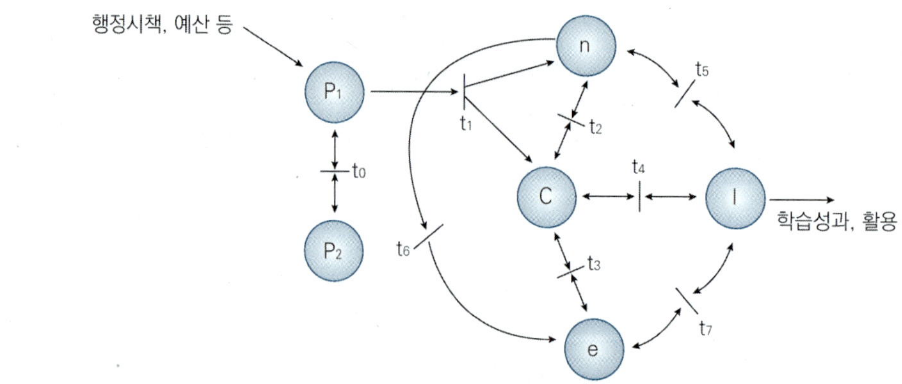

- P_1: 계획책정기관
  (평생교육추진본부, 평생교육담당부서 등)
- P_2: 심의기관
  (평생교육심의회, 평생교육추진회의 등)
- c: 평생교육센터 기구
- n: 학습장소 · 기회 등의 네트워크
- e: 학습 성과의 평가 서비스기관
- l: 학습자

- t_0: 평생교육계획의 심의, 책정
- t_1: 평생교육계획, 예산 등의 입력
- t_2: 연락 · 조정, 학습 프로그램 · 방법의 개발 지도자 연수, 조사 · 연구 등
- t_3: 연락 · 조정, 평가의 조사 · 연구 등
- t_4: 평생학습정보 제공 · 학습상담의 실시 · 활용
- t_5: 학습기회 등의 제공과 그 이용
- t_6: 학습성과의 평가를 위한 자료 제공
- t_7: 학습성과의 평가 서비스와 이용

그림 8-5 지역평생학습체제의 네트워크 동태

출처: 山本恒夫 外(1995: 89)

3) 평생교육 네트워크의 유형

지방자치단체나 대학평생교육원, 기업체와 같은 지역 네트워크의 주체와의 관계에는 두 가지 유형이 가능하다. 하나는 특정 기관이 단독 네트워킹하는 경우와 다른 하나는 지역에 있는 모든 교육기관(초 · 중 · 고교, 민간 평생교육기관 등도 포함)을 망라한 연계 · 협력을 하는 경우가 있다.

기관 간의 단독 연계 · 협력관계를 맺는 경우에는 표 8-2와 같이 연계 · 협력의 내용에 따라 네 가지 유형으로 나누어 볼 수 있다. 우선 주최사업은 한 기관이 독자적인 프로그램을 기획 · 운영하는 사업으로 타 기관에 시설 · 홍보 등의 부분적인 협력을 받는 것을 말한다. 둘째, 공동개최사업은 대학평생교육원이 지방자치단체와 협력하여 이동 대학 강좌로 시민 교양강좌를 운영할 수 있는 것처럼 복수기관이 공동으로 개최하는 사업을 말한다.

표 8-2 지역 대학과 평생교육기관 간의 네트워크 유형

형태	내용
주최사업	한 기관이 독자적으로 기획 · 운영하는 프로그램으로 타 기관에 시설 및 홍보의 부분적인 협력
공동개최사업	지역 순회의 시민교양강좌와 같은 프로그램을 대학과 지자체가 공동으로 개최하는 경우가 있음. 이처럼 복수기관이 공동 개최하는 사업
수탁사업	지자체나 기업체가 대학에 프로그램을 위탁하는 것과 같이 한 기관이 타 기관에 프로그램 기획 · 운영을 위탁하는 경우
협력사업	지역의 사회교육기관 간의 교수자 소개 및 프로그램 기획 협력

셋째, 수탁사업은 최근 많은 지방자치단체와 대학 간, 산업체와 대학 간에 위탁기관의 요구에 따라 운영하는 위탁교육 프로그램을 말한다. 시민대학과 같은 교양강좌로부터 시작하여 초등영어교사양성과정, 실업자재취업과정 등 다양하게 전개되고 있다. 기업에서 자신들이 원하는 내용의 직원교육을 주문식 프로그램으로 대학에 위탁하여 운영하는 경우도 이에 해당된다. 마지막으로는 대학이 지역의 평생교육기관 등의 사업에 대하여 프로그램 기획이나 교수자 소개 등의 협력을 행하는 경우이다. 이 경우는 상호 의존도가 높지 않은 일상적인 협력 사항들이 가능할 것이다.

3. 평생교육 네트워크의 실천전략

실제 평생교육기관경영에서 네트워크 활동을 추진해 가는 일은 쉽지 않은 일이다. 서로 다른 이해관계와 사업방식이나 관할 부서의 경계 등으로 인해서 기관들 간의 네트워크에는 장애요소가 있게 마련이다. 이를 극복하기 위해서는 다양한 실천전략이 요구된다.

1) 평생교육 네트워크의 장애요인

(1) 이해관계

제안을 받은 네트워크 기관의 직원들은 자신들이 일을 제대로 하고 있지 않다는 것을 의미한다고 느낄 수도 있다. 이때 그들은 저항적이고 방어적 태도를 취하게 된다. 또한 지역 내에서 특정 영역에서 비교 우위에 있는 기관들은 타 기관이 그들의 역할을 가로챌 것을 걱정함으로써 협력에 대한 문제를 제기할 수 있다.

(2) 시간과 재원의 부족

직원들은 그들에게 더 많은 책임과 활동이 부과됨으로써 네트워크의 운영 자체를 부정적으로 볼 수 있다. 초과 근무에 대한 재정적 지원을 할 수 없다면 그 기관은 네트워크에 참여하는 데 장애가 존재할 수 있다.

(3) 의사소통의 문제

제안된 네트워크사업의 목적에 대해 명확하게 의사소통이 되지 않거나 개인 또는 기관의 기대 · 요구 등이 잘못 이해되었을 경우에 문제가 발생한다. 의사소통의 문제는 기관 간에도 생기지만, 기관 내에서도 발생할 수 있다.

2) 평생교육 네트워크 성공을 위한 원칙

지역교육의 활성화를 위해서 필수적으로 요청되는 기관 간의 연계 · 협력이 성공하기 위해서는 다음과 같은 10가지 실천 원칙이 필요하다(양병찬, 2000).

(1) 지역의 공동 이슈 · 사업을 선택하라.

연계는 참여기관 간의 공동 이슈나 사업을 설정할 필요가 있다. 따라서 지역사회에서 요구하는 공동의 이슈를 선택하여야 한다. 예를 들면 환경 문제 등이 지역의 공동사업이 될 가능성이 크다. 물론 관련이 없는 기관은 참여시킬 필요가 없다.

(2) 연계 사업의 중심에서 논의하라.

연계를 하게 된 사업의 핵심 과제부터 논의하라. 중심이 되는 사업을 논의하고 이를 실행에 옮기면 주변의 과제로 확산시켜 나갈 수 있다.

(3) 기여할 수 있는 점은 다양하다는 것을 인식하라.

기관들은 자기 기관의 단점을 보완하기 위해 연계에 참여하는 것이다. 따라서 각각의 기관이 다른 기관이 가지고 있는 장점과 단점을 이해하고 받아들인다면 문제는 최소화될 수 있다. 더욱이 앞에서 살펴본 바와 같이 다양한 영역에서 연계가 가능하기에 더욱 그렇다. 예컨대 한 기관은 비용의 많은 부뷰을 부담할 능력이 있지만, 프로그램 개발 능력을 가지고 있지 못하고, 다른 기관은 반대가 될 수도 있다. 양자가 모두가 필요하며, 그들이 지니고 있는 힘과 결점이 바르게 평가되어야 한다.

(4) 모든 기관의 독자적인 이해관계를 충족할 수 있도록 하라.

모든 기관들이 연계에 참여함으로써 이득이 있다고 생각하게 해야 한다. 따라서 개별 기관의 독자적인 이해관계를 만족시킬 수 있는 방향으로 연계 사업이 운영될 수 있어야 한다. 평생학습 활동을 위해 지역사회의 공적 자금을 함께 활용하고자 하는 단체들이 있고, 이들은 다양한 시민들을 네트워크에 연결하는 힘을 제공할 수 있다.

(5) 관습적인 이해관계를 이해하고 존중하라.

지역 내에서 각 기관은 고유의 역사와 구조, 가치, 문화, 지도력 등을 가지고 있다. 불필요한 갈등을 회피하기 위해서는 연계 기관들이 서로를 이해하고 존중할 필요가 있다. 예를 들면, 형식이나 실적을 중요하게 여기는 행정의 입장을 이해하면서 협력적 관계를 만들어 가는 것이 필요하다.

(6) 명성을 공평하게 분배하라.

지역사회에서 네트워크사업을 통하여 얻을 수 있는 명성을 각 기관이 공평하게 배분되어야 할 것이다. 이같이 지역사회의 인정은 구체적으로 교환되는 가치와 함께 네트워크에 참여하는 중요한 이유가 된다.

(7) 가시적 성과를 획득하라.

네트워크를 통한 사업이 구체적이고 가시적인 성과를 획득하도록 한다. 이는 각 기관들이 스스로 현실적이고 계측 가능한 결과를 볼 때만 지속적으로 참여를 하게 되는 것이다.

(8) 동의할 수 없는 데에 동의하라.

네트워크는 교환활동이라고 했다. 따라서 교환과정에서 합의가 이루어지지 않는 경우는 흔하게 발생한다. 따라서 서로가 공동의 관심사와 동의할 수 있는 연계에 초점을 맞춘다. 네트워크 활동은 일회에 끝나는 것이 아니기 때문에 먼저 양보하고 다음 번에 요구할 수 있는 교환의 관계를 만들어가는 것이다. 즉, 바로 동의할 수 없지만 서로 주고받게 되는 관계 속에서는 다음을 생각하며 동의할 수 있다. 물론 불일치가 너무 심각할 경우는 연계가 깨질 수밖에 없다.

(9) 안정적인 협의체를 구성하라.

다양한 기관 · 단체들이 연계하기 위해서는 지속가능한 협의체를 만들어야 한다. 어느 조직이 간사 단체의 역할을 할 것인가. 협의체의 대표를 뽑고 연계 기관 단체들의 일정한 협의를 유지할 수 있도록 협동적인 관계를 구축해나가야 한다.

(10) 현실적인 연계 예산을 편성하라.

네트워크를 통하여 공동 사업을 할 경우에는 지자체의 공적 자금을 비롯하여 각 기관의 분담금 등을 통하여 현실적인 연계 예산이 편성되어야 한다. 예를 들어 지역의 평생학습축제를 개최하고자 할 경우, 여러 기관 · 단체들이 사업 계획을 공동으로 세우면서 실제적인 사업의 전개를 위하여 분담금을 갹출하여 운영한다. 이 분담금은 대표 기관(혹은 사무국 기관)에서 사업 및 행정 운영을 위하여 활용하게 된다.

3) 평생교육 네트워크의 구체적 자원과 요소

앞에서 언급한 네트워크의 영역과 관련하여 표 8-3 에서 네트워크 영역 간의 자원과 요소가 교환될 때 검토될 수 있는 항목의 예를 들어보았다. 그러나 아직 한국의 상황에서 이상과 같이 기술적인 것은 어떤 의미에서 중요한 것이 아니다. 우선 중요한 것은 이러한 체제를 만들기 위한 의식의 변혁이다. 앞에서 말한 인재의 교류나 물적자원을 교류하려고 한다면 각 시설이 타 시설과의 교류를 중요하게 여기는가 그렇지 않는가가 핵심 문제이다.

한 지역에 존재하는 평생교육기관들이 그 프로그램의 운영 면에서 서로 경쟁관계 속에서 기관을 유지하고 있는 것을 보아도 실제적으로 네트워킹이 얼마나 어려운가를 보여주고 있다. 특히 행정적인 계열이 다르면 그 정도는 더욱 심각하다. 이 같은 의식의 개혁이 없는 한 지역의 각종 시설 간의 네트워크는 동상이몽(同床異夢)일 뿐이다. 현실적으로 이러한 어려움을 극복할 수 있을 만큼 네트워크의 장점이 확산되지 못하고 있다.

표 8-3 평생학습 네트워크의 구체적 자원

<table>
<tr><th>영역</th><th colspan="2">활동 형태</th><th>활동의 구체적 예</th><th>활동을 위한 조직의 예</th><th>자원 · 요소의 능가성을 검토힐 때의 항목 예</th></tr>
<tr><td rowspan="2">시설 · 설비</td><td colspan="2">시설 제공</td><td>학교 개방
기업시설 개방</td><td>학교개방운영위원회
시설이용조정위원회
협의</td><td>• 사용료 • 규모
• 설비 • 기구의 성능
• 수선 등의 관계 • 대차빈도의 균형
• 이용 수속</td></tr>
<tr><td colspan="2">교재 제공</td><td>교재 이용
교재 제작</td><td>학습교재센터
교재제작연구회</td><td>• 사용료 • 안전성
• 편리성 • 이용 수속
• 대차빈도의 균형</td></tr>
<tr><td rowspan="3">사업</td><td rowspan="2">학습 기회 제공</td><td>공동 주최 (후원)</td><td>이벤트 공동주최
강좌의 공동주최
광역사업</td><td>기획위원회
실행위원회
광역협의회</td><td>• 수용인원 • 수익자 부담(참가비 등)
• 경비부담액 • 실시를 위한 부담 인원</td></tr>
<tr><td>프로 그램 교환</td><td>상호 교환</td><td>프로그램 검토회
협정서</td><td>• 수용인원 • 수익자 부담(참가비 등)
• 경비부담액 • 실시를 위한 부담 인원
• 교환하는 프로그램의 양과 내용의 수준</td></tr>
<tr><td colspan="2">평가</td><td>자격 부여
학점 교환</td><td>평가위원회
학점인정위원회</td><td>• 평가방법 • 프로그램 내용의 수준
• 평가수준 • 교환 수속</td></tr>
</table>

<table>
<tr><th>영역</th><th>활동 형태</th><th colspan="2">활동의 구체적 예</th><th>활동을 위한 조직의 예</th><th>자원 · 요소의 등가성을 검토할 때의 항목 예</th></tr>
<tr><td rowspan="2">인재</td><td rowspan="2">인재 제공</td><td>자원
봉사자</td><td>인재
파견
활용</td><td>인재은행
협의</td><td>• 경비부담액 • 지도, 원조능력의 수준
• 상호 파견 균형 • 인원 수
• 기간 • 신분상의 대우
• 빈도</td></tr>
<tr><td>전문가</td><td>출장
파견
위촉</td><td>인재교류센터
협의</td><td>• 인원 수 • 기간
• 보수금액 • 빈도
• 신분상의 대우 • 상호 파견의 균형
• 지도, 원조능력의 수준
• 그 외 계약 시점에 보증할 수 있는 내용</td></tr>
<tr><td>단체</td><td>단체활동</td><td colspan="2">연락 조정
연합 활동</td><td>연합회
협의회</td><td>• 의무적 부담액 • 부담 요원
• 의무적 참가 필요 횟수</td></tr>
<tr><td>정보</td><td>정보 제공</td><td colspan="2">정보 수집 · 제공</td><td>데이터베이스
협의</td><td>• 정보의 등질성
• 유지관리(Maintenance)
• 정보 제공량의 균형 • 부담경비</td></tr>
</table>

출처: 坂本登(1991: 80)

4) 지역평생교육기관과 대학 간의 네트워크 가능성

각 지역마다 평생학습관, 여성회관, 문화원, 노인종합복지관, 사회복지관, 근로청소년복지회관, 도서관 등에서 지역 주민들을 위한 평생교육강좌를 개설하고 있다. 그런데 이러한 시설에서 운영되고 있는 각종 강좌 가운데 많은 프로그램들이 현재 대학의 평생교육원에서 운영하고 있는 프로그램과 중복되어 있다면 두 기관은 서로 경쟁관계를 유지하게 되며 자연히 수강생 모집 등에서 어려움을 겪을 수밖에 없다. 그런데 만일 기관들이 서로 보유하고 있는 인적 · 물적자원을 협력적으로 활용하여 두 기관의 중복 강좌를 사전에 상호 조정하거나 초급 · 중급 등으로 나뉘어 단계적으로 운영한다면 어떨까. 학습 프로그램의 연계라는 관점에서 보면, 성인학습자들에게 가깝게 위치한 평생교육기관에서 제공하는 프로그램과 대학이 제공하는 프로그램 수준에서 역할 분담이 가능하다.

대학은 고도의 평생학습 요구를 만족시킬 수 있는 고급 수준의 강좌를 광범위하게 제공할 수 있는 이점을 가질 수 있다. 즉, 대학평생교육원과 지자체의 여성회관이 연계체제를 구축하여 상호 의존적으로 프로그램을 운영하는 방안이 가능하다. 예를 들어 수채화 과정에서 초급 과정을 여성회관의 프로그램으로 운영하고 대학평생교육원에서는 학점인정과정인 중 · 고급과정을 운영한다면 중복 운영되지 않으면서 학습자들은 다양한 수준의 교육을 연속적으로 받을 수 있다. 공공 평생교육기관과 대학이 교환 가능한 자원을 중심으로 연계 · 협력할 수 있는 부문을 구체적으로 살펴보면 표 8-4와 같다.

표 8-4 공공 평생교육기관과 대학의 연계 · 협력부문

구분	대학	공공 평생교육기관
연계 · 협력부문	• 프로그램 편성 • 강좌 운영 • 대학교수 지원 • 각종 시설 개방 • 학점 · 학위 수여 기능 • 학습정보 제공 · 상담 • 수강생 접수	• 교육비 보조 • 대학 간 업무 조정 • 수강생 모집 • 팸플릿과 포스터의 제작 배포 • 자원봉사자 모집 • 대학의 교외교육 시 시설 제공 • 순환버스 운행

출처: 양병찬(1998: 193)을 보완

우선 인적자원의 교류 부분에서는 대학 측에서 교수요원과 지방자치단체에서는 전문 외래교수와 자원봉사자를 서로 교류할 수 있을 것이다. 도시의 소규모 지역에 대학의 외래교수를 파견하는 프로그램을 운영함으로써 교육 기능을 확산시킨다. 지역의 공공 사회교육기관뿐만 아니라 민간과 기업도 활용할 수 있는 인력 풀을 만들어 지역의 인적자원교류체제를 만든다.

공간적으로는 대학 측에서 캠퍼스 전체를 개방한다는 입장에서 접근하면 전체적으로 용이하게 이루어질 수 있을 것이다. 도서관과 수업실, 체육관, 강당, 전산실, 어학 실습실, 운동장, 수영장 등은 대부분 지역에서 최고의 수준을 갖춘 시설로서 지역평생학습 발전에 중요한 물적 기반이다. 다만 학생들과 사용시간을 적절하게 조절하여야 할 것이다. 지방자치단체에서도 시내에 있는 공공 사회교육시설의 학습장소를 제공함으로써 학습자들이 쉽게 접근할 수 있도록 협조하여야 한다.

정보의 교류 부분에서는 최근 평생학습시대의 새로운 요구라고 할 수 있는 학습정보 제공과 학습상담이 필요하다. 「평생교육법」 제21조에 따르면 평생학습관의 기능에 평생교육 관련 정보의 수집 · 제공한다고 규정되어 있다. 학습정보는 학습을 위해서 활용 가능한 자원에 관한 정보라고 할 수 있는데, 지역의 평생교육 관련 다양한 인적 물적 자원에 대한 정보를 어떻고 공유할 것인가가 과제이다. 특히 대학이 가진 풍부한 학습자원에 관한 정보의 제공은 일반인에 대한 서비스이다.

마지막으로 사업연계의 부분은 지역평생교육 내지는 문화 관련 사업에 대학이 적극적으로 참여하는 것이다. 최근 대학평생교육원을 포함한 대부분의 지역교육기관에서 학습자들의 학습 성과를 자축하기 위하여 연말에 발표회나 전시회 등을 개최한다. 각 기관별로 실시되는 이 행사를 위하여 기관에서는 많은 경비와 시간을 들이게 되지만, 실제로 그 행사에 참여하는 사람은 발표자와 친지 정도에 그치며, 지역의 중요한 행사로 자리 잡는 경우는 별로 없다. 비효율적 사업인 것이다. 대학 강당을 활용하여 지역평생교육시설 간에 사업연계를 한다면 경제적이고 효율적인 행사가 될 수 있을 것이다. 예를 들어 지역의 평생학습 축제라는 이름으로 지역 전체 평생교육 관련 시설 · 단체에서 일년동안 학습해 온 성과를 자축하면서 여러 기관에서 참여한 동일 학습 영역 간의 경연도 할 수 있다.

이것은 서로 간의 경쟁을 넘어서서 참여자들의 동료의식을 이끌어내고 전체 도시에는 평생학습 문화(혹은 분위기)를 확산시킬 수 있는 가장 용이한 선전활동인 것이다. "별난 사람들인 자신들만 평생학습활동에 참여하고 있다"고 생각하고 있던 성인 학습자들에게 다른 많은 곳에서 많은 사람들이 자신들의 가치 있는 삶을 위하여 평생학습에 참여하고 있다는 데 감격하고 서로의 자기성취활동에 의미를 부여하게 된다. 이처럼 다양한 부분에서 공공사회교육기관과 대학이 연계하여 프로그램을 운영, 지원한다면 프로그램의 편성을 비롯하여 수강생의 모집, 행사의 기획, 공적 보조금의 제공 등 광범위한 연계 · 협력이 가능하다. 서로 상대방의 자원을 충분히 활용한다면 지역주민에게 매력적인 프로그램이 많이 산출될 것이다.

이상과 같이 교육조직 간에 입문과정, 중급과정, 상급과정과 같은 상호 인정과 함께 학습의 단계적 발전을 가능하게 한다. 이는 기관 간에 교육기회의 연계화, 교육과정의 중층화, 학습방법의 다양화, 지도자의 교류를 통하여 학습의 교환을 원조하는 체제를 확립함으로써 성공할 수 있을 것이다. 따라서 앞으로 평생학습과 관련하여 대학과 지방자치단체와의 연계가 더욱 강화되어야 할 것이다. 현재로도 지방자치단체와 연계한 공동개최 강좌나 교수자의 파견 등이 부분적으로 이루어지고 있지만 이제부터는 평생교육기관 직원의 연수, 강좌의 기획 · 운영, 학점 제공, 보조금 지급 등으로 연계의 영역이 확산되어야 할 것이다. 장기적으로 지방자치단체는 지역의 평생학습 추진계획을 수립하여 주민의 학습요구에 대응하기 위한 지원체제를 구축할 때 대학과 협력하여 인적 · 물적 · 정보 · 사업 등을 연계할 수 있을 것이다.

4. 지역평생학습공동체의 창조

평생교육을 활성화하기 위해서는 지역에 산발적으로 운영되고 있는 교육 프로그램 및 자원을 통합적으로 네트워크화 하는 작업이 시급하다. 주민을 위한 많은 평생교육기관들이 서로 유기적인 연계체제를 구축하여 인적자원과 물적자원, 정보를 공유함으로써 지역주민의 평생교육에 대한 만족도의 향상은 물론이고 기관의 효율성을 발휘할 수 있게 될 것이다.

지역민들의 다양한 학습 요구에 대응하기 위하여 지역 내 시설들의 사업 성격의 역할 분담, 프로그램의 다양화, 시설의 공동 활용 등을 통하여 지역의 평생교육을 활성화시킬 수 있을 것이다. 즉, 이를 위하여 시설 간의 네트워킹은 한 지역의 주민의 입장에서 총합(Total Sum)을 극대화할 수 있는 방안으로 지역평생학습 문화 향상에 기여함과 동시에 평생학습 커뮤니티를 창조할 수 있는 길을 제공할 수 있는 방안이다. 더욱이 그것은 지역사회의 발전에 직결되는 결과로 이어지기 때문에 '평생교육'이라는 하나의 개념은 지역공동체를 창조하는 데 다양한 면에서 역동적인 역할을 하게 되는 것이다. 정부가 말하는 평생교육체제화, 평생교육교육기관 긴의 네트워킹, 학교시설의 개방 등은 이와 같은 지역사회의 학습공동체를 통해서 가능할 것이다.

연구문제

1. 여러분이 살고 있거나 일하고 있는 지역 내에 평생학습 네트워크체제가 있다고 하면 그것을 그 주체와 유형에 따라 분류해 보시오.
2. 평생학습 네트워크가 이루어지고 있는 지역의 제 기관들을 찾아가 연계 · 협력하는 데 장애가 되는 어려움은 무엇인지, 그것을 극복하기 위해서 어떻게 했는지를 제시해 보시오.
3. 지역평생학습공동체를 머릿속에 그려보고, 그 속에서 여러분들은 어떻게 다른 사람들과 관계를 맺으며 살아가게 될지를 설명해 보시오.

PART 03

평생교육기관과 평생교육경영의 실제

CHAPTER 09

여성직업교육기관과 평생교육경영

학습개요

우리나라가 세계 일류국가로 도약하기 위해서는 국가인적자원의 역량강화가 핵심이라는 사회적 공감대 형성과 함께 정부는 인적자원으로서 여성의 능력개발과 활용의 문제를 주요정책 아젠다로 설정하기에 이르렀으며 현재는 여성정책기본계획을 토대로 여성인적자원의 적극적인 개발과 활용을 위해 지속적인 지원계획을 세우고 있다. 여성인적자원의 개발과 활용이 국가 차원에서 중요한 정책과제로 부각되면서 성인여성을 대상으로 한 평생교육과 능력개발은 현실적인 과제가 되고 있다. 이런 상황에서 최근에는 취업을 희망하는 여성의 수가 증가하고 있어서 이들의 성공적인 사회, 경제활동을 지원하는 적절한 직업능력개발교육이 그 어느 때보다도 절실한 실정이다. 또한 많은 여성들은 가정주부의 역할수행뿐만 아니라 급격하게 변하고 있는 노동시장에 보다 적극적으로 적응하고 대처할 수 있는 능력을 갖춘 직업인으로서의 역할을 수행하려는 욕구와 그것을 이루기 위하여 다양한 평생교육에 참여하고자 하는 욕구 또한 높다.

이제 여성 평생교육은 여성 개인의 개성과 능력신장을 중시해야 하며 더 나아가서는 직업 및 사회활동을 통한 적극적 참여를 촉진할 필요가 있다. 그런데 우리나라 여성들은 아직도 출산과 육아문제가 개인의 부담으로 남아 있는 상황에서 연계적인 직업교육이 절실히 요청되고 있다. 여성들의 평생교육 요구조사에서도 여성의 평생 교육적 요구는 취업으로 연계할 수 있는 직업교육을 원하고 있다(배석영 외, 2010).

이 장에서는 여성직업능력개발을 개관하고 여성평생직업능력개발 정책을 살펴본 후 대표적인 여성직업교육기관을 제시하였다. 경영사례로는 지방자치단체가 지원하고 있는 여성전문 직업교육기관인 J기관에 대한 개요, 발전역사, 경영전략, 리더십 및 의사결정, 인사 · 조직, 재무 · 회계 관리, 홍보 및 마케팅, 네트워크 관리 등에 초점을 맞추어 살펴보았다.

학습목표

1. 우리나라의 여성직업교육기관의 유형을 제시할 수 있다.
2. 우리나라의 여성능력개발 관련 정책을 설명할 수 있다.
3. 여성직업교육기관의 경영방법을 구체적으로 제시할 수 있다.

1. 여성직업능력개발 개관

성인여성을 위한 평생교육에는 취미와 여가, 취업과 사회참여를 지원하기 위해 다양한 프로그램이 있으나 정부가 예산을 지원하는 사업 중 여성에게 특화된 평생교육 사업은 직업능력개발 사업이 대표적이다. 주민자치센터, 복지관, 대학, 문화센터 등에서 취미 · 여가활동을 위한 프로그램들이 많이 개설되어 있고 여성인력개발센터와 여성회관 등은 미취업 주부를 대상으로 한 직업능력개발 프로그램을 제공하고 있으며 여성단체와 시민단체도 다양한 사회참여 프로그램을 운영 중이다.

우리나라가 본격적으로 직업훈련을 시작한 것은 1967년 직업훈련기본법의 제정에서 비롯되었다. 2000년대에 들어오면서 직업훈련은 직업능력개발 체제로 개편되었으며 직업훈련 의무제가 폐지되고 전 사업장이 고용보험법에 의한 직업능력개발사업의 적용을 받게 됨으로써 제조업과 생산직뿐만 아니라 사무서비스 분야까지 사업주의 자율적 선택에 따라 다양한 훈련과정이 정부지원을 받게 되어 근로자의 능력개발 기회가 확대되었다.

우리나라 여성직업능력개발은 대상에 따라 재직하고 있는 여성의 직업능력개발, 실업자 및 미취업 대상의 여성직업능력개발, 경력단절여성의 직업능력개발이 있다. 여성직업능력개발은 취업과 연계되어 추진되어야 하는데 여성가족부는 고학력 여성 및 여성 잠재인력의 능력개발 인프라를 강화하는 차원에서 여대생 커리어개발센터를 확대하고 취업지원 프로그램을 운영하여 취업과 연계성을 높이고 있고 여성과학기술인지원센터(WIST) 운영 활성화 등을 추진하고 있다. 또한 여성 취업관련 종합정보 서비스 기능을 강화하기 위하여 women-net 및 여성 work-net의 취업기능을 강화하였다.

1) 여성 평생 직업능력개발 정책

(1) 여성인력개발 종합계획 수립

우리나라는 전반적인 고학력화에 따라 고학력 여성이 많이 양성되고 있으나 이들의 실제 활용실태는 OECD 회원국 중 최하위 수준에 머무르고 있다. 대졸 이상 고학력 여성의 고용률이 OECD 국가 중 최하위이며 출산 · 육아기 노동시장에서 이탈한 후 노동시장 재진입을 포기하는 고학력 여성경제 활동의 L형 곡선(L-curve)현상도 고착되고 있다(평생교육백서, 2010).

2000년에 들어 여성의 고용률(57.2%)은 지속 증가하고 있으나 OECD국가 평균(61.0%)과 비교할 때 여전히 낮은 편이다(통계청, 2018). 어려운 고용환경에도 다양한 정책추진으로 30~40대 여성경제활동 참여가 증가하고 경력단절현상(M커브)도 완화되었지만 M커브는 지속되고 있다.

경제 · 사회적으로 지속가능한 균형발전을 이루기 위해서는 잠재노동력인 여성의 노동시장 참여촉진이 핵심과제로 부각됨에 따라 여성인적자원의 효율적 개발 및 활용을 위한 범정부 차원의 종합대책으로 제1차 여성인력개발종합계획('06~'10년)을 수립하여 다양한 여성 일자리 및 고용기회 확대, 여성인력개발 인프라 확충, 정책 추진 체계 정비 등 여성인력 양성기반의 기틀을 마련하였다. 제2차 여성인력개발종합계획('11~'15년)은 여성의 전 생애에 걸쳐 여성의 역량 강화와 활용을 극대화하고 여성인력 활용이 국가 발전전략의 추진과 함께 주류정책으로 추진하기 위해 수립되었다. 이 계획은 여성가족부, 고용노동부 등 12개 중앙 행정기관 및 17개 시 · 도가 공동으로 추진하였다.

2차 종합계획의 비전은 "여성인력 활용을 통한 지속적인 국가성장 도모"로 '15년까지 여성경제활동참여율 55%(15세 이상) 달성, 고학력 여성 경제활동 참여율 70.3%, 남녀 시간당 임금비 65.4%를 목표로 정하고 5대 전략 18개 중점과제와 52개 세부과제로 구성되어 있다.

정부는 2015년부터 2017년까지를 여성정책에서 양성평등정책으로 전환하는 과도기를 설정하고 여성정책기본계획(2013~2017)을 수정 · 보완하였다.

5대 영역 13개 중점과제

재직여성 경력단절예방 내실화	경력단절여성 재취업 강화	다면화되는 일 방식 · 영역 대응	돌봄지원 체계 강화	경력단절여성 정책추진체계 정비
1. 출산 · 육아기 근로자 지원 강화 2. 일 · 생활 균형 제도 정착을 위한 기업 지원 3. 경력단절 예방 대책 내실화 4. 능력개발 및 성평등한 직장 문화 확산	1. 여성취업 희망자 역량 강화 2. 여성취업 지원 강화 3. 여성창업 지원 서비스 강화	1. 다양한 형태의 일자리 지원 2. 사회적 경제 분야의 여성 지원 강화	1. 맞벌이가구 · 취업모의 자녀 돌봄 사각지대 해소 2. 지역사회 돌봄 체계 구축	1. 경력단절여성 지원을 위한 전달체계 개선 2. 법제도 개선 및 협력체계 구축

그림 9-1 여성인력개발 종합계획의 5대 영역 및 13개 중점과제(제3차)

출처: 관계부처합동(2020)

3차는 2021년부터 전부 개정되어 2022년 6월부터 시행되고 있는 「여성의 경제활동 촉진과 경력단절 예방법」에 의해 기본계획이 수립되었다. 3차 종합계획(2020~2024)의 비전은 "여성의 경제활동 참여 확대로 공정 · 포용 사회 구현"이고 "여성의 경력 유지와 역량 개발을 위한 사회지원시스템 구축"이라는 목표 위의 그림 9-1 과 같이 5대 영역 13개 중점과제 및 102개 세부과제로 구성되어 있다. 이 계획은 14개 중앙행정기관 및 지방자치단체가 공동으로 추진하고 있다.

(2) 여성의 고용촉진 및 직업능력개발

정부는 여성의 고용촉진을 지원하기 위해 여성가장 고용촉진장려금 지원, 임신 · 출산 후 계속고용지원금 지원, 여성재고용장려금지원 등의 사업을 진행하고 있으며 여성의 직업능력개발 지원 사업으로는 실직여성가장자영업 지원, 여성가장실업자 취업훈련 사업을 추진하고 있다.

고용시장에 바로 진입하기에는 경쟁력이 떨어지는 여성결혼이민자 등 소외계층에 대하여는 시민단체 등의 채널을 활용하여 일자리를 제공함으로써 사회 · 경제적 참여기회를 제공하고 저소득층으로의 전락을 예방하기 위한 사회서비스 일자리 창출사업도 추진하고 있다. 일자리 창출 지원 사업으로는 여성 직업훈련원생 대상 돌봄서비스지원, 여성결혼이민자지원, 탈북여성지원, 기타 취약계층지원 등의 사업이 있다.

(3) 경력단절여성 경제활동 지원

여성의 경력단절은 여성인력의 활용을 어렵게 하고 전반적으로 여성 노동시장에서의 취업구조를 저숙련구조로 재편하는 부작용을 초래하고 있다. 정부정책은 출산 · 육아기 여성들의 경력단절 현상이 심각하여 이들의 직업능력을 개발하기 위한 사업에 집중되고 있다.

고용노동부는 재직여성과 실업여성, 여성가족부는 비경제활동여성을 대상으로 하는 사업을 중점적으로 추진하고 있다. 또한 지자체 산하 여성회관과 여성인력개발센터 등은 여성평생교육시설을 기반으로 성인여성을 위한 다양한 훈련 및 지원 사업을 시행하고 있다. 그리고 여성가족부는 고용노동부와 공동으로 경력단절여성의 직업상담, 훈련, 취업을 One-stop으로 지원하는 '여성새로일하기센터'를 2009년부터 2016년까지 단계적으로 150개소를 지정 · 운영하고 있다. 교육부도 고학력 성인여성을 대상으로 지역여성 인재육성사업을 수행하고 있으며 2007년부터는 '고학력경력단절 여성 커리어코칭사업'을 진행하고 있다.

이와 같이 정부가 지원하는 여성특화 평생교육사업은 여성의 직업역량을 개발하는 사업을 중심으로 추진되고 있어 일, 교양, 여가, 사회참여를 균형 있게 지원할 수 있도록 사업의 다각화가 요구된다.

2) 대표적인 여성직업교육기관

여성의 직업적 적성과 능력을 개발함으로써 여성 자신이 경제적으로 자립하고 자아를 성취하며 국가 경제발전에 이바지하기 위해 다양한 계층의 여성들을 대상으로 직업능력개발 교육을 실시하는 기관으로는 여성인력개발센터, 여성능력개발센터, 여성발전센터, 여성새로일하기센터 등을 꼽을 수 있다. 각 기관의 내용을 간단하게 살펴보면 다음과 같다.

(1) 여성인력개발센터

고용노동부 산하 '일하는 여성의 집'으로 시작한 여성인력개발센터는 가사나 육아 등으로 정규 직업훈련을 받기 어려운 주부 등을 대상으로 직업훈련과 취업알선의 기회를 제공하고자 1993년부터 전국적으로 운영되었다.

2001년 여성부의 발족과 함께 이관되면서 '여성인력개발센터'로 명칭이 바뀌었고, 2016년 현재 전국 58개 센터에서 지역별, 운영주체별 여건과 상황에 따라 1개 과정당 3~6개월의 단기직업교육과 여성들에게 적합한 전문직종과 단순직종을 동시에 실시하고 있다.

비영리 민간단체를 운영하는 주체들이 경력단절여성들의 경제활동 참여를 뒷받침하기 위한 기초적인 직업훈련 및 전문 직업훈련을 제공함으로써 지역사회의 발전과 여성들의 삶의 질 향상에 기여하고 있다. 주요 사업으로는 지역 인력시장에 부응하는 교육훈련특화, 다양한 교육 프로그램 운영, 취업교육, 취업상담 및 취업알선, 근로여성 고충상담 등이 있다.

(2) 여성능력개발센터

여성능력개발센터라는 명칭을 갖고 있는 여성직업교육기관은 경기도, 강남구, 경상남도가 있다. 경기도의 여성능력개발센터는 여성인적자원을 개발하기 위하여 1997년에 설립한 공공 여성전문교육기관이다. "여성이여 세계를 품고 미래로 나아가자"라는 비전을 갖고 여성의 다양한 전문 직업 기술교육과 직업의식, 직무향상 교육을 통하여 여성의 직업능력을 개발하고 여성의 사회 적응능력 향상 및 리더십 강화교육, 유망여성 예비창업자를 발굴 · 육성하여 여성기업인을 양성하며 가족문제를 사전에 예방하고자 가족에 대한 자립지원과 상담서비스를 제공 중이다.

현재는 여성의 잠재능력을 개발하여 진정한 리더로 자리매김할 수 있도록 체계적인 인적자원개발 시스템을 갖추고 사이버교육사업, IT전문교육사업, 여성창업지원사업, 여성정보네트워크 사업을 주력사업으로 추진하고 있다.

강남구여성능력개발센터는 강남구청으로부터 비영리 민간단체가 위탁받아 운영하고 있는 여성평생교육기관으로서 "여성이 살기 좋은 마을 강남", "글로벌 인적자원개발의 중심"을 비전으로 각종 프로그램 개발・보급, 교육사업, 복지사업 등을 전개하고 있는 비영리기관으로 3개의 분원을 운영하고 있다.

센터의 목적은 여성인적자원개발을 통한 여성의 경쟁력 강화, 여성의 전문성 확보, 일자리 창출 및 확대, 체계적인 인적자원개발 시스템 운영, 여성관련 글로벌 네트워크 사업 전개에 두고 평생교육 프로그램 개발 및 운영, 학습동아리 프로그램 개발 및 활동지원, 자원봉사자 교육, 평생교육관계자 간담회 및 워크숍, 문화사업 전개, 시대에 부응하는 여성시회 참어할동 추진 사업을 전개하고 있다.

경상남도 여성능력개발센터는 1952년도 부녀사업관으로 설립되어 1971년 여성회관으로 개명하였고 1991년 경남 창원시로 이전한 이후 2003년에 경남여성능력개발센터로 명칭이 번경되있다.

센터의 운영목표는 지혜로운 여성, 실천하는 여성, 창조하는 여성에 두고 여성기술인 양성으로 생산적 활동유도, 다양한 능력개발 도모 및 삶의 질 향상, 원거리 지역 여성교육기회 균등 제공을 운영방침으로 정하고 있다. 기술기능교육, 전문여성능력향상교육, 가족친화적 환경조성교육, 다문화가족지원교육, 어르신 건강체크과정, 전문상담원 양성교육 등의 사업을 추진하고 있다.

(3) 여성발전센터

여성발전센터는 서울특별시와 광주광역시에 있다. 서울특별시는 여성의 능력개발 및 사회참여확대, 지역주민편익사업 추진과 지역복지센터 기능수행에 설립목표를 두고 1979년 남부여성발전센터의 설립을 시작으로 중부여성발전센터(1986년), 북부여성발전센터(1989년), 서부여성발전센터(1997년), 동부여성발전센터(2002년)를 설치・운영하고 있다. 비영리 민간 여성단체가 운영의 주체이며 여성의 교육지원에서 취업지원까지의 사업을 전개하고 있다.

광주여성발전센터는 1989년 광주직할시여성회관으로 개관하여 2000년 광주광역시여성발전센터로 명칭을 변경하였다. 주요 사업으로는 경력단절여성의 직업능력 향상을 위한 기술교육 운영 및 취업지원, 전문인력 양성을 위한 미래지향적인 전문성향상 프로그램 운영, 여성긴급전화 1366 운영, 건전가정육성 및 성폭력 · 가정폭력 피해자 인권 찾기 지도 등 수요가 있는 곳을 직접 찾아가는 교육 및 행정서비스 제공 등이다. 교육과정은 정기교육과정, 특별교육과정, 상담교육과정을 운영한다.

(4) 여성새로일하기센터

여성새로일하기센터(이하 새일센터)는 「경력단절여성 등의 경제활동 촉진법」 제13조 제1항에 근거하여 지정 · 운영하는 여성종합취업지원 기관이다. 여성가족부와 고용노동부가 공동으로 지정 · 운영하고 있으며, 경력단절여성 등의 특성을 고려한 상담, 정보, 취업 및 복지지원 서비스를 종합적으로 제공하고 있다. 새일센터의 취업지원서비스 내용은 그림 9-2 와 표 9-1 과 같다.

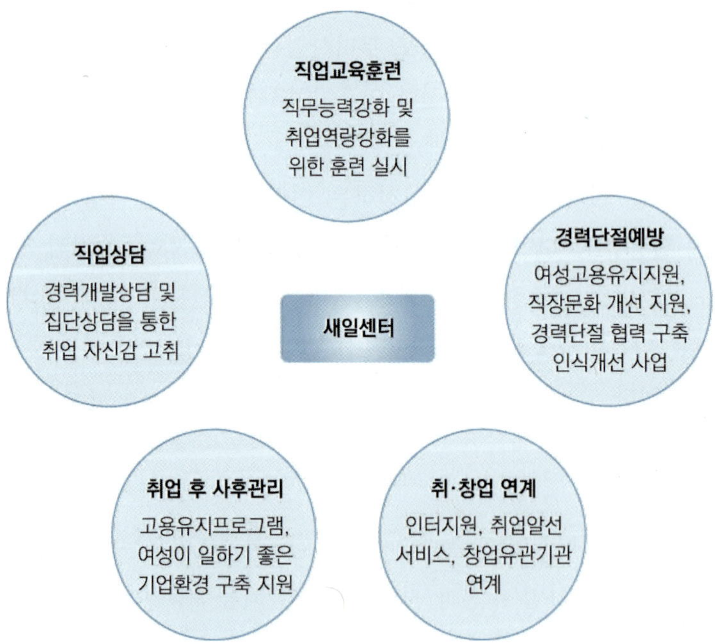

그림 9-2 새일센터 종합취업지원서비스

출처: 여성가족부(2022)

표 9-1 **새일센터 취업지원서비스 내용**

구분	서비스 내용
직업상담 및 집단상담	• 개인별/단계별 맞춤형 직업/진로 상담 • 취업의욕 상실 및 자신감이 부족한 구직자를 대상으로 집단상담 프로그램 운영
직업훈련	• 구인 수요가 높은 취업 직종에 대한 직업교육훈련 제공 • 경력단절여성의 취업역량강화 지원 • 직무소양교육, 구직스킬 향상을 위한 취업준비교육, 직무수행을 위한 직업전문교육으로 경력단절여성 맞춤형 국비 직업교육훈련 제공
새일 여성인턴제	• 전업주부 등 장기간 직장으로부터 이탈된 경력단절여성이 취업 후 직장에 적응할 수 있도록 하고 일경험기회를 제공 • 전업주부 취업 후 고용이 유지될 수 있도록 지원 • 경력단절여성을 채용한 기업에 1인 총액 380만원 취업장려금 지원(기업 240만원 · 인턴장려금 60만원, 기업장려금 80만원)
취업지원	• 적성검사, 직업교육 이수현황, 경력사항 등을 토대로 개인별 맞춤형 취업 알선
사후관리	• 취업 후 직장 적응지도 • 지속적 고용유지 지원을 위한 프로그램 운영 • 일, 가정 양립 지원서비스 제공(가사 및 자녀교육 부담 완화)

출처: 여성가족부(2022)

새일센터는 2009년 73개소에서 꾸준히 증가하여 2023년 3월 기준 159개소(광역센터 포함)가 지정 · 운영되고 있으며 현황은 **표 9-2** 와 같다.

운영기관 유형은 여성인력개발센터 58개소, 여성회관 34개소, 대학 10개소, 자체 33개소, 기타 법인 · 단체에서 24개소를 운영하고 있다.

표 9-2 **새일센터 지정현황**

계	서울	부산	대구	인천	광주	대전	세종	울산	강원	경기	충북	충남	전북	전남	경북	경남	제주
159	26	11	5	9	5	3	1	4	10	29	6	11	9	9	9	9	3

출처: 여성가족부(2022)

새일센터 확대로 장기간 직장으로부터 이탈된 경력단절여성이 취업 후 직장에 적응할 수 있도록 지원하고 기업으로 하여금 여성고용을 직접 체험하게 하여 여성고용에 대한 편견을 해소하고 여성인력의 적극적 활용 계기를 마련하기 위한 새일여성 인턴제를 실시하였다(여성가족부, 2022).

3) 여성직업교육기관 경영사례: J센터

J센터는 비영리 공공기관으로서 비영리 민간단체가 2003년 10월 서울특별시(이하 서울시)로부터 수탁받아 운영하고 있는 갖춤형 전문여성인력개발 기관이다. 설립목적은 다양한 직업교육을 통한 여성능력개발, 여성친화적 틈새 직업개발 및 창업·취업지원, 저소득가정 및 저소득여성자립지원, 양성평등사회 실현을 위한 의식향상교육, 지역주민의 복지향상에 두고 있다.

서울시로부터 예산지원과 관리감독을 받으며 운영주체인 비영리 민간단체로부터는 자체부담금 지원과 함께 경영전략 및 기술을 코칭받고 있다. 또한 지역사회와는 인적·물적 등 자원 공유와 서비스를 제공하고 있으며 여성관련 시설들과는 시스템 구축 및 공동협력사업, 정보 공유 등의 사업을 추진하고 있다. J센터의 사업추진 개요도는 그림 9-3 과 같다.

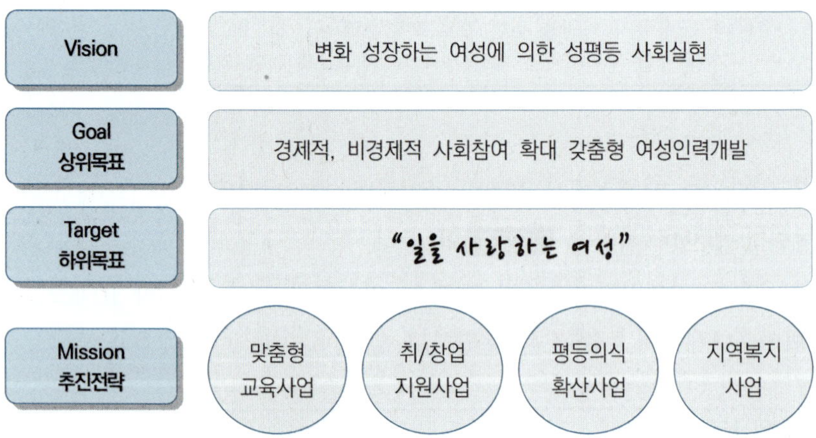

그림 9-3 사업추진 개요도

출처: J센터사업계획서(2008) 미간행

(1) J센터의 의미

J센터는 새로운 시대를 열어갈 여성들의 광장이며 깨어 있는 여성들이 미래를 준비하는 곳이다. 여성들이 새로운 운영 창출의 주류가 될 수 있도록 힘을 기르고 뜻을 모으는 곳이며 날고 싶은 여성에게 희망과 용기와 자신감을 심어주어 날게 하는 곳이다. 여성과 함께 꿈을 설계하고 방법을 모색하고 그 꿈을 이루는 길잡이가 되는 곳이다.

(2) J센터의 발전역사

J센터의 발전역사는 표 9-3 과 같이 주요 연혁을 살펴봄으로써 어떤 과제를 중점적으로 수행해 왔는지 파악할 수 있다.

표 9-3 J센터의 주요 연혁

구분	연도	내용
민간위탁 이전	1986	‘○○부녀복지관’으로 개관
	1996	‘서울특별시J여성발전센터’로 명칭 변경
	2003	(사)비영리 민간단체 수탁운영
민간위탁 1기	2004	• 강사선정위원회 구성 • 하이 서울 2004 여성창업취업박람회 단독개최 • 나눔 페스티벌(저소득여성 가장 지원) • 창업부스 입주자 선정위원회 • 창업부스 3개와 취업촉진 부스 1개 설치 • 서포터즈 조직 및 홈커밍데이 개최/거리홍보 시작(연 4회)
	2005	• 직장여성 및 저소득층을 위한 새벽반 운영 시작 • 여성전문 강사파견 지원(21개교 40개반 34명 파견) • 직장여성을 위한 토요일반 운영 시작 • 여성일자리 박람회 공동 개최 • 직장여성 및 가족을 위한 일요일반 운영 시작 • 여성지적재산권 확보를 위한 지원사업 시작(특허지원사업) • 지역사회 요구조사(8개 지구 주민 859명 대상) • 창업공동사무실 1개소, 창업부스 4개소 설치 • ○○구 상공회와 “성공따라잡기” 무료교육 실시(월 1회)
	2006	• 성격유형검사 등 세부 상담 정례화 • 교육운영선정위원회 구성 • 여성전문 강사파견 지원(26개교 91개반 90명 파견) • 창업부스 1개 설치 • 고학력 여성 유휴인력의 사회 환원화를 위한 “맞춤형 보육전문 봉사단” 육성 • 서울특별시 여성가족재단 통합관리 시스템 운영 시작
민간위탁 2기	2007	• 전문아카데미 과정 시작(3개월 180시간) • 강사에 의한 교육생 인테이크 상담일지 작성 시작 • 여성취업지원을 위한 서부고용지원센터 연계 “첫 출근 준비 교실” 시작 • 노동부 근로의욕증진 프로그램 연계사업 시작 • 여성전문 강사파견 지원(34개교 113개반 110명 파견) • 여성취업협의체 구성 • 여성가족부 사회서비스 취업지원사업 운영 • 전문강사단 발대식 개최 • 서울시 맞춤형교육 피부·비만관리 프로그래머 양성과정 운영

구분	연도	내용
	2008	• 여성전문 강사파견 지원(45개교 144기관 138명 파견) • 공무원 위탁교육 시작 • 평생교육 활성화를 위한 평생학습 협력기관 지정 • 여성부 사회서비스 취업지원사업-스킨병원 코디네이터, 어린이 영어지도사 양성과정 운영 • 서울시 맞춤형 교육-방과후 컴퓨터지도사, 웨딩컨설턴트 양성과정 운영

(3) J센터 관련 주요법령

J센터는 「서울특별시 여성관련 시설설치 및 운영에 관한 조례」에 의거하여 설립된 기관이다. 이 조례는 「여성발전기본법」 제33조 및 「서울특별시 여성발전기본 조례」 제17조의 규정에 의하여 「서울특별시의 여성관련 시설 설치 및 운영조례」 제3조에 여성관련 시설을 설치·운영하는 데 필요한 사항을 규정함으로써 여성의 능력개발 및 복지증진에 이바지함을 그 목적으로 하고 있다.

2. 여성직업교육기관의 경영기획 및 경영전략

경영전략은 조직의 사명과 목표를 달성하고자 환경과의 관계를 관리하고 경쟁우위를 확보하기 위하여 계획을 수립하고 실행하는 과정이다(최은수 외, 2009: 79). 또한 현재와 같이 미래 예측이 어렵고 많은 것들이 급변하는 상황에서 이에 대비한 전략 수립은 장래에 발생할 수 있는 위험 요소를 줄일 수 있는 방안이다.

J센터의 경영전략은 단순한 이익의 창출이 아니라 많은 잠재 학습자에게 교육받을 수 있는 기회를 지속적으로 제공하려는 것과 기관의 운영과 유지·발전을 위한 수익 창출에 목적을 두고 있다.

1) 조직 내부 및 외부환경 분석

J센터가 지닌 자원과 능력상의 핵심적 우위 요소를 찾아내기 위해 조직 내외의 환경을 분석하면 그림 9-4 와 같다. J센터는 수강생집단, 강사집단, 직원의 서로 다른 세 개의 집단

을 하나로 연결하여 기관경영의 효율성 제고, 수강생 60% 이상 대졸 출신의 고학력자, 실력과 인격을 갖춘 강사, 엄정한 공개 채용에 의해 선발된 우수한 인적자원 확보, Self-up프로그램, 전문가 프로그램 등 우수한 교육 프로그램, 접근성이 용이한 좋은 지리적 조건, 연중무휴의 독특한 교육서비스, 상담관리 프로그램, 상담 이후 관리 프로그램, 구인 · 구직 DB관리 등 경쟁력 있는 수강생 관리 시스템 등은 J센터의 강점들이다.

1986년 개관된 건물과 시설로 교육시설의 노후화, 낡은 실습기자재, 부녀복지관으로 시작한 기관으로 저소득계층들이 오는 곳이라는 부정적 이미지는 J센터의 약점이라 할 수 있다.

지역 주민들이 직업과 관련한 취업확대 및 취업알선 창구의 활성화를 요구하고 있어 학습인구는 늘어날 것으로 전망되며 경쟁기관의 약세, 지식기반사회의 출현, 다년간의 운영경험과 새로운 프로그램의 성장가능성은 J센터의 기회창출 요인이다. 반면 새로운 경쟁기관의 진입, 고객의 요구 변화, 수요의 감소, 새로운 규제 발생 등은 J센터의 변화를 요구하는 위협 요인으로 작용할 것이다.

조직 내부에 대한 평가

J기관의 강점은?
- 기관경영의 효율성
- 우수한 인적자원
- 우수한 교육 프로그램
- 좋은 지리적 조건
- 독특한 교육 서비스
- 경쟁력 있는 수강생관리 시스템

J기관의 약점은
- 교육시설의 노후화
- 낡은 실습기자재
- 부정적 이미지

SWOT분석

J기관의 기회는?
- 학습인구의 증대
- 경쟁자의 취약성
- 프로그램 개발 및 운영의 노하우
- 새로운 프로그램의 성장 가능성

J기관의 위협은?
- 새로운 경쟁자의 출현
- 자원의 부족
- 정부 등의 지원 감소
- 새로운 규제
- 대체교육과정의 출현
- 고객의 요구 변화

외부환경에 대한 평가

그림 9-4 J센터 SWOT분석 현황

2) 경쟁전략

J센터가 다른 기관과의 경쟁에서 우위를 점하기 위한 경쟁전략은 원가우위 전략, 차별화 전략, 집중화 전략으로 구분할 수 있다.

(1) 원가우위 전략

J센터는 지방자치단체의 보조금과 공모사업비, 수강료, 자체부담금, 기타 수입으로 운영되고 있어 다른 교육기관에 동일과정 대비 40~60%로 수강료가 저렴하여 성인여성들의 참여 호응도가 높은 편이다.

(2) 차별화 전략

J센터는 프로그램의 차별화(갖춤형 교육 프로그램 개발, 교육의 질 향상을 위한 전임 강사제, 사회적 일자리 창출 교육 확대, 교육체계의 전문화, 계층별 교육 특성화, 맞춤형 교육 등) 서비스의 차별화(새벽반, 야간반, 주말반 등으로 연중무휴 질 좋은 교육과정 제공), 직원에 의한 차별화(역량 및 전문성이 강화된 직원이 친절하고 수강생에게는 신뢰를 주는 직원), 채널에 의한 차별화(수강생, 직원, 센터와의 관계형성을 위한 각종 회의), 이미지에 의한 차별화(서울시의 가치, 높은 명성)의 전략을 추진하고 있다.

(3) 집중화 전략

J센터는 전업주부 등 장기간 직장으로부터 이탈된 고학력 경력단절여성의 파트타임과 전문직에 대한 욕구를 반영한 전문강사 파견사업의 기틀을 마련하고 센터 중심의 직접 매칭을 통해 취업지원 사업을 활성화하였다.

기존 교육과정을 3년여 기간 동안 끊임없이 변화시켜 3개월에 180시간의 전문교육과정인 아카데미 교육과정을 개발 운영하였다. 아카데미 교육과정은 피부아카데미를 시작으로 미용, 웹디자인, 인터넷쇼핑몰, 컴퓨터강사양성과정 등이 있다.

직원역량강화를 기반으로 지속적인 지역사회와 외부기관과의 연계강화로 인적·물적 자원을 확보하여 보다 다양한 교육 및 취업지원 서비스를 수강생들에게 제공하였다. 그동안 J센터와 연계된 기관은 서울특별시, 교육부, 보건복지부, 여성가족부, 산업인력관리공단, ○○구 등이며 4년간 총 34건의 외부공모사업을 수행하여 총 1억 9천 5백여만 원의 수입을 확보하였다.

이상의 전략을 바탕으로 경영전략을 제시하면 아래 그림 9-5 와 같다.

맞춤형 교육사업

1) 갖춤형 교육 프로그램 개발
   - 계층별 교육 특성화
   - 취업처 요구에 맞는 맞춤형 교육
   - 교육 참여 전 Intake 강화
2) 사회적 일자리 창출 교육 확대
3) 교육체계의 전문화(아카데미화) 확대
4) 교육의 질적 향상-전임 강사제

취/창업 지원사업

1) 취업지원
   - 사회적 기업 육성
   - 취업교실 운영(상담, 교육, 의식화)
   - 여성기업 연계 취업촉진
2) 창업지원
   - One stop 창업지원체계 구축 (동아리-공동사무실-부스-외부창업)
   - 창업정보 및 전문 컨설팅 지원
   - 창업자 네트워크 구축(멘토/멘티)

평등의식 확산사업

1) 여성지도자 양성과정
2) 평등가족체험교실
   - 출산, 육아, 가사 경험 교육
   - 아버지 요리교실
3) 의식 향상
   - 여성학특강
   - 양성평등교육
   - 이버지학교

지역복지 사업

1) 여성사회참여촉진 지원
   - 유아실 개방과 운영시간 확대
   - 방과 후 교실 상설화
2) 저소득 및 소외계층 지원 사업
3) 자원 조직화 사업
4) 시설 개방과 활용 극대화

그림 9-5 경영전략

출처: J센터사업계획서(2008) 미간행

3. 여성직업교육기관의 리더십 및 의사결정

1) 리더십

여성직업교육기관의 리더는 조직의 구성원인 동시에 여러 구성원의 직무수행을 책임지는 사람이다. 그러므로 인적·물적 자원의 활용 효과가 극대화되도록 리더십 자질과 평생교육적인 특성을 바탕으로 조직을 운영해야 한다. 또한 기관의 최고 관리자로서 실무 능력보다 조직 전체를 운영하고 관리하는 통합적 능력을 갖추어야 한다(최은수 외, 2009: 247).

J센터기관장은 대상에 따라 여러 가지 측면에서 다음과 같은 리더십이 요구된다.

(1) 센터 운영리더십

- 센터를 운영하기 위한 비전과 사명감, 목표, 추진전략
- 교육을 위한 기획능력
- 센터운영에 있어서 법규 및 원칙에 충실
- 사업을 실행함에 있어 구성원과 충분한 공감대 조성
- 센터의 교육 프로그램 구성 및 역량에 대한 효과적인 홍보 및 마케팅 전략
- 수강생, 직원, 교육기관 등과 연계 협력을 통해 조화와 통합

(2) 직원에 대한 리더십

- 일선에서 많은 업무를 담당하면서 겪는 어려움과 고통에 대한 개별적인 배려
- 직원들이 문제의식과 해결능력, 사고와 상상력, 신념과 가치들을 갖도록 지적 자극
- 직원들의 역량 강화를 위한 교육과 훈련에 지속적인 참여와 전문성 향상을 위해 노력할 수 있도록 각종 지원

(3) 수강생에 대한 리더십

- 학습내용의 적절성 확인, 수강생에 대한 지원 및 상담, 수강생의 불편사항을 검토하여 신속대처
- 교수자들에 대한 지속적인 관리와 역량의 발전을 위해 지원
- 각종 행사(특강, 바자회, 축제 등)를 개최하여 수강생들 간의 결속을 촉진
- 수료 후 후속적인 학습을 위해 동아리를 구성하여 활동할 수 있도록 독려하고 지원

(4) 교수자에 대한 리더십

- 수강생에 대한 사명감과 애착심을 고취하도록 환경을 조장
- 교수자가 신분에 안정감을 갖도록 보장

- 교수자의 자기계발 및 연구노력을 촉진
- 교수자의 수강생 및 수업관리 모니터링
- 교수자의 교육 프로그램 평가 및 피드백
- 교수자의 홍보 및 마케팅에 대해 지원

기관의 리더들은 현장을 정확하게 파악하고 끊임없는 독서와 학습을 통하여 문제해결 능력을 기르며 구성원들에게 동기를 부여한다. 미세하고 세부적인 지시는 삼가며 전체적인 시각에서 구성원을 대한다. 구성원들에게 친절하고 인간적으로 대하지만 매사에 지나칠 정도로 구성원들과 함께 행동하지 않는다. 오히려 그 시간에 현장을 관찰하고 경청하면서 아울러 자신의 발전과 조직의 장기계획을 세우는 일에 몰두하는 고도의 역할 차별성을 유지하는 것이 필요하다.

2) 의사결정

의사결정이란 기관이 추구하고 있는 목표를 달성하기 위하여 여러 가지 대안을 나련하고 그 가운데 가장 합리적이고 합목적적인 대안을 선택하는 행동이다(최은수 외, 2009: 100). 여성직업교육기관은 특성상 의사결정 권한이 기관장에게 집중되어 있는 경향이 있어 기관장의 특성 요인이 결정적으로 작용하는 경우가 많다. 특히 J센터는 공공성과 공익성을 우선으로 하기 때문에 감독기관의 정책방향과 기관장의 운영방침이 의사결정에 커다란 제한 요인으로 작용한다.

J센터의 의사결정 기준은 어떠한 사업을 실시할 것인가? 어떠한 조직 구조를 가질 것인가? 자금 조달은 어떻게 할 것인가? 조직 구성원은 어떤 방법으로 선발하고 일과 사람을 조직화할 것인가? 프로그램 개발은 어떻게 할 것인가? 수강료 수준은 어느 수준에서 결정할 것인가? 지역사회와의 관계 정립은 어떻게 할 것인가? 등이다.

여성직업교육기관의 의사결정은 예산의 수립과 집행 그리고 프로그램의 개발과 운영에 관련된 것들을 위해 중요한 사항이다. 특히 새로운 프로그램의 개설과 기존에 운영 중인 프로그램의 폐기를 결정하기 위한 의사결정은 매우 중요하다.

J센터는 이러한 중요성을 감안하여 프로그램과 관련해서는 직원 · 교수자 간 교육과정개발 회의를 연1회 1박2일 워크숍 실시를 통해 의견을 수렴하며 최종 의사결정은 교육운영

선정위원회에서 교과목 개설과 교수자 선정을 한다. 신규교수자와 직원 선발에 관한 것은 공개 채용으로 1차 서류전형은 관리자급 직원이 하고 최종 의사결정은 교수자 선정위원회에서 하며 창업과 관련된 것도 마찬가지로 관리자급 직원과 담당직원이 서류 심사를 한 후 전문위원의 의견을 종합하여 창업부스 입주자 선정위원회에서 최종 의사결정을 한다.

4. 여성직업교육기관의 인사 · 조직 · 재무관리

1) 인사관리

인사관리는 구성원들이 잠재능력을 최대한으로 발휘하여 최대의 성과를 달성하도록 하여 그들이 인간으로서의 만족을 얻게 하려는 일련의 체계적인 관리 활동이다(권인탁, 2009: 338).

인사관리는 직원의 채용, 배치, 이동, 훈련, 평가, 보상, 승진, 노동조건의 최적화 등을 내용으로 한다.

J센터는 능력 및 학력주의 인사관리를 채택하였다. 교육학, 사회복지학, 교육심리학, 경영학을 전공한 대졸 학력자들로 개개인의 능력에 따라 채용, 배치, 승진, 교육훈련, 보수 등에 차등을 둠으로써 상호 간에 경쟁을 통해 능력을 최대로 발휘하도록 하였다.

2008년 직원들의 자격증 보유 현황은 사회복지사 1급 4명, 2급 2명, 평생교육사 1급 1명, 2급 4명, 직업상담사 2급 1명, 상담심리치료사 1급 1명, 중등교사 2급 1명 등이다.

역량 강화를 위해 이들이 참여한 교육은 집합교육 10회 30시간, 개인별 교육 31회 819시간이며, 참여교육 과정은 직업상담사 2급 자격증 교육, 양성평등전문 인력양성과정, 다문화교육 전문강사과정, 제안서작성과정, 사회조사분석 기초과정, 여성직업훈련기관 실무자 창업지원매니저 기본과정, 중간관리자 기획력 향상교육 등이다.

2) 조직관리

조직은 구성원에게 공동목표와 협력의사를 갖게 하며 구성원 간의 인간관계를 형성하고 개선하는 데 영향을 미친다. 조직의 구성요소에는 직무, 권한, 책임, 직위 그리고 상호관계의 설정이 있다(최은수 외, 2009: 179-180).

J센터는 구성인원이 많지 않은 관계로 그림 9-6 에서 보는 바와 같이 조직구조는 계층 수가 적다. 기관의 책임자를 중심으로 기관운영에 자문을 하는 위원회를 두고 고유 업무를 중심으로 교육팀, 새일팀, 관리팀으로 기능에 따라 업무를 분장함으로써 교육운영, 취·창업운영, 총무·시설관리를 각기 담당하도록 하였다.

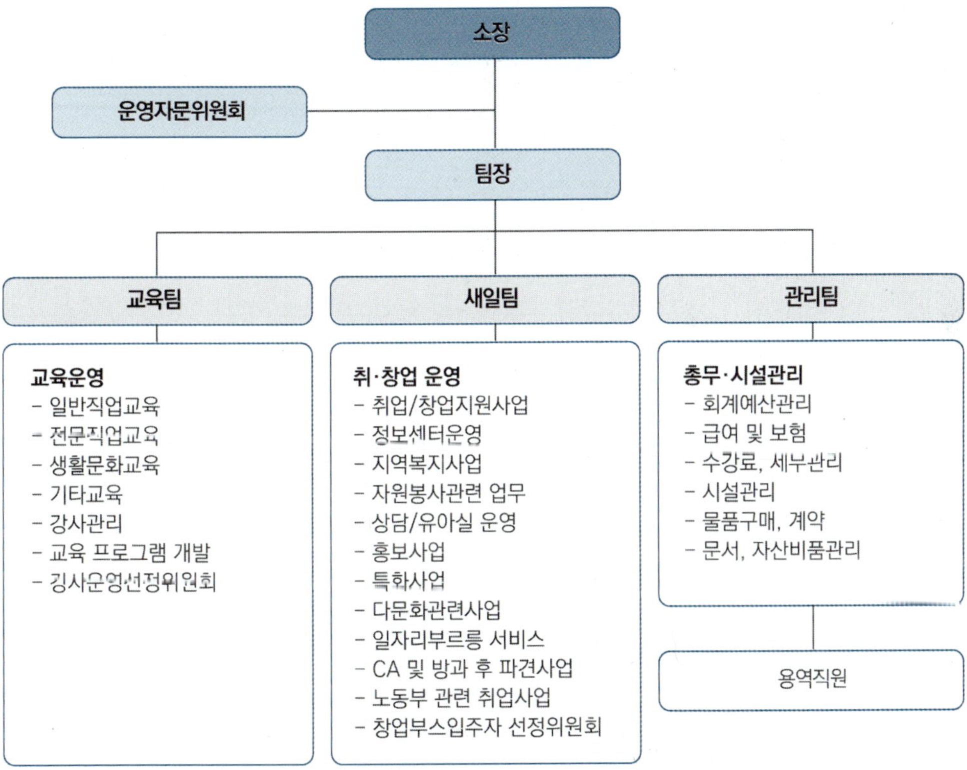

그림 9-6 J센터 조직도

3) 재무 · 회계관리

재무·회계관리는 사업계획에 따라 자금의 흐름을 관리하는 것을 말한다. 여성직업교육기관의 재무회계관리는 기관의 사업계획에 따라 자금동원 목표를 수립하고 수입과 지출계획을 수립하여 사업별 자원의 배분을 체계화하는 일이다. 예산계획에 의거하여 자금을 집행하며 이를 세법의 요구에 맞춰 기록을 유지하며 평가하는 일련의 과정이다.

J센터는 비영리로 운영되기 때문에 수입과 지출에 있어서 양출제입(量出制入)의 원칙에 따

르며, 회계처리에 있어서는 단식부기를 택한다. 수입관리는 수강생의 수강료, 보조금, 자체 부담금, 공모사업비, 기부금, 기타수입으로 구성된다. 지출은 사업비(직업능력개발, 직무능력향상, 취 · 창업알선, 취 · 창업지원, 사회문화교육, 기타 사업, 복지후생시설운영)와 관리비(인건비, 시설유지비, 사무행정비, 공통경비 및 기타 등)로 구성된다.

J센터의 새일센터 사업예산 항목을 사례로 제시하면 표 9-4와 같다.

표 9-4 평생교육 영리조직의 회계 현황표

구분	항목	금액	비고
매출수입	수강료수입		
	기타 수입		
	매출액 계(A)		
매출원가	교수자 인건비		
	재료비		
	판촉비		
	광고운영비		
	매출원가 계(B)		
매출원가율(C)			C=B/A*100
매출이익(D)			D=A-B
일반관리비	인건비		급여/상여/퇴직충당금 외
	경비		사무행정비, 임대료 외
일반관리비계(E)			
영업이익(F)			F=D-E
영업 외	감가상각비(G)		시설/인테리어/집기비품감가상각
	영업외수입		예)주차료수입
	영업외지출		
경상이익(H)			H=F-G

표 9-5 J센터의 사업예산 항목

수입			지출		
항목	세부내역	금액	항목	세부내역	금액
보조금	직업상담 프로그램		인건비	급여 상여금 퇴직충당금	

수입			지출		
항목	세부내역	금액	항목	세부내역	금액
	취업설계사 운영		운영경비	사무비 시설운영비 공과금	
	주부인턴제 운영		사업비	교수자 인건비 교재대 각종사업비	
	일/가정 양립 복지지원사업비		판촉비	광고비 홍보비 인쇄비	
기관부담	행사사업비 및 취업지원비		감가상각비	시설 기자재	
이용자부담			기타		
소계			소계		

한편 사업에 있어 중요한 것은 지속성이다. 기업이든 비영리조직이든 사업이 지속적으로 운영되기 위해서는 수입이 지출보다 많아야 한다. 비영리조직인 경우 매출수입 이외에 기부금이나 분담금, 보조금 등의 자금을 조성하는 방법이 있지만 영리조직인 경우에는 전적으로 매출에 의지해야 하기 때문에 이익의 개념이 매우 중요하다.

표 9-5 에서 보듯이 우선 매출에서 매출원가를 빼고 나면 매출이익을 알 수 있고, 매출원가율을 파악하여 낭비요소를 파악하기도 한다. 매출원가는 직접비란 표현을 사용하기도 한다. 매출이익에서 일반관리비를 빼고 남은 것이 영업이익이다. 일반관리비는 간접비라고도 일컫는다. 간접비란 실제 매출이 일어나지 않아도 시간이 지나면서 자동으로 발생하는 비용이다. 대표적으로 인건비, 임대료와 같은 항목이다. 따라서 이익구조를 건전하게 운영하기 위해서 매출을 높이거나 간접비를 줄여야 하는데, 현실적으로 간접비를 줄이기가 쉽지 않으므로 매출을 높이기 위한 다양한 시도가 요구된다. 영업이익에서 투자비를 빼고 남은 것이 경상이익이다. 시설이나 인테리어 투자 이외에 컴퓨터, 책상과 같은 집기에 대한 투자가 발생한다. 예컨대 올해 신형 컴퓨터 교체를 위해 5천만 원을 투자했다고 가정할 때, 이 투자비를 당해 연도 비용으로 일시에 처리하면 경상이익 구조가 나빠지게 된다. 따라서 투자비는 감가상각이 되는 연한을 두어 매년 일정비율씩 처리하도록 하고 있다. 조직마다 회계기준에 따라 시설이나 비품에 대한 감가상각 연한이 각기 다르다.

5. 여성직업교육기관의 홍보 및 마케팅

1) 홍보

홍보는 질 좋은 프로그램을 교육수혜자에게 널리 알려서 잠재된 학습자에게 학습의욕을 불러일으킬 수 있도록 동기를 부여하는 데 의의가 있다(최은수 외, 2009: 287). 남정걸(2008: 363-365)은 홍보의 목적을

첫째, 잠재학습자의 유인 및 확보

둘째, 재정적인 어려움에 도움을 줄 수 있는 재정후원자 확보

셋째, 기관을 위해 봉사할 수 있는 인력의 확보

넷째, 기관 구성원들의 지지와 이해, 공감대와 협동심 제고

다섯째, 참여자들의 기관에 대한 일체감 형성

여섯째, 기관에 대한 일반의 오해를 불식시키는 것에 두었다.

홍보는 기본적으로 기관이 추진하는 사업이나 기관의 긍정적 이미지를 널리 알려 사업의 추진과 기관에 대한 신뢰도를 제고하는 데 목적이 있기에 J센터는 여성이 행복한 교육기관 만들기, 일·가정양립서비스, 가족이벤트 지원 등을 홍보계획으로 설정하여 다음과 같은 홍보를 전개한 바 있다.

- 인쇄물: 홍보책자, 전단
- 옥외물: 버스광고판, 거리 홍보대 설치
- 대중매체: TV, 라디오
- 인터넷
- 사람: 전화상담, 비공식대화, 학습자 입소문
- 지역사회연계: 지역교육기관, 지역신문
- 기타: 시설대여, 시설개방

2) 마케팅

여성직업교육기관의 마케팅은 이익의 극대화라는 개념보다 많은 잠재 학습자에게 좋은 프로그램을 알려서 학습의 기회를 제공하고 지역주민들에게 교육받을 수 있는 기회를 지속

적으로 제공하려는 것과 기관을 유지하고 발전시키기 위한 이익창출의 목적이 있다.

J센터를 이용하는 고객들은 거의 여성들이며, 62%의 대졸학력과 68%의 기혼자, 60%의 30~40대가 이용하고 있는 여성전문교육기관이다. 이들 대부분은 무경력 여성, 경력단절여성, 이·전직 여성들로서 직업을 원하는 사람들이다. 따라서 J센터는 마케팅의 차별적 요소로서 사회참여 지원체제 구축, 취업을 위한 전문능력개발, 직업의식향상을 통한 인력양성, 취업알선과 사후관리에 두었다.

6. 여성직업교육기관의 네트워킹

여성직업교육기관과 지역사회와의 관계는 지역사회 내에서 기관의 위치와 존재가치를 획득하고 확장하기 위하여 그리고 학습자의 학습효과를 극대화하기 위한 관련 학습 환경의 연계와 활용이라는 측면에서 매우 중요한 의미를 지닌다(권두승 외, 2009: 411). 그러므로 기관과 지역사회와의 관계를 긍정적으로 발전시켜 나가는 일은 기관경영의 기본적 과제이다. 훌륭한 기관을 만들려면 지역사회와 적절한 관계를 수립해 책임을 분담하고 자원을 유기적으로 활용하는 일이 기본요건이며 이를 통해서만 기관은 지역사회 내에서 지속적인 성장은 물론 새로운 도약을 위한 발판을 만들 수 있다.

J센터는 서울지방노동청 ○○지청과 함께 만드는 일자리 희망협약을 체결하여 지역사회의 요구에 기여하며 창업입주자 선정위원회를 구성하면서 ○○구 상공회 센터장을 영입하여 네트워킹하고 있다. 또한 권역협의체를 구성하여 정보를 교환하거나 지역구청에서는 지역협의체, 지역고용 복지 분과에 직원이 위원으로 활동하면서 지역 연계를 지속적으로 강화하고 있다.

연구문제

1. 인근에 있는 여성직업교육기관을 방문하여 시설, 프로그램 등을 구체적으로 알아보고 방문기관에 적합한 프로그램을 연구해 보자.
2. 경력단절여성들의 재취업 지원방안에 대해 연구해 보자.
3. 여성인력개발센터의 프로그램을 수집하여 비교 분석해 보자.
4. 여성직업교육기관의 홍보 및 마케팅 방법을 구체적으로 연구해 보자.
5. 농촌과 도시의 여성직업교육 프로그램은 어떤 차이가 있는지 알아보자.

CHAPTER 10

학점은행기관과 평생교육경영

학습개요

1998년 3월부터 시작된 학점은행기관은 그동안 국민의 평생학습권 보장, 학습경험의 다양화와 고등교육 미수혜 집단을 위한 대안적 대학 학력 취득기회의 제공, 교육부문 간 균형 발전의 성취 그리고 교육력 극대화를 위한 평생교육과 학교 교육 간의 연계를 강화하는 데 큰 성과를 올리고 있다. 최근 '글로벌 인재 포럼 2014' 사전 행사로 열린 동아시아 · 태평양(EAP) 워크숍에서는 중국을 비롯한 10개국의 교육정책 책임자 20여 명이 한국의 학점은행제가 세계적 수준이고, 유럽과 비교해도 그 우수성을 인정받는 벤치마킹의 롤모델이라고 밝히고 있다(유구식, 2016). 이처럼 학점은행제는 국내뿐만 아니라 세계적으로도 유례를 찾아볼 수 없는 대안적 고등교육제도로 성장하고 있으므로 이를 보다 보완하고 다듬어 내실 있는 학점은행제로 발전시켜야 할 필요성이 고조되고 있다. 그럼에도 불구하고 아직도 우리 사회의 4년제 일류대에 대한 편중의식과 학점은행제에 대한 인식 부족으로 학점은행기관을 경영하는 데 많은 제약과 애로사항이 있음을 부인할 수 없다.

따라서 이 장에서는 학점은행제에 대한 이해를 높이도록 그 제도적 의의 등을 살펴보고, 학점은행기관의 경영 합리화를 지원하는 경영기획과 경영전략, 리더십과 의사결정, 인사 · 조직 · 재무관리, 홍보와 마케팅 그리고 교육기관 간의 네트워킹 등에 대한 현장의 경험을 제시하고자 한다.

학습목표

1. 학점은행제란 무엇이며, 왜 도입되어야만 했는지 등에 대한 이론적 근거를 학습하고, 이를 설명할 수 있다.
2. 학점은행기관은 무엇이며, 학습자 등록 상황 등 관련된 현황을 살펴보고, 이 제도에 대한 이해를 높일 수 있다.
3. 학점은행기관에서 경영과 관련된 경영기획과 경영전략, 리더십과 의사결정, 교육기관의 인사 · 조직 · 재무관리를 효과적으로 수행하는 방법을 제시할 수 있다.
4. 학점은행기관의 홍보와 마케팅, 교육기관 간의 네트워킹 방법을 학습하여 지속가능 경영을 진단할 수 있다.

1. 학점은행기관의 개요

1) 학점은행제의 정의

학점은행제는 학교뿐만 아니라 학교 밖에서 이루어지는 다양한 형태의 학습을 학점으로 인정받을 수 있도록 하고, 이것이 누적되어 일정 기준을 충족시키면 학위취득도 가능하게 함으로써 궁극적으로 열린 학습사회, 평생학습사회를 구현하기 위한 제도이다. 또한, 학점은행제는 평생학습체제 실현을 위한 제도적 기반으로서 학교교육은 물론 다종다양한 평생교육의 학습결과를 사회적으로 공정하게 평가 인정하고, 그 교육의 결과를 학교교육과 평생교육 간에 상호 인정하며, 이들이 상호 유기적으로 연계를 맺도록 함으로써 개개인의 학습력을 극대화할 수 있도록 하는 제도이다. 개인의 학습경험을 학점화하여 누적 · 관리하며, 이를 통해 대학 졸업 학력 또는 전문대학 졸업 학력을 인정받고, 학사학위 또는 전문학사학위를 취득할 수 있게 된다.

학점은행에서는 언제, 어디서나 이루어지는 개인의 학습사항을 소정의 기준과 절차에 따라 평가하여 학점으로 적립하고, 학습자가 학습결과 및 능력을 입증하고자 할 때 증명서도 발급해 준다. 또한, 원하는 경우 누적된 학점으로 자격증이나 학위를 취득할 수 있도록 한다. 학점은행제는 지금까지 공인된 대학 교육과정 외에서도 학점을 취득할 수 있도록 확대, 허용한 학점평가인정제도이다.

학점은행제는 그동안 학교교육 중심으로 시행되었던 정규교육에서 탈피하여 비형식학습, 무형식학습 등과 같은 비정규학습 기회가 확장되는 평생학습사회에서 개인의 독자적인 학습을 권장하고 인정해야 할 필요로부터 생겨났다. 개인의 학습사항으로 개인생활, 직업생활, 사회생활 등을 향상시키는 삶과 직결된 모든 지식, 기능, 이론 등을 포함한다. 즉, 평생학습사회에서는 학교뿐만 아니라 다양한 곳에서 체득한 지식과 기능을 평가하여 인정해 주며, 개개인에게 그 평가 결과를 누적 · 관리하는 과정이 필요하게 되었으며, 학점은행제는 이러한 과정을 수월하게 하는 역할을 한다.

학점은행제는 1997년 1월 13일 「학점인정 등에 관한 법률」을, 이어서 6월 17일에는 「학점인정 등에 관한 법률 시행령」을, 그리고 1998년 2월 28일에는 「학점인정 등에 관한 법률 시행규칙」을 제정 · 공포하여 학점은행제도의 운영에 필요한 법적 기반을 마련하였다. 평생교육 체계 속에서 1998학년도 1학기 대학부설평생교육원, 직업훈련원, 학원 등이 운영기관으로 인가되어 지금까지 시행되어 오고 있다. 또한, 본격적인 성인교육, 평생 배움 시대의 개막과 함께 이미 시행해 온 시간제등록, 독학학위제, 국가 자격 및 국가공인 민간자격 등의 제도를 하나로 이어주는 기본 골격이 된다.

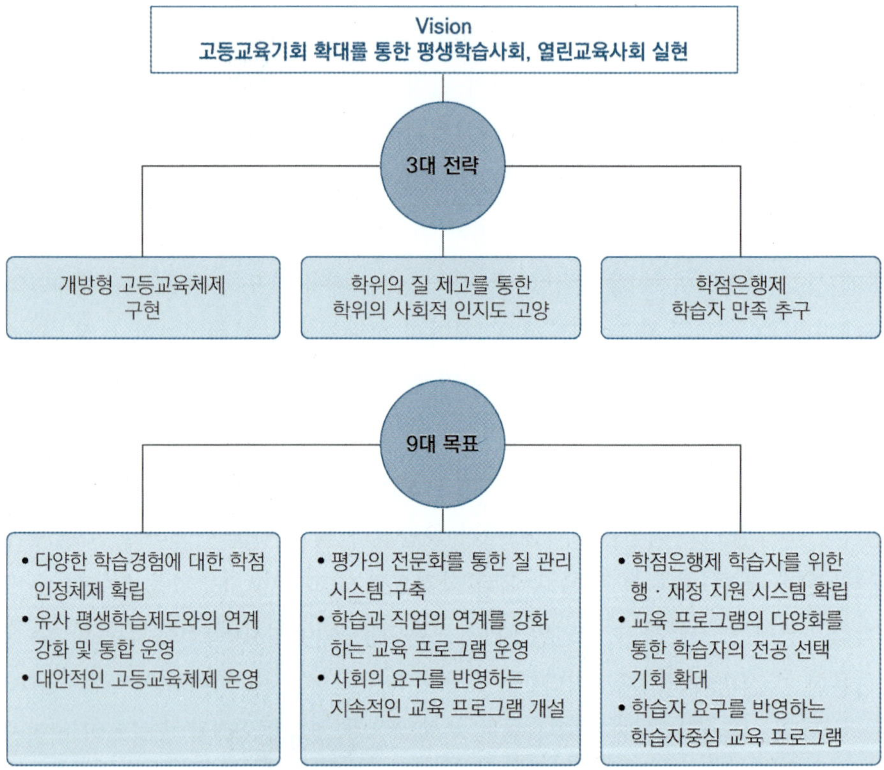

그림 10-1 학점은행제의 비전 및 목표

2) 학점은행제 도입 배경

1995년 5월, 대통령 직속 교육개혁위원회는 열린 평생학습사회를 조성하는 새로운 교육체제에 대한 비전을 제시하면서 학점은행제를 제안하였으며, 「학점인정 등에 관한 법률」(법률 제5275호) 등 관련 법령을 제정하고 1998년 3월부터 시행하게 되었다. 학점은행제는 1997년 한국교육개발원에 위탁하여 시작하였고, 「평생교육법」 전면 개정에 따라 2008년부터 국가평생교육진흥원에서 위탁운영하고 있다. 한국법제연구원에서는 학점은행제의 도입 배경을 다음과 같이 제시하고 있다.

"이 법은 교육개혁의 일환으로 학교교육 이외에 사회교육시설 등에서 객관적으로 평가·인정된 학습과목을 이수한 경우 학점을 인정받을 수 있도록 하고, 그 인정받은 학점이 누적되어 일정 기준을 충족하는 경우 학력인정 및 학위취득과 연계되도록 함으로써 학교교육, 특히 고등교육 분야에서 소외되어 왔던 계층에 대한 교육에의 접근 기회를 넓히는 동시에 언제, 어디서나 평생에 걸쳐 교육을 받을 수 있는 사회를 실현하기 위한 제도적 장치를 마련하는 데 그 목적이 있다."

학점은행제는 국민의 평생학습권 보장 및 학습경험의 다양화와 함께 대학교육 불수혜 집단을 위한 대안적 방식의 대학 학력 취득기회를 제공한다. 또한 교육부문 간 균형 발전을 위한 평생교육 이수 결과를 제도적으로 인정하며, 교육력 극대화를 위하여 평생교육과 학교교육 간의 연계를 강화하기 위하여 도입되었다.

3) 학점은행제 도입의 이론적 기초

(1) 지식기반사회의 도래

세계는 이미 지식혁명시대로 변화하고 있다. 이제 과거의 산업화와 정보화의 패러다임으로서는 시대의 흐름에 적절히 대응할 수 없는 한계를 맞고 있다. 산업혁명과 정보통신혁명은 우리 삶의 터전을 근원적으로 변화시켰다. 그러나 이제는 농경사회, 산업사회, 글로벌 산업사회, 정보화 사회에 이어 새로운 패러다임의 변화를 맞이하고 있다(정영수, 2003).

지식기반사회란 지식의 생성, 공유, 활용능력이 생산의 중요한 요소로 작용하여 사회 전반의 모든 영역에 적용되어 새로운 부가가치를 창출하는 사회로 개인의 사회적 행위와 사회에서의 지위확보를 위한 방법으로서 지식이 점차 중심요소가 되어가는 사회를 의미한다(안승렬, 2000). 즉, 지식기반사회에서는 지식의 전수보다는 지식의 창출과 생산성이 강조된다. 창조적 지식은 그 어떤 생산요소보다도 큰 부가가치의 원천이며, 지식의 창조적 활용 여부가 경제·사회·문화적 풍요를 결정하게 된다(김수아, 2006).

이러한 21세기 지식기반사회에서는 지식과 정보를 단순히 전수하는 체제에서 지식과 정보를 산출해 내는 체제로, 공급자 위주의 교육체제에서 수요자 위주의 교육체제로, 학교와 최종교육경험을 제공하는 체제에서 전 생애에 걸친 평생학습체제로, 교육의 평등성 추구에서 수월성 추구로 변화될 필요가 있다. 즉, 지식기반사회에서는 국가경쟁력을 결정하는 요인으로서 인적자원의 개발 관리 활용이 크게 부각되며, 선진국들은 국가경쟁력의 차원에서 인적자원의 문제에 관심을 집중시키고 창조적 지식을 창출해 내는 일에 초점을 두고 있어 새로운 교육적 패러다임으로 나아갈 것을 요구하고 있다.

(2) 학습 패러다임의 변화

사전적 의미에서는 학습사회란 국민 각자가 자아실현, 생활 향상 또는 직업적 지식 · 기술의 획득 등을 목적으로 생애에 걸쳐서 자주적 · 주체적으로 학습을 계속할 수 있는 사회를 말한다. 철학적 입장에서 학습사회는 변화된 교육관인 평생학습에 기초하여 민주적으로 교육 프로그램을 운영하는 사회이며, 그 안에서 개인들의 평생교육이 가능하도록 지원하는 사회다. 이런 점에서 학습사회는 학습하는 행위가 일상화되고, 삶의 모든 장면에 학습원리가 스며들며, 사회 제반 기반시설과 지원 시스템이 학습에 대한 최우선 과제로 설정하는 사회이다. 또한 학습사회는 성년기의 모든 단계의 모든 남녀에게 배움과 성취와 사람이 되도록 하는 사회이며, 그러한 학습사회는 일종의 성숙된 사회며, 문명화와 인간화를 지향하는 사회다(한숭희, 2006).

박세일 등(2007)은 평생학습사회의 미래상을 '총체적인 학습사회'로 제시하고 있다. 총체적 학습사회는 "모든 개인과 조직이 보다 학습 지향적으로 전환되는 사회로서, 수평적으로는 개인, 조직, 사회의 모든 구성체가 학습 조직화되고 상호 학습 네트워크가 구축되는 것"을 주요 내용으로 하며, 수직적으로는 모든 구성원에게 평생에 걸친 학습체제가 마련되는 사회이다. 이는 개인 차원에서는 평생학습체제, 조직 차원에서는 학습조직화, 개인 조직 간 차원에서는 학습 네트워크가 구축된 사회로서, 사회 전반의 학습 역량이 제고된 사회이자 일과 학습의 순환과 병행이 가능한 사회이다(김장호, 2004).

① 허친스의 학습사회론: 자아실현

허친스(R. Hutchins)의 학습사회론은 단순히 교육기회의 확대만을 의미하는 것이 아니다. 그가 주장하는 학습사회론은 "모든 성인 남녀 모두에게 언제라도 접할 수 있는 다양한 형식의 교육기회가 열려 있고, 성인교육을 제공할 수 있을 뿐 아니라 학습, 자아실현, 인간화라는 가치전환에 성공한 사회"(Hutchins, 1968)를 말한다. 학습사회의 목표는 인간의 자아실현에 있다. 학습사회의 목적은 직업획득만을 위한 것이 아니라, 인간의 자아실현에 대한 가치가 우선되지 않고서는 학습사회의 실현이 불가능하다.

② 유네스코의 학습사회론: 탈소유학습론

1973년 포오르 보고서(Faure Report)에서 생존학습론(Learning to be)은 소유와 소비에 대한 탈소유적인 학습론이다. 교육의 목적이 자기실존과 자아실현에 두고 있다. 즉 포스트 모던사회는 인간을 노동으로부터 해방시켜, 생활의 여가를 중시하는 방향으로 변화하고 있다.

인간의 생존 양식에는 소유양식과 탈 소유양식이 있으며, 탈소유를 지향하는 존재양식이 우리 인간이 진정으로 추구하는 삶의 양식이어야 함을 주장한다. 소유양식은 재산, 지식, 사회적 지위, 권력 등을 소유하는 일에 전념하는 생존이나 생활양식이다. 반면 탈 소유양식은 자기의 능력을 능동적으로 발휘하여 자랑스러운 삶의 기쁨을 확신하는 생존과 생활양식이다. 산업화된 현대사회에서는 소유양식이 대전제가 되어 탈 소유존재양식을 간과하게 된다.

③ 일리치의 학습사회론: 탈학교사회

일리치(I. Illich)는 진정한 교육의 목적은 개인적으로 자아실현을 도모하고, 사회적으로는 억압적 요소를 제거하는 것으로 보았다. 지금의 교육이 국가발전과 생존을 위한 수단적인 목적에만 치우쳐 있다고 지적하고, 인간을 억압하는 제도화된 학교교육의 잘못된 측면을 폐지하자는 것이다. 기존의 교육방식을 은행저축식 교육(Banking Education)으로 보고, 학교교육은 교사와 학생이 정해진 틀 속에서 주고받는 지식을 선물하는 듯한 교육형태를 비판하면서, 이는 학습자의 자율성과 경험, 지식을 손상시키는 일종의 폭력이라고 비판하면서 새로운 학습망을 제시하였다.

그가 제시한 '새로운 학습망'은 몇 가지 특징을 가지고 있다. 첫째, 누구든지 학습하려고 한다면, 젊거나 늙었거나 인생의 어느 때에 필요한 수단이나 교재를 이용할 수 있게 해주어야 한다. 둘째, 자기가 알고 있는 것을 다른 사람과 더불어 나누어 가지고자 하는 다른 사람을 발견할 수 있게 해주어야 한다. 셋째, 배우고자 노력하는 모든 사람에게 기회를 부여해 주어야 한다.

(3) 미래 "배움" 중심 사회의 확대

교육은 전통적으로 가르침과 배움이라는 두 개의 기본적인 요소로 이루어져 있는데, 그중 가르침에 큰 비중을 두고 있다. 역사적으로 보면 교사가 학생에게 일대일로 정보를 전달하고, 항상 학생 앞에 서서 배워야 할 정보를 전해주었던 것이다. 이런 식으로 교육은 수 세기 동안 지속되어 왔고 현재의 문명사회를 만들어 냈으나, 어떤 새로운 주제를 가르치려면 새로운 전문가가 있어야 하므로 점점 더 많은 전문가가 필요하게 되면서 이제는 한계점에 이르게 되었다. 미래의 교육제도는 가르침 중심에서 배움 중심으로 전환되고 있다. 인간의 배움은 원초적 본능이며, 배우는 인간을 호모 에루디티오(Homo Eruditio)로 부른다(한준상, 2009). 교수자는 수업을 제공하고 학습자는 언제 어디서나 자기에게 맞는 속도로 흥미 있는 주제에 대해 배우고 있는 것이다.

과학 · 의료기술의 발달로 인간의 평균 기대수명이 늘어나면서 저출산 · 고령화사회로 빠르게 변모하고 있다. 교육 또한 평생학습 관점에서 노인들을 대상으로 하는 교육이 강조되고 있다. 저출산 · 고령화사회가 다가옴에 따라 생산가능인구를 확보하는 것이 중요한 과제가 되었다. 이를 해결하기 위하여 평생직업교육 체제를 구축해 여성인력과 노인인력 등 그동안 노동시장에서 상대적으로 배제되어 왔던 잠재적인 인적자원들을 개발 · 활용할 필요가 증대되고 있는 실정이다. 평생직업교육 체제의 확충은 경제활동에 참여하는 기존 인적자원의 생산성을 보다 극대화시켜 생산가능인구의 감소를 보완하는 데에도 기여할 수 있다.

평생학습을 위한 유비쿼터스 환경으로 인해 '적시지식'이 일상화될 것이다. 즉, 인생은 너무도 복잡해서 알 필요가 있는 대상과 시점을 미리 아는 것은 거의 불가능하므로, 필요한 때에 필요한 내용을 접할 수 있는 적시학습이 필요하다. 이를 위해 집단지성(Collective Intelligence)이 활성화되는 것은 필연적일 수밖에 없다. 지적 능력을 시간과 장소에 맞춰 가장 적합한 시기에 가장 최신의 정보를 제공받아 배울 수 있으므로 선수학습의 의미는 줄어들 수밖에 없다. 단순한 지식 정보 조각을 암기하고 있다는 사실이 중요한 것이 아니고, 그 지식과 정보가 어디에 있으며 왜 필요한지에 대한 본질적인 질문과 그 해답을 찾는 과정이 중요하게 되었다.

이제 집단지성이 확대 실현되고 적시학습이 활성화되면서, 누구나 자신이 원하는 교육을 필요한 시간에 원하는 장소 어디서나 받을 수 있게 되었고 이런 평생학습에의 접근가능성은 점차 확대될 것으로 예상된다. 적시지식과 적시학습은 인간의 능력과 지능을 개선시키고 책임감 있는 시민으로의 성장을 촉진함으로써 건전하고 건강한 사회 구축과 학습 네트워크 창조를 가속화시킬 것이다.

4) 학점은행기관의 대상

「학점인정 등에 관한 법률」 제3조 제1항에서 "대통령령으로 정하는 평생교육시설, 직업교육훈련기관 및 군(軍)의 교육 · 훈련시설 등"이란 다음의 어느 하나에 해당하는 시설 및 기관(이하 "교육훈련기관")을 말한다(학점인정 등에 관한 법률 시행령 제3조. 2023.1.10. 개정).

1. 「초 · 중등교육법」 제54조 제4항에 따라 전공과를 둔 고등기술학교 또는 「장애인 등에 대한 특수교육법」 제24조 제1항에 따라 전공과를 설치 · 운영하는 특수교육기관(고등학교 과정을 교육하는 특수학교만을 말함) 또는 「고등교육법」 제59조 제1항에 따른 각종학교 중 같은 법 제2조 제1호의 대학이나 같은 조 제4호의 전문대학에 준하는 각종학교
2. 「고등교육법」 제26조 및 「평생교육법 시행령」 제44조 제4항에 따른 공개강좌 또는 「고등교육법」 제49조에 따른 전공심화과정을 둔 전문대학
3. 「평생교육법」 제33조 제2항 및 제35조부터 제38조까지의 규정에 따른 평생교육시설
4. 「학원의 설립 · 운영 및 과외교습에 관한 법률」 제2조의2 제1항 제2호의 평생직업교육학원
5. 「국민평생직업능력개발법」 제2조 제3호에 따른 직업능력개발훈련시설
6. 「산업기술혁신 촉진법」 제38조에 따른 한국산업기술진흥원, 같은 법 제39조에 따른 한국산업기술평가관리원, 같은 법 제39조의2에 따른 한국세라믹기술원 및 같은 법 제42조에 따른 전문생산기술연구소
7. 「무형문화재 보전 및 진흥에 관한 법률」 제25조 제2항 본문에 따른 전수교육을 실시하는 시설
8. 국가 또는 지방자치단체가 소속 직원 또는 일반인 등을 대상으로 교육훈련을 실시하기 위래 설치한 시설로서 교육훈련기관으로서의 별도 승인이나 신고 없이 운영되고 있는 시설
9. 「평생교육법」 제29조 제2항에 따라 평생교육을 직접 실시하는 대학 및 같은 법 제30조 제2항에 따라 평생교육과정을 운영하는 대학
10. 여러 사람이 동시에 수강할 수 있도록 설계된 온라인 공개강좌로서 교육부장관이 인정하는 강좌를 개발 · 운영하는 다음의 어느 하나에 해당하는 기관
    대학 또는 그 밖에 전문학사학위과정, 학사학위과정, 석사학위과정 또는 박사학위과

정을 설치 · 운영하는 기관

10의2. 인공지능 · 사물인터넷 등 4차 산업혁명 관련 분야의 직무능력을 함양할 수 있도록 설계된 온라인 강좌(온라인 강좌를 보조하기 위한 집합교육을 포함)로서 교육부장관이 인정하는 강좌를 개발 · 운영하는 다음 각 목의 어느 하나에 해당하는 시설 및 기관. 「국민평생직업능력개발법」 제2조 제3호 나목에 따른 지정직업훈련시설 또는 「평생교육법」 제33조 제2항에 따른 평생교육시설 또는 대학

11. 교육부장관이 평가인정 대상기관으로 적합하다고 인정하는 다음 각 목의 시설 및 기관. 제1호부터 제10호까지 및 제10호의2에 따른 교육훈련기관에 준하는 평생교육시설 또는 직업교육훈련기관 또는 군이 소속 군인 또는 일반인 등을 대상으로 교육훈련을 실시하기 위하여 설치 · 운영하는 시설 또는 「공공기관의 운영에 관한 법률」 제4조에 따른 공공기관이 소속 직원 또는 일반인 등을 대상으로 교육훈련을 실시하기 위하여 설치 · 운영하는 시설

5) 학점은행제 현황

(1) 학습자 등록 및 학위취득 현황

학점은행제에 등록한 누적 학습자는 2014년에 이미 백만 명을 넘어섰고, 2022년 12월을 기준으로 하여 총 2,164,046명에 이르고 있다. 표 10-1 에 제시된 연도별 학점은행제 등록자 현황에서 2022년 학습자 등록 현황을 살펴보면, 학사 학위과정 등록자는 101,976명, 전문학사 학위과정 등록자 수는 47,937명에 이른다. 또한, 학점은행제에 등록한 학습자들의 동향은 여성 학습자가 지속적으로 증가하고 있어서 학점은행제가 경력단절여성의 재취업지원 등에 적기 활용되고 있으며, 고등교육 학위보유자들의 증가 추이를 보아 기존 학위보유자의 추가전공 학위 취득이나 계속되는 재교육 등에 활용되고 있음을 알 수 있다. 더불어 외국 국적 및 재외국민 학습자도 꾸준히 증가하는 추세다.

표 10-1 학점은행제 학습자 등록 현황 (단위: 명, 2022. 12. 기준)

구분	1998~2010	2011	2012	2013	2014	2015	2016	2017	2018	2019	2020	2021	2022	계
학사	349,112	59,338	60,420	60,563	61,740	66,484	69,937	72,416	77,892	99,957	109,101	108,310	101,976	1,297,246
전문학사	206,377	62,087	73,351	83,991	53,721	47,252	46,723	43,026	40,426	50,407	56,227	55,275	47,937	866,800
계	555,489	121,425	133,771	144,554	115,461	113,736	116,968	115,442	118,318	150,364	165,328	163,585	149,913	2,164,046

출처: 국가평생교육진흥원(2023)

표 10-2 에서 볼 수 있듯이, 2022년 4년제 대학의 입학생은 329,843명, 2년제 대학의 입학생은 163,701명이며, 2022년 학점은행제 학사 학위과정 등록자 수는 4년제 대학 입학생의 30.9%, 2년제 대학 입학생의 29.3%에 이르고 있다. 또한, 2022년 대학의 총 입학생 493,544명에 대비하여 학점은행제 등록자가 차지하는 비율은 30.1%에 이르고 있다. 이는 국내의 고등교육체제에서 단일제도로서 학점은행제가 차지하는 비율이 얼마나 큰지를 보여주는 것이다.

표 10-2 2022년 대학 입학생수 대비 학점은행제 등록자 수 (단위: 명, %)

학점은행제 등록자 수(A)			대학 입학생 수[1](B)			대학입학생 대비 학점은행제 등록자 수 (A/B)×100		
학사 (a1)	전문학사 (a2)	계 (a3)	4년제 (b1)	2년제 (b2)	계 (b3)	학사 비율	전문학사 비율	전체 비율
101,976	47,937	149,913	329,843	163,701	493,544	30.9	29.3	30.1

출처: 국가평생교육진흥원(2023)

학점은행제 학위취득자는 학위를 수여하는 대상에 의해 교육부장관에 의한 학위취득자와 대학의 장에 의한 학위취득자로 구분될 수 있다. 표 10-3 은 연도별 학점은행제 학위취득자 현황을 제시한 것으로서 1998년부터 2022년까지 교육부장관에 의한 학위취득자는 559,299명, 대학의 장에 의한 학위취득자는 42,816명이다. 따라서 현재까지 학점은행제를 통해 학위를 취득한 사람은 총 602,115명에 이르고 있다.

1) 제시된 2022년 대학 입학생 수는 교육대학, 산업대학, 기술대학, 원격 및 사이버대학, 사내대학, 기능대학, 전공대학, 방송통신대학의 입학생은 제외한 수치임.

표 10-3 학점은행제 학위취득자 현황 (단위: 명)

구분	1998~2010	2011	2012	2013	2014	2015	2016	2017	2018	2019	2020	2021	2022	2023	계
학사	133,940	19,478	19,690	20,589	21,917	25,267	26,412	32,275	24,681	27,537	30,074	34,206	40,096	40,542	496,704
전문학사	72,806	29,126	37,571	44,751	53,953	27,609	26,190	34,487	21,295	22,114	23,902	28,797	30,163	30,836	483,600
계	206,746	48,604	57,261	65,340	75,870	52,876	52,602	66,762	45,976	49,651	53,976	63,003	70,259	71,378	980,304

구분	2001~2010	2011	2012	2013	2014	2015	2016	2017	2018	2019	2020	2021	2022	계
학사	12,063	3,291	3,978	4,160	4,608	4,803	5,126	5,614	5,320	5,177	4,738	4,607	4,226	67,711
전문학사	2,759	459	367	273	289	304	335	390	309	259	351	450	329	6,874
계	14,822	3,750	4,345	4,433	4,897	5,107	5,462	6,004	5,629	5,436	5,089	5,057	4,555	74,585

출처: 국가평생교육진흥원 2023년 내부자료(상: 교육부 장관에 의한 학위취득자, 하: 대학의 장에 의한 학위취득자)

표 10-4에 제시된 2023년 4년제 대학의 졸업생 대비 학점은행제 학위취득자가 차지하는 비율은 12.9%이며, 전문학사 학위취득자는 2년제 대학 졸업생의 20.7%에 해당하는 수치이다. 학점은행제를 통해 배출되는 학위취득자의 총수는 정규 고등교육기관에서 배출되는 학위취득자의 16.8%를 넘어서고 있다.

표 10-4 2023년 대학 졸업생 수 대비 학점은행제 학위취득자 수 (단위: 명)

학점은행제 학위취득자 수(A)			대학 졸업생 수[2](B)			대학졸업생 대비 학점은행제 학위취득자 (A/B)×100		
학사(a1)	전문학사(a2)	계(a3)	4년제(b1)	2년제(b2)	계(b3)	학사 비율	전문학사 비율	전체 비율
40,542	30,836	71,378	314,760	148,612	463,372	12.9%	20.7%	16.8%

출처: 국가평생교육진흥원(2023)

(2) 학점은행제 평가인정 교육기관 현황

학점은행제 평가인정 교육기관의 현황을 살펴보면 대학부설평생교육원이 2024년 현재 186개로 전체 기관의 절반에 가까운 43.2%를 차지하고 있으며, 공공직업훈련원, 인정직업훈련원 등 직업훈련기관이 70개로 약 16.2%를 차지하고 있다. 원격교육은 코로나19가 확산되었던 시기에 급격히 늘어나서 97개로 22.5%를 차지하고 있다. 그 밖에 학원, 정부 관련기관, 평생교육시설 등도 있는데, 기관 유형별 교육기관 현황은 **표 10-5**와 같다.

2) 제시된 2023년 대학 졸업생 수는 교육대학, 산업대학, 기술대학, 원격 및 사이버대학, 사내대학, 기능대학, 전공대학, 방송통신대학의 졸업생은 제외한 수치임.

표 10-5 기관 유형별 평가인정 교육기관 현황(2024년 현재) (단위: 개)

기관 유형		기관 수
대학부설평생교육원	대학부설평생교육원	127
	전문대학부설평생교육원	59
	소계	186(43.2%)
직업훈련기관	공공직업훈련원	9
	인정직업훈련원	61
	소계	70(16.2%)
학원	기술계학원	4
	사회계학원	4
	예능계학원	1
	소계	9(2%)
정부관련기관		33
특수학교 및 고등기술학교		7
전공심화 및 특별과정		3
평생교육시설		17
원격교육		97(22.5%)
K-MOOC		9
합계		431

출처: 국가평생교육진흥원(2024) 홈페이지

표 10-6에 제시된 지역별 학점은행제 평가인정 교육기관 현황을 살펴보면, 서울 203개(44.2%), 경기도 64개(13.9%), 인천 21개(4.1%) 등 수도권에 편중되어 있는 것을 알 수 있다. 446개 학점은행기관 중에서 100% 원격수업을 기반으로 하는 교육기관은 총 93개이며, 이는 전체 교육기관 대비 20.9%에 해당하는 것이다. 코로나19 이전에는 대부분의 학점은행기관이 출석수업을 기반으로 교육과정을 운영하는 것으로 나타났지만, 코로나19의 확산으로 인해 대면수업이 중단되거나 축소됨에 따라 출석수업을 기반으로 하는 교육기관의 숫자는 줄고 원격교육기관이 대폭 늘어났다.

표 10-6 지역별 학점은행제 평가인정 교육기관 현황(2023년 12월 기준) (단위: 개)

기관 유형	서울	경기	인천	강원	대전	충북	충남	세종	전북	광주	전남	제주	대구	경북	울산	부산	경남	합계
대학부설 평생교육원	48	27	5		5	3	10	1	6	3	2		4	3		7	4	128
전문대학부설 평생교육원	10	15	2	2		2	1		4	2	4		6	6	2	9	4	69
전공심화 및 특별과정	2	2																4
특수학교	3		1		1	1												6
고등기술학교	1																	1
공공직업훈련원	1	1			1	1			1									5
인정직업훈련원	44	9	9		1				1									64
기술계학원	6	1																7
사회계학원	5																	5
예능계학원	1																	1
정부관련기관	3	2	1		2	2	2	1	1		6		1	1			12	34
평생교육시설	12		1		2		1		1	1								18
원격교육	65	7	1		1		3		4	3			3	1		4	1	93
K-MOOC	2		1		1					2		1		2		2		11
합계	203	64	21	2	14	9	17	2	18	11	12	1	14	13	2	22	21	446

출처: 교육통계 학점은행제 교육훈련기관 현황(2023년 12월 기준)

(3) 학점은행제 표준교육과정 현황

학점은행제 전공 및 학습과목으로 고시되어 있는 표준교육과정을 보면 2023년 8월 현재 학사 114개 전공, 전문학사 110개 전공 등 총 224개의 전공[3]으로 구성되어 있으며, 교수요목의 경우 교양 383개 과목, 전공 5,736개 과목 등 총 6,119개의 학습과목이 고시되어 있다. 학점은행제 표준교육과정 개설 학사학위의 종류 및 세부전공은 **표 10-7**, 전문학사학위의 종류 및 세부전공은 **표 10-8**과 같다.

3) 중요무형문화재 학위 종류 및 세부 전공은 제외한 수치임.

표 10-7 학점은행제 표준교육과정 개설 학사학위 종류 및 세부전공

학위종류	표준교육과정 전공	개수
가정학사	식품조리학, 의상학	2
간호학사	간호학	1
경영학사	경영학, 무역학, 회계학, e-비즈니스학	4
경제학사	경제학	1
공학사	건축공학, 건축설비학, 게임프로그래밍학, 교통공학, 금속공학, 기계공학, 기계설계공학, 기관공학, 매체공학, 멀티미디어학, 메카트로닉스학, 산업공학, 섬유공학, 소방학, 안전공학, 음향공학, 인공지능, 자동차공학, 전기공학, 전자공학, 전파공학, 정보보호학, 정보통신공학, 제어계측공학, 조선공학, 컴퓨터공학, 토목공학, 항공정비공학, 화학공학, 환경공학	30
관광학사	관광경영학, 외식경영학, 이벤트경영학, 호텔경영학	4
광고학사	광고학	1
군사학사	군사행정학, 군수관리학, 지상전학	3
무용학사	무용학	1
문학사	국어국문학, 노년학, 독어독문학, 문예창작학, 불교학, 사학, 상담학, 심리학, 아동학, 영어영문학, 일어일문학, 외국어로서의 한국어학, 중어중문학, 철학, 청소년학, 프랑스어문학, 한문학	17
문헌정보학사	문헌정보학	1
미술학사	도예, 동양화, 사진학, 산업디자인, 시각디자인학, 실내디자인, 아동미술학, 의상디자인, 공예, 화훼조형학, 회화	10
미용학사	미용학	1
법학사	법학	1
보건학사	물리치료학, 방사선학, 안경광학, 의무기록학, 임상병리학, 작업치료학, 치기공학, 치위생학	8
세무학사	세무학	1
수사학사	범죄수사학	1
신학사	가톨릭신학, 신학	2
예술학사	디지털아트학, 모델학, 방송영상학, 연극학, 영화학	5
음악학사	관현악, 교회음악, 국악학, 성악, 실용음악학, 음악학, 작곡, 피아노	8
이학사	대기과학, 생명과학, 수학, 식품생명공학, 원예학, 전자계산학	6
지식재산학사	지식재산학	1
체육학사	건강관리학, 경호비서학, 체육학, 태권도학	4
패션학사	패션디자인학, 패션비즈니스학	2
해양학사	항해학	1
행정학사	부동산학, 사회복지학, 재난관리, 행정학	4
26개 학위	120개 전공	

출처: 국가평생교육진흥원 학점은행제 2023년 표준교육과정 홈페이지

표 10-8 학점은행제 표준교육과정 개설 전문학사학위 종류 및 세부전공

학위 종류	표준교육과정 전공	개수
가정전문학사	생활교양, 식공간연출, 식품가공, 식품조리, 아동 · 가족	5
경영전문학사	경영, 마케팅정보, 무역, 산업 · 정보시스템경영, 전자상거래	5
공업전문학사	건축, 건축물관리, 게임그래픽, 게임디자인, 금형제작, 기계, 기계설계, 기계재료, 기계전자, 멀티미디어, 방송음향, 비파괴검사, 산업기계정비, 생산기계, 소방안전관리, 시스템제어, 신재생에너지, 안전공학, 열기계, 열냉동, 유비쿼터스설비제어, 용접공학, 인터넷정보, 임베디드시스템, 자동제어, 자동차정비, 자동차튜닝, 자동화설비, 전기, 전기공사, 전산응용건축설계, 전산응용기계, 전산응용기계설계, 전자, 전자기기, 정보보호, 정보시스템개발, 정보처리, 정보통신, 정보통신설비, 조선, 치공구설계, 컴퓨터그래픽, 컴퓨터네트워크, 토목, 항공정비, 화학공업, 환경관리	48
관광전문학사	관광경영, 관광식음료, 항공운항, 호텔제과제빵, 호텔조리	5
군사전문학사	군사행정, 군수관리, 지상전, 항공기술, 항공작전, 해상전	6
농업전문학사	관상원예, 농업경영	2
산업예술 전문학사	가구디자인, 건축디자인, 광고디자인, 귀금속공예디자인, 도자기공예, 만화예술, 미용, 방송영상, 산업공예, 산업디자인, 세트디자인, 시각디자인, 연극, 영화제작, 인테리어디자인, 전자편집디자인, 컴퓨터산업디자인, 패션디자인, 패션비즈니스	19
언어전문학사	영어, 일본어	2
생명산업 전문학사	바이오공학, 애완동물관리	2
예술전문학사	공예, 국악, 기악, 뮤지컬, 미술, 사진, 실용무용, 실용음악, 화예	9
이료전문학사	이료(3년제)	1
행정전문학사	경찰행정, 보건행정, 비서행정, 사회복지	4
체육전문학사	바둑, 레저스포츠, 의전경호	3
13개 학위	111개 전공	

출처: 국가평생교육진흥원 학점은행제 2023년 표준교육과정 홈페이지

(4) 학점원별 학점인정 현황

평가인정 학습과목 이수를 통한 학점은 대학부설 평생교육원, 학원, 직업전문학교, 군 교육훈련기관 등 정규 학교 이외의 다양한 장소에서 학점은행제 표준교육과정에 의해 평가인정을 거쳐 개설된 학습과목을 수강한 수강생들이 취득하는 학점이다. 교육부와 국가평생교육진흥원은 평가인정, 학습과목에 대한 사전 및 성적보고, 사후관리 등을 취할 수 있으며, 해당 기관에서 행하는 교육이 일정수준에 도달하지 못한다고 판단할 시에는 제재를 가할 수 있다.

평가인정 학습과목 이수를 통한 학점은 학점은행제 내에서 관리가 가능하다. 평가인정 학습과목을 운영하는 교육기관은 2024년 4월 현재 431개 기관에 이르고 있으며, 평가인정

학습과목 이수라는 학점원 안에는 이미 여러 유형의 교육기관에서 실시하고 있는 다양한 형태의 학습이 포함되어 있다. 평가인정 학습과목 이수 이외의 경로에 의한 학점은 학점은행제에서 별도의 평가인정 과정은 거치지 않으나 학점인정 등에 관한 법률, 시행령 및 시행규칙의 학점인정기준에 의해 학점인정이 된다.

자격에 의한 학점은 국가기술자격, 국가전문자격, 국가공인 민간자격을 취득하였을 때 일정한 기준에 의하여 학점으로 환산하여 인정하는 학점을 말한다. 학점은행 등록 학습자가 취득한 자격에 대하여 객관적이며 체계적인 학점인정 기준을 제시하여 사회적 인정과 함께 학위과정과 연계하려는 목적이다. 학점은행제는 1998년도에 국가기술자격에 대한 학점인정기준 고시를 한 이래로 인정받을 수 있는 자격의 수를 지속적으로 늘려왔고, 2024년 4월 현재 801개의 자격[4]을 학점으로 인정하고 있다.

독학학위제는 「독학에 의한 학위취득에 관한 법률(2015. 3.27)」에 의거하여 국가에서 실시하는 학위취득시험에 합격한 사람에게 학사학위를 수여함으로써 평생교육의 이념을 구현하고 개인의 자아실현과 국가사회의 발전에 이바지하는 것을 목적으로 하는 제도다. 독학학위제 시험 합격자 및 면제과정 이수자에게 1단계는 과목별로 4학점으로, 2단계 이상은 과목별로 5학점으로 인정하고 있다. 학위취득시험은 4개의 과정(교양과정, 전공기초과정, 전공심화과정, 학위취득 종합시험)으로 이루어져 있으며 각 과정별 시험을 모두 거쳐 학위취득 종합시험에 합격하면 학사학위를 취득할 수 있다.

중요무형문화재 보유자와 이수자 등의 전수교육에 의한 학점인정은 무형문화재 전수교육의 진흥과 활성화를 위하여 도입한 학점원으로, 중요무형문화재 보유자의 전수교육을 이수한 경험을 학점으로 인정하고 있다.

시간제등록을 통한 학점은 대학에서 운영하는 시간제를 통하여 이수한 학점을 의미한다. 대학은 일정 기준에 의하여 시간제를 운영할 수 있고, 시간제 학점을 정규대학에서는 학위 취득 학점으로 사용할 수 없는 관계로 학점은행제에서 학점으로 인정하는 방법을 채택하고 있다.

학점인정 대상학교의 학점은 정규 대학에서 이수한 학점을 의미하며, 학점인정 등에 관한 법률, 시행령 및 시행규칙의 학점인정기준에 의해 학점인정이 된다. 전문학사과정에서 이수한 학점은 2년제의 경우 최대 80학점까지, 3년제의 경우 최대 120학점까지 인정이 가능하며 학사과정에서 이수한 경우에는 중퇴자에 한해 최대 140학점까지 인정한다.

4) 2023년 12월 15일 제26차 자격 학점 인정기준 고시를 통해 총 801개의 자격이 학점은행제 학점으로 인정되고 있다.

시행 초기부터 2015년도까지 가장 큰 비중을 차지하는 학점원은 평가인정학습과목으로 전체의 51.2%에 해당한다. 그 뒤로 학점인정대상학교 이수(27.0%), 시간제 이수(12.7%) 순이며, 이와 같은 세 가지 학점원이 전체 학점인정의 90.9%를 차지하고 있다. 연도별 학점은행제 학점인정 현황은 표 10-9 와 같은데, 2015년 이후 자료는 명시된 바가 없다.

표 10-9 학점원별 학점인정 현황

구분	학점원별 인정 학점							계
	평가인정 학습과목	자격증 취득	독학사		학점인정 대상학교 이수	중요 무형 문화재	시간제 이수	
			시험합격	면제과정				
1999	142,852(78.3)	18,849(10.3)	646(0.4)	-	20,039(11.0)	-	-	182,386(100)
2000	206,433(54.0)	42,883(11.2)	1,259(0.3)	-	111,917(29.3)	-	19,610(5.2)	382,102(100)
2001	441,444(60.9)	97,013(13.4)	2,682(0.3)	3,232(0.4)	156,367(21.6)	-	24,571(3.4)	725,309(100)
2002	540,201(62.8)	106,879(12.4)	2,437(0.3)	14,388(1.7)	170,222(19.8)	280(0.0)	26,079(3.0)	860,486(100)
2003	823,301(57.0)	212,241(14.7)	966(0.1)	3,068(0.2)	350,450(24.0)	1,061(0.1)	53,804(3.9)	1,444,891(100)
2004	792,691(43.9)	296,665(16.3)	14,261(0.8)	10,610(0.6)	562,088(31.1)	820(0.1)	129,936(7.2)	1,807,071(100)
2005	952,993(32.5)	504,443(17.2)	74,242(2.5)	11,184(0.4)	1,029,316(35.1)	985(0.0)	362,457(12.3)	2,935,620(100)
2006	1,105,388(26.9)	620,634(15.0)	52,301(1.3)	6,492(0.2)	1,800,639(43.8)	547(0.0)	524,919(12.8)	4,110,920(100)
2007	1,428,662(28.4)	773,799(15.4)	57,733(1.2)	7,953(0.2)	1,971,501(39.2)	970(0.0)	793,490(15.6)	5,034,108(100)
2008	1,630,988(29.1)	611,545(10.9)	61,776(1.1)	7,321(0.1)	2,074,435(36.9)	625(0.0)	1,229,633(21.9)	5,616,323(100)
2009	1,852,672(34.1)	492,538(5.8)	83,157(0.7)	5,088(0.1)	1,777,623(15.6)	1,196(0.0)	2,028,978(43.7)	6,241,252(100)
2010	2,249,800(34.8)	373,264(5.8)	93,468(1.4)	3,532(0.0)	1,765,356(27.3)	1,122(0.0)	1,988,179(30.7)	6,474,721(100)
2011	3,772,465(52.0)	368,435(5.1)	122,840(1.7)	3,482(0.0)	1,921,036(26.5)	419(0.0)	1,070,129(14.7)	7,258,806(100)
2012	5,147,678(64.5)	365,940(4.6)	145,142(1.8)	3,075(0.0)	1,838,107(23.0)	452(0.0)	482,053(6.0)	7,982,447(100)
2013	6,224,079(71.3)	322,716(3.7)	123,685(1.4)	2,985(0.0)	1,695,123(19.5)	555(0.0)	357,823(4.1)	8,726,966(100)
2014	5,841,919(71.0)	293,942(3.6)	102,802(1.3)	3,578(0.0)	1,680,825(20.4)	745(0.0)	300,751(3.7)	8,224,562(100)
2015	5,812,088(72.0)	302,151(3.7)	93,647(1.2)	2,990(0.0)	1,647,862(20.4)	543(0.0)	216,686(2.7)	8,075,967(100)
계	38,965,654(51.2)	5,803,937(7.6)	1,033,044(1.4)	88,978(0.1)	20,572,906(27.0)	10,320(0.0)	9,609,098(12.7)	76,083,937(100)

출처: 2016년 학점은행제 교육훈련기관 실무자 연수 자료집(10)

특이사항은 그동안 과다한 학점인정으로 학위의 질 저하 문제를 야기시켰던 자격증 취득 학점은 학점인정의 기준을 지속적으로 축소한 결과, 2008년도부터 눈에 띄게 비중이 축소되었다. 또한 2009~2010년에 시간제 이수자가 급증한 이유는 「원격교육에 대한 학점인정

기준」 고시[5]에 따라 출석 수업이 완전 의무화되는 2010년도 이전에 원격수업형태의 시간제 등록제를 통해 과목을 이수하려는 학습자가 급증하는 데 따른 것으로 분석된다.

6) 학점은행기관 관련 주요 법령

(1) 학점은행기관 관련 주요 법령

학점은행기관의 설립 등 각종 운영 관련 사항을 규정하고 있는 법령을 나열하면 아래와 같으며, 학점인정 등에 관한 법률(약칭: 학점인정법)은 현재까지 지속적으로 일부개정이 이루어지고 있다.

① 학점인정 등에 관한 법률(2015.3.27. 개정 공포, 법률 제13229호)
② 학점인정 등에 관한 법률 시행령(2023.01.10. 개정 공포, 대통령령 제33219호)
③ 학점인정 등에 관한 법률 시행규칙(2021.06.30. 개정 공포, 교육부령 제240호)
④ 평가인정 학습과정 운영에 관한 규정(2023.01.10. 제정 공포, 대통령령 제33219호)
⑤ 평가인정 학습과정 운영지침(2023.02.17. 제정고시, 교육부 고시 제2023-8호)
⑥ 학점인정 등에 관한 업무처리 지침(2022.01.01. 제정고시, 교육부 고시 제2022-1호)

(2) 학점은행기관 관련 법령 운영의 문제점

2015년 3월 27일 개정된 「학점인정 등에 관한 법률」의 주요 내용은 정보 공시제(학습자의 알 권리), 수수료 징수의 근거 마련, 교육기관의 의무 강화, 교육기관과 학습자의 역할 규정, 사후관리 강화(벌점제), 교육부 장관의 역할 강화로 요약할 수 있다. 그러나 「학점인정 등에 관한 법률 시행령」 [별표 1]에 근거하여 법령 위반 시 벌점을 부여하고 벌점이 누적될 때 행정 처분을 부과하는 것은 과도한 제약이다. 이런 규제는 전문대와 대학을 주관하는 고등교육법에는 찾아볼 수 없다.

법령 개정의 근본 취지가 학습자의 학습권 보호, 교육기관의 책무성 강화 및 학사운영의 내실화 유도 등으로 취지는 좋지만, 학점인정 법령이 과도한 규제와 독소조항을 안고 있으므로 다음과 같은 논란과 쟁점이 존재한다.

첫째, 학부, 학과 등 명칭 사용 금지 조항에 관하여 학부, 학과 등의 명칭은 특성화고나

5) 2009년 3월 10일 국가평생교육진흥원장이 고시하였으며 2009년 9월 1일부터 원격대학 및 학점은행 원격교육훈련기관 외의 교육훈련기관에서 원격으로 수업할 경우 일정 비율 이상은 반드시 출석 수업을 해야 함을 주요 내용으로 하고 있다.

학원에서도 사용하고 있는바, 과잉금지원칙을 위반하여 기관운영자의 학습자 모집방법을 제한함으로써 직업 수행의 자유권 등을 침해하고 있다는 내용으로 헌법재판소에 헌법소원 심판을 청구(2016.1.15.)하였다. 둘째, 공동모집이나 연계모집 금지 조항에 관하여 학점은행제 학위취득을 위해서는 최소 2개 이상의 기관을 다녀야 하는데 과잉금지원칙을 위반하여 기관운영자의 학습자 모집방법을 제한함으로써 직업 수행의 자유권 등을 침해하고 있다는 내용으로도 헌법소원심판을 청구하였다.

그러나 위의 헌법소원은 헌법재판소에서 학점은행제 운영의 현실적 필요성과 학습자의 편의보다는 도입 본질에 기초하여 심사한 결과 모두 기각과 각하처분을 하였다(2016 헌마 40, 2019.11.28. 기각, 각하).

(3) 학점은행제의 현안과제와 발전방향

학점은행제가 1998년 출범한 이래 25년이라는 짧은 역사에도 불구하고 괄목할 만한 발전을 거듭하여 등록학습자 216만 시대를 열었고, 210여만 명의 학습자가 전문학사와 학사학위를 취득하였으며, 현재 431개의 학점은행 교육기관이 활동 중이다. 특히, 학점은행제는 UNESCO를 비롯한 국제사회에서 가장 성공한 평생교육 제도로서 평가를 받고 있다.

2017년 8월 8일, 법제처는 19개 대통령령 개정안에 독학학위제나 학점은행제와 같은 평생학습제도를 통해 취득한 학위도 해당 학력 요건에 포함하도록 법령을 정비하였다. 예컨대 「기술사법 시행령」 제19조 제1항 제5호는 '전문대학의 해당 기술분야 관련 학과 졸업'으로 자격 요건을 제한하였으나, '법령에 따라 이와 같은 수준의 학력이 있다고 인정되는'으로 개정한 것이다. 교육부에 이어 보건복지부, 해양수산부, 국토교통부도 자격요건에서의 불합리한 학력차별을 바로잡기 위하여 입법예고 등의 절차를 거쳐 개정을 완료하였다.

이번 개정이 주는 시사점은 학력 · 학벌에 따른 차별을 철폐함으로써 공정한 사회가 구축되고, 평생학습제도에 대한 인식이 개선되어 성인의 평생학습이 활성화될 것으로 기대된다는 점이다. 또한, 학점은행제가 운영되어 오면서 교육기관이나 학습자가 감내해 왔던 여러 가지 불공정한 법령이나 사례들을 개선할 수 있다는 소기의 희망도 안겨준다. 현재까지 대두된 학점은행제의 현안과제와 발전방향은 다음과 같다.

첫째, 학점은행제에 대한 근거 규정이 평생교육법에서 제외되어 교육부와 다른 부처의 행정이나 정책에서 소외되고 있었으나, 한국학점은행평생교육협의회 직업교육위원회를 중심으로 의원입법의 형태로 평생교육법 제5장의 평생교육기관으로 추가되는 입법을 추진한 결과, 2019년 12월 3일 개정된 평생교육법 제29조의2(학점은행기관의 평생교육)를 신설하여 학점은행기관이 평생교육기관으로 인정받게 되었다. 그러나 그 이후 학점은행기관에 대한 정부의 재정지원 등 후속 조치가 미진한 실정이어서, 평생교육법에서 정한 각종 혜택을 받을 수 있도록 해야겠다.

둘째, 학점은행제 학습자는 저소득층이 대다수이거나 학습 환경이 더 열악한데도 정부의 재정지원 혜택을 받지 못하고 있다. 대학생은 소득분위별 국가장학금 지급과 저리(1.7%)[6]의 학자금 융자를 받을 수 있지만, 학점은행제 학습자는 「한국장학재단 설립 등에 관한 법률」의 대상에서 제외되어, KEB하나은행에 높은 이자(6.9%)를 지급하고 학자금 대출을 받고 있었으나, 동 법률을 개정하여 2023년부터 대학생과 같은 학자금 융자를 받게 되었다. 그러나 아직도 대학생과 같은 국가장학금 지원은 대상에서 제외되어 있으므로 이 또한 시급히 법률의 개정을 추진하여야 한다.

셋째, 학령인구 감소로 인하여 지방대학, 전문대학의 학생충원이 한계에 부딪히자 교육부는 전문대학의 경쟁력을 강화하고 지역 · 산업 맞춤형 전문인력을 양성하기 위하여 매년 막대한 예산을 투입하여 특성화전문대학육성사업[7]을 시행하고 있다. 반면에 학점은행기관에는 단 한 푼의 예산 지원도 없는 실정이므로 양질의 평생교육이 이루어질 수 있도록 재정지원이 필요하다. 또한, 학습자 수수료도 학점은행제 사업보다는 국가평생교육진흥원의 타 부서 업무에 34~50%(2012~2023년)가 사용되고 있는데, 이 수수료도 학점은행기관에 대한 지원에 사용될 수 있도록 「학점인정 등에 관한 법률」 제12조 제3항(수수료) 개정을 추진하여야 한다.

넷째, 학점은행기관도 저작권법의 적용 대상이 될 수 있도록 저작권법의 개정이 시급하다. 이전에 문화체육관광부가 정부 입법(2013.7.18)으로 추진했던 저작권법 개정안을 보면, 그동안 저작권법 적용에서 배제되어 있던 평생교육법 제32조 사내대학의 평생교육시설과 제33조 원격대학형태의 평생교육시설이 구제되었다. 22대 국회에서도 학점은행기관을 저작권법의 적용 대상에 올린 개정안이 발의되었지만, 출판협회의 반대와 문화체육관광부의 소극적인 태도로 폐기될 상황이나, 그 저작권법을 하루 속히 개정하여야 한다.

---

6) 학자금 대출금리는 2009년 2학기 5.8%, 2017년 1학기 2.5%, 2017년 2학기 2.25%, 2024년 1.7%로 계속 인하되어 왔다.
7) 교육부는 특성화전문대학육성사업의 일환으로 2014년은 2,696억 원, 2015년은 2,969억 원, 2016년은 2,972억 원, 2024년은 6,179억 원의 예산을 투입하고 있다.

2. 학점은행기관의 경영기획 및 경영전략

학점은행기관은 평생교육의 한 일환인 학점은행제도를 가지고 운영하는 기관으로 평생교육이라는 하나의 목표로 학습자의 꿈과 희망을 실현시키고자 하는 목적을 공통으로 가지고 있다.

평생교육의 일환인 학점은행제를 실시하는 교육기관 경영자는 수직적 차원과 수평적 차원에서의 구조 중 수직적 차원의 구조가 많으며, 이는 최고경영자, 중간경영자, 일선경영자로 운영되는 것을 말한다. 최고경영자 층에는 임원, 부기관장 등이 포함되며, 이들은 기관의 중장기 목표와 전략의 결정, 기관의 방침과 비전의 설정, 기관의 사회적 책임 수행 및 지역사회의 여러 기관 간 우호적 관계 형성 등에 관여한다. 중간경영자들은 부서장, 하위 단위의 시설장 등으로 최고경영층의 철학이 조직 전체에 전달될 수 있도록 직원들과 상호작용하는 것이다. 이들의 역할을 세분화하면 첫째, 최고경영층이 설정한 목표 · 전략 · 정책의 집행을 위한 활동을 수행하고 둘째, 일선경영자에 대한 지휘 및 감독을 하며 셋째, 최고경영자와 일선경영자층 간의 상호 관계 조정 역할을 수행하게 된다. 일선경영자는 기술능력을 갖추고 있으면서 주로 직원들의 고충, 일정계획 및 직원들의 행위에 대한 관리책임을 지게 된다. 평생교육훈련기관의 경영자는 기술적 자질, 인간적 자질, 개념적 자질을 필요로 한다. 기술적 자질이란 특정 과업을 달성하는 데 경험, 교육, 훈련을 통해 얻은 지식, 방법, 기술, 장비 등을 이용할 줄 아는 능력을 말하며, 인간적 자질이란 조직 내에서 사람들과 협력하여 일하고 또 타인들을 통해 일을 처리해 나가는 능력을 말한다. 그리고 개념적 자질이란 추상적 또는 일반적 사고를 이해하고 이를 특정 상황에 결합시키는 능력을 말한다. 이와 같은 자질들을 갖추게 되면 경영자는 자신의 인맥이라든가 주변에 있는 몇몇 소수 사람의 욕구충족에 치중하기보다는 조직의 전체 목표에 따라 행동하고 결정할 수 있게 된다.

이러한 평생교육 경영자는 학점은행기관 경영자로서도 손색없는 역할을 할 수 있다. 최고경영자는 조직의 성장과 발전을 위해 중장기적인 차원에서 미래의 청사진을 그려보고 조직이 어떻게 운영되어야 할 것인지를 설계하는 것이 매우 중요하며 이것이 해당 교육기관의 경영전략이 된다.

성공적인 전략의 기본원리는 먼저, 비전으로부터 도출해 내야 한다. 그리고 그 다음으로 전략을 세워야 한다. 전략을 세울 때는 기관의 장점과 독특한 능력을 활용해야 하며, 전략을 실행할 사람들과 함께 세워야 한다. 특히 경영전략의 수립은 경쟁기관과 비교하여 자기 조직이 지니고 있는 강점(S)과 약점(W)을 분석하고, 아울러 평생교육 훈련기관을 둘러싸고 있는 환경적 조건이 제공하는 기회(O)와 위협(T)요인을 분석해야 한다. 이를 토대로 학점은행 기관의 SWOT분석을 한 결과는 표 10-10 과 같다. 아래의 SWOT분석을 통해 최종 경영전략을 세운다면 학점은행제를 보다 활성화시킬 수 있을 것이다.

표 10-10 학점은행기관의 SWOT분석

강점요인(S)	약점요인(W)
• 누구에게나 고등교육 지원 • 대학교육보다 전문적, 기술적, 실무지향적 수업 지향	• 사회의 학점은행제에 대한 인식 저하 • 대학편입으로 가는 한 통로로 전락 • 트렌드에 맞는 학습과목 명칭 변경 불가
기회요인(O)	**위협요인(T)**
• 대학 외의 교육훈련기관으로부터 학위과정 이수 • 교육제도의 확대 개편에 따른 신규시장 확대	• 학점은행기관의 증대에 따른 경쟁 심화 • 경기 침체에 따른 수강료 지출 규모 감소

3. 학점은행기관의 리더십 및 의사결정

1) 학점은행기관의 리더십

경영활동은 리더십의 효율성 여하가 조직의 성과를 좌우하는 중요한 요소가 된다는 관점에서 볼 때 훌륭한 리더십을 가진 경영자를 확보하고 그러한 지도자를 양성해야 하는 것이 필요하다.

경영자는 조직의 성원들이 자발적으로 질서 있게 협동적인 노력을 경주하여 목표를 달성하는 데 기여하도록 영향력을 행사하는 리더십을 발휘할 수 있어야 한다. 테리(Terry)는 "리더십이란 모든 사람들이 집단목표를 위해 자진해서 노력하도록 사람들에게 영향을 주는 활동"이라고 하였고, 플레이쉬맨(Fleishman)은 리더십을 "어떤 목표나 목표의 달성을 향하도록 커뮤니케이션 과정을 통해서 개인 간에 영향력을 행사하려는 시도"로 보고 있다(권두승 · 최운실, 2002).

이러한 리더십은 리더가 조직에서 전개하는 유형 여하에 따라서 조직의 유효성이 달라지므로 조직은 그의 유효성 목적에 가장 적합한 리더십의 유형을 추구해야 한다. 리더의 행동에 착안한 리더십 유형으로는 전제형, 민주형, 방임형으로 구분할 수 있다.

전제형 리더십은 의사결정권이 리더 자신에게, 민주형 리더십은 집단에게, 방임형 리더십은 성원 개인에게 주어지는 리더십이다. 현재 학점은행기관의 경영자들의 리더십은 많은 교육훈련기관들이 전제형 리더십의 유형을 띠고 있으며, 이로 인해 리더가 모든 성원 위에 군림하게 되어 지배적인 위치에 서게 되고 부하의 관리는 공포와 처벌로써 일관하게 되어 부하들의 일에 대한 자발적인 의욕촉진이나 사기앙양을 기대할 수 없을 뿐만 아니라 조직운영에 있어 부하들의 적극적인 참여와 협동의 길이 막히므로 생산성이 떨어질 수밖에 없다. 이와 반대 개념인 민주형 리더십 또한 전제형 리더십 못지않게 여러 교육훈련기관에서 시행되고 있는 유형이다. 참여제도를 바탕으로 구성원의 자발적이고 목표지향적인 행동을 유인하고 충족시켜 줌으로써 팀워크의 효과를 증대시켜 교육훈련기관의 발전에 이바지할 수 있도록 유도하고 있다. 어떤 리더십이 좋고 나쁘다는 것은 아니며, 각 상황에 따라 3가지 유형의 리더십을 적절히 발휘하는 것이 중요하며, 기본 베이스에는 민주형 리더십을 유지하는 것이 바람직하다.

특히, 학점은행기관의 경영자는 기관 운영의 핵심인 프로그램의 개발 및 운영에 대한 리더십, 해당 분야의 대내 · 외적인 정책개발에의 참여 및 선도, 기관의 대내 · 외적인 차원에서 정치리더십 및 대인리더십의 역량 확보, 그리고 마지막으로 전문적 조직체로서의 역량을 강화하기 위한 적극적인 노력을 경주하여야 한다. 이와 함께 오늘날과 같이 변화와 혁신의 시대에는 변혁적 리더가 기관의 성공에 더욱 결정적인 영향을 미친다는 점을 감안하여 교환적 리더십에서 변혁적 리더십으로의 전환이 요청되며, 학점은행기관의 모든 구성원이 자율적 리더십을 개발, 촉진하여 교육기관의 경영혁신을 도모할 필요가 있다.

2) 학점은행기관의 의사결정

경영자는 선정된 목표를 달성하는 과정에서 여러 가지 문제에 직면하게 되며, 이를 해결하기 위한 여러 방안이나 행동 대안을 강구하지 않을 수 없게 되는데, 이와 같이 문제의 해결을 위한 행동의 대안을 선택하는 과정을 의사결정이라 한다. 학점은행기관의 경영자는 합리적인 의사결정을 위해 의사결정과정에 관한 지식과 기술을 습득하여야 한다.

그리피스(D. Griffiths)는 의사결정 과정을 문제해결 과정으로 보고 아래 여섯 단계로 논의하였다(남정걸 외, 2002).

(1) 문제를 인식하고 정의하며 한정한다.

(2) 문제를 분석하고 평가한다.

(3) 대안이 수락할 만하고 필요에 적절한지의 여부를 판단할 기준 또는 표준을 설정한다.

(4) 자료를 수집한다.

(5) 우선권이 있는 대안을 만들어 선택하여 미리 검토한다.

(6) 선정된 대안을 실천에 옮긴다.

위 여섯 단계를 토대로 각 교육기관의 특성에 맞는 합리적인 의사결정을 통해 최고 교육기관으로 발전할 수 있도록 해야 한다.

4. 학점은행기관의 인사 · 조직 · 재무관리

"조직이란 두 사람 이상의 구성원이 특정한 목적을 추구하고 이를 달성하기 위해 지속적으로 일정한 협동체계를 이루는 하나의 사회적 단위"이다. 경영자의 가장 기본적 기능의 하나는 교육목표를 달성하도록 직원의 노력을 조정할 수 있는 조직을 구성하는 일이다. 계획을 추진하기 위한 조직이 제대로 구성되지 않으면 노력과 권력이 분산되는 일을 초래하며, 자원이 낭비되는 것은 물론 성과 또한 빈약하다.

따라서 경영자의 방침에 따라, 학점은행기관의 특성에 따라, 직원의 능력과 수에 따라 조직의 구조가 달라져야 한다.

평생교육 조직의 유형은 준거에 따라 매우 다양하게 제시될 수 있으며, 그 준거 또한 일률적으로 정해져 있다고 볼 수 없다. 이에 평생교육 조직은 다음과 같은 특성이 있다. 첫째, 공동의 목표란 평생교육을 받고자 하는 사람들의 교육적 욕구를 충족시키고 나아가 전 국민의 자질 향상을 통하여 국가발전을 꾀하는 것이다. 둘째, 2인 이상의 인적자원이라고 하면 평생교육에 참여하는 교육수요자, 교육을 제공하는 교수자, 교육 관련 행정업무를 담당하는 직원으로 구성된다고 볼 수 있으며, 이 조직 구성원은 유동성, 이질성의 특징을 갖는다. 셋째, 조직 목표를 달성하기 위한 지속적인 분업 및 협동체계는 학교조직과 마찬가지로 교육수요자, 교수자, 행정업무 담당자의 각기 역할이 분담되어 체계적으로 이루어진다 (권두승 · 최운실, 2010).

학점은행제를 책임지고 있는 국가평생교육진흥원의 학점 · 학력인증본부의 조직을 보면 그림 10-2 와 같다.

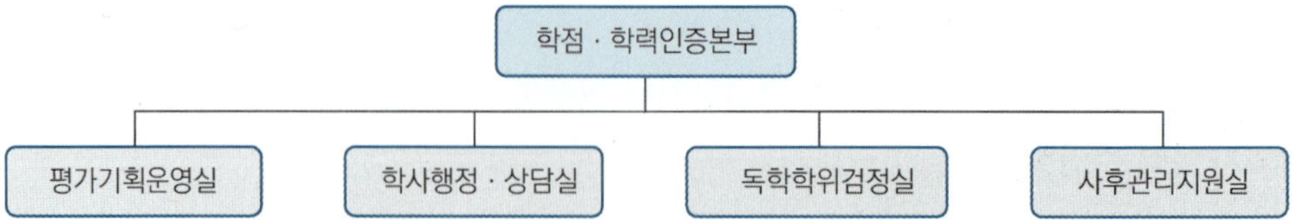

그림 10-2 국가평생교육진흥원 학점 · 학력인증본부 조직도

국가평생교육진흥원의 학점 · 학력인증본부의 부서별 업무내용은 **표 10-11** 과 같다.

표 10-11 학점 · 학력인증본부 부서별 업무내용

부서명	주무영역
평가기획 운영실	• 원격수업기반 학습과정단위 평가인정 업무 • 출석수업기반 학습과정단위 평가인정 업무 • 군 교육훈련기관 평가인정 업무 • 학점은행제 기획, 운영 관련 조사, 분석 및 제도 개선 • 표준교육과정 및 교수요목 개발 및 고시 • 자격학점인정 기준 고시 • 학점은행제 종합정보시스템 관리 · 개선 업무 • 국가직무능력표준, 한국형 국가역량체계 연계 및 적용 • K-MOOC, 매치업 평가인정 업무 • 제도 홍보 및 유관기관과의 협력 증진 업무 • 평가기획운영실 대내외 대응 • 고용노동부 평가인정 업무 • 학점은행제 운영사업 예산관리
학사행정 · 상담실	• 학점인정 및 학습자 지원 • 학점 인정 및 학습자 지원(외국학습자) • 기관 · 교육청 업무 • RPA 시스템 운영 관리 • 학점인정 재심 운영 및 관리 • 표준DB 관리 • 학력조회 • 학점 위탁사업 관리 • 개인정보 열람 청구 대응 지원 • 외국 신문고 등 각종 증명서 발급 • 영사관 및 외국인학교 학력조회 요청
독학학위 검정실	• 출제관리 업무(평가영역개정, 위원 섭외 등) • 독학학위제 분과위원회 운영(동일전공 심의) • 독학학위제 운영위원회 운영 • 선제 · 편집본부 운영(진행/보안/전산위원) • 시험과목 면제 지정기관 지정 · 관리 • 채점관리 업무 • 문항관리시스템 운영 · 관리 • 시험운영 관리 및 인쇄본부 운영 • 홈페이지 및 정보시스템 운영 · 관리 • 제도 개선(제규정 개정 등) 및 사업예산관리 • 대내외 요구자료 대응 및 성과 관리 • 독학정보상담실 운영(온라인, 콜센터 등) • 응시 원서접수 및 자격심사 관리 • 제 증명 관리 • 합격자 학력조회
사후관리 지원실	• 수시 사후관리 재평가 및 후속조치 • 평가인정 변경 신고 접수 및 처리 • 정기 · 특정 사후관리 재평가 및 후속조치 • 사후관리 계획 수립 및 심의위원회 운영 • 교육훈련기관 연수 및 컨설팅 • 학습자모집 광고 점검 • 정보공시 계획 수립 및 운영 · 관리 • 정보공시 모니터링단 모집 및 운영 • 교육훈련기관 사전 · 성적보고 관리 • 상시 민원 접수 및 대응

출처: 국가평생교육진흥원(2024) 홈페이지

5. 학점은행기관의 홍보 및 마케팅

평생교육에서 PR이란 국민들에게 평생교육의 목적과 내용이나 프로그램, 방법과 절차 및 문제를 알리고 그들의 교육적 욕구를 보다 잘 충족할 수 있도록 하기 위해서 여타의 기관과 조직 및 지역사회와 우호적이고 친밀한 관계를 추구하는 과정이라고 정의할 수 있다(남정걸 외, 2002). 따라서 장기적인 계획 아래 민주적인 절차를 통해서 이루어져야 한다.

평생교육의 하나인 학점은행제의 경우 1998년 초기 도입 때에는 홍보가 잘 되지 않아 학점을 이수하고 학위를 받는 것에 대해 대학 이외의 교육기관에서는 할 수 없는 일이라고 여겨져 왔다. 그러나 점차 국가평생교육진흥원 및 학점은행기관에서 여러 가지 홍보를 통해 학점은행제도를 교육수요자들에게 알리게 되면서 지금은 많은 교육수요자들이 알고 찾는 경우가 많아졌다. 결국 학점은행기관의 홍보 목적은 첫째, 학습자, 참여자의 유인 및 확보이며, 둘째, 학점은행제 교육훈련의 정신적 및 재정적 후원자 확보, 셋째, 각종 매체를 통한 홍보의 내용 자체가 평생교육적 효과가 있다.

이러한 효과가 있는 홍보는 원칙적으로 지켜야 할 원리들이 있다.

첫째, 진실성 있는 홍보를 생명으로 하여야 한다.

둘째, 민주주의 기본원리로서의 지성과 협동의 원리를 바탕으로 교육을 추진해 나가는 데 역점을 두어야 한다.

셋째, 일방적 홍보보다는 쌍방적 교신이 이루어져야 한다.

넷째, 많은 이해 당사자들 피드백이 이루어져야 하며, 교육홍보는 그와 같은 피드백을 얻고자 하는 데 역점을 두어야 한다.

위의 원리를 잘 기억하여 각 학점은행기관의 홍보에 활용하도록 해야 한다.

학점은행기관의 홍보는 크게 대내적, 대외적으로 이루어진다. 대내적 홍보로는 각 조직별 대화와 게시판, 신문 등을 통해서이다. 대부분의 교육기관이 조직 구성원들 간에 대화를 통해 학점은행제에 대한 여러 가지 내용을 공유하고 전달하게 된다. 대외적 홍보로는 신문, 잡지, 방송매체, 정기간행물, 안내서 또는 팸플릿, 포스터, 세미나, 인터넷 등을 통해서이다. 요즘 사회에서는 인터넷을 제외하고 홍보를 하기란 쉽지 않다. 그만큼 온라인 매체가 차지하는 비율이 높아졌으며, 교육기관의 홈페이지와 온라인으로 할 수 있는 카페, 블로그, 페이스북, 트위터, 인스타그램, 카카오스토리 등을 통해 다양한 방법으로 홍보가 이루어지고 있다.

교육기관의 대내 · 외적인 홍보가 이루어졌다면 교육 프로그램을 대상으로 마케팅 계획을 수립하여 전개해 나가야 한다. 교육 프로그램 마케팅 기법으로는 홍보 및 광고, 우편물, 방송매체, 전화, 구두, 팸플릿, 인터넷 등이 있다. 프로그램의 내용, 전달방법, 참석 동기부여, 비용 등을 구체적으로 작성하여 다양한 마케팅 기법을 활용해 학습자들을 모집하게 된다. 가장 정확한 마케팅 기법으로는 학습자와 직접적인 접촉을 통한 구두 전달방법이며, 간접적으로 가장 많이 활용하고 있는 마케팅 기법으로는 우편물 발송을 들 수 있다. 대부분의 교육기관이 상담을 통한 모집에 많은 관심을 두고 있으며, 상담을 어떻게 진행하느냐에 따라 학습자들의 유치가 많이 달라짐을 인식하여야 한다. 최종적으로 본다면 학점은행제 각 교육기관의 특성에 따라 다양한 마케팅 기법을 활용하는 것이 시급한 과제이다.

6. 학점은행기관의 네트워킹

개개인의 평생에 걸친 평생학습을 진흥하기 위해서는 시설이나 서비스, 학습지원체제를 구축하는 것이 필요하다. 평생학습 정보의 네트워크화를 추진하기 위해서는 정보제공을 받는 장소가 명확히 설정되어야 하고, 정보창구에 일정한 학습정보 데이터베이스가 구축되어야 한다. 또한 정보가 잘 정리되어 필요한 학습정보를 입수할 수 있는 장소를 파악하고 있어야 하며, 가능하면 예약 처리 등과 같은 서비스를 제공할 수 있는 체제를 마련하는 것이 필요하다(권두승 · 최운실, 2010).

평생학습 정보의 네트워크화를 체계적으로 추진하기 위해서는 몇 가지 단계를 거쳐야 한다. 우선 평생학습 관련 시설의 파악과 해당 시설에 근무하는 인적 네트워크를 구성하는 것이다. 다음으로 "시설 간의 네트워크를 최대한 활용하여 일정한 학습정보를 자동적이고 정기적으로 수집할 수 있는 정보수집 협력 네트워크의 확립"이 대단히 중요하다. 다음으로 효율적인 정보유통 네트워크를 구축해야 한다. 정보화의 진전이 빠르게 정착되고 있는 우리나라의 현실에 비해 학습정보와 관련된 네트워크화는 아직도 미미하다는 지적이 많다. 이는 학습자들에게 필요한 시기에 필요한 정보를 제대로 제공하지 못하고 있다는 것이며, 학점은행기관 차원에서는 학습자의 모집에 대한 광고비에 지나친 자금이 투입된다든가 학습과목 운영 등의 특성화를 기하지 못하는 것이 문제점으로 대두되고 있다. 따라서 이와 같은 문제점을 해결하기 위해서 각 학점은행기관들 간에 학습정보를 체계적으로 수집하여 학습자들에게 효율적으로 제공할 수 있는 체제를 마련하는 것이 더욱 필요하다.

연구문제

1. 학점은행제 도입의 이론적 기초를 설명하시오.
2. 학점은행제의 자율적 운영을 위하여 교육부와 국가평생교육진흥원의 역할분담방안을 제시하시오.
3. 학점은행기관의 경영전략 수립을 위한 SWOT분석을 실시하시오.
4. 학점은행기관의 효과적인 홍보와 마케팅 방안을 제시하시오.

CHAPTER 11

기업연수원과 평생교육경영

학습개요

기업연수원 교육은 직장 내 교육 혹은 현직교육(On the Job), 직장 외 교육 혹은 비현직교육(Off the Job), 그리고 자기계발교육 등 크게 세 가지로 구분되며, 기업연수원에서는 계층별 교육과 직능별 교육으로 대별할 수 있다.

기업연수원의 교육 프로그램은 그 기업교육이 무엇을 산출하려 하느냐에 따라 달라질 수 있으나, 일반적으로 교수체제의 개발이 중심이 된다. 교수설계 혹은 교수체제설계(Instructional System Design)는 교육문제를 해결하고 경영상의 교육요구를 충족시키기 위해 현안문제 또는 미래의 기회를 분석하고 해결 대안을 설계하고 개발 및 시행하며, 그 실행결과를 평가하는 일련의 체제적 접근이다. 국내 · 외적 기업환경의 변화에 대응하는 기업연수원의 교육 프로그램 변화 및 개발은 매우 중요하다.

기업연수원 교육 패러다임의 변화를 추구하고, 나아가 기업연수원으로서의 사이버연수원의 기능을 활용해야 한다. 기업연수원 평생교육경영의 전략으로서 기업연수원 경영의 방향을 설정하고, 다양한 사례들을 살피며 기업의 지식경영을 통한 경영혁신과 경영의 효율성을 높이는 교육방법을 모색하는 일도 매우 중요하다.

기업연수원의 평생교육 발전방향은 지식기반사회로의 전환에 따라 기업경쟁력을 좌우할 인적자원의 핵심역량을 제고하고 이를 통해 기업성과를 향상시키는 것이어야 한다. 직업교육을 체계화하고 평생학습시스템을 구축해야 하며, 근로자의 자발적인 이동을 기업내외로 용이하게 할 수 있도록 하는 시스템을 형성하는 것도 필요하다.

학습목표

1. 기업연수원이 가지는 평생교육의 이념 및 중요성을 이해할 수 있다.
2. 기업연수원의 효율성을 높이는 경영기획 및 전략을 탐색할 수 있다.
3. 기업연수원의 리더십 및 의사결정 과정을 설명할 수 있다.
4. 기업연수원의 효율적인 인사 · 조직 · 재무관리전략을 제시할 수 있다.

1. 기업연수원의 평생교육 개관

1) 평생교육과 학습사회체제의 새로운 접근

(1) 기업연수원의 기업연수

기업연수원(Corporate Training Institute, Corporate Education Center)은 산업체에서의 기업연수를 위한 기관이다. 기업연수가 현재 기업체에 종사하고 있는 임직원을 대상으로 직무능력의 향상이나 자아개발, 업무 성과의 달성을 위해 계획적으로 실시하는 학습활동이라면, 기업연수원은 기업의 목적 달성에 부합하기 위한 직장 내 교육기관인 것이다. 또한 그 대상이 성인학습자인 성인교육이기에, "기업연수원은 학교 교육 이후에 이어지는 계속 교육으로서 직장 내의 성인을 대상으로 하는 평생교육기관"이라고 할 수 있다.

기업이 급격한 변화와 경쟁으로 특징지어지는 현대 기업의 환경 속에서 지속적인 경쟁우위 확보를 위해서는 창조적이고 유능하며 유연하고 적응력이 높은 인적자원을 육성하여야 한다. 특히 디지털 대전환시대[1]를 맞아 디지털 테크놀로지와 네트워크의 발전은 개인의 삶을 한층 변화시키고 있다. 소셜 네트워크로 대표되는 웹 2.0 기술의 등장은 온라인상에서 개인이 자신의 생각과 아이디어 등을 적극적으로 표현하도록 지원함으로써 개인의 참여를 확산시켰으며, 나아가 다인과 협업, 개방, 공유할 수 있는 환경을 지원하면서, 개인의 표현과 참여, 개방, 공유, 나눔 및 협력의 문화를 가속화시키고 있다. 이에 대한 대응으로서 인적자원의 개발을 위한 기업의 효과적이고도 지속적인 교육 활동이 필요하다.

기업연수를 포함한 인적자원개발을 교육대상자인 조직 구성원이 실제로 수행하고 있는 업무에 적용하는 것과 관련지어 기업연수는 훈련, 교육 그리고 개발을 위한 학습으로 구분할 수 있다. 훈련(Training)은 현재 구성원이 수행하고 있는 업무의 성과를 향상시키기 위해 실행하는 학습이고, 교육(Education)은 현재 구성원이 수행하고 있지는 않지만 앞으로 하게 될 업무와 연관된 학습이며, 개발(Development)은 미래의 특정한 업무와 무관하게 개인 또는 조직의 일반적이고 광범위한 성장을 위한 학습을 의미한다(Nadler, L. & Ladler, Z., 1989).

기업체에서 이루어지는 연수로서는 광의의 기업연수와 협의의 기업연수로 나눌 수 있다.

1) Digital Transformation' 또는 'DX'라 표현하는 디지털전환은 2011년에 컨설팅 회사 캡제미니(Cap gemini)가 MIT 디지털 비즈니스 센터와 협업하여 발간한 연구보고서인 「Digital Transformation: A Roadmap for Billion-Dollar Organizations」에 등장한다. AI를 비롯한 기존과는 다른 형태의 기술과 산업들이 센서와 사물인터넷 등 데이터와 초공간 · 초연결 · 초지능 기술을 기반으로 개인의 삶과 사회를 더욱 과학적이며 효율적으로 만든다는 특징을 가진다.

광의의 기업연수는 각종 산업 분야, 즉 상업, 공업, 농업, 수산업, 서비스업 등 각종 산업체에서 종사할 인력을 양성하는 교육이며, 협의의 기업연수는 이미 산업체에 종사하고 있는 조직원을 대상으로 조직의 목적을 달성하기 위하여 산업체 내외에서 실시하는 교육을 의미한다. 이렇게 본다면 기업연수원은 기업체에서 추구하는 협의의 기업연수를 실시하는 기관이 된다. 이러한 기업연수는 현재 산업체에 종사하고 있는 조직원의 직무능력 향상, 교양함양, 건강증진 등을 목적으로 실시하는 계획된 학습활동이다.

기업연수는 기업체에 종사하는 임직원을 대상으로 하여 실시하는 일련의 인적자원 관리 활동으로서 기업의 생산성을 향상시키고 사원의 자기계발을 교육적으로 도모하기 위해 기업이 의도적이고 계획적으로 실시하는 직무훈련(OJT; On-the-Job Training), 집합훈련(OFF-JT), 자기계발(SD; Self-Development)을 포함하는 기업의 교육·훈련 활동을 의미한다. 따라서 그 내용은 직무교육, 직급별 교육, 역량교육, 조직 활성화 교육 등의 다양한 내용을 주제로 이루어진다. 이러한 기업연수를 기업교육, 인력개발, 인재개발, 인적자원개발(HRD; Human Resources Development), 직원연수, 산업교육, 기업 내 교육, 교육훈련, 훈련 및 개발, 휴먼웨어(Humanware)개발,[2] 인간자원개발 등으로 부른다.[3]

이처럼 기업연수원이 주체가 되어 실시하고 있는 산업체에서의 평생교육 혹은 기업연수는 기업을 비롯한 모든 산업 주체가 그 산업체의 조직 목표를 달성하며, 구성원의 직무수행 능력을 향상시키고, 자기계발을 촉진시킴으로써 산업 전체의 성장과 발전에 기여하기 위한 제반 활동으로 정의할 수 있다.

(2) 기업연수원의 목적 및 기업연수의 효과

기업연수는 종업원의 생각과 습관, 태도 등을 변화시켜서 그들이 맡고 있는 직무를 효과적으로 수행할 수 있도록 설계된 조직적 활동이다. 즉 기업체에 종사하고 있는 구성원의 직무능력을 향상시키고 자아를 개발하기 위해 실시하는 설계된 학습 활동임과 동시에 조직의 목적 달성을 위한 방향과 일치되어야 하는 직장 내 교육으로, 가르치고 배워서 변화와

2) 휴먼웨어란 사용자 능력, 권한 및 사용자 인터페이스 설계를 강조한 하드웨어와 소프트웨어, 하드웨어와 소프트웨어를 이용하여 상품이나 서비스를 제공할 때에 보유하고 있는 자원과 정보 및 시간을 효율적으로 활용하는 기술과 그 기술을 이용하는 사람의 인간관계 기술까지 포함하는 것으로, 하드웨어나 소프트웨어를 사용자의 욕구에 맞게 만들고 사용자로부터 정보를 수집하여 지속적으로 개선하는 등 설비, 기계, 제품 등의 설계 및 생산과정에서 사용자의 특성을 고려하여 기계적인 환경을 인간환경에 맞게 제작한 것이다.

3) 기업연수를 미국에서는 산업 내 교육(Education in Industry), 산업 내 훈련(Training in Industry), 훈련 및 개발(Training and Development)(Craig, 1987) 혹은 인간자원개발(Human Resource Development)(Nadler & Nadler, 1989)이라고 한다.

성장을 지향하는 모든 활동이 기업연수인 것이다. 따라서 기업연수는 이윤추구를 위해 기업의 원천이 되는 조직 구성원을 원하는 인재의 모습으로 육성하는 과정이다. 기업 차원에서는 적합한 인재를 선발하는 것 자체도 중요하지만 이미 선발된 인재를 각 기업에 적합한 인재로 육성하는 것 또한 기업의 지속적인 성장과 발전을 결정짓는 중요한 요소이기 때문이다.

기업은 성과를 달성하기 위해 구성원의 성과를 고취하고자 하며, 연수를 통해 능력과 동기를 향상하여 기업 내의 인재를 육성하며, 이를 통해 기업의 성과향상을 기대할 수 있다. 따라서 기업연수의 목적은 기업이 필요한 인재를 확보, 육성 및 강화하고, 종업원의 욕구를 충족시켜 업무 능률의 향상을 실현하는 것이다. 연수의 과정을 거쳐 육성된 우수한 직원들이 고객에게 더 나은 서비스를 제공할 수 있으므로 기업의 매출을 증대시키고 성과를 올리는 것이다. 한마디로 일을 통해 종업원 개인의 자아실현과 사회적 봉사의식, 책임감을 기르게 하는 데에 기업연수의 목적이 있다.

이상을 토대로 기업연수의 목적을 정리하면 기업연수의 목적에는 '기업', '구성원', '학습'의 구성요소가 포함된다. 즉 기업연수는 기업의 환경 내에서 구성원 즉 직장인들이 배움을 통하여 기업의 성과 창출과 구성원의 업무적 · 심리적 성장을 도모하는 데에 그 목적을 가진다.

기업연수는 기업의 경쟁력을 높이고 차별화 전략을 활용하기 위해 중요한 요소가 되고 있다. 크레이거(K. Kraiger) 외(2004)에 따르면 성공한 기업은 그렇지 않은 기업에 비해 기업연수에 더 많은 투자를 하고 있으며, 이는 기업연수가 구성원의 직무와 관련된 지식과 기술을 습득함으로써 업무를 더욱 원활하게 할 수 있도록 하는 것은, 물론 직무향상과 성과에 영향을 미쳐 기업의 성과로 연결되기 때문이라고 할 수 있다.

실제 직장에서 교육훈련을 받은 상용직의 92.7%가 업무 능력 향상을 경험했다는 결과가 있을 만큼 근로자의 교육훈련이 직무수행과 생산성 증대로 이어진다는 연구 결과가 다수 제시되고 있다(이상호, 2005; 한덕기, 2009; 박상욱, 2011). 또한 기업 경영성과와 관련하여 근로자 1인당 교육훈련 투자가 1인당 매출액에 긍정적인 영향을 미친다는 연구 결과도 있었다(노용진 · 채창균, 2009; 나인강, 2016; 이인화, 2019). 교육훈련을 통한 근로자의 성장이 기업의 경제적 효과로 이어진다는 것은 인적자본 형성을 위해 노력하는 기업이 그렇지 않은 기업에 비해 높은 생산성을 보유할 수 있다는 것이다(이영민 · 조성은, 2020).

가시적인 경제적 성과 외에도 기업의 교육훈련은 구성원 개인의 능력향상을 통한 창의성 증대, 업무 자율성 확보 등으로 이어질 수 있다. 이는 근로자의 업무만족도를 높이고 조직의 몰입을 증대하는 등 주관적 만족감에도 기여할 수 있다(이상호, 2005). 한국직업능력개발원의 조사를 통해서도 기업연수의 효과를 찾아볼 수 있다. 한국직업능력개발원에서 국내기업 근로자 1만 명을 대상으로 기업의 사회적 책임 활동에 대하여 조사한 결과 근로자의 교육훈련 참여 효과는 기업의 인적자원 경쟁력 수준과 조직몰입에 유의미한 영향을 미치는 것으로 확인되었다. 이를 통해 기업이 인적자원 역량 향상을 위해 교육훈련을 더욱 강화하고 투자를 확대해 나가야 한다는 것을 알 수 있다.

(3) 기업연수의 방법과 프로그램

기업연수는 직급별 교육, 직무별 교육과 같이 나뉠 수 있으며, 집합교육과 같은 형식교육과 비형식 교육을 중심으로 구분될 수 있다. 기업의 산업 특성에 따라 교육제도의 구성은 다양하며, 기업에서의 직급별 교육이 구분되어 운영될 수 있다. 팀장 교육, 신입사원 교육, 영업사원 교육과 같이 직급별로 나뉠 수 있으며, 리더십 교육, 워크숍, 제품개발 교육, 품질관리 교육과 같이 부서별 혹은 전문 분야를 기준으로 나뉠 수 있다.

연수프로그램과 같은 형식학습은 가르치는 사람과 배우는 사람이 일정한 장소에서 사전에 잘 조직된 교육내용, 목적 및 목표에 따라 매개로 의도적, 계획적, 체계적으로 이루어지는 교육을 말한다(김명섭 · 서숙영 · 최명숙, 2019). 기업연수에서의 교육프로그램은 특정 서비스를 위하여 제공되는 고정된 형태의 준비형식으로 계획된 체계적 활동이라는 점, 자원을 사용한다는 점, 특정한 목표가 있다는 점, 특정 개인 및 집단적 주체가 있다는 점, 맥락을 포함한다는 점을 특징으로 한다(Worthen, Sanders, & Fitzpatrick, 1997).

기업에서의 교육훈련은 조직원의 원활한 직무수행을 위해 필요한 기술과 지식을 습득시키고 학습자의 학습경험을 지속적으로 변화시켜 조직의 경쟁력과 효율성을 확보하려는 활동을 의미한다(최석봉, 2020; Cascio & Awad, 1981). 교육훈련은 기업이 조직원에게 요구하는 업무과제 해결 능력향상과 더불어 근로자가 자신의 성장을 주도적으로 이끌 수 있는 기회를 제공함으로 구성원의 경력개발에도 매우 중요한 조직 차원의 계획된 학습 과정이다(최석봉, 2020; Nadler & Tushman, 1989).

기업연수는 성인교육 이론을 근간으로 하는 안드라고지(Andragogy)의 관점을 지니고 있다(이재영 · 임지영, 2022). 성인학습자는 사회적으로 성인인 시기에 공식 또는 비공식 학습과정에 참여하는 사람을 의미한다(황영아 · 이선희, 2020). 안드라고지는 성인학습을 바라보는 방식으로, 성인들을 자기주도적이 되어야 한다고 본다. 성인학습자의 특성을 이해하기 위해서는 자기주도적 학습과 학습전이의 개념에 대한 이해가 선행되는 것이 도움이 될 수 있다.

성인 학습자는 스스로 학습 욕구를 진단하고, 학습 목표를 설정하고, 학습에 필요한 인적·물적 자원에 대한 필요성을 인식하고, 확보하고, 적합한 학습전략을 선택하고, 성취한 학습결과를 평가 및 성찰하여 성장해 나갈 수 있는 학습 주체자이다(차운정·안현옥·김형준, 2020; Knowles, 1975).

자기주도적 학습능력은 학습을 지지하는 촉진자, 교재, 교육기관, 개인, 환경, 행동 등 다양한 요소들이 유기적이고 체계적으로 활발한 상호작용을 하는 과정에서 향상되기 때문에(박영태·현정숙, 1997; 배영주, 2003; Bandura, 1986; Caffarella & O'Donnell, 1987; Zimmerman, 1989) 자기주도학습 과정에서 학습자가 부딪치는 어려움을 함께 지원하는 조력자가 있으면 학습을 성공적으로 마칠 수 있는 가능성이 높아질 수 있다.

학습자는 모두 자기주도성을 가지고 있지만 자기주도적 학습방법이 익숙하지 않은 경우 조력자의 도움을 받아서 연습과 훈련이 이루어져야 한다(김판수·백현기, 2007). 특히 온라인 공간에서의 자기주도 학습활동은 학습촉진 여부에 따라 학습자의 교육 효과가 상이하기 때문에 효과적인 학습을 위해서 체계적인 전략이 필요하다(배영주, 2010).

성인 학습자는 학습동기가 전문적인 직무능력 함양과 직접적으로 연결된다는 특징이 있다(횡영이·이선희, 2020). 공식적인 학습활동에서 지속적인 학습에 대한 참여자 관심은 대부분 고용과 관련된 내용이며 사회적 역할에 영향을 받는다. 따라서 성인 학습자의 학습동기 수준을 향상시키기 위해서는 교육 프로그램 개발 시 직무와의 연관성을 고려할 필요가 있다.

이는 성인학습자의 일반적인 특징으로 놀스(M. Knowles, 1980)에 따르면 성인교육은 아동교육과는 달리 실제 생활상에 당면하는 문제를 중심으로 전개되게 되어, 성인들이 당면한 문제는 개인이 겪은 경험과 처한 상황에 따라 모두 다르게 나타나게 되기 때문이다(임욱빈·이선희·황영아, 2020). 박용영과 김진모(2006), 임효창과 박경규(1999), 정재삼과 한영진(2004), 앨리거(G. M. Alliger)와 동료들(1997)의 연구에서는 교육훈련 프로그램이 직무와 관련성이 높으면 높을수록 학습자가 학습 내용을 현업에 적용하는 정도가 높다는 점을 제시하였다.

프라이스(L. Fries)와 동료들(2021)은 학습전이를 "연결연습(practicing connection)"[4]이라고 표현한다. 학습자가 학습하는 내용(academic contexts)을 새로운 환경의 맥락에 적용하는 연계가 이루어져야 한다고 주장하며 학습전이의 중요성을 강조하였다. 이와 관련하여 박경선과

---

4) Practicing connections는 복잡한 영역에 대한 이해를 발전시키기 위한 교육 설계를 안내하는 프레임워크이다. 전문가의 이해는 높은 수준의 연결성을 특징으로 하는 일관된 정신적 표현이 특징인데, 이 논문은 교육자가 실습 연결 프레임워크를 통해 학생들의 이러한 이해 수준을 촉진할 수 있다는 아이디어를 발전시킨다. 이는 복잡한 학문 영역에서 깊은 이해와 전달 가능한 지식을 개발하기 위한 교육 설계를 안내하는 실용적인 프레임워크를 설계하는 것이다(Fries, Laura, Son, Ji Y., Givvin, Karen B., Stigler, James W., 2021).

나일주(2011)의 연구에서는 맥락 설계 모형을 제시하였으며, 지식과 기술을 현장에 적용하는 '실천가 맥락' 혹은 '학습자 맥락'과 교실의 맥락에서 학습 내용을 다루는 '교수자 맥락'이 끊임없이 서로 영향을 주는 관계에 놓여 있으며 이러한 맥락의 질이 교육 설계의 분석, 설계, 개발과정을 통해 연속적으로 영향을 주고 있다고 하였다(박경선 · 나일주, 2011).

교육훈련 전이에 영향을 미치는 학습 현장 요소로 고귀영 외(2021)는 교수 내용, 교수전략을 제시하였다. 교수 내용 요인에는 교육내용, 교육의 목표 및 방향, 관련성, 프로그램의 콘텐츠, 훈련 모듈의 체계성이 포함되며, 사용되는 교수전략과 관련해서는 교육 방법, 전이설계, 지원 또는 도움 등의 학습 형태가 영향을 미친다고 제시하였다. 교육훈련에서 강사의 능력이 교육훈련의 학습 및 전이를 결정하는 데 있어서 중요한 요인으로 보고 있다(박용영 · 김진모, 2006; Rouiller & Goldstein, 1993). 더하여 동료 간 서로의 성과에 대한 지원과 조언, 학습한 것을 활용할 수 있는 기회의 제공은 학습전이를 촉진하는 요소라고 볼 수 있다(김진모 · 이진화 · 길대환, 2006).

학습자들의 역량과 기업의 성과를 동시에 제고하기 위해 학습자의 업무 현장의 문제를 인식하고 해결안을 도출해 나가며 지속적인 문제해결 경험을 학습할 수 있는 기회를 제공해야 한다(김경수 · 이미정 · 조남재, 2019; 남정민, 2017). 기업에서의 교육과 관련된 연구 결과를 종합해 보면 기업연수 프로그램을 설계할 때, 성인학습자의 특징으로 학습전이와 자기주도적 학습의 개념을 고려할 수 있다.

(4) 기업연수원의 발전과정

기업의 경쟁력 강화를 위한 인적자원개발의 중요성이 부각됨에 따라 일부 대기업들을 중심으로 하여 기업연수원을 설치하고 직무교육 강화, 정보기술의 적용 등 기업연수에 대한 혁신활동이 이어져 왔다. 외국에서는 일찍이 1950년대 미국의 'GE Crotonville 연수원'[5]이나 일본의 'Sony University'[6] 등 세계적 기업이 기업연수원을 설립, 운영하였다.

우리나라의 기업연수는 직업능력의 개발을 위한 직업능력개발제도를 수립함으로부터 시

5) 1950년 직능교육센터로 설립된 GE의 크로톤빌(General Electric Company, Crotonville) 연수원은 잭 웰치(John Frances Welch Jr.)에 의해 설립되어 GE의 가치 공유와 핵심리더 양성에 주도적인 역할을 수행했다. 뉴욕 Hudson Valley(뉴욕시에서 56km 위치)에 65,000평 부지, 연 10,000명의 인원(10억 불 교육예산 사용 GE 전체)을 교육한다. GE의 Crotonville 연수원의 교육과정에서 글로벌 핵심리더들이 경영현안을 중심으로 Best Practice를 공유하여 담당과정별로 이를 수행한다. 최근 '글로벌 인재 사관학교'로 불렸던 크로톤빌(Crotonville)이 부동산 투자회사 등에 304억원에 매각되면서 재계의 주목을 받고 있다(The Wall Street Journal, 2024년 4월 14일자 보도).

6) 2000년에 설립된 Sony University는 소니의 차세대 리더를 육성하는 데 주력. 소니의 Sony Global Key Position (SGKP)을 중심으로 이루어진다. 이들 직무의 현직자와 차기 후계자를 대상으로 Sony University의 과정을 포함하여 차별적인 전략을 활용한다.

작되었다. 1967년 「직업훈련법」의 제정을 시작으로 1974년에는 일정 규모 이상의 사업주에게 매년 일정 비율의 인원을 의무적으로 양성하도록 하는 사업 내 직업훈련의무제를 규정한 「직업훈련에 관한 특별조치법」이 그 출발이다(고용노동부, 2022a).

1976년에는 이 두 법령을 통합하여 사업주가 직접 훈련을 실시하거나 직업훈련분담금을 납부하도록 하는 「직업훈련기본법」을 제정함으로써 직업능력개발제도의 기본 틀을 갖추었다. 이 법은 1997년에 「근로자직업훈련촉진법」, 2004년에 「근로자직업능력개발법」, 2021년에 「국민 평생 직업능력 개발법」으로 개정되면서 현재에 이르고 있다(고용노동부, 2022a; 법제처 국가법령정보센터).

이러한 제도적 기반에서 기업연수로서의 직업능력개발제도는 1970년대에는 산업현장에서 필요로 하는 인력 양성, 즉 '공공 훈련기관을 통한 기능공 양성'으로부터 시작하여 1990년대에는 '근로자의 생애단계별 직업능력 향상'으로 발전하였다. 제도의 변천에 따라 명칭도 직업훈련, 근로자직업능력개발, 평생직업능력개발로 변화하였다(교육부 · 국가평생교육진흥원, 2020). 오늘날의 기업연수는 미래사회에 대비한 인력 양성 기반을 확충하는 데 중점을 두고 있으며, 2013년 이후로는 2002년부터 시작한 국가직무능력표준(NCS: National Competency Standards)과 NCS학습모듈의 개발 및 활용 확대, 일학습병행의 도입을 통한 청년 고용률 제고를 위한 노력을 기울이고 있다.

2019년 1월, 세계경제포럼인 다보스포럼[7]에서는 "세계화 4.0(Globalization 4.0)은 훨씬 더 사람 중심이어야 한다(Klaus Schwab, 2019)."라며 사람이 주도하는 4차 산업혁명을 언급하였다(한국직업능력개발원, 2019). 4차 산업혁명에 요구되는 인재는 다른 어느 때보다도 단순히 업무 관련 지식을 아는 것을 넘어 새로운 것을 창조 및 변화시키기 위한 창의성, 혁신성, 협업능력, 자율성, 문제해결역량, 고차원적 사고능력 등을 갖춘 인재를 요구한다(박삼철, 2016; 정민, 오준범, 2017; 한국산업인력공단, 2018; Adolph, Tisch & Meternich, 2014; Bakhshi et al., 2017; Broks, 2013; Burstein, 2014; Caserly, 2012). 따라서 최근의 기업연수는 더 뛰어난 인재를 확보하고 개발하기 위해 훈련 중심 패러다임을 넘어 새로운 교육방법의 혁신을 추구하고 있다.

2022년에는 「국민 평생 직업능력 개발법」 시행(2021년 8월 개정)을 통해 직업능력개발의 대상을 근로자에서 전 국민으로 확대하였고, 직업능력개발의 정의도 특정한 직무수행능력에서 기초소양에 이르기까지 모든 역량개발을 포괄하도록 하면서(법제처 국가법령정보센터) 국민내일배움카드 시행, 디지털 핵심 실무인재 양성 사업 등 직업능력개발은 이제 새로운 국면을 맞게 되었다.

7) 세계경제포럼(다보스포럼, Davosforum)은 세계의 저명한 기업인 · 경제학자 · 저널리스트 · 정치인 등이 모여 범세계적 경제문제에 대해 토론하고 국제적 실천과제를 모색하는 국제민간회의이다.

한국에서 기업연수원이 설치되고 기업연수가 본격적으로 활성화한 것은 1980년대 이후 대기업을 중심으로 그룹연수원이 설립되면서부터이다. 현대인재개발원이 1980년, 삼성인력개발원이 1982년, 현대종합연수원이 1986년, 대우인재개발원이 1987년, LG인화원이 1988년, 동부인재개발원이 1992년, 그리고 이보다 앞선 1982년에는 중소기업진흥공단에 의해 중소기업연수원이 안산에, 중소기업호남연수원이 2001년, 중소기업대구경북연수원이 2003년, 중소기업부산경남연수원이 2004년에 설립되었다.[8] 이후 수많은 국영기업의 기업연수원과 다양한 사설 기업연수원이 설립되었다.

인적자원개발의 중요성을 보다 분명히 하고 인적자원개발 활동이 기업경영의 파트너로서 기업의 비전 및 가치 공유, 전략적 핵심역량의 개발, 사업성과 증진을 위한 전문기능교육 등의 기업연수 본연의 기능을 중시하기 시작한 것은 1990년대 중반이다. 그동안 기업연수원의 인적자원개발 활동의 변화를 살펴보면, 초기에는 기업이 추구하는 경영이념의 공유와 경영관리의 기능을 제고한다는 기본적 목표에 입각하였지만, 최근에는 직무교육 강화, 국제화 교육 및 임원 등 사업리더 교육의 강화 등으로 이어지는 추세까지로 변화하고 있다.

그동안 대기업의 연수원들은 대개 경영교육을 계층별 교육과정을 통하여 행하여 왔다. 그룹사의 일괄 공채에 의한 채용방식에 따라 최초에 신입사원 교육이 이루어지고, 이어 경력사원들의 개발과정으로 발전되어 왔다. 특히 신임과장 또는 부장, 임원 교육과정 등 직위의 상승, 즉 승진에 따른 교육을 실시하는 것이 전형적인 모습이었다. 이는 해당 직책이나 직급에 있어 갖추어야 할 필수적인 내용과 경영관리 기능의 제고라는 취지에서 매우 중요하게 이루어져 왔다.

그러나 직무수행능력의 강화를 위하여 직능교육 또는 전문교육이라고 불리는 교육과정을 통하여 재무, 마케팅, 인사, 홍보 등의 전문기능 교육이 이루어지게 된 것은 역시 1990년대에 들어서서야 본격화되었다. 또한 최근에는 직무중심의 교육으로 발전하고 있다. 최근 기업연수원의 교육은 세계화의 진전에 따라 국제적인 식견을 갖춘 임직원을 양성하기 위하여 의사소통을 위한 언어교육을 필두로 하여, 글로벌 관리자로 육성하기 위한 개발과정, 이문화 체험과정 등이 활발하게 진행되고 있다.

8) 중소기업연수원은 연수시설이 없어 체계적인 직원교육을 실시하기 어려운 중소기업에 양질의 인재양성 기회를 제공하기 위하여 설립되었다. 중소기업의 기업가 정신함양 및 실무응용 능력향상을 목표로 하여, 현장 실무중심의 연수강좌와 쾌적한 연수환경을 제공함으로써 인재양성에 기여함을 목표로 하고 있다.

전국 연수원 현황

(2024년도 (주)KLT 자료)

- **서울권** 국제청소년센터 드림텔, 농업기술진흥관 연수원, 동아생명연수원, 동양화재 중앙연수원, 두산연강원, 북악파크호텔, 동양화재중앙연수원, 새마을운동중앙협회연수원, 서울교육문화회관, 서울올림픽파크텔, 서울특별시교육연수원, 세계일보국제연수원, 아카데미하우스, 올림피아호텔서울, ㈜타워호텔, 한국관광호텔, 한국전력공사 중앙교육원,
- **경기권** 가천인력개발원, 강촌G&B연수원, 강호코레스코가족호텔, 강화남산유스호스텔, 고양인재교육원, 건설기술교육원, 경기도공무원수련원, 경기북부 상공회의소연수원, 곤지암수련원, 골드훼미리콘도, 광탄레저파크연수원, 가평코레스코가족호텔, 강화코레스코가족호텔, 경기북부상공회의소연수원, 곤지암수련원, 국민생명미래원, 국민은행연수원, 그린피아관광호텔, 그린화재연수원, 금호인력개발원, 기아인재개발원, 기화산업연수원, 나이아가라호텔, 남이섬호텔, 남한강연수원, 다락원, 대림교육연구원, 대명콘도, 대우인력개발원, 대웅경영개발원, 대한간호협회연수원, 대한생명인재개발원, 덕평수련원, 동부종합연수원, 동서증권연수원, 동아생명연수원, 동양물산기업중앙연구원, 동양인재개발원, 딱따구리연수원, 라비돌, 롯데그룹중앙연수원, 마이다스리조트, 명성캠프테마월드, 미란다호텔, 미리내연수원, 버들캠프, 베어스타운리조트, 벨리하우스, 보이스카웃연맹중앙훈련원, 산정호수호텔, 새마을운동중앙연수원, 샤갈의마을연수원, 서울리조트연수원, 서울YMCA수련장, 서울호프호텔, 설봉온천관광호텔, 송도비치호텔, 송추연수원, 숙명여자대학교연수원, 신세계유통연수원, 신한연수원, 안양새마을교육원, 약암관광호텔, 양지파인리조트, 양평대명콘도, 양평파라다이스, 양평파크빌, 양평한화콘도, 에덴프라자연수원, 에버그린관광호텔, SK미래원, 염광연수원, 용인자연수련원, 용인한화리조트, 유네스코문화원, 유일레져산업, 이천청소년수련원, 중부수련원, 중소기업개발원, 중앙노동경제연구원교육원, 중앙산업교육원, 쥬리아연수원, 지산포레스트리조트, 천마산롯지호텔, 청려수련원, 청평가든연수원, 청평사조C&B연수원, 청평풍림리조트콘도, KID부설종합경영연수원, 코오롱종합연수원, KEB하나은행 연수원, KOSCA연수원, 태평양생명연수원, 풍림콘도(구.가평프랜드리), 풍천레져연수원, 플라워랜드, 한국가스공사 안산연수원, 한국노동교육원, 한국물류연수원, 한국산업연수원, 한국스포랜드, 한국인력개발원, 한국종합기술금융연수원, 한국표준협회연수원, 한바다연수원, 한빛은행연수원, 한화리조트(양평), 한화리조트(산정호수), 허수아비마을연수원, 현대자동차서비스(주)인재개발원, 현대파주인재개발원, 현대해상연수원, 홍원연수원, 흥국생명연수원,
- **강원권** 국립평창청소년수련원, 금호설악리조트, 기화연수원, 낙산비치호텔, 낙산프레야콘도, 남이섬관광호텔, 대명비발디파크, 대명홍천스키장콘도, (주)대영알프스리조트, 동해관광호텔, 동해비치리조트, 둔내로얄리조트, 보광휘닉스파크, 사조콘도(설악), 설악밸리리조트, 설악산관광호텔, 설악켄싱턴호텔, 설악코레스코콘도, 설악파크호텔, 설악한국콘도, 설악한화콘도, 알프스리조트, 오대산연수원, 오색그린야드호텔, 왕터연수원, 용평리조트, 이스턴비치관광호텔, 일성설악콘도, 청평G&B하우스, 춘전누산리소트콘도, 춘천세종호텔, 켄싱턴호텔, 코레스코설악콘도, 코레스코치악산콘도, 하일라동해비치리조트, 한국콘도(설악), 한솔오크밸리, 현대성우리조트, 화승레스피아
- **충청권** 갑사유스호스텔, 건설경영연수원, 국립중앙청소년수련원, 국민은행천안연수원, 글로리콘도(도고), 단양파크호텔, 당진농업기반공사. 대천한화리조트, 도고그린호텔, 도고포시즌콘도미니엄, 로얄호텔(도고), 롯데 오션캐슬, 마니산청소년수련원, 박달재수련원, 보람원, 사조리조트(수안보), 삼성화재유성연수원, 삼정부여유스호텔, 상록리조트(천안), 서당골리조트, 소백산유스호스텔, 속리산관광호텔, 속리산유스타운, 속리산파크호텔, 송호호텔, 수안보관광호텔, 수안보로얄터미널호텔, 수안보상록호텔, 수안보오미수련원, 수안보와이키키관광호텔, 수안보유스호스텔, 수안보파크호텔, 신용협동조합중앙연수원, 에스원천안연수원, 온양그랜드파크호텔, 온양제일호텔, 용봉산사조마을, 우성건설연수원, 유성호텔, 정보통신공무원교육원, 청주심신수련원, 청풍리조트, 주은아카데미, 충주관광호텔, 충주호리조트, KT인재개발원, 파라다이스호텔(도고), 한국증권연수원, 한국코타리조트, 한국콘도(도고), 한국콘도(수안보), 한화리조트(수안보), 홍익대학교 국제연수원, 화양유스호스텔, 회동연수원
- **영남권** 가야연수원, 경주교육문화회관, 경주보문청소년수련원, 경주신라연수원, 경주온천관광호텔, 경주제일유스호스텔, 경주조선호텔, 경주한국호텔, 경주한화콘도, 글로리콘도(해운대), 금강국민호텔, 금호충무마리나리조트, 백암한화콘도, 부곡관광호텔, 사조콘도(경주), 삼립하일라경주콘도, 서라벌수련원, OK그린수련원, OK그린연수원, 울산상공회의소연수원, 일성콘도(부곡), 지리산청소년수련원, 온누리청소년수련원, 코오롱호텔, 한국콘도(경주), 한국콘도(해운대), 한화리조트(경주), 한화리조트(백암), 한화리조트(해운대)
- **호남권** 금호화순리조트, 남원국민호텔, 남원한국콘도, 내장산관광호텔, 목포신안비치호텔, 무주리조트, 백양관광호텔, 새마을운동남부연수원, 신안비치호텔, 여수비치관광호텔, 월출산온천관광호텔, 일성콘도(지리산), 전주유스호스텔, 지리산프라자호텔, 한화리조트(지리산)
- **제주권** 금릉청소년수련원, 금호제주리조트, 롯데호텔, 비자림청소년수련마을, 사조콘도, 제주한국콘도, 제주휘트니스타운유스호스텔, 풍림콘도, 호텔임페리얼제주

2) 기업연수원의 인적자원개발

(1) 인적자원개발의 의미

인적자원개발(Human Resources Development)에 대한 정의들은 매우 다양하다. 인적자원개발이란 개념을 처음 소개한 나드러(Nadle)는 직무에 필요한 지식, 기술, 태도 등의 개인적 습득에 주안점을 두었다. 그는 교육, 훈련, 개발을 한데 묶어서 인간자원개발이라고 부르고, 인간자원개발이란 "직무수행의 개선이나 개인적 성장가능성을 도모하기 위하여 특정기간 동안 고용주가 제공하는 조직화된 학습경험"(Nadler, 1989)이라고 정의하였다. 직무성과의 향상 및 성장가능성을 증대시키기 위하여 제한된 기간 내에 실시하는 조직적 학습경험을 인적자원개발이라고 하는 것이다.

길리와 에그랜드(W. J. Gilly & A. S. Eggland)는 개인의 직무성과 또는 조직 전체의 성과를 향상시키기 위해 조직 내부에서 이루어지는 조직화된 학습활동이라고 정의하였다. 인적자원개발을 구성원들의 업무개선, 자기개발, 경력개발, 그리고 조직개발을 위한 성과와, 조직 구성원들의 성장을 향상시키기 위하여 조직 내에서 이루어지는 학습활동이라고 함으로써 인적자원개발의 관점을 나들러(A. Nadler, 1970)의 구성원에 대한 행동 변화 중심의 정의를 보다 명확하게 하였을 뿐만 아니라 개인개발을 넘어 통합적, 포괄적 개념이라고 할 수 있다(Gilly & Eggland, 1989). 학습이라는 개념을 통해 인적자원개발의 과정을 구체적으로 밝혔으며, 인적자원개발의 궁극적인 목적은 개인의 성장과 조직의 성과향상에 있음을 정의하고 있는 것이다(서정재, 2020).

몬디와 노어(Mondy & Noe, 1990)은 인적자원개발의 정의를 교육, 훈련, 개발을 통해 조직구성원의 능력과 성과를 향상시키기 위해 계획된 학습 활동이라고 하였으며, 가라반(Garavan, 1991)은 교육과 훈련을 통해 조직 구성원들의 지식(knowledge)과 기술(skill)의 활용을 통해서 조직 목표를 달성하기 위한 활동의 일환이며, 인적자원개발을 조직 구성원의 지식(knowledge)과 기술(skill), 태도(attitude)를 개선하기 위하여 설계된 계획적인 개발, 교육, 훈련을 통하여 개인과 조직의 효율성과 효과성을 향상시키기 위한 활동으로 정의하였다. 길레이와 메이커니시(Gilley & Maycunich, 2000)는 인적자원개발을 조직역량, 경쟁력, 변화 대응능력을 강화하기 위해 행하는 조직적인 활동으로 조직의 학습, 수행, 변화를 촉진하는 과정이라고 정의하였다(Mondy, Noe, 1990; Garavan, 1991; Rothwell, Sredll, 1992; Gilley, Maycunich, 2000).

또한, 조직에서는 교육훈련과 개발을 통해 인적자원을 육성하고 있는데, 인적자원개발의 개념은 교육의 의미를 강하게 내포하고 있지만, 급변하는 환경과 치열한 경쟁 속에 조직이

유지 발전하기 위해 인적자원개발에 대한 기대는 단순한 학습을 위한 교육역할에서 생존을 위한 경영전략을 실천하는 데 필요한 인적자원을 확보하고 개발하는 전략적 역할을 요구하게 되었다(서정재, 2020). 이에 따라 인적자원개발에 대한 정의도 확대되었다.

스완슨과 홀튼(Swanson & Holton, 2001)은 인적자원개발을 조직의 성과를 향상시키기 위해 개인 훈련 및 개발, 조직개발을 통해 인적자원의 역량을 개발 및 향상시키는 과정이라고 정의하였으며, 요크(Yorks, 2005)는 인적자원개발은 조직성과향상을 위하여 계획된 학습, 설계, 전달을 포함한 개념으로 정의하였으며, 홀튼과 스완슨(Holton & Swanson, 2011)은 개인의 학습 및 성과 향상뿐만 아니라, 조직의 학습 및 성과향상을 위한 활동으로 조직 활동이라고 정의하였다(Swanson & Holton, 2001; Yorks, 2005; Holton & Swanson, 2011).

이와는 다소 다르게, 왓킨스(Watkins)는 "개인, 집단, 조직 수준에서 장기적으로 이루어지면서, 업무와 관련된 학습활동을 촉진시키는 전문분야이자 실천분야"라고 인적자원개발을 정의하고 있다. 또한, 존(Johns)도 인적자원개발을 "조직 및 개인의 목표달성을 위하여 구성원들의 직무 관련 능력을 조직적으로 확장하는 수단"으로 설명하고 있다.

미국산업교육협회(ASTD; American Society for Training and Development, 1989)는 이러한 정의를 종합하여 "인적자원개발은 개인과 집단 및 조직의 효율 향상을 목적으로 개인개발, 경력개발, 조직개발을 통합한 의도적이고 계획적이며 조직적인 학습활동"이라고 종합적으로 정의를 내리고 있다. 국내에서는 내체로 나들리와 ASTD의 정의를 통합 및 재구성하여 사용하고 있다.

이와 같이 학자마다 인적자원개발에 대한 개념은 다양하게 정의 내리고 있지만, 공통적으로 주장하는 것은 인적자원개발은 개인 또는 조직에 주안점이 두고 있으며 추구하는 목표는 학습, 변화, 성과에 초점을 두고 있다는 것이다(서정재, 2020).

(2) 인적자원개발의 성격

기업을 포함한 대부분의 조직은 물적자원과 인적자원 등 두 가지 유형의 자원으로 구성되어 있다. 물적자원은 물리적 자원과 재정적 자원으로 구분될 수 있는데, 물리적 자원은 기계나 물건, 시설 등과 같은 고정자산으로서 조직의 안정성과 힘을 제공해 주기에 조직의 건강에 매우 중요하다. 재정적 자원은 현금이나 주식, 증권 등과 같은 유동자산을 말하며 물리적 자원과 마찬가지로 조직의 재정적인 안정성과 능력을 보여주는 척도가 된다.

인적자원은 조직의 구성원들을 지칭한다. 이는 물적자원들과 달리 인적자원은 눈에 보여지는 것이 아니기 때문에 조직의 안정성과 힘을 보여주는 외형적인 척도로 사용될 수가 없다. 조직의 경영자나 구성원들이 인적자원개발의 중요성을 제대로 인식하지 못하는 이유가 바로 여기에 있다. 그러나 고정자산과 유동자산을 운영하는 것은 결국 인간이기 때문에 인적자원은 조직의 중요한 자원이 된다.

이러한 인적자원을 개발한다는 것은, 필요한 직원들을 선발하여 채용하고 재배치하며 훈련시키는 것이나, 조직 구성원의 지식이나 업무수행 능력, 기술, 태도 등을 교육 · 훈련시키는 것 등이다.

인적자원관리 기능을 관리과정의 측면에서 본다면 인적자원의 확보(Intake), 활용(Utilization), 개발(Development)의 영역으로 구분할 수 있다. 이 중에서 인적자원의 개발 영역을 독립적으로 분리하여 인적자원개발이라고 부를 수 있다. 이러한 인적자원개발(HRD)은 직무, 개인, 조직의 개선을 목적으로 하여 수행과 개인적 성장의 개선을 위해 조직 내에 마련된 조직적인 학습활동이기도 하다.

이를 구체적으로 보면 훈련과 교육, 개발의 영역을 포함한다. 즉, 현재의 직무수행을 개선하기 위해 제공되는 학습인 훈련(Training)과, 미래의 직무를 잘하도록 수행을 개선시키거나, 더 많은 책임과 새로운 업무를 수용할 수 있도록 하기 위해, 제공하는 학습활동인 교육(Education), 그리고 현재의 직무와 직접 관련이 있지는 않지만 개인의 성장욕구와 조직의 발전에 영향을 줄 수 있는 학습활동인 개발(Development) 등의 성격을 갖는다.

기업의 인적자원개발은 인적자원관리와 밀접하게 연계되어 있다. 양자의 관계를 어떻게 정립하느냐는 관점에 따라 달라질 수 있지만, 인적자원개발은 기업의 일반적인 조직구조를 고려할 때 인적자원관리와의 연계 속에서 논의되어야 효율성이 높아진다. 지금까지 한국 기업의 인적자원관리는 경영환경에 크게 영향을 받아왔다. 과거 저임금 · 고도성장 · 제한경쟁체제에서는 기업의 인사관리는 양적 관리, 연공서열이 중심을 이루었다. 특히 인사관리의 핵심과제라고 할 수 있는 임금체계는 연공급이 주류를 형성하였다. 연공급은 임금의 결정요인이 학력, 근속연수, 성별 등 사람의 속성에 따라 달라지므로 인적자원개발의 중요성이 낮을 수밖에 없었다.

이러한 연공급의 문제점을 개선하기 위하여 직능급이 도입되기 시작하면서 임금관리와 교육훈련에 대한 연계작업이 구체화되기 시작하였다. POSCO를 비롯한 대기업들이 직능자격제도를 도입하여 자격과 급여를 연계시킴에 따라 교육훈련에 대한 관심이 높아지게 되었다. 이는 직능급 도입이 실효성을 거두려면 직능자격제도를 도입하여 개인의 경력개발이 이루어져야 하기 때문이다. 일본기업의 교육훈련이 잘 되어 있는 것이 바로 직능자격제도가 뒷받침되어 있기 때문이라고 볼 수 있다.

능력주의, 업적주의가 강조됨에 따라 자연스럽게 인적자원개발의 중요성이 부각되었으나 IMF 경제위기와 구조조정을 경험하면서 교육훈련과 능력개발의 중요성은 일시적으로 우선순위에서 비켜나기도 하였다. 하지만 지식시대의 도래와 함께 사람의 경쟁력이 기업의 경쟁력이라는 인식이 확산되면서 인적자원개발이 다시 중요한 화두로 등장하게 되었다. 기업연수원의 중요성이 강조되는 까닭이다.

(3) 기업연수원의 인적자원개발 방향

인적자원개발을 통한 인재육성에 대한 두 가지 관점이 있다. 하나는 우수한 인재의 확보를 인적자원자원개발로 보는 관점이며, 다른 하나는 우수한 인재로 만들어가는 인적자원개발이다.

세계적 컨설팅 회사인 맥킨지(McKinsey & Company)나 왓슨 와이어트(Watson Wyatt Worldwide, Inc)는 인재전쟁(war for talent)을 예고한 바 있다. 이들은 미국을 중심으로 경제 인구 중에서 가장 왕성하게 일하는 인구(약 35~40세)가 상대적으로 줄어들 것이며, 바로 이 때문에 우수한 인재를 확보하기 위한 치열한 경쟁이 불가피하다고 했다. 현재 글로벌 경쟁은 피할 수 없는 과제이며, 지식이 중심이 되는 사회로 접어듦에 따라 지식과 정보가 풍부한 탁월한 인재들을 확보하는 기업이 경쟁에서 승리할 수 있다. 따라서 기업들 간에 인재를 서로 선점하려는 치열한 전쟁이 벌어지고 있다.

이러한 현상은 2000년대 중반 이후로 더욱 심각하게 전개되고 있다. 해당 분야에서 국내 또는 세계적으로 실력을 인정받고 있는 최고의 인재를 데려오기 위해 경영자가 전 세계를 순회하기도 하며, 경쟁사가 확보한 인재를 가로채기도 한다. 수많은 글로벌 기업들은 인재를 확보하고 유지하기 위하여 차별적인 보상을 제공하고 있다. 또 확보된 인재를 육성하기 위하여 다양한 육성방안을 앞다투어 도입하고 있다.

반면 스탠퍼드대학교의 제프리 페퍼(Jeffrey Pfeffer, 2006) 교수는 "탁월한 인재관리는 보통 사람들의 잠재력을 최대한 끌어내서 비범한 성과를 내도록 하는 것이다."라고 주장하면서 안정적인 근무환경의 제공, 고용보장, 직원에 대한 존중과 배려, 신뢰에 기반한 기업문화의 구축을 강조한다.

대표적으로 Southwest Airline, SAS Institutes, Men's Wear-house 등은 다른 기업과 차별화된 다양한 프로그램을 도입하고 있다. 이러한 기업들은 개인보다는 팀워크에 중심을 두며, 기존 직원들에게 안정적인 고용을 제공하고 다양한 교육기회를 부여하고 있다. 1973년에 자본금 7,000달러로 시작한 Men's Wear-house는 30여 년이 지난 지금 미국과 캐나다에 650여 개의 영업점과 1만 명이 넘는 종업원을 거느린 대규모 남성 정장 의류소매 체인점으로 성장했다. 1999년 이후 한 해도 거르지 않고 〈포춘〉이 선정하는 가장 일하고 싶은 100대 기업에 선정되고 있다.

인적자원개발은 또한 능력주의 사회를 지향한다. 우리나라는 과거 개인이 보유하고 있는 스펙이 실질 능력보다 우선적으로 평가받는 사회였다. 이러한 사회적 풍토로 인해 인턴 경력, 학점, 봉사활동, 어학 점수, 해외연수, 학벌, 자격증, 수상 경력 등 8대 스펙을 갖추기 위해 청년들은 졸업을 유예하고 스펙 쌓기에 몰두하고 있으며, 이로 인해 시간이 지날수록 기업에 입직하는 시기가 늦어지고 있다(이철기 · 한상일 · 정현석, 2013). 또한, 기업의 입장에서도 기업의 요구에 적합한 인재를 발굴하는 데 어려움을 겪고 있으며, 입사하더라도 신입사원을 적재적소에 배치하기 위한 현장 맞춤 교육훈련 비용이 갈수록 가중되고 있는 현실이다.

이를 타파하기 위해 추진되고 있는 능력중심 사회란 아직 개념이 명확하게 정립된 것은 아니나, 공정한 기회를 부여하고 개인의 진면목인 진짜 능력을 발휘함으로써 기존에 존재하는 학력 등의 스펙 중심 사회에서 탈피하는 사회를 의미한다.

1900년대 후반부터 능력중심 사회가 화두가 되어 왔으며, 현재는 '능력 사회', '스펙 초월 사회', '능력중심 사회', '역량중심 사회' 등과 같은 의미로 혼재되어 사용되고 있다. '학벌이 아닌 능력중심 사회 만들기'를 교육부에서는 국정 과제로 선정하였으며 이를 실천하기 위하여 신뢰받는 공교육, 직무능력 중심의 채용 · 승진 문화, 조기입직 촉진, 할 줄 아는 교육 등 5가지를 앞세우고 있지만 능력중심의 사회를 명확하게 정의한 연구는 거의 없다(허영준 · 박동열 · 강서울, 2015).

하지만 최근 델파이 기법을 활용한 사회적 질 이론을 중심으로 능력중심 사회를 정의하였는데 '학력 · 학벌 등의 특정 요소로 국한시키지 않고 종합적으로 적용 · 활용하며 개인 능력을 인정하는 국가자격 체계를 구축함으로써 능력개발을 위한 공정한 기회가 모든 구성원에게 주어지고, 직업교육훈련, 인사 관행, 고용이 능력 중심으로 이행되어져 개인 능력이 평등하게 발휘될 수 있는 사회'로 능력중심 사회를 정의하고 있다(허영준 외, 2015).

또한, 능력중심 사회의 필요성에 관한 주장을 보면 '학벌을 바탕으로 한 개인의 실력이 검증 및 존중받는 교육 정상화 차원에서 학력에 기초한 명예, 부, 권력의 배분, 세습체계를 타파하여 사회적 합리성을 세워야 한다.'고 능력중심 사회의 필요성을 제시하고 있다(한완상,

2003). 더불어 지역 간 균형 발전을 통한 지역인재 육성, 능력 · 업적에 따른 공정 보상체계, 불공정한 경쟁 타파를 위해서도 능력중심 사회가 필요하다고 주장한다(김미숙 · 양정호 · 옥준필 · 윤양배 · 정연앙, 2008).

이러한 능력중심 사회를 구현하기 위한 실질적인 방안으로는 다음과 같다. 학력 타파의 대안으로 객관적 준거를 마련하여 학력보다 훨씬 강한 능력을 측정할 수 있어야 하며, 자격과 학력 간 호환 체계를 구비해야 한다(최돈민, 2011). 또한, 정당한 보상, 국민 의식의 변화, 승진 시스템의 변화, 채용 방법 변화(이종각, 2003), 기업과 노동시장의 관행 변화, 자격과 교육제도의 개선, 학력 차별을 해소할 수 있는 제도(한완상, 2003)가 필요하다고 제안하였다.

2. 기업연수원의 경영기획 및 경영전략

1) 기업연수원의 경영기획

(1) 기업이념과 정책의 내용에 합치하는 기업연수원의 이념

기업연수원의 평생교육은 각 기업의 이념과 정책의 내용에 합치해야 한다. 그러기에 제시된 기업의 이념이나 목표를 기본으로 하여 그에 상응하는 기업연수원의 방향을 설정하게 된다. 따라서 기업연수원의 평생교육 이념을 설정하는 일에 정확한 정답은 없다. 기업이 제시하고 추구하는 어떠한 이념과 목표, 또는 사훈은 그 회사가 지향하는 회사 가치관의 문제이므로 다른 사람이 그 옳고 그름을 말할 수 없기 때문이다. 따라서 기업연수원의 경영방침도 회사가 추구하는 이념을 구체화하는 방식 그 자체로 설정해도 무방하다. 이념이 중요한 것은 그 내용과 방향의 제시이기 때문이다. 기업의 경영이념이 기업연수원의 방향이 되고 목표가 되어 구성원의 행동에 반영되고, 강력한 사상이 되어 메시지적 성격을 가졌을 때 기업연수원의 이념과 정책은 기업의 조직 속에서 중요한 동맥으로 자리하게 된다.

(2) 기업의 구체적 행동방식을 표명하는 기업연수원의 교육내용

"우리는 항상 일등이 되어야 한다. 이등 이하는 모두 실패이다." 이것은 어느 프랜차이즈 기업 경영이념의 한 구절이다. '전부냐! 전무냐!(All or Nothing)'는 독일 자동차 브랜드인 폭스바겐의 정책이다. 이 회사가 출점하고 있는 8점포는 모두 그 지역에서 1등 점포이고, 2등

점포 이하는 과거 4점포나 폐쇄하였다고 한다. "고객의 기쁨은 우리들의 기쁨이다. 우리 업무는 고객의 기쁨에 따라 평가된다" 등 경영이념은 '이 취지에 따르라!'는 방향이어도 좋다. 그 위에 기업연수원은 그 구체성을 실현시켜 '당신은 이렇게 행동하는 것이 제일!'이라는 행동방식을 표명하는 것이다. 기업연수원의 교육내용은 기업이 추구하는 목표의 구체적 행동방식을 표명하는 것이어야 한다.

2) 기업연수원 교육 프로그램의 특성화와 차별화

(1) 기업연수원 교육 패러다임의 변화

① 정보화사회 기업연수원 교육 패러다임의 변화

획일적이고 일방적인 훈련이 아닌 지속적이고 자기주도형 수요자 중심의 학습, 교수자 중심의 지식전달이 아니라 교육생 자신이 무엇이 부족한지를 스스로 분석해서 자기가 주도하는 학습을 수행해 나가는 방식이 강하게 요구되었으며, 따라서 기업연수원이 행하는 전통적인 교육(Education)이라는 개념이 학습(Learning)이라는 개념으로 전환하게 되었던 것이다. 향후 연수환경은 교육 참가자, 교수자의 역할, 건물의 기능, 교육방법, 교육내용과 과정, 연수원운영 등에서 획기적인 변화를 갖는다.

특히 최근의 인터넷을 통한 온라인교육[9]은 시간과 공간의 제약을 뛰어넘는 자기주도형 학습활동을 의미한다. 흔히 사이버교육(Cyber Learning), 원격교육(Distance Learning)이나 이러닝(e-Learning)으로 표현되기도 하는 인터넷을 활용한 기업 인재교육은 '원하는 시간에 원하는 장소에서 배울 수 있는 환경'과 함께 '필요'할 때 즉시 배우는 교육환경 조성과 밀접한 관계를 갖는다. 인터넷을 통한 기업의 인재교육이 활성화되고 능동적이고 창의적인 지식형 인재의 가치가 증가하면서 인재교육의 패러다임도 변화한 것이다.

② 기업연수원 교육 프로그램의 새로운 패러다임

기업에서 교육에 대한 투자를 보다 효과적으로 하기 위해서는 기존의 인력개발 패러다임이 갖는 한계를 극복해야 한다. 과거에는 정해진 시간과 장소에서 미리 준비된 교안을 가지고 교수자가 내용을 전달하는 방법이 전형적인 기업연수원의 교육방법이었다. 또한 각 기업이

9) 정보화시대 인터넷을 통한 기업인재교육을 지칭하는 용어로는 사이버교육(Cyber Learning), 원격교육(Distance Learning), 이러닝(e-Learning), 온라인교육(On-Line Learning) 등이 사용된다. 여기에서는 대면교육에 상대되는 단어로 사이버교육과 이러닝을 모두 포괄하는 광범위한 의미로 온라인교육이란 용어를 사용한다.

속한 특수한 환경에 대한 고려 없이, 학습자의 직무수행능력이나 직무요구에 대한 분석 없이, 정형화된 교육 프로그램으로 기업연수가 이루어진 경우가 많았다. 그 결과 기업연수원교육이 과연 경영과제를 해결하고 기업의 목표 달성에 기여하는지에 대한 의문과 반성이 일곤 했다.

그러나 경제의 세계화, 지식기반경제로의 전환 등 기업환경이 급변함에 따라 기업연수의 패러다임 역시 변화에 직면하게 되었다. 과거의 교육 패러다임이 변화하는 환경에 탄력적으로 대응하지 못하고 시공간적 제약에서 벗어나지 못하며, 기업의 요구에 부응하지 못하는 일방적인 정보의 제공이었다면, 새로운 패러다임은 시공간적 제약으로부터 자유롭고 현업에서의 상호작용을 통해 기업성과에 직접적으로 기여할 수 있어야 한다. 표 11-1 은 기존의 교육 패러다임에 비해 새로운 패러다임의 특성이 어떠해야 하는지를 제시해 주고 있다.

표 11-1 기업연수원 교육 패러다임의 비교

구분	기존의 기업연수 패러다임	새로운 기업연수 패러다임
기본 패러다임	• 전달 방식에 초점 • 수동적 서비스 가능 • 교수자 주도 • 별도의 교육전용시설 사용	• 사업결과에 초점 • 적극적인 비즈니스 파트너 • 학습자 주도 • 업무 현장에서 즉시 교육
학습목표	• 정보 전달	• 지식 창조
교육방법	• 교육체제도에 입각한 정규교육	• 개인적 학습, 코칭, 팀학습 • 벤치마킹, Action Learning • 지식네트워크 등 다양한 교육방법 사용
평가방식	• 사전/사후 테스트 • 교육생 만족도	• 사업결과의 개선

출처: 이순철(1999: 188-191) 재구성

(2) 기업연수원 평생교육 프로그램의 특성화와 차별화

① 기업연수원 평생교육 프로그램의 특성화

첫째, 직장 내 교육(On the Job Training)의 특성화이다. OJT교육은 도제훈련, 직무순회법, 개별지도(Coaching) 및 상담, 시범, 사례연구 등이 사용되며 워크숍이나 세미나도 포함된다. 그러나 가장 기본적인 원리는 세 가지, 즉 '말로 지도하는 방법', '보여줌으로써 지도하는 방법', '실천해 보도록 함으로써 지도하는 방법'이라고 할 수 있다. OJT의 목적은 직무에 관련된 지식과 기술을 증대시키고 업무수행능력을 증진시키며 행동을 개선하여 전반적으로 수행(Performance)을 향상시키는 데 있다.

OJT의 장점은 ① 훈련이 추상적이 아니라 실제적이라는 점이다. ② 훈련을 실시하기가 Off JT보다 더 용이하며, 훈련의 결과를 직접 알 수 있어서 조직원의 동기를 유발시킬 수가 있다. ③ 상사나 동료 간의 이해와 협조 정신을 강화 및 촉진시킬 수가 있다. ④ 훈련을 하면서 업무를 볼 수 있으며, 따라서 비용이 적게 든다는 점 등을 들 수 있다. 그러나 단점은 ① 우수한 상사가 반드시 우수한 교사가 아니라는 점이다. ② 업무와 훈련 모두 제대로 충실하지 못할 우려가 있으며, ③ 다수의 조직원을 동시에 훈련시킬 수가 없다. ④ 훈련의 통일성을 기할 수가 없으며, ⑤ 전문적인 고도의 지식이나 기능을 훈련시키는 데 한계가 있다는 점 등이다.

둘째, 직장 외 교육(Off the Job Training)의 특성화이다. 직장 외 교육은 조직 내부에서 이루어지는 학습활동을 보충하거나 내부의 HRD 종사자들이 제공해 줄 수 없는 전문적인 학습을 제공하기 위해 이루어진다. 신입사원 교육이나 관리감독자 교육과 같은 계층별 교육이나 전문기술교육 등 동일한 내용의 지식을 경제적으로 교육하는 데 매우 유익한 방법이다. 기업 환경과 동떨어진 외부의 자원을 이용하는 팀빌딩(Team Building)이나 인간 사이의 역학관계에 의한 프로그램 등이 직장 외 교육의 한 예가 될 수 있다. 직장 외 교육은 기업연수원과 같은 특정한 교육 시설을 통해 실시되는 것은 물론 정기적 또는 부정기적 강습회나 강연회 개최 혹은 기업연수원 밖의 전문적인 교육기관에 위탁하여 실시하기도 한다. 따라서 현장 작업이나 직무와 직접적인 관련이 없는 보편적인 내용, 이를테면, 직무수행에 대한 일반적인 의식 및 태도, 작업의 개선 방식, 조직 내에서의 인간관계 등을 교육하는 데도 적합하다.

셋째, 자기계발(Self-development)에서의 특성화이다. 자기계발이란 조직 구성원이 자신의 경제적, 시간적 여건에 맞추어 직무에 직접 혹은 간접적으로 관련되는 학습을 자기주도적으로 하는 것을 말한다. 따라서 자기계발학습은 일반교양이나 전문지식을 체계적으로 그리고 전문적으로 학습하는 데 효과적이다. 자기계발이라고 하지만 궁극적으로 조직의 목표를 달성하는 데 기여하기 때문에 기업은 구성원들의 자기계발을 위한 다각적인 지원을 하게 된다. 자기계발은 주로 지식을 쌓는 인지학습에는 효과가 있으나 가치관이나 태도 등과 같은 정의적 교육에는 적합하지 않다.

최근 대한상공회의소가 '재직근로자 자기계발 현황'을 조사한 결과 67%가 자기계발을 하고 있다고 응답했다. 직장인 3명 중 2명인 셈이다. 자신의 이야기가 아니더라도 주위 동료나 후배, 상사들 중 새벽 시간이나 퇴근 후, 주말 시간을 이용해 외국어 학원을 다니거나 전문자격증 취득 준비를 하는 경우를 어렵지 않게 찾아볼 수 있다. 공인중개사나 주택관리사, 공무원 시험을 준비하는 수강생들의 현황을 살펴보면 30~40대 직장인들의 비율이 상당히 높다. 대부분 고용불안이 심화되면서 노후 대비 차원에서 또는 전직을 위해 전문 자격을 취득하고자 하는 것이다.

② 계층별 평생교육 프로그램의 차별화

기업연수원에서의 계층별 교육(Level-up)은 조직 내에서의 각 계층에 속한 구성원을 대상으로 교육을 실시하거나, 혹은 계급이 올라감에 따라 받는 교육으로서 조직의 상급자로서 또는 리더로서의 바람직한 자세와 태도를 갖추게 하는 데 중점을 두는 것이다. 계층별 교육은 경영자 교육, 관리자 교육, 감독자 교육, 일반사원 및 작업자 교육 등으로 구분된다. 예를 들어, 감독자 교육과정 및 MTP 프로그램을 살펴보면 다음과 같다.

첫째, 현장 감독층 교육을 위한 TWI 프로그램이다. 감독자 교육은 입사 후 5~6년이 지난 회사원으로서 부하직원을 거느리고 상사의 업무지시를 받는 위치에 있는 사람들을 대상으로 하는 교육이다. 대체로 직장, 조장, 반장 등의 직급을 갖고 있는 사람들이다. 이들은 현장의 중심인물로서 상사의 지시, 관리, 보고, 지도 등을 책임지는 소위 핵심인물(Key-man)이다. 현장감독자훈련과정 중에서 가장 대표적인 것이 TWI(Training Within Industry) 프로그램이다. TWI는 미국에서 1919년부터 생산 현장에서 실시되던 직업훈련 과정인데, 제2차 세계대전이 일어나자 이를 군사훈련에 적용하기 위한 방법으로 개발되기 시작하여 1945년에 완성되었다. 이 훈련과정은 전쟁이 끝난 후 일본의 철도공작청에서 처음으로 실시되어 성과를 본 후 일본 전역으로 파급되어 실시되고 있다. 우리나라에서도 1984년 이후부터 한국산업훈련협회가 고용노동부의 위탁으로 실시해 오고 있다.[10]

둘째, 중간관리층 교육과 MT 프로그램이다. 중간관리층이란 흔히 기업의 과장 및 부장급을 말한다. 이들은 최고경영층의 전략적 의사결정 기능과 일반사원층의 업무적 의사결정 기능을 결합시키는 기능, 즉 기업의 배분된 자원을 효율적으로 활용하고 일상적인 경영활동이 원활히 수행되도록 하는 업무를 담당한다. 중간관리층의 교육방식으로 대표적인 것이 MTP (Management Training Program)이다.[11]

---

10) TWI에는 여러 가지 기법에 대한 교육이 포함된다. 첫째, 작업지도기법(JI; Job Instruction)이며 둘째, 작업개선기법(JM; Job Method), 셋째, 인간관계관리기법(JR; Job Relation), 넷째, 작업안전관리기법(JS; Job Safety)이다. TWI는 이러한 네 가지 기법(JI, JM, JR, JS)을 매일 현장에서 2시간씩 5일간 1과목을 10명 이내의 감독자가 훈련을 받는 것이다. 이들 감독자들은 자신이 실제로 관할하는 업무상의 실제 물품과 업무를 실습재료로 하여 직접 실습하고 발표 및 체험을 하는 교육 프로그램이다. 우리나라 대기업의 경우, 직급에 따라 승진 전후에 이수해야 하며 네 가지 기법, 특 4J 중 1~2과목씩 4~6시간 또는 20시간 내에서 교육을 받는 경우가 일반적이다. 이러한 네 가지 기법 외에 감독자들은 상황에 따라 문제해결기법(PST), 훈련계획진행기법(PDI), 직장능력개발교육, 리더십교육 등을 받게 된다.

11) 이 프로그램은 TWI 프로그램 대상보다 높은 위치에 있는 중간관리층을 대상으로 하며, 비교적 광범위한 경영 분야의 관리

3. 기업연수원의 리더십 및 의사결정

1) 기업연수원의 리더십

(1) 기업연수원에서의 리더십

리더십에 대한 연구 경향은 지도자의 성격 특성을 분석하는 데에 역점을 두는 특성 추구와, 리더십 행동에 의한 집단 상황의 분석에 초점을 두는 상황 추구의 두 가지로 나눌 수 있다. 또한 리더십에서의 지도 양식은 권위주의적·민주주의적·자유방임주의적으로 분류되며, 이것은 전제형·민주형·방임형이라고도 부를 수 있다.

번즈(J. Burns, 1978)는 리더십을 특정 동기와 목적을 가진 사람이 자원을 동원해 추종자들의 동기를 부여하고 참여시켜서 목적을 달성하는 것으로 설명하고 있다. 그는 조직의 가시적 성과와 변화를 추구하되 조직이 기대한 것 이상의 결과를 가져오게 하는 것을 리더십으로 설명하고 있다. 이러한 리더십에는 네 가지의 특성이 있는데, 이는 첫째, 추종자들에게 역할 모델이 되는 이상적인 영향, 둘째, 조직의 비전과 목적을 달성하기 위해 추종자들에게 영감을 불어넣는 동기부여, 셋째, 스스로 창조적이며 비평적인 생각에 능하며 추종자에게 창조적인 생각을 할 수 있도록 자극하는 지적인 자극, 넷째, 추종자들의 필요와 능력을 고려하여 그 필요를 채워주며 잠재력을 극대화시키는 개인적 배려이다.

(2) 기업연수원의 교수자가 갖추어야 할 역량

기업연수원의 교수자는 기업연수원을 이끌어가는 리더이다. 기업연수원의 교수자는 프로그램을 기획하고, 교육내용을 선정하며, 교수-학습방법을 결정하고, 목표달성의 척도를 개발하여 평가를 해야 한다. 기업이 지향하는 이념을 구체화시키려는 CEO와 매 순간 정보와 지식을 확장시켜야 하는 성인학습자의 욕구를 충족시켜야 한다. 기업연수원의 교수자가 갖추어야 할 역량은 무엇인가? 기업연수원의 리더(교수자)의 역량은 크게 다섯 가지로 제시된다.

첫째, 기업이 추구하는 이념을 지향해야 한다. 즉 기업 CEO의 요구를 반영하는 역량이다. 기업이 요구하는 이념의 반영 역량에는 기업의 추구하는 역량을 향상시킬 수 있는 내용, 기업의 성인 학습자가 현장과 업무에서 적용할 수 있는 내용, 교육주제와 맞는 내용으로

기술지도를 목적으로 한다. MTP교육 기법으로는 회의식, 토의법이 중심이 되며, 이 밖에 강의, 연습, 역할연기, 사례연구 등의 방법이 활용되기도 한다.

교육을 이끌어 가는 역량이다.

둘째, 체계적인 교육의 진행 역량이다. 교육의 기획을 비롯하여, 내용과 방법을 설정하며 평가를 실시하는 교육에서의 준비 역량이다. 기업연수원의 연수를 진행하기 위한 교육준비 역량에는 기업에 대한 사전 인식, 학습자에 대한 욕구와 학습준비도 측정, 심리사회적 상황 파악 등 철저한 교안 준비가 포함된다.

셋째, 교육의 진행 전반에 있어 필요한 교수자의 대인관계 형성능력이다. 교수자는 교육 기간에는 물론 교육의 사전지도와 추수지도가 있어야 한다. 교육담당자를 만날 때의 교수자의 태도, 교육을 할 때 학습자들을 열정으로 대하는 태도, 교육 담당자 및 학습자와의 원활한 커뮤니케이션을 하는 것이 기업연수원 교수자의 역량으로 인식된다.

넷째, 기업연수원에서 실시하는 교육 진행에 관련된 총체적인 교수-학습능력이다. 기업연수원에서의 교육 진행 역량에는 교수자와 학습자와의 상호작용을 이끌어내는 것, 학습자인 그들을 교육적 욕구를 충만하게 하여 교육에 집중시킬 수 있는 기술, 교수법을 중심으로 하는 교수자의 표현력 등이 포함된다.

다섯째, 기업연수원 교수자는 부단히 스스로를 혁신하며 진취적인 자기관리 역량이 있어야 한다. 자기관리 역량에는 교수자의 이미지 관리와, 교수자의 자세, 마케팅이 포함된다. 교수자의 이미지 관리와 교수자의 노력하는 자세를 갖추며, 나아가 기업연수원 교수자는 학습자들로부터 좋은 평가를 받고 학습자에게 영향을 줄 수 있어야 한다.

(3) CEO가 갖추어야 할 역량: GE Crotonville의 사례[12)]

기업의 성패를 결정하는 중요한 요인의 하나는 CEO의 리더십이다. 어느 시대를 막론하고 가정에서부터 기업, 국가와 사회에 이르기까지 지도자인 리더를 필요로 한다. 리더는 수많은 사람들의 사고, 감정, 행동에 영향을 주고 그들을 변화시키기 때문에 매우 중요하다. 수많은 CEO의 리더십이 인용되는 가운데 GE의 회장으로서 가치 공유와 핵심리더 양성에 주도적인 역할을 수행한 사람으로 잭 웰치(J. Welch)[13)]가 유명하다. 취임 직후인 1981~1985년까지

12) '강한 기업 무엇이 다른가'란 주제로 강연한 GE코리아 이채욱 사장의 경영 성공 소신을 인용함.

13) 잭 웰치(Jack Welch, John Frances Welch Jr.)는 전 GE(General Electric Company, Crotonville)의 CEO였다. 1935년 매사추세츠주(州) 피바디에서 태어나 세일럼에서 어린 시절을 보낸 뒤, 1960년 일리노이대학교에서 화공학 박사 학위를 취득하였다. 그 해 제너럴 일렉트릭(GE)에 입사해 독특하면서도 뛰어난 경영방식으로 승진을 거듭하여 1981년 최연소로 GE 회장(최고경영자)이 되었다. 이후 '고쳐라, 매각하라, 아니면 폐쇄하라'는 경영전략을 통해 10만 명 이상의 직원을 해고함으로써 언론으로부터 '중성자탄 잭(Neutron Jack)'이라는 별명을 얻었고, '6시그마 · e비즈니스 · 세계화' 등의 전략으로 GE를 혁신해 세계 최고의 기업으로 성장시켰다. 2001년 영국의 파이낸셜 타임스가 선정한 '세계에서 가장 존경

표 11-2 Crotonville 연수원의 리더육성체계

과정명	대상	기간	회차	비고(주요 특징)
Executive Development Course	CEO에 의해 추천받은 임원	3주	40명씩 총 1회	• CEO 수준의 문제점 해결과 혁신방안에 중점 • CEO Sponsored Project 수행 • 8~10명 팀 단위 Action Learning을 통한 글로벌 경영자 양성
Business Management Course	임원들에 의해 추천받은 임원	3주	40~50명씩 총 3회	• 비즈니스 프로젝트 수행, 외부기업 벤치마킹, GE 현안평가, 비즈니스 리더에게 프레젠테이션 • 데이터 수집, 토의 및 문제해결/Action Learning 중심
Manager Development Course	신규임원 계층 (GE 8~10년 경험)	3주	60~70명씩 총 7회	• Global Customer Focused Business Leader 개발 • Session C에서 입과자 추천 1년 후 입과 • 입과 전 360도 평가 실시/입과 후 액션 플랜 수립 • Finance 능력 집중 배양 • 경영시뮬레이션 위주(하버드 경영대학원 교수진 3인) • Learning by Doing • 12개 사업 부문에 대한 철저한 이해, 현안파악 기회 제공 • 회장이 직접 참가 • 2달 후 팀원 teleconference 실시(액션 플랜 실천 확인)
Advanced Manger Course	경험 있는 관리자 (관리자 3년 이상)	1주	40명씩 총 18회	• 각 부문의 상사들과 주요 고객들이 참여하여 현장 문제 해결과 혁신방안 구상 • 회사 비즈니스 외 리더십 모델을 통합하여 습득함
New Manager Development Course	신임관리자 (입사 7~10년)	1주	40명씩 총 25회	• 신임관리자 대상 글로벌 팀과 직속부하를 관리하는 스킬과 지식 개발 • 폭넓은 비즈니스 안목 개발
Leadership Essentials	잠재능력 우수자 (사원계층~3년)	1주	80명씩 총 20회	• 개인역량(MBTI, 적극적 영향력, 프레젠테이션) • 팀역량: 팀프로세스 스킬, 이문화역량 등 • 비즈니스역량: 재무관리/고객중시/6시그마/국제화/e-비즈니스

급진적인 구조조정을 하면서 무려 10만 명을 해고시켰으며, 거칠고 공격적이었지만 '1등이 아니면 문을 닫아라'는 모토를 내걸고 밀어붙여 GE를 비약적인 성장으로 이끌었다.

뉴욕 허드슨 밸리(Hudson Valley, 뉴욕시에서 56km)에 214,500㎡(65,000평) 부지 위에 크로톤빌

받는 경영인'에 선정되었고, GE 역시 2000년에 이어 '세계에서 가장 존경받는 기업'으로 선정되었다. 2001년 9월 45세의 이멜트(Jeffrey R. Immelt)에게 회장 자리를 물려주고 퇴임할 때까지 총 1,700여 건에 달하는 기업의 인수합병을 성사시켰다. '경영의 달인', '세기의 경영인' 등 많은 별칭으로 불리며, 퇴임 직후 자서전 『가슴으로부터의 고백(Jack: Straight from the Gut)』을 출간하였다.

(Crotonville) 연수원을 건립하고 10억 달러의 교육예산을 사용하며 연 10,000명을 교육시키고 있다. 웰치의 윤리경영과 인재중시를 통해 벽 없는 조직을 만든 것이 GE가 성공을 거둘 수 있었던 비결이다. 그는 GE의 성장을 사내 문화혁명에서 찾았다. 즉, 조직 간의 벽을 허무는 벽 없는 조직, 다양한 부서의 책임자들이 한 곳에 모여 해결방안을 찾는 구조조정, 작업방식과 조직을 개편을 수반하는 품질 혁신운동, 평생학습을 통한 지식경영 등 이 모두가 웰치가 표방한 경영지침들이다. 이 같은 경영방식과 웰치의 탁월한 리더십이 하나로 합쳐지면서 시너지 효과를 발휘하여 GE의 문화혁명을 이끌어냈으며 GE 성장 비밀은 바로 이 문화혁명에 있다.

GE의 크로톤빌 연수원은 사원급의 신임관리자와 우수관리자, 임원층, 특히 3주에 걸쳐 진행되는 임원과정에는 CEO가 직접 참가하여 글로벌 경영자를 양성하는 데 주력하고 있다. 실로 크로톤빌 연수원의 성공요인은 최고경영진의 유형·무형의 전폭적인 지원과 핵심리더 양성에 집중하는 차별적인 인재전략, 현장 문제해결 중심의 교육전략 등이다.

2) 기업연수원의 의사결정

(1) 기업연수원의 의사결정 모형

기업연수원에서의 의사결정은 기업이 결정하는 경영적 의사결정[14]과 기업연수원이 결정하는 기업연수원 운영방침으로서의 의사결정으로 구분될 수 있다. 의사결정의 문제는 기업 간 경쟁의 격화나 국제적인 정치·경제의 유동화 현상에 따라 기업의 의사결정은 물론 그에 대응하는 기업의 하위조직인 기업연수원에서 의사결정의 문제로서 그 비중이 더해졌다. 기업연수원의 운영방침을 위한 의사결정에는 기업의 경영적 의사결정이 선결조건이다. 그리고 이어 기업의 경영목적을 명확하게 정의하고, 이 목적에 대하여 보다 구체적이고 여러 가지 대체적(代替的)인 전략을 설정하여 목적에 대응하는 최적의 전략을 선별해야 한다.

기업연수원의 의사결정모형은 다양한 시스템이론의 주요 요소 중 하나인 변환상자 혹은 암흑상자에서 이루어지는 일련의 과정 중 하나라고 이해할 수 있다. 즉 기업에서 직면하는 다양한 환경의 영향을 받아 투입이 되는 경우 변환상자에서 다양한 일련의 의사결정을 거쳐

14) 원래는 기업소유자의 기업정책에 대하여 사용하던 말이다. 주식회사의 거대화에 비례하여 소유자로부터 경영자가 기능적으로 분리되어, 소유자가 행하는 전략적 의사결정과, 경영자가 내리는 경영적 의사결정의 구별이 필요하게 되어, 실제로는 양자가 서로 짝이 되어 있다. 현재의 경영학·경제학에서는 경영적 의사결정밖에 밝혀지지 않고 있다.

산출물이 나올 수 있다는 의미이다. 따라서 어떠한 의사결정의 과정을 거치느냐가 문제가 될 수 있는데, 이러한 과정의 그 주요한 이론모형은 다음과 같다.

첫째, 기업연수원의 규범적 · 이상적 의사결정모형이다. 이 모형은 기업연수원이 기업과 관련한 가능한 모든 정보와 지식을 등원하여 최적(最適)의 대안을 선택하고 분석하여 교육목표의 극대화와 고도의 합리성을 추구하는 것이다. 따라서 이는 합리적이고 종합적인 모형이다.

둘째, 기업연수원의 현실적 가능성을 고려하는 현실적 모형이다. 기업연수원이 갖는 인적 · 물적 한계에 직면할 수밖에 없는 상황에서 최적의 대안은 아니지만 대체로 만족할 만한 것이면 감수하는 의사결정자의 사회심리적 측면을 중시하는 모형이다. 기업연수원의 현실적 만족화 모형이다.

셋째, 기업연수원이 갖는 능력의 한계와 기술적 제약을 극복하는 기술적 · 실증적 모형이 있다. 이는 의사결정자의 능력의 한계와 결정기술의 제약을 인식하여 현재의 대안과 이를 약간 변형시킨 제2의 대안을 비교하여 보다 향상된 것을 추구하는 모형이다. 이를 점증주의(漸增主義) 모형이라고 한다.

넷째, 기업연수원이 다양한 모형의 장점을 살려 복합적으로 활용하는 혼합모형이 있다. 규범적 · 이상적 의사결정모형과 기술적 · 실증적 모형을 이용하고 기본적 방향이 설정된 후의 결정은 점증적 방법을 취하거나 하는 등의 모형이다.

(2) CEO의 지식경영을 통한 의사결정

CEO의 지식경영을 통한 의사결정은 GE의 크로톤빌(GE Crotonville)과 소니 대학(Sony University)의 사례를 들 수 있다.

크로톤빌 연수원의 성공요인에는 CEO였던 잭 웰치(J. Welch)의 역할이 컸다. GE 연수원의 교육과정에서 글로벌 핵심리더들이 경영현안을 중심으로 하여 의사결정을 하게 한 것은 매우 중요하다. 그는 기업경영의 성공비결로서 의사결정 과정에 다음의 사항을 적용하도록 제시하였다.

첫째, 짧은 보고체계의 중요성을 강조한다. 변화에 날렵하고 민첩하게 대응하는 신속한 의사결정 과정이다. GE에서는 아무리 길더라도 네 번 이상의 보고체계를 거치지 않는다. 둘째, 동일 비즈니스 내에서도 제품의 재구축을 위한 지속적인 핵심역량을 검토한다. 셋째, 직급과 고용체계의 투명성이다. 쓸 사람이 채용하고, 그 사람이 키우되 능력이 모자라면 해고한다는 원칙은 변한 적이 없다. 넷째, GE 기업문화의 핵심인 “3S”이다. 3S는 자신감(Self-confidence), 간단명료(Simplicity), 속도(Speed) 등이다. 다섯째, 윤리경영으로서 사내감사제도의 실시이다. 체계적이고 표준화된 윤리 인프라의 구축이 필수적인 GE는 윤리경영을 위해 매년 정직과 신뢰성 개인서약 절차를 거친다.

2000년에 설립된 소니 대학(Sony University)도 GE 크로톤빌(Crotonville) 연수원을 모델로 하여 Sony의 차세대 리더를 육성하는 데 주력하고 있다. 모델의 발굴과 모델의 창조적 개발은 중요하다. Sony의 핵심인재 육성은 그룹 각사의 SGKP(Sony Global Key Position)를 중심으로 이루어지고 있다. 이들 직무의 현직자와 차기 후계자를 대상으로 소니 대학의 과정을 포함하여 차별적인 전략을 활용하고 있다. 또한 핵심인재 양성을 위한 5개의 과정을 진행하고 있으며, 이 중 임원층을 위한 2개의 과정과 우수관리자를 위한 1개의 과정은 모두 세미나 형식으로 운영하여 참가자의 활발한 토론과 의견교환을 도모하고 있다.

SGKP의 현직자를 대상으로 한 대학원세미나(Graduate Seminar)는 경영자의 시야를 넓혀주고 Sony의 정신을 심어주는 데 초점을 맞추고 있으며,[15] SGKP의 차기 후계자를 대상으로 한 최고지도자 세미나(Executive Leader's Seminar)는 경영자의 시각을 함양하는 데 초점을 맞추고 있다.[16]

이 밖에도 우수관리자층을 위한 혁신지도자세미나(Innovative Leadership Seminar)는 차세대 경영자에게 교차기능정신(Cross-functional Mind)을 심어주고 새로운 아이디어를 창출하게 하기 위한 과정이다. Sony2014는 젊은 인재의 초기 선발과 육성을 목표로 하여 운영되고 있다 GE 크로톤빌 연수원을 모델로 하여 Sony의 차세대 리더를 육성하는 소니 대학은 그 대표적 사례이다.

---

15) Graduate Seminar는 "Innovative Leader's Seminar": Jack Welch 등 세계적으로 유명한 리더의 초청강의 "Perspective Expansion" Zyklus(독일어로 영어의 field(분야)를 의미: 시오노 나나미 등 새로운 관점을 줄 수 있는 각계의 전문가를 초청하여 강의 "Stimulation for Right Brain", "Advanced Management Seminars" "Sony's DNA" Zyklus-Sony의 대선배들이 Sony spirit을 전수시켜주는 과정, 소니 대학의 학장인 Tamiya도 강의하는 등의 과정이다.

16) Executive Leader's Seminar는 차기 리더를 글로벌 시각을 길러주기 위한 프로그램으로서 승계계획과 연계하여 실시하며("Stepping Stone" program), 1년에 두 번(여름, 겨울) 실시한다. 각 20명씩 참가한다.

4. 기업연수원의 인사 · 조직 · 재무관리

1) 기업연수원의 인사관리

(1) 기업연수원 인사관리의 원칙

국가이든 기업이든 인적자원은 경쟁력의 원천이다. 풍부한 인력으로 그들의 능력을 활용할 수도 있지만, 소수의 인원으로 그들의 능력을 효율적으로 활용하여 경쟁력을 갖게 될 수도 있기 때문이다. 인사관리(HRM: Human Resource Management)란 인적자원과 관련한 모든 활동[17]을 의미한다. 즉 기업(기업연수원)의 능동적 구성요소인 인적자원의 잠재능력을 최대한으로 발휘하게 하여 그들 스스로가 최대한의 성과를 달성하도록 하며, 그들이 인간으로서의 만족을 얻게 하려는 일련의 체계적인 관리 활동을 말한다. 인사관리는 좁은 의미의 인적자원관리와 넓은 의미의 인사관리로 나누어 볼 수 있다. 좁은 의미의 인사관리가 인재의 채용과 교육훈련, 배치 등의 활동이라 한다면, 넓은 의미의 인사관리는 조직에서 사람과 관련된 모든 활동을 총칭한다.

기업연수원의 인사관리는 기업연수원의 인적자원의 관리를 가리키는 개념이다. 기업연수원의 인사관리는 기업연수원 조직의 효율적인 목표 달성을 지원하기 위해 그에 적합한 인재를 충원하고, 적소에 배치하며, 능력발전을 도모하고, 근무의욕을 고취시키는 활동을 말한다.

따라서 기업연수원의 인사관리는 다음 세 가지의 원칙에 기본을 두어야 한다. 첫째, 기업연수원의 인적자원 구성은 기업의 생산적 목적의 달성에 기여할 수 있어야 한다. 둘째, 기업연수원의 조직 내 다양한 이해관계를 조정하는 것이어야 한다. 셋째, 기계적이고 물신주의적 기업풍토에서 보다 인간적인 측면을 강조하는 인사관리이어야 한다.

이들 세 가지를 근간으로 하여 인사관계를 효과적으로 관리하는 기술의 체계가 곧 인사관리인 것이다. 이러한 오늘날의 기업연수원의 인사관리는 기업연수원의 운영에 필요한 인간노동력의 관리로서의 인력관리(人力管理: Manpower Management)에 그치는 것이 아니라 기업연수원 조직 속의 인간을 전인적 존재(Wholeman)로 이해하는 입장에서 인간으로서의 욕구를 충족

17) 조직의 목적을 달성하기 위하여 효율적으로 활용해야 하는 자원 중에서 인적자원의 획득 · 개발에 관한 활동이다. '기업의 장래 인적자원의 수요를 예측하여, 기업전략의 실현에 필요한 인적자원을 확보하기 위하여 실시하는 일련의 활동'으로 정의되는데, HRP(Human Resource Planning: 인적자원계획), HRD(Human Resource Development: 인적자원개발), HRU(Human Resource Utilization: 인적자원활용)의 3가지 측면으로 되어 있다. 채용 · 선발 · 배치에서부터 조직설계 · 개발, 교육 · 훈련까지를 포괄하는 광범위한 활동에 있어 종래 인사관리의 틀을 넘어서는 보다 포괄적인 개념이다.

시켜 줌으로써 사기(Morale) 또는 근로의욕을 드높여 그들 스스로가 창의력을 발휘하는 자발적 협동체제가 형성 · 유지되도록 하는 관리 활동이다.

(2) 학습자중심 운영의 기업연수원 인사관리

학습자중심 경영의 실행력 제고를 위해서는 무엇보다도 학습자의 가치를 실질적으로 창출하는 구성원과 이들이 하는 일이나 조직이 학습자 중심으로 변해야 한다. 예컨대 구성원 개개인들이 학습자의 가치를 우선시하는 마인드와 학습자의 잠재욕구를 파악하고 차별적 가치가 담긴 교육 프로그램을 창출할 수 있는 실력을 갖춰야 한다. 또한 내부의 여러 조직들이 학습자 가치 창출의 관점에서 협력적으로 움직일 수 있는 조직 환경도 뒷받침되어야 한다. 즉 사람과 조직을 다루는 인사관리가 철저하게 학습자의 가치 관점에서 운영되어야 한다. 학습자 중심 경영을 위한 인사관리의 주요 영역은 다음과 같다.[18]

첫째, 학습자 중심의 인재를 선발한다. 채용 단계에서 학습자 중심의 마인드를 가지고 있는가를 검증한다. 채용하는 시점부터 입사 지원자가 학습자 중심의 관점에서 사고하고 행동하려는 학습자 마인드를 보유하고 있는가를 엄격히 검증하여 선발해야 한다. 일에 대한 전문 지식이나 스킬도 중요하지만 기본적으로 평소 일에 임하는 자세가 학습자 중심이 아니라면 학습자의 가치 창출은 기대하기 힘들기 때문이다.

둘째, 기업연수원의 구성인이 된 이후에는 스스로 학습자중심의 마인드를 함양할 수 있도록 하는 교육을 강화한다. 평소에 학습자 중심의 관점에서 생각하고 일할 수 있도록 학습자 마인드를 주입하는 교육을 지속적으로 전개하는 것이다.

셋째, 기업연수원의 환경을 창의적인 아이디어가 창출될 수 있도록 만드는 것이다. 창의적 아이디어를 기반으로 새로운 것에 적극적으로 도전할 수 있는 분위기를 조성하는 것도 매우 중요하다. 나아가 그들의 도전정신을 고취시키기 위해서는 도전과정에서의 실패는 포용하고 재도전의 기회를 부여할 수 있는 인내의 문화(Culture of Endurance)가 필요하다. 한 번 실패했다고 해서 바로 문책하거나 인사상 불이익을 주면 다시는 새로운 것에 도전하지 않을 것이기 때문이다.

넷째, 현장 구성원에게 권한을 적절히 위임하면 신속한 학습자들의 불만이 해결될 수 있으며, 학습자와의 상호작용을 통한 학습자 지향의 마인드 함양, 학습자 가치 창출에 필요한 풍부한 아이디어 획득, 일에 대한 만족감 제고 등의 효과를 거둘 수 있다. 조직의 구성은

18) LG경제연구원, '학습자중심 경영을 위한 인사관리 10대 과제'에서 발췌.

학습자의 욕구를 기반으로 한다. 학습자의 욕구에 맞는 프로그램 개발을 위해서는 조직 구조 측면에서도 학습자 중심의 가치를 효과적으로 창출할 수 있도록 구성되어야 한다. 잘못하면 학습자가 원하는 교육 프로그램이 아니라 조직 간의 이해관계 속에서 이상한 교육 프로그램이 될 수도 있기 때문이다.

다섯째, 학습자중심의 가치를 창출한 결과는 보상과 연계한다. 기업성과의 토대는 바로 학습자이다. 구성원들이 학습자 가치를 얼마나 창출하고 있는가를 엄정히 평가하고 이를 보상에 반영해야 한다.

2) 기업연수원의 조직관리

(1) 기업연수원의 일반적 조직

산업화 초기의 기업연수원은 그 조직이 지극히 간단하여 경영자가 관리자인 동시에 감독자였다. 경영자는 연수원 담당자에게 직접 명령을 내리고 또 직접 보고를 받음으로써 연수의 진행 상태를 항상 점검할 수 있었다. 그러나 복잡다단한 기업 현장에서, 또 이미 대규모화된 오늘의 기업연수원에서 기업의 경영자는 물론 연수원의 관리자도 기업연수원의 세세한 사항까지 모두 다 파악할 수는 없다. 따라서 직무 수행상의 권한과 책임을 부하에게 이양하지 않을 수 없게 된다.[19]

이와 같은 필요성에 따라 대부분의 기업연수원에도 최초에 출현한 조직이 라인 조직(계선조직: Line Organization)이다. 즉 원장, 부원장, 서무과, 교수부, 연구부 등의 기관을 두어 직능별로 구성원을 지도·감독하는 조직으로, 명령은 권한계통에 따라 즉각 하부로 전달된다. 따라서 관리가 간단하고 권한과 책임의 소재가 분명하며 관리방식도 안정되기 때문에 활동이 신속해지고 규율의 유지가 쉽다. 아직도 일부의 소규모 기업연수원은 이러한 형태를 띠고 있다.

기업연수원에서 이러한 조직은 시간이 흐를수록 조직이 경직되거나 고정되어 진보가 없어지며, 독재적인 제도가 된다. 기업의 책임 있는 자리에 있는 사람의 편견이나 실수 등이 조직의 기능을 크게 저해할 수도 있다. 이와 같이 기업연수원의 규모가 커지고 업무내용도

19) 기업연수원의 조직도 경영조직의 관점에서 두 가지 유형이 있다. 첫째, 기계적 조직(Mechanistic Organization)이다. 마치 기계가 어떤 정형화된 절차에 따라 작동하는 것처럼, 안정적인 환경에서 표준화되고 규정된 절차 및 방식에 의해 경영조직을 운영하는 개념적 조직형태이다. 대표적인 조직형태로 라인-스태프조직이 있다. 둘째, 유기적 조직(Organic Organization)이다. 환경 또는 상황 변화에 매우 탄력적으로 반응하면서 필요하다면 수시로 조직의 형태를 변형시킬 수 있는 유연성을 가진 조직형태이다. 대표적인 조직형태로 프로젝트 조직이 있다.

복잡해지면서 계선조직으로는 운영이 곤란해짐에 따라 새로 생긴 것이 라인-스태프조직(Line and Staff Organization)이다.

이 조직은 오늘날 많은 기업연수원에서 활용되고 있다. 즉, 한 사람의 유능한 개인에 의존하는 대신 전문화 및 종합화의 직능을 담당하는 조직을 만들고, 라인은 이의 원조와 협력을 얻음으로써 적절한 활동과 관리능력의 향상을 기할 수 있다. 이 조직에 다시 위원회를 부설하는 조직은 오늘날 기업연수원의 조직에서 가장 일반적인 조직이다.

(2) 기업연수원 일반적 조직의 예

기업연수원의 조직은 대체로 계선조직과 막료조직(Staff Organization)의 장점을 살리는 라인-스태프조직이다. 계선조직이 계층제의 구조를 가지고 정책을 수립하고 집행하는 피라미드구조에서, 계선조직이 그 목표달성을 원활히 할 수 있도록 계선조직을 보좌하거나 지원하여 자문하고 권고하며, 조사 · 연구 · 조언 · 건의하는 조직이다.

이러한 예로서 중소기업연수원의 조직은 연수원장을 정점으로 하여 운영기획 · 운영지원 업무를 관장하는 연수운영처와 기술연수실 · 경영품질연수실 · 이러닝연수실 교수단으로 이루어진다. 그리고 지방의 호남연수원과 대구경북연수원, 부산경남연수원에 연수운영처와 교수단의 작은 개념인 연수운영팀과 교수실을 운영하고 있다. 연수체계는 최고경영자 · 경영 · 기술 · 품질 · IT자동화 · 특별기획 과정을 거치는 단기향상 연수, 우편통신 · 인터넷사이버 · 영상미디어연수 과정을 거치는 통신 · 영상미디어 연수, 2년제 전문기술인력 및 중기전문인력 양성과정으로 이루어지는 전문기술교육원으로 나뉜다.

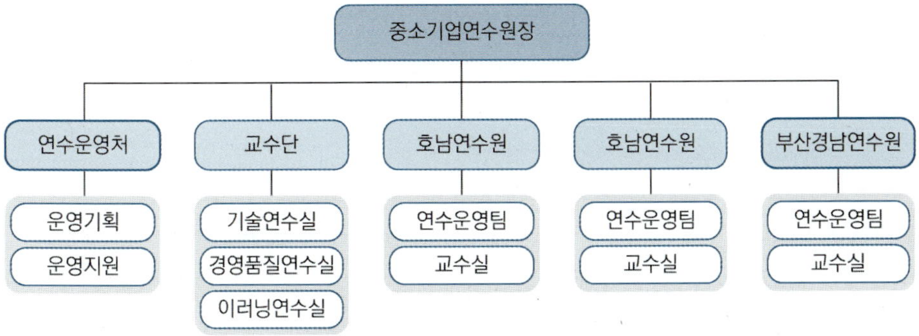

그림 11-1 중소기업연수원 조직도

출처: 중소기업연수원의 조직도 및 연수안내자료(http://sbti.sbc.or.kr)

이 밖에도 1988년 개원한 LG인화원은 운영능력 등의 기본 역량을 축적하여 지난 1998년 독립법인으로 출범하였다. 현재 LG의 경영진 대상 과정과 일반인에게 공개된 LG사이버아카데미의 운영 등에 주력하면서 국내 대표적인 그룹 연수원으로 자리잡고 있다. LG인화원은 HRD 전문인력 47명과 그 외 스태프 90명을 보유하고 있으며, 팀 구성은 담당과정에 이루어져서 HRD 전문인력이 과정개발과 운영을 동시에 담당하고 있다.[20]

SK아카데미는 가치의 공유과정을 GE의 크로톤빌 연수원을 모델로 하고 있다. SK아카데미는 SK의 가치와 역량을 보유한 SK리더의 양성을 목표로 교육과정을 운영하고 있다. SK의 조직은 기획과 운영으로 구분하여 운영하면서 한 과정을 설계 · 운영하는 과정에서 관계되는 팀 간의 조율에 노력을 기울이고 있다.

SK아카데미는 그동안 강의 중심으로 이루어진 전문역량교육의 내용과 교수법을 다양화하기 위하여 그 직 자체를 개선하였다. 그룹 공통 기능별로 기본과정과 심화과정을 운영하며, 특히 사내교수자 풀(Pool)을 활용하여 SK에 각자의 목표달성에 도움을 주는 교육 실시를 도모하고 있다.[21]

GE의 크로톤빌 연수원은 경영현안을 중심으로 글로벌 핵심리더들이 기업의 실제 상황을 공유하여 현장에 적용하는 현장중심의 교육과정을 실현한다. 그리고 이를 수행하는 조직은 담당 과정별로 구성되어 있으며 내부적으로 각 지역별 순환근무제를 채택하고 있다.[22]

기업연수원의 조직 원리는 연수기관의 특성을 고려하여 다음과 같이 설정할 수 있다.

학습자의 기업연수 목적을 달성하기 위한 조직의 원리로서 첫째, 명령의 통일성을 추구한다. 둘째, 책임과 권한을 명확히 한다. 셋째, 일상적으로 반복해서 행하는 직무는 하위자에게 맡기는 위임의 형태를 취한다. 넷째, 통제의 한계를 감독의 범위만큼으로 정한다. 다섯째, 분업을 통하여 작업을 몇 개의 전문 분야로 나눈다. 여섯째, 같은 종류 또는 비슷한

20) LG인화원 조직구성

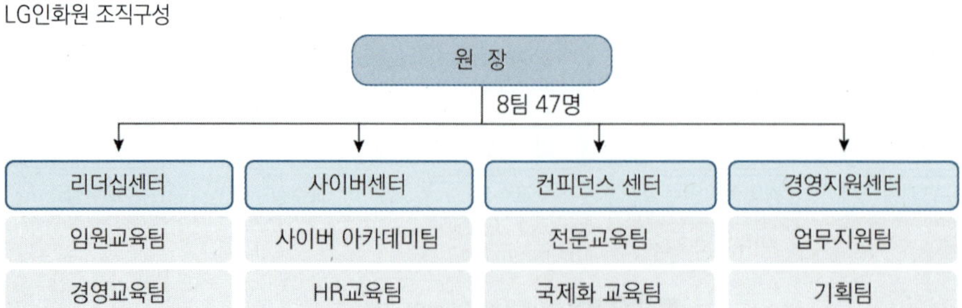

출처: MMC(2005). ppt 자료에서 인용

21) SK아카데미 조직구성, MMC, 국내외 연수원 조사(2005) ppt 자료에서 인용함.

작업을 모아 하나의 부문으로 협업할 수 있도록 한다. 일곱째, 조정의 원리이다. 직무의 상호 조정과 전체적인 총합 조정 등이 있다.

3) 기업연수원의 재무관리

(1) 자금조달과 운용의 의사결정

기업연수원의 경영에서 재무관리는 자금의 조달과 운용에 관련된 의사결정을 수행하는 기업연수원의 관리기능을 말한다. 따라서 기업연수원의 재무관리(Corporate Finance)란 기업연수원의 자금 조달과 운용에 관련된 모든 의사결정을 효율적으로 수행하기 위한 이론과 실무

조직구성 및 조직 간 Coordination

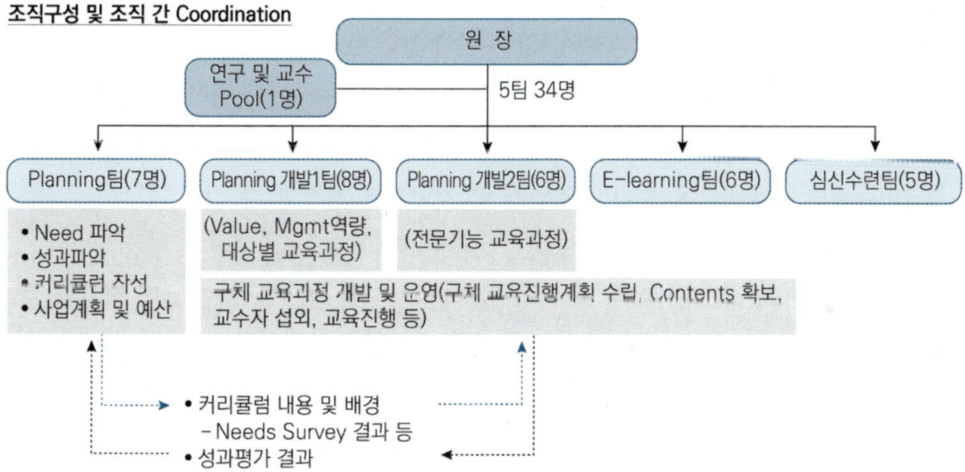

22) GE의 Crotonville 조직체계 및 LG인화원의 조직구성은 MMC, 국내외 연수원 조사(2005) ppt 자료에서 인용함.

Crotonville 연수원의 조직체계

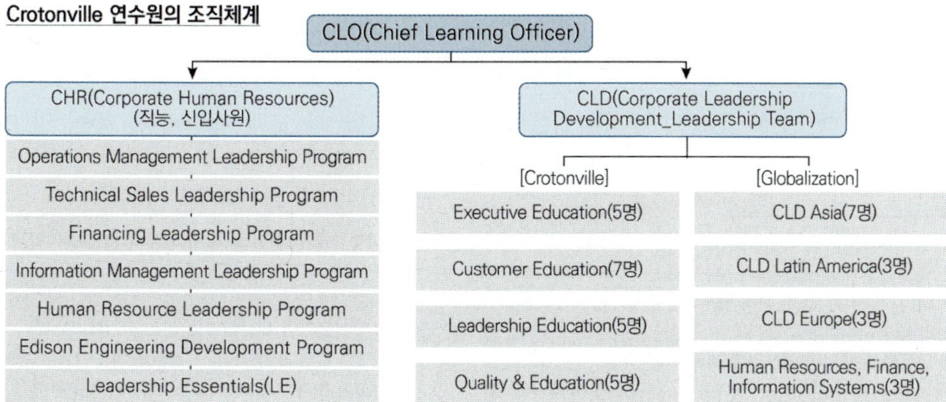

기법을 말한다. 기업연수원을 경영하게 되면 크게 다음 두 가지 재무 관련 문제에 부딪히게 된다. 첫째는 자본예산(Capital Budgeting)이다. 자금을 어디에 투자해야 할 것인가 하는 문제이다. 둘째는 자금조달결정(Financing Decision), 즉 투자에 필요한 자금을 어떻게 조달할 것인가 하는 문제이다. 이는 기업연수원의 자금운용(Spending Money)과 자금조달(Raising Money), 즉 자본구조결정(Capital Structure Decision)과 관련된 문제이다.

(2) 교육예산의 수립 요령

기업연수원의 연간 교육예산을 수립할 때는 소유하고 있는 브랜드, 요일, 주, 시간별로 교육예산을 구체적으로 짠다. 또한 시간외 수당, 연수실 이용료, 컴퓨터 이용료, 화이트보드용 마커펜 구매비용까지 포함시킨다. 심지어는 임금에 포함되는 복리후생비와 보험료 등을 계산한다. 이러한 경우 기업연수원 교육의 투자수익률(ROI)을 제시할 때 숨어 있는 비용들을 간과하는 교육 담당자들이 많다. 숨어 있는 비용들을 포함시키지 않음으로써 교육예산은 적어 보이고 대신 투자수익률은 많아 보일 수 있다. 그러나 교재 제작비용, 종이 및 잉크 사용료 등의 숨어 있는 비용을 모두 포함시키면 실질 투자수익률은 그리 크지 않다.

기업연수원의 교육예산을 수립할 것인가 말 것인가를 결정할 수 있는 가장 좋은 방법은, 교육을 해야만 하는 이유를 생각해 보는 것이다. 만약 교육을 해야만 하는 이유가 그저 사람들이 원하거나 또는 지난해에 한 적이 있기 때문이라면 다시 한 번 깊이 생각해 보아야 할 것이다. 그러나 교육을 통해 생산성을 확실히 올릴 수 있다면, 또는 조직의 재정목표 또는 실적목표를 달성하는 데 일조할 수 있다면 기업연수원의 교육예산은 수립해야 할 것이다. 따라서 이상의 논지를 중심으로 다음과 같은 기업연수원의 교육예산 수립 요령을 제시할 수 있다.

첫째, 지난해의 예산을 답습하는 것은 바람직하지 않다. 그보다는 지난해에 발생한 문제점이 무엇이었는지, 또는 올해 실시될 예정인 프로젝트에 맞는 기술과 지식이 무엇인지를 고려해야 한다. 또한 교육의 투자수익률(ROI)[23]을 제시할 때 교재 제작비용, 종이 및 잉크 사용료 등의 숨어 있는 비용을 간과하지 않는다.

23) 투자수익률(ROI; Return On Investment)은 가장 널리 사용되는 경영성과 측정기준 중의 하나로, 기업의 순이익을 투자액으로 나누어 구한다. 투자수익률은 원래 미국의 화학회사 듀퐁사에 의해 사업부의 업적을 평가하고 관리하기 위해 사용되어, 투자수익률 분석이라는 내부통제기법으로 개발되었다. 이 분석은 투자수익률이 경영성과의 종합척도가 된다는 관점에서 투자수익률을 결정하는 요인을 수익성과 회전율로 분해한 다음 각 결정요인의 세부항목에 대한 관리를 통하여 궁극적으로는 회사의 경영성과를 계획 · 통제하는 것을 목적으로 한다. 그러나 최근에는 이 분석이 기업전체 경영성과의 계획, 내부통제, 자원배분 결정, 이익예측, 채권자 및 투자자에 의한 기업 경영성과의 평가 등 여러 가지 목적에 사용되고 있다.

둘째, 예산에 포함되지 않았던 교육이 예기치 않게 발생할 경우에 대비하여 예비비를 책정해 둔다. 또한 직원들의 역량개발을 원하지만, 시간이나 방법을 모르는 부서장 또는 관리자들을 대상으로 컨설팅 서비스를 제공한다. 특히 교육예산을 결정할 때 교육을 통해 달성하고자 하는 바가 무엇인지에 대해 심사숙고해야 한다.

5. 기업연수원의 홍보 및 마케팅

1) 기업연수원의 홍보와 마케팅

기업연수원의 홍보는 외부로는 고객과의 관계, 언론과의 관계, 지역사회와의 관계, 정부와의 관계를, 기업 내부로는 최고경영자와 직원과의 관계, 직원과 직원과의 관계, 부서와 부서 간의 관계를 관리해야 한다. 관계 관리의 주요 수단으로는 커뮤니케이션을 활용한다. 커뮤니케이션은 정보의 공유와 이해이다. 함께 정보를 알고 이해함으로써 공감대가 형성되고 관계를 호전시키는 것이다. 그렇기 때문에 홍보담당자는 정보와 지식의 메신저 역할을 해야 하며 그렇게 공유된 정보와 지식으로 인하여 기업은 가치를 얻을 수 있고 공중은 각각의 공중별로 나름의 가치를 얻을 수 있다.

마케팅은 홍보와는 차이가 있다. 근래까지 마케팅(Marketing)은 수요를 관리하는 사회과학으로만 정의되었다. 마케팅이 경쟁기업과 시장에서 우위를 점하기 위해 서로 싸우는 것이라면 홍보는 그보다 상위 전략인 “싸우지 않고 이기는 것”이라 볼 수 있다. 즉 마케팅은 광고, 영업 등을 포함하여 창의성을 갖는 산업으로서 소비자가 가질 만한 미래의 요구와 욕구를 예측하는 일이었다면 홍보는 경쟁자의 개념이 크게 존재하지 않는다. 마케팅은 그 용어의 시작이 시장에서 출발하였으며, 그 목적이 적을 제압해서 승리하는 것이었다면 홍보는 기업과 그 공중과의 커뮤니케이션 관리이고 서로의 가치공유(Value Sharing)에 궁극적인 목적이 있기 때문이다.

기업과 기업연수원에서의 창출해 내는 가치는 생활 속에서 유용하게 활용하는 정보의 가치, 즐거움을 주는 오락적 가치, 새로운 문리와 학문에 대한 지식의 가치, 서로에 대한 감성을 공유하는 공감의 가치 등 여러 가지가 있는데 이러한 가치를 기업 내부에서도 공유하며 기업 외부의 고객, 언론, 지역사회, 정부 등과의 좋은 관계를 위하여 공유하여야 한다.

커뮤니케이션을 통하여 이러한 가치 공유가 원활하게 되면 공중과의 관계는 매우 좋아진다. 즉, 가치 공유를 최우선으로 삼아 기업의 내부 여건과 외부 환경을 분석하고 정확한 목표 공중(Target Public)을 선정하여 적합한 홍보전략 수립과 홍보 전술 실행이 홍보 효과를 극대화할 수 있는 전략적 차원의 홍보 활동이 될 것이다.

2) 대중매체를 통한 홍보와 마케팅

홍보는 대중매체가 홍보나 마케팅 주체에 유리한 보도를 하도록 유도하는 PR의 중요한 수단이다. 마케팅 주체가 대중의 호의를 얻기 위해 한 활동은 그것이 아무리 좋은 활동이더라도 대중에게 전달되지 않으면 그 목적이 달성되지 않기 때문에 대부분의 PR활동이 성공적으로 이뤄지기 위해서는 대중매체의 도움이 반드시 필요하다. 그러므로 마케팅 주체들은 자신의 활동을 알리기 위해 보도자료 등을 대중매체에 배포하고, 대중매체의 보도에 각별한 관심을 기울인다. 한편 환경문제, 식품위생문제 등 대중이 매우 민감하게 반응하는 사안에 연루될 경우 대중이 갖는 호의적인 이미지가 크게 훼손될 수 있기 때문에 이러한 사안에 대한 보도를 관리하는 것도 매우 중요한 문제이다.

기업연수원은 매스컴에 홍보자료를 제공해야 한다. 이때 제공하는 보도자료는 다음의 여러 사항을 고려하여 재구성되어 제작되어야 한다.

첫째, 보도자료를 쓰기 전 유사한 기사를 참고하고 6하 원칙에 의거, A4용지 1장 정도로 핵심을 요약한다. 또한 시각적으로 보기 좋고 읽기도 쉽게 한 문단은 3~4줄 정도가 적당하고 한 문장에는 한 주제만 쓴다.

둘째, 서식은 역삼각형 형식(중요한 사항을 글의 앞에 배치하는 것)의 기사체로 쓰되, 가급적 전문용어를 피하고 중학생 수준에 맞춰 쉽게 쓴다. 이슈, 트렌드, 타이밍에 맞춰 뉴스 가치를 높이고 제목과 리드를 강하게 뽑는다. 또한 객관적인 자료를 바탕으로 사실 위주로 쓰고 불필요한 형용사, 부사, 미사여구 등은 배제한다. 소리 내어 읽어 봐서 어색한 곳을 찾고, 오자나 잘못된 부분이 없는지 다른 사람에게도 교정을 부탁한다.

셋째, 회사의 입장보다 기자의 입장에서 쓰고 독자에게 어떤 이익이나 혜택을 주는지 알려준다. 비주얼 자료가 가능한 사안은 사진, 도표, 그래픽 등 시각자료를 필히 첨부한다.

넷째, 작성일 및 보도 희망일, 작성자, 주소와 전화번호 등 연락처, 홈페이지 주소 등을 꼭 명기한다. 이메일로 보내고 팩스로 한 번 더 보내 다른 여러 기자도 볼 수 있게 한다.

3) 광고를 통한 홍보와 마케팅

마케팅 주제가 직접적으로 자신의 의도대로 통제할 수 없는 홍보와 달리 광고는 마케팅 주체가 직접적으로 통제할 수 있는 PR의 수단으로 활용된다. PR을 위한 광고는 상품을 직접적으로 촉구하는 내용보다는 마케팅 주체의 긍정적 이미지를 제고하기 위한 내용으로 구성된다. 이러한 이미지 광고는 주로 대중이 긍정적으로 생각하는 요소들인 가족적 이미지, 환경 보호, 사회 공헌, 경영 혁신 등에 대한 내용이 배치된다.

기업연수원이 이러한 마케팅을 실시할 경우에는 마케팅전략을 수립하여 진행시켜야 한다. 마케팅전략의 절차는 준비 단계와 계획 단계, 그리고 실천 단계를 가져야 한다.

기업연수원 마케팅의 준비 단계는 첫째, 연수원 마케팅 부문에 대한 방침이 제시되어야 한다. 교육 프로그램의 마케팅을 위한 전략계획이 효율적으로 작성되고 성과 중심적으로 실행되기 위해서는 기업의 환경을 고려하여 기업연수원의 경영층으로부터 마케팅 방침이 제시되어야 한다. 이때 기업의 실정과 구성원들의 역량을 고려하여 제시되어야 한다. 둘째, 기업연수원 내부의 공감대가 형성되어야 한다. 기업연수원 구성원 각층에 대해 교육 프로그램 마케팅의 필요성과 함께 마케팅전략계획 작성에 대한 이해촉진 및 실행을 위해 공감대 형성이 필요하다. 셋째, 담당 부서의 결정이 이루어져야 한다. 담당 부서의 결정은 기업연수원의 조직 내지는 기업연수원의 사정에 따라 다르다. 기획실, 관리부 등의 사내 특정조직이 주요 지원부서가 된다. 넷째, 계획 기간과 일정이 수립되어야 한다. 중장기 계획이거나 연도 계획일 수도 있다. 마케팅의 계획이 1~2개월 정도가 소요되는 점을 감안하여 작성 기간을 설정하는 것이 좋다.

다음으로 기업연수원 마케팅계획의 단계이다. 전략계획 작성 단계별 주요 고려사항을 살펴보면 다음과 같다. 첫째, 마케팅과 현안문제 및 과제의 검토이다. 경영환경의 흐름이나 조건의 변화를 검토하여 추진 방향을 설정한다. 이어 기업이 처한 장단기 전망과 더불어 현안문제 및 핵심과제를 도출한다. 둘째, 기업의 방침이나 운영목표 등 마케팅 기본전략을 결정한다. 중장기 및 연도 운영방침과 함께 기본목표를 실현시키는 장단기 기본전략을 검토하여 결정한다. 셋째, 기업연수원 마케팅의 부문 및 전략계획을 수립한다. 장단기 전략을 기초로 하여 마케팅 부문별 계획을 수립한다. 종합적인 예산과 자금계획의 수립 및 중장기 마케팅계획의 연도별 할당을 계획한다. 넷째, 종합조정 및 실행계획과의 연동이다. 기업연수원 전체를 통합하여 종합조정하고 실행계획과의 관련성을 검토한다.

기업연수원 마케팅의 준비와 계획을 마친 후 실천 단계가 온다. 기업연수원 마케팅 전략계획의 발표와 운영이다. 마케팅 전략계획이 수립되면 언론사 및 대내·외의 요인들을 참석시켜 발표하는 절차도 필요하다. 우선 기업연수원 및 기업체와의 공감대 형성을 위한 임원회의 및 핵심 간부회의 발표방법을 사전에 검토한다. 이어 각종 홍보와 마케팅 과정에 들어간다.

6. 기업연수원의 네트워킹

1) 기업연수원 네트워킹의 필요성

기업연수원의 사회적 영향력이 확대되는 가운데 기업연수원은 전보다 넓은 활동 영역의 기회를 확보하였지만, 다른 한편으로 기업이 요구하는 사내교육의 역할을 수행하는 것만으로도 충족할 수 있었던 기능을 넘어서는 CSR,[24] 윤리경영, 지속가능성 등과 같은 새로운 사회적 요구와 기업연수원으로서의 책임이 주어지게 되었다. 기업과 시민사회, 기업연수원과 사회 간의 관계 재구성은 정보화, 세계화 등의 거시 환경적 변화와 함께 기업환경을 크게 바꾸고 있다. 이러한 사회적 요구가 반영된 경영 의제들을 기업연수원은 해결해 나가야 하는 상황에 이르렀다.

네트워킹(Networking)은 네트워크를 형성하는 것이다. 현대사회의 기업경영 입장에서 정보는 사람, 물건, 돈에 뒤지지 않는 경영자원이다. 경영에서 점점 더 중요한 정보를 수집하거나 전국 지점에 확산하기도 하는 것이 네트워크의 기능이다. 효율적으로 네트워크를 형성하고 정보를 어떻게 기업활동에 연결시키느냐가 현대기업의 중요한 전략과제이다. 컴퓨터와 통신기기가 비약적으로 발전한 것이 정보 네트워크의 출현 배경이다.

지역발전과 기술혁신에 대한 관심이 높아지면서 1990년대 이후 클러스터(Cluster)에 대한 논의가 전 세계로 확산되고 있다. 특정산업을 중심으로 집적(Agglomeration)된 지역의 산업자

24) CSR(Corporate Social Responsibility)은 기업의 사회적 책임을 말한다. CSR Program은 사회변화를 위해 기업을 이끄는 프로그램이다. CSR Program은 공공연하게 기업이 사회환경에 대한 정책, 즉 긍정적 변화의 방향으로 기업의 힘을 사용하도록 하여 기업의 사회적 책임성을 증진시킨다. CSR은 기업이 사회와 환경에 미치는 영향에 대한 책임의식을 행하는 방식으로 사업을 운영하라고 언급한다. CSR은 매일매일의 기업운영과정에 완전한 책임을 실행하도록 하는 정책개발 활동을 포함하고 있다. 경험적인 연구들이 CSR이 경제연구에 긍정적인 영향을 주고 있다는 것을 입증했다. CSR은 운영비용의 삭감, 진취적인 브랜드 이미지, 생산력과 판매력의 신장, 종업원 보유, 규제와 감독비용의 감소 등으로 평가된다.

원을 유기적으로 연계(Network)해 지역 및 산업의 경쟁력을 강화하려는 시도가 지역경제 발전의 새로운 모델로 등장하고 있다. 이러한 클러스터의 핵심요소 중의 하나가 바로 혁신주체 간 유기적 연계를 매개하는 네트워크이다.

실로 기업연수원에서 네트워킹 능력은 기업연수원의 인적자원제도 도입과 운용, 경쟁력과 재무성과에 모두 긍정적 영향을 미친다. 이는 기업 전체의 목적과 조직 구성원 각자의 목적간의 이해 공유(Shared Interest)가 높을수록 인적자원제도의 효과성과 성과 모두 향상된다는 것을 의미한다. 기업연수원의 네트워킹 능력은 기업의 인적자원제도 도입과 운용, 인적자원제도와 경쟁력, 경쟁력과 성과 간의 관계에서 매개효과를 가진다. 이는 인적자원제도 도입과 운용이 서로 다른 영역에 속하고, 성과의 객관적 측면과 주관적 측면이 일치하지 않는 것으로 나타난 분석결과와 조합해 볼 때, 기업경영에 시사하는 바가 있는 결과이다. 기업은 네트워킹 능력의 향상을 통해 각기 분리되어 있는 단계, 즉 인적자원제도 도입과 운용, 경쟁력, 재무성과 등을 연결하는 선순환의 고리(a Virtuous Circle)를 형성할 수 있다.

2) 효율적인 기업연수원 네트워킹의 형성

기업연수원의 다양한 네트워크 활동은 기업연수원의 성과 제고에 긍정적인 영향을 준다. 네트워크의 특성에 따라서 기업성과가 달라질 수 있는데, 네트워크의 공간적 범위가 확대될수록, 네트워크의 대상이 보다 다양할수록 기업연수원의 성과가 제고된다(김진영, 2008). 물론 이러한 기업연수원의 성과에 대한 네트워크 효과는 모든 기업연수원에 동일하게 나타나는 것이 아니라, 해당 기업의 내부역량(지식흡수능력)의 차이에 따라 그 성과가 차별화된다. 즉, 외부로부터의 정보와 지식을 자신의 것으로 흡수하고 체화할 수 있는 능력이 높은 기업연수원일수록 네트워크 활동에 따른 기업연수원의 성과는 보다 양호하다.

기업연수원의 다양한 네트워크 활동은 기업연수원의 성과에 유의미한 긍정적 효과를 창출하고 있는 만큼 기업연수원들의 네트워크 참여 촉진이 필요하다. 즉, 산업단지의 대부분을 차지하고 있는 중소기업체 연수원들의 경쟁력 확보를 위해서는 외부 기관과의 적극적인 네트워크 활동을 통해 기술을 비롯한 다양한 정보를 습득하는 것이 중요하다.

또한 기업들의 네트워크 활동은 기업 내부의 혁신역량에 따라 차별화될 수 있음을 감안해 개별기업들의 혁신역량 강화를 위한 지원사업의 병행이 필요하다. 이는 비록 혁신주체 간 네트워크가 효과적으로 잘 구축되어 있다고 하더라도 네트워크 활동을 통해 습득한 각종 정보를 기업 스스로가 흡수할 수 있는 능력이 미흡할 경우, 네트워크 성과는 기대에 못 미칠 수 있음을 의미하는 것이다.

특정 대상과의 장기화된 네트워크 지속에 따른 감금효과(Lock-in)의 최소화를 위한 개방형 네트워크의 구축이 중요하다. 본 연구에서도 네트워크 대상이 보다 다양할수록, 그리고 네트워크 대상의 공간적 입지가 단지 내로 제한되지 않을수록 기업성과가 향상되고 있음이 확인된 만큼 개방형 네트워크 구축을 위한 제도적 배려가 요구된다.

연구문제

1. 기업연수원의 평생교육 이념 및 중요성을 설명하시오.
2. 기업연수원의 효율적인 경영기획 및 전략을 제시하시오.
3. GE 크로톤빌 연수원과 소니 대학의 리더십 양성의 특징을 기술하시오.
4. 기업연수원의 효율적인 조직관리 방안을 모색하시오.
5. 기업연수원의 효과적인 홍보 및 마케팅 방법을 설명하시오.

CHAPTER 12

학원교육기관과 평생교육경영

학습개요

우리나라 학원교육은 평생교육의 사립 교육기관 중에서 가장 큰 비중을 차지하고 있으며 역사적으로 보아도 조선시대부터 수요자의 필요에 따라 개인에 의해 학문과 덕행을 연마하는 형태로 정규학교 설립 이전부터 시작되었다.

그동안 학원교육은 국민의 높은 교육열에 기초하여 학교교육을 보완하는 역할을 충실히 이행하면서 국민의 교육 발전에 크게 공헌하였으며, 국가의 경제 발전과 사회의 다변화 속에서 문해교육, 입시교육, 직업기술교육, 예능교육 등 활동을 통한 평생교육을 담당해 오고 있는 것이 사실이다.

그럼에도 불구하고 새 정부가 들어설 때마다 사교육비의 주범을 학원으로 설정하고, 대학입시 등 입시정책을 충분한 여론수렴 없이 졸속하게 바꾸어 학부모나 수험생인 학생들에게 큰 혼돈과 부담을 주고 있다.

따라서 이 장에서는 학원의 역사와 평생교육의 기능, 학원경영의 핵심가치와 효율적인 리더십과 조직문화, 홍보 · 마케팅에 대한 현장 적용사례를 제시하여 학원경영에 대한 체계적인 이해를 돕고자 한다.

학습목표

1. 학원교육의 탄생 배경과 의미를 이해하여 학원의 평생교육적 역할과 기능을 설명할 수 있다.
2. 학원교육 경영에서 핵심가치를 제시할 수 있다.
3. 학원교육에서 효율적인 리더십과 의사결정을 활용할 수 있다.
4. 학원교육의 조직문화와 재무관리를 이해할 수 있다.
5. 학원교육의 효과적인 홍보 · 마케팅을 실행할 수 있다.

1. 학원교육기관의 개요

1) 학원교육기관의 의미

산업사회의 고도화, 정보화, 세계화의 진전, 다원주의적 경향 등과 같은 사회변화는 교육의 수요를 증대시키고, 삶의 질 향상에 대한 인식이 높아지면서 교육의 요구도 그만큼 다양해진다. 그리고 인간의 교육적 욕구충족이나 자기계발이라는 측면에서 학교교육 중심의 교육체제를 변화시킬 것이 요구되고 있다. 전통적인 의무교육으로서의 학교교육만으로는 현대사회의 급속한 변화에 적응하기가 매우 어렵기 때문이다. 따라서 학원교육은 현재보다 훨씬 다양하고 광범위한 교육적 요구를 충족시킬 수 있는 교육으로 그 필요성이 증가되고 있다. 이러한 현대사회의 특성 및 양상과 관련하여 학원교육의 필요성과 의미를 정리하면 다음과 같다.

첫째, 지식기반사회의 도래가 교육의 전면적인 변화를 요구하고 있다. 첨단 과학기술의 발달과 정보화에 따라 지식의 폭증 현상이 가속화되고 있는 요즘은 보다 많은 학습과 보다 밀도 높은 훈련, 지속적인 훈련이 필수가 되었다. 그러므로 이제는 누구나 쉽게 정보와 지식을 활용할 수 있는 평생학습이 이루어져야 하며, 이를 위해 학습자의 지식 창출을 도와주는 학습사회가 요구되고 있다. 학원교육이 해야 할 역할이 바로 이것이다. 특히 학교교육 과정을 통하여 습득한 지식과 정보는 학교교육 후에 학원교육을 비롯한 평생교육 활동을 통하여 지속적인 자극 및 확장과 보강을 하지 않으면 쇠퇴하기 마련이므로, 지식기반사회에서 학원교육의 필요성은 더욱 커지고 있다.

둘째, 정규 학교교육의 한계성과 문제를 극복하기 위한 대안으로서 학원교육이 필요하다. 실제로 학교교육은 한정된 교육 시기, 현실성 없는 교육과정, 경직된 운영체제 등으로 인해 비판을 받아왔다. 그러므로 새로운 사회적 수요와 요구에 발 빠르게 부응해 왔던 탄력성 있는 학원교육은 다양한 교육수요를 충족시킬 수 있을 뿐만 아니라 학교교육을 보완하는 역할을 할 수 있다는 면에서 의의를 지닌다. 또한 학원교육은 교육기회를 누리지 못했던 사람들에게 원한다면 언제든지 교육을 받을 수 있는 2차 교육기회를 제공해 줄 수 있는 탄력적인 교육체제로서의 역할을 수행하고 있다.

셋째, 탈산업사회화라는 사회변화에 따른 직업세계의 구조적이고 가속적인 변화는 개인이 최초의 직종에 안주하여 평생 종사할 수 없게끔 직업에의 재적응을 끊임없이 요구하고 있다. 이처럼 직업기술교육에서 평생교육 차원의 교육이 요구될 뿐만 아니라 인적자원에 대한 가치와 중요성이 높아짐에 따라 학원 교육력 극대화의 필요성은 더욱 증대되고 있다. 1960~1970년대에 이미 학원교육을 통한 산업기술 인력 양성으로 한국 경제성장에 상당부분 기여해 온 학원교육은 앞으로도 인적자본을 지속적으로 양성하는 역할을 수행해야 할 것이며, 이것이 바로 기술계 학원교육의 의의이다.

넷째, 과학의 발달로 인한 인간 수명의 증가와 노동시간의 감소에 따라 여가시간이 증대되면서, 자아실현, 자기능력의 발휘, 잠재력 계발이 중요시되고 있다. 이는 평생교육의 필요를 촉발시키는 요인으로 작용하고 있으며, 앞으로의 학원교육이 여가시간에 대한 요구를 충족시키는 역할을 해야 함을 시사한다.

다섯째, 가족구조의 핵가족화, 여성의 사회진출 확대로 가정의 교육기능이 약화되면서 학원교육의 필요성이 부각되고 있다. 즉 여성의 노동시장 참여가 급속히 확대됨에 따라 과거 어머니들이 담당하던 자녀교육 기능을 이제는 시장에 의존해야 하는 경우가 늘어난 것이다. 가정교육 기능을 가정 밖에 맡겨야 한다는 것은 새로운 교육수요가 발생하는 것을 의미하며, 이러한 변화에 대해 학원교육은 적극적으로 대처해 왔고, 앞으로도 그럴 것이다. 이는 특히 영유아 및 초등학생을 대상으로 하는 학원교육의 필요성과 직접적으로 연관된다.

2) 학원교육기관의 발전 역사

(1) 학원의 기원

조선시대에 사적으로 운영되던 서원(書院)과 서당(書堂)이 있었고 서원은 본래 명유(名儒)와 공신(功臣)을 숭배하고 청년들이 학문과 덕행을 연마하는 수도장이었으며, 그 출발 정신이 현재 사립 교육기관의 기초가 되었다(김선양, 1984: 48-49). 학원의 기원으로 볼 수 있는 서당은 비형식적인 개인 교육기관으로 고구려의 "경당"에서 유래했으며 고려시대와 조선시대를 거치면서 수적으로 가장 많고 오래된 교육기관으로 자리 잡았다(김영우, 1984: 96). 서당은 전적으로 개인이 설립한 초등 교육기관으로 개폐가 자유로웠기 때문에 뜻이 있는 학자라면 누구라도 쉽게 서당을 열어 경영했으며 천자문부터 경서(經書)에 이르기까지 다양한 교육을 했다(김선양, 1984: 49-50).

(2) 근대적 의미의 학원

현재의 학원과 유사한 형태의 교육기관이 등장한 것은 갑오경장(1894) 이후의 개화기로 미국 선교사들에 의해 세워진 배제학당(1885)이나 이화학당(1886)이 학원 형태로 시작되었으나 후일 학교로 발전되었고 순수한 학원의 효시는 1903년에 설립된 황성기독교청년회(YMCA)가 서울 종로1가에 설립한 준 학교형태의 '청년회 학교'와 다양한 시간제 학원인 '청년회 학관'이다. 황성기독교청년회의 학교와 학관에서는 덕성교육과 영어, 수학을 가르치는 단과반 강습이 많았고(오해인, 1986: 210-211), 중학부 과정에서는 찬송가와 함께 현대음악과 미술도 가르쳤다(유덕희, 1985: 489-490). 이 청년회 학관의 교사로는 전 이승만 대통령을 비롯하여 애국운동가였던 이상재, 초대 학관장이었던 김기석(전 서울대 사대학장) 등이 있었다. 당시 서울에는 초등학교, 중학교, 외국어학교가 몇 개 있었지만 학생 수가 적고 별 인기가 없었다. 반면 학원의 원조인 이 청년회 학교 · 학관은 인문계와 기술계 · 음악계에서 장안의 선풍을 일으키는 평생교육기관이 되었던 것이다. 1913년에 조선총부령 제3호로 공포되었던 「사설학술강습회에 관한 건」을 통해 당시 민족교육과 민중교육의 중심이었던 평생교육기관이나 학원을 통제하려 했다는 사실이 발견되었으며, 이 학술강습회는 이후 강습소, 학원 등으로 변천했는데 현재 학원의 원류(原流)라고 할 수 있다(노영택, 1979: 128-173).

(3) 해방 후~1990년

해방 후 1940년대 후반부터 1950년대에 미용학원, 양복 · 양장학원, 타자학원, 요리학원 등 기술계 학원이 당시 시대 흐름에 따라 설립되었다.

1950년대 후반에 일류대학에 들어가려는 수험생들에게 영어와 수학을 가르치는 입시계열 학원들이 등장했고 이와 더불어 예술 및 무용학원도 우후죽순처럼 생겨나기 시작했다.

1961년 5 · 16 이후 정부는 난립된 학원을 정리한다는 명목으로 「사설강습소에 관한 법률」을 제정하여 모든 학원과 단체를 완전히 재정비했다. 새 법률에 따라 우리나라 최초로 인가받은 학원이 뉴타자학원이며 삼영학원(ELI)이 뒤를 이었다.

1967년에 열린 국제기능올림픽대회에서 우리나라가 처음으로 7개 부문(전기, 건축, 양복, 제화 등)에 참가, 그중 2개(양복, 제화)에서 금메달을 획득했고 이후 국제기능올림픽에서 우리나라는 연속 종합우승을 기록했는데 이들 대다수가 기술계 학원에서 기능을 익혔다는 것은 주목할 만한 일이다.

1970년대 재수생을 위한 종합입시학원의 증가와 독서실의 인가가 확산되었다.

1980년 '7 · 30 과외금지' 조치 후 1989년 과외금지가 완화되기까지 독서실의 확산, 외국어 전문학원 · 속셈학원의 급진적인 팽창, 소형 컴퓨터학원의 폭증 등의 변화를 주었다. 한국학원총연합회는 1957년에 창립된 '전국사설학원총연합회'를 기존 유사단체인 '서울특별시학원연합회'와 '서울특별시독서실연합회'까지 함께 통합하여 그 명칭을 고치고 조직을 강화하여 전국적으로 체계적인 연합 활동을 펴고 있다.

(4) 1991~2007년

1995년 5월 30평 이상의 시설만 가져도 재학생들을 대상으로 입시학원의 교과목을 가르칠 수 있도록 통합됨으로써 서울의 속셈 · 웅변 학원들이 대부분 '보습학원'으로 변경하였다. 또한 종전에는 교습과정을 문리, 기술, 예능, 가정, 사무, 종합, 독서실, 기타로 분류한 것을 기술, 문리, 경영실무, 예능, 독서실로 통합 재조정했다. 이에 따라 1997년 6월 말에는 전국의 학원이 총 62,914개로서 우리나라 평생교육기관으로 가장 큰 규모였다는 것을 보여준다.

1998년에 평생학습제도로서 '학점은행제'가 도입되었다. 학점은행제에 의하여 학위취득 교육을 제공할 수 있는 평가인정 대상기관 중 학원(기술계 · 어학계 · 예체능계)이 포함됨으로써 그 동안 학위 및 학문교육과 거리가 먼 비정규 교육기관 또는 영리목적 교육기관이라는 부정적인 사회적 이미지를 쇄신할 수 있는 계기를 마련하게 되었다.

2000년 4월 과외금지가 위헌이라는 판결에 따라 모든 개인과외 교습자는 신고만 하면 합법적으로 과외를 할 수 있게 되었다.

(5) 2008년~현재

2008년 10월 28일 교육부에서 9월 말 이명박 대통령이 국무회의에서 학원비 등 사교육비 절감 종합 대책을 지시함에 따라 법무부, 공정거래위원회, 국세청, 경찰청, 한국소비자원, 한국 소비자단체 협의회 등이 공동으로 마련한 '사교육 경감 대책'이 발표되었는데 이것이 본격적인 이명박 정부의 학원 규제 정책의 시작이었다.

2009년 6월 24일 국무회의에서 교육개혁과 관련 대통령이 "사교육을 없애는 것이 매우 중요하다"라고 지시함에 따라 여의도연구소 주최로 국회에서 '중산층과 서민경제를 위협하는 사교육과의 전쟁. 어떻게 이길 것인가?'라는 토론회를 개최하여 밤 10시 이후 학원 교습 금지, 방과 후 학교의 민간 위탁 운영 및 평가 강화, 외국어고 입시에 수학 · 과학 가산점 폐지, 입학사정관제 도입, 교원 평가제 실시, 불법 · 고액과외에 대한 신고포상금제 및 세무조사 실시 등 고강도 사교육 규제 카드를 제시했다.

2010년은 특히 학교교과교습학원들에게는 가장 힘들었던 시기로 기록될 수 있을 것이다. 정부의 학원 교습시간제한 정책, 방과 후 학교 확대 정책, 학파라치 제도 시행 등 직접적인 학원교육 말살정책이 시작되었을 뿐만 아니라 2011년 수능부터 EBS교재에서 70% 이상 문제를 직접 출제하겠다는 방침이 발표되었다. 또한 특목고 입학 전형인 '사교육 영향 평가제', '입학사정관제' 시행 등 각종 교육정책이 이어졌다. 이런 부당한 차별에 설상가상으로 2008년 글로벌 금융위기 이후 진행된 장기적인 경기 침체, 출산율 저하에 따른 학원 수강생 감소 등의 악재까지 겹쳤다.

역사적으로 학원교육은 국민의 높은 교육열에 기초하여 학교교육을 보완하는 역할을 충실히 이행하면서 국민의 교육발전에 크게 공헌하였으며, 국가의 경제발전과 사회의 다변화 속에서 문해교육, 입시교육, 직업 기술과 기능교육, 예능교육 등 활동을 통한 평생교육을 담당해 왔다.

일정한 조건을 갖춘 학원은 준 공교육기관으로 재규정한 후 정부에서 인정하고 시장경제 논리와 시대적 요구에 따라 불필요한 규제를 완화해야 할 것이다. 또한 2017년 이후의 시대는 로봇공학, 인공지능, 나노기술, 생명공학, 사물인터넷, 3D 인쇄 및 자율주행 차량을 포함한 여러 분야에서 새로운 기술 혁신이 나타나고 있는 4차 산업혁명의 시대이다. 이러한 4차 산업혁명 시대에 요구되는 비판적 사고, 창의력, 의사소통 능력, 협력이라는 미래인재의 핵심 역량을 높이는 일에 학원교육이 관심을 갖고 대한민국의 새로운 인재를 키워나가는 데 학원이 기여할 수 있도록 해야 할 것이다.

3) 학원교육기관의 주요 법령

해방이 되고 1950년대까지는 일제시대의 사설강습소 개념이 사용되어 오다가 1961년 9월 18일 국가재건최고회의에서 「사설강습소에 관한 법률」과 각령으로 동법 시행령이 제정·공포되면서, 사설학원에 대한 개념정의가 체계적으로 이루어졌다. 동법에서 사설강습소의 개념정의를 보면 "사설강습소라 함은 그 명칭 여하를 불문하고 사인이 청소년이나 성인에게 지식 또는 기술이나 예능을 전수할 목적으로 일정한 과정을 강습 또는 교습시키는 시설로서 교육법 제81조에 규정한 학교 이외의 것을 말한다. 단 3개월 이하의 임시적인 강습이나 공장, 사업장, 기타 직장에서 그 소속원을 위하여 실시하는 강습은 예외로 규정한다"고 명시되어 있다. 이러한 개념정의에서 사설학원의 주된 대상이 학교교육을 이수하지 못한 청소년이나 성인이었으며, 학원의 주된 교육목적이 이들을 대상으로 하는 기능교육 및 상급학교 진학을 위한 교육이었음을 알 수 있다.

1970년 8월 개정 공포된 「사설강습소에 관한 법률」에서는 "사설강습소라 함은 사인이 다수인에게 30일 이상 계속 또는 반복하여 지식, 기술, 예능, 체육을 교습시키는 시설이나 학습장소로 제공하는 시설로서 교육법 등에 의한 학교, 도서관법에 의한 도서관, 공장, 사업장 등의 소속 직원을 위한 교습시설에 해당되지 아니하는 시설을 말한다"고 규정하고 있다. 여기서는 그동안 사설강습소로 정립되지 않았던 체육도장과 독서실(학습장소로 제공하는 시설)의 개념이 삽입되어 사설강습소가 학원, 체육도장, 독서실 등으로 확대되었다.

그러나 사설강습소나 교습소는 사회통념상 또는 학문상 평생교육기관으로 인식되어 왔을 뿐, 법률에 평생교육기관으로 명문화된 것은 아니었다. 학원이 「사회교육법」(현, 평생교육법의 전신)에 의한 사회교육기관(현, 평생교육기관)으로 법적 지위를 가지게 된 것은 1982년 12월 「사회교육법」 제22조에 사설강습소 조항이 신설되면서부터이다. 「사회교육법」에서 "사설강습소라 함은 사인이 다수인에게 30일 이상 계속 또는 반복하여 사회교육을 실시하는 시설을 말하며, 사설강습소의 진흥, 육성에 관하여는 따로 법률로 정한다"고 규정함으로써 사설강습소가 사회교육법에 의한 사회교육기관으로 법적 지위를 갖게 되었다. 이 같이 사설강습소를 사회교육기관으로 법령상에 명문화함에 따라 '사설강습소'를 주요한 사회교육기관으로 진흥 · 육성시키기 위하여 1984년 4월 「사설강습소에 관한 법률」이 개정되었다.

「사설강습소에 관한 법률」은 1984년 4월 전문개정을 거쳐, 1989년 6월 16일 「학원의 설립 · 운영에 관한 법률」로 제7차 개정을 하면서, 이때부터 '사설강습소'라는 용어 대신 '학원'이라는 용어를 사용하고 있다. 1995년 8월 4일에 전문이 개정되고 2004년 3월 22일까지 9차례에 걸쳐 일부 개정된 현행 학원에 관한 법률을 근거로 하여 학원의 개념을 요약하면 다음과 같다.

학원이란 "사인이 대통령령이 정하는 수 이상의 학습자에게 30일 이상의 교습과정(교습과정의 반복은 일수가 30일 이상이 되는 경우를 포함한다)에 따라 지식, 기술(기능을 포함한다), 예능을 교습하거나 30일 이상 학습장소로 제공되는 시설"로 정의되고 있다. 그러나 「교육법」 기타 법령에 의한 학교, 도서관 및 박물관, 사업장 등의 시설로서 소속 직원의 연수를 위한 시설, 「평생교육법」에 의하여 인가 · 등록 · 신고 또는 보고된 평생교육시설, 「근로자직업능력개발법」에 의한 직업능력개발훈련시설, 기타 평생교육에 관한 다른 법률에 의하여 설치된 시설, 「도로교통법」에 의한 자동차 운전학원은 학원시설에서 제외하도록 규정되어 있다.

교육인적자원부(현, 교육부)에서 학원법을 개정(2006.9.22), 학원을 종전의 미성년 대상과 성인 대상 학원으로 구분하고 있는 것을, '평생직업교육학원'과 '학교교과교습학원'으로 구분하여, 평생직업교육학원에 해당되는 경우에는 수강료 자율조정 등 운영의 자율성을 확대해 주는 대신 학교교과교습학원에 해당되는 경우에는 계속해서 일정한 지도·감독을 하겠다는 기본 방향을 설정했다.

학원법 개정(2011년 6월 29일)으로 시·도교육청에 불법사교육신고센터를 설치하여 미등록·미신고 교습, 교습비 등의 초과 징수에 대한 신고를 가능하게 하고 위반 사항을 신고한 사람에게 교육감이 포상금을 지급하게 하는 일명 '학파라치'의 법제화 그리고 상급학교 진학에 필요한 컨설팅 등 임시지도를 하는 경우와 정보통신기술 등을 활용해 원격으로 교습하는 온라인 교습 등을 학원의 정의에 포함, 수강료와 수강료 외 기타 경비를 합쳐 '교습비 등'으로 용어를 바꾸어 기타 경비는 모의고사비와 재료비, 피복비, 급식비, 기숙사비, 차량비 6가지로 제한되었다.

공교육 정상화 촉진 및 선행교육 규제에 관한 특별법(2014년 2월 18일)과 불·탈법 개인과외 교습자를 규제하는 법 개정으로 앞으로는 학원처럼 개인과외교습자도 시·도 조례에 따라 교습시간을 제한받게 된다. 전단지에 교습비를 반드시 표시해야 하고, 교습장소 외부에 표지를 부착해 개인과외 교습장소임을 알려야 한다. '기업형 불법 과외'를 방지하기 위해 교습장소 1곳에 1인의 교습자만 신고하도록 한 개정된 「학원법」은 2016년 11월 30일부터 본격 시행되었다. 또한 제17조에 아동학대를 예방하고 아동학대 행위에 대한 행정처분 근거를 마련하는 조항이 신설됐다.

2. 학원교육기관의 경영기획 및 경영전략

1) 교육제도 변화에 따른 대응

우리나라 입시정책과 교육정책은 위정자가 바뀔 때마다 변해 왔다. 그러므로 변화에 민감하게 대응해 준비하여 대처해 나아가든지 아니면 입시정책이나 교육정책이 변해도 크게 혼선이 오지 않는 장기적인 능력개발 위주의 교육 프로그램으로 꾸준히 콘텐츠 개발에 투자하고 현장에서 실행하는 차별화 전략을 세워야 한다.

이명박 정부가 들어서면서 사교육비 50% 줄이기 위해서 입시정책과 교육정책이 많이 바뀌었다. 대학입시는 입학사정관제제도 도입과 수학능력시험 문제를 EBS교재에서 70%를 출제하도록 유도함으로써 고등학교 참고서를 출판하는 출판사들이 줄줄이 문을 닫게 되었고 수능을 타깃으로 한 온라인(On-Line) 사교육시장에 큰 타격을 주었다. 그러나 대학입시는 학교내신과 수능, 논술과 입학사정관제의 준비과정이 있고 수험생들의 일류대를 향한 경쟁이 치열하므로 학원교육의 비중이 여전히 클 수밖에 없다.

특목고 입시는 학교내신과 입학사정관제나 면접전형으로 바뀌어 학생들의 학력신장에 큰 지장을 초래하고 있을 뿐 아니라 외국어고등학교와 과학고등학교에서 글로벌리더와 영재교육으로 국제화시대에 국가경쟁력을 키워야 하는 데 시대 흐름에 역행하여 거꾸로 가고 있으니 심히 염려스럽다 하겠다. 중등학교의 하향평준화와 초등학교의 일제학력고사의 폐지로 교육현장에서는 학력신장에 적극적인 역할을 할 수 없는 실정이다. 이럴 때일수록 학원교육자들은 인내하며 학생들의 학력신장과 특기적성교육을 보완하는 데 최선을 다해야 할 것이다.

학원교육자들은 입시정책이나 교육정책에 큰 영향을 받지 않는 아이템을 선정하여 콘텐츠 개발 및 운영을 개선하고 장기적인 계획을 세워야 한다. 예를 들면 유치부나 초등부의 콘텐츠 개발 및 운영이다. 영어교육의 중요성이 대두되면서 영어유치부학원(6, 7세)이 많이 늘어나고 있으며 이제 4, 5세부터 시작하는 놀이식 영어 어린이집 형태의 학원도 생겨나고 있다. 초등부 영어학원도 확대되었는데 수요가 가장 많은 시장으로 볼 수 있으며, 학교내신에 매달리지 않아도 되는 시기이므로 장기 수강도 가능하다.

수학도 역시 저학년부터 새로운 공부방법이 개발되어야 한다. 일반적으로 유치부 때나 초등부 저학년 때는 가정에서 학습지 중심으로 반복적인 문제풀이식이었고 가정방문지도 선생님의 전문성이 결여되었던 점을 부인할 수 없다. 어렸을 때부터 몰입의 즐거움을 통한 행복한 수학 접근으로 전문 선생님으로부터 수학적 기초체력을 튼튼히 할 수 있는 콘텐츠 개발과 현장학습이 중요하다.

또한 새로운 수학교육 트렌드에 맞추어 콘텐츠 개발 및 시행에 한 발 앞서가야 한다. 정부에서는 2013년 3월부터 초 · 중 · 고교의 수학교과서가 생활사례나 배경설명을 충분히 곁들여 개념을 설명하는 스토리텔링(Story Telling)형으로 바꾸고, 단순암기형이나 중복되는 내용을 없애고 학생들의 학습량을 20%가량 줄이기로 했다.

수학공식을 외우지 않고 이야기하듯 쉽게 설명해 주고 "재미있게 배우는 수학"으로 전환시키는 것이다.

2) 프로그램 특성화 · 차별화의 콘텐츠 개발

"○○학원 하면? 뭐~" 하고 대답할 수 있을 만큼 특성화를 통해 차별화를 이루어내야 하며, 고객의 요구(Needs)를 파악하여 고객이 학원을 선택한 이유에 만족을 줄 수 있도록 콘텐츠 개발에 주력해야 한다.

(1) 프로그램 대상

초등, 중등, 고등전문 또는 초 · 중등, 중 · 고등 등으로 구별하여 운영한다. 성적(상 · 중 · 하)에 따라 중점 타깃을 정하거나 목적에 따라 내신중심, 특목중심, 영재교육중심, 대학입시중심으로 구분하거나 과목별 전문학원으로 구분하여 특성 있는 학원으로 운영하여야 한다.

(2) 프로그램 개발

공교육이나 타 사교육기관보다 앞서갈 수 있는 프로그램을 개발하여 차별화, 특성화를 꾀하고 가능하면 CD-ROM, 동영상, e-Book 등 다양한 파일 형태의 디지털 콘텐츠를 병행하여 개발해야 한다.

운영자는 교육적 환경과 경제적 여건을 고려해 자신이 가장 자신 있는 프로그램을 선정하여 개발하고 만약 경험이 적거나 콘텐츠 개발을 할 수 있는 여건이 안 될 경우, 지명도가 높은 프랜차이즈에 가입하여 경영노하우를 배우고, 전국적인 네트워크를 통해 학원의 신뢰도와 위상을 높이고 지속적인 연구와 노력으로 콘텐츠 개발에 확신이 있을 때 시도해도 늦지 않다.

3) 학원 교사가 학원의 질 결정

학원 교사가 학원의 질(Quality)을 결정할 만큼 중요하므로 우리 학원만의 특별한 교수법과 학생관리 시스템이 있어야 하고 신규 교사를 채용했을 때는 적어도 한 달 이상은 교육과 참관수업, 참관수업 후 참관일지 쓰기 등 철저한 훈련이 필요하다. 학부모나 학생들에게 특징과 색깔이 있는 학원으로 각인되어야 한다. 학생들이 공부를 안 하는 것은 학생 탓이 아니라 선생님 탓이라 생각하고 학생의 기를 꺾으면 안 된다. 항상 정리된 모습을 보여야 하고 신뢰감을 줄 수 있도록 자신을 철저히 관리해야 한다. 대충하려는 학생은 학원을 떠날 수 있으나 학생들과 타협 없이 기본과 원칙을 끝까지 지켜나가는 태도가 얼마나 중요한 것인가 새삼 강조할 필요가 있다. 이러한 기본과 원칙에 대한 확고한 신념은 학원의 수업에 참여하는 한 성적이 반드시 오른다는 학원의 독특한 브랜드를 만드는 데 가장 큰 역할을 할 것이다.

(1) 유능한 교사의 조건

① 학생을 항상 사랑으로 지도해야 한다. 독일의 교육자 프뢰벨은 정원사가 아름다운 꽃을 피우기 위하여 얼마나 많은 사랑으로 꽃나무를 가꾸고 정성을 들여야 하는지를 일깨워 주며 유치원생을 꽃나무에 교사를 정원사에 비교하였다. 스위스의 교육자 페스탈로치는 "지식으로 교육하는 것은 죄악이고, 아동을 이해하는 것이 사랑이다"라고 했다.

② 칭찬과 격려로 교육하라. 교육에서 칭찬과 격려는 아동이 성장하는 자양분이다.

③ 학원 교사로서의 긍지와 신념이 있어야 한다.

④ 원칙을 지키고 프로의식이 있는 교사이어야 한다.

⑤ 교재 연구를 철저히 하고 교수법을 익혀야 한다.

좋은 교사는 첫째, 학생 연간 성취목표를 설정, 교육계획 및 평가방안 마련, 주제중심의 일일교수법 준비 등 계획을 세우고 둘째, 과목 주제에 대한 학생의 집중 유도, 교과내용의 명료한 전달, 모든 학생의 참여 장려, 학생의 이해도 점검, 교육시간의 최대화, 긍정적이고 존중하는 태도로 학생과 접촉으로 가르치며 셋째, 학생의 진전상황평가, 학생 진전데이터 축적, 데이터에 따른 재교육으로 교육효과를 높여야 한다.

(2) 신입 교사교육

① 1차 교육: 교재 준비 및 수업방법

학원 교재구성 및 교육과정, 학원관리 시스템, 수업요령, 숙제관리, 노트정리, 알림장 사용요령, 출결관리, 반 편성고사 및 월말평가, 보충자료 만들기 등

② 2차 교육: 학생 및 시설관리(교실)

교사의 자세 및 태도, 상담관리 기법, 신입생 관리, 퇴원생 관리 등

③ 3차 교육: 직장인의 자세

출퇴근 및 근무태도, 교무실 생활지침, 수업 전 준비사항, 지각/결석관계 등

(3) 재직 중인 교사교육

원장이나 교수부장은 교사들의 수업을 참관하고 수업을 잘하는 교사를 추천하여 다른 교사들에게 이론수업을 한 후에 샘플수업을 하도록 한다. 그 후에 나머지 교사들은 조를 이루어 수업계획을 짜도록 하고 스터디 후에 연구수업을 하고 그것을 듣고 배포된 평가지에 장점과 보완점에 대해 가감없이 쓰도록 한다.

한시적이 아니라 주기적으로 이루어질 때 단점이 보완되며 교사들 간에 선의의 경쟁을 하면서 수업의 질이 높아지게 된다. 연간 계획에 의해 교양 교육, 조직문화 이해교육, 성공사례 발표, 전문교과별 스터디, 연구수업을 통해 성공적인 학습지도를 하도록 한다.

4) 학원생 관리 시스템

(1) 학원생 관리

① 재원생: 담임 1일 3명 이상, 교과담당 월 1회 이상 정기상담을 하도록 한다. 필요에 따라 수시상담을 하여 문세점을 즉시 해결해 주어야 힌다.

② 신규원생: 처음 한달 특별관리하여 학원에 대한 적응력 키우기에 주력해야 한다.

③ 결석생: 결석으로 인한 수업결손을 학부모와 상의하여 보강일정을 계획하여 신속하게 보강한다. 지각 · 결석이 없는 반 만늘기와 우리 학원과 우리 반에서 수입빋는 깃을 특권이라 생각하며 반의 결속력과 서로를 소중하게 생각하는 분위기를 조성한다.

④ 등록: 원생의 제때 등록은 원생 관리에 중요한 요소이므로 신규생 때부터 매월 개강 5일 전까지 등록이 되어야 다음 달 학원 학사일정에 도움이 됨을 강조하여 각인시켜야 한다.

(2) 학원생 평가 및 숙제 관리

단원이 끝날 때마다 단원평가를 하여 부족한 부분을 보충해 주고 매월 셋째 주에 정기평가를 한다. 3개월마다 반 배치고사를 본 후 성적별 반 편성을 다시 하여 면학 분위기를 조성한다. 숙제를 해오지 않았을 경우 정규수업 후 남아 공부하고 집에 가도록 한다.

(3) 학부모 간담회

3개월마다 간담회를 실시하고 배치고사 후 성적 결과나 그동안 누적된 성적과 학원에서의 생활 태도 등에 대해 상담을 하고 학부모 요구사항도 경청하여 학생지도에 도움이 되도록 하고 학부모와의 관계를 잘 유지한다. 필요에 따라 수업 공개 후 학부모 간담회를 실시해도 좋다.

(4) 퇴원생 관리

퇴원이 결정되었어도 언제든 재등원할 수 있도록 앞으로의 진도나 교육정보를 제공하여 관심을 계속 갖도록 한다.

5) 학원의 상담관리

(1) 상담관리의 의의

학원경영성과의 목표가 상담관리에 의해서 달성된다고 이야기해도 과언이 아닐 정도로 학원운영에서 상담관리는 매우 중요하다.

학원을 처음 방문한 학부모와 학생에게 학원을 알리는 첫 관문이며 학원에 재원 중인 학부모와 학생에게 학원에 대한 지속적인 믿음과 신뢰를 유지하기 위한 과정으로 상담관리 능력에 따라 신규원생의 등록 여부, 기존 원생의 퇴원 여부가 결정되므로 보다 조직적이고 체계적인 상담관리가 필요하다.

(2) 상담 관리의 주체와 역할

'우리 학원은 이런 학원이다' 즉, 학원에 대한 내용을 집약한 그리고 프로그램에 대한 기본적인 내용을 바탕으로 학원을 소개할 수 있는 원칙을 '매뉴얼'화해서 학원종사자에게 지속적으로 교육이 이루어져야 한다.

① Information Desk 여직원

Information Desk 여직원은 '학원의 얼굴'이라 할 수 있다. 학원에 문의 전화상담할 경우 처음으로 접하고 안내하는 사람으로 학원에 대한 인식에 중요한 영향을 끼칠 수 있다. 학원생 모집 시즌이 되면 많은 홍보 및 마케팅이 이루어지는데 전화문의를 먼저 하게 된다. 전화를 어떻게 받느냐에 따라 고객은 방문학원 우선순위를 정하게 되고 신규생 유치와 밀접한 관계가 있다. 학원 내 정보 전달과 학원 프로그램에 대한 기본숙지를 바탕으로 고객에게 설명하고 학원에 고충사항(불만사항)의 초기 응대를 신속히 처리하므로 신뢰를 쌓을 수 있다.

② 상담전문가가 반드시 알아야 할 사항

- 교육 및 입시제도
- 학원교육의 유효성
- 효과적인 학습방법(수준별, 특성별)
- 인근 학교 · 인근 사교육기관의 정보
- 학원의 교육상품(프로그램 · 교재내용)
- 원생 관리시스템

※ 신규상담 시 상담자는 고객에게 믿음과 신뢰를 줄 수 있도록 궁금한 점을 확실히 해결해 주어야 한다. '신규생이 신규생을 부른다'는 말이 있듯이 신규생이 한 달 이내에 형제, 자매나 주변 친구의 추천이 이루어지도록 유도하여야 유능한 신규상담이다.

③ 담임선생님의 자세 및 상담 관리

- 학습지도의 책임(개인별 맞춤수업, 알 때까지 완전학습, 숙제관리, 결석 때 클리닉 지도, Test 후 Feed Back)
- 생활지도(올바른 인성지도)
- 출 · 결 관리(결석계 미리 제출하도록)
- 학부모와 2주 1회 전화상담
- 학부모와 분기별 간담회
- 학생과 수시 및 정기상담(월 1회)

(3) 고객의 종류와 처리방법

① 충동적인 고객(The Impulsive Person)

말과 행동이 빠르고 거래도 빨리하기를 원한다. 이런 고객과의 상담대화는 짧아야 하고 요점만을 말해야 한다.

② 심사숙고형 고객(The Deliberate Person)

말과 행동이 느리다. 따라서 대화도 좀 연장되기 마련이다. 그러나 상담요점은 상담이 종결될 무렵까지 숨겨두어야 한다. 빨리 결정을 요구하면 분개하기 쉽기 때문이다.

③ 우물쭈물형/우유부단형 고객(The Indecisive Customer)

걱정하는 표현과 흔들리는 행동을 하며 결정하는 힘이 약하다. 유능한 상담자는 이런 고객을 만날 때 적극적인 제안을 한다. 상담자가 주도적으로 결정해 준다.

④ 결단형 고객(Decisive Customer)

안정된 태도와 표현에 의해서 알 수 있다. 이런 고객과의 상담 시, 상담자는 조심성 있게 모든 중요한 상담요점에 대해서 그의 의견을 물어보는 것이 도움이 된다. 또 상담자의 재치 있는 질문으로 고객의 응답을 유도해야 한다.

⑤ 다변형 고객(Talkative Person)

말이 많고 표현과 행동 면에서 친절하며 대화가 잘 통할 수 있는 고객이다. 이런 고객을 만나면 상담자는 고객 혼자만 이야기하고 있다는 것을 잊게 하기 위하여 최대한의 흥미를 보이다가 재치 있게 말을 막아 상담 의도 방향으로 유도해야 한다.

⑥ 침묵형 고객(Silent Customer)

표현과 행동이 무뚝뚝하고 상담자에게 공포를 느끼게 한다. 상담을 원해 방문을 했으면서도 말도 하지 않고, 관심도 없는 듯 시선도 주지 않는다. 이런 고객이 침묵형이다. 이런 유형의 고객을 만나면 상담자는 아주 불안하고 당황하면서 답답하게 된다. 이 경우는 상대방의 반응과 관계없이 상담자의 의도대로 Full-pitch를 하면 된다.

⑦ 의심형 고객(Suspicious Person)

빈정대고 냉소적이며 교활하고 행동과 표현에 의심이 많다. 이런 경우에는 그의 의심과 공포에 어느 정도 수긍하는 태도로 상담하다가 상담자의 말이 얼마만큼 옳은 것인가를 많은 물적 증거의 제시와 함께 신념을 가지고 확신시켜 주어야 한다.

(4) 상담의 실제

① 접근 단계(Approach Stage)

- 좋은 분위기를 조성한다.
  친절하고 예의바른 언행으로 대한다.
  상대방의 직위, 자녀의 이름을 불러 준다.
  혼자만 이야기하려고 하지 않는다.
  고객의 질문에 성의껏 응대한다.
- 말문을 열게 한다. 질문, 호기심, 관심 분야 등 눈높이를 맞추도록 한다.
- 오감에 호소한다. 가망고객에 마음을 움직이게 하는 것은 이성에 자극을 주는 방법

과 감정에 호소하는 방법이 있다.

- 상담고객과 대화의 초점을 찾아 맞추도록 한다(대학입시, 특목고, 일반내신, 학년, 수준, 과목, 정원 수 등).

② 상품 설명 단계(Demonstration Stage)

- 상품 설명자료를 미리 준비한다.
- 필요와 욕망의 개발에 집중한다.
- 고객이 참여케 하고, 자기 스스로 선택하도록 유도한다.
- 상담자가 고객을 리드한다.
- 상담 대화를 한 폭의 그림, 드라마처럼 극화한다.
- 종결지을 준비 자세를 취한다.

③ 반대 극복 단계(Objection Stage)

- 신념을 불러일으키는 아홉 가지 방법은 다음과 같다.
  첫째, 열성 있게 한다.
  둘째, 힘차게 한다.
  셋째, 주된 상담내용의 초점을 되풀이한다.
  넷째, 낮추어서 이야기하고, 말한 것 이상을 증명할 수 있는 사례를 보여준다.
  다섯째, 고객이 항상 이익이 된다는 것을 강조한다.
  여섯째, 자신이 말하는 것이 무엇인지를 확실히 알도록 한다.
  일곱째, 상담자의 주장을 뒷받침해 줄 증명이나 증거를 준비한다.
  여덟째, 학원이나 교사의 명성을 강조한다.
  아홉째, 상담 대화는 간단명료하고 이해하기 쉽게 한다.
- 수강료에 대한 반대를 극복한다.
  첫째, 수강료에 대한 문제는 되도록 뒤로 미룬다.
  둘째, 수강료는 적은 액수로 쪼개어 얘기한다.
  셋째, 다른 상품과 비교 설명하면서 수강료의 합당성과 장점을 설명한다.
  넷째, 고객과 함께 수강료의 타당성을 따져 나간다.
  다섯째, 좋은 지불조건을 제시한다(카드, 현금DC, 장기수납).

여섯째, 수강료를 무조건 할인 받고자 하는 사람에게 직접적으로 부당성을 얘기해 준다.

④ 종결 단계(Closing Stage)

- 자연스럽게 상담을 끝맺도록 한다.
- 의사결정 시기를 놓치지 않는다
- 종결방법: 상담 초점을 다시 나열하고, 이익과 손해를 구체적으로 비교하고, 결정이 다 된 것처럼 종결하고, 교육상품의 주인임을 암시하고, 한정된 반 · 정원 · 수준 · 성적 · 마감임박 개강시기 등의 상황을 전개하고, 수강등록카드를 작성 및 등록하도록 자연스럽게 창구로 안내한다.
- 거절에 대한 상담자의 대응은 다음과 같다.
  가망고객이 빈정대거나 거절하더라도 씁쓸한 행동을 하거나 논쟁을 벌여 모욕하는 행동을 해서는 안 된다.
  성공했을 때와 똑같이 친절하게 최선을 다하고 다음 기회의 문을 열어둔 채 기다려야 한다.

⑤ 제안 상담(Suggestion Selling) 단계

한 과목 한 학생만 신규생을 유치한 것은 성공한 상담이 아니다.

- 학부모에게 어떻게 더 많이 권할 것인가?
  학부모의 요구사항을 만족시켜 준 다음 고객 입장에 서서 권한다.
- 무엇을 권할 것인가?
  관련된 교육상품을 권한다. - 영재반(수학 · 과학), 형제자매 이웃 추천 소개 유도 주력상품, 특별 프로그램을 권한다.
- 주된 고객을 만든다.
  자주 전화하고 방문상담의 경우 극진히 예우한다.
  정보제공 서비스를 우선한다. - 소개, 추천이 이루어진다.

Example: 부서별 [Daily] 업무분장

구분			
교사	• 수업 준비 • 출결관리 및 학생면담 • 수업 진행 • 결석자 관리	• 학생상담전화(상담정보입력) • 교무일지 작성 • 교재 연구 및 교구 준비 • Detention 관리	• Daily Test 확인 및 관리 • 과제물 점검 • 공지내용 및 숙제 유인물 확인 • 온라인 교육 확인(LMS)
상담관리	• 신규, 재학생 상담 • 출결 확인 및 보고 • 일간 등록 현황 보고 • 일일 업무일지 작성 • 고객 불만접수 및 처리 • 각종 자료 작성 및 배포 확인 • 수납업무 • 일일 등원 및 귀가 지도	• 수업 준비 지원 • 쉬는 시간 및 종강 동선 파악 • 캠퍼스 정리 및 관리 • 수업실 조정 및 배정 • 쉬는 시간 인원통제 • 교육관련 자료 수집 및 배포 • 숙제 및 유인물 확인 • 캠퍼스 정리 및 관리	• 안전사고 방지 • Activity 준비 • 시설 및 유지보수 물품 점검 • 차량 운행 승하, 하차 지원 • Detention 관리 및 학부모 통보 • 출결 확인 및 보고 지원

Example: 부서별 [Weekly] 업무분장

구분			
교사	• Weekly Meeting 참석 • 교무일지 제출 및 결재 • 주간업무 보고 제출	• 주간 학습 계획서(관리, 감독) • 주간 과제물 출제 • 전체 교사 회의	• 교사-상담 파트 업무협조 회의
상담관리	• 매주 월요일 주간업무 확인 • 주간업무 보고 • 주간 계획 일정 점검 • 휴일 시설물 이상 유무 점검 • 본사 지원계획 작성 및 요청	• 장비, 비품, 소모품 점검 • 보조교사 교육 및 관리 • 원생 정보 작성 및 공유 • 캠퍼스 시설 점검 • 등록업무 관련 정리(미납, 이월)	• 캠퍼스 장비점검 • 교재 재고 파악 및 주문 관리 • 학생 사진 및 정보 Update

Example: 부서별 [Monthly] 업무분장

구분			
교사	• 월간 계획표 작성 • 재등록 상담 및 관리 • 출석부 정리 및 확인	• 교육참여 • 특강 프로그램 기획 제출 • 당직일정표 작성	• 성적 전화상담 • 학부모 간담회 개최
상담관리	• 교사 Time Table 확인 • 월간일정표 작성 및 보고 • 편입 학생 Level Test 진행, 상담 • 학사일정 조사 • 재학생 성적 처리 및 성적표 발송 • 교재리스트 파악 및 교재 주문	• 학원경영 자료 분석 • 본사 지원계획 작성, 요청 • 재등록 안내문 작성배포 • 재등록 현황 보고 • 학기 프로그램 홍보 • 학부모 설명회 실시	• 성적우수자 선정 및 포상 • 학기 운영 준비 회의 • 캠퍼스 시설 조사 및 점검 • 공인시험 접수 및 현황 파악

6) 학원교육사업의 창업

학원교육사업의 활성화 및 성공전략은 프로그램의 차별화와 교사인력 및 교직원을 포함한 인적자원관리, 그리고 고객지향 마인드를 기본으로 한 학원 서비스 전략과 최상의 지역 선택이 중요하다.

(1) 학원사업의 장점

국가가 할 교육적 책무를 대신하여 분담 수행하는 교육기관으로 교육사업가로서 자부심을 가질 수 있다. 또한 아이템을 잘 선정하면 비교적 불황에 둔감하고 수강료는 선불제도이므로 운영에 좋은 조건이라고 할 수 있다.

(2) 규모 · 업종과 대상층 선택

영어, 수학, 주요과목 연합, 예능 등 학원에 따라 전문 단과학원, 종합학원 선택과 유치부, 초등 · 중등부 등 전문성의 선택과 집중이 필요하다.

(3) 프로그램 선택 및 콘텐츠 개발

예를 들어 수학에서 저학년을 상대하는 교구 · 실험중심 수업이냐? 초 · 중 · 고 학교내신중심 수업이냐? 경시 · 올림피아드 중심 수업이냐? 영재고 · 과학고 입시 중심 수업이냐? 대입 수학능력시험 중심 수업이냐? 등 선택을 하고 앞서가는 콘텐츠 선택 및 개발이 있어야 한다.

(4) 지역선택 및 건물임대

프로그램 선택에 따라 지역 위치가 달라져야 하나 일반적으로 재학생 학원의 경우 학생이 많이 있는 신도시나 도심의 재개발 아파트를 중심으로, 교통이 편리한 곳이 유리하다. 인구 수, 학교 수, 학생 수, 경쟁학원(지역토착학원, 브랜드학원), 수강료 수준 등 시장평가를 정확히 하여 지역을 선택해야 한다. 성인중심 대상 학원은 오피스 밀집지역과 교통의 요지가 유리하다. 또한 시 · 도별 인 · 허가 기준이 다르므로 사전에 충분히 관계기관의 실무자와 협의하여 건물임대를 해야 하고 시설을 할 때도 학원은 소방법상 다중이용시설로 분류되어 상당히 까다로우므로 전문가의 도움을 받아야 한다.

(5) 개원 시기와 준비

재학생의 경우 개원 시기는 겨울방학(12월)이나 신학기(3월)에 맞추어 하는 것이 유리하며 개원 월보다 적어도 6개월 전부터 준비해야 한다.

• 개원 시 준비사항: 학원교육 프로그램 · 시스템 완성, 인테리어, 간판, 홈페이지 제작(개원 3개월 전부터 홍보), 교직원 채용 및 교육(원장, 부원장, 상담실장, 총무, 경리, 차량부, 교사 등), 개원홍보(1, 2, 3차), 개원 학부모 설명회 등

3. 학원교육기관의 리더십 및 의사결정

1) 학원경영에서 영향력 있는 리더가 되는 방법

그린리프(R. Greenleaf)라는 경영학자는 1970년 초에 헤르만 헤세의 작품 『동방순례』라는 책에 나오는 이상적인 하인 레오의 이야기를 통해 섬기는 리더십(Servant Leadership)의 개념을 정리했다.

진정한 리더가 되기 위한 가장 중요한 요소는 "성품"과 "역량"이다. 성품은 그 사람의 인간적인 품격이며, 역량은 그 사람의 지식 · 기술 · 능력을 말한다.

(1) 훌륭한 성품 세 가지 요소

① 내적 안정감 유지

내적 안정감이 있는 사람은 자기 정체성이 확고하며 자존감과 자신감이 있다. 훌륭한 리더들은 신뢰감, 열정, 자만심의 견제, 넘치는 에너지와 같은 특성을 보인다. 내적인 안정감은 친밀한 인간관계를 통해서 생성된다. 부모와 자녀의 친밀감, 아내와 남편의 친밀감, 또는 깊은 신앙심을 통해서 가능하다.

② 원칙과 가치관 확립

원칙과 가치관이 확고한 리더는 조직의 목적과 임무를 발견할 수 있으며, 결단력 있는 의사결정을 할 수 있다. 가치관과 원칙을 확립하는 가장 좋은 방법은 존경하는 인물로부터 배우는 것이다. 존경하는 인물을 통해서 자신의 목표, 인생관, 가치관을 설정할 수 있다.

③ 지혜롭게 실천

진정한 리더는 내적 안정감이라는 토대에서 원칙과 가치관에 부합되게 자신의 역량을 최대한 활용할 줄 아는 실천력이 있다.

(2) 자신의 역량, 즉 실력 쌓기

앞서 말한 성품인 세 가지 요소가 있다 하더라도 역량이 부족한 사람은 훌륭한 리더가 되기 어렵다. 역량이 뛰어날 때 그 사람이 갖고 있는 매력적인 성품이 빛을 발산한다. 항상 바람직한 성품을 개발하기 위해 생각하고 말하고 행동하며, 자신의 업무를 통해 역량을 끊임없이 강화하는 노력을 할 때 우리는 언젠가 진정한 리더가 될 수 있을 것이다.

2) 학원경영에서 성공하는 중간관리자(부원장, 교무부장, 팀장)의 리더십

(1) 업무를 체계적으로 계획하라.

조직은 규모에 상관없이 자체 목적, 또는 임무가 있다. 따라서 관리자의 일차적인 역할은 조직의 목적을 달성하기 위해 체계적으로 계획하는 일이다. 성공한 어떤 관리자의 말이다. "나는 매년 첫째 주, 매월 첫날, 매주 월요일 오전, 매일 업무 시작 한 시간 전에는 계획하는 일에 몰두했고 그 시간을 무척 좋아하고 즐긴다."

(2) 지속적으로 커뮤니케이션하라.

관리자는 팀원들이 제대로 실행하고 있는지, 중간에 수정 · 보완할 부분이 있는지, 결과가 제대로 산출되고 있는지 검토하기 위해 지속적으로 대화해야 한다. 팀장은 정보를 적극적으로 수집하여 필요한 팀원에게 전하는 역할을 해야 한다.

(3) 팀 내부의 팀원을 관리하라.

팀장이 해야 할 가장 중요한 일은 팀원들이 신나게 일하도록 동기부여하는 것이다. 팀원들의 다양한 유형의 동기부여를 위해서는 서로 다르게 접근해야 된다. 팀원들의 능력이나 스타일에 부합하는 업무를 맡기고 개인적으로 다른 리더십 스타일을 보일 필요가 있다. 팀장은 팀원을 선발, 육성, 평가하는 인사관리의 핵심적인 역할을 수행해야 한다. 리서치에 의하면 부하가 상사를 싫어하는 유형을 보면, "자기 기분에 따라 변덕부리는 상사, 윗사람에게 아부하고 아랫사람에게 큰소리치는 상사, 학연 · 지연에 따라 차이를 두는 상사, 오타만 찾아내는 상사, 일찍 출근하고 늦게 퇴근하는 상사"를 꼽고 있다.

(4) 조직 내 · 외의 네트워킹을 유지하라.

① 내부 리더십: 팀 내부의 원활한 업무 진행과 직원들의 동기부여를 위해 영향력을 행사하는 리더십

② 외부 리더십: 팀장이 담당 팀의 목적달성을 위해 조직 전체 시각에서 관련 부서 및 조직 외부와의 관계에 영향력을 행사하는 리더십

3) 리더십(Leadership) 뒤에 숨어 있는 팔로어십(Followership)의 비밀

(1) 리더와 팔로어는 서로 보완적인 파트너 관계임을 인식하라.

팀의 임무를 달성하기 위해 리더와 팔로어는 대등한 존재이고 조직이 요구하는 역할의 차이일 뿐이다. 사실은 조직 구성원 각자의 팔로어십이 조직 생산성에 직접 영향을 준다.

(2) 구성원 스스로 모범형 팔로어가 되고자 하는 마인드를 가져라.

모범형 팔로어는 자신이 담당하는 업무에 대해서 자신감이 있다. 자신감은 성공 경험과 계속적인 수련을 필요로 한다. 전문지식을 배양하고 심신을 단련하는 노력이 병행될 때 힘든 업무가 주어지더라도 이를 피하지 않고 도전하는 사람이 될 수 있다.

(3) 리더는 구성원들이 독자적 사고와 적극적 행동을 할 수 있는 기회를 적극 제공하라.

부하에게 '권한위임'을 하지 않는 이유는 '부하가 나보다 더 잘하면 안 된다', '맡겼다 망치면 상사인 나만 손해 본다', '시간상 급하기 때문에 내가 한다', '완벽하게 하기 위해 내가 직접 해야 한다' 등이다. 이유가 어떻든 권한을 리더가 독점하는 조직은 발전하기 어렵다. 노자의 『도덕경』에 이런 글귀가 있다. "부하들이 경멸하는 리더는 사악한 리더요, 부하를 존경하는 리더는 괜찮은 리더요, 부하들이 자기들 스스로 다 해냈다고 하는 리더는 위대한 리더이다." 리더의 가장 큰 임무는 부하들에게 기회를 제공하여 자신감을 얻고 역량을 키울 수 있도록 돕는 것이다.

(4) 리더십보다 팔로어십을 먼저 마스터하라.

훌륭한 추종자가 되지 않으면 위대한 리더가 될 수 없다.

4. 학원교육기관의 인사 · 조직 · 재무관리

1) 인사관리의 정의

인사관리는 인간 노동력 관리자로서의 인력관리(Manpower Management)에 그치는 것이 아닌, 인간의 전인적 존재(Wholeman)로 이해하는 입장에서 인간으로서의 욕구를 충족시켜 줌으로써 사기(Morale) 또는 근로 의욕을 드높여 그들 스스로가 창의력을 발휘하는 자발적 협동체제가 형성 · 유지되도록 하는 관리 활동이다.

인사관리의 목적은 첫째, 기업의 경영목적의 효율적인 달성에 기여하는 데 있으며, 성과는 이익 · 업적 · 생산성 · 비용 · 품질 · 결근률 · 이직률 등에 나타난다. 둘째, 종업원 각자의 욕구를 충족시켜 줌으로써 기업에의 협동적 의욕을 높이는 것으로 성과는 사기조사(Morale Survey) 등을 통해 측정할 수 있다. 셋째, 장애인의 고용, 정실주의의 배제, 성별 · 학력별 차별의 폐지, 지역사회의 복지 향상과 같은 사회적 책임의 수행과도 관련을 갖는다.

2) 직원, 관리자, 고객이 최강의 기업 조성

(1) 재능이 성과를 결정한다. 모든 직원의 재능을 끌어들인다. 적재적소에 배치된 재능 있는 개인들이 보통 직원들보다 몇 배 이상의 생산성을 보여준다.

(2) 참여하는 직원들이야말로 당신이 보유한 가장 생산적인 사람들이다. 참여하는 업무집단은 참여하지 않는 상대 집단들보다 훨씬 더 적은 비용을 쓰면서 성장과 이익에서는 가장 큰 몫을 담당한다.

(3) 유대감이 있는 고객들은 항상 다시 돌아와 더 많은 것을 산다. 고객의 유대감을 끌어내면 수익성이 있는 고객이 된다(Coffman & Molina 저 · 이정화 역, 2007: 270-273).

3) 학원경영의 인사 · 조직관리

역량 있는 교직원 발굴 및 지속적인 교육을 통해 능력을 향상시키고 능력을 발휘할 수 있는 환경을 조성하고 개개인에 대한 비전 제시가 있을 때 안정감 있게 학원이 발전할 것이다. 고객에게 제공되는 교육 프로그램, 서비스가 경쟁 교육기관에서 서로 최고라고 주장하는 이때에 어디에서 가치를 찾을 수 있을까? 교육기관이 고객과 직원에게 자극을 줄 수 있는 요소도 이제 다 바닥이 난 상태다. 따라서 어느 때보다 모든 산업의 핵심요소인 신뢰할 수 있는 고객기반을 유지해야 한다. 동시에 최고의 교직원들이 자신의 뛰어난 분야를 수행할 수 있도록 계속해서 환경을 조성해 줌으로써 '감성에 의한 교직원과 고객의 유대관계'라는 새로운 가치관을 만들어내야 한다.

학원경영에서 인사조직은 그 규모에 따라 다르나 일반적으로 분류해 보면 설립자(원장), 교사, 상담실 직원, 기획실, 연구실, 마케팅 및 홍보실, 총무부, 차량관리부 등으로 구분할 수 있으며 각 부서별 유기적인 협력관계가 잘 이루어졌을 때 최대효과를 기대할 수 있다.

(1) 교사관리

어떤 부서나 다 중요하지만 학원경영에서 가장 큰 비중을 차지하는 것은 교사의 역할이다. 학원에서의 주인공은 학생과 교사이기 때문이다. 재원생 관리는 가르치는 교사와 담임교사의 영향이 크며 학생 증가의 가장 확실한 방안은 학부모·학생의 입소문인데 이 또한 교사의 역할이 대단히 크다 하겠다. 교사가 교육자로서의 사명감을 갖고 보람과 긍지를 느낄 수 있도록 환경을 조성해 주고, 교수-학습법에 대한 지속적인 교육과 스터디가 필요하다.

학원 교사들은 이직률이 높은데 직장인으로서 인정감을 갖도록 급여(Pay)제도(근로자나 자유직업 소득자)를 명확히 하고 복지제도도 시대적 흐름에 따라 획기적인 대책 마련이 필요하다. 수업에 자신이 있고 능력이 있는 교사일수록 개성이 강해 까다롭고 요구사항이 많은데 원칙과 정도를 잘 지키고 경우에 따라 원장은 유연성을 발휘해 원활한 운영을 해야 한다.

(2) 상담실 직원

상담실 직원은 신규생 창출과 행정업무 지원이 주 업무이다. 아무리 교사들이 재원생 관리를 잘해도 어쩔 수 없는 상황에서 탈락생은 생길 수밖에 없으므로 신규생이 계속 창출되어야 학원생을 유지 내지는 증가시킬 수 있다. 학원 원장을 대신해서 학생·학부모의 불만사항을 처리하고 출석부 정리를 비롯한 행정업무 지원 및 현장에서 학생들의 생활지도를 지원한다.

(3) 기획실

정부의 교육정책에 따라 장기적인 학원 발전계획을 수립하고 교직원 채용 및 교육계획을 수립하고 실행한다.

(4) 연구실

학원 핵심전략에 따라 콘텐츠를 지속적으로 개발하여 장기적으로 차별화되며 앞선 콘텐츠를 보유한다.

(5) 마케팅 및 홍보실

유사업종 및 동 업종의 앞선 정보를 수집하여 가장 효과 있는 마케팅 및 홍보를 할 수 있도록 한다.

(6) 총무부

학원의 재무관리 및 시설관리, 차량부를 관리한다.

(7) 차량부

① 자체차량보다 지입차를 임대하는 것이 낫다.
② 차량이나 기사를 자주 바꾸지 않으며 안정감 있는 기사를 채용한다.
③ 차량 대수는 학생 편의에 의해 노선을 정하되 효율적인 방안을 찾아야 한다.
④ 대형 1대보다 소형 2대가 낫다(기동성, 학생 가까이 태움).

4) 학원경영의 재무관리

학원 설립 시 적어도 1년 정도의 여유자금을 확보한 상태에서 시작해야 하고 수입과 지출을 월별 철저히 관리하고 전년도 대비 다음해의 예산을 짜야 한다. 최소비용으로 최대 효과를 거두기 위해서는 가장 지출에 비중이 큰 인건비와 임대료, 광고비, 공과금(세금 포함), 운영비 등을 학원 규모에 따라 수입대비 지출계획을 잘 세워야 한다.

(1) 수입(수강료, 교재 · 교구, 기타)

학원의 수입은 95% 이상 수강료에 의존하는 데 제때 수강료가 입금되지 않으면 원생관리와 운영에 큰 어려움이 생길 수도 있다. 학원 수강료는 매달 등록하고 선납제이므로 다음달 수강료를 전달 말일까지 등록하면 되나 한 학원을 오래 다니거나 바쁘면 잊어버리고 등록일을 지키지 않는 경우가 많으므로 신규생 등록 때부터 다음달 반 계획을 세워야 하기 때문에 적어도 개강 5일 전(매월 1일 개강 시 전달 25일)까지 등록해 줄 것을 강조하여 각인시키고 매달 안내문을 보냄으로써 미납생을 줄일 수 있다.

수강료 등록이 지연되어 항상 10~20일, 1~2달 늦게 등록하였을 경우 부담이 계속 누적되므로 탈락 가능성이 높아진다. 또한 미납된 상태에서 퇴원되었을 경우 손실이 생기게 되는데 학원 규모가 클수록 그 액수는 상당히 커질 수 있다. 교재 · 교구에 따른 수입 · 지출에 대해서는 수강료와 통장을 따로 관리하여 정확한 재고관리를 철저히 해야 한다.

(2) 지출

① 인건비

- 교사 급료: 학원경영에서 경비 지출이 가장 크게 차지하는데 일반적으로 수입액의 40~50% 범위에서 지출되어야 하며 월급제(근로자), 비율제(자유근로 소득자)를 확실히 구분하여 계약서를 작성하여야 한다.
- 직원 및 기사: 직원은 근로계약을 체결하고 기사는 학생수송용역(위탁)을 주어 운영하는 것이 유리하다. 직원 및 기사 인건비는 수입액의 10~15% 범위에서 지출되어야 한다.

② 임대료 및 관리비, 각종 공과금(세금 포함)

각종 공과금(세금 포함)은 정해져 있지만, 임대료 및 관리비는 건물임대 시 경비 지출이 충분히 검토되어야 하고, 각종 공과금 및 임대 · 관리비는 수입금액의 15~20% 범위에서 지출되어야 한다.

③ 광고비 · 홍보비

학원 규모나 예산에 따라 시즌을 중심으로 최소비용으로 최대효과를 볼 수 있도록 계획을 잘 세워야 하며, 광고 · 홍보비는 수입금액의 5% 범위 내에서 지출되어야 한다.

④ 콘텐츠 개발비

학원의 핵심전략에 따라 꾸준히 콘텐츠 개발에 투자해야 하는데 적어도 수입금액에 3~5% 범위 내에서 지출되어야 한다.

⑤ 소모품비 및 운영비

평소 교직원에게 주인의식을 갖고 근검·절약 정신을 갖게 하고 전기세(냉·난방비), 복사용지, 각종 문구 등을 아껴 쓰도록 하며 소모품비 및 운영비는 수입금액의 3~5% 범위에서 지출되어야 한다.

5. 학원교육기관의 홍보 및 마케팅

학원의 광고홍보의 3대 원칙은 첫째, 광고비는 총 매출액의 5% 미만으로 하고, 둘째, 광고는 동일한 내용이라도 3번 나누어 하고, 셋째, 수요자 입장에서 쉽게 풀어서 대중과 대화하듯 내용을 바꾸어 가야 한다.

학원교육은 그 규모나 특성에 따라 홍보·마케팅을 차별화해야 한다. 즉 전국단위의 학원(Franchise 학원)이냐, 지역 제한이 있는 학원이냐에 따라 마케팅 방법이 달라져야 할 것이다. 여기에서는 광범위하게 전국단위의 학원(Franchise 학원)을 중심으로 포괄적으로 다루고자 한다. 전국단위의 학원이지만 개별 학원 단위별로 보면 일정 지역에 제한되므로 타깃들이 다양한 접점 확보를 통한 지역 마케팅도 필요하다. 학원은 매달 등록을 하여야 하기 때문에 신규생 유치도 매달 이루어지나 반면 매달 탈락생이 생기므로 원생 유동성이 매우 민감하게 반응한다.

마케팅은 장기계획과 단기계획, 그리고 시즌에 따라 달라져야 하며 학원의 입지 및 상황, 환경을 고려하여 다양한 광고의 종류와 장점을 이해한 후 광고전략을 추진해야 한다.

1) 학원교육 마케팅에서 가장 중요한 요소는 학부모의 입소문

학부모가 원하는 성적 향상과 입시결과가 성공적이면 좋은 입소문이 날 수 있다. 즉 학생이 교사 수업에 만족하여 교사를 좋아하면 성적이 오를 것이다. 또한 불만사항을 즉시 해결해 주고 학부모와 약속을 잘 지키면 학원의 신뢰는 더욱 두터워질 것이다.

고객 즉 학부모는 성공적으로 경험을 통한 타 학부모가 추천했을 때 가장 확실한 원생확보가 되며 학원을 오랫동안 신뢰하게 된다.

일반적으로 마케팅에서 "고객은 제품을 사는 것이 아니라 경험을 사는 것이다"라고 이야기하고 있다. 예를 들어 주부들이 가전제품을 살 때 친구나 주변에서 어떤 제품을 '써 보니까 좋더라'고 권장했을 때 믿고 그 제품을 선택하게 된다. 그러나 일반 가전제품이 한 번 신뢰를 잃으면 다시 그 브랜드로 리턴하는 데 20년이 걸린다고 한다. 학원생이 탈락 후 20년 후에 리턴한다면 이미 그 학생은 성인이 되어 있을 것이다.

또한 탈락한 학부모는 그 학원에 대해 부정적 이미지를 가지고 있을 것이므로 주변에 좋지 않은 입소문으로 학원에 큰 타격을 줄 것이다. 그러므로 학원생의 탈락생이 없도록 심혈을 기울여야 하며 좋은 입소문이 날 수 있도록 학생의 성적 향상은 물론 최상의 서비스로 고객만족을 시킬 수 있도록 노력해야 한다.

2) 선별적 대중매체(Mass Media) 활용

TV · 라디오 · 신문광고, 신문 전단 · 잡지광고, 홈페이지, 차량 현수막, 버스 · 지하철 정류장, 버스 외벽, 지하철 내부 등을 들 수 있는데 장기적인 집행을 위한 비용 대비 효과적인 매체를 선택해야 한다. 2010년 A학원의 광고효과 분석자료를 보면 입소문 29%, 홈페이지 17%, TV 12%, 신문 11%, APT전단 10%, 차량 현수막 6% 순으로 나타났다.

3) 소비자의 접점 마케팅 강화

Online 및 SNS(Social Network Service) 마케팅을 통한 브랜드 인지도를 강화시키고 트위터, 블로그, 지식인을 통한 바이럴 광고와 주요 카페 댓글 달기 등이 있고 QR코드를 통한 자세한 정보를 제공한다.

4) CSR(Corporate Social Responsibility) 강화로 Brand Identity 정립

교육기회의 확대로 아이들에게 희망의 메시지를 전달하고 교육의 불균형 해소 및 수준

높은 교육 보급에 앞장서는 착한 선도기업을 실현한다. 즉 지역아동센터에 주기적으로 방문하여 교재도 지급하고 교수자를 보내 직접 교육해 줌으로써 학원 이미지를 부각시킨다.

5) 내부 커뮤니케이션 강화로 학원 가치 제고

내부 인트라넷을 통한 양방향 정보 소통 및 새로운 서비스에 대한 기대감을 줄 수 있는 내부 홍보캠페인을 진행한다. 학부모 참관 수업을 통해 신뢰감을 확보하고, 학부모와 간담회를 통해 의사소통을 원활히 하며 학원 소식을 업데이트 후 학생/학부모 대상 Mailing Service를 한다.

6) 이벤트(Event) 행사

지역 학부모를 대상으로 자녀교육에 도움이 될 수 있는 주제를 선정하여 유명연사를 초청, 강연회를 한다든지 영어 · 수학 학력경시대회 및 방학동안 캠프를 통한 현장학습을 하여 학원을 홍보한다.

7) 제휴 마케팅 강화

학원 관련 업종군과 제휴를 통해 브랜드 인지도 상승 및 홍보비용을 절감할 수 있다.

6. 학원교육기관의 네트워킹

학원 교육기관은 교육부의 직할법인인 사단법인 한국학원총연합회를 중심으로 인문교육, 외국어교육, 기술교육, 보습교육, 음악교육, 미술교육, 무용교육 등 10개 계열과 서울특별시, 경기도 등 17개 시 · 도지회로 조직되어 2023년 현재 전국 92,848개 학원의 권익 보호를 위해 활동하고 있다. 아쉬운 것은 연합회의 회원 가입률이 낮아 권익보호단체로서 역할을 충분히 하지 못한다는 것이다. 학원장 자격제도와 학원장 및 교사연수 강화를 제도화해서 학원인의 자질을 향상시키고 연합회 회원 가입률을 높여 학원 교육기관의 위상 정립을 위해 학원인 모두가 노력해야 할 것이다.

콘셉트가 비슷하고 함께 할 수 있는 학원끼리 즉 계열이나 특성별, 지역별 학원 간에 네트워킹(Networking)을 형성하여 경비를 절감하고 서로 윈윈(Win-Win)할 수 있는 길을 모색하여 경쟁력 있는 학원교육을 하면 여러 가지 시너지 효과를 기대할 수 있다. 예를 들어 콘텐츠 개발, 광고 등을 공동 투자하여 경비를 절감하고 서로 정보를 교환하고 공유함으로써 경쟁력 있고 앞설 수 있는 튼튼한 학원경영을 할 수 있을 것이다. 학원인과 관련 기업인을 위한 대학원 정규과정이나 최고위 특별과정을 통해서 만난 인적 네트워크를 구축하여 정보교환을 하는 것도 중요한 역할을 할 수 있다.

연구문제

1. 학원교육의 기능과 역할에 대해 설명해 보시오.
2. 학원교육 경영에서 주요한 핵심가치 3가지만 정리해 보시오.
3. 학원교육에서 가장 효율적인 리더십은 무엇인지 설명해 보시오.
4. 학원교육의 조직문화에 대해 기술해 보시오.
5. 학원경영에서 가장 효과적인 홍보 · 마케팅은 무엇인지 설명해 보시오.

CHAPTER 13

평생학습관과 평생교육경영

학습개요

평생학습관은 1999년 평생교육법 개정에 의해 국가 차원의 평생교육 전담기관이 설치되어야 하는 법적 근거가 마련되었으며 중앙에는 국가평생교육센터, 광역시 · 도에는 지역정보센터, 각 시 · 군 · 구 단위에는 평생학습관이 바로 평생교육 전담기관들이었다. 2000년 3월 31일 평생교육법 시행규칙이 부령 제765호로 신규 제정 공포되면서 중앙 차원의 평생교육센터가 한국교육개발원 부설로 조직되어 국가 수준의 평생교육 전담 기능을 수행하게 되었으며 그 뒤 16개 시 · 도에 지역평생교육정보센터와 시 · 군 · 구 차원의 평생학습관이 설치되어 운영되었다.

2008년 2월15일 그동안 분산되어 있던 평생교육조직을 총괄하기 위하여 독립기구로 평생교육진흥원이 신설되어 평생교육 추진기구를 국가 차원과 지역단위 차원으로 분류하여 국가평생교육추진기구는 [그림 13-1]과 같다. 2022년 평생교육백서에 의하면 2023년 2월 현재 17개 시 · 도 광역단체 및 시 · 도 교육청은 각각 평생교육 전담부서나 담당을 배치하였다.

평생학습관의 바람직한 경영을 위하여 비영리기관이나 조직을 위한 총체적 경영모델인 감마모델(GAMMA Modell; Das Ganzheitlichs Marketing Management Modell)을 중심으로 평생학습관의 설치 목적과 평생학습관의 철학, 평생학습관의 생산품인 사업 및 프로그램, 평생학습관을 운영하는 전문 인적자원, 평생학습관의 내부의사소통과 외부의사소통의 질, 평생학습관의 조직, 평생학습관의 시각적으로 드러나는 모습, 평생학습관의 사회적 매력 등을 분석하고 원활한 운영을 위한 대화조정(Moderation)을 통하여 기관의 강한 면과 약한 면 혹은 빠진 부분 등을 점검하여 기관의 고유한 철학을 바탕으로 기관의 존재 이유인 목적을 달성할 수 있도록 한다.

평생학습관은 국가평생교육전담기구와 평생교육추진체제에 대한 학습이 우선되며 교육부, 국가평생교육진흥원, 시 · 도 평생교육진흥원, 평생학습관의 유대가 원만히 이루어질 때 바람직한 평생학습국가, 평생학습 사회를 이룬다. 평생학습관의 바람직한 경영은 지역사회에 거주하는 주민들의 평생학습을 통한 삶의 질 향상과 지역사회의 발전을 이루며 지역의 발전이 곧 국가와 세계화에 동참하는 것이며 인류가 하나 되는 삶을 이루는 터전임을 인식하게 한다.

학습목표

1. 평생교육 추진체제와 평생학습관을 이해할 수 있다.
2. 평생학습관 운영 주체와 평생학습관의 유형에 따른 학습 목표사업과 경영의 현황을 제시할 수 있다.
3. 바람직한 평생학습관의 사업 및 프로그램의 효율적인 경영전략 방안을 규명할 수 있다.
4. 비영리기관 경영을 위한 마케팅 경영모델인 감마모델(GAMMA Modell)의 제시 및 평생학습관의 경영분석을 시행할 수 있다.

1. 평생학습관의 개요

평생학습관은 급변하는 사회에 주민이 자기주도적으로 행복한 미래 준비를 할 수 있도록 다양한 교육과 정보를 제공하여 스스로 학습을 통해 성장하도록 돕는 것을 목적으로 하고 있다. 평생학습 시대에 누구나 원하는 삶을 위한 준비로서의 학습을 할 수 있도록 학습 기회와 장소를 제공하는 것은 국가나 지자체의 사명으로 추진하는 일이다. 1976년에 창립한 (사)한국평생교육총연합회(전 한국사회교육협회), 한국평생교육학회(전 한국사회교육학회) 및 다양한 사회교육기관 및 단체, 수많은 사회교육을 필요로 하는 자와 사회교육 연구자들에 의해 1982년에 사회교육법이 제정되었다. 1982년 사회교육법 체제하에서 사회교육 추진기구로 도서관이 평생학습관의 역할을 하였다.

사회교육법이 제정된 1982년부터 17년 동안 사회교육이 서서히 이루어졌으며 1999년에 사회교육법 전면 개정으로 사회교육법을 평생교육법으로 개칭하게 되었으며 사회교육전문요원을 평생교육사로 명명하고 2000년대를 준비하는 평생교육의 비전을 제시하게 되었다. 국가 차원의 평생교육 전담기구의 필요성에 따라 2007년에 평생교육법을 선년 개정하였고 국가평생교육추진체계(그림 13-1)가 확립되었다.

「평생교육법」에 따라 국가 수준에는 평생교육센터, 시 · 도 수준에는 지역평생교육정보센터, 시 · 군 · 구 수준에는 평생학습관을 설치할 수 있게 되어 평생교육센터, 지역평생교육정보센터가 설치 · 운영되었다. 2000년 3월 29일 한국교육개발원에 중앙단위의 평생교육센터가 설치되었으며 지역별로 평생학습관 설치가 계속되었다. 지역평생교육 전담기관이 지속적으로 설치되면서 국가의 평생교육 지원체제가 정비되었다. 지역평생교육정보센터는 수직적으로는 평생교육센터와 평생학습관을 연결하는 교량 역할을 하고, 수평적으로는 지역 내 모든 평생교육기관들을 연계하는 구심체가 되도록 지역평생교육정보센터에 권한과 역할을 부여하고 있다. 2007년 평생교육법 전면 개정으로 국가평생교육진흥원이 설립되어 법에 의해 국가평생교육 추진체제가 변화 발전하였으며 평생교육의 기반이 기본적으로 지역사회이기 때문에 평생교육 정책의 주안점을 지역사회에 두고 평생교육법에 규정하고 있는 평생교육 전담 조직은 평생교육에 대한 연구, 연수, 연계 거점, 학습 상담 및 정보 제공, 교육 제공 기능을 하고 있다.

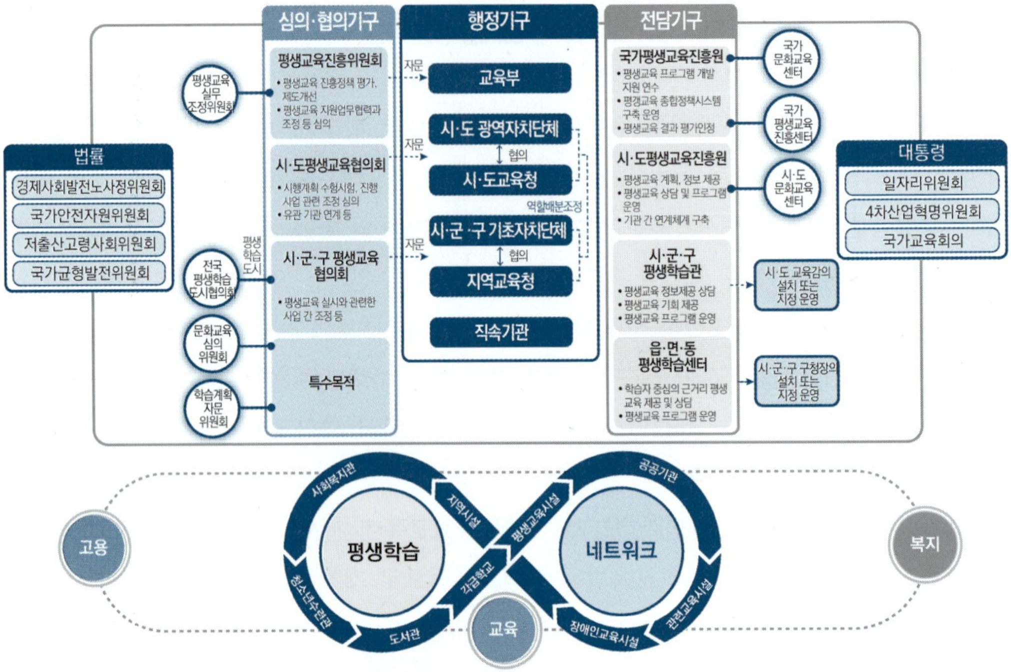

그림 13-1 평생교육 추진체계도

출처: 교육부 · 국가평생교육진흥원(2020). 2020 평생교육백서. p.49

1) 시 · 군 · 구 평생학습관과 읍 · 면 · 동 평생학습센터

기초자치단체 전담 기구는 시 · 군 · 구 평생학습관과 읍 · 면 · 동 평생학습센터 등이다. 평생교육법 제21조에 따라 시 · 군 · 구 자치단체장과 시 · 도 교육감은 해당 지역의 주민 평생교육 프로그램 운영과 평생교육 기회 제공을 위해 평생학습관을 설치 또는 지정하도록 의무 규정되어 있다. 또한 평생교육법 제21조의3에 따라 시 · 군 · 구 자치단체장은 읍 · 면 · 동 평생학습센터를 설치할 수 있다. 이와 함께 지역교육청도 시 · 도 교육감의 위탁을 받아 평생학습센터를 운영할 수 있다. 「평생교육법」 제21조에 따르면 시 · 군 · 구 학습관은 평생교육 프로그램의 개발 운영, 장애인 대상 평생교육 프로그램의 개발 운영, 평생교육 상담, 평생교육 종사자에 대한 교육 훈련, 평생교육 관련 정보의 수집 제공, 읍면동 평생학습 센터에 대한 운영 지원 및 관리, 그 밖에 평생교육 진흥을 위하여 필요하다고 인정되는 사업을 수행한다. 2022년 현재 전국의 평생학습관은 총 523개로 2021년 대비 22개가 증가하였다. 이 중 시 · 도 교육감에 의해 설치 및 지정된 평생학습관은 341개, 지방자치단체에 의해서 설치된 평생학습관은 182개이다.

설립주체별로는 국가 및 지자체 437개, 법인 61개, 개인 15개, 기타 10개이다. 시 · 도 자치단체별로는 경기 93개, 서울 82개로 다른 지방자치단체에 비해 2~3배 이상 많았다. 다음으로 경상북도 39개, 강원도 35개, 경상남도 35개의 순이었다(2022, 평생교육백서, p.86). 서울특별시와 경기도는 평생교육국을 설치하고, 하위에 평생교육과를 주무부서로 두었다. 광주, 대구, 대전, 부산, 전북, 제주, 충북, 충남은 평생교육(정책)과 또는 평생교육팀을 설치 · 운영한다. 시 · 도교육청은 서울시교육청만 평생교육진로국을 운영하고, 이외의 시 · 도교육청은 팀 또는 담당으로 평생교육 전담부서를 운영한다. 시 · 도교육청 중 가장 많은 인력을 배치하고 있는 서울시교육청은 평생진로국 산하에 도서관 및 평생학습관 운영이 서울시교육청 평생교육 주무부서의 업무로 포함되어 있다. 평생학습사회에서 평생교육체제로서의 평생학습관의 의미와 발전 역사, 평생학습관 관련 주요 법령과 전국 분포 현황, 평생학습관의 프로그램 등 평생학습관에 관한 주요 사항과 평생학습관의 유형에 따른 경영사례를 중심으로 평생학습관을 이해하도록 한다.

2) 평생학습관의 기능

평생학습관의 기능과 역할을 크게 ① 지역 평생교육을 통합 연계하는 평생교육센터 기능, ② 주민들을 위한 다양한 프로그램 개발 운영 중심 기능, ③ 복합 기능으로 구분하였고, 이와 같은 기능이 상호 연계되어 작동하고 있다고 보고 있다.

중앙의 평생교육센터는 국가의 장 · 단기 평생교육 정책 수립과 관련된 연구와 평생교육 종사자를 위한 연수 프로그램 개발 및 평생교육 관련 데이터베이스 구축 등의 역할에 중점을 두고, 지역 평생교육 정보센터는 지역의 평생교육 단체 및 시설 간 상호 연계 체제 구축과 중앙 평생교육센터와의 연계 체제 구축 등 지역의 평생교육 정보 교류자로서의 역할이 강조되는 것으로 차별화가 이루어지고 있다. 시 · 군 · 구의 평생학습관은 지역사회 주민을 위한 실질적인 교육학습관으로 연구나 연수 기능보다 다양한 교육 프로그램 운영 기능이 더 강조되고 있다. 중앙의 평생교육센터나 지역 평생교육정보센터, 그리고 평생학습관 간에는 연계 체계 구축을 통한 긴밀한 교류 협력이 강조되고 있다(양병찬 외, 2004: 8-9). 교육내용면에서는 초기에는 보완교육-문해교육 등 특정 대상을 중심으로 운영했으나 현재는 모든 연령층을 대상으로 다양한 학습 욕구를 충족시키는 평생교육을 제공하는 것으로 확대되었다(양병찬 외, 2017: 15-18).

평생학습관은 「평생교육법」(1999) 제13조 제3항과 제4항의 규정에 따라 평생교육시설 등을 활용하여 시 · 도 교육감이 지정한다. 평생학습관의 기능은 평생교육에 관한 연구, 평생교육 종사자에 대한 연구, 평생교육에 관한 정보의 수집 · 제공 및 평생학습의 상담, 지역주민을 위한 평생교육 프로그램의 개발 · 운영 등이다. 따라서 그림 13-1 과 같이 시 · 도 평생교육진흥원은 중앙단위의 평생교육진흥원과 각 시 · 도교육감이 지정 운영하는 시 · 군 · 구 및 읍 · 면 · 동의 평생학습관과 함께 3개 전담기구가 상호 연계 체제를 구축 운영함으로써 평생학습 기능, 평생교육 정보제공 기능, 평생학습 상담 기능을 수행하고 있다. 이를 통해 모든 국민이 언제, 어디서나 원하는 평생학습정보를 쉽게 제공 받을 수 있게 되며, 다양한 평생교육 프로그램 등을 통해 삶의 질을 한층 높이는 효과를 얻을 수 있을 것으로 기대되고 있다. 현재 시 · 도 평생교육진흥원은 각 시 · 도별로 평생교육을 전담 지원하는 기관을 1개씩 지정하여 운영하는 형태로 규정되어 있다.

3) 평생학습관의 발전 역사와 설치 운영 현황

(1) 평생학습관의 설립 과정

지역 평생교육 전담 기관인 평생학습관이 설치 · 운영되기까지는 다음과 같은 과정이 있었다. 평생교육 전담 기관의 설치 논의는 해방 이후 줄곧 이어지다가 1980년에 사회교육법 시안 연구(황종건, 1980)에서 구체적으로 제시되었다. 이어서 1991년 제7차 경제사회발전 5개년계획 중 교육 부문의 계획안에 '사회교육원'을 중앙과 지역단위로 1996년까지 10개 원을 설치하려는 안이 포함되어 있었으며, 제14대 대통령 선거 공약 중 교육 부문 공약에도 10개 지역에 '종합사회교육원'을 건립하겠다는 사항이 포함되어 있었다. 문민정부에 들어서도 교육 개혁위원회가 제출한 제3차 교육개혁안 중 사회교육 개혁방안(1996. 8. 20)에 사회교육 전담 기구의 필요성이 강조되었다. 이 교육 개혁방안에서는 국민의 학습권 보장과 사회교육 실천 사업을 전담할 기구를 교육부 산하에 설치할 필요가 있다고 명시하고, 이 기구는 전국의 사회교육을 총괄하는 기능과 함께 제2차 교육개혁안(1995. 5. 31)에서 제시된 국민교육계좌 제도의 발전, 범국가적 종합사회교육 프로그램 기획, 사회교육 연수, 사회교육 종합 연구, 평생교육 학습자료 정보센터 등의 기능을 수행할 것을 제안하고 있다. 아울러 지역의 사회교육을 유기적으로 조직하고 통합 운영하기 위해 지역 중심의 '사회교육관'을 지정 운영한다는 내용이 포함되어 있다(양병찬 외, 2004: 5). 이와 같은 개혁방안을 기초로 작성된 '평생교육진흥원 설치 운영계획(1997. 1. 18)에서는 중앙사회교육원과 지방사회교육원으로 분리하여 기구를 설치하며, 중앙의 평생교육진흥원은 교육행정연수원을 확대 개편하여 신설하고, 시·도 수준에서는 기존의 지역사회교육기관·시설·단체를 활용하여 지방사회교육원을 운영한다는 계획이 제안되었다. 이후 교육부는 「사회교육법」을 「평생교육법」으로 1999년 8월 31일 개편하면서 이상의 의견을 반영한 평생교육센터 설치 근거 조항을 신설하였다. 「평생교육법」 제13조 제1항에서 "교육부 장관은 평생교육에 관한 연구, 평생교육 종사자에 대한 연구 및 평생교육에 관한 정보수집 제공 등 평생교육센터의 기능을 수행하여야 한다"고 규정하였고, 제2항에서 "교육부 장관은 교육 연구와 관련된 법인 또는 단체로 하여금 제1항의 규정에 의한 기능을 대행할 수 있다"고 규정하였다. 교육부는 2000년 2월 15일 한국교육개발원을 평생교육센터의 주관 기관으로 지정하였고, 한국교육개발원은 3월 29일에 평생교육센터를 설치·운영하게 되었다.

평생교육법 제14조 제1항에서는 "교육부 장관 및 교육감은 평생교육단체 또는 시설을 지원하여 제13조 제3항의 규정에 의한 평생학습관의 기능과 평생교육의 정보 제공, 평생학습의 상담 등을 수행하는 지역평생교육 정보센터를 운영할 수 있다", 제14조 제2항에서는 "교육부 장관 및 교육감은 지역 평생교육 정보센터를 중심으로 평생교육단체 및 평생교육시설과의 상호 연계 체제를 구축하여야 한다"고 규정함으로써 지역 평생교육 정보센터가 지역주민을 위한 평생교육의 기회 확대와 정보 제공의 구심체 역할을 수행해야 함을 시사하고 있다(교육인적자원부 한국교육개발원, 2000).

평생학습관은 「평생교육법」 제21조 제1항의 규정에 따라 시·도 교육감이 설치 또는 지정 운영한다. 또한 개정 「평생교육법」은 시장·군수·자치구청장이 평생학습관의 설치 또는 재정적 지원 등 해당 자치단체의 평생교육을 진흥하기 위하여 필요한 사업을 실시할 수 있도록 새로운 제도의 도입을 추진하고 있다.

1999년 평생교육법 개정에 따라 평생학습관은 교육청을 중심축으로 지자체가 협력하는 분위기에서 설립되기 시작하였으며 2001년부터 평생학습도시 사업이 전개되었다. 2007년 평생교육법의 전면 개정에 따라 평생교육 전담 기구인 국가평생교육진흥원이 설립되면서 평생학습 추진체제에 변화가 있었다. 평생학습도시 사업의 활성화로 평생학습관 설치가 확대되면서 전국에 523개(2022년)의 평생학습관이 지자체와 교육청의 평생학습관 운영체제로 갈등의 조짐이 있다. 교육은 교육청 중심이란 관점과 지자체 학습도시 내의 교육이란 관점 등으로 교육청과 지자체의 갈등 상황도 발생한 바 있다. 교육청과 지방자치단체의 평생학습과 교육에 대한 역할은 두 축의 운영에 조화가 필요하다.

표 13-1 전국 평생학습관 운영 현황 (단위: 개)

전국	서울	부산	대구	인천	광주	대전	울산	세종	경기	강원	충북	충남	전북	전남	경북	경남	제주
523	82	32	15	26	22	17	7	1	93	35	23	32	24	32	39	35	8

출처: 교육부 · 한국교육개발원(2022)

평생학습관의 운영현황을 보면 설립 주체별로 국가 및 지자체 437개, 법인 61개, 개인 15개, 기타 10개이다. 시 · 도자치단체별로는 경기 93개, 서울 82개로 다른 지방자치단체에 비해 2~3배 이상 많다. 다음으로 경상북도 39개, 강원도 35개, 경상남도 35개의 순이다.

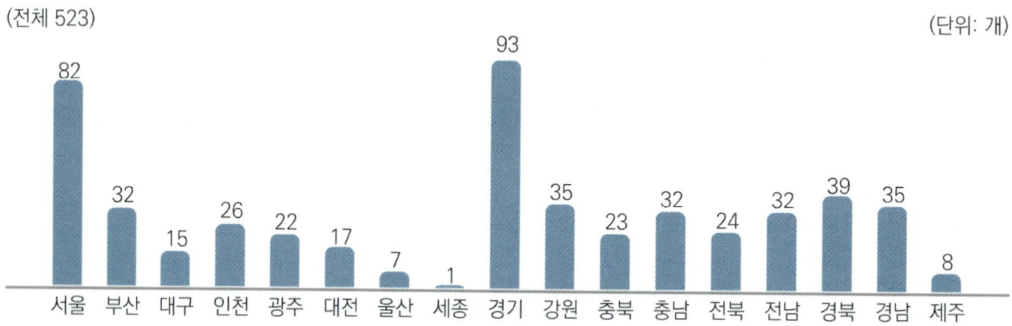

그림 13-2 지역별 평생학습관 현황

출처: 교육부 · 국가평생교육진흥원(2022). 2022 평생교육백서, 통계로 보는 평생교육

그림 13-2 는 지역유형별 평생학습관 현황이다. 2004년 기준 270개 평생학습관 중에서 독립평생학습관이 5.9%로 전국에 16개가 있었고, 교육청 산하기관 177개(65.6%), 교육청 외 기관은 77개(28.5%)이었다. 2022년 지역별 평생학습관의 현황은 서울 82개, 부산 32개, 대구 15개, 인천 26개, 광주 22개, 대전 17개, 울산 7개, 세종 1개, 경기 93개, 강원 35개, 충북 23개, 충남 32개, 전북 24개, 전남 32개, 경남 39개, 경남 35개, 제주 8개이다.

평생학습관은 2001년 208개에서 시작하여 계속적으로 증가하여 2005년 270개, 2007년에는 314개, 2010년 412개, 2016년에는 444개, 2022년에는 전국에 523개의 평생학습관이 있다. 표 13-2 에서 2005~2022년 전국 평생학습관 운영 현황을 살펴보면, 2022년 경기도에는 총 93개의 평생학습관이 있으며, 전체의 17.8%를 차지하고 있다. 서울특별시에는 82개

표 13-2 연도별(2005~2022) 전국 평생학습관 운영 현황 (단위: 개)

구분	2005	2007	2008	2009	2010	2016	2022
서울특별시	5	17	24	30	37	66	82
부산광역시	10	22	27	31	30	23	32
대구광역시	8	7	30	31	31	14	15
인천광역시	16	18	18	20	20	24	26
광주광역시	15	16	21	22	22	19	22
대전광역시	21	15	19	20	22	12	17
울산광역시	4	4	9	10	10	4	7
세종특별자치시	-	-	-	-	-	1	1
경기도	40	66	73	75	75	89	93
강원도	22	22	22	22	22	27	35
충청북도	16	15	15	15	15	22	23
충청남도	18	20	20	20	20	24	32
전라북도	17	18	18	18	19	24	24
전라남도	24	25	25	25	25	28	32
경상북도	24	23	23	23	22	30	39
경상남도	22	22	34	35	35	29	35
제주도	8	4	5	7	7	8	8
총계	270	314	383	404	412	444	523

출처: 평생교육 통계자료집(2007-2010), 교육인적자원부 · 교육과학기술부 · 한국교육개발원 등의 자료에 근거하여 재구성(2004-2022)

(15.7%), 경상북도에 39개(7.5%) 순으로 나타났다. 세종특별자치시를 제외하고는 울산광역시가 7개(1.3%)로 가장 적었으며, 제주도는 8개(1.5%), 대전광역시에 17개(3.2%) 순으로 대부분의 지역에 20~25개 정도의 평생학습관이 분포되어 있는 것으로 나타났다. 2022년 우리나라의 평생학습관 수는 523개로 교육감 설치 및 지정이 341개, 지자체 설치가 182개이다.

평생교육 추진 전담기구의 역할은 중앙, 시 · 도(광역) 평생교육진흥원, 시 · 군 · 구(기초) 평생학습관의 설치자, 전담기구의 성격, 전담 기구의 기능, 근거법에 따른 운영방식을 **표 13-3** 을 통해 이해할 필요가 있다.

표 13-3 추진 전담기구별 역할

구분	중앙	시 · 도(광역)	시 · 군 · 구(기초)
명칭	국가평생교육진흥원	시 · 도 평생교육진흥원	시 · 군 · 구 평생학습관
설치자	국가 설립	시·도지사 설치 또는 지정 운영	2원화 운영 체제 교육감 지정 운영 지자체장 설치 운영
성격	(교육부 산하 재단법인 형태) 평생교육전담집행기관	광역시 · 도 차원의 평생교육사업기관	기초자치단체 차원의 평생교육 사업기관
기능	평생교육 진흥을 위한 지원, 조사, 연수, 프로그램 개발 등	평생교육 기회 및 정보제공, 상담, 프로그램 운영 등	주민 평생교육 활성화를 위한 사업추진 등
근거	평생교육법 제19조	평생교육법 제20조 지방자치단체의 조례	평생교육법 제21조 지방자치단체의 조례

출처: 평생교육백서(2008: 48)

(2) 평생학습관 현황

① 평생학습관 개황

국가 평생교육통계에 따르면 2022년 현재 전국의 평생학습관은 총 523개로 2021년 대비 22개가 증가하였다. 이 중 시 · 도교육감에 의해 설치 및 지정된 평생학습관은 341개, 지방자치단체에 의해서 설치된 평생학습관은 182개이다.

그림 13-4 는 평생학습관 기관 운영현황으로 설립주체별로 국가 및 지자체 437개, 법인 61개, 개인 15개, 기타 10개이다. 시 · 도자치단체별로는 경기 93개, 서울 82개로 다른 지방자치단체에 비해 2~3배 이상 많았다. 다음으로 경상북도 39개, 강원도 35개, 경상남도 35개의 순이다.

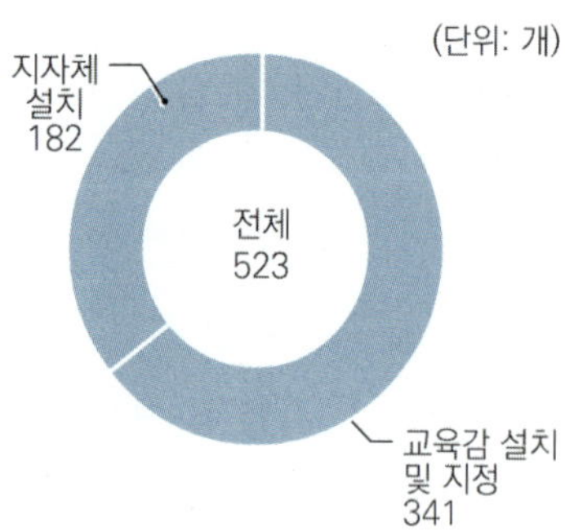

그림 13-3 평생학습관 개황

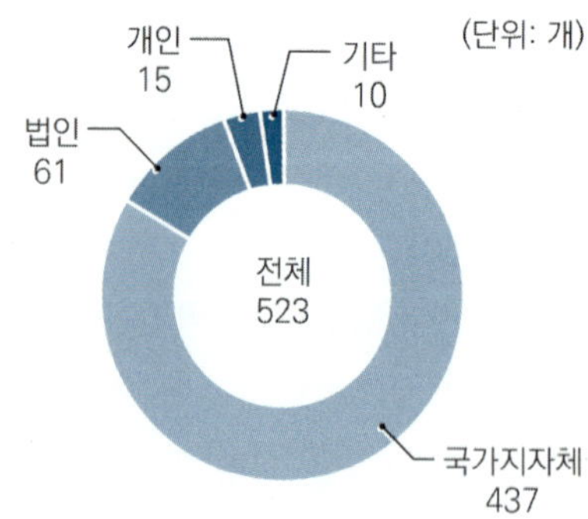

그림 13-4 평생학습관 기관 운영 현황

출처: 교육부 · 한국교육개발원(2022). 한국 성인의 평생학습 실태

평생학습관 수요 대상별 프로그램 현황은 그림 13-5 전체 26,308개, 성인 14,925개, 청소년 2,514개, 어린이 4,859개, 통합 1,805개, 노인 2,205개로 집계되었다. 그림 13-6 주제 구분별 프로그램 현황으로는 전체 26,308개, 문화예술 12,437개, 인문교양 9,834개, 직업능력향상 2,956개, 학력보완 471개, 성인기초/문자해득 496개, 시민 참여 114개이다.

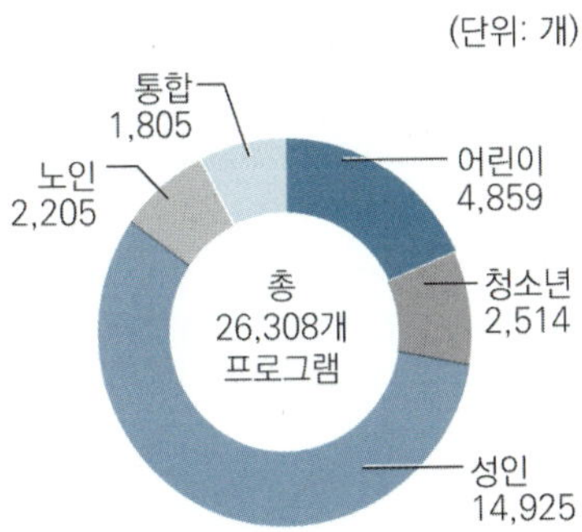

그림 13-5 평생학습관 수요 대상별 프로그램 현황

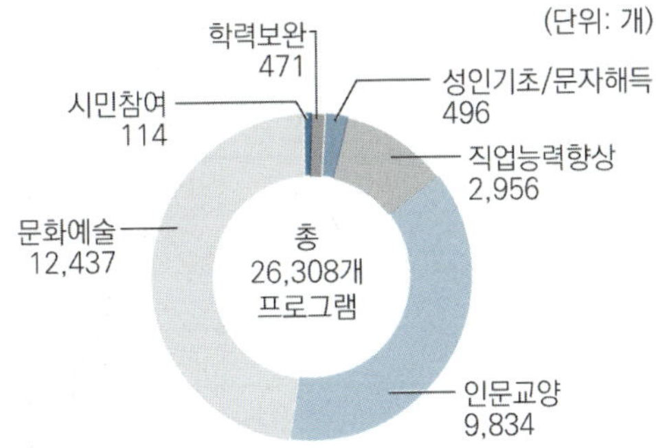

그림 13-6 평생학습관 수요 주제별 프로그램 현황

출처: 교육부 · 한국교육개발원(2022). 한국 성인의 평생학습 실태

2023년 평생교육통계 자료집에 의하면, 평생학습관 프로그램 수는 39,170개로 1개월 미만 프로그램이 10,885개(27.8%) 1개월 이상이 28,285개(72.2%)이다. 학습자 수는 821,518명이고 여성이 546,503명(66.5%)으로 더 많았다. 교수자는 21,722명으로 경력 1년 미만이 12,785명(58.9%), 1년 이상이 8,937명(41.1%)으로 나타났다. 교수자의 과반수가 1년 미만으로 1년 미만 여성 교수자가 9,888명(45.5%), 1년 이상의 여성 교수자가 7,233명(33.3%)으로 경력 1년 미만의 여성 교수자가 가장 많았다.

평생교육통계 자료집에 의하면, 표 13-4 와 같이 2016년과 2021년 통계를 비교하면 2016년 평생학습관 수는 444개, 프로그램 수는 26,983개, 학습자 수는 949,625명이었으며 이 중 여성이 643,007명으로 여성 참여가 많았고, 교수자 수는 11,790명이며 사무직원 수는 2,356명이었다. 2016년 통계와 2021년 통계를 비교하면 총 기관수, 총 프로그램 수, 총 교수자 수, 총 사무직원 수는 증가했으나 총 학습자 수는 약 95만 명에서 62만 명으로 약 35% 감소한 것을 알 수 있다. 지역별로 편차가 있는데 증가 비율로 보면 울산이 2배 이상 증가하고 대구, 강원, 인천, 경북 순으로 증가했다. 나머지 지역은 학습자 수가 감소하였는데 광주가 30%로 감소하였고 충북, 경기, 서울, 대전, 제주, 전북, 경남, 세종, 전남, 충남, 부산 순으로 감소했다.

표 13-4 평생학습관 개황

구분	기관 수	프로그램 수	학습자 수		교수자 수	사무직원 수
			계	여(F)		
총계	444(501)	26,983(34,481)	949,625(620,965)	643,007	11,790(13,447)	2,356(3,099)
서울	66(82)	5,623(6,034)	300,266(171,237)	200,237	2,145(2,263)	456(633)
부산	23(32)	1,409(2,689)	44,936(42,392)	31,077	628(1,282)	135(239)
대구	14(15)	1,231(2,652)	16,721(23,984)	10,803	313(201)	74(117)
인천	24(25)	1,351(1,737)	31,860(41,552)	24,949	765(831)	120(171)
광주	19(17)	511(1,089)	65,031(19,653)	38,593	308(518)	93(118)
대전	12(13)	1,460(1,412)	24,024(13,983)	17,662	561(389)	90(78)
울산	4(7)	134(449)	2,575(5,298)	1,947	55(182)	18(34)
세종	1(1)	44(42)	725(630)	535	20(42)	7(6)
경기	89(81)	4,703(5,027)	188,860(78,403)	147,288	2,272(2,248)	511(612)
강원	27(35)	1,897(2,440)	27,901(37,701)	18,398	695(960)	122(169)
충북	22(23)	889(653)	54,458(19,851)	32,256	517(515)	81(120)
충남	24(32)	2,788(4,342)	60,747(54,410)	38,207	1,053(968)	148(173)
전북	24(24)	794(871)	18,702(12,689)	12,599	501(566)	81(103)
전남	28(32)	1,489(1,660)	44,777(39,486)	30,075	629(1,081)	119(164)
경북	30(39)	1,439(1,832)	32,916(33,699)	24,568	634(725)	159(205)
경남	29(35)	850(1,263)	23,660(18,355)	16,322	543(526)	105(130)
제주	8(8)	371(289)	11,466(7,642)	7,491	151(150)	37(27)

출처: 평생교육통계 자료집(2016년, 2021년) *( )는 2021년 현황

② 평생학습관 기관별 운영 현황

평생학습관의 기관별 운영 현황은 **표 13-5** 에서와 같이, 2022년 현재 설립 주체는 국가와 지자체가 437개 기관으로 전체 523개 기관의 81.7%, 법인이 61개 기관 11.7%, 개인 15개 2.8%, 기타 10개 1.9%이다.

표 13-5 평생학습관의 기관별 운영 현황

구분	기관수	설립주체				건물소유형태						직업능력 훈련지정 기관 수	학점은행 기관 수	입시 관련 시설 수
		국가 지자체	법인	개인	기타	공공	법인	개인	임차	위탁	기타			
총계	523	437	61	15	10	414	15	1	49	35	9	10	11	3
서울	82	71	11	-	-	59	3	-	4	14	2	3	1	-

구분	기관수	설립주체				건물소유형태						직업능력 훈련지정 기관 수	학점은행 기관 수	입시 관련 시설 수
		국가 지자체	법인	개인	기타	공공	법인	개인	임차	위탁	기타			
부산	32	32	-	-	-	32	-	-	-	-	-	-	1	-
대구	15	15	-	-	-	13	-	-	2	-	-	-	-	-
인천	26	21	3	-	2	19	-	-	6	1	-	3	1	-
광주	22	12	9	-	1	12	4	-	4	2	-	1	2	-
대전	17	3	9	3	2	3	2	1	8	3	-	1	1	1
울산	7	7	-	-	-	6	-	-	1	-	-	-	-	-
세종	1	1	-	-	-	1	-	-	-	-	-	-	-	-
경기	93	48	29	12	4	47	6	-	20	15	5	1	-	-
강원	35	35	-	-	-	35	-	-	-	-	-	-	-	2
충북	23	22	-	-	1	22	-	-	1	-	-	-	1	-
충남	32	32	-	-	-	29	-	-	3	-	-	-	2	-
전북	24	24	-	-	-	24	-	-	-	-	-	-	-	-
전남	32	32	-	-	-	32	-	-	-	-	-	-	-	-
경북	39	39	-	-	-	38	-	-	-	-	1	1	1	-
경남	35	35	-	-	-	34	-	-	-	-	1	-	1	-
제주	8	8	-	-	-	8	-	-	-	-	-	-	-	-

출처: 평생교육통계자료집(2023).

(3) 평생학습관 관련 주요 법령

「평생교육법」(2007.12.14 전부개정 법률 제8676호) 제19조는 평생교육진흥원 관련, 제20조는 시·도 평생교육진흥원의 운영, 제21조는 시·군·구 평생학습관의 설치·운영에 관한 법률로서 제1항은 시·도 교육감은 관할 구역 안의 주민을 대상으로 평생교육 프로그램 운영과 평생교육 기회를 제공하기 위하여 평생학습관을 설치 또는 지정·운영해야 한다. 제2항은 시장·군수·자치구의 구청장은 평생학습관의 설치 또는 재정적 지원 등 해당 지방자치단체의 평생교육을 진흥하기 위하여 필요한 사업을 실시할 수 있다. 제3항은 제1항과 제2항에 따른 평생학습관의 설치·운영 등에 필요한 사항은 해당 지방자치단체의 조례로 정한다(교육법전편찬위원회, 2010: 330-331). "지자체의 장은 관할 구역 안에서 지역주민을 대상으로 평생교육 프로그램 운영과 정보제공 기능을 수행하는 시·도 평생교육진흥원 또는 평생학습관을 운영하여야 한다"고 규정하고, 동법 제21조 제3항에서는 "평생학습관의 운영은 당해 지방자치단체의 조례가 정하는 바에 의하되, 지역의 특성에 따라 평생교육시설 등을 활용할 수 있다"고 규정하고 있다. 그런데 이 설치 운영과 관련하여 실제 평생학습관을 설립하는 작업은 지역별로 다양하게 나타나고 있다. YTN의 1999년 1월 12일자 뉴스에서는 공공도서관을 평생학습관으로 바꾸는 조례가 어떤 지방의회에서는 통과된 반면 다른 곳에서는 부결되는 등 제각각으로 추진되고 있다는 것이다(권두승 · 최운실, 2010: 92-94).

4) 평생학습관 운영 사례

평생학습관은 2001년부터 설립되기 시작하여 2023년 12월 기준 전국에 523개의 평생학습관이 운영되고 있다. 국가 평생학습 추진체제에 의해 운영되고 있는 평생학습관의 다양한 사례를 중심으로 경영분석을 할 필요가 있으나 지면의 제한에 따라 서울특별시 마포평생학습관과 경기도 광명시 평생학습원을 기관의 홈페이지에 소개된 내용을 중심으로 경영적인 입장에서 분석을 하였다. 두 개의 평생학습관의 경영사항을 감마모델을 활용하여 평생학습관의 고유목적 달성을 중심으로 분석했다.

(1) 마포평생학습관

마포평생학습관은 서울지역 평생교육정보센터로서 서울특별시교육청 교육감 주관의 평생학습관으로 서울시 평생학습을 주도하는 기관으로 출범하였다. 천만여 명의 서울 시민을 위한 평생학습관으로 출범하였으나 설립 배경과 운영 전반을 살펴보면 경영적인 면에서 문제가 있음을 발견할 수 있다. 서울시에는 2004년부터 시행된 평생학습도시 사업에 따른 지자체 주관의 평생학습관과 교육감 주관의 평생학습관인 마포평생학습관이 병행하여 활동하고 있다. 서울특별시교육청은 시민의 독서문화 활성과 평생학습 증진을 위하여 4개의 평생학습관과 17개의 시립도서관 포함 총 21개의 평생학습관 및 도서관을 운영하고 있다.[1] 그 외 지자체 운영 등 외부 기관 32개 포함 총 53개 지정평생학습관을 서울특별시에서 운영하고 있다.

서울시교육청은 도서관에 예산이 들어가는 마당에 새로 평생학습관을 짓는 것은 예산 낭비라는 이유에서 평생학습관을 새로 짓지 않고 기존 공공도서관을 평생학습관으로 바꾸

1) 평생학습관 4개: 마포평생학습관(마포아현분관 포함), 고덕평생학습관, 노원평생학습관, 영등포평생학습관. 시립도서관 17개: 강남도서관, 강동도서관, 강서도서관, 개포도서관, 고척도서관, 구로도서관, 남산도서관, 도봉도서관, 동대문도서관, 동작도서관, 서대문도서관, 송파도서관, 양천도서관, 어린이도서관, 용산도서관, 정독도서관, 종로도서관

었다. 이와 관련하여 서울특별시교육청은 「평생교육법」 대신 「지방교육자치법」을 근거로 1999년 1월 12일 조례 제3561호로 '서울특별시 교육행정기구 설치 조례' 제6절의 제30조와 34조의 규정에 의거하여 서울시 내 22개 공공도서관 가운데 4곳을 2000년 7월 15일부터 평생학습관으로 탈바꿈시켰다. 이와 비슷하게 지역교육청의 평생학습관은 도서관을 중심으로 확장되었다. 강원도도 강원도교육청 행정기구설치조례(2000.5.13)에 의거하여 춘천중앙도서관을 평생교육정보관으로 변경하여 운영하고 있으며 전라남도도 교육청 행정조례(2000.9.20)에 의거하여 주민의 다양한 교육욕구를 수용하고 평생교육을 통한 삶의 질을 향상시키기 위하여 전라남도 사회교육관을 설치 · 운영하도록 규정하고 있다.

① 설립 배경

1995년 5월 대통령 자문기구인 교육개혁위원회에서 누구나, 언제, 어디서나 원하는 교육을 받을 수 있는 길이 활짝 열려진 [열린 교육사회, 평생학습사회] 기반조성을 위한 교육개혁이 발표되었으며, 서울특별시교육청에서는 생애에 걸쳐 계속적으로 국민의 지식 창조능력을 향상시키고, 다양화, 고도화되는 국민의 평생학습 요구를 충족시키고자, 1999년 7월 15일(서울특별시교육청행정기구설치조례 제3561호, 1999.1.15)부터 마포도서관을 마포평생학습관으로 명칭 변경하여 운영하게 되었다(아현동 시설은 아현분관으로 개편).

마포평생학습관은 1957년 9월 20일부터 23년간 운영하던 국립중앙도서관 아현분관을 인수하여 1980년 마포도서관으로 운영하여 왔으나, 그 규모나 시설 등이 협소하고 열악하여 1995년 6월 25일 현 위치에 새로이 건물을 신축하게 되었다. 1995년 5월 대통령자문기구인 교육개혁위원회서 누구나, 언제, 어디서나 원하는 교육을 받을 수 있는 길이 활짝 열려진 [열린 교육사회, 평생학습사회] 기반조성을 위한 교육개혁이 발표되었으며, 서울특별시교육청에서는 생애에 걸쳐 계속적으로 국민의 지식 창조능력을 향상시키고 다양화, 고도화되는 국민의 평생학습 요구를 충족시키고자, 1999년 7월 15일(서울특별시교육청행정기구설치조례 제3561호 1999.1.15.)부터 마포평생학습관으로 명칭 변경하여 운영하게 되었다(아현동 시설은 아현분관으로 개편).

마포평생학습관은 평생교육법 제21조 제1항 및 서울특별시 교육청행정기구설치조례 제30조(설치)에 의거 설치되어 학습자료 비치, 평생교육프로그램 제공으로 지역주민의 평생학습기회 제공과 더불어 사회 각 분야에 대한 지식 · 정보를 제공하고 있다. 아울러 마포평생학습관은 서울지역평생교육정보센터로서 대학부설 평생교육원, 문화센터, 공공도서관 등 서울시 내 평생교육기관의 상호 네트워크 구축, 평생교육종사자 연수 등의 기능을 수행하고 있으며, 전문능력을 가진 퇴직자들을 중심으로 한 금빛평생교육봉사단을 모집하여 지역사회의 평생교육 및 복지서비스 분야에 지원함으로써 지역사회평생교육 발전을 위한 역할을 수행하고 있다.

② 주요 시설 현황

평생교육법 제21조 제1항(시 · 도교육감은 관할 구역 안의 주민을 대상으로 평생교육프로그램 운영과 평생교육 기회를 제공하기 위하여 평생학습관을 설치 또는 지정 · 운영하여야 한다)에 따라 시 · 도교육감은 지역의 복지관, 도서관 등 평생학습에 관한 지역 축으로서의 역할을 하는 기관을 평생학습관으로 지정 · 운영하여 지역주민의 평생학습 기회를 확대한다.

마포평생학습관에서는 100여 개의 평생학습교실 강좌와 체육시설(수영장, 헬스장)을 운영하고 있으며, 주민들에게 지식과 정보를 제공하며 디지털 · 간행물실, 시각장애인실, 문헌정보실, 어린이실 등의 자료실과 자율 학습실, 대강당, 소강당, 헬스실, 수영장, 컴퓨터실, 사무실이 있으며, 부대시설은 관장실과 사무실, 매점 및 식당, 열람대기실, 전시공간, 청소년상담실, 예절실, 어학실 등 28개 실, 2,223좌석 수를 가지고 있다. 평생학습관의 자료 현황으로 도서와 비도서가 있으며 마포리움 운영 등의 도서관 기능도 수행하고 있어 마포평생학습관의 주요 사업이 도서관 사업임을 알 수 있다.

③ 평생학습 프로그램

마포평생교육관에서는 미술 특화 프로그램을 진행하고 부속 수영장을 활용한 수영 프로그램을 진행하고 있다. 2011년에는 우리사상(동경대전), 유교사상(시경), 묵가사상(묵자), 교양한문(명심보감), 수필교실, (자녀지도를 위한) 독서토론, 글쓰기와 스포츠 프로그램, 경력개발, 취미교육, 컴퓨터 강좌 등을 실시했는데 수요 변화와 특화 사업에 따라 프로그램이 변경되는 것을 알 수 있다. 2022년 현 마포평생학습관에서는 100여 개의 평생학습교실 강좌와 체육시설(수영장, 헬스장)을 운영하고 있으며, 주민들에게 지식과 정보를 제공하며 디지털 간행물실, 시각장애인실, 문헌정보실, 어린이실, 마포리움 운영 등의 도서관 기능도 수행하고 있다.

④ 학습비 운영 실태

평생교육기관의 학습비 부담 형태를 살펴보면, 전액 학습자 부담(직장 위탁교육 포함), 학습자 부담+정부지원, 정부지원+자체예산, 전액 정부지원, 전액 자체예산(무료) 등이 있다. 마포평생학습관의 프로그램 운영은 학습자들의 학습비와 지원금을 바탕으로 운영되고 있다. 마포평생교육관의 경우 국민기초생활수급자, 국가보훈 대상자 본인, 장애 정도가 심한 장애인, 만 65세 이상자는 학습비를 100% 감면하고 있으며, 국가보훈대상자의 부모와 자녀, 장애 정도가 심하지 않은 장애인, 다문화 가족의 구성원은 학습비의 50%를 감면하고 있다. 그러나 감면 인원을 제한하고 있어 감면 대상자의 수강 신청이 빨리 종료되고 유료 신청자에게는 신청기간이 오랫동안 열려 있었다. 안타깝게도 아직까지 우리나라 평생교육 강좌나 프로그램들은 경제적으로 여유 있는 사람들이 더 자유롭게 참여할 수 있음을 알 수 있다.

⑤ 행정 · 예산

마포평생학습관의 행정조직은 2024년 현재 관장 아래에 자료선정위원회와 학습관운영위원회가 있으며 평생학습과와 행정지원과, 정보자료과, 아현분관으로 구성되어 있다. 직원은 과와 실별로 관장, 행정지원과, 기계실, 안내실, 평생학습팀, 기획 · 자료조직팀, 문헌정보실, 디지털간행물 · 시각장애인실, 어린이 · 다누리실, 마포리움 등 소속으로 관장 1명, 행정직 5명, 사서직 33명, 관리운영직 7명, 기술직 2명, 평생교육사 2명으로 2023년 현재 직원 수는 총 50명이다.

전체 평생교육기관의 65.4%가 정부나 지방자치단체로부터 행 · 재정적 지원을 받고 있는 것으로 나타났는데 마포평생학습관도 정부의 지원을 받고 있었다. 평생교육기관이 각 정부나 지방자치단체로부터 받는 행 · 재정적 지원의 형태를 살펴보았을 때, 교육예산 및 경비 지원이 52.5%로 가장 많고, 그 다음이 교육시설 및 장비 지원, 인적자원 연수 지원, 프로그램 개발 및 보급, 홍보활동 지원 등의 순으로 나타났다. 마포평생학습관의 학습자들이 내는 학습비는 교수자급여에만 충당되는 것을 감안해 보았을 때, 마포평생학습관은 다른 평생교육기관보다 정부 혹은 지방자치단체의 지원을 많이 받는 것을 예상할 수 있다. 하지만 2001년을 기준으로 볼 때, 교육청 전체 예산 대비 평생교육 예산은 0.42% 수준에 머무르는 것을 보아 교육청 정책의 우선순위에서 평생교육은 상당히 뒤처져 있다고 볼 수 있다.

⑥ 학습자 분석

가. 학습자 현황

마포평생학습관에는 아현분관과 체육시설을 포함하며 문해교육과정을 비롯하여 다양한 평생교육 프로그램이 있다. 2024년 2월 5일 현재 수강 신청 홈페이지 분석 결과 무료 프로그램은 1일 영화상영 프로그램과 10개월간 진행되는 어린이 독서동아리 프로그램이 있었다. 유료 프로그램으로 5개월 정도 진행되는 프로그램으로는 초급영어회화 프로그램과 스마트폰 촬영과 동영상 그리고 미술 프로그램이 있었다. 체육 프로그램에는 헬스와 수영이 있었다. 월평균 약 600명의 학습자가 있었으며 각 프로그램의 수강 접수는 거의 100%로 1가지 프로그램을 제외한 모든 프로그램에 대기자가 있었다. 학습자 현황과 프로그램별 분포는 표 13-6과 같다.

표 13-6 마포평생학습관의 학습자 현황(2023년 상반기)

기간	학습비	강좌명	모집인원
1일	무료	영화상영회	20
10개월	무료	어린이 독서동아리	15
5개월	유료	초급영어회화	16
	유료	스마트폰 촬영과 동영상	16
	유료	미술: 어반스캐치, 캐리커처, 색연필화(초 · 중급), 수채화	80
2개월	유료	체육: 헬스	125
	유료	체육: 수영(초 · 중급)	345
합계			617

나. 분포 분석

프로그램 선정은 시민의 건의를 받아 15인 이내의 평생학습운영위원회에서 심의절차를 거쳐 결정된다. 총 617명 수강 정원 중 체육 프로그램(헬스, 수영)에 470명(76.2%)으로 가장 많은 인원이 분포해 있고 다음으로 미술 강좌에 80명(13.0%)으로 많았다. 수영시설이 있고 평생학습관별 특화 프로그램이 미술인 것으로 보인다.

(2) 광명시 평생학습원

① 설립목적

경기도 광명시 철망산로 2에 있는 평생학습지원기관으로 1999년 6월 29일 조례 제1140호로 광명시평생학습센터 설치 및 운영조례를 제정 · 공포하여 평생학습센터 운영을 시작하였다. 광명시평생학습원은 교육을 통해 누구나 소외됨 없이 사회적 삶을 배우고 나눔으로써 더불어 사는 아름다운 교육공동체를 건설하기 위해 설립하였다. 평생학습도시 광명시는 1999년 전국 최초로 평생학습도시를 선언한 이후 장애인 평생학습도시를 선언하고 소외와 차별 없는 평생학습을 목표로 위대한 도시는 위대한 시민이 만들고 위대한 시민은 평생학습이 만든다는 철학을 기반으로 시민 누구나 학습과 교육을 통해 성장하고 미래를 준비하며 변화를 주도하는 세계시민으로서의 평생학습, 사람과 사람, 사람과 지역이 서로 연대하고 협력하며 지역 곳곳이 학습의 장이 되고, 학습이 일상이 되는 평생학습을 통해 누구나 소외됨 없이 학습을 누리는 지속가능한 평생학습도시를 만들어 가는 것을 목적으로 하고 있다.

② 변천과정

광명시 평생학습원은 광명시가 2001년 교육인적자원부로부터 평생학습도시로 공식 지정된 후 2002년 2월 20일에 성공회대학교를 민간 위탁자로 선정하여 운영하였으며 2007년에는 민간 위탁자가 서강대학교로 바뀌었으며, 2011년 1월 평생학습분야 전문가 영입을 통해 평생학습사업 추진에 탄력을 붙이기 위해 공개 모집한 평생학습원장을 임용하여 직영체제로 들어갔다. 광명시장은 "과장급 직위에 외부 인사를 영입하여 전문성과 혁신성이 요구되는 평생학습원장을 임용하였다. 평생학습원장은 2년간 광명시민의 평생교육 및 학습동아리 지원, 평생학습도시 정책개발 및 연구, 평생학습 관련 기관 및 단체의 연계지원, 시민교육계획 수립시행, 평생교육 종사자 연수, 평생학습에 관한 정보수집 및 제공 업무를 총괄하게 된다. 이러한 평생교육 전문가의 영입은 전국의 평생교육관 운영을 위한 전문성이 필요함을 내포하고 있다.'고 배경을 밝혔다.

광명시는 2005년 제4회 전국평생학습축제를 개최하여 교육인적자원부로부터 평생학습 대상을 수상하였고 전국 76개 평생학습도시 중 7개 도시를 선정하여 진행한 국책사업인 평생학습결과 표준화사업 '평생학습계좌제' 시범도시로 선정되었으며, 2008년에는 교육과학기술부로부터 학점은행제 평가인정기관으로 승인받아 2009년부터 심리학 등 18개 과목을 개설, 대학이 부재한 광명시에 대안적인 평생교육기관으로 자리매김하고 있다. 2009년에는 다문화적 콘텐츠를 축적하고 의사소통 역량을 강화할 수 있도록 지원하는 공간인 광명 지구마을과 잉글리시 카페를 신설하여 글로벌 시대의 맞춤형 프로그램을 제공하고 있다.

③ 주요 사업과 업무

광명시는 평생학습도시 건설계획을 기반으로 평생학습 인프라구축, 시민 참여 학습공동체 확장, 평등 학습사회 실현, 대안적 · 전문적 평생교육기관으로의 도약, 국 · 내외 네트워크 등 5대 프로젝트별 다양한 세부 사업을 수행하고 있다. 첫째, 평생학습 인프라 구축 영역은 평생학습관 지정 · 지원, 평생학습정보센터인 한뉘배움터 운영, 평생학습종합정보시스템 운영 등의 사업으로 구성되어 있다. 둘째, 시민참여 학습공동체 확장 영역은 학습동아리 활성화를 통한 지역공동체 형성, 시민 제안 프로그램 운영, 청개구리도서실 운영 등의 사업을 추진하고 있다. 셋째, 평등 학습사회 실현 영역에서는 문해(文解)교육, 어르신 정보화 교육, 찾아가는 평생교육 등의 사업을 실행 중이다. 넷째, 대안적 · 전문적 평생교육기관으로의 도약 영역에서는 광명시민대학, 시민교양아카데미, 시민 나눔 마당, 전문가 양성 특별과정, 학점은행제, 광명지구마을 등 다양한 평생학습 프로그램을 운영한다. 다섯째, 국내 · 외 네트워크 영역에서는 타 평생학습도시, 관내 기관 · 단체와의 활발한 교류로 지속적인 성장과 발전을 꿈꾸는 생태 평생학습도시 조성사업을 진행하고 있다.

④ 활동사항 및 프로그램

2024년 1월 광명시 평생학습원 홈페이지에는 60개의 프로그램이 올라와 있다. 문화/예술, 인문/사회, 언어/외국어, 취미생활, IT/컴퓨터 등으로 구분되어 있고 하루 프로그램, 한 달 프로그램, 삼 개월 프로그램이 다양하게 있으며 하루 프로그램은 영화 상영, 연극 공연, 특강, 평생학습 축제 일일학교 등이 있다.[2] 광명시 평생학습원은 한 달 프로그램을 주로 진행하고 있으며 석 달 프로그램은 1개가 있었는데 은퇴 준비 프로그램이었다.[3] 특히 눈에 뜨이는 것은 장애인 평생학습으로 구분된 프로그램이 액자, 양초, 에코백 만들기 등 생활 ESG 내용이라 장애인 프로그램과 연관 짓기 어려웠다.[4] 수강생을 장애인으로 한정해서 진행한 것으로 생각된다. 같은 프로그램을 청년반과 모두반으로 구분해서 등록을 받기도 했다.[5]

2) • 영화상영회
 • 〈굿닥터〉 연극 앙코르 공연
 • 세계시민성 향상교육 "행복의 비결" 웃음소리에 답이 있다(특강)
 • 철망산 지식콘서트 〈2024 트렌드 코리아〉 특강
 • 평생학습축제 일일학교 프로그램: 나만의 컬러 찾기, 가죽쟁이 카드지갑 만들기, 커피 화분 만들기, MBTI를 활용한 슬기로운 사회생활, 나만의 머그컵 꾸미기, 양말목텀블러 가방 만들기, 음악으로 떠나는 이탈리아 여행, 가족과 함께하는 보드게임, 숲속명상 & 힐링 스트레칭, 걷기로 체형교정, 힐링 드로잉, 생활 속에 캘리 꽃 피다, 우리 농산물로 초록식탁 만들기, 슬기로운 정리생활, 나를 찾는 이미지 메이킹, 나도 우리 집 미용사, 생태 & 힐링 요가, 친환경 우리 집 밑반찬 교실, 캐리커쳐 드로잉, 척추체형 교정운동, 몸과 마음을 치유하는 웃음 레크리에이션

3) 한 달 프로그램:
2023년 시민도사 9월 프로그램-추석맞이 전통장식(제비부리 댕기 만들기), 나도 시작한다! 유튜브!, 스마트폰으로 블로그 세상 즐기기, 재미있는 한국미술 알아보기, 영어그림동화 세대 공감 인문학, 한 작품 만들 go, 책 놀이 배우 go!
2023년 시민도사 10월 프로그램-음악으로 배우는 영어, 인지 up! 치매 down! (실버보드게임), MBTI, 인간관계를 부탁해!, 바느질은 나의 친구(펜꽂이 북밴드, 타포린 런치백 - 재료비: 3만 원), 나의 인생 2막! 시골에서 효리처럼 살기(재료비: 9천 원), 어른을 위한 그림책 마음여행, 나만의 색깔 찾기!(퍼스널 컬러), 뜨게 사랑방(재료비: 3만 원), 드론과 함께 보는 나의 세상
3개월 프로그램: 신중년, 인생 후반전을 준비하라(필수과정+재무설계, 직업설계, 퍼스널 브랜딩)

4) 장애인 평생학습 [실천하는 생활 ESG특강] - 커피자루 향기액자 만들기, 비치코밍 젤 캔들 만들기, 양말목 도어벨+캔들 만들기, 나만의 에코백 디자인 만들기

5) 생성형 AI와 미래 맞이하기!: 청년반, 모두반, 문해교육 교사 디지털 역량강화 교육

⑤ 시설 및 이용자 등

광명시 평생학습원은 지하 1층, 지상 5층의 규모로 지하 1층에 학습모임방, 소리실, 무용실; 1층에 유아휴게실/수유실, 강당, 전시실, 도란도란 쉼터, 환경교육센터, 미술세상방, 청년·어울림방; 2층에 웃고 떠드는 평생학습 도서관, 오손도손 북카페/수유실, 평생학습원·장애인 평생학습센터 사무실, 평생학습사업 본부장실, 교육청소년과 사무실; 3층에 정보배움실, 활동실, 미디어실; 4층에 시민의 부엌, 배움실, 장애인평생학습실; 5층에 직원식당, 시민사무실, 배움실, 장애인평생학습실이 있다. 2011년 7개의 수업실, 8개의 동아리실, 2개의 정보화교육실, 어린이 전문 도서실, 공연장, 유아방 등에서 장애인 평생학습실, 환경교육센터 등이 더 확충된 것을 알 수 있다.

연간 이용자 수는 13만 명 내외이며, 매년 증가하는 추세이다. 189개의 평생학습동아리에서 2,023명의 회원이 활동하고 있다. 시민의 체계적 학습지원을 위해 광명시 평생학습원은 원장 1명, 부원장 1명을 두고 있으며, 평생교육사로 이루어진 교육운영팀과 원활한 행정지원을 위한 운영지원팀, 그리고 어린이 전문 도서실인 청개구리도서실 등으로 구성되어 있다.

2. 평생학습관의 경영기획 및 경영전략

평생학습관의 경영기획이나 전략을 위해서는 평생교육의 추진체제 현황을 파악하고 평생교육 제공지원체제에 대한 이해가 없이는 이룰 수 없다. 우리나라에서 평생교육을 체계적으로 제공하고 지원하기 위한 체제로서는 교육부를 중심축으로 하여 국가평생교육진흥원, 시·도 평생교육진흥원, 그리고 평생학습관이란 평생교육 전담 3대 기구가 있다(권두승·최운실, 2010: 112). 이들 전담 기구는 「평생교육법」에 의하여 설치·운영되는 것으로서 공통적으로 평생교육에 관한 연구, 평생교육 종사자에 대한 연수, 평생교육에 관한 정보의 수집·제공기능을 수행하도록 되어 있다. 이에 더하여 국가평생교육진흥원은 평가인정 기능을, 시·도 평생교육진흥원은 평생학습의 상담 및 정보제공 기능을, 평생학습관은 평생교육 프로그램 운영 기능을 수행하도록 되어 있다. 이들 전담기구는 「평생교육법」에 명시된 각종 평생교육시설, 관련 협의회 등과 연계하여 법령에 의하여 규정된 기능을 수행하고 있다.

1) 평생교육기관경영 감마모델의 기본 구조

성공적인 평생학습관 경영을 위하여 평생학습관 전반에 관한 확실한 이해를 바탕으로 기관분석 및 평가가 필요하다. 평생학습관의 설립목적과 사명에 대한 이해, 평생학습관을 이용하는 외·내부고객, 대내·외적인 마케팅 전략 및 대책이 필요하다. 감마모델은 비영리 조직이나 기관의 총체적인 마케팅 경영모델이다. 마케팅이란 개인이나 집단이 제품과 가치를 창출하고, 타인과의 교환을 통해 그들이 필요로 하고 원하는 것을 얻게 되는 하나의 사회적 과정이다(P. Kotler). 마케팅이란 조직의 전반적인 상황을 이해하고 그 상황에 맞는 적절한 조치들을 찾기 위해 사용되는 모든 수단을 통틀어 말한다.

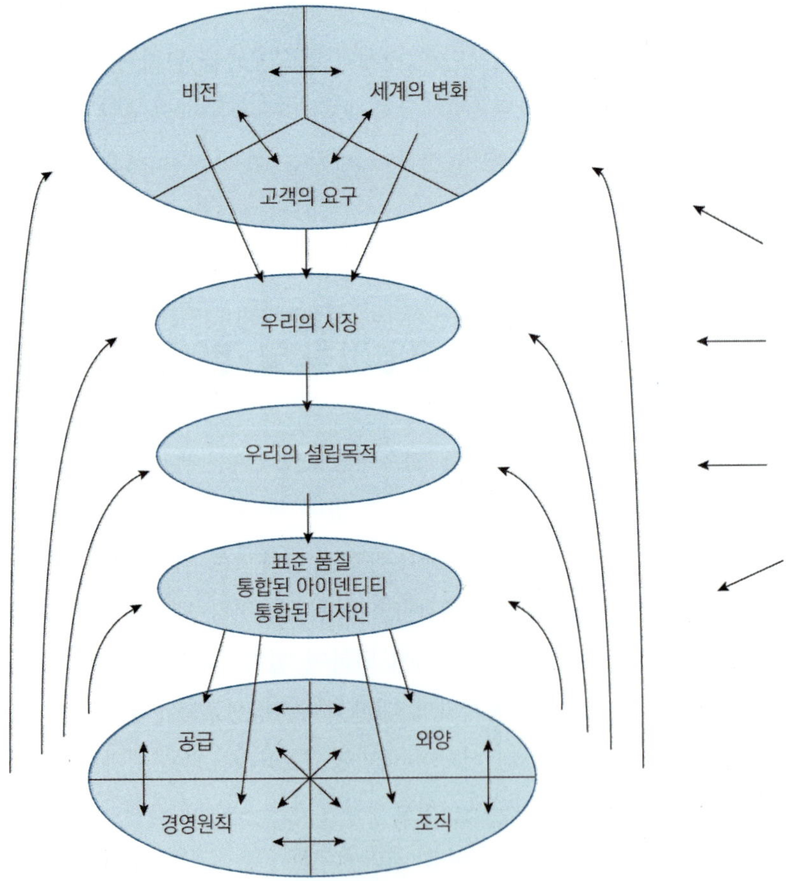

그림 13-7 감마모델의 흐름도

출처: Kapfer, L. 저, 김사강 역(2010: 89)

감마모델은 그림 13-7 에서 보는 바와 같이 흐름의 모델이지 단계적인 모델이 아니다. 복잡한 사회환경 속에 영향을 받고 있는 세상에서 평생학습관의 비전과 지역사회에서의 사명을 수행하기 위하여 환경분석과 전략이 필요한 때이다. 전국에서 운영되고 있는 평생학습관의 비전과 설립목적, 평생학습관의 생산품인 프로그램과 사업, 평생학습관을 운영하는 직원의

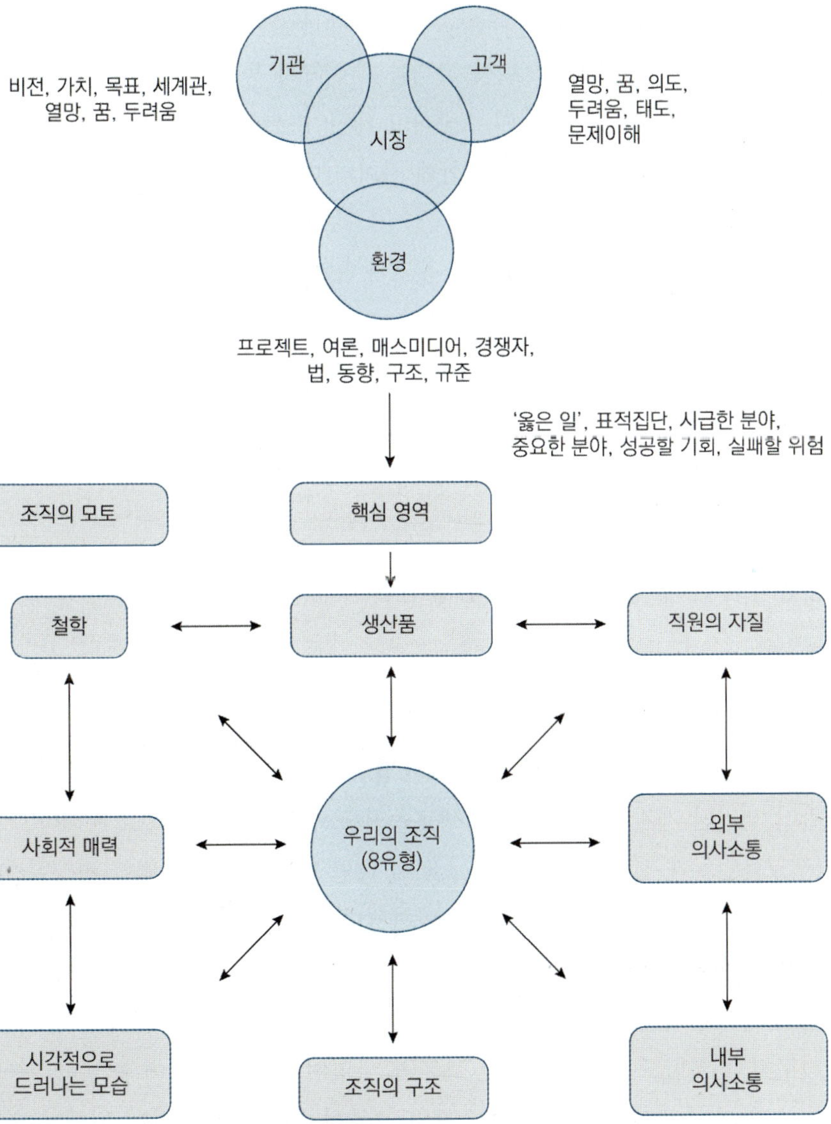

그림 13-8 시장에 대한 개념

능력과 자질, 평생학습관의 외부 의사소통과 내부 의사소통, 평생학습관의 조직구조의 질과 시각적으로 드러나는 평생학습관의 모습과 사회적인 매력을 분석하며 균형적으로 성장할 수 있도록 하여야 한다. 변화하는 시대에 늘 새로이 적용할 수 있는 평생학습관으로 유지되는 것이 경영의 목적이다.

감마 모델(GAMMA: Das Ganzheitlich Marketing Management Modell)의 철학을 기관의 경영 원리로 삼아 옳은 일을 바르게 하는 기관으로서 고객을 배려하며 동료를 귀하게 여기고 사회변화를 명심한다. 감마의 기본 신념은 사람이 소중하고 개인이 귀하며, 개인의 능력보다 모두의 능력이 중요함을 인식하고, 기관이 참여자와 함께 사회의 변화를 주도한다. 옳은 일을 바르게 하며 세상을 새롭게 한다.

감마의 철학을 깨닫고, 조직의 성공을 돕고자 노력하는 감마 트레이너들의 사회적 실천에 의해 감마의 철학이 기관의 경영 원리로 드러나고 기관이 보다 나은 세상을 만들어 간다.

감마모델은 그 자체 성공요인, 총체적 마케팅 경영, 미션, 비전 컨설팅, 조직 및 기관의 진단을 하여 바람직한 건강한 사회, 개인의 성장을 돕는 평생학습관이 되도록 한다.

2) 평생학습관의 경영기획 및 경영전략

한국사회에서 사회교육이란 늘 대안적인 성격을 띠며, 교육은 학교에서, 학교가 아니면 교육이 될 수 없다는 의식하에 뿌리를 내리기 시작하였다. 사회교육 관련 업무를 시 · 도 교육청에서 주관하고 있던 상태로 「사회교육법」이 「평생교육법」으로 전면 개정되었다. 평생학습관이 생겨난 계기가 되었으나 평생교육진흥 추진체제가 별도로 존재하지 않은 상태에서 평생교육업무가 시 · 도 교육청에서 역시 대안적인 체제로 출범한 평생학습관은 경영기획 및 전략이 본의를 벗어난 체제로 출발하였다. 대안적인 위탁운영 체제를 출발점으로 독립적으로 발전할 수 있는 여건 조성은 이루어지지 않았다. 대한민국의 수도 서울특별시의 평생학습관이 개관되면서 대안적 장소인 공공도서관을 활용하기 시작하여 지역평생교육정보센터로서의 역할도 맡았다. 기관 고유의 사명인 공공도서관이 평생학습관의 업무를 수행하는 묘한 학습관이 되어 평생학습관의 고유한 목적을 달성하기 위해 분명한 노력은 있었으나 경영이란 관점에서 새로운 전략이 필요하다. 평생학습관의 경영전략 계획 및 전략

점검 사항은 평생학습관 활동의 이념, 시장, 핵심 영역, 목표와 전략, 기획, 실행, 평가, 병행해야 되는 '컨트롤링'이다.

(1) 평생학습관 사례

서울특별시의 마포평생학습관은 지역 평생교육 정보센터로서 천만여 명의 시민을 위한 중요한 지역 정보센터로서의 사명과 역할을 수행하기 위하여 평생학습관을 개관하였다. 마포평생학습관 개관 시 시교육청은 평생학습관을 새로 짓는 것이 예산 낭비라는 이유에서 공공도서관을 평생학습관으로 바꾸었으며 이러한 사유로 많은 지역교육청의 평생학습관은 도서실을 중심으로 확장되었으며 오늘날까지 운영되고 있다.

경기도 광명시 평생학습원은 '아름다운 교육공동체를 건설하기 위하여'란 설립목적으로 1998년 평생학습센터 설치 및 운영조례를 제정하여 전국 최초로 평생학습도시를 선언하여 개관한 평생학습원이다. 시민의 평생학습 요구조사를 실시하고 평생학습도시건설 5개년계획 추진 실무추진단을 총 7차에 걸쳐 운영하였으며 평생학습운영위원회 구성, 평생학습원을 착공하여 교육인적자원부 지성 평생학습도시 조성 지원도시로 신정되이 평생학습원 운영체를 공개 모집하였다. 광명시는 '평생학습원 및 민간위탁운영조례'를 개정하고 학교법인 성공회대학교가 선정되어 평생학습도시사업과 평생학습관 운영의 좋은 모델로 운영되었다. 2007년 12월 서강대학교가 위탁운영자로 다시 선정되었다가 2011년 평생교육전문가 외부 인사 영입으로 새로운 광명시 평생학습원 운영을 하고 있다. 잦은 운영추진체제의 교체 또한 문제점으로 볼 수 있으므로 학습원 고유목적을 이루기 위한 전략적인 경영의 문제점을 보완하고 해결할 필요가 있다.

3. 평생학습관 운영을 위한 리더십 및 의사결정

리더십의 사전적 의미는 무리를 다스리거나 이끌어 가는 지도자로서의 능력을 의미하는 것으로 이해할 수 있다. 경영활동에서 훌륭한 리더십을 가진 리더는 기관의 비전을 제시할 수 있으며 기관이 추구하는 목적을 성공적으로 달성하기 위하여 경영 원리를 바탕으로 리더십을 발휘한다. 단체나 기관을 운영하는 최고책임자와 팀장 및 팀원과 조직 구성원 개개인 모두, 기관에 종사하는 전원이 기관의 설립목적과 목표, 추진전략을 공유할 수 있도록 하여야 한다. 감마모델에서 리더십은 평생학습관의 이념, 시장, 기관 위상의 정립, 목표와 전략, 기획, 실행, 평가를 조정 및 컨트롤하는 능력을 제시하고 있다. 기관이나 조직의 총체적인 경영모델을 실현하기 위하여 사회의 요구, 고객들의 바람, 조직의 정체성을 인식한 가운데 이루어지는 이상적인 학습관이 되기 위하여 리더십이 필요하다. 조직 구성원이 가지고 있는 꿈과 조직이 바라는 꿈이 같다면 조직과 개인은 서로 성장할 수 있다. 행정이나 정책 역시 대안적인 성격을 띠고 있다.

1) 평생교육기관경영에서의 효율적인 리더십

리더십의 기본원칙은 목적설정, 계획, 결정, 위원회, 책임, 정보, 의사소통, 권한, 협동, 조정, 개인의 발전, 제재, 지도 방법 등이다. 이러한 기본원칙들은 공동생활을 쉽게 해줄 뿐만 아니라 모든 에너지를 종합해서 한 방향으로 나아갈 수 있게 하는 데 필요한 시너지효과를 가져올 수 있게 한다. 조직 구성원의 성장은 기관의 성장이다. 기관의 리더들은 기관경영을 위해 다음과 같은 영역에서 원칙을 세워야 한다. 목표 설정, 계획, 의사결정, 위임, 책임, 정보, 의사소통, 능력, 협력, 통제, 인사 개발, 제재 규약, 리더십 스타일이다. 리더십의 원칙으로는 같은 일을 할 때 어떤 원칙들이 적용되어야 할 것인가를 알아야 한다. 목표 설정, 우선순위 결정, 계획, 의사결정, 위임, 책임지기, 정보 알리기, 조직하기, 능력 배분, 다른 부서들과의 협력, 통제, 실수 발생, 직원교육 등이다.

콜린스는 위대한 기관이란 성과(Performance), 영향력(Impact), 명성(Reputation), 지속성(Longevity)의 기준을 충족하기 위하여 공통된 비전과 목표를 공유하며 팀조직으로 하여금 목적을 향해 전진하게 하며 팀을 계속해서 앞으로 나아가게 하는 리더십, 전략, 혁신, 탁월한 전술을 갖춘 기관이라고 말하고 있다. 효율적인 리더십은 기능과 스타일을 겸비한 리더십이다. 평생학습관 운영을 위하여 평생학습관의 비전, 설립목적, 주요목표, 세부목표, 활동목표, 프로젝트 및 프로그램, 조직 등에 대한 분석, 고객분석 능력, 생산품인 프로그램의 경비와 이윤의 균형 고려, 외부의사소통, 내부의사소통 능력과 홍보 등의 균형을 이루는 작업 등을 들 수 있다. 리더의 역할 중 중요한 부분을 차지하는 것은 의사 결정 능력이다. 원만한 의사결정을 위하여 목적 중심, 의사소통 능력, 분명함, 정직함, 수용함, 관계 맺는 능력, 자연적인 것, 갈등 해결 능력, 연대책임, 놀이 규칙에 대한 일치이다.

2) 마포평생학습관과 광명시 평생학습원의 리더십과 의사결정 사례

(1) 마포평생학습관

마포평생학습관은 서울시 교육청 산하기관으로서, 관장 아래 자료선정위원회와 학습관 운영위원회가 있으며 행정지원과, 평생학습과, 정보자료과와 아현분관으로 구성되어 있다. 직원은 행정직과 사서직, 관리 운영직, 기술직, 평생교육사로 나뉘며 2023년 현재 직원 수는 50명이다.

서울시 교육청 산하 공공도서관을 중심으로 한 평생학습관으로서 도서관인지 평생교육센터인지 명확하지 않은 점을 짐작할 수 있다. 평생학습관의 정체성이 분명하지 않은 경우이다. 평생학습과를 둘러싸고 있는 기관의 환경은 세 과 중 한 과만 평생교육 업무를 담당하는 것이며 마포평생학습관 관장의 경우 기관의 목적 수행을 위해 이중적인 목표 달성을 하여야 한다. 세 과의 정체성 확립과 사업 및 프로그램 활성화 등 고유의 설립목적을 수행하는 데 강력한 리더십이 요구됨을 알 수 있다.

리더십은 기관의 목적을 제대로 수행하는 기본 조건이 된다. 기관의 리더가 다양한 분야를 관장할 때, 기관장이 자주 바뀌거나 비전문적일 때, 고유목적 달성을 위한 전문적인 기관으로서 전문가, 평생교육사 수가 제한되어 있을 때 관장이나 과장의 강력한 리더십이 요구된다. 기관에 대하여 아는 바가 구체적이지 못하거나 기관의 목적이 무엇인지 뚜렷하게 인식, 인지되지 못한다면 기관의 존재 이유를 망각하는 운영체제로 나아가기 쉽다. 기관 자체가 제대로 존재하기 위하여 추진체제에 맞는 역할을 수행하는 리더가 필요하다.

마포평생학습관의 경우 평생교육 업무에서 관장과 과장의 역할이 매우 중요하며 그들의 리더십은 기관 운영 및 경영에 직·간접적으로 영향을 미친다. 평생학습관에 참여하는 내부고객 및 외부고객 모두에게 크게 영향을 미친다. 리더인 과장이나 주무관들은 일반직, 사서직 등 다양한 사람들로 구성되어 있으며 평생교육 및 학습에 대한 기본의식이 없이 업무를 추진하고 있다. 평생학습사회에 동참하는 학습자 및 지도자들이 늘어날수록 더욱 중요한 것은 전문가인 평생교육사 배치이다. 마포평생학습관에는 2023년 현재 2명의 평생교육사가 배치되어 있다. 평생교육사들은 의사결정을 원만하게 할 수 있는 능력을 갖추기 위해 노력하고, 문제에 접할 때마다 목적에 맞는 의사결정을 해야만 하는 부담감을 가지고 있다. 원만한 의사결정을 이루기 위해서는 의사소통 능력을 갖추어야 할 필요가 있다.

(2) 광명시 평생학습원

광명시 평생학습원의 조직은 평생학습원의 운영구조를 통해 평생학습원장을 중심으로 학습운영팀, 평생교육팀, 네트워크팀, 여성회관, 여성내일센터의 5개 팀조직으로 구성되어 평생학습원의 업무를 분담하고 있다. 광명시 평생학습원은 광명시 총인구 343,982명(2011.7 홈페이지)의 시민을 위한 평생학습원으로서의 비전과 설립목적, 학습자중심의 사고를 이끌어 내는 역할을 조직과 조직원의 역할로서 목표를 달성하여야 한다.

광명시 평생학습원장을 중심으로 세 팀장과 여성회관센터장, 여성새일센터장의 리더십과 의사소통, 팀 내, 관 내, 센터 내에서 광명시의 시민이란 고객중심의 리더십과 비전을 공유해야만 한다. 기관의 원활한 경영을 위하여 수많은 의사결정의 기회를 가지게 된다. 의사결정을 위한 전문적인 지식과 관계 능력, 중요시되는 의사소통의 능력 또한 의사결정의 질이 되며 또한 의사결정의 질은 곧 기관의 질이 된다. 원활한 의사소통을 통해 목적을 공유하고 팀, 관, 센터별로 하나의 목적인 광명시의 시민이 행복하게 살 수 있는 광명시가 학습원을 운영하는 목적에 부합하도록 노력하여야 한다. 조직의 구성체가 조직 고유의 프로그램을 개발하고 팀과 팀의 유대를 원활하게 하여 기관의 고유한 사명을 수행할 수 있을 때, 기관장의 리더십은 목적을 온전하게 수행하는 팀장 및 관장, 센터장의 전문 리더십이 요구되며 네트워크를 통하여 조직을 성공으로 이끈다.

4. 평생학습관의 인사 · 조직 · 재무관리

평생학습관의 경영이 교육청 중심인가 학습도시 중심인가에 따라 인사 · 조직 · 재무관리 등 운영방식은 매우 다른 모습을 보일 수 있다. 평생학습관의 유형에 따라 경영방침이 다르다. 함께 일하는 사람이 곧 기관의 질이며 기관의 모습이 된다. 평생학습관의 고유목적이 무엇이냐에 따라 고객 또한 다양할 수 있다. 마포평생학습관과 광명시 평생학습원의 인사 · 조직 · 재무관리에 대해 연구할 필요가 있다.

1) 마포평생학습관의 인사관리

(1) 마포평생학습관의 조직 구성원

마포평생학습관 현재의 직원 수는 총 52명이며 구성원은 행정조직도에 의하면 관장 아래 평생학습관 운영위원회와, 관리과, 자료봉사과, 평생학습지원과의 세 과와 아현분관으로 구성되어 있다. 직원은 행정직과 사서직, 별정직, 기능직으로 나뉘어 있으며 평생교육에 종사하는 자는 소수이며 평생학습과가 있음에도 평생교육 직렬은 없다. 시 평생학습관이며 지역평생교육정보센터로서의 역할은 수행하고 있으나 평생교육 추진체제로서의 전문기관이라 칭하기엔 열악한 조건이다. 평생학습과는 평생교육 업무를 총괄하는 과장을 포함하여 8명의 주무관이 역할을 담당하고 있으며, 그중 평생교육전문가는 직명이 없는 평생교육 담당 사서전공과 평생교육사를 겸한 직원 1~2명 정도에 불과하다. 직원수 52명 중 불과 9명이 지역교육정보센터까지 담당하고 있는 실정이다.

표 13-7 마포평생학습관의 조직 구성원(2024.4.30)

구분	관장	행정직	사서직	관리 운영직	기술직	평생교육사	기타	계
정원	1	6	33	7	2	2	0	51
현원	1	5	33	7	2	2	0	50

(2) 마포평생학습관의 조직과 담당업무

마포평생학습관의 조직과 담당 직무는 아래와 같다. 평생학습관 세 과 중의 하나만 평생학습 전담이며 나머지는 도서관 운영에 목적을 두고 있다. 관장은 세 과를 총괄하며 평생교육 업무는 평생학습과장이 총괄한다. 아래는 시교육청이 운영하는 시민 천만 명을 위한 학습센터로 출발하여 현재는 서울시에 6개의 평생학습관이 인가를 받아 운영하고 있다. 설립목적과 운영 전반에서 힘들게 운영되는 점을 살펴볼 수 있다.

① 행정지원과

행정지원과는 과장과 11명이 분담하여 과를 운영하고 있다. 과장은 행정지원과 업무를 총괄하며, 12명의 역할은 공인관리, 시설관리, 세입・세출 외 현금, 예결산회계, 지출, 계약, 재정보증, 보험업무, 인사, 연수, 성과계약 및 상여금, 감사, 지출, 일반서무, 재산, 물품, 방재, 정보공개, 문서기록물, 공익, 민방위, 세입, 문서접수, 소모품, 제 증명 발급, 부속실

관리업무, 청사시설 유지보수, 수도, 기계, 목공, 주차관리, 운전, 전기, 통신시설 유지보수, 안내 및 청사방호를 맡고 있다.

② 평생학습과

평생학습과는 과장이 평생학습과 업무를 총괄하고 있으며 7명의 평생교육사와 주무관들이 체육시설운영기획, 주요 업무계획 및 혁신 계획, 평생학습교실 단기 · 정규과정, 평생학습포털, 서무, 행정서비스헌장, 지역평생교육, 금빛평생교육봉사단 관련 업무, 지역평생교육 관련 업무인 평생교육, 체육시설 관리 및 체육시설 지도강사관리 업무를 분담하여 수행하고 있다.

③ 정보자료과

정보자료과장은 17명의 주무관과 역할을 분담하고 있으며 업무총괄, 서무, 수서, 독서행사 기획, DB구축, 장비, 희망도서, 문헌정보실 업무, 디지털자료실, 연속간행물실, 홈페이지 관리, 어린이실 업무, 시각장애인실 업무를 담당하고 있다.

④ 아현 분관

관장은 아현 분관(도서관) 업무를 총괄하고 있으며, 10명의 주무관이 도서관 업무를 담당하고 있다.

2) 광명시 평생학습원의 조직 및 업무 분담

광명시 평생학습원은 평생학습 전담기관이란 특성이 있다. 원장은 평생학습원 전체 운영 및 관리 총괄, 대외협력 사회네트워크사업을 추진하여 평생학습원의 발전에 기여한다. 특징은 평생교육 영역을 구분하여 전반적인 평생교육 업무를 역할 분담하여 운영하고 있다.

(1) 광명시 평생학습원 조직 및 업무 현황

① 학습운영팀

팀장과 6명은 학습운영업무를 총괄, 평생학습축제, 장기발전계획, 예산, 회계 업무, 장기발전계획, 청개구리도서관 운영, 자체 프로그램 진행, 자원활동가 양성, 기계설비 및 청사관리, 주차장관리, 전산 및 통신 업무, 홈페이지 관리, 정보시스템 관리, 서무 및 대관 업무, 평생교육협의회, 전기시설을 맡고 있다.

② 평생교육팀

평생교육 관련 총괄, 평생학습축제 지원, 평생학습 프로그램 개발, 광명지구마을, 잉글리시 카페, 시민공개특강, 지역연계 프로그램, 시민제안 프로그램, 시민교양 아카데미, 전문가 양성과정, 평생교육사 실습, 학점은행제, 평생학습상담사, 한뉘배움, 문해교육, 실버정보교육, 열린 인문학, 실버PC방을 담당하고 있다.

③ 네트워크팀

네트워크 총괄, 평생학습축제 지원, 지역네트워크 구축, 평생학습계좌제 운영, 전국·경기평생학습축제, 주민자체센터 프로그램관리 및 지원, 평생학습동아리 역량강화지원사업, 평생학습원 학습동아리 등록·관리, 학습동아리 지역사회 연계사업을 담당하고 있다.

④ 여성회관

5명이 여성회관 업무 총괄, 교육운영, 교수자관리, 서무, 예산, 회계, 물품관리, 수강생 모집, 홈페이지, 유아놀이방, 기계설비관리, 전기시설물 관리, 청사관리, 문서관리를 담당하고 있다.

⑤ 여성새일센터

팀장과 2명이 여성새로일하기센터 업무 총괄, 상담, 자원봉사자 및 학습동아리 관리, 취업·특강 운영, 상담실 및 자원봉사자 운영관리, 일·가정 양립 복지지원서비스 실시, 일하기 좋은 기업체 환경 조성 등의 사업을 운영하고 있다.

3) 평생학습관의 인사관리와 성공하는 조직이나 기관의 조건

성공하는 조직은 직원들의 열정과 설립목적에 대한 성취의식이 크면 클수록, 직원들의 능력에 대한 기준이 되는 학력 혹은 능력이 크면 클수록, 태도가 좋으면 좋을수록, 변화에 대한 책임을 개인이 더 많이 떠맡을수록, 서로의 관계망을 더 넓히면 넓힐수록, 미래를 위해 투자하면 할수록, 기관이 제공하는 이익이 클수록, 기관이 주는 이익에 기대를 거는 사람이 많으면 많을수록, 내부·외부고객을 인격체로 보면 볼수록, 자신의 우둔함을 알아내고 빨리 제거할수록, 정확하면 할수록 조직과 기관은 성공한다.

(1) 평생학습관 직원이 갖추어야 할 능력과 자질

직원은 기관의 발전을 위해 기관이 추구하는 목적을 이루기 위해 능력과 자질을 갖추어야만 한다. 직원의 능력과 자질은 기관의 목적을 수행하는 데 핵심적인 역할을 하는 사람이다. 상품을 만들어내는 생산 전문가의 역할을 수행하기 위하여 늘 점검해야 할 부분은 아래와 같은 영역들이다. 능력과 자질에서 고려할 사항은 책임 의식, 총체적 사고, 노하우, 지적 수준, 교육 정도, 동기유발, 작업 태도, 의사소통 능력, 관계를 맺는 능력, 갈등처리 능력, 조직 능력, 혁신에 대한 준비, 용기와 모험심, 연대 능력, 교육훈련 계획, 기타 능력과 기능 등 지금 갖추고 있는 정도와 개발 방법, 중요도를 상시적으로 점검해야 하며 변화하는 사회에 적응할 수 있는 프로그램 개발 및 사업에 민감하게 적응하는 학습력을 통해 능력과 자질을 향상시켜야 할 의무가 있다.

(2) 의사소통의 "황금률"과 의사소통의 질

인간에게 의사소통 능력은 매우 중요하다. 개인이나 조직에서 의사소통 능력은 매우 중요하며 기관의 목적 달성에 지대한 영향을 미친다. 의사소통의 질을 위하여 신뢰구축, 정직성, 경청, 다각적인 접근법, 직접적인 호소, 방해 요소 제거, 분위기 조성을 할 줄 알아야 하며 의사소통을 위해서 발전을 예측하고 시장을 고려하는 것은 매우 중요하다. 의사소통은 예측, 결정, 개발, 마케팅, 관리, 분석을 통해 항상 새롭게 조정, 수행되어야 한다. 의사소통의 질을 위해서는 전체성, 명료함, 시간, 정직, 신중함, 분위기, 공정함, 수용, 신뢰, 발전 가능성, 유일함, 진지함, 생동감, 존중을 바탕으로 소통을 위해 노력하여야 한다.

4) 평생학습관의 재무관리

재정은 조직의 사명과 비전을 실현하기 위해서 꼭 필요한 자원이며 조건이다. 재정문제를 해결하기 위한 근본적인 명제는 '목적의식이 재정을 해결한다'는 것이다. 한국의 비영리조직은 재정 기반이 약하다. 재정구조 자체가 열악한 조직은 조직경영이 위태로운 상황이 되어도 돌파구를 마련하기가 어렵다. 정부나 기업에서 지원을 받는 조직은 일시적으로 재정을 해결할 수 있으나 재정도 안정적이지 않고 사업 운영의 독자성도 보장받기가 힘들다. 재정문제를 조직의 리더 그룹만 관심을 가져서는 해결하기 어렵다.

(1) 마포평생학습관의 재정 현황과 프로그램 운영비

전체 평생교육기관의 65.4%가 정부나 지방자치단체로부터 행·재정적 지원을 받고 있는 것으로 나타났다. 마포평생학습관도 정부의 지원을 받고 있었으며 평생교육기관이 각 정부나 지방자치단체로부터 받는 행·재정적 지원의 형태를 살펴보았을 때, 교육예산 및 경비지원이 52.5%로 가장 많고, 그 다음이 교육 시설 및 장비 지원, 인적자원 연수 지원, 프로그램 개발 및 보급, 홍보활동 지원 등의 순으로 나타났다. 마포평생학습관의 수강생들이 내는 학습비는 교수자급여에만 충당되는 것을 감안해 보았을 때, 마포평생학습관은 다른 평생교육기관보다 정부 혹은 지방자치단체의 지원을 많이 받는 것을 예상할 수 있다. 하지만 2001년을 기준으로 볼 때, 교육청 전체 예산 대비 평생교육 예산은 0.42% 수준에 머무르는 것을 보아 교육청 정책의 우선순위에 있지 않음을 알 수 있다.

평생교육기관의 학습비 부담 형태를 살펴보면, 전체적으로 볼 때 전액 학습자 부담(직장위탁교육 포함)의 형태가 32.7%로 가장 많고, 학습자 부담+정부 지원의 형태도 많은 편이다. 그러나 정부지원+자체예산, 전액 정부 지원, 전액 자체 예산(무료)의 비중은 적은 편이다. 마포 평생학습관의 강좌 프로그램의 운영은 학습자들의 학습비와 국가의 지원금을 바탕으로 운영되고 있었다. 전액 학습자 부담의 수가 가장 많았는데 안타깝게도 아직까지 우리나라 평생교육 강좌나 프로그램들은 경제적으로 여유 있는 사람들이 참여할 수밖에 없음을 알 수 있다. 마포평생학습관의 강좌 대부분은 6개월 과정 학습비가 10만 원을 넘지 않는 것에 비해 타 지역평생교육기관들의 3개월 과정 학습비는 10만 원을 넘는 것을 통해, 다른 평생교육기관의 강좌들에 비해 마포평생학습관은 매우 저렴한 가격에 강좌를 수강할 수 있는 것을 알 수 있다.

5. 평생학습관의 홍보 및 마케팅

마포평생학습관과 광명시 평생학습원은 기관의 존재이유를 그대로 살려내기 위하여 다양한 방법으로 기관 홍보를 하고 있으며 지역 내 고객들에게 기관을 알리는 작업을 지자체나 기관 홈페이지, 관련 기관 홈페이지, 행사 등을 통해 알리고 있다. 바람직한 홍보와 마케팅을 위해 기관의 설립 목적을 분명히 알고 기관의 고객 분석이 우선되는 프로그램 개발과 홍보를 하여야 한다. 프로그램을 전문가인 프로그래머가 만들어야 하며 전문가 역시 지속적인 전문성을 향상시켜야 한다. 기관의 순기능을 발휘할 수 있기 위하여 함께 하는 구성원들의 내·외부 의사소통의 능력을 향상시키고 이는 기관의 질을 좌우한다. 전문가의 힘으로 만들어진 프로그램들이 지역주민을 위해 올바로 활용되고 고객 중심의 마케팅이 이루어지도록 경영으로 전문지식과 전문인으로서의 자질을 갖추어야 한다.

6. 평생학습관의 네트워킹

현대는 네트워크 시대이다. 네트워크에서 중요한 개념으로는 서로 연결하고 연결되는 것이다. 가치와 정보를 교류한다. 개인과 조직의 새로운 가능성을 만들어 간다. 파트너로 일하고 연대하기도 한다. 네트워크가 지향하는 것은 개방성, 소통, 상호 이익, 존중과 배려, 미래지향을 들 수 있다. 네트워크에는 매니저가 필요하다. 네트워크마다 특별한 구조와 문화가 있지만 일반적으로 구성원이 함께 정보를 공유할 수 있게 하며, 상호 간 의사소통을 촉진하고 조정하는 것이 네트워크 매니저의 역할이다. 비영리조직의 경우, 네트워크의 필요성을 더 크게 느끼거나 중심적인 역할을 하는 기관이 매니저 역할을 담당할 수 있다.

마포평생학습관과 광명시 평생학습원 모두 네트워크로 기관의 사업을 추진하고 있으며 특히 전국의 평생학습관과 전국평생학습도시협의회, 국가 및 시·도 평생교육진흥원, 시·도 교육청, 지역사회의 다양한 유관기관, 민간단체, 공공단체, 학교, 종교기관 등 지역사회에 존재하는 다양한 기관, 기업, 개인 등 많은 부분에 연결되어 활동하고 있다.

연구문제

1. 평생학습관의 추진체제에 대해 기술하시오.
2. 평생학습관의 기능과 역할에 대해 설명하시오.
3. 평생학습관의 설치유형에 대해 기술하시오.
4. 평생학습관의 목적은 무엇인지 제시하시오.
5. 평생학습관의 핵심적인 전문성 3가지를 제시하시오.
6. 평생학습관의 경영을 위한 감마 모델의 주요 유형을 설명하시오.

참고문헌

강대중(2009). "평생교육법의 한계와 재구조화 방향 탐색", 『평생학습사회』, 5(2), 1-20. 한국방송통신대학교 원격교육연구소.

강인준(2010). 『경영기획업무매뉴얼』. 영화조세통람.

교육개혁위원회(1997). 『평생학습법의 기본방향과 시안』. 교육개혁위원회.

교육과학기술부 평생교육진흥원(2008). 『2008 평생교육백서』. 명진씨엔피.

교육과학기술부(2008). 2008 평생교육법, 시행령, 시행규칙 해설자료.

교육과학기술부(2008). 『평생교육법령 해설자료』. 선명인쇄.

교육과학기술부(2009). 학점은행제 자율적 운영체제 구축방안. 교육과학기술부.

교육과학기술부(2010). 2010년 학점은행제 · 독학학위제 학위수여식 개최 영화 "킹콩을 들다" 빵순이 전보미(24) "학점은행제 학사학위를 들다". 교육과학기술부.

교육과학기술부(2010). 『평생교육법령 해설자료』. 선명인쇄.

교육과학기술부(2011). 『2011년 정책동향 자료집』. 교육과학기술부.

교육과학기술부 · 한국교육개발원(2008). 『평생교육통계자료집』. 경성문화사.

교육과학기술부 · 한국교육개발원(2010). 『평생교육통계자료집』. 경성문화사.

교육법전편찬위원회 편(2011). 『교육법전』. 교학사.

교육부(2007), 『평생교육백서』. 서울. 한국교육개발원

교육부 · 국가평생교육진흥원(2016). 『2016년 학점은행제 교육훈련기관 실무자 연수 자료집』 국가평생교육진흥원.

교육인적자원부(1997). 『평생교육백서』. 선명인쇄.

교육인적자원부(1998). 『평생학습법 제정시안과 배경 설명자료』. 교육인적자원부.

교육인적자원부(2007). 『평생교육백서』. 한국교육개발원.

교육인적자원부 · 한국교육개발원(2007). 평생교육통계자료집. 대한인쇄사.

국가평생교육진흥원(2016). 『2016년 학점은행제 길라잡이(2016년 7월)』. 국가평생교육진흥원.

권대봉(1997). 『한국 산업체의 교육체제개발(ESD)모형 개발 연구』. 고려대학교 교육문제연구소.

권두승(1998). 『사회교육법규론』. 교육과학사.

권두승(2010). 『평생교육경영론』. 교육과학사.

권두승 · 최운실(2009). 『평생교육경영론』. 교육과학사.

권성호(1989). 『학교교육과 매스커뮤니케이션』. 대한교육연합회.

권이종 외(2001). 『평생교육방법론』. 교육과학사.

권인탁(2009). 『평생교육경영론』. 학지사.

권인탁 외(2008). 『교육행정 및 교육경영』. 학지사.

김경수 · 김공수(2005). 『조직행동』. 법문사.

김도수(2001). 『평생교육』. 양서원.

김란수 외(1982). 『평생교육론』. 문음사.
김병숙(2007). 『직업정보론』. 시그마프레스.
김선양 외 편(1984). 『한국사회와 교육』. 교육과학사.
김성길 외(2009). 『학점은행제 자율적 운영체제 구축 방안』. 교육과학기술부.
김신일(1983). 『평생교육의 사회적 배경』. 유네스코 한국위원회 · 한국평생교육기구 공편. 『평생교육의 기초와 체제』. 법문사.
김신일 · 김재웅(2002). 『평생교육경영학』. 한국방송통신대학교 출판부.
김영모 외(1983). 『현대사회학』. 한국복지정책연구소.
김영민(2006). 『대한민국 1% 핵심인재를 위한 기획특강』. 새로운 제안.
김영우(1984). 『전통사회에서 교원의 신분과 역할』. 교육과학사.
김옥환(1998). 『대학론』. 교육과학사.
김용현(1990). 『사회교육학개론』. 문우사.
김용현(1998). 『사회교육과 열린평생학습』. 독자와 함께.
김용현(2001). 『사회 · 평생교육과 열린학습사회』. 독자와 함께.
김용현(2004). 『사회 · 평생교육방법론』. 법원사.
김용현(2008). 『평생교육개론』. 양서원.
김용현(2009). 『평생교육방법론』. 법원사.
김용현 외(2010). 『평생교육프로그램개발론』. 양서원.
김용현 외(2011). 『평생교육경영론』. 양서원.
김용현 외(2013). 『평생교육방법론』. 양서원.
김용현 외(2015). 『평생교육론』. 양서원.
김재구(1999). 『한국 기업교육훈련의 현황과 과제』. 노동부.
김재인 외(2009). 『여성교육개론』. 교육과학사.
김종서 외(1981). 『사회교육체제확립방안』. 문교부 · 한국사회교육협회.
김종서 외(1987). 『평생교육원론』. 김종서교수 정년기념논문집. 교육과학사.
김진영(2008). 기업의 네트워크 수요결정 요인과 네트워크 효과에 대한 실증분석. 한양대학교 대학원 박사학위논문.
김진화(2001). 『평생교육프로그램 개발론』. 교육과학사.
김희연(2002). 지역사회복지의 네트워크 분석: 대전광역시 사회복지관을 중심으로. 이화여자대학교 대학원 박사학위 청구논문.
나일주(1997). 『산업교육의 이론과 실제』. 학지사.
남정걸(1993). 『사회교육행정론』. 교육과학사
남정걸(2007). 『평생교육경영학』. 교육과학사.
노영택(1979). 『일제하 민중교육운동사』. 탐구당.
노종희(2002). 『교육행정학 - 이론과 연구』. 문음사.

니와 데츠오, 홍성수 편역(2001). 『경영전략』. 새로운 제안.

두산연수원(1995). 『교육과정개발 지침서』.

미래경영전략연구소(2004). 『마케팅전략 기획과정 연수교재』. 한국경제신문사.

박용헌 · 최정숙(1989). 『교육사회학』. 한국방송통신대학.

박원우(2006). 『한국팀제의 역사현황과 발전방향』. 서울대학교 출판부.

배석영 외(2010). 『평생교육론』. 양서원.

백은순(2009). "대학평생교육 지원 정책의 성과와 과제", 『평생교육진흥원 소식』, 4호.

백은순(2016). "학점은행제 변화와 전망". 국가평생교육진흥원.

서봉연 · 박명진(1985). 방송이 어린이 · 청소년에 미치는 영향에 관한 연구. 방송위원회. 방송조사연구 보고서.

서울특별시교육청 평생교육진흥과(2007). 지역사회 평생학습 지원체제 구축 방안.

서울특별시교육청 · 서울지역평생교육정보센터 · 마포평생학습관(2004). 2004년도 평생교육 운영자료집. 우일인쇄공사.

서정화 외(2010). 『대학인적자원관 - 이론과 실제(대학행정총서 2)』. 학지사.

성낙돈 · 김창엽(2010). 『평생교육프로그램 개발론』. 청목출판사.

손준종 · 구혜정(2007). "비전통적학습자의 고등교육기회 분석: 대학 입학전형제도를 중심으로", 『평생교육학연구』, 13(2), 159-160. 한국평생교육학회.

송병순 외(1981). 『학교와 지역사회』. 세광출판공사.

숙명여자대학교 여성 HRD센터(2008). 『기업과 여성인적자원개발』.

신유근(2005). 『인간존중의 경영』. 다산출판사

신유근(2011). 『경영학원론 - 시스템적 접근(제3판)』. 다산출판사.

신응섭 외(2004). 『리더십의 이론과 실제』. 학지사.

안병환 외(2011). 『평생교육경영론』. 동문사.

양병찬(1998). "지역 평생학습체제 구축을 위한 대학의 역할." 한국사회교육학회. 『사회교육학연구』, 4(2), 179-203.

양병찬(2000a). "지역사회 평생교육공동체 구축을 위한 네트워크 전략." 지역평생교육정보센터 관계자 연찬회 자료집. 한국교육개발원 평생교육센터.

양병찬(2000b). 대학평생교육원의 대학 외 일반 성인교육프로그램 위탁 운영 방안. 새교육공동체위원회 · 한국평생교육학회. 『평생학습사회 구현을 위한 대학평생교육의 발전 방향』.

양병찬 외(2004). 평생학습관 운영사례집. 한국교육개발원 연구자료. RM.2004-70-3. 한국교육개발원 평생교육센터.

에구치 요코 · 요시다 카츠미(2011). 『삼국지가 경영전략에 답하다(양영철 옮김) - 삼국지 11대 명장면을 통해 현대 경영전략의 핵심을 파헤치다』. 지식공간.

여성가족부(2009). 『여성정책연차보고서』.

여성가족부(2010). 『2011년도 업무추진계획』.

여성가족부(2014). 『제2차 여성인력개발 종합계획』.

여성가족부 · 고용노동부(2017). 『2017. 여성새로일하기센터 사업지침』.

여성특별위원회(1999). 『여성백서』.

오세조 · 박충환(2002). 『고객중심과 시너지 극대화를 위한 마케팅』. 박영사.

오혁진(2002). "평생교육경영학의 지향점과 연구과제", 『평생교육학연구』, 18(1), 153-176.

오혁진(2003). 『평생교육경영학』. 학지사.

오혁진(2010). 『평생교육경영학』. 학지사.

오혁진(2011). 1990년대 말 평생교육법 제정 과정 분석을 통한 평생교육 개념 혼란의 기원과 논리 검토. 한국평생교육학회. 『평생교육학연구』, 17(1), 119-142.

유구식(2016). "학점은행제 질 관리와 규제완화 방향" 『2016 한국사회, 평생학습에 길을 묻다』 서울특별시평생교육진흥원 · (사)한국평생교육총연합회.

유네스코 21세기 세계교육위원회(1997). 김용주 외 역. 『21세기 교육을 위한 새로운 관점과 전망』. 오름.

유네스코한국위원회(1973). 평생교육 세미나 보고서.

유영옥(2004). 『경영조직론』. 학문사.

윤여각(2002). "평생학습 활성화를 위한 학교교육방법 개선방향", 『평생교육학연구』. 한국평생교육학회.

윤여각 외(2009). 『평생교육론』. 한국방송통신대학교출판부.

윤정일 외(2008). 『교육행정학 원론(제4판)』. 학지사.

이규환 · 최정숙(1998). 『지역사회와 교육』. 한국방송대학교출판부.

이병진(2003). 『교육리더십』. 학지사.

이상기 외(2006). 『평생교육경영』. 교육과학사.

이상오(2008). 『리더십. 역사와 전망. 인적자원개발(HRD) 테마연구』. 연세대학교출판부.

이상욱 역(2004). 『현대조직의 리더십 이론』. 시그마프레스.

이순철(1999). 『사례로 본 지식경영의 방법론』. 삼성경제연구소.

이영덕(1983). "평생교육이념에 대한 교육체제 대안 탐색", 『서울대학교 교육학 연구』. 서울대학교 사범대학 교육연구소.

이재규(2004). 『피터 드러커의 경영전략』. 사과나무.

이종만(1990). 평생교육체제 확립을 위한 사회교육 관련법규 연구. 서울대학교 대학원 박사학위논문.

이진규(2001). 『전략적 · 윤리적 인사관리』. 박영사.

이희수 외(2000). 『평생교육기관간 연계체제 유지 및 활성화 방안 연구』. 한국교육개발원.

이희수 외(2001). 『지역단위 평생교육체제 구축방안연구』. 한국교육개발원.

임창희(2003). 『신 인적자원관리』. 명경사.

장진호(1979). 『사회교육의 방향』. 정익사.

전용욱 외(2010). 『경영학 산책』. 도서출판 북넷.

정우현(1981). "평생교육체제의 수립방안". 한국지역사회학교후원회 평생교육논단.

정의준(1999). 『비영리조직 마케팅』. 영풍문고.

정지웅 · 김지자(1986). 『사회교육학개론』. 서울대학교출판부.
정태범(2003). 『교육행정학 - 기초와 발전. 양서원.
조동성(2005). 『21세기를 위한 경영학』. 서울경제경영.
조동성(2007). 『21세기를 위한 경영』. 서울경제경영.
조석호 · 공석영(1985). 『교육과 사회』. 형설출판사.
조화태 외(2003). 『평생교육개론』. 한국방송통신대학교 출판부.
중부여성발전센터(2008). 『Herstory』.
차갑부(2005). 『평생교육의 이해』. 학지사.
천세영 · 한숭희(2006). "평생학습사회에서 고등교육의 의미와 대학의 위상 전환", 『평생교육학연구』, 12(1). 한국평생교육학회.
최기운(2006). 『나초보 기획과 연애하다』. 서돌.
최돈민 · 정기수(1997). "새로운 사회교육지도자의 자질과 특성 탐색". 한국평생교육학회. 『평생교육학연구』, 3(2), 79-107.
최상덕(2007). 평생학습사회 실현을 위한 고등교육체제 혁신 방안 연구.
최운실(1987). "산업화 단계에 따른 사회교육 발전전략", 『한국교육』, 제14권 제1호. 한국교육개발원.
최운실(1990). 『한국의 평생교육』. 교학사.
최운실 외(1985). 『한국 청소년의 TV수용에 관한 연구』. 한국교육개발원 연구보고 RR 85-22.
최은수 · 배석영(2011). 『평생교육경영론』. 양서원.
평생교육진흥원 학점은행본부(2001). 『학점은행제 운영편람(2000-2001)』. 평생교육진흥원.
평생교육진흥원 학점은행본부(2003). 『학점은행제 운영편람(2002-2003』). 평생교육진흥원.
평생교육진흥원 학점은행본부(2004). 『학점은행제 운영편람(2003-2004)』. 평생교육진흥원.
평생교육진흥원 학점은행본부(2010a). 『2010 학점은행제 길라잡이』. 평생교육진흥원.
평생교육진흥원 학점은행본부(2010b). 『2010년 신규기관 연수자료집』. 평생교육진흥원.
평생교육진흥원 학점은행본부(2010c). 『2010년 학점은행제 국문 브로슈어』. 평생교육진흥원.
평생교육진흥원 학점은행본부(2010d). 『2010년 학점은행제 업무매뉴얼(2010.3.31)』. 평생교육진흥원.
평생교육진흥원(2009a). 『평생학습 중심대학의 개념과 추진 방향』. 평생교육진흥원.
평생교육진흥원(2009b). "지역 평생학습 활성화와 고등교육체제 재구조화", 『제1차 평생교육정책포럼자료』. 평생교육진흥원.
프라할라드 · 벤카트 라마스와미, 김성수 역(2004). 『경쟁의 미래』. 세종서적.
하광호(2004). 한국 학원교육의 발전추이. 동국대학교 대학원 박사학위논문.
한국감마연구소 연구위원(2011). 『한국비영리조직의 생동과 성공』. 한국감마연구소.
한국경제신문기획부(2001). 『비상경영: 세계 9대 컨설팅사 긴급처방』.
한국교육개발원(2006). 『2006년도 학점은행제 운영사업 결과보고서』. 한국교육개발원.
한국사회교육협회(1994). 『한국사회교육총람』. 정민사.
한국인재경영연구회(2007). 『기획력 107의 법칙. 성공하는 사람들의 능력개발인생론』.

한국정신문화연구원(1982). 『평생교육의 체계와 사회교육의 실체』. 보진재.

한국직업능력개발원(1999). 『평생교육사 직무분석』.

한국평생교육학회(2009). 『평생교육 연구 영역과 담론의 새로운 조망』. 2009 한국평생교육학회 춘계학술대회 자료집.

한국학원총연합회(2008). 『희망의 기록(50년사)』. 베스트라이프.

한국학원총연합회(2017). 『반추를 통한 학문의 재도약(60년사)』. 정문출판사(주).

한상길(2009). 『평생교육론』. 학지사.

한숭희(2001). 『평생학습과 학습생태계』. 학지사.

한숭희(2006). 『평생교육론 - 평생학습사회의 교육학』. 학지사.

한숭희(2009). 화성에서 온 사회교육, 금성에서 온 평생교육. 한국방송통신대학교 원격교육연구소. 『평생학습사회』, 5(1), 1-18.

한준상(1987). 『사회교육론』. 청아출판사.

한준상 외(2010). 『학점은행제 내실화방안 연구』. 국가평생교육진흥원.

현대경영연구소(2004). 『기업홍보 · CI · 현대광고』. 승산서관.

현대경영연구소(2011). 『새 시대 새 기획서 새 아이디어 - 발상 기획 성공』.

호시노 다다시(1990). 『기획 세우는 법』. 매경출판사.

홍웅선(1983). "평생교육과 학교교육". 유네스코한국위원회 · 한국평생교육기구 공편. 『평생교육의 기초와 체제』. 법문사.

황종건(1980). 사회교육법 진흥을 위한 과제. 1979년도 문교부 정책연구과제보고서.

황종건(1985). 『한국의 사회교육』. 교육과학사.

황종건(1990). 우리나라 학원교육의 개혁방향. 명지대학교 사회교육연구소 - 학원정책운영 개선에 관한 연구 - .

山本恒夫 外(1995). 『生涯學習の設計』. 東京: 實務教育出版.

井上講四 · 手打明敏, 日本生涯教育學會 編(1989). "生涯學習施設のネットワーク", 『生涯學習社會の總合診斷』.

池田秀男(1988). "生涯學習體系への移行と地域基盤の整備", 『廣島大學教育學部紀要』, 第1部 第37号.

坂本登, 日本生涯教育學會 編(1991). "地域における生涯學習ネットワーク", 『生涯學習援助方式の設計』. 日本生涯教育學會年報 第12號.

Amador, J. A., Miles, L., & Peters, C. B.(2006). *The Practice of Problem-Based Learning: A Guide to Implementing PBL in the College Classroom.* San Francisco: Jossey Bass.

Ansoff, H. I.(2007). *Strategic Management Classic Edition.* Palgrave Macmillan.

Arnold, H. J., & Fledman, D. C.(1986). *Organizational Behaviour.* NY: Mcgraw-Hill.

Baden, C.(1987). Continuing Higher Education: Reflection on Leadership and Success. *Journal of Continuing Higher Education*, 39(1), 23-25.

Barrows, H. S.(1996). Problem-based learning in medicine and beyond: A brief overview. In L. Wilkerson, & W. H. Gijselaers(eds.), *New directions for teaching and learning*, vol. 68. Bringing problem-based learning to higher education: Theory and practice. pp. 3-13. San Francisco: Jossey-Bass.

Baume, C., Martin, P., & Yorke, M.(2002). *Managing Educational Development Projects: Effective Management for Maximum Impact*(SEDA Series). Routledge.

Bennis, W., & Nanus, B.(1985). *Leader: The Strategies for Taking Charge*. N.Y.: Harper and Row.

Billimoria, R.(1973). *Indigenous Patterns of Education, Nonformal Education in a World Context*, Amgerst, Mass: Center for International Education, University of Massachusetts.

Birnbaum, R.(1988). *How Colleges Work: The Cybernetics of Academic Organization and Leadership*. San Francisco: Jossey-Bass.

Boud, D., & Feletti, G. I.(eds.)(1997). *The Challenge of Problem-Based Learning*(2nd ed.). London: Kogan Page Ltd.

Brembeck, C. S.(1973). *New Strategies for Educational Development: The Crosscultural Search for Nonformal Alternatives*. Lexington, Mass: D.C. Heath.

Brockett, R. A.(1991). Professional Associations for Adult and Continuing Education. In S. B. Merriam & P. M. Cunningham(eds.), *Handbook of Adult and Continuing Education*. San Francisco: Jossey-Bass.

Burns, J. M.(1978). *Leadership*. New York: Harper and Row.

Campbell, R. F. et al.(1971). *Introduction to educational administration*(4th ed.). Boston: Allyn and Bacon, Inc.

Carney-Crompton, S., & Tan J.(2002). Support system, psychological functioning, and academic performance of nontraditional female students. *Adult Education Quarterly*, 52, 140-154.

Castetter, W. B., & Young, I. P.(2000). *The Human Resource Function in Educational Administration* (7th ed.). Ohio: Prentice-Hall.

Chandler, A. D.(1962). *Strategy and structure: chapters in the history of the industrial enterprise*. Cambridge: M.I.T. Press.

Coffing, R. T., & Hutchinson, T. E.(1974). *Needs Analysis Methodology: A Prescriptive Set of Rules and Procedures for Identifying Defining and Measuring*. prepared for the Symposium on "Methodologie's Under Development". Annual Meeting of the American Educational Research Association, Chicago, Illinois, April 7.

Coffman, C., & Molina, G., 이정화 역(2007). 『최강조직을 만드는 강점혁명』. 청림출판.

Cohen, M. D., & March, J. G.(1986). *Leadership and Ambiguity*(2nd ed.). Boston: Harvard Business School.

Coles, T., & Edwin, K.(1977). *Adult Education in Developing Countries*. Oxford: Pergamon Press.

Collaway, A.(1973). "Frontiers of out-of-School Education" in Brembeck C. S., *New Strategies for Educational Development*. Lexington, Mass: D.C. Heath.

Collins, E.(1977). *Paulo Freire: His Life, Works & Thought*. New York: Paulist Press.

Collins, E.(1977). *The World Educational Crisis-A System Analysis*. Paris: International Institute for Educational Planning.

Collins, M.(1991). *Adult Education as Vocation*. New York: Routledge & Kegan Paul.

Coombs, P. H.(1973). *New Paths to Learning for Rural Children and Youth*. Conneticut: International Council for Educational Development.

Coombs, P. H.(1985). *The World Crisis in Education: The View from Eighties*. N.Y.: Oxford University Press.

Coombs, P. H., & Ahmed, M.(1978). *Attacking Rural Poverty: How Nonformal Education Can Help*. Baltimore: John Hopkins University Press.

Courtenay, B. C.(1990). An analysis of adult education administration literature, 1936-1989. *Adult Education Quarterly*, 40(2), 63-77

Cropley, A. J.(1977). *Lifelong Education: A Psychological Analysis*. New York: Pergamon Press.

Cross, K. P.(1978). *The Missing Link: Connecting Adult Learners to Learning Resources*. New York: College Entrance Examination Board.

Cross, K. P.(1981). *Adults as Learners: Increasing Participation and Facilitating Learning*. San Francisco: Jossey-Bass Publishers.

Dale, D.(1954), *Audio-visual Methods in Teaching*, New York: Dryden Press.

Dave, R. H. ed., 전북대학교부설 사회교육연구소 역(1984). *Foundations of Lifelong Education*. 정민사.

David, F. R.(2001). "Vision versus Mission", *In Strategic Management*(8th ed). Upper Saddle River, NJ: Prentice Hall.

DEST(2002). Student 2002.: Selected Higher Education Statistic. Australia.

Douglass, S. B.(1978). *Managing Yourself*. Here's Life Pub.

Dror, Y.(1971). *Design for Policy Sciences*(Policy sciences book series). Elsevier Science Ltd.

Duch, B. J., Groh, S. E., & Allen, D. E.(eds.)(2001). *The Power of Problem-Based Learning*. Sterling, VA: Stylus.

Edelson, P. J.(1992). Rethinking Leadership in Adult and Continuing Education. In P. J. Edelson (ed.), *Rethinking Leadership in Adult and Continuing Education. New Directions for Adult and Continuing Education*. No. 56. San Francisco: Jossey Bass.

Etling, A. W.(1974). *Characteristics of Facilitator*. Center for International Education. University of Massachusetts.

Etling, A. W., & Smith, W.(1973). "*Nonformal Education: The Light at the end of the tunnel*", *Nonformal Education in a World Context*. Amherst, UMass: Center for International Education,

University of Massachusetts.

Evans, D. R.(1981). *The Planning of Nonformal Education*. Paris: International Institute for Educational Planning.

Faure, E. et al.(1972). *Learning to be: The World of Education Today and Tomorrow*. Paris: UNESCO.

Fayol, H.(1949). *General and Industrial Managemen*t, trans. Carstane Hore, London: Pitman.

Freedman, L.(1987). *Quality in Continuing Education: Principles, Practices and Standards for Colleges and Universities*. San Francisco: Jossey-Bass.

Freire, P.(1970). *Pedagogy of the Oppressed*. New York: The Seabury Press.

Freire, P.(1970). *The Adult Education Process as Cultural Action for Freedom*. Harvard Educational Review.

Fromm, E.(1968). *The Revolution of Hope: Toward a Humanized Technology*. New York: Harper & Row.

Galbraith, J. R.(1977). *Organization Design*. M.A.: Addison-Westley.

Galbraith, M. W., Sisco, B. R., & Guglielmino, L. M.(1997). *Administering Successful Programs for Adults: Promoting Excellence in Adult, Community, and Continuing Education*. Malabar, FL: Krieger Publishing Company.

Gilber, N., & Specht, H.(1977). *Coordinating Social Services: An Analysis of Community, Organizational and Staff Characteristics*(Praeger special studies in U. S. economic, social, and political issues). Praeger Publishers Inc.

Giroux, H. A.(1983). *Theory and Resistance in Education*. South Hadley, Mass.: Bergin & Garvey.

Grandstaff, M.(1974). *Historical Perspectives on Nonformal Education*. East Lansing, Michigan: Michigan State University.

Gulick, L.(1937). Notes on theory of organization. in L. Gulick & L. Wiuick, des., *Paper on the Science of Administration*. New York: Institute of Public Administration.

Heider, J.(1986). *The Tao of Leadership Strategies for a New Age*. New York: Bantam Books.

Hersey, P., & Blanchard, K. H.(1975). *Management of Organizational Behavior*(3rd ed.). Englewood Cliffs, N.J.: Prentice-all.

Illich, I.(1970). *Deschooling Society*. New York: Harper & Row Publishers.

Jim Collins 외, 임정재 역(2007). 『짐 콜린스의 경영전략』. 위즈덤하우스.

Jim Collins 저, 이무열 역(2003). 『좋은 기업을 넘어 위대한 기업으로』. 김영사.

Johnc, Maxwell 저, 강준민 역(2003). 『리더십의 법칙』. 비젼과 리더십.

Kapfer, L. & Putzer, H. 저, 김재경 옮김(2008). 『NGO/NPO 활동가를 위한 핸드북』. 단체활동 매뉴얼』. 한국감마연구소.

Karabel, J., & Halsey, A. H. ed(1977). *Power and Ideology in Education*. New York Oxford University Press.

Katz, D., & Katz, R. L.(1966). *The Social Psychology of Organizations*. New York: Wiley.

Kim, Y. H.(1984). *A Doctoral Dissertation on Nonformal Education and University Participation: Planning Considerations for Universities of Korea*. Amherst, Mass: University of Massachusetts.

Knowles, M. S.(1970). *The Modern Practice of Adult Education: Andragogy versus Pedagogy*. New York: Association Press.

Knowles, M. S.(1980). *Modern Practice of Adult Education*. Chicago: Follett Publishing Company.

Knowles, M. S.(1980). *The Modern Practice of Adult Education: From Pedagogy to Andragogy*. New York: Cambridge Books.

Knowles, M. S.(1983). "Creating Lifelong Learning Communities", *The Adult Learner: A Neglected Species*. Paris: UNESCO.

Knowles, M. S., HoltonⅢ, Elwood F., & Swnason, R. A.(1998). *The Adult Learner*. Houston, Tecas: Gulf Publishing Conpany.

Kolb, B. M., 이보아 역(2004). 『문화예술기관의 마케팅』. 김영사.

Koter, J.(2007). 『기업이 원하는 변화의 리더』. 김영사.

Kotler, P. 김정구 역(2001). 『미래형 마케팅』. 세종연구원.

Kotler, P.(1982). *Marketing for Nonprofit Organizations*. Englewood Cliffs. N. J.: Prentice-Hall.

Koter, P., & Fox, K. F. A.(1995). *Strategic Marketing for Educational Institutions*. New Jersey: Prentice Hall.

Langrand, P.(1970). *Introduction to Lifelong Education*. Paris: UNESCO.

Lapfer, L.(1999). 『감마모델』. 한국감마연구소.

Lapfer, L., 김사강 역(2010). 『성공을 부르는 총체적 마케팅 경영 모델』. 한국감마연구소.

Lewin, K., Lippitt, R., & White, R. K.(1971). "Patterns of Aggressive Behavior in Experimentally Created Social Climates", in D. S. Pugh(ed.), *Organization Theory: Selected Reading*. New York: Penguin Books.

Minzey, J., & LeTarte, C.(1979). *Community Education: From Program to Process to Practice*. Midland, Michigan: Pendell Publishing Company.

Nag, R., Hambrick, D. C., & Chen, M. J.(2007). What is strategic management, really? Inductive derivation of a consensus definition of the field. *Strategic Management Journal*, 28(9), 935-955, September 2007.

National Research Council(2000). *How People Learn: Brain, Mind, Experience, and School*. Washington, D.C.: National Academy Press.

OECD(2005). *Promoting Adult Learning*. Paris: OECD.

Pappas, J. P.(1987). Strategic Market Planning in Conglomerate Continuing Education Programs. In C. Baden(ed.), *Competitive Strategies for Continuing Education. New Directions for Adult and Continuing Education*. No. 35. San Francisco: Jossey-Bass.

Paulston, R. G.(1972). *Nonformal Education: An Annotated International Bibliography*, New York:

Praeger.

Porter, M. E., 김경묵 · 김연성 공역(2002). 『경쟁론』. 세종연구원.

Reed, H. B.(1981). *Nonformal Education*. Amherst, Mass: Community Education Resource Center, University of Massachusetts.

Robbins, S. P.(1990). *Organizational Theory*(3rd ed.). Englwood Cliffs, N.J.: Prentice-Hall.

Rosenberg, M.(1982). "The ABC's of ISD(Instructional System Design)", *Training and Development Journal*, September, 44-46.

Rothwell, W. J., & Cookson, P. S.(1997). *Beyond Instruction: Comprehensive program planning for business and education*. San Francisco: Jossey-Bass.

Sales A., Drolet R., & Bonneau I.(2001). Academic paths, Ageing and the living conditions of students in the late 20th Century. *Canadian Review of Sociology and Anthropology*, 38, 167-188.

Schein, E. H.(1965). *Organizational Psychology*. Englwood Cliffs, N.J.: Prentice-Hall.

Schroeder, W. L.(1980). Typology of Adult Learning System. In J. M. Peters and Associates (eds.), *Building an Effective Adult Education Enterptise*. San Francisco: Jossey-Bass.

Senge, P. M.(1990). *The Fifth Discipline: The Art and Practice of the Learning Organization*. New York: Doubleday/Currency.

Shelton, E., & Spike, W. F.(1991). Leadership Through Professional Associations. In R. G. Brockett(ed.), *Professional Development for Educators of Adults*. New Directions for Adult and Continuing Education. No. 51. San Francisco: Jossey-Bass.

Simkins, T.(1976). *Nonformal Education and Development*. Manchester: University of Manchester.

Simosns, J.(1980). *The Educational Dilemma: Policy issues for Developing Countries in 1980s*. London: Pergamon Press Ltd.

Skidmore, R.(1994). *Social Work Administration: Dynamic Management and Human Relationships* (3rd ed.). Pearson Education.

Skoge, S.(1996). *Building Strong and Effective Community Partnerships: A Manual for Family Literacy Workers*. Canada: The Family Litercy Action Group of Alberta.

Stufflebeam, D. A.(1975). "*Evaluation As a Community Education Process*". Community Education Journal, B. March.

Swanson, D. A.(1973) *The University of Massachusetts Projects: An Evaluation of Nonformal Education in Ecuador, Quito, Ecuador*, U. S. Agency for International Development, p.15.

Swanson, R. A.(1996). *Analysis for Improving Performance*: Tools for Diagnosing Organization and Documenting Work-place Expertise, SanFrancisco: Berrett-Koehler.

Swanson, R. A., & Holton, E. F. III.(2009). *Foundation of Human Resource Development*(2nd ed.). San Francisco: Berrett-Koehler Publisher, Inc.

Tarr, D. L.(1989). Learning More About Your Market: Sources and Uses of Data. *Handbook of*

Marketing for Continuing Education(Simerly, R. G. & Associates). San Francisco: Jossey- Bass Publishers.

Twitchel, J. B. 토탈브랜딩 코리아 역(2005). 『대학, 교회, 박물관의 브랜드 마케팅스토리』. 김앤김북스.

W. Chan Kim, & Renee Mauborgne(2005). *Blue Ocean Strategy: How to Create Uncontested Market Space and Make Competition Irrelevant*. Harvard Business Press.

Weihrich, H., & Koontz, H.(2006). 『현대경영의 이해. 글로벌 경영과 현대기업(김세영 · 양동훈 · 김원석 역)』. 범한서적주식회사.

Whitehead, W. A.(1929). *The Aims of Education and other Essays*. New York: Macmillan.

Wingspread Conference(1994). *Quality Assurance in Undergraduate Education: What the Public Expects*. Denver, CO: Education Commission of the States.

Wlodowski, R. J.(1985). *Enhancing Adult Motivation to Learn: A Guide to Improving Instruction and Increasing Learner Achievement*. San Francisco: Jossey-Bass.

Yarnit, M.(2000). *Towns, Cities and Regions in the Learning Age; A Survey of Learning Communities*. London: LGA Publications for the DfEE, NCA.

광명시청 http://www.gm.go.kr

광명평생학습원 http://www.gmedu.or.kr

국가평생교육진흥원 http://nile.or.kr

마포평생학습관 http://www.mapollc.go.kr

찾아보기

[인 명]

[내용]

ㄱ

ㅎ

기타

저자소개

김용현(제1장) yonghkim162@hanmail.net

- 미국 University of Massachusetts 교육학석사(M.Ed.) 및 교육학박사(Ed.D.)(사회 · 평생교육 전공)
- 제16회 행정고등고시 합격, 교육부 공보관 · 평생교육국장 · 고등교육지원국장, George Washington University 및 Long Island University 초빙교수
- 경기대학교 및 관동대학교 교육대학원 교수, 경복대학교 영유아보육과 교수, 국가평생교육진흥원 학점인정심의위원회 위원장, (사)한국학점은행평생교육협의회장, 군장대학교 및 한국복지사이버대학교 석좌교수
- 현: (사)한국학점은행평생교육협의회 명예회장, 한국평생교육HRD학회 자문위원

〈주요 저서〉 평생교육프로그램개발론(공저, 2012), 평생교육방법론(공저, 2015), 평생교육론(공저, 2015) 외 다수

성낙돈(제2장) nakdon@duksung.ac.kr

- 미국 Pennsylvania State University 교육학박사(Ed.D)(교육정책 · 성인교육 전공), 서강대학교 석사(경제학 전공), 서울대학교 학사(교육학 전공)
- 덕성여자대학교 교직학부 교수, 동 대학 교육대학원 석사과정(평생교육 전공) 주임교수, 교육대학원장, 평생교육원장
- 현: 덕성여자대학교 명예교수

〈주요 저서〉 평생교육학개론(공저, 2009) 외 다수

윤여각(제3장) ykyun@knou.ac.kr

- 서울대학교 대학원 교육학석사 및 교육학박사
- 대통령자문 교육개혁위원회, 새교육공동체위원회, 교육인적자원정책위원회 전문위원, 한국교육인류학회 회장, 서울특별시평생교육진흥원 이사장, 국가평생교육진흥원장
- 현: 한국방송통신대학교 교수

〈주요 저서〉 학교평생교육론(2009), 지역평생교육: 사례와 과제(공저, 2013), 평생교육의 눈으로 학교 읽기: 학교의 재구조화와 재개념화(공저, 2016), 평생교육론의 시선(2021), 평생교육의 접속: 다양한 논의 층위(2024) 외 다수

이상오(제4장) solee21@yonsei.ac.kr

- 연세대학교 대학원 교육학석사, 독일 튀빙겐대학교 사회행동과학부 사회과학박사(교육학전공)
- 현: 연세대학교 교육대학원 교수

〈주요 저서〉 상상력과 교육(2014), 지식의 탄생(2016), 학습혁명-H사고(2017), 평생교육학입문(2017) 외 다수

정기수(제5장) ksjung@hanyang.ac.kr

- 한양대학교 대학원 교육학석사 및 교육학박사
- 국가교육과학기술자문회의 전문위원, 한국대학사회교육협회 사무국장, 학교법인 영파학원 이사, 국가평생교육진흥원 학점인정심의위원회 부위원장, 한양대학교 사회교육원장
- 현: 한양대학교 교수

〈주요 저서〉 인간관계의 이해(공저, 2006), 인간행동과 사회환경(공저, 2006), 평생교육방법론(공저, 2013) 외 다수

강무섭(제6장) mskang@kangnam.ac.kr

- 고려대학교 대학원 교육행정 석사 및 미국 오하이오주립대학교 철학박사(교육행정전공)
- 한국직업능력개발원 원장, 한국교육정치학회 회장, 한국교육행정학회장, 강남대학교 교육대학원 원장/평생교육원장/미래인재개발대학장, (사)보육교사교육연합회 회장/이사장
- 현: 중부대학교 초빙교수

〈주요 저서〉 한국의 고등교육정책(1990), 학교교육과 평생교육(공저, 1998), 대학발전계획: 이론과 실제(공저, 2010) 외 다수

송병국(제7장) bksong@sch.ac.kr

- 서울대학교 대학원 교육학박사
- 순천향대학교 교무처장 · 평생교육원장 · 교육대학원장, 아산시청소년교육문화센터장, 국가평생교육진흥원 이사, 학점인정심의위원회 위원, 12대 한국청소년정책연구원 원장, 한국진로교육학회장 미래를여는청소년학회장
- 현: 순천향대학교 청소년교육상담학과 교수

〈주요 저서〉 평생교육학 동향과 과제(공저, 2005), 청소년학개론(공저, 2007), 새롭게 보는 진로상담(공저, 2014), 현상중심 진로교육(공저, 2018), 청소년 프로그램개발 및 평가론(공저, 2024) 외 다수

양병찬(제8장) bcyang@kongju.ac.kr

- 단국대학교 대학원 교육학박사
- 한국평생교육총연합회 사무총장, 서울특별시평생교육진흥원 이사장
- 현: 공주대학교 교육학과 교수, 한국평생교육학회 회장

〈주요 저서〉 일본의 사회교육 · 평생학습: 새로운 주민자치와 문화 창조를 향하여(공편, 2010), 농촌교육공동체론(2016), 약동하는 한국의 사회교육 · 생애학습: 시민 · 지역 · 배움(2017, 일본어) 외 다수

김노마(제9장) kim-noma@hanmail.net

- 연세대학교 교육대학원 교육학석사 및 세종대학교 대학원 교육학박사
- 한국여성개발원 연구위원, 국제문화대학원대학교 교수 및 연구평가센터 원장, 고양여성인력개발센터 관장, 서울시중부여성발전센터 소장, 홍익문화예술아카데미 석좌교수
- 현: 좋은세상한울림 회장

〈주요 저서〉 성인교육과정의 개발(2008), 직업교육훈련과 프로그램의 연구(2009), 배우자의 이미지와 결혼(공저, 2011), 아름다운 마무리(공저, 2012)

이정희(제10장) enma5@hanmail.net

- 숭실대학교 교육행정학 석사 및 숭실대학교 평생교육 · HRD 석사
- 백석대학교 교육학박사(평생교육 · 인적자원개발 전공)
- 서울 신구초등학교 교감
- 현: 서울모드패션직업전문학교 학장

〈주요 저서〉 초등학교 교육과정 길라잡이(공저, 2007), 내 꿈에 날개를 달아주는 자기주도학습(공저, 2011), 패션사업, 이렇게 시작하라(공저, 2017) 외 다수

심의보(제11장) sub25@naver.com

- 연세대학교 교육학석사, 홍익대학교 교육학박사, 고려대학교 문학석사 및 문학박사(사회복지학전공)
- 미국 Western Washington University 방문연구교수, 국가평생교육진흥원 학점인정심의위원회 위원, 충청대학교 사회복지학부 교수
- 현: 충북교육학회장, 충북평생교육연합회장

〈주요 저서〉 현대사회와 평생교육(공저, 2001), 평생교육방법론(공저, 2001), 지역사회교육의 이해(2007) 외 다수

하광호(제12장) hakwho@hanmail.net

- 충남대학교 교육대학원 교육학석사 및 동국대학교 대학원 교육학박사, 고려대학교 경영대학원 CEO과정 수료
- 동국대학교 교육대학원 겸임교수, (사)한국학원총연합회 인문교육협의회 회장, 연세대학교 교육대학원 외래교수
- 현: (주)장학교육 대표이사

정찬남(제13장) cncmon@hanmail.net

- 연세대학교 교육대학원 교육학석사, 극동대학교 대학원 사회복지학석사, 필리핀 산토토마스대학교 대학원 교육학박사(사회 · 평생교육전공) 및 생물과학박사, 동방문화대학원대학교 사회복지상담학박사
- 국제문화대학원대학교수 겸 사회교육원장, 웨스트민스터신학대학원대학교 · 동방문화대학원대학교 교수 겸 사회교육원장, 웨민원격평생교육원장, 서울평생교육연합회장, 한국문해기초교육연합회 회장, 한국평생교육사협회 이사장 겸 회장, 한국평생교육총연합회 고문
- 현: 한국여성생활연구원 원장, 한국문해교육 연구센터, 한국여성연합신문 발행인

〈주요 저서〉 성공적인 성인교육전략(공저, 1998), 여성평생교육의 이론과 실제(공저, 2005), 노년교육, 어떻게 할 것인가(공저, 2007), 문해교육론(2017) 외 다수

평생교육경영론

1판 1쇄 발행 2024년 8월 30일
1판 2쇄 발행 2025년 8월 30일

지 은 이 | 김용현 성낙돈 윤여각 이상오 정기수 강무섭 송병국
양병찬 김노마 이정희 심의보 하광호 정찬남

발 행 인 | 박철용

발 행 처 | 양서원

주 소 | 경기도 파주시 직지길 522 파주출판도시

전 화 | 031-955-8000(代)

팩 스 | 031-955-8005

홈페이지 | www.yswpub.co.kr

이 메 일 | yswgroup@naver.com

출판등록 | 1987년 11월 24일 제406-2003-037 호

ISBN 978-89-994-1485-5
정 가 24,000원